lonely planet

Neapel & Amalfiküste

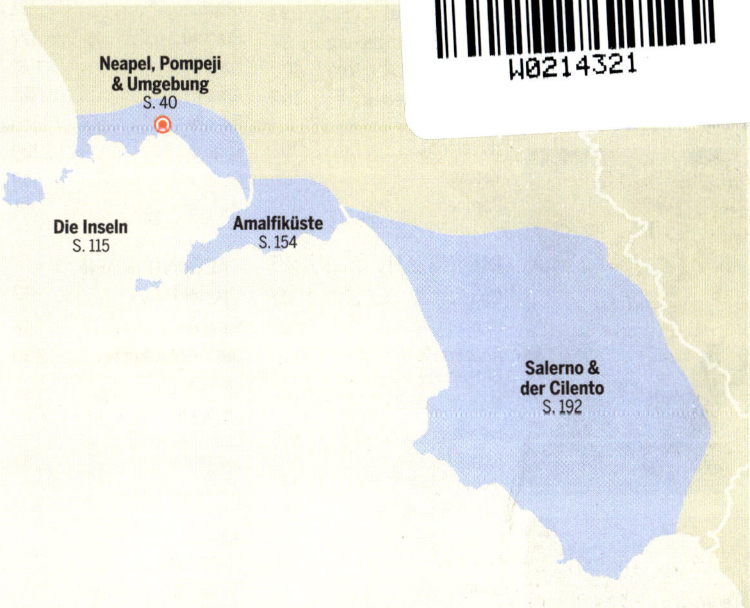

Cristian Bonetto, Brendan Sainsbury

REISEPLANUNG

MARK READ/LONELY PLANET ©

GELATERIA DAVID S. 164

MASSIMO LAMA/500PX ©

CIMITERO DELLE FONTANELLE S. 71

REISEZIELE

Inhalt

PROZESSION ZUR SETTIMANA SANTA S. 164

VERSTEHEN

PRAKTISCHE INFORMATIONEN

SPECIALS

Willkommen in Neapel & an der Amalfiküste

Kampanien ist das Italien unserer kühnsten Träume: ein unwiderstehliches ragù *aus quirligem Straßenleben, dekadenten Palästen, pastellfarbenen Dörfern und arienwürdigen Panoramen.*

Geschichte & Kultur

Wenige Regionen Europas können sich mit dem kulturellen Reichtum Kampaniens messen. Soll man den Vormittag in bourbonischen Gemächern oder in der Villa einer römischen Kaisersgattin verbringen? Welches Caravaggio-Gemälde sollte man zuerst ansehen: sein Meisterwerk in der Pio Monte della Misericordia in Neapel, seinen atemberaubenden Gewaltakt im Palazzo Reale di Capodimonte oder seinen Schwanengesang im Palazzo Zevallos Stigliano? Kampaniens grandioses Erbe beflügelt mit antiken Karrenspuren, Fresken und ergreifenden Skulpturen die Phantasie jedes Besuchers.

Naturwunder

In Süditalien hat sich Mutter Natur voll ins Zeug gelegt, um einen Abenteuerspielplatz aus schroffen Bergen, dampfenden Fumarolen und malerischen Meeresgrotten zu erschaffen. Wer seinen Puls auf Touren bringen will, kann vor Capri in Höhlen tauchen oder im Parco Nazionale del Cilento, Vallo di Diano e Alburni Mountainbike fahren und Grotten erkunden. Etwas ruhigere Zeitvertreibe sind Ausritte an den Hängen des Vesuv, Segeltörns an der Amalfiküste oder faule Tage an den Thermalstränden von Ischia – alles vor einer herrlich vielfältigen Naturkulisse von unwirklichem Zauber.

Kulinarische Genüsse

Kampanien ist ein endloser Festschmaus: Holzofenpizza in Neapel, ausgedehnte Mittagessen bei den *agriturismi* des Cilento und göttliches Gebäck in den *pasticcerie* der Amalfiküste. Überall locken Ess- und Weingenüsse, ob man in einer Insel-Trattoria *coniglio all'Ischitana* (Kaninchen nach Ischia-Art) schlemmt, in Cetara die legendäre *colatura di alici* (Sardellensauce) einkauft oder bei einem erfrischenden Falanghina darüber debattiert, wo denn nun der cremigste Büffel-Mozzarella produziert wird – in Caserta oder in Paestum?

Südliche Lebensart

Gegen die Kampanier wirken andere Italiener fast ein bisschen zugeknöpft. Selbst in der Hektik des modernen Alltags bleibt immer noch genug Zeit für einen schnellen Espresso im Stammlokal oder einen kurzen Tratsch auf einer sonnigen Piazza. Wer auf dem Markt einkauft, findet sich vielleicht plötzlich in eine rege Diskussion übers Wetter, die Schwiegereltern oder den SSC Neapel verwickelt – hier bleibt niemand lange ein Fremder und eine lockere *chiacchiera* (Pläuschchen) kann leicht mit einer Einladung an die reich gedeckte Tafel der neu gefundenen Freunde enden.

Warum ich Neapel & die Amalfiküste so liebe

Cristian Bonetto, Autor

Meine Familie stammt zwar aus dem Norden Italiens, aber mein Herz schlägt für Neapel und Kampanien. Hier zeigt sich das Land von seiner intensivsten Seite, mit dampfenden Espressi und unglaublich kurvenreichen Küstenstraßen. Von prächtigen *palazzi* voller Skandalgeschichten bis zu den geisterhaften Ruinen im Schatten des Vesuv: Alles steht im Zeichen der Liebe zum Drama – dass der Golf von Neapel einem riesigen Amphitheater gleicht, ist sicher kein Zufall. In dieser Region, die von Verwicklungen, Überraschungen und unnachahmlichem Pathos strotzt, fühle ich mich so lebendig wie nirgends sonst im *bel paese* (schönen Land).

Mehr Infos über unsere Autoren gibt's auf S. 311

Oben: Amalfiküste (S. 154)

Neapel & Amalfiküste

0
20 km
PUGLIA
Vesuv
Einen schlummernden Riesen erklimmen (S. 106)
Pompeji
Im geisterhaften Pompeji eine Zeitreise antreten (S. 107)
Melfi
Monticchio
Avellino
Montella
Bagnoli
Monte Cervialto (1808 m)
KAMPANIEN
BASILIKATA
Acerno
Montecorvino
Cava
Salerno
Vietri sul Mare
Eboli
Battipaglia
Sele
Sicignano degli Alburni
Postiglione
Auletta
Pertosa
Altavilla Silentina
Monte Alburno (1742 m)
Petina
Polla
Controne
Castelcivita
Sant'Angelo a Fasanella
Capaccio Scalo
Capaccio
Roccadaspide
Bellosguardo
Sala Consilina
Paestum
Castel San Lorenzo
Roscigno
Teggiano
Agropoli
Ogliastro
Parco Nazionale del Cilento, Vallo di Diano e Alburni (Nationalpark Cilento, Diano-Tal & Alburni-Berge)
Sassano
Padula
Santa Maria di Castellabate
Laureana Cilento
Castellabate
Monte Cervati (1900 m)
San Marco di Castellabate
Perdifumo
Sanza
Vallo della Lucania
Marina di Casal Velino
Paestum
Herrliche griechische Tempel und Schätze (S. 200)
Ceraso
Acciaroli
Pioppi
Velia
Ascea
Pisciotta
Ravello
Himmlische Aussichten und ein Kunstfestival im Sommer (S. 185)
Sapri
Centola
San Giovanni a Piro
Camerota
Palinuro
Acquafredda di Maratea
Marina di Camerota

Neapel & Amalfiküste: Top 10

1

Positano

1 Positano (S. 171), die Perle der Amalfiküste, ist ein Bilderbuchort aus pastellfarbenen Häusern, die sich am steilen Hang über dem tiefblauen Meer stapeln. Sein unbeschwerter Zauber prägt auch die autofreien Gässchen voller mondäner Boutiquen für anspruchsvolle Modejüngerinnen aus dem In- und Ausland. Wer sich eher für kulinarische Genüsse begeistert, bekommt beim legendären La Cambusa göttliche Meeresfrüchte zu schmausen. Keinesfalls versäumen sollte man dabei den weniger berühmten Nachbarort Praiano, einen ruhigeren Winkel der trubeligen Küste, wo die Bänke und Bars der Piazza noch von Einheimischen statt Touristen bevölkert sind.

Pompeji

2 Die einst blühende römische Stadt wurde vor fast 2000 Jahren im Augenblick ihres Untergangs eingefroren – die Ruinen von Pompeji (S. 107) erinnern auf dramatische Weise an die unbarmherzigen Kräfte von Mutter Natur. Besucher können durch römische Straßen wandern, über das säulengesäumte Forum, durch das Bordell, das Theater mit 5000 Sitzplätzen und die mit zahlreichen Fresken geschmückte Villa dei Misteri. Plinius der Jüngere berichtet von der Tragödie: „Wieder brach Dunkelheit herein, wieder regnete es Asche, dicht und schwer. Wir standen mehrfach auf, um diese abzuschütteln; sonst hätte sie uns verschüttet und erdrückt."

LEOKS/SHUTTERSTOCK ©

2

JON DAVISON/LONELY PLANET ©

3

4

Wanderwege der Amalfiküste

3 Der Reiz der Amalfiküste erschöpft sich nicht im bunten Leben der Küstenorte. Landeinwärts trifft man auf die gewundenen Fußpfade, die bis 1840 die einzigen Verbindungswege zu Land waren. Orangenhaine, Pinien, Orchideen und Ruinen säumen die Wege durch Landschaften, die je nach Licht und Jahreszeit immer wieder anders erscheinen. Die einzige Konstante sind die unglaublichen Küstenpanoramen. Eine himmlische Erfahrung verspricht der Sentiero degli Dei (S. 156; s. Bild oben), der „Weg der Götter".

Blaue Grotte

4 Über ein Dutzend Meeresgrotten säumt die zerklüftete Küste von Capri; die meisten davon sind für Besucher zugänglich. Am berühmtesten ist die seit der Antike bekannte Blaue Grotte (Grotta Azzurra; S. 206), die durch ihr schillernd blaues Licht besonders spektakulär wirkt. Dieser unwirkliche Effekt hat mit der Brechung des Sonnenlichts durch das Wasser und der Spiegelung durch den blendend weißen Sand zu tun. Ein Besuch der Höhle in einem kleinen hölzernen Ruderboot samt singendem Bootsführer ist ein Erlebnis für sich.

Ravello

5 Ravello (S. 185) besticht durch seine Aura von Schönheit, Dolce Vita und glorreicher Vergangenheit. Zu seinen Fans zählten Berühmtheiten wie Virginia Woolf und Truman Capote. Der Ort hoch über der Amalfiküste strotzt vor prächtigen Kirchen, Palazzi und Villen. Eine davon ist die Villa Rufolo, deren romantische Gartenanlage schon Richard Wagner inspirierte. Zur Erinnerung daran findet auf ihrer Terrasse jeden Sommer ein phantastisches Klassikfestival statt, für das frühzeitige Reservierung ratsam ist. Gartenanlage der Villa Rufolo (S. 186)

Museo Archeologico Nazionale

6 Das Museo Archeologico Nazionale (S. 44) in Neapel ist eine Schatzkammer der antiken Kunst und Propaganda und eines der bedeutendsten archäologischen Museen der Welt. Es hütet den imposanten *Toro Farnese* (Farnese-Stier), die größte erhaltene Skulpturengruppe der Antike. Das grandiose Werk befindet sich in bester Gesellschaft, von detailreichen Mosaiken über Glaskunst bis zu Fresken aus den eleganten antiken Villen der Region. Ausschnitt eines Mosaiks aus Pompeji, das Alexander den Großen in der Schlacht gegen Dareios III. zeigt

GIMAS/SHUTTERSTOCK ©

Palazzo Reale di Capodimonte

7 Gut, dass der Bourbonenkönig Karl IV. groß baute, denn seine Mutter Elisabetta Farnese hinterließ eine gewaltige Kunst- und Antiquitätensammlung. Ein üppiger Augenschmaus imposanter Gemälde und Tapisserien, eleganter Skulpturen und zarter Keramik, mit ein paar zeitgenössischen Bildern und Installationen dazwischen – die Sammlung des Palazzo Reale di Capodimonte (S. 46) gehört zu den besten in Italien. Sie umspannt Werke aus sieben Jahrhunderten, u. a. von Berühmtheiten wie Masaccio, Raffael, Caravaggio und Warhol.

Procida

8 Das windumtoste, zitrusduftende Inselchen Procida (S. 148) versprüht den süditalienischen Charme vergangener Zeiten. Häuser in Pastelltönen und Fischernetze prägen sein malerischstes Dorf, Marina della Corricella, das als Schauplatz des italienischen Filmklassikers *Der Postmann* berühmt wurde. Wie eh und je überspannen Wäscheleinen enge Gassen, eine Handvoll historischer Gemäuer verbreitet eine Aura von Geheimnis und Melancholie. Frischeren Fisch wird man wohl nirgends in der Region schmausen, am besten mit der Inselspezialität *insalata di limone* (Zitronensalat).

Paestum

9 Paestum (S. 200), gut 500 Jahre älter als das Kolosseum in Rom, zeugt als bleibendes Monument von Macht und Einfluss der alten Griechen. Sie gründeten hier eine blühende Stadt am Mittelmeer und nannten sie Poseidonia. Heute ist sie eines der faszinierendsten (und am wenigsten bekannten) Welterbe-Wunder Italiens – mit dorischen Tempeln, bestens erhaltenen Stadtmauern und einem Museum voller archäologischer Schätze wie den berühmten Fresken der *Tomba del tuffatore* (Grab des Tauchers) aus dem 5. Jh. v. Chr. Tempio di Nettuno (S. 201)

Der Vesuv

10 Der Vesuv (S. 106), der den Untergang ɹon Pompeji und Herculaneum 79 n. Chr. auf dem Gewissen hat, ragt wie ein Ungeheuer von trügerischer Schönheit hinter dem Golf von Neapel auf. Auch wenn er seit 1944 artig ist, bleibt er der einzige aktive Vulkan auf dem europäischen Festland. Aus luftigen 1281 m Höhe blickt er auf die drei Millionen Neapolitaner herab. Das absolute Highlight im Parco Nazionale del Vesuvio ist der Blick vom Gipfel in den unheimlich stillen Schlund des Vesuv hinab und weit übers Land, vom Tyrrhenischen Meer bis zum Apennin.

MKOS83/SHUTTERSTOCK ©

Gut zu wissen

Weiteres siehe Praktische Informationen (S. 282)

Währung
Euro (€)

Sprache
Italienisch

Einreise
EU-Bürger und Schweizer brauchen zur Einreise nur einen Pass oder Personalausweis.

Geld
An Neapels Flughafen Capodichino, an größeren Bahnhöfen und in allen größeren Orten und Städten gibt es Geldautomaten. Die meisten Hotels und Restaurants akzeptieren Kreditkarten.

Handys
Mitgebrachte Handys vorab fürs internationale Roaming freischalten lassen. Mit einer italienischen SIM-Karte sind Inlandsgespräche billiger.

Zeit
Mitteleuropäische Zeit (MEZ)

Reisezeit

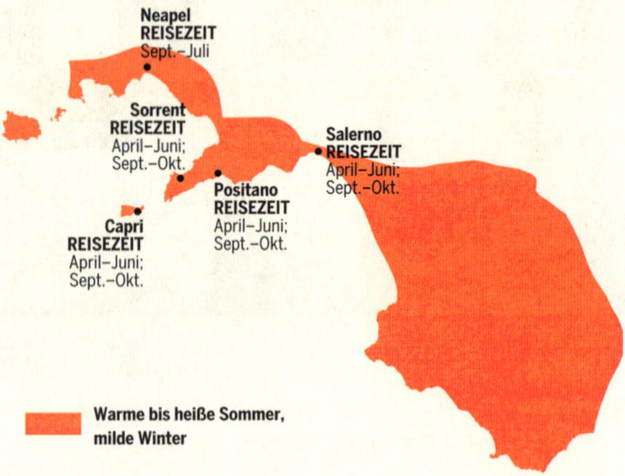

Hochsaison
(Juli–Aug.)

- Gedränge bei den Hauptattraktionen, an Stränden und auf den Straßen, vor allem im August.
- In Neapel machen viele Lokale und Läden im August einige Wochen zu.
- Gute Zeit für Kulturveranstaltungen in den Touristenzentren.

Zwischensaison
(April–Juni & Sept.–Okt.)

- Sonderangebote bei Unterkünften.
- Das Frühjahr lockt mit Festivals, Blütenpracht, Frischobst und -gemüse.
- Im Juni und September ist es zwar heiß, aber nicht so voll wie im August.

Nebensaison
(Nov.–März)

- Die Preise sinken gegenüber der Hauptsaison um bis zu 30 %.
- Viele Attraktionen, Hotels und Lokale an der Küste und in den Bergen schließen.
- Weihnachtliche Schlemmereien und bunte Karnevalsfestivitäten.

Websites

➡ **In Campania** (www.incampania.com) Offizielle Tourismus-Website von Kampanien.

➡ **Napoli da Vivere** (www.napolidavivere.it) Die Website in italienischer Sprache informiert über Festivals, Events sowie neu eröffnete Lokale und Geschäfte in Neapel.

➡ **Positano** (www.positano.com) Sehenswürdigkeiten, Aktivitäten, Unterkünfte, Verkehrsmittel u. v. m. an der Amalfiküste.

➡ **Capri** (www.capri.com) Nutzerfreundliche Seite mit umfassenden Infos zu Capri.

➡ **Trenitalia** (www.trenitalia.com) Website der italienischen Eisenbahn.

➡ **Lonely Planet** (www.lonelyplanet.com/italy/campania) Infos, Hotelreservierungen, Traveller-Forum und mehr.

Wichtige Telefonnummern

Ländervorwahl Italien	✆39
Vorwahl für internationale Gespräche	✆00
Rettungswagen	✆118
Feuerwehr	✆115
Polizei	✆112/113

Wechselkurse

Schweiz	1 SFr	0,88 €
	1 €	1,14 SFr

Aktuelle Wechselkurse siehe www.xe.com.

Tagesbudget

bis 100 €

➡ Bett im Schlafsaal: 15–35 €

➡ Doppelzimmer im Billighotel: 50–110 €

➡ Pizza und Pasta zum Mittag- und Abendessen: 15 €

➡ Zugticket Neapel–Pompeji (hin & zurück): 5,60 €

100–200 €

➡ Doppelzimmer im Hotel: 80–180 €

➡ Mittag- und Abendessen in einem einfachen Restaurant: 25–50 €

➡ 3 Tage gültige Campania Artecard: 21 €

➡ Tragflügelboot Neapel–Capri (eine Strecke): 22,50 €

über 200 €

➡ Doppelzimmer im 4- oder 5-Sterne-Hotel: 150–450 €

➡ Abendessen im Nobelrestaurant: 50–120 €

➡ Spa-Besuch mit Behandlungen: 75 €

➡ Automiete (5 Tage) 260 €

Öffnungszeiten

Die Öffnungszeiten schwanken je nach Jahreszeit. Im Buch sind die Zeiten für die Hauptsaison angegeben; in der Zwischen- und Nebensaison sind die Öffnungszeiten gewöhnlich kürzer. Bei kleineren Läden sind die Geschäftszeiten oft flexibel.

Banken Mo–Fr 8.30–13.30 & 14.45–15.45 oder 16.15 Uhr

Cafés 7.30–20 Uhr oder später

Clubs 23–5 Uhr

Postämter Mo–Fr 8–18, Sa 8.30–13 Uhr; kleinere Filialen schließen werktags um 13.30 Uhr.

Restaurants 12–15 & 19.30–23 oder 24 Uhr

Geschäfte Mo–Sa 9–13 & 15.30–19.30 oder 16–20 Uhr; einige haben montagvormittags geschlossen, einige öffnen sonntags.

Ankunft in Neapel

Internationaler Flughafen Neapel
Der Alibus (Flughafen-Shuttlebus) verkehrt von 6.30 bis 23.40 Uhr alle 10–30 Min. nach Napoli Centrale und zum Haupt-Fährterminal; Tickets (5 €) gibt es an Bord. Ein Taxi zur Piazza Municipio und zum benachbarten Fährterminal Molo Beverello kostet 21 € (Festpreis) und braucht 20–30 Min.

Napoli Centrale Die Metro vom Hauptbahnhof Neapel bis Municipio (Piazza Municipio) kostet 1,10 € (ANM-Einzelfahrschein) und verkehrt von ca. 6.20 bis 23 Uhr alle neun bis 14 Minuten. Ein Taxi bis Piazza Municipio und Molo Beverello kostet 13 € (Festpreis) und braucht 15–20 Min.

Unterwegs vor Ort

Die öffentlichen Verkehrsmittel in der Region sind erschwinglich und in den Touristengegenden recht zuverlässig.

Metro Line 1 fährt von Napoli Centrale (Garibaldi) zu den Fährterminals (Municipio). Linie 2 verkehrt von Neapel nach Pozzuoli in den Campi Flegrei. Beide Linien fahren am *centro storico* (Altstadt) entlang.

Zug Gut für Fahrten von Neapel nach Ercolano (Herculaneum), Pompeji, Sorrent, Salerno, Caserta und zu Teilen der Campi Flegrei.

Bus Praktisch für Fahrten entlang der Amalfiküste und auf Capri und Ischia. Einige Busse verkehren zu Sehenswürdigkeiten der Campi Flegrei, andere zwischen Neapel und dem Cilento.

Auto Gut für abgelegene Gegenden des Cilento. Unpraktisch ganzjährig in Neapel und im Sommer an der Amalfiküste.

Mehr zum Thema **Unterwegs vor Ort** S. 291 ➡

Für Einsteiger

Weiteres siehe Praktische Informationen **(S. 281)**

Checkliste

- Ist der Ausweis noch gültig?
- Gepäckbeschränkungen der Fluggesellschaft?
- Reiseversicherung abschließen
- Unterkünfte und Tickets für Touren, Veranstaltungen usw. reservieren
- Bank und Kreditkarteninstitut von Reiseplänen unterrichten
- Handynutzung in Italien?
- Ggf. über Voraussetzungen für Wagenmiete informieren

Das gehört ins Gepäck

- Ausweis samt Kopie
- Kreditkarten und Führerschein
- Sprachführer
- Ladegerät fürs Handy
- Sonnenschutzmittel, Kopfbedeckung, Sonnenbrille
- Regenjacke
- bequeme Schuhe
- detaillierte Straßenkarte

Top-Tipps für die Reise

- Am Ende des Frühlings, im Frühsommer und Frühherbst herrscht wunderbares Wetter und es ist weniger los.
- Sich in Warteschlangen vorzudrängeln ist in Italien an der Tagesordnung – höflich, aber bestimmt auftreten.
- Viele Museen bleiben einen Tag pro Woche zu, normalerweise am Dienstag oder Mittwoch: Bei der Planung berücksichtigen.
- Eine Campania Artecard (S. 282) kann Geld sparen.
- Lokale mit Kundenwerbern und mittelmäßigen, auf Touristen ausgerichteten Speisekarten sollte man meiden.

Richtig angezogen

Die Italiener legen großen Wert auf die äußere Erscheinung. Generell sind lange Hosen, Hemden oder Polohemden für Männer und Röcke oder lange Hosen für Frauen in der Stadt die richtige Wahl. Shorts, T-Shirts und Sandalen sind im Sommer und am Strand annehmbar, aber im Restaurant sind langärmlige Oberteile lieber gesehen. Abends ist lässige Eleganz angesagt. Pulli und Regenjacke sind im Frühjahr und Herbst nützlich, solide Schuhe zum Besuch historischer Stätten sinnvoll. Beim Besuch von Kirchen sind Shorts, kurze Röcke oder schulterfreie Oberteile unangemessen.

Schlafen

Unterkünfte in der Hauptsaison so früh wie möglich buchen.

Hotels Alle Preis- und Qualitätsniveaus.

Privatunterkünfte Oft sehr preiswert, von Zimmern in Privathäusern bis zu Ferienwohnungen für Selbstversorger.

Agriturismi Perfekt für Familien: von rustikalen Bauernhäusern bis zu Luxusunterkünften.

Pensionen *Pensioni* bewegen sich in der Regel auf 1- bis 3-Sterne-Niveau und sind familiengeführt.

Hostels Sowohl offizielle als auch private *ostelli*, auch mit Einzel- und Doppelzimmern.

Autofahren in Neapel & an der Amalfiküste

➡ Ein Großteil des Zentrums von Neapel ist für Fahrzeuge von Nicht-Anliegern gesperrt. Im Rest der Stadt können das Verkehrschaos und Trinkgeld schnorrende Parkwächter den Urlaubsspaß verleiden.

➡ Auf Capri dürfen den größten Teil des Jahres keine Fahrzeuge mitgebracht werden und auch Ischia und Procida sind nicht gerade autofreundlich.

➡ Eine Autotour an der Amalfiküste kann in der Hauptsaison zur Nervenstrapaze werden.

➡ Ideal ist ein Auto im Cilento, um abgelegene Orte und Strände zu entdecken.

➡ Infos über Verkehrsverhältnisse, Maut und Entfernungen gibt es unter www.autostrade.it.

Handeln

Auf Märkten ist lockeres Feilschen üblich; ansonsten zahlt man den Festpreis.

Trinkgeld

Trinkgeld ist generell freiwillig.

Bars Die Neapolitaner lassen meist eine 10-Cent-Münze auf der Theke, wenn sie ihren Kaffee ordern. Wo Getränke an den Tisch gebracht werden, kann man ein kleines Trinkgeld dalassen.

Hotels In gehobenen Hotels bekommen Gepäckträger ca. 5 €.

Restaurants Wenn kein *servizio* (Service) auf der Rechnung steht, in Pizzerias 1–2 €, in Restaurants 10 % des Rechnungsbetrags als Trinkgeld geben.

Taxis Die meisten Fahrgäste runden auf den vollen Euro auf.

Sprache

Da der Tourismus ein wichtiger Wirtschaftsfaktor ist, sprechen viele Einheimische Englisch oder Französisch, manche sogar Deutsch. Wer einige grundlegende Formulierungen auf Italienisch beherrscht, kommt aber leichter zurecht, vor allem in Restaurants ohne feste Speisekarte. Noch mehr nützliche Ausdrücke gibt es im Kapitel Sprache (S. 294).

1 Was ist die Spezialität dieser Region?
Qual'è la specialità di questa regione?
kwa·*lä* la spe·tscha·li·*ta* di *kwes*·ta rä·dscho·ne

Wie einst mittelalterliche Stadtstaaten rivalisierten, konkurrieren heute die Regionen um die besten Delikatessen und Weine.

2 Welche Kombitickets haben Sie?
Quali biglietti cumulativi avete?
kwa·li bi·*liät*·ti ku·mu·la·*ti*·vi a·we·te

Ein prima Spartrick sind Kombitickets für verschiedene Attraktionen; es gibt sie in allen größeren italienischen Städten.

3 Wo gibt es Designerschnäppchen?
C'è un outlet in zona? tschä un *aut*·let in *so*·na

Die Mode-Outlets in den Großstädten bieten B-Ware, Warenmuster und Ausrangiertes für *la bella figura* zum Schnäppchenpreis.

4 Ich bin mit meinem Mann/Freund hier.
Sono qui con il mio marito/ragazzo.
ßo·no kwi konn il *mi*·o ma·*ri*·to/ra·*gat*·tso

Allein reisende Frauen sollten unerwünschte Casanovas am besten ignorieren; ansonsten hilft vielleicht eine höfliche Abfuhr.

5 Wir treffen uns um 18 Uhr zum Aperitif.
Ci vediamo alle sei per un aperitivo.
tschi we·*dia*·mo *al*·le ßey per un a·pe·ri·*ti*·wo

Gegen Abend drängen sich um den Hauptplatz Menschenmengen, um bunte Cocktails zu schlürfen und Häppchen zu knabbern: Dieses uritalienische Ritual sollte man nicht verpassen!

Etikette

Die italienische Gesellschaft ist erstaunlich förmlich. Die folgenden Tipps helfen, Peinlichkeiten zu vermeiden.

➡ **Begrüßung** Bei Fremden mit Handschlag und *buon giorno* (Guten Tag) bzw. *buona sera* (Guten Abend), bei Freunden mit Küsschen auf beide Wangen und *come stai* (Wie geht's?). Die höfliche Anredeform ist *lei* (Sie); Freunde und Kinder werden mit *tu* (du) angesprochen. Ansprache mit Vornamen nur nach Aufforderung.

➡ **Höflichkeitsfloskeln** *Mi scusi* (Entschuldigung), um jemanden anzusprechen oder sich zu entschuldigen; *permesso* (gestatten?), um an belebten Stellen vorbeigelassen zu werden.

➡ **Essen & Trinken** Zu einer Essenseinladung bei Italienern Wein oder *dolci* (Süßigkeiten) aus einer *pasticceria* (Konditorei) mitbringen und ansonsten am Vorbild der Gastgeber orientieren.

➡ **Körpersprache** Im Gespräch und beim Zuprosten Augenkontakt halten.

Wie wär's mit ...

Gaumenfreuden

Pizza Die leckersten Teigfladen servieren legendäre Pizzerias wie **Concettina Ai Tre Santi** (S. 84) und **Starita**. (S. 84)

Märkte Neapels Straßenmärkte, wie **Porta Nolana** (S. 56) und **La Pignasecca** (S. 62), kombinieren frische Genüsse mit quirligem Straßenleben.

Mozzarella di bufala Mozzarellaschmaus bei **Muu Muuzzarella Lounge** (S. 79) und **Inn Bufalito** (S. 165) oder ein Besuch bei Mozzarellahersteller **Tenuta Vannulo**. (S. 202)

President In dem Michelin-gekrönten Esstempel in Pompeji kommen Geschichte, Kochkunst, Leidenschaft und Kreativität zusammen. (S. 113)

Ristorante Don Alfonso 1890 Zutaten vom eigenen Bauernhof und Führungen durch Küche, Wein- und Käsekeller. (S. 166)

Wine & The City Weinverkostungen und Kulturevents in Neapel. (S. 75)

Archäologische Schätze

Museo Archeologico Nazionale Eine unglaubliche Anhäufung antiker Skulpturen, Mosaiken, Fresken und Kunstobjekte in Neapel. (S. 44)

Pompeji Ein Wunderland römischer Zeitzeugnisse, von Karrenspuren bis zu freskengeschmückten Villen. (S. 107)

Herculaneum Die Zeit steht still in dieser verblüffend gut erhaltenen römischen Stadt. (S. 102)

Villa Oplontis Die mutmaßliche Residenz der zweiten Gemahlin Kaiser Neros ist mit herrlichen Fresken ausgestattet. (S. 112)

Paestum Eine Pause vom weltlichen Trubel versprechen diese griechischen Tempel zwischen Feldern und Wiesen. (S. 200)

Catacombe di San Gennaro Die ältesten Katakomben Neapels hüten das früheste bekannte Bildnis des Stadtpatrons San Gennaro. (S. 69)

Kunst

Palazzo Reale di Capodimonte Das Palastmuseum beherbergt den Hochadel der Kunstwelt, von Botticelli und Caravaggio bis zu Pop-Art-Idolen. (S. 46)

Cappella Sansevero Sanmartinos *Cristo velato* ist nur eins von mehreren atemberaubenden Kunstwerken im esoterischen Refugium des Alchemisten Raimondo. (S. 47)

Gallerie d'Italia – Palazzo Zevallos Stigliano Caravaggios geisterhafter Epilog krönt die Sammlung in diesem Schmuckkästchen. (S. 61)

MADRE Neapels bedeutendste Sammlung moderner und zeitgenössischer Kunst mit Installationen von internationalen Größen. (S. 53)

Neapels Metro Zeitgenössischer Kunstgenuss unter den Straßen der Stadt in der Metro dell'Arte (Kunstmetro). (S. 63)

Museo Pinacoteca Provinciale Das führende Kunstmuseum Salernos präsentiert Werke von der Renaissance bis zum 20. Jh. (S. 198)

Architektur

Reggia di Caserta Der Barockpalast spielte in diversen Kinofilmen eine Rolle. (S. 76)

Duomo Architektonische Hymne für den Schutzheiligen Neapels mit barocken Fresken und antiken Mosaiken. (S. 48)

Certosa e Museo di San Martino Barocker Überschwang und einer der schönsten Kreuzgänge Italiens in Neapel. (S. 67)

Cattedrale di Sant'Andrea Die zebragestreifte Kathedrale von Amalfi verkörpert die Harmonie verschiedener Kulturen. (S. 182)

Palazzo dello Spagnuolo Sein Treppenhaus ist eine opernwürdige Verneigung vor dem neapolitanischen Geist. (S. 72)

Certosa di San Lorenzo Riesiges Kloster am Rand des

Oben: Mozzarella auf dem Mercato di Porta Nolana (S. 56).

Unten: Der botanische Garten von La Mortella (S. 141)

zweitgrößten Nationalparks von Italien. (S. 209)

Wilde Natur

Amalfiküste Die Küstenregion bietet ein Netz guter Wanderwege mit spektakulären Panoramen. (S. 154)

Parco Nazionale del Cilento, Vallo di Diano e Alburni Ein ungezähmtes Wunderland voller kristallklarer Bäche, Flüsse und Wasserfälle. (S. 207)

Isole Faraglioni Die legendären Kalksteinklippen von Capri erheben sich wie stille Nymphen aus dem Meer. (S. 119)

Sentiero dei Fortini Eine Wanderroute zwischen verfallenen Festungen an Capris wilder Westküste. (S. 32)

Monte Epomeo Der höchste Gipfel der Vulkaninsel Ischia verspricht atemberaubende Panoramen. (S. 32)

Vesuv Still vor sich hin tickender Vulkan mit schönen Naturpfaden und tollem Ausblick. (S. 106)

Gartenromantik

Ravello Weiter Blick über die Amalfiküste von der **Villa Cimbrone** (S. 186) und Klassikklänge in der **Villa Rufolo**. (S. 186)

La Mortella Ischitanisches Paradies nach dem Vorbild der Alhambra-Gärten in Granada. (S. 141)

Reggia di Caserta „Mehr ist mehr" ist das Motto der Barockgärten dieser gewaltigen königlichen Residenz. (S. 76)

Giardini di Augusto Lustwandeln wie ein Kaiser in Augustus' Garten auf Capri. (S. 119)

Orto Botanico Wohltuende Stille in Neapels wenig bekanntem, aber höchst eindrucksvollem botanischem Garten. (S. 71)

Monat für Monat

TOP-EVENTS

Settimana Santa, März/April

Maggio dei Monumenti, Mai

Wine & The City, Mai

Napoli Teatro Festival Italia, Juni/Juli

Ravello Festival, Juni bis September

Februar

„Kurz und unselig" – so charakterisieren die Italiener den Februar. Doch obwohl es noch sehr kühl sein kann, treiben die Mandelbäume erste Blüten und die Karnevalszeit bringt mit Konfetti, Kostümen und zuckrigen Leckereien frische Farbe ins Leben.

Carnevale

In den Tagen vor Aschermittwoch feiern viele süditalienische Städte den Karneval. Kinder kostümieren sich und prächtige *carri* (Festwagen) fahren durch die Straßen. Dies ist auch die Zeit der Karnevalsleckereien wie *chiacchiere* (mit Puderzucker besprenkelte frittierte Teigstreifen).

Festa di Sant'Antonino

Zu Ehren des Schutzheiligen von Sorrent gibt es am 14. Februar ein Fest mit Straßenständen, Feuerwerk und Musikumzügen durch die Altstadt. Dazu wird Sorrents berühmte *torta di Sant'Antonino* mit Schokoladencreme-Füllung geschlemmt.

März

Im *marzo pazzo* (verrückten März) ist das Wetter launisch. Offiziell beginnt am 21. März der Frühling, aber erst ab der Osterwoche geht die Saison so richtig los.

Settimana Santa

Überall in Kampanien wird die Karwoche mit Prozessionen und Passionsspielen begangen. Am Gründonnerstag und Karfreitag ziehen mit Kapuzen vermummte Büßer durch Sorrent. Auf Procida werden am Karfreitag hölzerne Statuen und lebensgroße Tableaus herumgetragen.

Festival MANN

Ende März/Anfang April veranstaltet das Museo Archeologico Nazionale in Neapel ein achttägiges Festival mit Künstlern aus den In- und Ausland: Theater, Tanz, Konzerte, Kunstausstellungen, Filme und Podiumsdiskussionen (S. 74).

Mai

Rosen und Frühsommergemüse machen den Mai zur idealen Reisezeit, besonders für Wanderer. Es ist nicht zu heiß und das Preisniveau noch annehmbar. Außerdem ist jetzt Schutzheiligen-Saison.

Wine & the City

Eine dreiwöchige Feier (S. 75) der regionalen Weine in Neapel, mit kostenlosen Weinverkostungen, *aperitivo*-Events und Kulturveranstaltungen in Palästen, Museen, Geschäften und Lokalen der Stadt.

Maggio dei Monumenti

Sobald es wärmer wird, startet Neapel ein einmonatiges Mammutprogramm mit Ausstellungen, Konzerten und Führungen (S. 74). Viele interessante Bauwerke und historische Stätten, die sonst nicht zugänglich sind, werden kostenlos geöffnet.

Juni

Es ist Sommer: Die Temperaturen klettern, die *lidi* (Badestrände) öffnen und einige der großen Sommerfestivals starten. Am 2. Juni ist Nationalfeiertag, die Festa della Repubblica.

☆ Napoli Teatro Festival Italia

Einen Monat lang präsentiert Neapels Theaterfestival (S. 75) heimisches und internationales Theater, Performancekunst und Ausstellungen überall in der Stadt, von Theatern bis zu U-Bahn-Stationen.

☆ Ravello Festival

Zum Sommerfestival (S. 188) von Ende Juni bis Ende August kommen weltbekannte Künstler in den Ort hoch über der Amalfiküste. Die Bandbreite reicht von Musik und Tanz bis zu Filmen und Kunstausstellungen. Mehrere Veranstaltungen finden in den Gärten der Villa Rufolo statt.

Juli

Die Ferien sind da und die Italiener urlauben an der Küste oder in den Bergen. Preise und Temperaturen klettern. Strandleben und Kulturfestivals haben Hochkonjunktur.

☆ Giffoni Film Festival

Das größte Kinderfilmfestival Europas bringt Leben nach Giffoni Valle Piana östlich von Salerno (www.giffonifilmfestival.it). Die einwöchige Veranstaltung lockt mit Filmvorführungen, Workshops und Prominenz wie Mark Ruffalo und Robert De Niro Kinder und Teenager aus aller Welt an.

Sagra del Tonno

Das viertägige Thunfischfestival (S. 190) findet Ende Juli oder Anfang August im winzigen Cetara statt. Außer Thunfischgerichten gibt es auch die Sardellen des Orts zu kosten, aus denen seine legendäre *colatura di alici* (Sardellensauce) hergestellt wird.

Festa di Sant'Anna

Am 26. Juli feiert Ischia das spektakuläre Fest der hl. Anna (S. 152). Die Inselorte bauen eine kleine Flotte von Flößen; dazu gibt es Feuerwerk und eine symbolische „Verbrennung" des mittelalterlichen Castello Aragonese in Ischia Ponte.

August

Im August ist Kampanien heiß, teuer und voll. Die Einheimischen sind im Urlaub und viele Geschäfte und Restaurants machen zumindest einen Teil des Monats Betriebsferien.

Ferragosto

Nach Weihnachten und Ostern ist der 15. August der wichtigste Feiertag der Italiener. Heute feiern sie Mariä Himmelfahrt, doch schon die alten Römer huldigten mit der Feriae Augusti ihren Göttern. Die Strände sind rappelvoll.

September

Mit dem Übergang vom Sommer zum Herbst beginnt die Weinlese. Viele örtliche *sagre* (Feste) rund um regionale Spezialitäten steuern weitere Gaumenfreuden bei.

Festa di San Gennaro

Am 19. September ereignet sich im Duomo von Neapel das Blutwunder (S. 75): Das Blut des Heiligen in zwei Ampullen verflüssigt sich. Klappt das nicht, deuten die Gläubigen es als böses Omen für die Stadt. Das Wunder geschieht auch im Mai und Dezember.

☆ Festival Ethnos

Ethnos (www.festivalethnos.it) beschert dem Großraum Neapel im September und Anfang Oktober über eine Woche Weltmusik mit Gigs einheimischer und internationaler Musiker.

Dezember

Trotz kühlerer Tage wärmt der Advent die Seele mit stimmungsvoller Straßenbeleuchtung, Krippen und Weihnachtsspezialitäten. Neapel begrüßt das neue Jahr mit Gratisfestivitäten und Feuerwerk.

Natale

In der Adventszeit stellen viele Kirchen *presepi* (Krippen) auf. Aus ganz Italien kommen Besucher nach Neapel, um sich rund um die Via San Gregorio Armeno mit *pastori* (Krippenfiguren) einzudecken.

Reiserouten

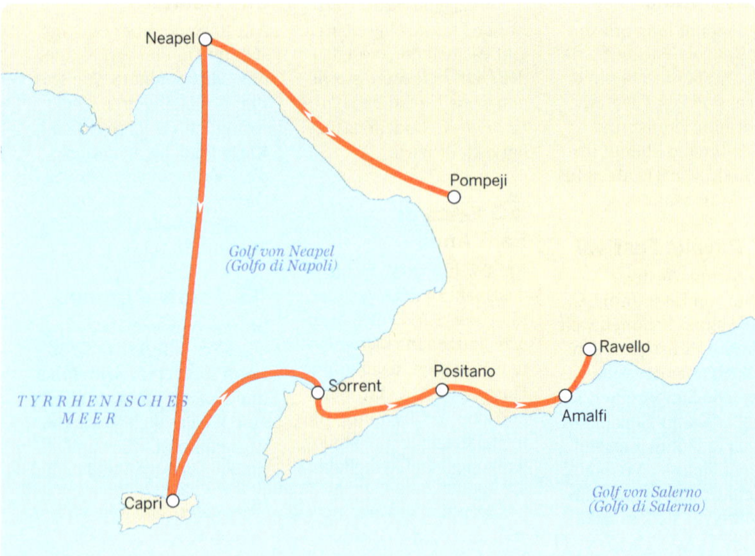

1 WOCHE Die absoluten Highlights

Kampaniens Küste zählt zu den schönsten weltweit und hat schon unzählige Künstler, Romantiker und Bonvivants inspiriert. Diese Route führt zu ihren Highlights.

Den Auftakt machen zwei Tage in **Neapel**: ein Tag zur Erkundung der als Welterbe gelisteten Altstadt und einer für das nahe **Pompeji**. Am dritten Tag setzt man mit der Morgenfähre nach **Capri** über. Zwei Tage dürften reichen, um sich hoffnungslos in die sagenumwobene Insel zu verlieben – auf einer Bootsfahrt durch die Blaue Grotte (Grotta Azzurra), einer Sesselliftfahrt auf den Monte Solaro und Wanderungen auf idyllischen Pfaden fernab vom Touristentrubel. Am fünften Tag geht es mit der Fähre nach **Sorrent**, von wo Busse und je nach Saison auch Fähren nach **Positano** verkehren. Der Ort ist ein ideales Quartier für die letzten Nächte. Hier kann man das Gewirr mondäner Gassen durchstreifen, frische Meeresfrüchte schlemmen, sich ein Boot mieten oder die Wanderschuhe schnüren und zum Höhenrausch auf dem Sentiero degli Dei (Weg der Götter) aufbrechen. Von Positano ist es nur ein kurzer Tagesausflug nach **Amalfi**. Das geschichtsträchtige Städtchen ist bekannt für seinen im wilden Stilmix erbauten Dom mit Kreuzgang. Von Amalfi fahren Busse nach **Ravello**, dessen weltberühmte Gartenanlage hoch über der Küste mit ihrem Panoramablick einen krönenden Abschluss bildet.

14 TAGE Paläste, Ruinen & Inseln

Im Großraum Neapel findet man neben wunderbarer Landschaft einige der ältesten und eindrucksvollsten Hinterlassenschaften der Menschheit überhaupt. Diese Route vereint Archäologie und Kunst mit umwerfender Naturschönheit.

Die Tour startet mit fünf Tagen im actiongeladenen **Neapel**, das Pizza von Welterbe-Niveau und urwüchsiges Straßenleben bietet. Unbedingt besuchenswert sind das Museo Archeologico Nazionale mit seinen antiken Schätzen und die Cappella Sansevero mit erstaunlichen Skulpturen des 18. Jhs. Dabei sollte noch Zeit für eine Kajaktour entlang den Ufern der Stadt bleiben, die vor antiken Ruinen und historischen Villen strotzen.

Zwei Tage sind für Tagesausflüge ins Umland einzuplanen. Lohnende Ziele sind **Caserta** mit seinem gigantischen Barockpalast, einer Weltkulturerbestätte, die Versailles in den Schatten stellt, oder **Ercolano**, das die bestens erhaltenen Ruinen von Herculaneum hütet. Weniger stark besucht sind die **Campi Flegrei** (Phlegräischen Felder), eine Vulkanlandschaft mit verstreuten griechisch-römischen Ruinen. In **Pozzuoli** wartet das drittgrößte römische Amphitheater von Italien, in **Baia** eine kaiserliche Badelandschaft, in den Ruinen von **Cuma** die Höhle des Orakels aus der Aeneis. Oder man wirft sich in Badekleidung, um in **Lucrino** wie die Römer zu planschen.

Am sechsten Tag geht es mit der Fähre von Neapel zur Insel **Procida**, um zwei Tage in verschlafenen Fischerdörfern und an versteckten Stränden zu relaxen. Am achten Tag lockt, nur eine kurze Fährtour entfernt, das üppig grüne **Ischia**. Drei Tage kann man damit verbringen, die Thermalquellen, Gärten, Weingüter und historischen Sehenswürdigkeiten der Insel zu erkunden, darunter eine imposante aragonische Burg und ein archäologisches Museum voller Fundstücke aus der Zeit der griechischen Besiedlung.

Von Ischia gibt es in der Hauptsaison eine direkte Fährverbindung nach **Capri**. Sonst muss man den Umweg über Neapel nehmen. So oder so bietet die berühmteste Insel der Region genug Beschäftigung für drei Tage. Außer den skandalumwitterten Residenzen des römischen Kaisers Tiberius und des französischen Dichters Jacques d'Adelswärd-Fersen gibt es hier auch einige der malerischsten Küstenlandschaften Europas zu erleben.

GIO_LE/SHUTTERSTOCK ©

Oben: Seeigel-Schmaus

Unten: Mittelalterfest, Teggiano (S. 207)

9 TAGE Kreuz und quer durch den Cilento

Zwar sind Neapel, Capri und die Amalfiküste unwiderstehlich verführerisch, doch Kampanien wartet auch mit unbekannteren Juwelen auf, von griechischen Tempeln und Bergen voller Höhlen bis zu einem der größten Klöster Italiens.

Das Abenteuer beginnt in **Salerno**, dessen Dom zu den faszinierendsten mittelalterlichen Kathedralen Italiens gehört. Der Gang hinauf zum Castello di Arechi wird mit weitem Panoramablick belohnt. Der Spätnachmittag ist die Zeit für einen Spaziergang über die Uferpromenade. Nach Sonnenuntergang lockt das mittelalterliche Stadtzentrum mit nettem Kneipenleben. Am zweiten Tag geht es für drei Tage in den wilden **Parco Nazionale del Cilento, Vallo di Diano e Alburni**, Italiens zweitgrößten Nationalpark und Unesco Welterbe. Die *agriturismi* (Unterkünfte auf Bauernhöfen) des Parks sind ideale Stützpunkte, um die Höhlen der Region wie die Grotte di Castelcivita und Grotte di Pertosa zu erkunden. Einen Vor- oder Nachmittag sollte man für **Padula** und sein riesiges Kartäuserkloster aus dem 14. Jh., die Certosa di San Lorenzo, einplanen. In der Nähe des Klosters liegt das Valle delle Orchidee (Orchideental), dessen über 70 Orchideenarten im Frühjahr zu einem spektakulären Farbenmeer erblühen. Ein paar Stunden braucht man zur Erkundung des geradezu unverschämt malerischen mittelalterlichen Dorfs **Teggiano**. Danach lädt **Roscigno Vecchia** zu einem Zwischenstopp. Das Geisterstädtchen, das seit Beginn des vorigen Jahrhunderts verlassen daliegt, gehört zu den kurioseren Sehenswürdigkeiten des Nationalparks.

Am fünften Tag geht es westwärts zu den griechischen Tempeln von **Paestum**. Der älteste stammt aus dem 6. Jh. v. Chr. Zur Übernachtung bietet sich **Agropoli** an, wo man am nächsten Vormittag durch die stimmungsvolle Altstadt bummeln kann. Zum Mittagessen gibt es in **Santa Maria di Castellabate**, etwas weiter südlich, Fischküche der Extraklasse. Am siebten Tag stehen das mittelalterliche Hügelstädtchen **Castellabate** mit seinen malerischen Gässchen und die Ruinen der antiken Stadt **Velia** auf dem Programm. Den krönenden Abschluss des Cilento-Abenteuers bilden zwei faule Strandtage in **Palinuro**, das wie Capri eine faszinierende Grotta Azzurra (Blaue Grotte) besitzt.

Abseits der üblichen Pfade

PISCINA MIRABILIS

Um die kathedralenartige Zisterne zu besichtigen, ein Wunderwerk römischer Ingenieurskunst, versteckt in einer Nebenstraße von Bacoli, muss man vorher anrufen. (S. 105)

ORTO BOTANICO DI NAPOLI

Wer eine Pause von Neapels unermüdlicher Energie braucht, findet Erholung in diesem historischen botanischen Garten voller Pflanzen aus aller Welt. (S. 71)

MONTE EPOMEO & HINTERLAND

Jenseits der Strände und Bäder von Ischia liegt ein raues, bergiges, Hinterland, wie gemacht für kontemplative Wanderungen, die mit sensationellen Aussichten belohnen. (S. 148)

KLASSISCHE VILLEN

Pompeji and Herculaneum sind nicht die einzigen römischen Schätze am Golf von Neapel. Im antiken Oplontis z. B. ist die ehemals luxuriöse Villa Poppaea zu besichtigen. (S. 112)

PASSEGGIATA DEL PIZZOLUNGO

Den Selfie Sticks, Shoppern und Posern entkommt man auf einem von Capris spektakulärsten Wanderwegen, einem einstündigen Spaziergang mit spektakulären Ausblicken auf die Westküste. (S. 127)

DER VESUV AUF DEM PFERDERÜCKEN

Der Vesuv ist mehr als nur sein Panoramakrater – seine Hänge sind reich an Pflanzen und Tieren. Auf einem Ausritt lässt sich seine oftmals übersehene Wildnis erkunden. (S. 113)

STREIFZÜGE BEI RAVELLO

Direkt oberhalb der Amalfiküste wartet ein friedliches Wunderland aus Olivenhainen, stimmungsvollen Dorfstraßen und hypnotischen Aussichten, alles zu Fuß erreichbar. (S. 186)

WANDERN IM CILENTO

Hinein in die Wanderstiefel, um ein Kampanien voller faszinierender Berglandschaften, kreisender Steinadler und, im Frühjahr, bunten Wildblumenteppichen zu entdecken. (S. 208)

ATRANI

Die bescheidenere Schwester von Amalfi-Stadt bietet dezenten Charme, niedrigere Preise und eine authentischere Atmosphäre als seine berühmten Konkurrenten. (S. 184)

Reiseplanung

Essen & Trinken wie die Einheimischen

Kampanien ist ein wahres Schlaraffenland: Dank erlesener heimischer Zutaten und geschulter Gaumen hat sich hier eine *der* Gourmetregionen der Welt entwickelt. Einige der berühmtesten Spezialitäten Italiens stammen aus diesem Teil des Landes und schmecken nirgends leckerer als hier. Nachfolgend ein paar appetitanregende Tipps.

Kulinarischer Kalender

Es gibt keine falsche Jahreszeit für einen Schlemmertrip durch Kampanien.

Frühjahr (März–Mai)

Spargel, Artischocken und Osterspezialitäten. Neapel feiert den *vino* der Region mit dem Festival Wine & The City (S. 75).

Sommer (Juni–Aug.)

Auberginen, Paprika, Tomaten und die Sagra del Tonno in Cetara (S. 190). Besonders probierenswert: *albicocche vesuviane* (vesuvische Aprikosen) und *pere mastantuono* (Mastantuono-Birnen).

Herbst (Sept.–Okt.)

Pilze, Kastanien, schwarze Trüffeln und *mele annurche* (Annurca-Äpfel). Pasta-Orgien beim Gourmetfest Gusta Minori (S. 189) in Minori.

Winter (Dez.–Feb.)

Weihnachts- und Karnevalsleckereien und traditionelle Wintergerichte wie *zuppa di castagne e fagioli* (Kastanien-Bohnen-Suppe). Wurstschmaus bei der Sagra della Salsiccia e Ceppone (S. 164) in Sorrent.

Gaumenfreuden

So viele Zutaten, so viele Spezialitäten, so wenig Zeit! Ein paar kulinarische Highlights als Orientierungshilfe:

Einmal im Leben

Ristorante La Caravella, Amalfi Michelin-gekrönte Fischküche und überragende Weinkarte. (S. 181)

Il Focolare, Ischia Das rustikale Slow-Food-Mekka zaubert mit heimischen Zutaten. (S. 147)

President, Pompeji Selbstbewusste, oft verspielte Interpretationen kampanischer Klassiker, den Michelin-Stern allemal wert. (S. 113)

La Palette, Capri Kreative Küche aus Inselprodukten zum tollen Blick auf die Bucht. (S. 121)

Preiswert & lecker

Pizza Aus dem Holzofen oder *fritta* (frittiert).

Fritture Frittierte Snacks wie *crocchè* (Kartoffelkroketten) schmecken am besten von der *friggitoria* (Frittierbude).

Taralli Knusprige, meist herzhafte ringförmige Kekse, auch in Varianten wie *taralli mandorlati* (mit Mandeln).

Sfogliatella Teigtasche mit Zimt und Ricotta: in *riccia* (Blätterteig) oder *frolla* (Mürbeteig).

Gelato Das beste Eis wird mit Zutaten der Saison und natürlichen Farbstoffen zubereitet.

Spezialitäten der Region

Jedes Gebiet hat seine Kultleckereien. Manche sind weltberühmt, andere weniger bekannt. Hier nur einige der besten:

Neapel

Neapel ist berühmt für seine Pizza mit Welterbe-Status, hat aber noch viele weitere Spezialitäten. Ein anderes Leibgericht der Stadt ist *pizza fritta* – eine in siedendem Öl gebackene Tasche aus Pizzateig. Die traditionelle Füllung besteht aus *ciccioli* (Grieben), *provola* (Provolone), Ricotta und Tomatensauce. Es gibt auch Varianten mit *salame* (Salami), *prosciutto cotto* (Schinken) und *mozzarella di bufala*.

Zu den Pastaklassikern gehören *spaghetti alle vongole* mit Muscheln, Knoblauch, *peperoncini* und Petersilie. Manche bevorzugen das Gericht *macchiato al pomodoro*, also mit frischen Tomaten.

Tomate ist auch eine der Hauptzutaten des *ragù napoletano*: Dieser *sugo* (Sauce) wird aus Tomaten, Zwiebeln und verschiedenen Fleischsorten zubereitet und muss ausgiebig köcheln. Als traditionelles Sonntagsgericht wird die Sauce normalerweise mit dickeren Pastavarianten wie *ziti*, *rigatoni* oder *maltagliati rigati* als *primo* (erster Gang) serviert, während das mitgegarte Fleisch später als *secondo* (Hauptgang) gereicht wird. Nicht weniger üppig ist *pasta alla genovese*, ein stundenlang geschmortes Ragout aus Rindfleisch und (reichlich) Zwiebeln, das ebenfalls mit *ziti* auf den Tisch kommt.

Wie das *ragù* erinnert auch der *sartù di riso* (eine Art Reispastete) an die französische Herrschaft. Der Name soll angeblich vom französischen *sur tout* (über allem) abgeleitet sein und sich auf die Reishülle beziehen, unter der sich eine deftige Füllung aus Fleischbällchen, Wurst, Mozzarella, Erbsen und Pilzen verbirgt.

Die Inseln

Auch das Insel-Trio im Golf von Neapel hat seine ganz eigenen Spezialitäten. Capri ist bekannt für seine *ravioli capresi* mit einer Füllung aus Käse (Parmesan und *caciotta*) und Majoran. Sie werden mit frischem Tomaten-*sugo* gereicht oder in Salbeibutter gewendet. Köstliche Gerichte mit den Meeresfrüchten der Insel sind etwa *totani e patate* (Pasta mit Tintenfisch, Kartoffeln, Knoblauch und Weißwein) und *totani ripieni* (Tintenfisch mit einer Füllung aus *caciotta*, Parmesan, frischer Petersilie und Tintenfisch-Tentakeln).

Auf Ischia sind die *spaghetti alla puttanesca* sehr probierenswert, die mit Tomaten, schwarzen Oliven, Kapern, Sardellen und (je nach Geschmack) *peperoncini* zubereitet werden. Aus dem wilden Inselinneren kommt *coniglio all'ischitana*, das berühmte Kaninchenragout, das mit Kirschtomaten, Wildkräutern (meist Rosmarin, Salbei und Thymian oder Majoran), Knoblauch, Zwiebeln, *peperoncini* und Weißwein im Tontopf schmort.

Das kleine Procida ist berühmt für seine *limone di Procida*, große Zitronen mit dicker Albedo (die weiße Schicht unter der Schale), intensivem Duft und angenehmer Säure. Die Einheimischen essen sie gern in Scheiben, mit Zucker bestreut. Sie ist auch die Hauptzutat der inseltypischen *insalata di limoni* (Zitronensalat), einer erfrischenden Melange aus Procida-Zitronen, Knoblauch, Zwiebeln, Minze, roten Chilischoten und Olivenöl.

Amalfiküste

Sorrent hat ebenfalls eine eigene Zitronensorte mit der geschützten Herkunftsbezeichnung (IGP) *limone di Sorrento*. Sie zeichnet sich durch besondere Saftigkeit und einen hohen Gehalt an ätherischen Ölen und Mineralstoffen aus und dient zur Herstellung des ebenfalls IGP-geschützten *liquore di limone di Sorrento*, des besten *limoncello*-Likörs der Region. Und auch die spezielle Zitronensorte der Amalfiküste ist als *limone Costa d'Amalfi* IGP-geschützt und wird zur Herstellung des allgegenwärtigen Zitronenlikörs verwendet. Aber die Amalfiküste ist nicht nur für ihren *limoncello* bekannt, sondern auch für traditionsreiche *digestivi* aus Gebirgskräutern und -pflanzen. Dazu gehören *finocchietto* (Wildfenchellikör), *fragolino* (Walderdbeerlikör) und *nocillo*, ein Likör aus Walnüssen, die traditionell in der Johannisnacht (24. Juni) geerntet werden.

Sorrent ist berühmt für seine *gnocchi alla sorrentina* (mit Tomate und Mozzarella überbacken). Der kleine Ort Minori ist die Heimat der *'ndunderi*. Diese Nockerln aus Mehl und Ricotta gelten als antike Vorläufer der heutigen Gnocchi. Sie werden traditionell am 13. Juli verzehrt, dem Festtag der Santa Trofimena, der Schutzheiligen von Minori. Aus Cetara, weiter östlich an der Küste, kommt die berühmte *colatura di alici*. Die sehr intensive, salzige Sardellensauce hat Ähnlichkeit mit *garum*, der beliebten Würzsauce der alten Römer.

Eine dekadente Leckerei ist die *delizia di limone* der Amalfiküste: mit Zitronencreme und *limoncello* gefüllter Biskuitteig mit Zitronenglasur und Sahnekrönchen.

Salerno & der Cilento

Diese Ecke Kampaniens ist berühmt für den *mozzarella di bufala* aus der Gegend um Paestum, der deutlich süßer schmeckt als das Konkurrenzprodukt aus Caserta. Probierenswert ist auch *cacioricotta di capra*, ein kräftiger Ziegenkäse. Aus der Milch der süditalienischen Podolica-Kühe wird der hoch geschätzte *caciocavallo podolico* hergestellt, auch als *Grana Padano* des Südens bezeichnet. Er wird mit dem Alter immer besser, weshalb man ihn am besten *stagionato* (gereift) genießt. Manche Sorten reifen in Tuffsteinhöhlen. Eine weitere Delikatesse ist die mit Buchen- und Eichenholz geräucherte Salami *soppressata cilentana*.

Gut zu wissen

Wann essen

Colazione (Frühstück) Oft nur ein Espresso mit *cornetto* (italienisches Croissant) oder *sfogliatella* (Teigtasche mit süßer Ricotta-Füllung).

Pranzo (Mittagessen) Traditionell die Hauptmahlzeit des Tages. Die meisten Restaurants servieren sie von 12 bis 15 Uhr, auch wenn viele Einheimische nicht vor 14 Uhr am Tisch sitzen.

Aperitivo Der Drink nach Feierabend ist in Neapel sehr beliebt. Hier servieren viele Bars von 18 bis 21 Uhr leckere Häppchen zum Getränk.

Cena (Abendessen) Traditionell weniger üppig als das Mittagessen. Die meisten Restaurants servieren es von 19.30 bis 23 Uhr (im Sommer auch später). Die Einheimischen dinieren selten vor 20.30 Uhr.

Wo essen

Ristorante (Restaurant) Mit förmlich korrekter Bedienung und gehobener Küche die richtige Wahl für besondere Anlässe.

Trattoria Zwanglosere Version des Restaurants mit günstigeren Preisen und regionalen Spezialitäten. Um Lokale mit „Touristenmenü" sollte man einen Bogen machen.

Osteria Früher eine einfache Weinschenke; heute eine gemütliche Trattoria oder Weinbar mit einer Handvoll kleiner Gerichte.

Enoteca Weingeschäft und -lokal, das zum guten Tropfen oft auch leckere Häppchen reicht.

Agriturismo Unterkunft auf einem Bauernhof, der seine Gäste mit Gerichten aus eigenen Erzeugnissen beköstigt.

Pizzeria Günstige Sättigung und kaltes Bier.

Speisekartendolmetscher

Menù alla carta Freie Auswahl aus der Speisekarte.

Menù di degustazione Degustationsmenü, das meist aus sechs bis acht Gängen in „Probiergröße" besteht.

Menù turistico Das „Touristenmenü" ist normalerweise mittelmäßige Kost für ahnungslose Touristen – Finger weg!

Piatto del giorno Tagesgericht.

Antipasto Warme oder kalte Vorspeise. Wer eine Auswahl verschiedener Vorspeisen wünscht, bestellt *antipasto misto* (gemischte Vorspeise).

Primo Erster Gang, normalerweise ein Pasta- oder Reisegericht oder eine Portion *zuppa* (Suppe) .

Secondo Zweiter Gang, oft *pesce* (Fisch) oder *carne* (Fleisch).

Contorno Beilage, meist *verdura* (Gemüse).

Dolce Dessert, das auch *torta* (Kuchen) sein kann.

Frutta Obst, das meist zum Abschluss der Mahlzeit gereicht wird.

Nostra produzione Aus hauseigener Produktion; das kann für alles von Brot und Pasta bis zu *liquori* (Likören) gelten.

Surgelato Tiefgefroren; meist als Bezeichnung für nicht fangfrischen Fisch bzw. Meeresfrüchte.

Reiseplanung

Aktivitäten

Kampanien bietet einige der spektakulärsten Wanderreviere Italiens – von „göttlichen“ Pfaden an der Amalfiküste bis zu stillen, urwüchsigen Wäldern im Cilento. Und auch das Meer verspricht jede Menge Abenteuer: surreal leuchtende Grotten, Bootsausflüge zu versteckten Buchten und Taucherlebnisse in Meeresschutzgebieten.

Wandern

Der berühmteste Wanderweg in Kampanien ist der Sentiero degli Dei (Pfad der Götter; S. 156) – wie der Name schon sagt eine himmlische Landschaft zum Bummeln, Wandern oder Trekken. Die meisten Besucher entscheiden sich für Tageswanderungen, doch im wilden Cilento sind auch längere Wandertouren möglich.

Die Wege an der Amalfiküste und auf der Sorrentinischen Halbinsel sind generell gut markiert und kartiert. Die meisten haben befestigte Stufen, um die Bewältigung der steilen Hänge und Felswände zu erleichtern, für die die Gegend berühmt ist. Die Wege sind zwar klettertechnisch nicht anspruchsvoll, aber oft steil, heiß (im Sommer bis zu 40 °C) und – stellenweise – nichts für Leute mit Höhenangst. Bei aller Schönheit sollte man sie nicht unterschätzen.

Die Pfade im Parco Nazionale del Cilento, Vallo di Diano e Alburni sind nicht so gut markiert und deshalb auch viel weniger frequentiert. Die Inseln im Golf von Neapel laden einerseits zu entspannten Spaziergängen ein, bieten aber auch eine Handvoll kurzer, steiler Klettertouren für Besucher, die auf Abenteuer aus sind.

Der Vesuv

Der Gipfel des Vesuv (S. 106) ist leichter zu erreichen, als man denkt: Von der Station Ercolano-Scavi Circumvesuviana verkehren Shuttlebusse zum Parkplatz in Gipfel-

Die schönsten Outdoorerlebnisse

Top-Aktivitäten

Küstengrotten Durch schimmernde Meereshöhlen gleiten

Wandern an der Amalfiküste Göttliche Aussicht von Bergpfaden auf die legendäre Küste

Thermalquellen Totale Entspannung in Ischias natürlichen Bädern

Vesuv Die Hänge des berüchtigten Vulkans erklimmen

Meeresschutzgebiet Punta Campanella Nach kuriosen Kreaturen tauchen

Grotte di Castelcivita Ein Muss für Höhlenfans: die älteste menschliche Siedlung Europas

Positano-Romantik Zum Sundowner Kurs auf eine wenig bekannte Inselgruppe nehmen

Kajaktouren Rund um die idyllischen Ufer von Procida paddeln

Beste Reisezeit

April–Juni Zwischen Wildblumen wandern

Juli & Sept. Wassersport und Tauchen ohne den Augustrummel

nähe. Von dort führt ein relativ einfacher Fußweg die 860 m zum Gipfel hinauf, der für die Mühe mit Rundumblick auf Neapel, den Golf und die fernen Berge des Apennin entschädigt.

Der Vulkan liegt im Parco Nazionale del Vesuvio (S. 106), durch den neun *sentieri* (Pfade) diverser Längen und Schwierigkeitsgrade verlaufen. Der anspruchsvollste und lohnendste ist der 6,7 km lange Lungo la Strada Matrone (Route 6). Er beginnt an der Via Cifelli und führt den Südosthang des Vulkans hinauf zum Gipfel. Der Park ist die Heimat von Igeln, Steinmardern, Füchsen und rund 140 Vogelarten, u. a. Buntspechten, Bussarden und Raben.

Die Inseln im Golf von Neapel

Von den drei größten Inseln im Golf von Neapel verblüfft vor allem Capri als Wanderparadies. Außerdem ist eine Wanderung auf Capri ideal, um den Touristenscharen zu entkommen. Die meisten Wanderrouten führen über gepflasterte oder geteerte Wege und alle sind durchgehend spektakulär. Der längste und wildeste Wanderweg ist der **Sentiero dei Fortini** (Karte S. 118) entlang der Westküste.

Ischia hat nicht so viele klar markierte Wanderrouten. Zum Pflichtprogramm gehört hier der kurze Abstecher auf den Gipfel des **Monte Epomeo** (Karte S. 134). Geo-Ausflüge (S. 148) bietet von einem einheimischen Geologen geführte Wanderungen durch das von Thermalquellen strotzende Inselinnere an.

Amalfiküste

Trotz ihres unbarmherzig steilen Terrains pflegt die Amalfiküste eines der besten Wegenetze von ganz Italien. Oberhalb der betriebsamen Touristenorte Positano und Amalfi mit ihren rappelvollen Cafés und Stränden erstreckt sich ein Paralleluniversum aus uralten Fußpfaden und schattigen Wäldern, in denen Wanderer zu innerer Ruhe finden können.

Die Küste bietet eine der berühmtesten Wanderrouten Italiens, den Sentiero degli Dei (Pfad der Götter; S. 156), und viele weitere Rundwege, Streckenwanderungen, Bergtouren und Verbindungswege zwischen Dörfern. Die Landschaft ist immer traumhaft: terrassierte Hänge, an denen sich hier und da Grüppchen von Häusern stapeln, der intensive Duft reifender Zitronen und dazu ein Soundtrack aus Kirchenglocken, Ziegengemecker und vereinzelt hupenden Bussen in der Ferne. Die Rundwanderung durch die **Valle delle Ferriere** ist eine wunderbare, bewaldete Route in den Bergen hinter dem Städtchen Amalfi. In der Valle del Sambuco (S. 189) kann man die Zitronenhaine und Eichenwälder nördlich von Minori erkunden.

Die meisten Wege sind gut markiert und kartiert. Der einzige Nachteil sind die Stufen – davon gibt es eine Menge und die meisten Wanderrouten umfassen mindestens einen strapaziösen Anstieg. Das Gute daran: Je höher man kommt, desto ruhiger wird es.

Parco Nazionale del Cilento, Vallo di Diano e Alburni

Südöstlich der Amalfiküste liegt der Parco Nazionale del Cilento, Vallo di Diano e Alburni (S. 207), der zweitgrößte Nationalpark Italiens. Diese bemerkenswerte Wildnis beherbergt rund 3000 Pflanzenarten und eine Reihe seltener Vögel wie den Steinadler und die Alpendohle. Zum Wandern bietet der Park schier unbegrenzte Möglichkeiten, aber wegen der schlechten Verkehrsanbindung, des Mangels an mehrsprachigen Informationsquellen und der gewaltigen Größe des Gebiets (in dem die Startpunkte der Wanderwege weit auseinanderliegen und oft schwer zu finden sind) ist es eher etwas für abenteuerlustige Wanderer.

Einige der einfacheren Tageswanderungen verlaufen in Küstennähe. Eine gute Einführung in die verborgenen Wunder des Cilento versprechen das Naturschutzgebiet Trentova-Tresino (S. 203) bei Agropoli oder die Umgebung des Capo Palinuro (S. 207).

Nützliche Informationen über die Nationalparks und Wanderwege der Region gibt es online unter www.parks.it.

Radfahren

Radfahrer treffen in Kampanien auf einige Schwierigkeiten, die aber keineswegs unüberwindlich sind. Es gibt in dieser Region nur wenig Flachland, es kann mörderisch heiß werden und die Straßen sind vielerorts schmal, kurvig und von tollkühnen Busfahrern bevölkert.

An der Amalfiküste sind viele Radfahrer unterwegs, aber wer sich ihnen anschließen will, muss sehr konzentriert fahren und sich oft um Dringenderes (wie hinderliche Busse, rasende Sportwagen und steile Abhänge neben der Straße) kümmern, als die schöne Aussicht zu genießen. Weniger verkehrsreiche und wesentlich fahrradtauglichere Straßen verlaufen durch den Parco Nazionale del Cilento, Vallo di Diano e Alburni (S. 207). Die Planung einer mehrtägigen Radtour zwischen den Ortschaften dieses ausgedehnten Nationalparks (des zweitgrößten in Italien) ist problemlos in Eigenregie machbar.

Zum Mountainbiken ist die Amalfiküste nicht das Wahre, da die meisten Wege von steilen Treppen unterbrochen werden. Da sind Mountainbiker mit den ruhigen Küstenrouten des Naturschutzgebiets Trentova-Tresino (S. 203) gleich südlich von Agropoli schon besser bedient.

Von den Inseln im Golf von Neapel ist Procida am besten für eine gemächliche, entspannte Radtour. Gleich neben dem Fähranleger gibt es einen Fahrradverleih.

TOP-STRÄNDE

Baia di Ieranto Ein spektakulärer Strand an der Landspitze Punta Penna südlich von Sorrent. (S. 168)

Spiaggia Grande di Acciaroli Viel Platz, weicher Sand und klares Wasser an der Küste des Cilento. (S. 205)

Baia di Sorgeto Per Wassertaxi zum wohlig warmen Thermalstrand auf Ischia. (S. 147)

Spiaggia del Fornillo Schöne Alternative zum Hauptstrand von Positano, mit kristallklarem Wasser. (S. 173)

Santa Maria di Castellabate Strandort im Cilento mit samtweichem Sand. (S. 204)

Badestrände

Die besten Badestrände der Region säumen die Küste des Cilento, von Paestum bis nach Palinuro hinunter. Sie werden vor allem von italienischen Touristen besucht. Die Gegend ist für ihre vielen Strände mit „Blauer Flagge“ bekannt. Dieses Gütezeichen bescheinigt, dass sie sauber, gut gepflegt und zum Baden bestens geeignet sind. Besondere Highlights sind der 4 km lange Sandstreifen bei Castellabate, die breite Spiaggia Grande di Acciaroli (S. 205) und die Strände um Palinuro. Diese Strände sind nicht nur größer als die Badebuchten in der Nähe von Neapel, sondern auch weniger überlaufen und eher von Einheimischen frequentiert.

Ischia hat einige annehmbare Strände mit dunklem Sand ganz in der Nähe der berühmten Thermalbäder der Insel und ist von den Inseln im Golf von Neapel die einladendste für einen Strandtag. Die Strände von Procida sind weniger beeindruckend.

An der Amalfiküste und auf Capri mangelt es an breiten Sandstränden. Die „Strände“ dieser Regionen liegen eher in geschützten Buchten oder an felsigen Landzungen. Manche sind nur per Boot oder über steile Treppen zu erreichen. Trotzdem ist die Region wahnsinnig beliebt und besitzt eine ganze Riege hervorragender (wenn auch teurer) Strandclubs.

Schwimmen bleibt ein beliebter Zeitvertreib in Kampanien, wo das Wasser im Sommer normalerweise sauber und warm genug zum Baden ist. An jedem beliebten Strand gibt es mindestens einen Strandclub und oft auch gesicherte, abgegrenzte Bereiche zum Schwimmen. An den abgelegeneren Stränden muss man sich vor Meeresströmungen in Acht nehmen. Die Kampanier sind zu Recht stolz auf ihre mit „Blauen Flaggen“ ausgezeichneten Strände, die mit ihrer guten Wasserqualität ideal zum entspannten Planschen sind. Beliebte Strände mit „Blauer Flagge“ sind etwa die Spiaggia del Fornillo (S. 173) in Positano, die Spiaggia di Faro (S. 132) auf Capri und die Spiaggia Palinuro (S. 206) an der Küste des Cilento.

Thermalquellen & -bäder

Der Golf von Neapel ist seit Jahrtausenden für seine Thermalquellen bekannt, von denen sich unzählige Kurgäste von römischen Kaisern bis zu ausgebrannten Prominenten verwöhnen ließen.

Die Vulkaninsel Ischia ist mit 103 Thermalquellen, 67 Fumarolen und 29 unterirdischen Becken einer der hydrothermalen Hotspots der Welt und Italiens Topziel für Thermalkuren. Die besten Thermalbäder, Negombo (S. 141) und Giardini Poseidon (S. 142), sind regelrechte Parkanlagen, die idyllische Gärten und moderne Skulpturen mit Mineralwasserbecken, Massagebehandlungen und Privatstränden kombinieren. Weniger Luxus, aber mehr Geschichte bietet die Terme Cavascura (S. 147) mit ihren alten römischen Bädern. Wer nicht für die Nutzung des warmen Wassers bezahlen will, das hier schließlich von selbst aus dem Boden sprudelt, steuert am besten die Baia di Sorgeto (S. 147) an, eine kostenlos zugängliche Thermalbadebucht an der Südküste der Insel.

Leicht mit der Cumana-Bahn von Neapel zu erreichen ist die Terme Stufe di Nerone (S. 101), eines der berühmtesten Thermalbäder der Campi Flegrei. Sie verfügt neben Badebecken drinnen und draußen über Saunen, die in den typischen *tufo*-Fels der Gegend gehauen sind.

Kajak- & Kanufahren

Der Kajak- und Kanusport scheint in Kampaniens mondäneren Urlaubsorten im Schatten der vielen Motorboote und Segeljachten zu stehen. Dabei gibt es hier reichlich Gelegenheit, auf dem Wasser aktiv zu werden, wenn man nur weiß, wo man suchen muss.

Kayak Napoli (S. 73) bietet Tages- und Abendtouren an, die die Küste der Stadt abfahren und dabei auch alte *palazzi* und Küstengrotten ansteuern. Wer Lust hat, sich auf Capri ins sommerliche Gewimmel der Freizeitboote zu stürzen, kann an der **Marina Piccola** (Karte S. 118; ☎081 837 02 21; Via Mulo 77; ⌚Juni–Sept.) Kanus leihen. Ruhigere Paddelvergnügen verspricht Procida: Die Insel dürfte in der Region der beste Ort sein, um das Paddel zu schwingen. Kajaks gibt es am geschützten Halbbogen der Marina di Chiaiolella zu leihen. Von hier bietet der einheimische Veranstalter ASD Kayak Procida (S. 151) eine wunderbare Paddeltour rund um die Insel an.

Auch an der Küste des Cilento sind entspannte Bootspartien mit Muskelantrieb möglich. Gute Kajakverleiher gibt es in Agropoli (S. 202) und Palinuro (S. 206).

Tauchen

Kampanien ist auch ein beliebtes Ziel für Taucher und die Unterwasserwelt ist fürs Mittelmeer wirklich top. Fast überall entlang der Küste bieten Tauchveranstalter geführte Tauchgänge, Ausrüstungsverleih und Kurse für jedes Können an. Gute Anbieter gibt es auf Ischia (S. 136), in Agropoli (S. 203) und an der Marina di Praia (S. 180) an der Amalfiküste.

Zu den besten Tauchrevieren gehört das Meeresschutzgebiet Punta Campanella (S. 171) vor der Spitze der Halbinsel von Sorrent. Es lockt mit kleinen Riffen und bunter Meeresfauna und Algenvegetation. Nettuno Diving (S. 171) in Marina del Cantone, einer der besten Tauchveranstalter in Kampanien, hat eine spezielle Zugangsgenehmigung zum Meeresschutzgebiet. Weitere beliebte Tauchplätze sind die Wracks aus dem Zweiten Weltkrieg bei Agropoli, die türkisblauen Gewässer rund um Capri und die Unterwassergrotten bei Marina del Cantone.

Der **Parco Sommerso di Gaiola** (S. 73) ist ein Meeresschutzgebiet mit artenreicher Unterwasserwelt vor Posillipo bei Neapel. Hier werden außer geführten Schnorchel- und Tauchtouren in den wärmeren Monaten auch Touren mit Glasbodenbooten angeboten.

Meiden sollten Tauchurlauber nach Möglichkeit den August, wenn der größte Teil der Küste von Badegästen belagert ist und die Preise ihren Höchststand erreichen. Informationen über Tauchschulen und -reviere gibt es bei den örtlichen Touristeninformationen und online unter www.diveitaly.com (auf Italienisch).

Reiseplanung

Reisen mit Kindern

Mit ein wenig Planung und ein paar Informationen über die spannende Geschichte der Region lassen sich neugierige Kinder sicher für Neapel und die Amalfiküste begeistern. Dies ist das Land riesiger Gladiatorenarenen, geheimnisvoller Katakomben, fauchender Krater und blubbernder Strände. Auf geht's!

Neapel & die Amalfiküste für Kinder

Im kindernärrischen Kampanien sind kleine Besucher fast überall hochwillkommen. Die Region hat zwar kaum spezielle Einrichtungen für die Kleinen und die Kombination aus neapolitanischer Hektik, kurvenreichen Küstenstraßen und dem buggyunfreundlichen Kopfsteinpflaster der archäologischen Stätten kann sich manchmal als etwas stressig erweisen, aber mit ein bisschen Planung wird's trotzdem für alle ein toller Familienurlaub.

Highlights für Kinder

Kultur mit Spaßfaktor

MAV (Museo Archeologico Virtuale), Ercolano Erweckt die Ruinen Kampaniens mit Hologrammen und Videos zum Leben. (S. 105)

Museo della Carta, Amalfi In einer alten Papiermühle in Amalfi wird die Geschichte der Papierherstellung der Region erzählt. (S. 183)

Museo Virtuale della Scuola Medica Salernitana, Salerno Interaktives Museum zur mittelalterlichen Medizin. (S. 198)

Giffoni Film Festival,Giffoni Valle Piana, Salerno Europas größtes Filmfestival für Kinder. (S. 21)

Top-Tipps nach Region

Neapel, Pompeji & Umgebung

Top-Sehenswürdigkeiten: Zeitreisen in Pompeji, Herculaneum und Oplontis, alte Zisternen, Gänge und unheimliche Friedhöfe unter den quirligen Straßen der Stadt, Experimente im Wissenschaftsmuseum und ein fauchendes geologisches Wunder.

Die Inseln

Ideal für kleine Wasserratten: mit einem Boot die eigene perfekte Badebucht auf Procida suchen, auf Capri in eine zauberhafte Grotte gleiten oder auf dem üppigen, vulkanischen Ischia in einem Thermalbad von Becken zu Becken hüpfen.

Die Amalfiküste

Meer und mehr: Bei einer Bootstour relaxen, an einem tollen Strand herumplanschen, hoch über der Küste wandern, dazu ein bisschen Geschichte im originellen Papiermuseum in Amalfi.

Salerno & der Cilento

Wildnis und Kultur: im Multimediamuseum etwas über alte Medizin lernen, ein Filmfestival für Kinder besuchen oder sich in der offenen Wildnis austoben, auf Bauernhöfen Tiere füttern und Stalaktiten von Stalagmiten zu unterscheiden lernen.

Naturabenteuer

Negombo, Ischia Ein echtes Wasserparadies mit 14 Mineralwasserbecken und Thermalstrand sowie Massagen und Schönheitskuren für die gestressten Eltern. (S. 141)

Blaue Grotte, Capri Im Vergleich zur überirdisch schillernden Grotta Azzurra von Capri sieht Pixar alt aus. (S. 206)

Parco Nazionale del Cilento, Vallo di Diano e Alburni Unheimliche Höhlen, farbenprächtige Meeresgrotten und *agriturismi* samt Tieren zum Streicheln. (S. 207)

Monte Faito Die Seilbahnfahrt auf das Dach der Monti Lattari ist einfach spektakulär. (S. 168)

Zeitreisen

Pompeji Antike Theater, Häuser, Läden und sogar ein Stadion. Das antike Bordell dürfte Teenager verblüffen. (S. 107)

Herculaneum Kleiner als Pompeji und besser erhalten, mit verkohltem Mobiliar und alter Ladenreklame. (S. 102)

Napoli Sotterranea, Neapel Durch eine geheime Luke in ein Labyrinth griechisch-römischer Gänge und Zisternen hinabsteigen. (S. 58)

Cimitero delle Fontanelle, Neapel In der Friedhofshöhle voll sauber gestapelter Menschenschädel und -knochen ist jeden Tag Halloween. (S. 71)

Reiseplanung

Reisezeit

Im Mai, Juni und September ist es gewöhnlich warm und sonnig, ohne die Menschenmengen der Hauptsaison. Zum Carnevale im Februar oder März locken bunte Festwagen und Kostüme, im Dezember bezaubern die berühmten *presepi* (Krippen) der Region.

Unterkünfte

- **Hostels und Ferienwohnungen** Sind mit ihren Mehrbettzimmern, Gästeküchen und Aufenthaltsräumen für Familien gut geeignet.
- **Campingplätze** In der Hauptsaison (Sommer) ist auf den Campingplätzen der Bär los. Viele bieten dann Aktivitäten für junge Gäste an.
- **Bauernhöfe** *Agriturismo*-Unterkünfte auf Bauernhöfen verheißen Platz zum Austoben und flauschige Freunde.
- Unterkünfte früh reservieren. Doppelzimmer im Hotel bieten nicht immer Platz für Zustellbetten; vorher nachfragen. Für kleine Kinder, die im Elternbett schlafen, berechnen manche Hoteliers nichts.

Essen

- Die meisten Lokale sind kinderfreundlich, vor allem Trattorien und Pizzerien.
- Bei der Tischreservierung nach einem *seggiolone* (Hochstuhl) fragen.
- Kinderkarten sind unüblich, aber Gerichte von der Speisekarte gibt es meist auch als *mezzo piatto* (halbe Portion).

Grundbedarf

- Einwegwindeln sind in Supermärkten und Apotheken zu kaufen. In den Apotheken gibt es auch Säuglingsmilch in Pulver- oder flüssiger Form sowie Sterilisationslösungen.
- Kartons mit Frischmilch werden in Supermärkten und Bars mit „Latteria"-Schild verkauft. H-Milch ist sehr beliebt und in vielen abgelegenen Gegenden die einzig verfügbare Sorte.

Verkehrsmittel

- Kopfsteinpflaster, Schlaglöcher und volle Verkehrsmittel machen das Reisen mit Kinderwagen beschwerlich. Vielleicht besorgt man sich besser einen Kindertragerucksack.
- In öffentlichen Verkehrsmitteln fahren Kinder bis zu sechs Jahren in Begleitung eines Erwachsenen umsonst mit. Wer mit mehr als einem Kind unterwegs ist, muss eine Fahrkarte pro zwei Kinder lösen.
- Die meisten Autovermieter verleihen gegen eine kleine Gebühr Kindersitze, die man aber vorab reservieren sollte.

Neapel & die Amalfiküste im Überblick

Neapel, Pompeji & Umgebung

Geschichte
Museen
Essen

Antike Stätten

Die Neapolitaner halten sich an das Motto *carpe diem* (nutze den Tag). Überall um sie herum, in Pompeji, Ercolano, Pozzuoli, Baia und Cuma, werden sie daran erinnert, dass das Leben unberechenbar ist. Selbst unter der Stadt liegen Relikte längst vergangenen Lebens, von unterirdischen Märkten bis zu makabren Grabfresken.

Museen & Galerien

Neapel quillt über vor Kunst, von römischen Kolossalstatuen im Museo Archeologico Nazionale bis zu Caravaggio im Palazzo Reale di Capodimonte. Dazu fügt sich eine lange Liste weniger bekannter Schätze wie das Theatermuseum des Teatro San Carlo, das MeMus.

Pizza & Pasta

In den lauten Straßen Neapels werden im Konkurrenzkampf um die Krone der Kochkunst einige der berühmtesten Kulinaria des Landes aufgetischt: Kaffee, Pizza, Pasta, *sfogliatelle* (süße Ricottakuchen), *babà* (Rumkuchen) und ein wahres Füllhorn an Meeresfrüchten.

S. 40

Die Inseln

Essen
Landschaften
Thermalbäder

Insel-Schlemmereien

Ob man nun auf einer Piazza auf Capri *torta caprese*, in einer rustikalen Trattoria auf Ischia Kaninchenbraten oder an einem Strand auf Procida frisch gefangenen Fisch speist, das kulinarische Erlebnis wird auf jeden Fall unvergesslich sein.

Traumlandschaften

Von Capris schwindelerregender Steilküste und neonblauer Grotte über Ischias prächtige Gärten und Weinberge bis zu den pastellfarbenen Dörfern der Insel Procida prägen zahllose malerische Motive den Golf von Neapel. Also raus mit der Kamera, auf dass die Freunde daheim grün vor Neid werden.

Thermalbäder

Seit der Antike verwöhnen die Thermalquellen von Ischia erschöpfte Muskeln. Besucher finden hier einen Hauch von Zen am blubbernden Thermalstrand, relaxen im römischen Bad und genießen in einer weitläufigen Wellnessanlage Packungen und Massagen.

S. 115

Amalfiküste

Kultur
Landschaft
Aktivitäten

Kunst & Architektur

Hochmoderne Malerei und Skulpturen in Positano, mittelalterliche Klöster in Amalfi, klassische Klänge in Ravello: Jenseits der schimmernden Jachten, der überfüllten Strände und in Gucci gekleideten Schönheiten wartet ein kostbarer Schatz kultureller Vielfalt.

Bilderbuchküste

Himmelhohe Küstenfelsen, terrassierte Weingärten, bunte Fischerdörfer und das türkisblaue Tyrrhenische Meer – die hinreißendste und berühmteste Küste Italiens verspricht an jeder Ecke traumhafte Ausblicke.

Naturwunder

Aktive Menschen werden hier restlos verwöhnt, ob über, unter oder auf dem Meeresspiegel. Sie können in kristallklarem Wasser schwimmen oder tauchen, mit dem Boot von Höhle zu Höhle segeln oder den Menschenmassen auf einem Bergwanderweg entkommen – die Amalfiküste ist immer spannend.

S. 154

Salerno & der Cilento

Essen
Ruinen
Natur

Eine gut gefüllte Speisekammer

Köstlicher Büffelmilchmozzarella und pfeffriges Olivenöl, perfekte Artischocken und samtige weiße Feigen, glitzernde Meeresfrüchte und pralle Törtchen – in Salerno und dem Cilento gibt es eine Fülle an hochgelobten regionalen Köstlichkeiten.

Griechische Ruinen

Lange vor Eintreffen der Römer tummelten sich hier die Griechen. An die Macht und Eleganz von Magna Graecia (Großgriechenland) erinnern die stoischen Tempel von Paestum und die idyllischen Ruinen von Velia.

Wilde Natur

Tiefe, dunkle Wälder, aufregende Stromschnellen und kathedralenartige Höhlen voller Relikte der Menschheitsgeschichte: Der Parco Nazionale del Cilento, Vallo di Diano e Alburni ist eines der größten und unberührtesten Naturgebiete des Landes.

S. 192

Reiseziele

Neapel, Pompeji & Umgebung
S. 40
Die Inseln
S. 115
Amalfiküste
S. 154
Salerno & der Cilento
S. 192

Neapel, Pompeji & Umgebung

970 185 EW.

Inhalt ➡

Gut essen

- President (S. 113), Pompeji
- Capo Blu (S. 101), Campi Flegrei
- Viva Lo Re (S. 105), Ercolano
- Concettina Ai Tre Santi (S. 84), Neapel
- Da Ettore (S.79), Neapel

Schön übernachten

- Magma Home (S. 215)
- Atelier Inès (S. 217)
- La Ciliegina Lifestyle Hotel (S. 216)
- Hotel Piazza Bellini (S. 214)
- Neapolitan Trips (S. 216)

Auf nach Neapel!

Die drittgrößte Stadt Italiens ist zugleich eine der ältesten, kunstreichsten und kulinarisch attraktivsten des Landes. Das *centro storico* (Altstadt) von Neapel ist eine Welterbestätte der Unesco, seine archäologischen Schätze gehören international zu den eindrucksvollsten ihrer Art und die barocken Paläste, Burgen und Kirchen lassen Rom wie eine Provinzstadt erscheinen.

Die Region um Neapel ist mit ihren fruchtbaren Vulkanböden, einem fischreichen Meer und jahrhundertealter kulinarischer Tradition ein lukullisches Schwergewicht. Hier gibt es die besten Pizzas, Pastas und Kaffees, berühmte Meeresfrüchtegerichte, Straßenimbisse und süßes Gebäck. Der Ballungsraum um Neapel wirkt stellenweise chaotisch und heruntergekommen, doch hinter maroden Fassaden und Graffiti verbergen sich Fresken und Skulpturen, man trifft unvermutet auf Eleganz und zutiefst menschliche, gesprächsbereite Einwohner. Willkommen in Italiens unglaublichem Meisterwerk!

Reisezeit

- Der Mai ist ein guter Monat, um den Golf von Neapel zu erkunden. Das Wetter ist mild, es gibt keine Urlaubermassen. Bei den Unterkünften winken Schnäppchenpreise und in Neapel sorgt das Kulturfestival Maggio dei Monumenti für gute Unterhaltung.
- Im Sommer ist an den großen archäologischen Stätten mit Besuchermengen und Schlangen zu rechnen. Die meisten Neapolitaner nehmen ihren Jahresurlaub im August, viele Restaurants und Geschäfte der Stadt schließen. Währenddessen ächzen die Inseln im Golf von Neapel und die Sorrentinische Halbinsel unter dem Urlauberandrang.
- Neapel ist berühmt für seine *presepi* (Weihnachtskrippen). Die Weihnachtszeit lockt zudem mit lokalen Spezialitäten und an Silvester gibt es kostenlose Konzerte und andere Events.

Highlights

1 **Cappella Sansevero** (S. 47) Giuseppe Sanmartinos *Cristo velato* bewundern.

2 **Pompeji** (S. 107) Das Leben in der Antike hautnah kennenlernen.

3 **Museo Archeologico Nazionale** (S. 44) Die schönsten antiken Schätze Italiens begutachten.

4 **Certosa e Museo di San Martino** (S. 67) Kreuzgänge, Kutschen und Barkassen samt Panoramablick genießen.

5 **Palazzo Reale di Capodimonte** (S. 46) Caravaggio, moderne Kunst und majestätische Opulenz erleben.

6 **Herculaneum** (S. 102) Zwischen jahrtausendealten Häusern, Geschäften und Bädern umherlaufen.

7 **Teatro San Carlo** (S. 61) Im größten Opernhaus Italiens den Stars Beifall spenden.

8 **Catacombe di San Gennaro** (S. 69) Antike Fresken und Gräber erkunden.

9 **Vesuv** (S. 106) In den Schlund des schlummernden Vulkans blicken.

Die Stadtviertel im Überblick

❶ Centro Storico (S. 48)

Das *centro storico* (Altstadt) ist das laute, pulsierende Herz von Neapel, ein schwindelerregendes Durcheinander aus Baristas, Kultschreinen und theatralischen Palazzi. Das fast 3000 Jahre alte Gewirr aus Gassen und Plätzen beherbergt viele spektakuläre Kulturgüter, darunter Kreuzgänge und Kapellen mit Fresken und unterirdische antike Straßen, über die einst deutlich sichtbar römische Streitwagen rumpelten. Hier finden sich auch viele der besten Pizzerien und Restaurants der Stadt, alternative Bars und Kunsthandwerkerateliers zum Stöbern und Shoppen. Also einmal tief Luft holen und dann rein ins Vergnügen!

❷ Toledo & Quartieri Spagnoli (S. 59)

Die Via Toledo (alias Via Roma) wurde im 16. Jh. unter dem spanischen Vizekönig Don Pedro Álvarez de Toledo angelegt. Hier tummeln sich Teenies beim Schaufensterbummel neben Espresso trinkenden Geschäftsleute, drumherum stehen elegante Palazzi, in denen einst Aristokraten residierten. Handtuchschmale Seitenstraßen führen nach Westen in die Quartieri Spagnoli. Das für Don Pedros spanische Truppen errichtete Viertel ist heute ein uriges, belebtes Wirrwarr aus tropfenden Wäscheleinen und kreuz und quer fahrenden Vespas sowie ein Hort der neapolitanischen Küche alter Schule. Einen starken Kontrast dazu bildet der südliche Abschnitt der Via Toledo – in direkter Nachbarschaft zur ehemaligen Angevinerfestung Castel Nuovo (Maschio Angioino) sonnt er sich im Goldglanz des Palazzo Reale und Teatro San Carlo.

❸ Santa Lucia & Chiaia (S. 65)

Fin-de-siècle-Hotels, Mittelschichtfamilien und Uferpromenade bestimmen den kompakten, respektablen Stadtteil Santa Lucia, dessen Hauptschlagader die gleichnamige Via Santa Lucia ist. Eine schöne Gelegenheit für müßiggängerische *passeggiate* (Spaziergänge) am Ufer oder Seafood-Schlemmereien mit Blick auf schaukelnde Boote. Für Letztere eignet sich auch hervorragend die kleine Insel Borgo Marinaro, die das Castel dell'Ovo beheimatet und künstlich mit dem Festland verbunden ist. Westlich von Santa Lucia erstreckt sich das Viertel Chiaia mit Luxusboutiquen, Seitenstraßen mit vielen Bars, modebewussten Städtern und einer ehemaligen Rothschild-Villa.

❹ Vomero (S. 67)

Alle Straßen mögen zwar nach Rom führen, aber drei neapolitanische Standseilbahnen führen nach Vomero, einem Stadtteil in den Hügeln. Hier weicht die gewisse Neapel-Anarchie freundlichen *professori,* Jugendstilvillen und der hinreißenden Certosa di San Martino. Ein weiter Blick über Bucht und Stadt sowie einer der beliebtesten Parks Neapels machen diesen Stadtteil zu einer leicht zu erreichenden Oase abseits der überschäumenden Energie des Stadtzentrums.

❺ La Sanità & Capodimonte (S. 69)

La Sanità lag bis zum 18. Jh. außerhalb der Stadtmauern und war jahrhundertelang der Ort, an dem die Toten begraben wurden. Heutzutage zieht das laute, raue Durcheinander von *bassi* (Ein-Zimmer-Häuser), Marktständen und barocken Treppen mit einer ungeschliffenen, authentischen Energie eine wachsende Zahl von Künstlern und Alternativen an. In ihrem Fahrwasser folgen Touristen, die hier freskenbemalte Katakomben und versteckte Kunsthandwerkerateliers erkunden. Im Norden liegt Capodimonte, ein ehemaliges königliches Jagdrevier, das für seinen Palast und die Kunst darin berühmt ist.

❻ Mergellina & Posillipo (S. 73)

Mergellina am westlichen Ende des verkehrsfreien Lungomare (Uferpromenade) zeugt mit seinen Palazzi im Jugendstil und dem etwas heruntergekommenen Uferbereich von vergangener Pracht. Kitschige Hafenbuden verkaufen Eis an verliebte Teenager und in der Nähe legen Tragflügelboote zu den Inseln ab. Posillipo noch weiter westlich auf der Landzunge, die den Golf von Neapel von der Bucht von Pozzuoli trennt, ist ein grünes, nobles Viertel mit Villen, verborgenen Badebuchten und der grünen Oase des Parco Virgiliano.

HIGHLIGHT
MUSEO ARCHEOLOGICO NAZIONALE

Mit einer der weltweit wichtigsten Sammlungen antiker Schätze ist das Museo Archeologico Nazionale ein Traum für Geschichtsfans. In seinem Besitz befinden sich viele der schönsten Fresken, Mosaiken und Inschriften aus Pompeji und Herculaneum sowie die größte Einzelskulptur der Antike, die jemals ausgegraben wurde.

Toro Farnese & Hercules

Der Star der im Erdgeschoss untergebrachten Farnese-Sammlung kolossaler griechischer und römischer Skulpturen ist der *Toro Farnese* (Farnese-Stier). Das in Plinius' *Naturalis historia* erwähnte Meisterwerk aus dem frühen 3. Jh. – wahrscheinlich die römische Kopie eines griechischen Originals – ist die größte jemals geborgene Einzelskulptur der Antike. Sie wurde aus einem einzigen Marmorblock gemeißelt, 1545 in Rom freigelegt, von Michelangelo restauriert und 1788 nach Neapel verschifft. Das Werk zeigt, wie Dirke, die Königin von Theben, von einem rasenden Stier gewaltsam in den Tod gerissen wird. Der mächtige *Ercole* (Herkules) gegenüber wurde wie der *Toro Farnese* in den Caracalla-Thermen in Rom entdeckt, allerdings ohne seine Beine. Michelangelo beauftragte Guglielmo della Porta mit der Erstellung der Prothesen. Die ursprünglichen Beine wurden später in der Bourbonen-Zeit freigelegt und der Skulptur wieder hinzugefügt. Eine Inschrift schreibt das Werk dem athenischen Bildhauer Glykon zu.

NICHT VERSÄUMEN

- Skulpturen *Toro Farnese & Herkules*
- Mosaik mit Alexander dem Großen
- Gabinetto Segreto (Geheimes Kabinett)
- Fresken im 1. Stock und Skulpturen aus der Villa dei Papiri

PRAKTISCH & KONKRET

- Karte S. 50
- ☎ 081 442 23 28
- www.museoarcheologiconapoli.it
- Piazza Museo Nazionale 19
- Erw./erm. 12/6 €
- ⏲ Mi–Mo 9–19.30 Uhr
- Ⓜ Museo, Piazza Cavour

Mosaiken & antike Erotika

Die Zwischenetage des Museums fasziniert mit kostbaren, größtenteils aus dem alten Pompeji stammenden Flächenmosaiken. In Raum LIX befinden sich die verspielte *Scena di commedia: Musici ambulanti* mit vier Wandermusikanten sowie der allegorische *Memento mori*, bei dem ein Schädel den Tod darstellt, ein Schmetterling die Seele und ein Rad das Schicksal. Die Mosaiken in den Räumen LX und LXI schmückten einst die Casa del Fauno. Das actionreiche Wandbild von Alexander dem Großen in der Schlacht gegen den persischen König Darius III. gilt als eines der wichtigsten Kunstwerke der Antike und ist die detailgenaue Kopie eines bekannten hellenistischen Gemäldes aus dem 4. Jh. v. Chr. Gestaltet wurden die Mosaiken aus der Casa del Fauno von Kunsthandwerkern aus Alexandria, die zwischen Ende des 2. Jhs. v. Chr. und Anfang des 1. Jhs. v. Chr. in Italien tätig waren. Die Zwischenetage beherbergt auch den Gabinetto Segreto (Geheimes Kabinett) mit einer kleinen, einst skandalösen Sammlung erotischer Kunstwerke. Deren berühmtestes Stück ist eine Marmorskulptur des Hirtengotts Pan, der - halb Ziegenbock, halb Mensch - eine Ziege begattet.

Fresken & Skulpturen

Die 1. Etage ist eine Glanzparade antiker Fresken, Skulpturen, Töpfer- und Glaswaren. Den Anfang macht die Sala del Meridione mit Fresken aus den Villen rund um den Vesuv. Raum LXXII imponiert mit der größten bekannten Darstellung von Perseus und Andromeda, in der der Held ein Seemonster tötet und so seine junge Braut rettet. In Raum LXXIII ist eine bemerkenswerte Darstellung von *Theseus dem Befreier* zu sehen. In Raum LXXV zeigt das Bild *Bacchus und Vesuv* den Vesuv, wie er vermutlich vor 79 n. Chr. aussah - mit nur einem Gipfel. Die berüchtigten Zusammenstöße zwischen rivalisierenden Zuschauern aus Pompeji und Nocera im Amphitheater von Pompeji im Jahr 59 n. Chr. dokumentiert das Bild *Zuffa tra Pompeiani e Nocerini* im Saal LXXVIII. Am Ende des Gebäudes befinden sich beeindruckende Skulpturen aus der Villa dei Papiri. Raum CXVI präsentiert mit den *Töchtern des Danaus* fünf Bronzestatuen aus der augusteischen Zeit (27 v. Chr.–14 n. Chr.). In der griechischen Mythologie ermordeten sie ihre Cousins (und Bräutigame) und wurden daraufhin dazu verurteilt, bis in alle Ewigkeit Wasser in ein durchlöchertes Fass zu gießen.

KELLERSCHÄTZE

Im Untergeschoss veranschaulicht eine der weltweit bedeutendsten Sammlungen antiker griechischer, italienischer und lateinischer Epigrafen (Inschriften) das öffentliche und private Leben der Antike. Die sich daran anschließende ägyptische Sammlung wird in Italien nur noch von dem Museo Egizio in Turin übertroffen.

Das Museo Archeologico Nazionale logiert im Palazzo degli Studi, der Ende des 16. Jhs. als Kaserne erbaut wurde. Später wurde der Palazzo u. a. von Giulio Cesare Fontana, dem Sohn des großen Architekten der Spätrenaissance, Domenico Fontana, erweitert und umgebaut. Prunkstück des Gebäudes ist der Salone della Meridiana aus dem frühen 17. Jh. im 1. Stock. Dessen imposantes Gewölbefresko geht auf das Konto des neapolitanischen Künstlers Pietro Bardellino und zollt König Ferdinand IV. und Maria Karolina von Österreich Tribut.

HIGHLIGHT
PALAZZO REALE DI CAPODIMONTE

Die einstige Sommerresidenz der Könige beider Sizilien trumpft mit einer der größten und kostbarsten Kunstsammlungen Italiens auf. Hinter dem Palazzo erstreckt sich als grüne Lunge Neapels der prachtvolle Parco di Capodimonte mit tollen Aussichten.

Meisterwerke des Museums

Das Museo di Capodimonte zeigt eine Reihe historischer Sammlungen, allen voran die Sammlung Farnese. Zu den Highlights im 1. Stock gehören Masaccios *Kreuzigung*, Botticellis *Madonna mit Kind und zwei Engeln*, Bellinis *Verklärung Christi* und Parmigianinos *Antea*. Die Glanzlichter der 2. Etage umfassen Wandteppiche aus dem frühen 16. Jh., die die Schlacht von Pavia (1525), einen entscheidenden Moment des Italienkrieges 1521–1526, darstellen, sowie Caravaggios *Geißelung Christi* (Raum 78). Die Räume 88 bis 95 präsentieren einen rauschhaften Reigen neapolitanischer Barockmalerei.

Parco di Capodimonte

Der 1742 von Ferdinando Sanfelice als königliches Jagdrevier entworfene Schlosspark zieht sich mit Themengärten und Wäldern über 134 ha und gilt als eines der schönsten Beispiele spätbarocker Gartenarchitektur. Östlich des Palasts liegt die Porta di Mezzo (Mittleres Tor) des Parks, von der aus fünf Wege zu Streifzügen einladen. Der mittlere Weg führt zur *Statua del Gigante* (Statue des Riesen), die nach ihren überdimensionalen Ausmaßen benannt wurde.

NICHT VERSÄUMEN

- Meisterwerke des Museums
- Schlosspark

PRAKTISCH & KONKRET

- Karte S. 70
- ☎ 081 749 91 11
- www.museocapodimonte.beniculturali.it
- Via Miano 2
- Erw./erm. 12/8 €
- Do–Di 8.30–19.30 Uhr
- R4, 178 bis Via Capodimonte, Shuttlebus Capodimonte

HIGHLIGHT
CAPPELLA SANSEVERO

In der Privatkapelle und letzten Ruhestätte des berüchtigtsten Alchemisten der Stadt, Raimondo di Sangro, ist die Skulptur *Cristo velato* (verhüllter Christus) aufgebahrt. Sie ist so täuschend echt, dass vielfach angezweifelt wurde, dass hier wirklich nur talentierte Künstlerhände am Werk waren.

Cristo velato

Giuseppe Sanmartinos tot daliegender Christus von 1753 ist mit einem so dünnen Marmorschleier bedeckt, dass sich schon viele gefragt haben, ob der Alchemist und Mäzen der Kapelle, Raimondo di Sangro, einen Weg gefunden hatte, Stoff in Stein zu verwandeln.

Deckenfresko

Gekrönt wird die Kapelle von Francesco Maria Russos bombastischem Fresko *Gloria del Paradiso* (Glanz des Paradieses). Die von Fürst Raimondo selbst entworfenen langlebigen Farben lassen das seit seiner Fertigstellung 1749 unberührte Gemälde noch immer intensiv erstrahlen.

Unterirdische Kammer

In der Geheimkammer di Sangros sind die Skelette von einem Mann und einer Frau mit ihrem akkurat erhaltenen Aderngeflecht ausgestellt. Einer Legende nach waren die Toten zwei unglückselige Diener des Fürsten, die wegen geringfügigen Ungehorsams ermordet wurden.

NICHT VERSÄUMEN

- Skulptur *Cristo velato*
- Deckenfresko *Gloria del Paradiso*
- Unterirdische Kammer

PRAKTISCH & KONKRET

- Karte S. 50
- 081 551 84 70
- www.museosansevero.it
- Via Francesco de Sanctis 19
- Erw./erm. 7/5 €
- Mi–Mo 9–19 Uhr
- M Dante

NEAPEL

Sehenswertes

Centro Storico

★**Duomo** KIRCHE

(Karte S. 50; ☎081 44 90 97; Via Duomo 149; Dom/Taufkapelle frei/2 €; ⏲Dom tgl. 8.30–13.30 & 14.30–19.30 Uhr, Taufkapelle Mo–Sa 8.30–12.30 & 16–18.30, So 8.30–13 Uhr, Cappella di San Gennaro Mo–Sa 8.30–13 & 15–18.30, So 8.30–13 & 16.30–18.30 Uhr; 🚌147, 182, 184 bis Via Foria, Ⓜ Piazza Cavour) Der Dom von Neapel ist ein Muss, ob nun wegen Giovanni Lanfrancos Fresko in der Cappella di San Gennaro (Kapelle des hl. Januarius), der Mosaiken aus dem 4. Jh. in der Taufkapelle oder dem sich dreimal im Jahr ereignenden „Wunder von San Gennaro". Das Bauwerk wurde 1272 von Karl I. von Anjou in Auftrag gegeben, 1315 geweiht und 1456 durch ein Erdbeben weitgehend zerstört. In den folgenden Jahrhunderten wurde es umfassend verschönert und umgebaut.

Die strahlende neugotische Fassade erhielt der Dom erst 1905. Innen fällt gleich die vergoldete Kassettendecke des Mittelschiffs ins Auge, die mit spätmanieristischer Kunst geschmückt ist. Der obere Abschnitt des Schiffs und das Querschiff sind das Werk des seinerzeit vielbeschäftigten Barockkünstlers Luca Giordano.

Die **Cappella di San Gennaro** (auch Kapelle der Schätze genannt) hinter dem rechten Seitenschiff wurde von dem Theatinermönch und Architekten Francesco Grimaldi entworfen und 1646 vollendet. In einem Stahlschrank hinter dem Altar ist die Silberbüste aus dem 14. Jh. verborgen, in der sich der Schädel San Gennaros und die zwei Ampullen mit seinem sich wundersam verflüssigenden Blut befinden.

Die nächste Kapelle ostwärts enthält eine Urne mit den Gebeinen des Heiligen und einen Schrank voll Oberschenkelknochen, Schien- und Wadenbeine. Unter dem Hochaltar ist die **Cappella Carafa**, eine Renaissancekapelle, die für weitere Relikte des Heiligen errichtet wurde.

Die **Basilica di Santa Restituta** aus dem 4. Jh. am linken Seitenschiff wurde nach dem Erdbeben von 1688 fast vollständig umgebaut. Von dort ist auch der **Battistero di San Giovanni in Fonte** zugänglich. Die älteste Taufkapelle Westeuropas ist von Fragmenten glitzernder Mosaiken aus dem 4. Jh. bedeckt.

★**Complesso Monumentale di Santa Chiara** BASILIKA

(Karte S. 50; ☎081 551 66 73; www.monasterodisantachiara.it; Via Santa Chiara 49c; Basilika frei, Complesso Monumentale Erw./erm. 6/4,50 €; ⏲Basilika 7.30–13 & 16.30–20 Uhr, Complesso Monumentale Mo–Sa 9.30–17.30, So 10–14.30 Uhr; Ⓜ Dante) Die mächtige **Basilica di Santa Chiara** im Zentrum der beschaulichen Klosteranlage ist riesig und sieht täuschend echt gotisch aus. Die Kirche wurde im Zweiten Weltkrieg schwer beschädigt, die heutige Version ist eine Nachbildung von Gagliardo Primarios Original aus dem 14. Jh.

Der **Kreuzgang** neben der Basilika ist mit Majolikakacheln und Fresken aus dem 17. Jh. ausgeschmückt. Die angevinischen Säulengänge stammen zwar noch aus dem 14. Jh., aber das heutige Aussehen erhielt der Kreuzgang im 18. Jh. durch die Gestaltung Domenico Antonio Vaccaros. Die Gänge, die den zentralen Garten mit Lavendel und Zitrusbäumen umlaufen, sind von 72 achteckigen und gekachelten Säulen gesäumt, die wiederum mit Bänken verbunden sind.

Ein kleines und elegantes **Museum** neben dem Kreuzgang zeigt überwiegend sakrale Exponate, aber auch die freigelegte Ruine eines Badehauses aus dem 1. Jh. samt eines bemerkenswert gut erhaltenen *laconicum* (Dampfbad).

Die Klosteranlage wurde von Robert von Anjou für seine Frau Sancia di Maiorca in Auftrag gegeben, um dort 200 Mönche und die Gräber der angevinischen Königsfamilie unterzubringen. Die Basilika, von Roberts undankbarem Sohn Karl von Anjou abfällig als „Stall" bezeichnet, wurde von Domenico Antonio Vaccaro, Gaetano Buonocore und Giovanni del Gaizo im 18. Jh. in üppigem Barock neu gestaltet. Am 4. August 1943 wurde sie bei einem alliierten Luftangriff getroffen, der Wiederaufbau war 1953 beendet. Zu den Bestandteilen, die dem Bombenfeuer entkamen, gehören Teile eines Freskos aus dem 14. Jh. links des Haupttors und eine Kapelle mit den Gräbern der Bourbonenkönige von Ferdinand I. bis Franz II.

Chiesa del Gesù Nuovo KIRCHE

(Karte S. 50; ☎081 551 86 13; Piazza del Gesù Nuovo; ⏲So–Mi 7–13 & 16–20, Do–Sa 7–20 Uhr; Ⓜ Dante) Die außerordentliche Chiesa del

Neapel

Gesù Nuovo ist ein architektonisches Überraschungsei. Ihre „Schale" bildet die von Giuseppe Valeriani entworfene Fassade des Palazzo Sanseverin aus dem 15. Jh., der im 16. Jh. in eine Kirche umgebaut wurde. Hinter der nüchternen Fassade aus Piperno-Stein verbirgt sich eine atemberaubende Barockorgie, die den Vatikan erröten lassen könnte: eine protzige Werkschau von Großmeistern wie Francesco Solimena, Luca Giordano und Cosimo Fanzago.

Die Kirche ist die letzte Ruhestätte des vielgeliebten lokalen Heiligen Giuseppe Moscati (1880–1927). Er war Arzt und kümmerte sich um die Armen der Stadt. In den Sale di San Giuseppe Moscati (Räume des hl. Giuseppe Moscati) am rechten Querschiff befindet sich u. a. eine Nachbildung seines Arbeitszimmers, samt dem Sessel, in dem er starb. An den Wänden hängen Votivgaben der Gläubigen für Wunder, die ihnen zuteilwurden. Ein Wunder widerfuhr auch der Kirche selbst, als am 4. August 1943 eine über ihr abgeworfene Bombe nicht zündete. Die Bombe ist heute passenderweise neben den anderen Votivgaben ausgestellt.

Die Kirche liegt an der Nordseite der malerischen **Piazza del Gesù Nuovo**, einem

Neapel

Highlights
1 Cimitero delle Fontanelle B1

Sehenswertes
2 Mercato Sant'Antonio Abate D1
3 Orto Botanico di Napoli D1

Aktivitäten, Kurse & Touren
4 Kayak Napoli A4

Essen
5 Palazzo Petrucci A4

Centro Storico & Mercato

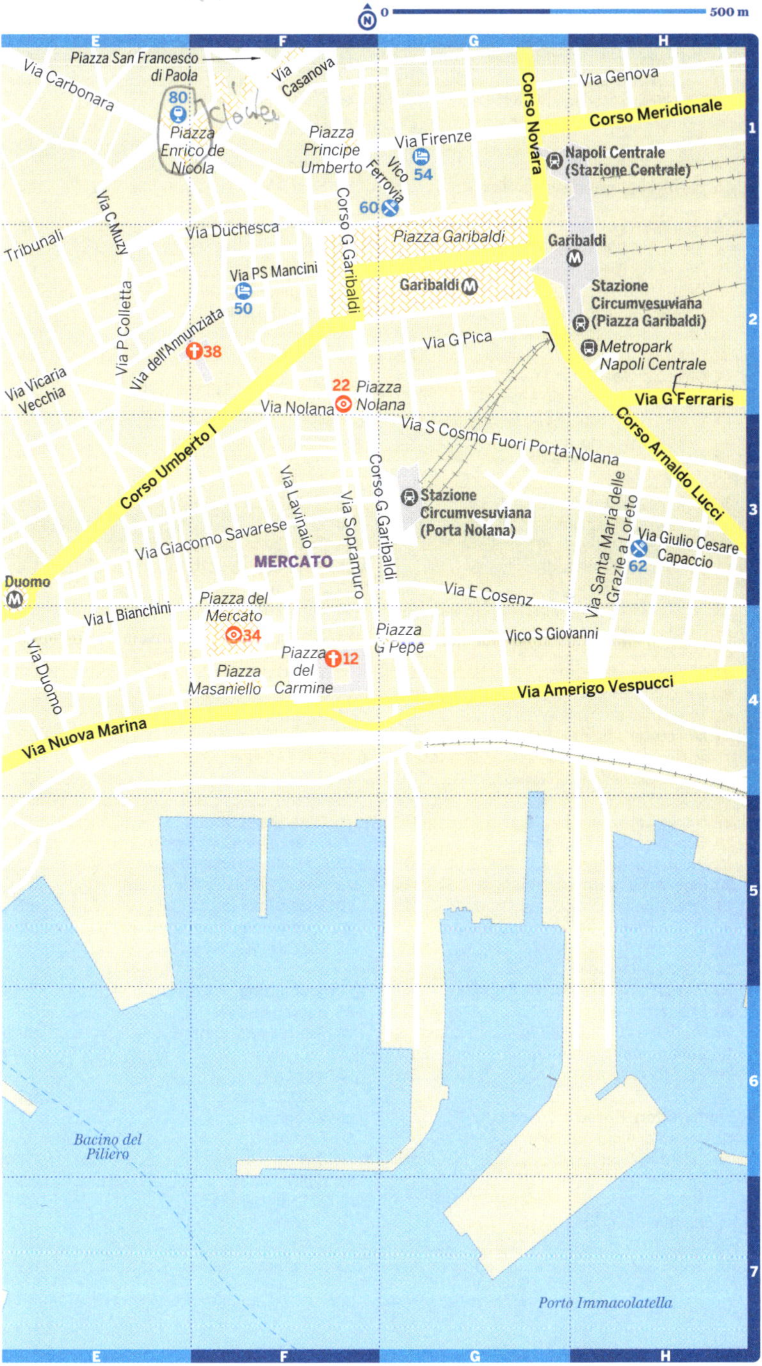

0
500 m
E
F
G
H
Piazza San Francesco di Paola
Via Carbonara
Via Casanova
80
Piazza Enrico de Nicola
Piazza Principe Umberto
Via Firenze
Vico Ferrovia
54
60
Corso Novara
Via Genova
Corso Meridionale
Napoli Centrale (Stazione Centrale)
Via C Muzy
Tribunali
Via Duchesca
Corso G Garibaldi
Piazza Garibaldi
Garibaldi
Via PS Mancini
50
Garibaldi
Stazione Circumvesuviana (Piazza Garibaldi)
Via P Colletta
Via dell'Annunziata
38
Via G Pica
Metropark Napoli Centrale
Via Vicaria Vecchia
22
Piazza Nolana
Via Nolana
Via G Ferraris
Via S Cosmo Fuori Porta Nolana
Corso Arnaldo Lucci
Corso Umberto I
Via Lavinaio
Via Sopramuro
Corso G Garibaldi
Stazione Circumvesuviana (Porta Nolana)
Via Giacomo Savarese
MERCATO
Via Santa Maria delle Grazie a Loreto
Via Giulio Cesare Capaccio
62
Duomo
Via E Cosenz
Via L Bianchini
Piazza del Mercato
34
Vico S Giovanni
Via Duomo
Piazza G Pepe
Piazza del Carmine
12
Piazza Masaniello
Via Amerigo Vespucci
Via Nuova Marina
Bacino del Piliero
Porto Immacolatella
1
2
3
4
5
6
7

Centro Storico & Mercato

Highlights

1 Cappella Sansevero C3
2 Complesso Monumentale di Santa Chiara B4
3 Duomo D2
4 Museo Archeologico Nazionale A1
5 Pio Monte della Misericordia D2

Sehenswertes

6 Basilica di San Giorgio Maggiore D3
7 Basilica di San Paolo Maggiore C2
8 Castel Nuovo B7
9 Chiesa del Gesù Nuovo B4
10 Chiesa di San Domenico Maggiore C3
11 Chiesa di San Pietro a Maiella B3
12 Chiesa di Santa Maria del Carmine F4
13 Chiesa di Sant'Angelo a Nilo C3
14 Chiesa e Chiostro di San Gregorio Armeno C3
15 Complesso Monumentale dei Girolamini D2
16 Complesso Monumentale di San Lorenzo Maggiore C2
17 Complesso Museale di Santa Maria delle Anime del Purgatorio ad Arco C2
18 Guglia dell'Immacolata B4
19 Guglia di San Gennaro D2
20 MADRE D1
21 Maradona-„Schrein" C3
22 Mercato di Porta Nolana F2
23 Museo Civico Filangieri D3
24 Museo del Tesoro di San Gennaro D2
Museo delle Arti Sanitarie .... (s. 28)
25 Museo Diocesano di Napoli D1
26 Museo Nitsch A2
27 Napoli Sotterranea C2
28 Ospedale degli Incurabili C1
29 Palazzo di Sangro C3
30 Palazzo Orsini in Gravina B4
31 Piazza Bellini B3
32 Piazza Dante A3
33 Piazza del Gesù Nuovo B4
34 Piazza del Mercato F4
35 Piazza San Domenico Maggiore C3
36 Piazzetta Nilo C3
37 Port'Alba B3
38 Santissima Annunziata F2
39 Via San Gregorio Armeno D3

Aktivitäten, Kurse & Touren

40 Centro di Alimentazione Consapevole B3
41 City Sightseeing Napoli B7

Schlafen

42 B&B Arte e Musei A1
43 Bella Capri Hostel & Hotel C6
44 Belle Arti Resort B2
45 Casa Latina C2
46 Costantinopoli 104 .... B2
47 Dante House A3
48 Decumani Hotel de Charme C4
49 Dimora dei Giganti C2
50 Hostel Mancini F2
51 Hostel of the Sun C6
52 Hotel Piazza Bellini B2
53 Hotel Pignatelli Napoli C4
54 Hotel Zara G1
55 Magma Home A2
56 Port Alba Relais B3
57 Romeo Hotel C6
58 Schiara B4
59 The Church D3

Essen

60 Attanasio G1
61 Donna Romita C3
62 La Masardona H3
63 La Taverna a Santa Chiara B4
64 'O Sfizio B5
65 Pasticceria Di Costanzo B1
66 Pizzeria Gino Sorbillo C2
67 Salumeria B4
68 Serafino C2
69 Tandem C3
70 Trattoria Mangia e Bevi C5
71 Vero GastroBar C4

Ausgehen & Nachtleben

72 Caffè dell'Epoca B3
73 Caffè Mexico A3
74 Il Birraiuolo B2
75 Jamón C3
76 Libreria Berisio B3
77 Palazzo Venezia Napoli B3
78 Pancaffè O Girasole B2
79 Shanti Art Musik Bar C3
80 Spazio Intolab E1
81 Spazio Nea B2
82 Superfly B3

Unterhaltung

83 Bourbon Street B2
84 Teatro Mercadante B6

Shoppen

85 Bottega 21 .... B3
86 Colonnese B3
87 Ferrigno D2
88 Gay Odin A3
89 Kiphy C3
90 La Scarabattola C2
91 Limonè C2
92 MAC C3
93 Scriptura B3

beliebten abendlichen Treffpunkt von Studenten und Linken. In ihrem Zentrum ragt Giuseppe Genuinos aufwendige **Guglia dell' Immacolata** empor, ein Obelisk, der zwischen 1747 und 1750 errichtet wurde. Am 8. Dezember (Mariä Empfängnis) klettert ein Feuerwehrmann auf die Spitze und schmückt die Marienstatue mit einem Kranz.

★ Pio Monte della Misericordia — KIRCHE, MUSEUM

(Karte S. 50; ☎ 081 44 69 44; www.piomontedellamisericordia.it; Via dei Tribunali 253; Erw./erm. 7/5 €; ⏲ Mo–Sa 9–18, So bis 14.30 Uhr; Ⓜ Piazza Cavour) Im 1. Stock der achteckigen Kirche aus dem 17. Jh. befindet sich eine überschaubare, recht gute Kunstsammlung aus der Zeit der Renaissance und des Barock, darunter Werke von Francesco de Mura, Jusepe de Ribera Andrea Vaccaro und Paul van Somer. Zu sehen sind hier auch zeitgenössische Werke italienischer und ausländischer Künstler, alle von Caravaggios Meisterwerk *Le sette opere di Misericordia* (Die sieben Gnadenakte) inspiriert. Es wird von vielen als das bedeutendste Gemälde Neapels gehalten und hängt im Erdgeschoss über dem Hauptaltar der Kapelle.

Le sette opere di Misericordia, das hervorragend den damals in Neapel revolutionären Chiaroscuro-Stil des Künstlers veranschaulicht, galt als einzigartig, da es die verschiedenen Handlungen in einer einzigen, nahtlos choreografierten Szene darstellt. Die Archive der Kirche Pio Monte della Misericordia beherbergen die *Declaratoria del 14 Ottobre 1607*: Es ist ein Originaldokument der Kirche, das die Zahlung von 400 Dukaten an Caravaggio für sein Gemälde belegt. Eine Kopie des Dokuments ist in der Galerie im 1. Stock ausgestellt, wo sich das Kunstwerk auch von der Sala del Coretto aus betrachten lässt.

Auf der anderen Straßenseite steht die **Guglia di San Gennaro** (Karte S. 50; Piazza Riario Sforza; 🚌 R2 bis Corso Umberto I). Der Obelisk von 1636 mit Mauerwerk von Cosimo Fanzago und einer Bronzestatue von Tommaso Montani ist ein himmelhohes *grazie* an den Schutzheiligen der Stadt, der Neapel vor dem Ausbruch des Vesuvs 1631 bewahrt haben soll.

Chiesa di San Domenico Maggiore — KIRCHE

(Karte S. 50; ☎ 333 8638997; www.museosandomenicomaggiore.it; Piazza San Domenico Maggiore 8a; Führungen Erw./erm. ab 5/4 €; ⏲ 10–18 Uhr; Ⓜ Dante). Das von Karl I. von Anjou beauftragte und 1324 vollendete Gotteshaus war die königliche Kirche der Angeviner. Die Fresken von Pietro Cavallini in der Cappella Brancaccio gehören zu den wenigen Überbleibseln aus dem 14. Jh. Im Rahmen einer Führung (auf Italienisch mit deutschem Informationsblatt) können Besucher die **Sakristei** besichtigen. Deren Sahnehäubchen ist ein bezauberndes Deckenfresko von Francesco Solimena. Außerdem gibt es hier die Sarkophage von 45 aragonischen Fürsten und anderen Adligen sowie seltene historische Kleidungsstücke zu entdecken, die aus den Särgen geborgen wurden.

Die längere Führung (Erw./erm. 7/5 €) erkundet außerdem die ehemalige Klosterzelle des hl. Thomas von Aquin, in der immer noch die Glocke zu sehen ist, mit der er seine Schüler rief. Auf rechtzeitige Anfrage (per E-Mail über die Website) werden auch Führungen in englischer Sprache angeboten.

Der **Cappellone del Crocifisso** ist die Heimstätte des wundertätigen *Crocifisso tra La Vergine e San Giovanni* aus dem 13. Jh. Der gekreuzigte Christus soll zum hl. Thomas von Aquin gesprochen und gefragt haben: *„Bene scripsisti di me, Thoma; quam recipies a me pro tu labore mercedem?"* (Du hast Gutes über mich geschrieben, Thomas, was wirst du dafür erhalten?) – *„Domine, non aliam nisi te"* (Nichts außer dich, oh Herr), antwortete Thomas diplomatisch. In der Kirche ist auch der erste Bischof von New York, Richard Luke Concanen (1747–1810), bestattet.

MADRE — MUSEUM

(Museo d'Arte Contemporanea Donnaregina; Karte S. 50; ☎ 081 1931 3016; www.madrenapoli.it; Via Settembrini 79; Erw./erm. 8/4 €, Mo frei; ⏲ Mo & Mi–Sa 10–19.30, So bis 20 Uhr; Ⓜ Piazza Cavour) Wem das Motiv *Madonna mit Kind* irgendwann zu viel wird, für den bringt das Museum für moderne und zeitgenössische Kunst frischen Wind. In der Lobby bildet die verspielte Spiegelinstallation *Work in Situ* des französischen Konzeptkünstlers Daniel Buren einen stimmungsvollen Auftakt. Die Ebene 1 versammelt vom Museum in Auftrag gegebene Installationen von Weltklassekünstlern wie Anish Kapoor, Rebecca Horn und Sol LeWitt. Der Großteil der ständigen Sammlung des MADRE befindet sich auf Ebene 2 mit Gemälden, Skulpturen, Fotografien und Installationen anderer namhafter Künstler, Designer und Architekten des 20. und 21. Jhs.

Complesso Monumentale di San Lorenzo Maggiore KIRCHE, ARCHÄOLOGISCHE STÄTTE

(Karte S. 50; ☎081 211 08 60; www.laneapolissotterrata.it; Via dei Tribunali 316; Kirche Eintritt frei, Führungen Ausgrabungen & Museum Erw./erm. 10/8 €; ⏲Kirche 8–19 Uhr, Ausgrabungen & Museum 9.30–17.30 Uhr; Ⓜ Dante) Die **Basilika** dieses Kirchenkomplexes gilt als eines der schönsten mittelalterlichen Bauwerke Neapels. Mit Ausnahme der grazilen Fassade von Ferdinando Sanfelice, der Cappella al Rosario und dem Cappellone di Sant'Antonio wurden die barocken Umbauten im letzten Jahrhundert entfernt und die strenge gotische Eleganz freigelegt. Unter der Basilika verbergen sich zahlreiche beeindruckende griechisch-römische Ruinen, die im Rahmen einer einstündigen Führung zugänglich sind.

Chiesa e Chiostro di San Gregorio Armeno KIRCHE, KREUZGANG

(Karte S. 50; ☎081 420 63 85; Via San Gregorio Armeno 44; ⏲Mo–Fr 9.30–12, Sa & So bis 13 Uhr; Ⓜ Dante) Der Bombast in diesem reich geschmückten Klosterkomplex aus dem 16. Jh. ist maßlos. Die **Kirche** ist mit ihrem üppigen Chorgestühl aus Holz und Pappmaschee, dem prächtigen Altar von Dionisio Lazzari sowie Luca Giordanos meisterlichem Fresko *Die Einschiffung, Reise und Ankunft der armenischen Nonnen mit den Reliquien des hl. Gregor* ein wahrer Augenschmaus. Nach der überbordenden Pracht wartet in dem bildschönen Kreuzgang wohltuende Ruhe. Er ist durch ein Tor im Vico Giuseppe Maffei zu erreichen.

Giordanos berühmtes Fresko erzählt davon, wie im 13. Jh. Nonnen aus Konstantinopel fliehen mussten, um der Verfolgung zu entgehen. In Neapel angekommen, gründeten die gottgefälligen Flüchtlinge dieses Kloster und benannten es nach dem Bischof von Armenien, San Gregorio, dessen sterbliche Überreste sie mitgebracht hatten. Bekannter ist jedoch, dass sie auch die Reliquien und das getrocknete Blut der Santa Patrizia aufbewahrten, die nach ihrer Flucht aus Konstantinopel irgendwann zwischen dem 4. und 8. Jh. in Neapel starb. Patrizias getrocknetes Blut soll sich jeden Dienstag verflüssigen, anders als das des Schutzheiligen Neapels, San Gennaro (S. 75), der das nur dreimal im Jahr schafft.

Im **Kreuzgang** stehen ein verspielter barocker Brunnen, der mit Masken, Delfinen und Seepferdchen verziert ist, und zwei exquisite Statuen von Matteo Bottigliero, die Christus und den Samariter darstellen. An der Südseite befindet sich die alte Bäckerei des Konvents, in der noch immer Küchenutensilien hängen. In der Nähe steht die Cappella della Madonna dell'Idria. Die mit Gemälden des Barockmalers Paolo de' Matteis geschmückte Kapelle ist das Einzige, was vom ursprünglichen mittelalterlichen Konvent blieb.

Vom Kreuzgang aus können Besucher den herrlich verzierten *Coro delle monache* (Chorgestühl der Nonnen) betreten, der auf das Kirchenschiff und den Altar hinabschaut. Wer Glück hat, kann vielleicht auch einen Blick auf die 612 Jahre alte hölzerne Weihnachtskrippe des Chors werfen, die meist in einem Schrank an der Südwand verwahrt wird. Bemerkenswert sind auf jeden Fall die diskreten Fenster in der Kuppel über dem Chorgestühl. Sie gehören zu einem geheimen zweiten Chorgestühl, das verborgen wurde, damit auch kranke, bettlägerige Nonnen dem Gottesdienst beiwohnen konnten.

Via San Gregorio Armeno STRASSE

(Karte S. 50; Ⓜ Dante) Die enge Straße wird zwar von ernsthaften Sammlern verschmäht, aber sie ist gleichwohl in ganz Italien für ihre *pastori* (Krippenfiguren) berühmt. Die zahllosen Läden und Werkstätten in der *decumanus maior* (Hauptstraße) des antiken Neapolis zwischen Spaccanapoli und Via dei Tribunali verkaufen alles von anbetenden Eseln bis zu kitschigen Prominentenkarikaturen. In Nr. 8 befindet sich die Werkstatt von **Ferrigno** (Karte S. 50; ☎081 552 31 48; www.arteferrigno.com), dessen Terrakottafiguren sehr berühmt sind.

Ospedale degli Incurabili HISTORISCHES GEBÄUDE

(Karte S. 50; ☎081 44 06 47; www.museoartisanitarie.it; Via Maria Longo 50; Museum 4 €; 90-min. Museums- & Apothekenführung Erw./erm. 10/6 €; ⏲Apothekenführung Mi, Fr & Sa 9–17, So bis 13 Uhr, Orto Medico & Chiostro Santa Maria delle Grazie 9–17 Uhr; Ⓜ Piazza Cavour, Museo) In dem Krankenhaus und Klosterkomplex aus dem 16. Jh. befindet sich das **Museo delle Arti Sanitarie** (Medizinhistorisches Museum), ein kleines Museum mit seltenen, historischen chirurgischen Instrumenten. Zudem gibt es ein kurioses Gruppentableau mit *pastori* (Krippenfiguren), die von typischen Krankheiten des 18. Jhs. gezeichnet sind. Der Komplex umfasst auch die **Farmacia Sto-**

rica degli Incurabili, eine imposante Apotheke aus dem 18. Jh., die besichtigt werden kann.

Führungen durch die *farmacia* finden mittwochs, freitags, samstags und sonntags statt und können online oder telefonisch im Museum gebucht werden. Vor Ort kann man sich evtl. auch der jeweils nächsten Tour anschließen. Die Führungen sind in der Regel auf Italienisch, Führungen in englischer Sprache können bei rechtzeitiger Anfrage (ein paar Wochen im Voraus) organisiert werden.

Die Apotheke besteht aus einer prachtvollen Empfangshalle und einem Laboratorium. Auf den aufwendig gearbeiteten Walnussregalen stehen dekorative Majolikavasen und Pietro Bardellinos gewaltiges Deckengemälde stellt eine Episode aus Homers *Ilias* dar, in der Macaon den verwundeten Menelaos heilt. Ein ungewöhnliches Element in der Empfangshalle ist eine Rokokointarsie, die eine Allegorie einer Kaiserschnittgeburt darstellt.

Einige der besten Barockarchitekten und -künstler arbeiteten an der Apotheke: Domenico Antonio Vaccaro gestaltete die Fassade, Bartolomeo Vecchione entwarf die Innenräume und Gennaro di Fiore schnitzte die Regale. Letzterer arbeitete auch mit Carlo Vanvitelli zusammen an der Reggia di Caserta (S. 76). Die Majolikavasen wurden von Lorenzo Salandra und Donato Massa bemalt, dessen berühmteste Kachelarbeiten übrigens im Kreuzgang der Basilica di Santa Chiara (S. 48) zu finden sind. Kein Wunder, dass die Apotheke als eines der schönsten Beispiele neapolitanischer Handwerkskunst des frühen 18. Jhs. gilt.

Museum und *farmacia* blicken auf den **Cortile degli Incurabili** (Hof der Unheilbaren), von wo Stufen hinauf zum Hauptgebäude des Krankenhauses führen. Von dort ist durch die Eingangshalle der urige, mit Heilkräutern bepflanzte **Orto Medico** (Medizingarten) zu erreichen. Im Zentrum stehen ein kleiner Brunnen und ein schöner, 400 Jahre alter Kampferbaum. Ein paar Schritte weiter geht es zum kleineren **Chiostro Santa Maria delle Grazie**, dessen üppiger tropischer Bewuchs von einem freskenbemalten Gewölbesäulengang umgeben ist.

Chiesa San Giovanni a Carbonara — KIRCHE

(Karte S. 70; ☎ 081 29 58 73; Via Carbonara 5; ⏲ Mo, Di, Do & Sa 9–13, Mi & Fr bis 18 Uhr; 🚌 147, 182, 184 bis Via Foria, Ⓜ Piazza Cavour) Die opulenten Skulpturen und farbenfrohen Fresken lohnen einen Abstecher in diese gotische Kirche. Andrea de Firenze, toskanische Bildhauer und norditalienische Maler arbeiteten gemeinsam an dem Mausoleum, eine Mischform aus Gotik und Renaissance, für König Ladislaus. Es erhebt sich 18 m hinter dem Hauptaltar. Die runde **Cappella Caracciolo del Sole** dahinter erfreut mit ihren leuchtend bunten Fresken aus dem 15. Jh. und Leonardo da Besozzos Grab für Giovanni Caracciolo, den ehrgeizigen Liebhaber von König Ladislaus' Schwester, Königin Johanna II. von Neapel. Caracciolos wachsende politische Macht war der Grund, warum die Königin seinen Tod veranlasste. 1432 wurde er im nahen **Castel Capuano** erstochen.

Weitere bedeutende Werke sind die Cappella Caracciolo di Vico (bekannt für ihren römischen Stil des frühen 16. Jhs. in Süditalien), das *Monumento Miroballo* von Tommaso Malvito und Jacopo della Pila sowie die farbenprächtige Cappella Somma aus dem 14. Jh. mit manieristischen Fresken und einem exquisiten Altar aus dem 16. Jh. von Annibale Caccavello und Giovanni Domenico d'Auria. Die Kirche beherbergt außerdem Giorgio Vasaris Gemälde *Crocifissione* (Kreuzigung). Der Stil des tiefgründigen Bildes aus dem 16. Jh. erinnert an Vasaris Zeitgenossen Michelangelo.

Die Doppeltreppe aus dem 18. Jh., die zur Kirche selbst hinaufführt, ist das Werk des Barockmeisters Ferdinando Sanfelice.

Museo Civico di Filangieri — MUSEUM

(Karte S. 50; ☎ 081 20 31 75; www.salviamoilmuseofilangieri.org; Via Duomo 288; Erw./erm. 7/5 €; ⏲ Di–Sa 10–16, So bis 14 Uhr; 🚌 R2 bis Corso Umberto I) Das bunte Sammelsurium in diesem exzentrischen Museum reicht von historischen asiatischen und europäischen Rüstungen und Waffen bis zu kostbaren Gemälden aus dem 15. bis 19. Jh. Ein Großteil der Sammlung gehörte dem Fürsten Gaetano Filangieri aus dem 19. Jh., dessen private, walnussgetäfelte *biblioteca* ihm einen überragenden Blick auf die prunkvolle **Sala Agata** (Agatha-Saal) ermöglichte, die allein schon den Eintritt wert ist.

Complesso Museale di Santa Maria delle Anime del Purgatorio ad Arco — KIRCHE

(Karte S. 50; ☎ 081 21 19 29; www.purgatorioadarco.it; Via dei Tribunali 39; Führungen Erw./erm. 6/5 €; ⏲ 30-min. Führungen alle 45 Min. April–Anfang Jan. Mo–Sa 10–18, So bis 14 Uhr, sonst kürzere

Öffnungszeiten; Ⓜ Dante) Die 1638 geweihte faszinierende Chiesa delle Cape di Morte (Kirche der Totenschädel) liegt auf zwei Ebenen. Die **obere Kirche** besitzt schöne Gemälde – Luca Giordanos *Der Tod des hl. Alessio* und Massimo Stanziones *Jungfrau mit den Seelen des Fegefeuers* –, die untere Kirche (nur mit Führung zu besichtigen) ist vor allem für die kultische Verehrung der *anime pezzentelle* (arme Seelen) berühmt.

In dem großen, namenlosen Grab im Zentrum des Bodens der **unteren Kirche** wurden zwischen dem 17. und frühen 19. Jh. zahllose Einwohner bestattet, die sich ein Grab in der Kirche nicht leisten konnten. Der unterirdische Grabbau mit anonymen Skeletten wurde das Herzstück eines Kults der *anime pezzentelle,* bei dem Gläubige Schädel adoptierten und für ihre Seelen beteten. Sie hofften, dass die Seelen im Himmel aus Dankbarkeit dafür Gnadenerweise und Wohltaten erbringen. Bis zu 60 Gottesdienste wurden hier täglich gehalten und an Allerseelen reichten die Schlangen vom unterirdischen Gewölbe bis zum 450 m entfernten Dom. Begräbnisse fanden hier zwar nach dem Edikt von Saint-Cloud (ein napoleonischer Erlass, der Bestattungen innerhalb der Stadt verbot) nicht mehr statt, aber die Mauerschreine blieben. Der berühmteste gehört „Lucia“, einem Schädel mit einem Diadem. Der Legende nach handelt es sich um den Schädel einer jugendlichen Braut aus dem 18. Jh., deren tragischer Tod an Tuberkulose sie zur inoffiziellen Schutzpatronin junger Bräute machte. Bis heute hinterlegen jene, die noch an den Kult glauben, Schmuck und Brautsträuße an ihrem Schrein.

Bei der Führung wird auch die **Sakristei** der oberen Kirche besucht, in der eine kleine, sehr schöne Sammlung von Sakralkunst und Priesterroben aufbewahrt wird. Die Kirche wird manchmal für klassische Konzerte genutzt, das Programm steht auf der Website (auf Italienisch).

Piazza Bellini — PIAZZA

(Karte S. 50; Ⓜ Dante) Der Platz mit seinen vielen Bars und der ausgegrabenen Ruine der griechischen Stadtmauer aus dem 4. Jh. ist einer der besten Orte, um bei einem Aperol Spritz zu entspannen. Er ist ein typischer Treffpunkt der alternativen Szene und am Abend am schönsten, wenn Studenten, Linke und reichlich flirtende Blicke den Platz beleben. Generell zieht es die Einheimischen in die Bars am westlichen Teil des Platzes, an der östlichen Seite tummeln sich vorzugsweise Touristen.

Museo Diocesano di Napoli — MUSEUM

(Karte S. 50; ☎081 557 13 65; www.museodiocesanonapoli.it; Chiesa di Santa Maria Donnaregina Nuova, Largo Donnaregina; Erw./erm. 6/4 €; ⏲ Mo & Mi–Sa 9.30–16.30, So 9.30–14 Uhr; Ⓜ Piazza Cavour) Die einstige Barockkirche birgt heute Gemälde mit religiösen Themen, Triptychons und Skulpturen, von denen viele aus ehemaligen Kirchen stammen. Zu den bemerkenswerten Werken gehören Luca Giordanos letzte Gemälde (beidseitig des Hauptaltars), Paolo de Matteis' *Die Heilung des hl. Sebastian durch die hl. Irene* sowie das Fresko *Das Rosenwunder des hl. Franziskus* des jungen Francesco Solimena im Coro delle Monache (Nonnenchor). Die gotische **Chiesa di Donnaregina Vecchia** ist durch das Museum erreichbar und birgt den größten Freskenzyklus des 14. Jhs. in Neapel.

Mercato di Porta Nolana — MARKT

(Karte S. 50; Porta Nolana; ⏲ Mo–Sa 8–18, So bis 14 Uhr; 🚌 R2 bis Corso Umberto I, Ⓜ Garibaldi) Auf dem Mercato di Porta Nolana präsentiert sich Neapel von seiner lärmenden und temperamentvollen Seite: Auf dem authentischen Straßenmarkt treffen schreiende Fisch- und Gemüsehändler auf duftende Feinkost, Backwaren, Verkäufer von geschmuggelten Zigaretten, Stände mit Imbiss aus Bangladesch und Lebensmittel. Hier gibt es alles von saftigen Tomaten, köstlichem Mozzarella und frittierten Snacks bis zu billigen Koffern und CD-Raubkopien.

Namenspatron des Marktes ist das mittelalterliche Stadttor **Porta Nolana** am Kopf der Via Sopramuro. Die zwei zylindrischen Türme, optimistisch Glaube und Hoffnung benannt, stützen einen Bogen, der mit einem Basrelief Ferdinands I. von Aragonien zu Pferd geschmückt ist.

Chiesa di Santa Maria del Carmine — KIRCHE

(Karte S. 50; ☎081 20 11 96; Piazza del Carmine; ⏲ Mo–Sa 6.30–12.30 & 16.30–19.30, So 6.30–12.30 & 17.30–19.30 Uhr; 🚌 151, 154 bis Via Nuova Marina) Der *campanile* (Glockenturm) aus dem 17. Jh. ist der höchste in Neapel, zudem besitzt die ikonische Kirche ein berühmtes Kruzifix. Das Kreuz, das heute in einem Tabernakel unter dem Hauptbogen der Kirche hängt, soll 1439 im Krieg zwischen Alfons von Aragonien und Robert von Anjou einer Kanonenkugel ausgewichen sein, die auf die Kirche abgefeuert wurde. Ebenso wundersam ist die byzantinische Ikone der *Ma-*

donna della Bruna aus dem 13. Jh. hinter dem Hauptaltar, die alljährlich am 16. Juli mit einem Feuerwerk gefeiert wird.

Die allseits beliebte Chiesa di Santa Maria del Carmine ist überhaupt von Legenden umwoben. Laut neapolitanischer Folklore wurde der Staufer Konrad (Corradino) von Schwaben 1268 des Versuchs angeklagt, Karl I. von Anjou zu entthronen. Seine Mutter Elisabeth von Bayern versuchte daraufhin verzweifelt, Geld für seine Freilassung aufzutreiben. Das Geld traf jedoch zu spät ein, Konrad wurde geköpft und die gramerfüllte Mama überließ das Geld der Kirche (unter der Bedingung, dass die Karmelitermönche für ihn jeden Tag beteten). Sie stimmten zu, die Kirche wurde gebaut und bis heute steht im Querschiff ein Denkmal für Konrad.

Die **Piazza del Mercato** gleich nordwestlich der Kirche und der Piazza del Carmine hat eine noch dunklere Vergangenheit. Hier brach nicht nur die Pest 1656 aus, hier wurden auch über 200 Unterstützer der gescheiterten Parthenopäischen Republik von 1799 systematisch hingerichtet.

Museo del Tesoro di San Gennaro MUSEUM

(Karte S. 50; ☎081 29 49 80; www.museosangennaro.it; Via Duomo 149; Eintritt 6 €; ⏲9–17 Uhr; 🚌147, 182, 184 bis Via Foria) Wer von Neapels kultischer Verehrung für San Gennaro fasziniert ist, sollte sich die funkelnden Schätze im Museo del Tesoro di San Gennaro neben dem Duomo anschauen. Unter den Gaben für den Schutzheiligen Neapels befinden sich feinste Bronzebüsten, silberne Ampullen und sogar eine vergoldete Sänfte aus dem 18. Jh., in der seine Büste an regnerischen Prozessionstagen umhergetragen wurde. Die Hauptattraktion ist Matteo Treglias außergewöhnliche Mitra aus dem 18. Jh., die mit 3694 Juwelen geschmückt ist: 3328 Diamanten, 198 Smaragde und 168 Rubine.

Die **Sacrestia dell'Immacolata** (Sakristei der Unbefleckten Empfängnis) oben glänzt mit Fresken aus dem 17. Jh. von Luca Giordano und Giacomo Farelli. Die Fresken in der benachbarten **Antesacrestia** stammen von Francesco Maria Russo. Ihre kräftigen Farben erinnern an seine bekannteren Werke in der Cappella Sansevero (S. 47). Luca Giordano taucht auch wieder in der angrenzenden **Sacrestia Nuova** (Neue Sakristei) auf, wo seine signierten Deckenfresken zu den wenigen Werken gehören, die der Künstler begonnen und allein vollendet hatte.

Chiesa di San Pietro a Maiella KIRCHE

(Karte S. 50; ☎081 45 90 08; Piazza Luigi Miraglia 25; ⏲Mo–Sa 8.30–13, So 10–11.30 Uhr; Ⓜ Dante) Diese gotische Kirche ist dem Einsiedler Pietro del Morrone gewidmet, der 1294 als Coelestin V. zum Papst aufstieg. Berühmt ist die Kirche vor allem für ihre barocken

INSIDERWISSEN

BANKSY, STREET-ART & NEAPEL

Die offensichtliche Zugnummer auf der Piazza dei Girolamini an der Via dei Tribunali mag die gleichnamige barocke **Chiesa dei Girolamini** (S. 273) sein, aber wer die Mauer des Gebäudes zur Rechten genau betrachtet, wird eine sehr viel modernere Attraktion entdecken: ein Schablonenbild der Madonna unter einer Pistole. Das leicht zu übersehende Graffito, in seiner Verbindung aus dem Heiligen und dem Profanen typisch neapolitanisch, stammt von dem berühmten Street-Art-Künstler Banksy. Das zweite Werk des Briten in Neapel – eine Interpretation von Berninis Santa Teresa mit einer McDonald's-Mahlzeit und einer Coca-Cola auf ihrem Schoß – wurde 2010 von einem weniger begabten Graffiti-Kritzler zerstört.

Banksys Madonna ist eines von vielen faszinierenden, amüsanten und provokativen Straßenkunstwerken in der Stadt. Zu den neapolitanischen Talenten gehören das Duo cyop & kaf (www.cyopekaf.org), Diego Miedo (www.diegomiedo.org), Felice Pignataro (www.felicepignataro.org) und Jorit Agoch (www.jorit.it). Letzterer ist für seine riesigen Wandbilder bekannt. Eines davon zeigt einen persönlichen Freund des Künstlers als San Gennaro, es befindet sich neben der **Basilica di San Giorgio Maggiore** (Karte S. 50; ☎081 28 79 32; Via Duomo 237; ⏲Mo–Sa 8.30–12 & 17–19.30, So 8.30–13.30 Uhr; 🚌R2 bis Corso Umberto I, Ⓜ Duomo) im *centro storico*.

Wer tiefer in die Szene eintauchen will, sollte mit **Napoli Paint Stories** (S. 74) einen zweistündigen Stadtrundgang zu den kreativen Geniestreichen buchen.

Deckengemälde, die Mattia Preti zwischen 1657 und 1673 als Serie schuf. Sie zeigen Episoden aus dem Leben Coelestins V. und Katharinas von Alexandrien. Links vom Altar ist die **Cappella Pipino** mit Fresken von Maria Magdalena aus dem 14. Jh. Geschmückt; sie werden einem Künstler zugeschrieben, der nur als Maestro di Giovanni Barrile bekannt ist.

Basilica di San Paolo Maggiore KIRCHE

(Karte S. 50; ☎081 45 40 48; Piazza San Gaetano 76; ⏲Mo–Sa 9–16.30 Uhr; 🚌R2 bis Corso Umberto I, Ⓜ Duomo) Die prachtvolle Basilika stammt zwar aus dem 8. Jh., wurde aber Ende des 16. Jhs. fast völlig neu gebaut. Im riesigen, mit Goldstuck ausgestatteten Raum befinden sich Gemälde von Massimo Stanzione und Paolo de Matteis sowie ein eindrucksvoller Boden mit geometrischem Muster von Nicola Tammaro. Das Highlight ist die opulente **Sakristei**, die mit leuchtenden Fresken des Barockmeisters Francesco Solimena ausgeschmückt ist. Die Doppeltreppe von 1603 an der Hauptfassade der Basilika ist das Werk von Francesco Grimaldi. Viel älter sind die zwei Säulen links und rechts des Eingangs von einem Castor und Pollux geweihten römischen Tempel, der hier einst stand.

Napoli Sotterranea ARCHÄOLOGISCHE STÄTTE

(Unterirdisches Neapel; Karte S. 50; ☎081 29 69 44; www.napolisotterranea.org; Piazza San Gaetano 68; Erw./erm. 10/8 €; ⏲englischsprachige Touren 10, 12, 14, 16 & 18 Uhr; Ⓜ Dante) Die stimmungsvolle Tour führt 40 m in die Tiefe und erkundet das Labyrinth aus Aquädukten, Gängen und Zisternen der antiken Stadt.

Die Gänge wurden ursprünglich von den Griechen zur Gewinnung von Kalktuff als Baustein und zur Kanalisierung des Wassers vom Vesuv herausgeschlagen. Das von den Römern erweiterte Kanal- und Zisternennetz diente im Zweiten Weltkrieg als Luftschutzbunker. Teile der Tour führen bei Kerzenlicht durch extrem enge Passagen – nichts für große Leibesfüllen!

NEAPEL IN ...

... einem Tag

Los geht's mit einer Barockorgie in der **Chiesa del Gesù Nuovo** (S. 48), gefolgt von einer besinnlichen Runde durch den mit Majolikakacheln gefliesten Kreuzgang des **Complesso Monumentale di Santa Chiara** (S. 48). Nach einem Kaffee im versteckten Garten des **Palazzo Venezia** (S. 86) verschlägt einem Giuseppe Sanmartinos Skulptur *Cristo velato* (verhüllter Christus) in der **Cappella Sansevero** (S. 47) den Atem. Nette Optionen zum Mittagessen sind das **Tandem** (S. 75) oder die supergünstige **Trattoria Mangia e Bevi** (S. 75). Am Nachmittag warten die antiken Schätze im **Museo Archeologico Nazionale** (S. 44) auf ihre Entdeckung. Anschließend winkt an der **Piazza Bellini** (S. 56) ein belebender Aperitif und zum Abendessen bieten sich die bistroähnliche **Salumeria** (S. 77) oder die kultigen Pizzerias **Concettina Ai Tre Santi** (S. 84) und **Pizzeria Gino Sorbillo** (S. 75) an.

... zwei Tagen

Tag zwei beginnt mit einem temperamentvollen Espresso im **Caffè Gambrinus** (S. 88) aus der Belle Époque. Per Shuttlebus geht's zum kunstbeseelten **Palazzo Reale di Capodimonte** (S. 46) oder per Standseilbahn zur geschichtsträchtigen **Certosa e Museo di San Martino** (S. 67). In beiden Fällen lockt anschließend ein Nachmittag am Meer, z. B. mit einem Mittagessen in der **Officina del Mare** (S. 79) oder der schnörkellosen **Trattoria Castel dell'Ovo** (S. 84), auf jeden Fall mit der grandiosen Aussicht vom benachbarten **Castel dell'Ovo** (S. 67). Von dort führt ein kurzer Spaziergang nach Chiaia mit seinen schicken Boutiquen, der filmreifen Treppe des **Palazzo Mannajuolo** (S. 67) und zahlreichen belebten Aperitif-Bars wie der **Ba-Bar** (S. 89) und dem **Barril** (S. 89).

... drei Tagen

Am dritten Tag geht's in die Vororte und auf den **Vesuv** (S. 106) zu seinem trügerisch-friedlichen Krater und einer schwindelerregenden Aussicht. Nach dem Abstieg führt der Weg durch die geisterhaften Straßen des antiken **Pompeji** (S. 107) oder **Herculaneum** (S. 102). Den Abend krönt eine Vorstellung im renommierten **Teatro San Carlo** (S. 91).

Chiesa di Sant'Angelo a Nilo KIRCHE

(Karte S. 50; ☎ 081 420 12 22; Vico Donnaromita 15; ⌚ Mo–Sa 8.30–13 & 16.30–18.30, So 8.30–13 Uhr; Ⓜ Dante) Die schlichte Kirche aus dem 14. Jh. besitzt eines der ersten großen Kunstwerke der neapolitanischen Renaissance: das majestätische Grabmal des Kirchengründers Kardinal Rinaldo Brancaccio. Der Sarkophag wird zwar zum künstlerischen Erbe Neapels gezählt, wurde aber tatsächlich in Pisa von Donatello, Michelozzo und Pagno di Lapo Portigiani geschaffen. Nach einjähriger Arbeit hat man das gemeißelte Prachtstück 1427 nach Neapel verfrachtet.

Piazzetta Nilo PIAZZA

(Karte S. 50; Via Nilo; Ⓜ Dante) Auf dem staubigen kleinen Platz trifft man auf zwei Götter. Der eine ist der alte ägyptische Flussgott Nilo, dessen Marmorstatue **Statua del Nilo** von alexandrinischen Kaufleuten errichtet wurde, die hier in römischer Zeit lebten. Die Skulptur verschwand auf mysteriöse Weise, als die Ägypter wegzogen, tauchte aber im 15. Jh. wieder auf, allerdings ohne Kopf. Der restaurierte bärtige Kopf wurde im 18. Jh. hinzugefügt.

In der **Bar Nilo** (Karte S. 50; Via San Biagio dei Librai 129; ⌚ Mo–Sa 7.30–20, So bis 16.30 Uhr; Ⓜ Dante) gegenüber der Statue hängt ein liebevoller „Schrein" an der Wand, der dem argentinischen Fußballgott und ehemaligen Spieler des SCC Neapel, Diego Maradona, gewidmet ist. An einem Gedicht zu Ehren Maradonas klebt ein kleines, drahtiges, schwarzes Haar – „Kapel Original of Maradona" steht auf dem englischen Schildchen, eine wörtliche Übersetzung des italienischen *Capello originale di Maradona* (Originalhaar von Maradona). Der kleine Behälter ist mit echten Tränen Maradonas gefüllt ... Schande über jeden, der meint, es sei nur Wasser. Übrigens wird von Schaulustigen des Schreins erwartet, dass man einen Kaffee oder ein anderes Getränk in der Bar bestellt.

Toledo & Quartieri Spagnoli

Museo Archeologico Nazionale MUSEUM

Siehe S. 44.

★ Palazzo Reale PALAST, MUSEUM

(Königlicher Palast; Karte S. 64; ☎ 081 40 05 47; www.coopculture.it; Piazza del Plebiscito 1; Erw./erm. 6/3 €; ⌚ Do–Di 9–20 Uhr; R2 bis Via San Carlo, Ⓜ Municipio) Der prachtvolle Palazzo Reale wurde im 16. Jh. als Monument spanischer Glorie errichtet (Neapel stand in jener Zeit unter spanischer Herrschaft). Er ist heute das **Museo del Palazzo Reale** mit einer reichhaltigen Sammlung barocker und klassizistischer Möbel, Porzellan, Tapisserien, Statuen und Gemälde, die in den königlichen Wohnräumen ausgestellt sind.

Zu den vielen Highlights gehört das **Teatrino di Corte**, ein feudales Privattheater, das 1768 von Ferdinando Fuga zu Ehren der Hochzeit von Ferdinand IV. und Maria Karolina von Österreich eingerichtet wurde. Angelo Vivas Statuen von Apollo und den Musen an den Wänden sind bemerkenswerterweise aus Pappmaschee.

Saal VIII beeindruckt mit zwei farbenprächtigen französischen Wandteppichen aus dem 18. Jh., die mit ihren allegorischen Darstellungen jeweils Erde und Wasser symbolisieren. Im Saal XII amüsiert das Gemälde *Gli esattori delle imposte* (Die Steuereintreiber) des niederländischen Malers Marinus Claesz van Raymerswaele aus dem 16. Jh. Das Bild bestätigt, dass sich die Einstellung zu Steuereintreibern in 500 Jahren kaum verändert hat. Die Sala XIII war im 19. Jh. das Arbeitszimmer Joachim Murats, wurde aber im Zweiten Weltkrieg von alliierten Soldaten als Kasino genutzt. Was dann in der Sala XXIII wie ein Wasserrad aussieht, ist tatsächlich ein raffiniertes rotierendes Lesepult, das Giovanni Uldrich im 18. Jh. für Königin Maria Karolina von Österreich gefertigt hatte.

Die Cappella Reale (Königliche Kapelle) birgt einen *presepe napoletano* (neapolitanische Weihnachtskrippe) aus dem 18. Jh. Die akribisch detailreichen *pastori* (Krippenfiguren) wurden von etlichen berühmten neapolitanischen Künstlern geschaffen, darunter Giuseppe Sanmartino, dem Bildhauer der Skulptur *Cristo velato* (verhüllter Christus) in der Cappella Sansevero (S. 47).

Im Palast befindet sich auch die **Biblioteca Nazionale** (Nationalbibliothek; Karte S. 64; ☎ 081 781 91 11; www.bnnonline.it; ⌚ Mo–Fr 8.30–18.45, Sa bis 13.30 Uhr, Papyrusausstellung nur nach Vereinbarung, Sezione Lucchesi Palli Mo–Do 8.30–18.45, Fr bis 15.30 Uhr) GRATIS, zu deren kostbaren Schätzen mindestens 2000 Papyri gehören, die in Herculaneum entdeckt wurden. Wer die Papyri begutachten will, muss mit der Bibliothek einen Monat im Voraus einen Besichtigungstermin vereinbaren. Glücklicherweise kann die ausgezeichnete **Biblioteca Lucchesi Palli** (Lucchesi Palli Bibliothek, samstags geschl.) dafür spontan besucht werden. Sie wurde von berühmten Kunsthandwerkern im 19. Jh. geschaffen und birgt zahlreiche faszinierende Schriften, darunter Briefe des Komponisten Giuseppe Verdi.

Toledo & Quartieri Spagnoli

Eintritt in die Biblioteca Nazionale nur mit Lichtbildausweis.

Theater- und Opernfreunde können sich ein Kombiticket (12 €) für den Palazzo Reale und das angrenzende **MeMus Theatermuseum** (Museum & Historisches Archiv des Teatro San Carlo; Karte S. 64; http://memus.squarespace.com; Erw./erm. 6/5 €; ⏲ Mo, Di & Do–Sa 9–19, So bis 15 Uhr) besorgen.

Piazza del Plebiscito PIAZZA

(Karte S. 64; Via San Carlo; R2 bis Via San Carlo, Ⓜ Municipio) In Sachen Grandezza ist die

Toledo & Quartieri Spagnoli

Piazza del Plebiscito kaum zu überbieten. Wohin das Auge auch fällt – der Anblick ist überwältigend. Im Nordwesten führen weinbewachsene Hänge hoch zum Castel Sant'Elmo (S. 69) und zur Certosa di San Martino (S. 67), im Osten präsentiert der rosafarbene Palazzo Reale (S. 46) die älteste Fassade. Und im Westen steht Pietro Banchinis klassizistische Kopie des römischen Pantheon, die **Basilica di San Francesco di Paola** (Karte S. 64; ☎ 081 1948 4893; ⌚ 8.30–12 & 16–19 Uhr).

Die Kirche ist eine spätere Ergänzung der ursprünglichen Piazzagestaltung von 1809 mit Kolonnaden. Sie wurde von Ferdinand I. 1817 in Auftrag gegeben, um nach dem napoleonischen Intermezzo seine Wiedereinsetzung als König zu feiern. Vor ihr wachen Antonio Canovas Statue eines galoppierenden Königs (Karl VII. von Bourbon) und Antonio Calís Darstellung von Karls Sohn Ferdinand I.

An der Nordseite geht die Piazza del Plebiscito in die Piazza Trieste e Trento über, das quirlige Herz und Standort des glamourösesten Cafés der Stadt, des Caffè Gambrinus (S. 88).

★ Teatro San Carlo — THEATER

(Karte S. 64; ☎ 081 797 24 68; www.teatrosancarlo.it; Via San Carlo 98; Führungen Erw./erm. 7/5 €; ⌚ Führungen tgl. 10.30, 11.30, 12.30, 14.30, 15.30 & 16.30 Uhr; 🚌 R2 bis Via San Carlo, Ⓜ Municipio) Ein Abend in Italiens größtem Opernhaus ist magisch. Das ursprüngliche Theater von 1737 brannte zwar im Jahre 1816 ab, aber auch der Nachbau von Antonio Niccolini aus dem 19. Jh. ist ein mondänes Meisterwerk. Neben den Aufführungen lohnt sich auch die 45-minütige Führung durch die Foyers, die elegante Haupthalle und die Königsloge (der beste Platz im Hause). Die Tickets dafür gibt es bis zu 15 Minuten vor Tourbeginn im Theater zu kaufen.

Nebenan beherbergt der Palazzo Reale das Theatermuseum MeMus (S. 60).

★ Gallerie d'Italia – Palazzo Zevallos Stigliano — MUSEUM

(Karte S. 60; ☎ 081 42 50 11; www.palazzozevallos.com; Via Toledo 185; Erw./erm. 5/3 €; ⌚ Di–Fr 10–18, Sa & So bis 20 Uhr; Ⓜ Municipio) Der Palazzo Zevallos Stigliano wurde im 17. Jh. für einen spanischen Kaufmann gebaut und Anfang des 20. Jhs. von dem Architekten Luigi Platania im Stil der Belle Époque umgestaltet. Heute birgt er eine kompakte Sammlung neapolitanischer und italienischer Kunst des 17. bis frühen 20. Jhs. Die Hauptattraktion ist Caravaggios faszinierendes Gemälde *Das Martyrium der hl. Ursula* (1610). Das Bild, das der Künstler Wochen vor seinem einsamen Tod vollendete, stellt einen rachsüchtigen Hunnenkönig dar, der das Herz seiner unwilligen jungfräulichen Braut Ursula durchsticht.

Hinter der sterbenden Märtyrerin ist ein gequälter Caravaggio zu sehen, eine unheimliche Vorahnung seines eigenen Schicksals. Die stürmische Geschichte des Künstlers und des Gemäldes wird im kostenlosen, sehr informativen Tablet-Audioguide erläutert.

Caravaggios Meisterwerk ist eines von rund 120 Werken, die in den opulenten Räumen des Palazzo ausgestellt sind. Zu den zahlreichen herausragenden Bildern zählen Luca Giordanos kraftvoller *Raub der Helena,* eine drastische Darstellung von *Judith und Holofernes,* die Louis Finson zugeschrieben wird, Francesco Solimenas *Hagar und Ismael erscheint in der Wüste ein Engel* sowie eine Reihe Bronze- und Terrakottaskulpturen von Vincenzo Gemito.

Zu der schönen Sammlung von Landschaftsgemälden gehören Gaspar van Wittels *Blick auf Neapel mit dem Stadtviertel Chiaia vom Pizzofalcone* und *Blick auf Neapel mit Largo di Palazzo,* beides eindrucksvolle Darstellungen der Stadt aus dem frühen 18. Jh. Das letztere Bild, das die heutige Piazza del Plebiscito zeigt, beinhaltet auch den dreibogigen Fontana dell'Immacolatella. Der von Michelangelo Naccherini und Pietro Bernini 1601 entworfene Brunnen steht heute an der Ecke Via Partenope und Via Nazario Sauro neben dem Borgo Marinaro. Gaspar van Wittel war der Vater des renommierten neapolitanischen Architekten Luigi Vanvitelli.

Galleria Umberto I ARCHITEKTUR

(Karte S. 60; Via San Carlo; R2 bis Via San Carlo, M Municipio) Die berühmteste Einkaufspassage Neapels aus dem 19. Jh. erinnert an die Mailänder Galleria Vittorio Emanuele. Sie ist eine wunderbare Kombination aus reich verzierten Fassaden der Neorenaissance und einer grazilen Glasdecke, die von einer 56 m hohen Kuppel gekrönt ist. Die *galleria* mit ihrem prächtigen Marmorboden ist abends besonders spektakulär, manchmal kommt es dann zu spontanen Fußballspielen.

La Pignasecca MARKT

(Karte S. 60; Via Pignasecca; 8–13 Uhr; M Toledo) Neapels ältester Straßenmarkt ist ein Ausflug für alle Sinne in eine Welt aus Meeresfrüchten, duftenden Delikatessen und fachkundigen *casalinghe* (Hausfrauen) auf der Suche nach perfekten Waren. Abgesehen von frischem Obst und Gemüse verkaufen die Straßenstände billiges Parfum und Wäsche, neapolitanische Hip-Hop-CDs, bequeme *nonna*-Latschen und vieles mehr.

Chiesa di Sant'Anna dei Lombardi KIRCHE

(Karte S. 60; 081 551 33 33; Piazza Monteoliveto; Erw./erm. 5/3 €; Mo–Sa 9.30–18.30 Uhr; M Toledo) Die prachtvolle Kirche ist ein Beleg für die engen Verbindungen, die einst zwischen den Dynastien Aragonien aus Neapel und Medici aus Florenz bestanden. Ein besonderes Highlight ist Guido Mazzonis grandiose *Pietà* von 1492. Das Ensemble besteht aus acht lebensgroßen Terrakottafiguren, die sich um den leblosen Körper Christi gruppieren. Die Figuren waren ursprünglich bemalt, aber selbst ohne Farben sind sie noch eindrucksvoll. Meisterhaft ist auch ein Bild des Barockmalers Francesco Solimenas, das den hl. Christophorus darstellt.

Die **Sakristei** ist ein Kunstwerk für sich. Die Wände sind mit intarsierten Holzpaneelen von Giovanni da Verona geschmückt und die Decke ist mit Fresken von Giorgio Vasari aus dem 16. Jh. bemalt, die die *Allegorien und Symbole des Glaubens* darstellen.

Gegenüber der Kirche auf der anderen Seite der Via Monteoliveto befindet sich der **Palazzo Orsini in Gravina** (Karte S. 50; Via Monteoliveto 3) aus dem 16. Jh., Sitz des Fachbereichs Architektur der Universität Neapel.

Castel Nuovo BURG

(Karte S. 50; 081 795 77 22; Piazza Municipio; Erw./erm. 6/3 €; Mo–Sa 8.30–18, So 10–13 Uhr; M Municipio) Die Burg aus dem 13. Jh wird von Neapolitanern auch „Maschio Angioino" (angevinischer Bergfried) genannt. Sie birgt die **Cappella Palatina**, in der sich Fragmente von Fresken des Renaissancekünstlers Giotto befinden. Unter dem Glasboden der Sala dell'Armeria (Rüstkammer) sind römische Ruinen zu sehen. In den oberen Stockwerken (sonntags geschl.) hängen neapolitanische Gemälde meist aus dem 17. bis frühen 20. Jh. Der oberste Stock birgt die interessanteren Werke, darunter Landschaftsgemälde von Luigi Crisconio und ein Aquarell des Architekten Carlo Vanvitelli.

Die Geschichte der Burg beginnt mit Karl I. von Anjou, der nach Übernahme Neapels und des staufischen Königreichs Sizilien nun nicht nur seine neuen süditalienischen Gebiete beherrschte, sondern auch seine Besitztümer in der Toskana, Norditalien und der französischen Provence. Es lag daher nahe, seine neue Dynastie in Neapel statt im sizilianischen Palermo zu etablieren. Karl begann mit einem ehrgeizigen Bebauungsplan zur Erweiterung des Hafens und der Stadtmauern. Zu diesem Projekt gehörte auch der Umbau eines franziskanischen Konvents in diese Burg.

Sie wurde 1282 fertiggestellt und Castrum Novum (Neue Burg) genannt, um sie von den älteren Bauten Castel dell'Ovo (S. 67) und Castel Capuano zu unterscheiden. Der Ort entwickelte sich zum beliebten Tummelplatz von Intellektuellen und Künstlern jener Zeit – Giotto dankte seinen königlichen Gastgebern, indem er einen Großteil der Räume bemalte. Vom ursprünglichen Bauwerk ist jedoch nur noch die Cappella Palatina erhalten; der Rest ist das Ergebnis aragonischer Umbauten zwei Jahrhunderte später sowie sorgfältiger Restaurierungen vor dem Zweiten Weltkrieg.

Der zweistöckige Renaissancetriumphbogen am Eingang – die **Torre della Guardia** – erinnert an den siegreichen Einzug von Alfons I. von Aragonien in Neapel 1443. Die düstere, steinerne **Sala dei Baroni** (Saal der Barone) ist nach den Baronen benannt, die hier 1486 wegen Verschwörung gegen König Ferdinand I. von Aragonien niedergemetzelt wurden.

Casa e Chiesa di Santa Maria Francesca delle Cinque Piaghe KIRCHE, HISTORISCHE STÄTTE

(Karte S. 60; ☎ 081 42 50 11; Vico Tre Re a Toledo 13; ⏲ Kirche 7–12.15 Uhr, Wohnung 9.30–12.15 Uhr, an jedem 6. des Monats auch 16.30–19.30 Uhr; Ⓜ Toledo) Das Heiligtum ist die Essenz des kultisch geprägten Katholizismus, der in Neapel praktiziert wird. Es war einst die Wirkungsstätte der Santa Maria Francesca delle Cinque Piaghe, Mystikerin und Empfängerin von Stigmata, der einzigen heiliggesprochenen Frau der Stadt. Hier befindet sich auch der wundertätige Holzstuhl: Unfruchtbare Gläubige setzen sich auf ihn, in der Hoffnung, schwanger zu werden.

Das Möbelstück steht in der sorgfältig konservierten **Wohnung** der Heiligen aus dem 18. Jh. Die Wände sind hier bedeckt von lebhaften Gemälden aus dem 18. und 19. Jh., die Wunderheilungen darstellen, und modernen Babysachen – Votivgaben jener, deren Gebete erhört wurden. Weitere Gegenstände im Haus sind die blutbefleckten Kleider der Stigmatikerin, ihr Bett und Kissen, ihre Selbstgeißelungsschnüre und ein seltenes Spinett von 1682.

Die Wohnung liegt über einer winzigen **Kapelle**, die für ihre schöne neapolitanische Sakralkunst des 18. Jhs. berühmt ist, darunter glasäugige Heiligenstatuen. Eine besondere Rarität ist die Statue der *Divina pastora* (himmlische Schäferin) an der linken Seite des Schiffs. Sie ist die einzige Skulptur dieser Art in Neapel. Die ungewöhnliche Darstellung einer liegenden Jungfrau Maria mit einem Schäferhut stammt aus dem Spanien des 18. Jhs. Eine Statue der Santa Maria Francesca links des Schiffs enthält die Gebeine der heiligen Neapolitanerin.

KUNST UNTERWEGS

Untergrundkunst ist in Neapel wortwörtlich zu nehmen, denn viele Metrostationen der Stadt wurden von nationalen und internationalen Topkünstlern gestaltet. Zu entdecken sind Mario Merzs blaue Neonspiralen in der Station Vanvitelli, eine witzige Fiat-Installation von Perino & Vele in der Station Salvator Rosa und Technicolor-Wandgestaltung von Sol LeWitt in der Station Materdei. Außerdem gibt es Fotos von bedeutenden italienischen Fotografen in der Station Museo zu sehen und Jannis Kounellis' unheimliche Schuhinstallation in der Station Dante.

Die meisten Kunststationen liegen an der jüngst erweiterten Linie 1. Sehr bemerkenswert ist auch die Station Università, gestaltet von dem gebürtigen Ägypter und Industriedesigner Karim Rashid. Zu sehen gibt es hier Linsenrasterbilder mit dreidimensionalen Symbolen in wechselnden Farben und Perspektiven, eine Skulptur, die neuronale Netzwerke und Synapsen des Hirns darstellt, Bahnsteigstufen mit abstrakten Porträts von Dante und seiner Beatrice sowie Wände mit leuchtenden, animierten Kunstwerken (Tipp: mal eine Weile darauf starren).

Einfach großartig ist die Station Toledo, die 2014 von CNN als eindrucksvollste Metrostation Europas bezeichnet wurde. Im Eingang befinden sich Ruinenteile einer aragonischen Festung und ein spektakuläres antikisierendes Wandmosaik des Konzeptkünstlers William Kentridge.

Weitere Informationen zu den Kunststationen Neapels gibt es als kostenlose PDF-Datei auf der Website der ANM (www.anm.it), Stichwort „Metro Art". Am besten ist aber immer noch, sich mit einer Metrofahrkarte in den Untergrund zu begeben und sich von Station zu Station treiben zu lassen.

Museo Nitsch MUSEUM

(Karte S. 50; ☎ 081 564 16 55; www.museonitsch.org; Vico Lungo Pontecorvo 29d; Erw./erm. 10/5 €; ⊙ Mo–Fr 10–19, Sa bis 14 Uhr; Ⓜ Dante) 1974 wurde der österreichische Skandalkünstler Hermann Nitsch eingeladen, in Neapel eine seiner „Aktionen" aufzuführen (eine blutige, ritualisierte Kunstperformance). Er wurde sofort verhaftet und aus Italien abgeschoben. Das geniale, wenn auch für empfindliche Zeitgenossen nicht geeignete Museum und Kulturzentrum dokumentiert die symbolischen, kontroversen Werke des Künstlers anhand von Fotografien, Videos, Gemälden und Requisiten.

Piazza Dante PIAZZA

(Karte S. 50; Ⓜ Dante) An heißen Sommerabenden verwandelt sich die Piazza Dante in ein Wohnzimmer der Nachbarschaft, wo ganze Familien bummeln, essen, Karten spielen, Ballons hinterherjagen und über die Schwiegereltern schimpfen.

Die Ostseite des Platzes wird von der enormen Fassade des **Convitto Nazionale** beherrscht, das Paradestück von Luigi Vanvitellis spektakulärem Platz aus dem 18. Jh. Das Gebäude ist dem Bourbonenkönig Karl VII. gewidmet, aber die Hauptfigur ist heute ein sandgestrahlter Marmor-Dante, der über die Via Toledo blickt.

Santa Lucia, Chiaia & Mergellina

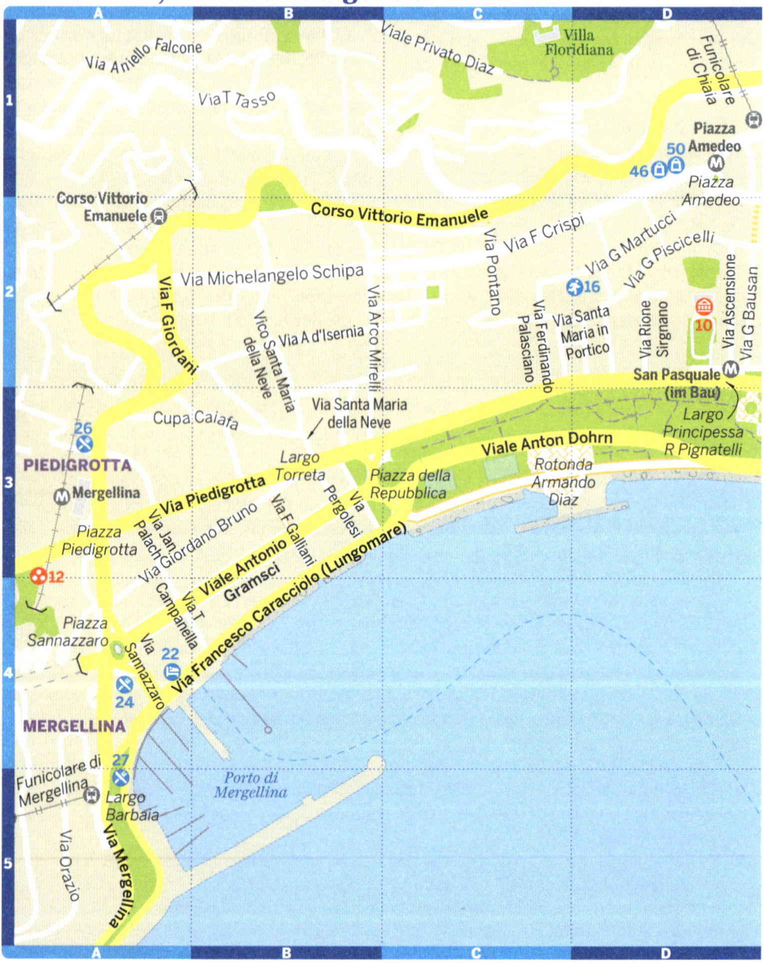

Unter dem Platz befindet sich die **Metrostation Dante**, die gleichzeitig als öffentlicher Raum für zeitgenössische Kunst dient. Hier gibt es Installationen von Größen der internationalen Kunstszene. Bei der Fahrt die Rolltreppe hinunter ist Joseph Kosuths *Queste cose visibili* (Diese sichtbaren Dinge) zu sehen. Das irrsinnig große und leuchtende Werk ist ein gewaltiges Zitat aus Dantes *Il convivio* (Das Gastmahl). An der Wand unten an der Rolltreppe verlaufen Zuggleise über weggeworfene Schuhe hinweg – ein Werk von Jannis Kounellis. Rechts dahinter hängt über dem zweiten Rolltreppenpaar *Intermediterraneo*, Michelangelo Pistolettos riesige Spiegelkarte des Mittelmeers.

Santa Lucia & Chiaia

★ Galleria Borbonica HISTORISCHE STÄTTE

(Karte S. 64; ☎366 2484151, 081 764 58 08; www.galleriaborbonica.com; Vico del Grottone 4; 60-min. Standardtour Erw./erm. 10/5 €; ⏲Standardtour Fr–So 10, 12, 15.30 & 17.30 Uhr; 🚌R2 bis Via San Carlo) Der spannende Bourbonen-Tunnel ist ein Gang durch fünf Jahrhunderte. Der Fluchtweg wurde von Ferdinand II. 1853 als Verbindung zwischen dem Palazzo Reale (S. 46) und den Kasernen und dem Meer in

Santa Lucia, Chiaia & Mergellina

Highlights
1 Galleria Borbonica ... G2
2 Palazzo Reale ... H2
3 Teatro San Carlo ... H1

Sehenswertes
4 Basilica di San Francesco di Paola ... G2
5 Biblioteca Nazionale di Napoli ... H1
6 Borgo Marinaro ... H4
7 Castel dell'Ovo ... G4
8 Lungomare ... F3
9 MeMus ... H2
10 Museo Pignatelli ... D2
11 Palazzo Mannajuolo ... F2
12 Parco Vergiliano ... A3
13 Piazza dei Martiri ... F2
14 Piazza del Plebiscito ... H2
15 Villa Comunale ... E3

Aktivitäten, Kurse & Touren
16 Toffini Academy ... D2

Schlafen
17 B&B Cappella Vecchia ... F2
18 CasAlice B&B ... F2
19 Chiaja Hotel de Charme ... G2
20 Eurostars Hotel Excelsior ... H4
21 Grand Hotel Vesuvio ... H4
22 Hotel Ausonia ... A4
23 Nardones 48 ... G2

Essen
24 50 Kalò ... A4
25 Antica Osteria Da Tonino ... E2
26 Benvenuti al Sud ... A3
27 Chalet Ciro Mergellina ... A5
28 Da Ettore ... G2
29 Dialetti ... F2
30 L'Ebbrezza di Noè ... E1
31 Muu Muuzzarella Lounge ... F2
32 Officina del Mare ... H4
33 Osteria della Mattonella ... G2
34 Pasticceria Mennella ... E2
35 Pescheria Mattiucci ... F2
36 Ristorantino dell'Avvocato ... H3
37 Trattoria Castel dell'Ovo ... H4

Ausgehen & Nachtleben
38 Al Barcadero ... G4
39 Ba-Bar ... F2
40 Barril ... E2
41 Caffè Gambrinus ... H2
42 Cantine Sociali ... F2
43 Enoteca Belledonne ... F2
44 L'Antiquario ... F3

Unterhaltung
45 Associazione Scarlatti ... F2
Teatro San Carlo ... (s. 3)

Shoppen
46 Asad Ventrella: Contemporastudio ... D1
47 Bowinkel ... H3
48 La Feltrinelli ... F2
49 Livio De Simone ... F2
50 Mattana Design ... D1
51 Mercatino dell'Umberto ... E2
52 Tramontano ... F2

Auftrag gegeben, aber nie vollendet. Er ist Teil des Carmignano-Aquädukts aus dem 17. Jh., zu dem Zisternen aus dem 16. Jh. gehören. Eine Buchung ist für die Standardtour und die Via delle Memorie-Tour (75 Min.; Erw./erm. 10/5 €) nicht nötig, für die Abenteuertour (85 Min.; Erw./erm. 15/10 €) und die Speleo-Tour (1½ Std.; 15 €; nur für Erwachsene) jedoch schon.

Es gibt zwei weitere Eingänge zur Galleria Borbonica: einen an der Via Domenico Morelli 61 und einen an der Via Monte di Dio 14.

Museo Pignatelli MUSEUM
(Karte S. 64; ☎081 761 23 56; www.polomusealecampania.beniculturali.it/index.php/il-museo-pignatelli; Riviera di Chiaia 200; Erw./erm. 5/2,50 €; ⏲Mi–Mo 8.30–17 Uhr; 🚌140 bis Riviera di Chiaia) Als Ferdinand Acton, Sohn des Ministers John Acton am Hof König Ferdinands IV. (1759–1825), Pietro Valente 1826 bat, die Villa zu entwerfen, ersann Valente dieses bemerkenswerte pompejische Gebäude. Die Sammlung des heutigen Museo Pignatelli enthält luxuriöse Möbel, dekorative Kunst sowie im angrenzenden **Museo delle Carrozze** eine wunderbare Sammlung von Kutschen aus dem 19. und 20. Jh.

1841 kauften und erweiterten die Rothschilds die Villa, 1867 lebte hier der Herzog von Monteleone, Diego Aragona Pignatelli Cortés. Seine Enkelin Rosina Pignatelli schenkte die Villa mitsamt Schätzen dem Staat. Highlights der ständigen Ausstellung sind eine kleine, aber feine Sammlung italienischen und ausländischen Porzellans im Salotto Verde (Grüner Salon) und ein mit Leder verkleidetes Rauchzimmer (die sogenannte Biblioteca). Im 1. Stock, dessen Badezimmer mit einer aus einem Carrara-Marmorblock gehauenen Badewanne bestückt ist, finden regelmäßig Wechselausstellungen statt, meist mit Fotografien.

Castel dell'Ovo BURG

(Karte S. 64; ☎081 795 45 92; Borgo Marinaro; April–Okt. Mo–Sa 9–19, So bis 13.30 Uhr, sonst kürzere Öffnungszeiten; E6, 128 bis Via Santa Lucia) GRATIS Neapels älteste Burg, von den Normannen im 12. Jh. erbaut, verdankt ihren Namen (wörtlich „Eier-Burg") Vergil. Der römische Dichter soll angeblich an der Stelle der heutigen Burg ein rohes Ei vergraben und davor gewarnt haben, dass die Burg (und Neapel) fallen würde, wenn das Ei zerbricht. Zum Glück stehen beide noch und ein Aufstieg auf den Burgwall wird mit einem tollen Panorama belohnt.

Die Burg wurde von den Staufern, Angevinen und von Alfons von Aragonien genutzt, der sie militärisch befestigt hatte, und liegt auf der felsigen, von Restaurants gesäumten „Insel" **Borgo Marinaro** (Karte S. 64). Der Legende nach wurde hier die untröstliche Sirene Partenope an Land geschwemmt, nachdem es ihr nicht gelungen war, Odysseus mit ihrem Gesang zu verführen. Auf der Insel ließen sich im 7. Jh. v. Chr. erstmals die Griechen nieder, die das Eiland Megaris nannten. Ihre günstige Lage entging auch nicht dem römischen General Lucullus, der hier seine Villa hatte, lange bevor die Burg die Skyline veränderte.

Lungomare PROMENADE, PARK

(Uferpromenade; Karte S. 64; Via Caracciolo & Via Partenope; C25 bis Piazza Vittoria) Wer eine Pause von der Hektik Neapels nötig hat, kann auf der verkehrsfreien Uferpromenade tief durchatmen. Sie erstreckt sich über 2,5 km über die Via Partenope und Via Carrociolo und bietet einen herrlichen Blick über die Bucht, den Vesuv, zwei Burgen und Vomeros Jugendstilvillen. Besonders romantisch ist es hier in der Abenddämmerung, wenn Capri und der Vulkan in sanftes, orangefarbenes Licht getaucht sind.

Palazzo Mannajuolo ARCHITEKTUR

(Karte S. 64; Via Filangieri 36; 8–21 Uhr; E6 bis Piazza dei Martiri, M Piazza Amedeo) Der Palazzo wurde im Auftrag des Unternehmers und Ingenieurs Giuseppe Mannajuolo 1910/1911 erbaut. Er ist eines der schönsten Beispiele italienischer Jugendstil-Architektur, hier als *Stile Liberty* bekannt. Ein Hingucker ist v. a. die Westfassade des Gebäudes, deren abwechselnd konvexen und konkaven Elemente eine Kuppel krönt. Die Treppe im Inneren ist filmreif: ein imposanter elliptischer Entwurf mit Marmorstufen und schmiedeeisernen Brüstungen.

Villa Comunale PARK

(Karte S. 64; Piazza Vittoria; 7–24 Uhr; C25 bis Piazza Vittoria, 128, 140 bis Riviera di Chiaia) Luigi Vanvitelli gestaltete diesen langen, baumbestandenen Park am Meer für das Adelsgeschlecht der Bourbonen. Das gemeine Volk hatte nur einmal im Jahr, zur Festa di Piedigrotta am 8. September, Zugang zu dem als Passedio Reale (Königlicher Spazierweg) bekannten Grünstreifen. Gerüchten zufolge war das Versprechen, die Angetraute an diesem Tag dorthin auszuführen, Bestandteil vieler Eheverträge. So manches Liebespaar wird vermutlich erleichtert aufgeatmet haben, als der Park 1869 öffentlich zugänglich wurde.

Vomero

★ Certosa e Museo di San Martino KLOSTER, MUSEUM

(Karte S. 68; ☎081 229 45 03; www.polomusealecampania.beniculturali.it/index.php/certosa-e-museo; Largo San Martino 5; Erw./erm. 6/3 €; Do–Di 8.30–19.30 Uhr; M Vanvitelli, Montesanto bis Morghen) Die ehemalige Kartause, zwischen 1325 und 1368 als Kloster erbaut und heute ein Museum, ist der Höhepunkt (buchstäblich) des neapolitanischen Barock. Sie besitzt einen der schönsten Kreuzgänge Italiens und wurde über die Jahrhunderte von italienischen Meistern eingerichtet, ausgeschmückt und umgebaut, insbesondere von dem Architekten Giovanni Antonio Dosio im 16. Jh. und dem Barockbildhauer Cosimo Fanzago im 17. Jh. Heute ist es ein großartiges Schaustück neapolitanischer und italienischer Kunstfertigkeit.

Die **Klosterkirche** und daran angrenzend die Sakristei, der Kirchenschatz und der Kapitelsaal enthalten überbordende Fresken und Gemälde von großen neapolitanischen Künstlern des 17. Jhs., darunter Battista Caracciolo, Jusepe de Ribera, Guido Reni und Massimo Stanzione. Die Marmorintarsien im Kirchenschiff von Cosimo Fanzago sind schlichtweg grandios.

Der **Chiostro dei Procuratori** neben der Kirche ist der kleinere der zwei Kreuzgänge des Klosters. Ein prächtiger Gang zur Linken führt zum größeren **Chiostro Grande** (Großer Kreuzgang). Er wurde ursprünglich von Giovanni Antonio Dosio Ende des 16. Jhs. gestaltet und von Fanzago ergänzt und besteht aus einer genialen Komposition aus toskanisch-dorischen Säulengängen, Marmorstatuen und leuchtenden Kamelien. Eine mit Totenköpfen von Fanzango verzierte

Vomero

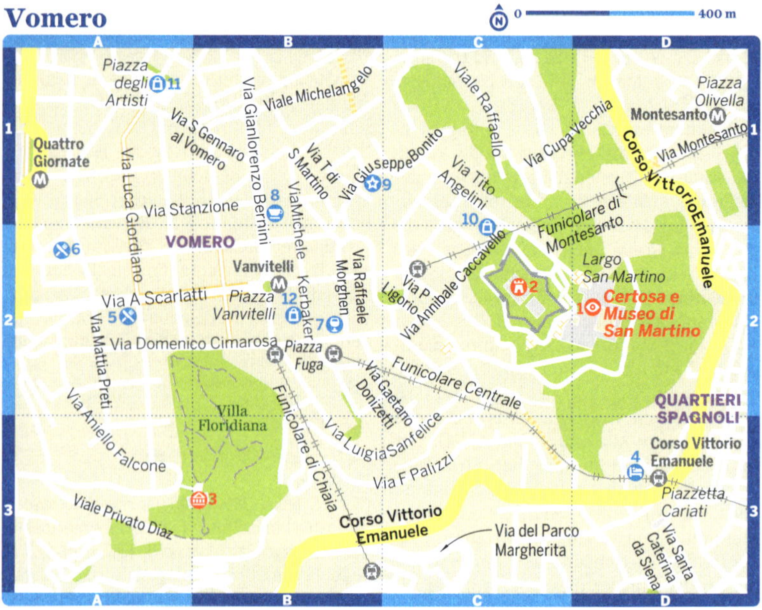

Balustrade umgrenzt den kleinen Friedhof der Kartause.

Die **Sezione Navale** am Chiostro dei Procuratori dokumentiert die Geschichte der bourbonischen Marine von 1734 bis 1860 und zeigt außergewöhnliche königliche Barkassen. Die **Sezione Presepiale** gegenüber dem Speisesaal birgt eine skurrile Sammlung seltener neapolitanischer *pastori* (Krippenfiguren) aus dem 18. und 19. Jh., darunter die gigantische Cuciniello-Schöpfung aus dem 19. Jh., die eine ganze Wand der einstigen Klosterküche einnimmt. Der **Quarto del Priore** im Südflügel birgt den Großteil der historischen Gemäldesammlung der Mönche und die bekannteste Skulptur des Museums, nämlich Pietro Berninis liebevolle *Madonna col bambino e San Giovannino* (Madonna und Kind mit dem jungen Johannes dem Täufer). Ihr Schöpfer war der Vater des noch prominenteren Gian Lorenzo Bernini. Äußerst kunstvoll ist auch die Statue des hl. Franziskus von Assisi. Sie geht auf das Konto des Meisterbildhauers Giuseppe Sanmartino aus dem 18. Jh., der auch die Skulptur *Cristo velato* (verhüllter Christus) in der Cappella Sansevero (S. 47) schuf.

Eine bildhafte Geschichte Neapels wird in der Abteilung **Immagini e Memorie della Città e del Regno** (Bilder und Erinnerungen an die Stadt und das Königreich Neapel) erzählt. Hier hängen historische Porträts und alte Stadtpläne, darunter ein 35-teiliger Kupferstich vom Neapel des 18. Jhs. in Raum 45. Außerdem gibt es Räume, die jeweils wichtigen historischen Ereignissen gewidmet sind, wie dem Ausbruch des Vesuvs und der Revolte von Masaniello (Raum 36) oder der Pest (Raum 37). Raum 32 enthält die wunderschöne Tavola Strozzi (Strozzi-Tafel), deren sagenhafte Darstellung des maritimen Neapels in der zweiten Hälfte des 15. Jhs. eine der berühmtesten historischen Aufzeichnungen der Stadt ist.

Einige Bereiche des Museums sind nur zu bestimmten Tageszeiten geöffnet, über Details informiert die Website.

Unterhalb der Certosa ruhen die stattlichen **Sotterranei Gotici** (Gotischer Keller). Der karge, gewölbte Raum beherbergt rund 150 Marmorskulpturen und Inschriften. Führungen (auf Italienisch) finden in der Regel am Samstag und Sonntag um 11.30 Uhr statt und müssen etwa zwei Wochen im Voraus per E-Mail (accoglienza.sanmartino@beniculturali.it) gebucht werden. Leider wurden die Touren im Jahr 2017 auf unbestimmte Zeit ausgesetzt. Aktuelle Informationen dazu können beim Museum erfragt werden.

Vomero

Highlights
1 Certosa e Museo di San Martino D2

Sehenswertes
2 Castel Sant'Elmo C2
3 Museo Duca di Martina & Villa Floridiana B3

Schlafen
4 Casa Tolentino D3

Essen
5 Antica Pizza Fritta da Zia Esterina Sorbillo A2
6 La Frescheria A2

Ausgehen & Nachtleben
7 Fonoteca B2
8 Ventimetriquadri B1

Unterhaltung
9 Blue Around Midnight B1

Shoppen
10 De Paola Cameos C2
11 Mercatino di Antignano A1
12 Riot Laundry Bar B2

Castel Sant'Elmo BURG

(Karte S. 68; ☎081 558 77 08; www.polomusealecampania.beniculturali.it/index.php/il-castello; Via Tito Angelini 22; Erw./erm. Mi–Mo 5/2,50 €, Di 2,50/1,25 €; Burg tgl. 8.30–19.30 Uhr, Museum Mi–Mo 10–17 Uhr, im Winter kürzere Öffnungszeiten; M Vanvitelli, Montesanto bis Morghen) Das sternförmige Castel Sant'Elmo war ursprünglich eine dem hl. Erasmus geweihte Kirche. 1349, also etwa 400 Jahre später, baute Robert von Anjou sie in eine Festung um, 1538 ließ der spanische Vizekönig Don Pedro de Toledo sie weiter befestigen. Bis in die 1970er-Jahre diente sie als Militärgefängnis. Heute ist sie berühmt für ihre herrliche Aussicht auf einen Großteil der Stadt, den Golf und die Inseln. Bekannt ist sie auch für ihr **Museo del Novecento**, das sich der neapolitanischen Kunst des 20. Jhs. widmet.

Museo Duca di Martina & Villa Floridiana MUSEUM, GÄRTEN

(Karte S. 68; ☎081 578 84 18; www.polomusealecampania.beniculturali.it/index.php/il-museo; Via Cimarosa 77; Erw./erm. 4/2 €; Museum Mi–Mo 8.30–17 Uhr, Gärten 8.30–19 Uhr; M Vanvitelli, Chiaia bis Cimarosa, Centrale bis Piazza Fuga) Das Museo Duca di Martina besitzt eine herrliche Keramiksammlung mit kostbarem chinesischen Ming-Porzellan (1368–1644) und japanischen Edo-Vasen (1615–1867) im unteren Stock, farbenprächtige Renaissance-Majolika im mittleren Geschoss und europäisches Porzellan (darunter prachtvolle Stücke aus Meißen) im obersten Stock. Hinzu kommen Gemälde von Meistern wie Francesco Solimena, Francesco De Mura und Vincenzo Camuccini.

Das Museum ist in der imposanten **Villa Floridiana** untergebracht, ein nicht gerade schlichtes Geschenk von König Ferdinand I. an seine zweite Frau, die Herzogin von Floridia. Die üppigen, gepflegten Gärten lohnen allein einen Besuch, mit verträumten Aussichten auf Bucht und Stadt und einem hübschen kleinen Brunnen mit Schildkröten.

La Sanità & Capodimonte

Palazzo Reale di Capodimonte MUSEUM

Siehe S. 46.

★ **Catacombe di San Gennaro** KATAKOMBEN

(Karte S. 70; ☎081 744 37 14; www.catacombedinapoli.it; Via Capodimonte 13; Erw./erm. 9/6 €; einstündige Touren stündl. Mo–Sa 10–17, So bis 14 Uhr; R4, 178 bis Via Capodimonte) Neapels älteste und heiligste Katakomben entwickelten sich zu einer christlichen Pilgerstätte, als San Gennaros Leichnam hier im 5. Jh. beigesetzt wurde. Die sorgfältig restaurierte Anlage ermöglicht Besuchern, eine stimmungsvolle jenseitige Welt aus Gräbern, Gängen und breiten Vorhöfen zu erleben, zu deren Schätzen christliche Fresken aus dem 2. Jh., Mosaiken aus dem 5. Jh. und das älteste bekannte Porträt San Gennaros aus der zweiten Hälfte des 5. Jhs. gehören.

Die Katakomben bergen drei Arten von Gräbern, jeweils für eine unterschiedliche soziale Schicht. Die Reichen ließen sich in einem offenen *cubiculum* bestatten, das ursprünglich von Gattern geschützt und mit farbenfrohen Wandfresken geschmückt war. Ein *cubiculum* links vom Eingang hat ein besonders schönes Grabfresko von Mutter, Vater und Kind: Es besteht aus drei Fresken, eins bei jedem Tod in Auftrag gegeben. Die kleineren, rechteckigen Wandnischen, *loculum* genannt, waren der Mittelschicht vorbehalten, die *forme* (Bodengräber) hingegen für die Armen gedacht.

Ein Stück weiter befindet sich die sogenannte **Basilica Minore** (Kleine Basilika), in der die Gräber von San Gennaro und Giovanni I., Erzbischof von Neapel, aus dem

La Sanità & Capodimonte

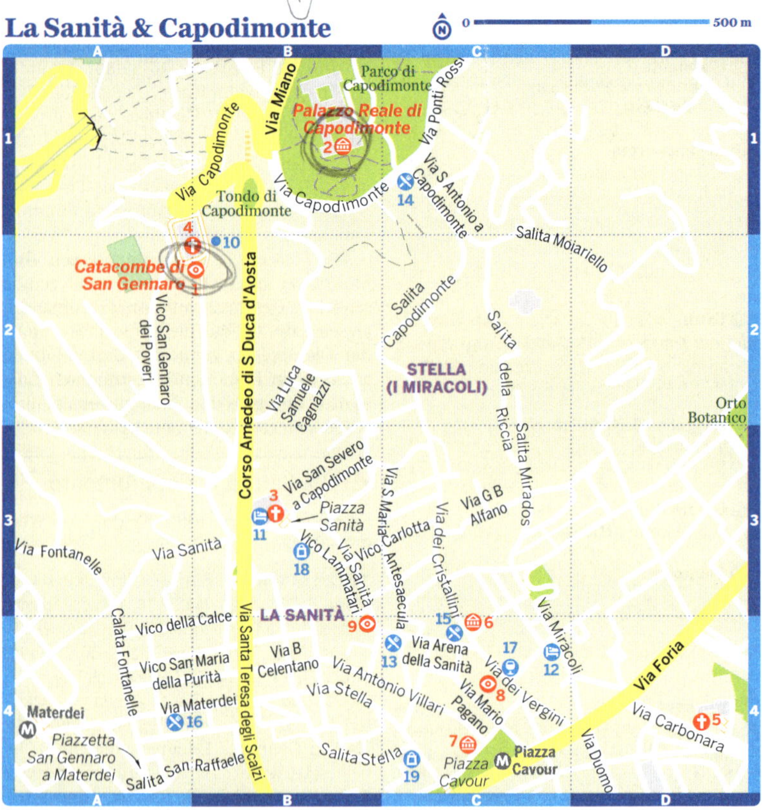

La Sanità & Capodimonte

Highlights

1 Catacombe di San Gennaro B2
2 Palazzo Reale di Capodimonte B1

Sehenswertes

3 Basilica Santa Maria della Sanità & Catacombe di San Gaudioso B3
4 Chiesa di Madre di Buon Consiglio B2
5 Chiesa San Giovanni a Carbonara D4
6 Laboratorio Oste C4
7 Museo del Sottosuolo C4
8 Palazzo dello Spagnuolo C4
9 Palazzo Sanfelice B4

Aktivitäten, Kurse & Touren

10 Cooperativa Sociale Onlus „La Paranza" B2

Schlafen

Atelier Inès .... (s. 6)
Casa D'Anna .... (s. 6)
11 Casa del Monacone B3
12 Cerasiello B&B C4

Essen

13 Concettina Ai Tre Santi C4
14 Da Luisa C1
15 Pasticceria Poppella C4
16 Pizzeria Starita A4

Ausgehen & Nachtleben

17 Antica Cantina Sepe C4

Shoppen

18 Cioccolato Mario Gallucci B3
19 Omega C4
Vincenzo Oste Gioielli .... (s. 6)

5. Jh. liegen. Irgendwann zwischen 413 und 431 hatte Giovanni I. die sterblichen Überreste des Märtyrers von Pozzuoli nach Neapel begleitet und sie hier begraben lassen, bevor der Lombardenfürst Sico I. von Benevento sie im 9. Jh. klaute. In der Basilica

Minore sind auch Fragmente eines Freskos erhalten, die den ersten Bischof Neapels, Sant'Aspreno, darstellen. Bis ins 11. Jh. wurden die Bischöfe der Stadt hier bestattet.

Nahe der kleinen Basilika befindet sich ein Grab aus dem 3. Jh., dessen pompejianisch geprägte Ausschmückung christliche und heidnische Elemente verbindet. In dem Bild von drei Frauen, die eine Burg bauen, repräsentieren die Figuren die drei Tugenden, während die Burg die christliche Kirche symbolisiert.

Die untere Ebene ist sogar noch älter. Sie stammt aus dem 2. Jh. und ist mit typisch heidnischen Motiven, wie Früchten und Tieren, geschmückt. Das Gemälde an der Seite von San Gennaros Grab – eine Darstellung des Heiligen mit dem Vesuv und dem Somma im Hintergrund – ist das erste bekannte Bildnis von San Gennaro als Beschützer von Neapel. Ebenfalls in der unteren Ebene befindet sich die Basilica di Agrippino, benannt nach Sant'Agrippino. Er war der sechste Bischof von Neapel und auch der erste Christ, der im 3. Jh. in den Katakomben bestattet wurde.

Touren durch die Katakomben organisiert die Cooperativa Sociale Onlus „La Paranza" (S. 74). Deren Kartenschalter befindet sich links von der **Chiesa di Madre di Buon Consiglio** (Karte S. 70; ☎ 081 741 00 06; Via Capodimonte 13; ⌚ Mo–Sa 8–12 & 17–19, So 9–13 & 17–19 Uhr; 🚌 R4, 178 bis Via Capodimonte), einer winzigen Replik des Petersdoms in Rom von 1960. Die Tickets können auch im Voraus online erworben werden.

Sonntagmorgens bietet die Kooperative den faszinierenden Stadtspaziergang **Il Miglio Sacro** (Die Heilige Meile; Erw./erm. 15/13 €) an, der durch das benachbarte Viertel Sanità führt. Die Tour wird nur auf Italienisch angeboten und muss im Voraus gebucht werden. Details finden sich auf der Website.

Gelegentlich finden in den Katakomben auch Veranstaltungen wie Theateraufführungen und Konzerte statt, Informationen dazu sind online abrufbar.

★ Cimitero delle Fontanelle — FRIEDHOF

(☎ 081 1970 3197; www.cimiterofontanelle.com; Via Fontanelle 80; ⌚ 10–17 Uhr; 🚌 C51 bis Via Fontanelle, Ⓜ Materdei) GRATIS Der unterirdische Friedhof mit rund 8 Mio. menschlichen Knochen wurde während der Pest von 1656 angelegt und während der Cholera-Epidemie von 1837 zum Hauptfriedhof Neapels. Gegen Ende des 19. Jhs. entwickelte er sich zu einem Brennpunkt des Kults der *anime pezzentelle* (arme Seelen), bei dem Gläubige Schädel adoptierten und für deren Seele beteten. Mangels Informationsmaterial zum Friedhof ist die Teilnahme an einer Führung wirklich lohnenswert; einer der seriösen Anbieter ist die Cooperativa Sociale Onlus „La Paranza" (S. 74).

Basilica Santa Maria della Sanità & Catacombe di San Gaudioso — KIRCHE, KATAKOMBEN

(Karte S. 70; ☎ 081 744 37 14; www.catacombedinapoli.it; Piazza Sanità 14; Basilika frei, Katakombe Erw./erm. 9/6 €; ⌚ Basilika tgl. 9–13 Uhr, einstündige Katakombentouren tgl. 10, 11, 12, 13 Uhr; 🚌 C51 bis Piazza Sanità, Ⓜ Piazza Cavour, Museo) Die barocken Gemälde von Andrea Vaccaro und Luca Giordano sind zwar toll, ebenso die beiden zeitgenössischen Skulpturen von Riccardo Dalisi, aber was den Besuch hier unvergesslich macht, sind die gespenstischen, einzigartigen Katakomben unter der Basilika aus dem 17. Jh. Die feuchten Wände der unterirdischen Anlage, die über die **Cripta** (Krypta) aus dem 5. Jh. unter dem Hochaltar zu erreichen ist, zeigen eine eher makabre Methode mittelalterlicher Begräbnisse.

Die Leichen wurden zunächst in den gewölbten Wandnischen abgelegt, wo die *sciacciamorti* (buchstäblich „Leichenquetscher") sie anstachen, damit Blut und Körperflüssigkeiten abflossen. Waren sie ausgetrocknet, wurden die Leichen begraben und der Schädel an die Wand über ein Fresko des lieben Verstorbenen zementiert. Diese Fresken sind dank jüngster Restaurierungsarbeiten klarer als je zuvor. Der Schädel über einem Körperfresko mit Pinseln und Lineal gehörte dem manieristischen Maler Giovanni Balducci aus dem 16. Jh. Der florentinische Künstler hatte mit den Dominikanern eine Vereinbarung getroffen: Als Gegenleistung für die kostenlose Ausschmückung ihrer

ABSEITS DER ÜBLICHEN PFADE

ORTO BOTANICO DI NAPOLI

Der von Joseph Bonaparte zwischen 1807 und 1819 in Auftrag gegebene **Botanische Garten** (☎ 081 253 39 37; www.ortobotanico.unina.it; Via Foria 223; ⌚ Mo, Mi & Fr 9–14, Di & Do bis 16 Uhr; 🚌 147, 182, 184 bis Via Foria) GRATIS gehört zur Università degli Studi di Napoli Federico II. Mit über 1000 Pflanzenarten aus allen Ecken der Welt ist er ein Paradies für Hobbygärtner und Botaniker.

Katakombe sollte er hier begraben werden (damals ein Privileg).

Ebenso faszinierend ist das Mosaik *Trionfo della croce* (Triumph des Kreuzes) aus dem 5. oder 6. Jh. Die Erdtöne und die ungewöhnlich großen Lämmer lassen vermuten, dass der Künstler aus Afrika stammte. Der Bezug zu Afrika setzt sich mit dem Namenspatron der Katakomben fort: San Gaudioso war ein nordafrikanischer Bischof, der in Neapel 452 n. Chr. starb und an dieser Stelle begraben wurde.

In der Krypta selbst ist an der Wand ein höchst farbenprächtiges Fresko aus dem 9. Jh. Es zeigt die Madonna mit Kind, flankiert vermutlich von dem hl. Gregor und dem hl. Marcian. Das Bild wurde in den 1990er-Jahren unter einem Fresko aus dem 19. Jh. entdeckt.

Tickets für Führungen durch die Katakomben können online oder in der Basilika erworben werden.

Palazzo Sanfelice ARCHITEKTUR

(Karte S. 70; Via Arena della Sanità 6; 🚌 C51, C52 bis Via Arena della Sanità, Ⓜ Piazza Cavour) Der Palazzo weist das erste Meisterwerk von Ferdinando Sanfelice auf: ein traumhaft schönes offenes Treppenhaus. Nach der Vollendung 1726 war es Stadtgespräch in Neapel und von da an gab es kein Halten mehr für Sanfelice, der seine dramatischen Treppenentwürfe in verschiedenen Palazzi in der ganzen Stadt perfektionierte und seinem Schaffen schließlich mit dem Treppenhaus des Palazzo dello Spagnuolo die Krone aufsetzte.

Palazzo dello Spagnuolo ARCHITEKTUR

(Karte S. 70; Via dei Vergini 19; 🚌 C51, C52 bis Via dei Vergini, Ⓜ Piazza Cavour) Im barockreichen Neapel können sogar Treppen ein Ereignis sein' und das Meisterwerk im Hof dieses Palazzos ist schlichtweg umwerfend. Die Treppe wurde von Ferdinando Sanfelice 1738 entworfen und ihre zwei Aufstiege mit fünfteiligen Gewölbebögen kamen in Filmklassikern wie Luigi Zampas *Processo alla città* (Stadt ohne Moral) und Vittorio de Sicas *Giudizio universale* (Das Jüngste Gericht findet nicht statt) zum Einsatz.

Laboratorio Oste MUSEUM, GALERIE

(Karte S. 70; ☎349 4433422; www.facebook.com/LaboratorioOste; Via dei Cristallini 138; ⏱meist Mo–Fr 9–18 Uhr; 🚌C51, C52 bis Via dei Vergini, ⓂPiazza Cavour, Museo) Der verstorbene Annibale Oste war einer der berühmtesten Bildhauer und Designer Neapels. Seine ehemalige Werkstatt ist heute eine kleine Galerie und ein Archiv, in der einige seiner Werke zu sehen sind. Dazu zählen verspielte Lichtskulptu-

DER FLUCH DES HAUPTMANNS

Von den vielen Geschichten, die sich um den unterirdischen **Cimitero delle Fontanelle** (S. 71) ranken, fasziniert keine so sehr wie die von *il Capitano* (der Hauptmann), dessen Schädel als mittlerer am Fuß der drei Golgathakreuze des Friedhofs liegt.

Der Legende nach hatte eine fromme junge Frau aus La Sanità den Schädel adoptiert, ein üblicher Brauch in Neapel bis Ende der 1960er-Jahre. So unpassend es scheint, diente der Cimitero delle Fontanelle auch als Liebesnest für Paare, die sonst nicht wussten wohin. Das war auch dem weniger frommen Liebsten der Frau bekannt. Er versuchte, sie zu überreden, ihre Jungfräulichkeit an diesem Ort zu verlieren. Die junge Frau trat nachdenklich und nervös vor den Hauptmann und bat den Schädel, ihre Beziehung zu segnen und ihnen eine glückliche Ehe zu gewähren. Der Liebste hatte für Aberglauben nichts übrig, machte sich über sie und den Hauptmann lustig, stach in die Augenhöhlen des Schädels und forderte ihn auf, zur Hochzeit zu kommen. Um es noch schlimmer zu machen, entjungferte er seine Geliebte an Ort und Stelle.

Später auf dem Hochzeitsbankett des Paares tauchte ein Fremder in einer altmodischen Offiziersuniform und mit einer Augenklappe auf. Der junge Bräutigam, genauso dreist wie an jenem verhängnisvollen Tag, schnappte sich den Gast beim Verlassen und verlangte zu wissen, wer ihn eingeladen habe. Der Offizier drehte sich um, lächelte und erwiderte: „Du ... im Fontanelle." Dann öffnete er seinen Mantel und enthüllte sein Skelett, das sodann auf dem Boden zerbröselte.

Kein Wunder, dass der Schock Bräutigam und Braut tötete, deren letzte Ruhestätte passenderweise ein Geheimnis bleibt. Einige behaupten, die Leichname des Paares lägen im Cimitero delle Fontanelle, andere glauben, dass das Grabfresko eines Paares in den **Catacombe di San Gaudioso** (S. 71) ihren Ruheort der ewigen Reue kennzeichne.

ren, Vasen und phantasievolle Möbelstücke aus den Jahren 2001 bis 2010. Die alte Werkstatt, für sich schon zauberhaft, wird nun liebevoll von seinen Kindern Mariasole und Vincenzo, ebenfalls Künstler, geführt. Der auffallende zeitgenössische Schmuck Vincenzos (S. 95) ist auch ausgestellt und käuflich zu erwerben.

Annibale Oste, den seine Kollegen für einen Visionär hielten, verlieh ganz unterschiedlichen Materialen wie Bronze, Stahl, Holz, Alabaster und Glas etwas Lebendiges und Verspieltes. Seine Verwendung von Fiberglas in den 1970er-Jahren wurde als wegweisend gelobt und seine Entwürfe – darunter ein Behälter, der an einen köstlich riesigen Schokoladenblock erinnert – bilden eine außergewöhnliche Sinfonie aus Strukturen, Formen und Farben. Der Hof des Gebäudes wurde übrigens einst als Theaterbühne genutzt, das Büro der Werkstatt diente als Garderobe für die Schauspieler. Zu ihnen gehörte auch der junge Totò, der später einer der größten Komödianten Italiens wurde.

Wer einen Besuch plant, sollte auf jeden Fall vorher mailen (vincenzooste@gmail.com) oder anrufen, um sicher zu sein, dass jemand da ist.

Mergellina & Posillipo

Parco Sommerso di Gaiola MEERESSCHUTZGEBIET

(Karte S. 98; ☎081 240 32 35; www.areamarinaprotettagaiola.it; Discesa Gaiola; ⌚April–Sept. 10–16 Uhr, Okt.–März bis 14 Uhr; 🚌140 bis Discesa Coroglio) Steile Stufen führen hinunter zu diesem Meeresschutzgebiet, das reich an Arten und römischen Unterwasserruinen ist. Aufgrund der Größe erhalten immer nur insgesamt 100 Badegäste Zutritt (Lichtbildausweis mitbringen). Die Verwaltung des fragilen Schutzgebiets toleriert sie zugegebenermaßen eher, als dass sie das Wassergetümmel fördert. Stattdessen sollten Besucher eine der angebotenen Bildungsaktivitäten in Betracht ziehen, darunter ganzjährige Führungen durch das Meeresschutzgebiet und den auf einer Klippe gelegenen **Parco Archeologico del Pausilypon**, der mit den Ruinen der Villa di Pollione aus dem 1. Jh. v. Chr. übersät ist.

Die einst luxuriöse Villa gehörte Publius Vedius Pollio, einem wohlhabenden Freund des Kaisers Augustus. Berichten von Plinius dem Älteren zufolge war er ein brutaler, mordlustiger Zeitgenosse, der in den zu besichtigenden Küstengrotten unterhalb seiner Residenz Muränen (große Aale) züchtete.

Die Anlage, die nach Pollios Tod im Jahre 15 v. Chr. Augustus vermacht wurde, umfasst ein römisches Theater. Heute finden dort im Sommer wöchentlich Sonnenuntergangskonzerte und Theateraufführungen statt. Die Saison der Veranstaltungsreihe unter der Bezeichnung **Pausilypon: Suggestioni all'Imbrunire** (www.suggestioniallimbrunire.org) beginnt Mitte Juni und geht bis Ende Juli.

Die Verwaltung des Meeresschutzgebiets bietet das ganze Jahr über täglich Kajak-, Schnorchel- und Tauchtouren an. Archäologische Führungen (Erw./erm. 6/3,50 €) finden von Dienstag bis Freitag um 12, Samstag und Sonntag um 10 und 12 Uhr sowie von April bis September sonntags zusätzlich um 11 Uhr statt. Fahrten mit dem Glasbodenboot (Erw./erm. 12 /10 €) starten von ca. April bis Ende Oktober samstags und sonntags um 10.30, 12.30 und 15 Uhr. Weitere Informationen finden sich auf der Website.

Parco Virgiliano PARK

(Karte S. 98; Viale Virgilio; ⌚Ende Juni–Sept. 7–1 Uhr, Mai–Mitte Juni bis 24 Uhr, Okt.–April bis 21 Uhr; 🚌140 bis Via Posillipo) Der allseits beliebte, etwas vernachlässigte Park hoch über dem schimmernden Meer an der westlichsten Spitze des noblen Posillipo-Hügels ist ideal, um sich auf einer Terrasse niederzulassen und den spektakulären Blick auf Meer und Küste zu genießen: Capri im Süden, Nisida, Procida und Ischia im Südwesten und die Bucht von Pozzuoli und Bagnoli im Westen. Vor dem Haupteingang findet donnerstags von 7 bis 14 Uhr der Markt von Posillipo statt.

Parco Vergiliano ARCHÄOLOGISCHE STÄTTE

(Karte S. 64; ☎081 66 93 90; Salita della Grotta 20; ⌚Mi–Mo 9–14 Uhr; Ⓜ Mergellina) Wer die steilen Stufen zu diesem kaum bekannten Park hinaufsteigt, findet den längsten römischen Tunnel der Welt. Die 700 m lange technische Meisterleistung des Architekten Lucius Cocceius Auctus verband einst Neapel mit Pozzuoli. Oben auf der Treppe liegt das Grab von Vergil, der 19 v. Chr. in Brindisi starb. Der Legende nach wurde der Leichnam des römischen Dichters nach Neapel gekarrt und in diesem augustinischen Gewölbe begraben.

Aktivitäten

★ **Kayak Napoli** KAJAKFAHREN

(☎338 2109978, 331 9874271; www.kayaknapoli.com; Bagno Sirena, Via Posillipo 357; Touren 25–

30 €; 140 bis Via Posillipo) Die populären Kajaktouren des Veranstalters entlang der neapolitanischen Küste führen an oft unzugänglichen Ruinen, klassizistischen Villen und üppigen Gärten vorbei und fahren auch versteckte Meereshöhlen an. Angebote gibt es für Anfänger und Fortgeschrittene tagsüber oder auch nachts. Die Expedition „Neapel und seine Villen" startet an der Via Posillipo 357, die Fahrten „Wildes Posillipo" und „Sonnenuntergang" legen an der Via Posillipo 68 ab, jeweils im Stadtteil Posillipo.

Die Touren sind wetterabhängig und sollten im Voraus gebucht werden. Kayak Napoli veranstaltet außerdem Stehpaddel-Ausflüge (3 Std. 30 €) und vermietet entsprechende Ausrüstungen.

Toffini Academy KOCHKURSE
(Karte S. 64; 081 66 53 36; http://toffini.it/Corsi; Via Martucci 35; 3-stündiger Kochkurs ab 60 €; 627 bis Via Crispi, Piazza Amedeo) Die Toffini Academy bietet entspannte, unterhaltsame neapolitanische Kochkurse, die sowohl für Anfänger als auch für versierte Hobbyköche geeignet sind. Zu den englischsprachigen Optionen gehören hausgemachte Pizza, Pasta und Seafood sowie der Sonntagmittagklassiker *ragù napoletano*. Wer italienisch spricht, kann auch andere Kurse wählen und z. B. seine Risottokünste perfektionieren oder lernen, wie man Eis herstellt. Die Küche ist elegant und modern und die durchdachte Innenarchitektur fördert das Gemeinschaftserlebnis.

Geführte Touren

★ Cooperativa Sociale Onlus „La Paranza" FÜHRUNGEN
(Karte S. 70; 081 744 37 14; www.catacombedinapoli.it; Via Capodimonte 13; Infoschalter Mo–Sa 10–17, So bis 14 Uhr; R4, 178 bis Via Capodimonte) Der Anbieter veranstaltet Führungen durch die Catacombe di San Gennaro (S. 69). Sonntagmorgens steht zudem die faszinierende Spaziertour **Il Miglio Sacro** (Die Heilige Meile; Erw./erm. 15/13 €) durch das urige Viertel Sanità auf dem Programm. Diese Tour wird nur auf Italienisch angeboten und muss im Voraus gebucht werden. Einzelheiten verzeichnet die Website, Karten am Ticketschalter links von der Chiesa di Madre di Buon Consiglio (S.71).

Culinary Backstreets KULINARISCHER SPAZIERGANG
(https://culinarybackstreets.com/culinary-walks/naples; 5½-stündige Tour Erw./7–12 J. 135/67,50 $, ca. 117/59 €) Die renommierte internationale Organisation veranstaltet kulinarische Spaziergänge durch das zum Weltkulturerbe zählende *centro storico* von Neapel. Die Touren erkunden die ganze Bandbreite der lukullischen Vielfalt: von Marktständen und regional angebauten Produkten bis hin zu klassischen Straßenhändlern und Spezialitätenläden. Die Buchung erfolgt über die Website.

Napoli Paint Stories STADTSPAZIERGANG
(333 6290673; www.facebook.com/Napoli-Paint-Stories-826714954052903; Führungen Erw./erm. 15/12 €; unterschiedlich, in der Regel Sa & So) Napoli Paint Stories organisiert zweistündige geführte Spaziergänge, die sich auf die boomende Street-Art-Szene der Stadt konzentrieren. Zu sehen gibt's Werke von italienischen Künstlern wie Jorit Agoch, Blu, Cyop & Kaf, Ericailcane und Diego Miedo sowie des britischen Starkünstlers Banksy. Die Touren (auf Italienisch und Englisch) sollten mindestens eine Woche im Voraus gebucht werden.

City Sightseeing Napoli BUSTOUR
(Karte S. 50; 081 551 72 79; www.city-sightseeing.it/en/naples; Erw./erm. 23/11,50 €) Die Hop-on-Hop-off-Busse von City Sightseeing Napoli kutschieren ihre Fahrgäste von der Ausgangshaltestelle am Largo Castello neben dem Castel Nuovo auf drei Routen durch die Stadt. Tickets sind an Bord erhältlich und Kinder unter fünf Jahren fahren kostenlos mit. Die Tourkommentare stehen in einer Reihe von Sprachen darunter Deutsch zur Verfügung. Außerdem betreibt die Busgesellschaft zwei Museums-Shuttledienste: einen zum Palazzo Reale di Capodimonte und einen weiteren zur Reggia di Caserta.

Festivals & Events

Festival MANN KULTUR
(https://festivalmann.it; März/April) Das beschwingte Kulturfestival des Museo Archeologico Nazionale (S. 44) bietet acht Tage lang Theater-, Tanz- und Filmvorführungen sowie Konzerte, Kunstausstellungen und Podiumsdiskussionen mit italienischen und internationalen Beiträgen.

Maggio dei Monumenti KULTUR
(www.comune.napoli.it; Mai) Einen Monat lang bespielt dieses Kulturfest mit zahllosen Konzerten, Aufführungen, Ausstellungen, Führungen und anderen Events die ganze Stadt. Das Festivalprogramm steht auf der Website der Comune di Napoli (Stadtverwaltung von Neapel).

Wine & The City WEIN
(www.wineandthecity.it; ⌚Mai) Das dreiwöchige Fest huldigt dem regionalen *vino* mit Gratisverkostungen und kulturellen Events in Palästen, Museen, Boutiquen und Restaurants in der gesamten Stadt.

★ **Napoli Teatro Festival Italia** THEATER
(www.napoliteatrofestival.it; ⌚Juni/Juli) Einen Monat lang gibt es lokale und internationale Theater-, Tanz- und Bühnenkunst an konventionellen wie unkonventionellen Veranstaltungsorten zu bestaunen.

Festa della Madonna del Carmine RELIGION
(⌚16. Juli) Pilger und Feuerwerk auf der Piazza del Carmine zu Ehren der wundertätigen Madonna der Chiesa di Santa Maria del Carmine.

Napoli Film Festival FILM
(www.napolifilmfestival.com; ⌚Sept.–Okt.) Das einwöchige Napoli Film Festival präsentiert weniger bekannte Independent-Filmemacher, auch aus Kampanien. Das Programm umfasst außerdem Webserien und Videoblogs aus Süditalien.

Festa di San Gennaro RELIGION
(Duomo; ⌚Sa vor dem 1. So im Mai, 19. Sept., 16. Dez.) Dreimal im Jahr strömen die Gläubigen in den Dom, um die wundersame Verflüssigung von San Gennaros Blut zu erleben.

Essen

Centro Storico

Tandem NEAPOLITANISCH €
(Karte S. 50; ☎081 1900 2468; Via G. Paladino 51; Mahlzeiten 19 €; ⌚12.30–15.30 & 19–23.30 Uhr; WLAN; Ⓜ Dante) *Ragù* mag zwar ein klassisches Sonntagsessen in Neapel sein, aber das zwanglose Tandem serviert es die ganze Woche über. Ob *rigatoni al ragù* oder *ragù*-Fondue, es ist reichhaltig, duftend, wärmend und so gut, dass es selbst eine *nonna* zu Tränen rührt. Für Vegetarier ist auch gesorgt. Das kleine, einfache Lokal hat eine treue Kundschaft; frühe Ankunft oder Reservierung (an Wochenenden) ist also ratsam.

'O Sfizio NEAPOLITANISCH €
(Karte S. 50; ☎081 1895 8824; Via Santa Maria la Nova 50; Panini 3,50–5 €, kleine Gerichte 4–5 €; ⌚Mo–Sa 7–19 Uhr; 🚌R4 bis Via Monteoliveto, Ⓜ Università, Toledo) Der bescheidene, preisgünstige Imbiss an einer verkehrsreichen Durchgangsstraße lockt seine Gäste nicht nur wegen der Atmosphäre an, sondern vor allem wegen seiner *parmigiana di melanzana*. Die ist nämlich so gut, dass viele Einheimische sie sogar über die Version ihrer eigenen Mutter stellen. 'O Sfizios göttliche Variante kommt mit reichlich Parmesan, Mozzarella und leicht knuspriger Aubergine daher, ist dabei aber nie ölig oder schwer.

Pizzeria Gino Sorbillo PIZZA €
(Karte S. 50; ☎081 44 66 43; www.sorbillo.it; Via dei Tribunali 32; Pizza ab 3 €; ⌚Mo–Sa 12–15.30 & 19–23.30 Uhr; WLAN; Ⓜ Dante) Die Pizzeria mit Kultstatus ist tagein, tagaus von hungrigen Horden belagert. Die Frage, ob Gino Sorbillos Pizzas die besten der Stadt sind, wird zwar heiß diskutiert, aber es gibt keinen Zweifel, dass seine riesigen Scheiben aus dem Holzofen – aus Biomehl und -tomaten – jedem das Wasser im Mund zusammenlaufen lassen. Wer nicht warten will, sollte superfrüh eintreffen.

La Masardona NEAPOLITANISCH €
(Karte S. 50; Via Capaccio Giulio Cesare 27; Pizza fritta 3,30–7 €; ⌚Mo–Fr 7–16, Sa 7–16 & 19–24 Uhr; WLAN; Ⓜ Garibaldi) Die neapolitanische, erstaunlich leichte Pizza *fritta* – frittierter Pizzateig traditionell gefüllt mit *cicoli* (Schweinegrieben), Salami, Provola, Ricotta und Tomaten – schmeckt am besten in diesem legendären Laden. Die meisten Stammgäste bestellen sie *senza ricotta* (ohne Ricotta) und spülen sie mit einem süßen Marsala hinunter. Es gibt auch andere Varianten, darunter zahlreiche vegetarische Optionen. Die Imbissportion *(battilocchio)* ist schon recht großzügig.

Serafino SIZILIANISCH €
(Karte S. 50; ☎081 557 14 33; Via dei Tribunali 44; Arancini, Cannoli 2,50 €; ⌚11.30–22 Uhr) Dieser Imbissstand entführt seine Kunden mit authentischem Streetfood nach Sizilien. Zu den herzhaften Kostproben zählen verschiedene *arancini* (frittierte Reisbällchen), z. B. *al ragù* (mit Fleischsauce) und *alla Norma* (mit gebratenen Auberginen und Ricotta). Das eigentliche Highlight sind die knusprigen, makellosen *cannoli*: frisch gefüllt mit cremigem sizilianischem Ricotta und bestreut mit Pistazienkrümeln – einfach himmlisch!

Trattoria Mangia e Bevi NEAPOLITANISCH €
(Karte S. 50; ☎081 552 95 46; Via Sedile di Porto 92; Mahlzeiten 7 €; ⌚Mo–Fr 12.30–15.30 Uhr; WLAN; Ⓜ Università) In Gigi Grassos lauter und lebhafter Trattoria tummeln sich von ge-

piercten Studierenden bis zu bebrillten *professore* alle Gäste an den Gemeinschaftstischen, um schmackhafte Hausmannskost zu Tiefstpreisen zu genießen. Die täglich wechselnde Karte besticht mit Klassikern wie gegrillter Provola, erdiger *salsiccia* (Schweinewurst) oder mit *peperoncino* angemachten *friarielli* (neapolitanischer Rübenkohl).

Attanasio GEBÄCK €

(Karte S. 50; ☎081 28 56 75; Vico Ferrovia 1–4; Sfogliatella 1,30 €; ⏲Di–So 6.30–19.30 Uhr; Ⓜ Garibaldi) Wer glaubt, dass die *sfogliatella* von Pintauro (S. 78) knusprige Perfektion sei, sollte in dieser altmodischen Backbude mal in die brennend heiße Ricottafüllung beißen und seine Meinung überprüfen. Darüber hinaus gibt es noch viele weitere Leckereien, von cremigen *cannolli siciliani* bis zum schmelzzarten, rumhaltigen *babà*. Wer Herzhaftes vorzieht, darf sich den deftigen mit Provola, Ricotta und Salami gefüllten *pasticcino rustico* nicht entgehen lassen.

Donna Romita NEAPOLITANISCH €

(Karte S. 50; ☎081 1851 5074; www.donnaromita.it; Vico Donnaromita 14; Käse- & Wurstplatte für 2 Pers. 20 €, Mahlzeiten 20–25 €; ⏲Di–Do 19–1.30, Fr bis 2, Sa 12.30–15.30 & 19–2, So 12.30–15.30 & 19–0.30 Uhr; 📶; ⓂDante) In dem hippen, minimalistischen Restaurant hat man die Wahl zwischen der Bar im Erdgeschoss und dem Speiseraum im Untergeschoss. Auf den Tisch kommen modern interpretierte lokale

ABSTECHER

REGGIA DI CASERTA – DAS ITALIENISCHE VERSAILLES

Ein guter Grund, das ansonsten unscheinbare Caserta 30 km nördlich von Neapel zu besuchen, ist die monumentale Welterbestätte **Reggia di Caserta** (Palazzo Reale; ☎0823 44 80 84; www.reggiadicaserta.beniculturali.it; Viale Douhet 22; Erw./erm. 12/6 €; ⏲Palast Mi–Mo 8.30–19.30 Uhr, Park April–Sept. Mi–Mo bis 19 Uhr, sonst kürzere Öffnungszeiten, Giardino Inglese April–Sept. Mi–Mo bis 18 Uhr, sonst kürzere Öffnungszeiten; 🚆Caserta). Die ehemalige königliche Residenz ist der monumentale Schwanengesang des Barock in Italien. Sie diente als Filmkulisse u. a. für *Mission: Impossible 3* und für die Innenaufnahmen des Palasts der Königin Amidala in *Star Wars Episode I: Die dunkle Bedrohung* und *Star Wars Episode II: Angriff der Klonkrieger*.

Der Komplex entstand 1752, als Karl VII. den Bau eines Palastes befahl, der es mit Versailles aufnehmen sollte. Der beauftragte neapolitanische Architekt Luigi Vanvitelli ließ sich das nicht zweimal sagen und baute ein Schloss, größer als die Konkurrenz in Frankreich. Mit 1200 Räumen, 1790 Fenstern, 34 Treppen und einer 250 m langen Fassade war es vermutlich das größte Gebäude Europas im 18. Jh.

Vanvitellis gewaltige Treppe führt zu den **Königlichen Wohnräumen**, die opulent mit Fresken, Kunst, Tapisserien, Antiquitäten und Kristall ausgestattet sind.

Die Zimmer hinter der **Sala di Astrea** (Saal der Astraea) bergen eine außerordentliche Sammlung historischer Holzmodelle der Reggia, architektonische Zeichnungen und frühe Entwürfe des Gebäudes von Luigi Vanvitelli und seinem Sohn Carlo. In den Wohnräumen befindet sich auch die Sammlung Terrae Motus mit internationaler moderner Kunst, die auf das verheerende Erdbeben in der Region 1980 reagierte.

Ein Spaziergang durch den eleganten Landschaftspark, der sich rund 3 km bis zu einem Wasserfall und einem Diana-Brunnen erstreckt, klärt den Kopf. Im Park befindet sich der berühmte **Giardino Inglese** (Englischer Garten), eine romantische Oase mit verschlungenen Wegen, exotischen Pflanzen, Teichen und Kaskaden. Hinter dem Schloss gibt es einen Fahrradverleih (ab 4 €), auch werden Kutschfahrten angeboten (50 € für 40 Min., bis zu 5 Pers.).

Wer hungrig wird, kann statt der touristischen Cafeteria im Schloss das Café **Martucci** (☎0823 32 08 03; www.facebook.com/martucci.caffe; Via Roma 9; Gebäck ab 1,50 €, Sandwiches ab 3,50 €, Salate 7,50 €; ⏲5–22.30 Uhr📶) 250 m östlich der Reggia aufsuchen.

Reguläre Züge verkehren montags bis samstags zwischen Neapel und Caserta (3,40 €, 30–50 Min.). Die Abfahrtszeiten sollte man online überprüfen, bevor man sich auf den Weg macht. Der Bahnhof von Caserta liegt direkt gegenüber dem Schlossgelände. Von Neapel folgen Autofahrer der A1 (E45) bis zur Ausfahrt Caserta Sud und dann den Schildern Caserta und Reggia.

Köstlichkeiten. Dabei wird großer Wert auf regionale Zutaten gelegt, die von kleinen Produzenten stammen – z. B. süße, duftende Montoro-Zwiebeln oder Bio-Olivenöl aus dem Vallo di Diano. Sogar die Weinkarte ist ein rein kampanisches Heimspiel, von den *bollicine* (Schaumweinen) bis zu den *grappe*.

La Taverna a Santa Chiara NEAPOLITANISCH €
(Karte S. 50; ☎393 9557558; www.tavernaasantachiara.it; Via Santa Chiara 6; Mahlzeiten 22 €; ⏲Mo, Mi & Do 13–14.30, Fr–So bis 15, Mo–Sa auch 20–23 Uhr; 📶; Ⓜ Dante) Pasta aus Gragnano, Schweinefleisch aus Agerola, *salsiccia rossa* aus Castelpoto (geräucherte Schweinewurst mit geröstetem Paprika) und *conciato romano* (regionaler, in Terrakotta-Amphoren gereifter Käse aus Kuh-, Schafs- und Ziegenmilch): Dieses bescheidene Lokal auf zwei Ebenen schwört auf kleine, lokale Erzeuger und Slow-Food-Zutaten. Das Ergebnis ist eine wunderbare saisonale Reise durch Kampanien.

Einen Überblick bietet zunächst der rustikale *antipasto di terra* (Vorspeisenteller mit Wurst und Käse), gefolgt von einer der ungewöhnlicheren Spezialitäten wie *genovese di polipo* (ein reichhaltiges Pastagericht mit Zwiebeln und Oktopus). Dazu schmeckt der Wein eines regionalen Winzers oder ein kampanisches Craft-Bier. Sonntags ist das Restaurant manchmal geschlossen, lieber vorher anrufen.

★ **Salumeria** NEAPOLITANISCH €€
(Karte S. 50; ☎081 1936 4649; www.salumeriaupnea.it; Via San Giovanni Maggiore Pignatelli 34/35; Sandwiches ab 5 €, Wurstplatte ab 8 €, Mahlzeiten etwa 30 €; ⏲Mo, Di, Do & So 12.30–16.30 & 19.30–24, Mi 19.30–24, Fr 19.30–0.30, Sa 12.30–16.30 & 19.30–0.30 Uhr; 📶; Ⓜ Dante) Kleine Erzeuger, regionale Zutaten und zeitgenössische Variationen ländlicher kampanischer Rezepte sind die Eckpfeiler dieses bistroähnlichen Lokals. Neben erstklassigen Wurstwaren und Käsesorten überzeugen die handgemachten *panini* und Hamburger sowie das überragende *ragù napoletano* (Pasta in einer reichhaltigen Tomaten-Fleisch-Sauce, die zwei Tage lang vor sich hin köchelt). Selbst der Ketchup ist mit Piennolo-Tomaten vom Vesuv hausgemacht.

Vero GastroBar VEGETARISCH €€
(Karte S. 50; ☎081 341 0049; www.facebook.com/verogastrobar; Piazzetta Teodoro Monticelli 4; Mahlzeiten 25 €; ⏲Di–So 12.30–15.30 & 19–23 Uhr; 🖉; Ⓜ Università) Das moderne, legere Vero serviert geschmacksintensive, fleischfreie Speisen an Tischen an der Piazza und in einem gemütlichen Keller mit Tonnengewölbe. Ganz im Zeichen der Fusionsküche versammelt die Karte Kompositionen wie eine neapolitanische Empanada mit Oliven, Kapern, Endivienblättern und Rosinen oder einen Bao-Bun-Burger mit Seitan, Avocadocreme, Rucola, Tropea-Zwiebeln und Tomaten. Zu trinken gibt's Flaschenbiere, Craft-Biere vom Fass sowie Weine von kleineren Winzern.

Toledo & Quartieri Spagnoli

★ **Sfogliatella Mary** GEBÄCK €
(Karte S. 60; Sfogliatella 1,80 €; ⏲Di–So 8–20.30 Uhr; 🚌R2 bis Via San Carlo, Ⓜ Municipio) Der Verkaufsstand an der Via Toleda am Eingang zur Galleria Umberto I gilt als Favorit für *sfogliatella*. Das Gebäck kommt direkt aus dem Ofen und ist daher meist noch warm. Die Teigtaschen sind in den Varianten *riccia* (Blätterteig) und *frolla* (Mürbeteig) erhältlich und harmonieren in punkto Konsistenz und Geschmack aufs Feinste.

★ **Il Gelato Mennella** GELATO €
(Karte S. 60; ☎081 40 44 58; www.pasticceriamennella.it; Via Toledo 110; Kugel ab 2,50 €; ⏲Mo–Fr 10–23.30, Sa & So bis 1 Uhr; 🚌R2 bis Via San Carlo, Ⓜ Municipio) Ob es an Zutaten wie den kostbaren *noci* (Haselnüsse) aus Giffoni oder den sizilianischen Pistazien aus Bronte liegt? Oder vielleicht daran, dass hier keine künstlichen Zusatzstoffe zum Einsatz kommen? Egal welches Geheimnis dahintersteckt – das Eis von Mennella ist umwerfend gut, samtweich und voller authentischer Aromen. Die Waffeln werden frisch vor Ort gebacken und dank eines Nummernsystems kann sich niemand vordrängeln.

Weitere Filialen in der Stadt, etwa in Chiaia und Vomero, stehen auf der Website.

Osteria della Mattonella NEAPOLITANISCH €
(Karte S. 64; ☎081 41 65 41; Via Giovanni Nicotera 13; Mahlzeiten 15–25 €; ⏲Mo–Sa 12.30–16 & 19.30–23.30, So 12.30–16 Uhr; 📶; 🚌E6 bis Via Giovanni Nicotera). Auf Italienisch bedeutet *mattonella* „Fliese", ein passender Name für diese klassische neapolitanische Osteria, deren Wände mit Majolikakacheln aus dem 18. Jh. verkleidet sind. Matriarchin Antonietta leitet das Lokal seit 1978 und umsorgt ihre Stammgäste mit hausgemachten Klassikern. Besonders empfehlenswert sind die

primi (als erster Gang gereichte Gerichte): vom *ragù* und der *pasta e provola* bis hin zu einer nahrhaften *zuppa* (Suppe) mit Linsen und Brokkoli.

Antica Pizzeria e Trattoria Al '22 NEAPOLITANISCH €
(Karte S. 60; 081 552 27 26; www.al22pizzeria.it; Via Pignasecca 22; Pizza ab 4 €, Mahlzeiten 16–25 €; Mo–Do 11–16 & 18.30–23.30, Fr & Sa bis 23.45 Uhr; Toledo) Trotz seiner pizzalastigen Speisekarte ist das laute, familiäre Al ‚22 vor allem berühmt für seine *parmigiana di melanzane* (Auberginen-Parmesan-Auflauf), die im Holzofen in Terrakotta-Förmchen gebacken wird. Das Ergebnis ist eine käsige, auf der Zunge zergehende Wonne, gekrönt von einer knusprigen Kruste. Die Pizzavarianten sind vielfältig und beinhalten auch interessante Kreationen, darunter frittierte *calzoni* mit raffinierten Provola- oder Endivien-Füllungen.

Antica Pizza Fritta da Zia Esterina Sorbillo PIZZA €
(Karte S. 60; 081 442 13 64; www.sorbillo.it; Piazza Trieste e Trento 53; Pizza fritta ab 3,50 €; Mo–Do 11–22, Fr & So bis 23, Sa bis 24 Uhr; R2 bis Via San Carlo, Municipio) Dieser Take-Away zaubert eine riesige Pizza *fritta* der Superlative: Der frittierte Pizzateig ist ganz traditionell mit *cicoli* (Schweinegrieben), Provola, Ricotta und Tomate gefüllt. Es gibt eine Handvoll Variationen im Angebot, die alle frisch aus hochwertigen Zutaten und Biomehl zubereitet werden. Obwohl die Pizza *fritta* hier richtig satt macht, ist sie gleichzeitig erstaunlich leicht. Ein neapolitanischer Klassiker.

Pizzeria da Attilio PIZZA €
(Karte S. 60; 081 552 04 79; www.pizzeriadaattilio.com; Via Pignasecca 17; Pizza ab 4,50 €; Mo–Sa 12–16 & 19–24 Uhr; Toledo) Die internationale Presse mag zwar bevorzugt über seine prominenteren Rivalen berichten, aber dieser unprätentiöse Veteran gehört zu den besten seiner Zunft in Neapel. Über den im Vorderraum platzierten Pizzaofen wacht *pizzaiolo* Attilio Bachetti, dessen Großvater Achille Bachetti die Pizzeria 1938 eröffnete. Eins der Highlights ist die sonnenförmige Pizza *carnevale*, deren acht Krustenstrahlen mit Ricotta gefüllt sind.

Pintauro GEBÄCK €
(Karte S. 60; 081 41 73 39; Via Toledo 275; Sfogliatella 2 €; Mo–Sa 9–20, So 9.20–14 Uhr, Mitte Juli–Anfang Sept. geschl.; R2 bis Via San Carlo, Municipio) Die Krönung aller neapolitanischen *dolci* (Süßspeisen) ist die *sfogliatella*, eine Blätterteigtasche mit süßer, zimtiger Ricottafüllung. Die Konditorei Pintauro ist eine Institution in Neapel und verkauft die unvergleichlichen Meisterwerke seit Anfang des 19. Jhs. Damals brachte ihr Gründer sie angeblich von der Amalfiküste mit, wo sie erfunden wurden. Das Gebäck ist in zwei Varianten erhältlich: *riccia* (Blätterteig) und *frolla* (Mürbeteig).

Trattoria San Ferdinando NEAPOLITANISCH €€
(Karte S. 60; 081 42 19 64; Via Nardones 117; Mahlzeiten 25–35 €; Mo–Sa 12–15.30, Di–Fr 19.30–23 Uhr; R2 bis Via San Carlo, Municipio) Im gemütlichen, familiengeführten San Ferdinando mit seinen Theaterplakaten trifft sich die Theater- und Intellektuellenszene. Eine Kostprobe neapolitanischer Köstlichkeiten bietet ein gemischter Vorspeisenteller *(antipasto misto)* mit Angeboten des Tages nach Wahl. Zu den hervorragenden Meeresfrüchten gehören die delikaten *seppia ripieno* (gefüllte Tintenfische), während die hausgemachten Desserts von *nonna* Lina einen sündhaft guten Abschluss bilden.

Santa Lucia & Chiaia

Antica Osteria Da Tonino ITALIENISCH €
(Karte S. 64; 081 42 15 33; Via Santa Teresa a Chiaia 47; Mahlzeiten 16 €; tgl. 12.30–15.30, Fr & Sa auch 19.30–23.30 Uhr; Piazza Amedeo) Seit 1880 bekocht die holzgetäfelte, familiengeführte Osteria Da Tonino die Einheimischen. Heute wird sie von der fünften und sechsten Generation geführt. An den rot-weiß karierten Tischen schmeckt es allen: von Rubinacci-Anzugträgern über ältere Herrschaften bis hin zum Nobelpreisträger (Dario Fo aß hier schon). Die Tageskarte – handgeschrieben und fotokopiert – punktet mit einfacher, schmackhafter Hausmannskost. Unbedingt probierenswert (sofern im Angebot) sind die vorzüglichen *polpette al ragù* (Fleischbällchen in Tomatensoße).

Pasticceria Mennella GEBÄCK €
(Karte S. 64; 081 42 60 26; www.pasticceriamennella.it; Via Carducci 50–52; Gebäck ab 1,50 €; Mo–Fr 6.30–21.30, Sa bis 22.30, So 7–21.30 Uhr; Piazza Amedeo) Wer sich in Neapel auf eine einzige süße Leckerei beschränken will, sollte sich eine der phänomenalen *frolla al limone* von Mennella gönnen. Die Mürbeteigtaschen sind mit einer paradiesischen Zitronencreme gefüllt. Unbedingt

noch Platz lassen sollte man auch für ein *mignon* (Häppchen) des hauseigenen *sciù* (Brandteig), der mit *crema di nocciola* (Haselnusscreme) gefüllt ist. Keine Sorge, von Sünde kann hier keine Rede sein, schließlich ist alles frei von Konservierungsstoffen und künstlichen Zusätzen.

Muu Muuzzarella Lounge NEAPOLITANISCH €
(Karte S. 64; ☎081 40 53 70; www.muumuuzzarellalounge.it; Vico II Alabardieri 7; Gerichte 6–16 €; ⏲Di–So 12–24 Uhr; 📶🖋; 🚌E6 bis Piazza dei Martiri) Das verspielte, moderne Muu ist mit Lampen aus Melkeimern und Kissen im Kuhfellmuster aufgepeppt. Hier dreht sich alles um superfrischen Mozzarella aus Kampanien – von Käse- und Wurstplatten bis zu kreativen Gerichten wie Büffel-*bocconcini* mit cremigem Pesto und knackigem Apfel. Zum Nachtisch lohnt der Käsekuchen mit weißer Schokolade nach einem Geheimrezept des Kochs. Am besten passt dazu ein Glass Guappa (Büffelmilchlikör). Es gibt auch zahlreiche vegetarische Optionen.

★ L'Ebbrezza di Noè ITALIENISCH €€
(Karte S. 64; ☎081 40 01 04; www.lebbrezzadinoe.com; Vico Vetriera 9; Mahlzeiten 35–40 €, Käse- & Wurstplatte 10 € ; ⏲Di–Do 18–24, Fr & Sa bis 1, So 12–15 Uhr; 📶; Ⓜ Piazza Amedeo) „Noahs Rausch" ist tagsüber ein Weingeschäft und abends ein kulinarischer Treffpunkt. An der Bar locken *vino* und Gespräche mit dem Sommelier Luca, in den Speiseräumen mit Flaschenregalen gibt es verführerische, marktfrische Gerichte wie die Hausspezialität *paccheri fritti* (frittierte, mit Auberginen gefüllte Pasta mit Tomatensauce und frischem Basilikum).

Die Krönung sind rund 2800 Weine, darunter fast 500 Champagner von kleineren Winzern. Reservierung ist ratsam.

★ Da Ettore NEAPOLITANISCH €€
(Karte S. 64; ☎081 764 35 78; Via Gennaro Serra 39; Mahlzeiten 25 €; ⏲tgl. 13–14.30, Di–Sa 20–22 Uhr; 🚌R2 bis Via San Carlo) Die behagliche Trattoria mit acht Tischen hat einen ausgezeichneten Ruf. An den Wänden sind berühmte Fans verewigt, wie der Komödiant Totò, oder auch eine gerahmte Textpassage des Krimischriftstellers Massimo Siviero, der das Ettore in einer seiner Geschichten erwähnte. Die Küche überzeugt mit soliden regionalen Gerichten, die Spaghetti *alle vongole* (mit Muscheln) zählen zu den besten der Stadt. Das Sonntagsessen muss zwei Tage zuvor reserviert werden.

Pescheria Mattiucci FISCH & MEERESFRÜCHTE €€
(Karte S. 64; ☎081 251 2215; www.pescheriamattiucci.com; Vico Belledonne a Chiaia 27; kalte Gerichte 6 €, warme Gerichte 10–12 €; ⏲Di–Sa 12.30–15 & 18.30–23 Uhr; 🚌E6 bis Piazza dei Martiri, Ⓜ Piazza Amedeo) Der örtliche Fischladen in Chaia, von den Brüdern Francesco, Gennaro und Luigi geführt, verwandelt sich täglich in ein wunderbar intimes, geselliges Seafood-Lokal. Auf den Barhockern kann man bei einem *vino* zuschauen, wie das Küchenteam auf Bestellung fangfrischen *crudo* (rohes Seafood) in Tapas-Manier zubereitet. Außerdem gibt es eine Reihe einfacher, guter warmer Gerichte.

Äußerst empfehlenswert (sofern es sie gerade gibt) sind die Scampi mit frischer Ananas und Senf sowie die gesalzenen *alici* (Sardellen) mit getoastetem Brot und Butter. Am schönsten und entspanntesten ist es hier zu Beginn der Woche, wenn nicht so viel los ist.

Dialetti ITALIENISCH €€
(Karte S. 64; ☎081 248 1158; www.facebook.com/DialettiNapoli; Vico Satriano 10; Mahlzeiten 32 €; ⏲12–15.30 & 18–23 Uhr; 🚌128, 140, 151 bis Riviera di Chiaia) Das trendbewusste Dialetti orientiert sich an Städten wie New York, London und Sydney. Vorne gibt es eine gemütliche Lounge-Ecke im Vintage-Look, gefolgt von einem Gemeinschaftstisch mit Blick in die mit Glas abgetrennte Küche und dahinter einen dezent beleuchteten Speiseraum. Die Bedienung ist aufmerksam und die täglich wechselnde Karte trumpft mit exzellenten Zutaten auf, die kunstvoll und mit nuancierten zeitgenössischen Kniffen zubereitet werden.

Officina del Mare FISCH & MEERESFRÜCHTE €€
(Karte S. 64; ☎081 1935 3543; Piazzetta Marinari 20–21; Mahlzeiten etwa 40 €; ⏲11.30–23.30 Uhr; 🚌128, E6 bis Via Santa Lucia) Das Lokal hat zwar nicht so einen schönen Blick aufs Meer wie die Nachbarn, dafür sucht man hier aber auch vergebens nach dem dort üblichen altmodischen Kitsch. Sowohl der Chef als auch der Sommelier arbeiteten zuvor in Neapels illustrem Grand Hotel Parker's. Infolgedessen ist der Service hier erstklassig und die Küche verwendet für ihre vortrefflichen Gerichte erlesenes Seafood. Zu den Highlights zählen der *crudo*, die Pastagerichte (allen voran die *scialatielli* mit Meeresfrüchten) und die Hauptgerichte mit gegrilltem Fisch.

Die Nachspeisen sind etwas weniger beeindruckend. Im Voraus buchen.

1

1. Tempel der Athena, Paestum (S. 200) **2.** Casa di Nettuno e Anfitrite, Herculaneum (S. 104) **3.** Ruinen in Pompeji (S. 107) **4.** Parco Archeologico di Baia, Campi Flegrei (S. 100)

3

Historische Schätze

Nur wenige Regionen Italiens können es mit dem historischen Erbe Kampaniens aufnehmen – von den alten Griechen kolonisiert und von den Römern geliebt. Unter der gleißenden Sonne des Südens finden sich hier neben Weltkulturerbewundern auch unbekanntere archäologische Juwele.

Paestum

Griechische Tempel verlieren nie ihre Anziehungskraft und die in Paestum (S. 200) gehören zu den großartigsten außerhalb Griechenlands. Die ältesten Bauten hier stammen aus dem 6. Jh. v. Chr., was das römische Kolosseum ziemlich modern wirken lässt.

Herculaneum

Das Mini-Pompeji Herculaneum (S. 104) ist noch besser erhalten als sein nahegelegener Rivale. Hier sind noch Reste von alten Läden samt Werbung und verkohlten Möbeln bis hin zu eigentümlichen Mosaiken und sogar einem antiken Sicherheitsgitter zu sehen.

Pompeji

Pompeji (S. 107) bringt die Antike wie keine andere Stätte zum Leben. Jahrhundertelang in Asche konserviert, ermöglichen die ausgegrabenen Straßenzüge einen direkten Einblick in den Alltag der Antike.

Unterirdisches Neapel

Gruselige Aquädukte, mysteriöse Krypten und uralte Straßen: Unter Nepals hyperaktiven Straßen liegt ein Wunderland griechisch-römischer Ruinen, wie unter dem Complesso Monumentale di San Lorenzo Maggiore (S. 53) oder auf einer Napoli-Sotterranea-Tour (S. 58) zu erleben ist.

Campi Flegrei

Die Phlegräischen Felder stecken voller Geschichte: Neben dem Parco Archeologico di Baia (S. 100), wo einst die Kaiser badeten, gibt's hier das römische Bauwunder Piscina Mirabilis und das Anfiteatro Flavio, in dem die Märtyrer litten.

1

2

TRABANTOS/SHUTTERSTOCK ©

. Reggia di Caserta (S. 76) **2.** Certosa e Museo di San Martino
;. 67) **3.** Cappella di San Gennaro (S. 48)

Der Barock

Das extravagante, überschwängliche und laute Neapel fand im Barock einen Seelenverwandten. Als boomende Metropole gierte die Stadt nach allem Bombastischen und Schwülstigen – wofür der Barock reichlich sorgte.

Cappella Sansevero

Francesco Maria Russos lebhaftes Gewölbefresko blieb erstaunlicherweise seit 1749 unberührt. Die Kapelle der Familie di Sangro (S. 47) steckt aber ohnehin voller umwerfender Offenbarungen, darunter Giuseppe Sanmartinos Skulptur *Cristo velato.*

Reggia di Caserta

Vier Höfe, über 1000 Zimmer, zwei Dutzend Prunksäle, eine Bibliothek, ein Theater und einer der aufwendigsten Gärten Europas: Der Palast von Caserta (S. 76), eine Weltkulturerbestätte, ließ den Barock fulminant ausklingen.

Cappella di San Gennaro

Jeder Schutzheilige verdient etwas Aufmerksamkeit und Neapels San Gennaro erhält in der Kapelle (S. 48), in der sich sein Blut befindet, jede Menge davon. Von Cosimo Fanzagos Skulpturen bis zu Giovanni Lanfrancos Paradiesfresken ist sie eine spirituelle Glanzleistung.

Certosa di San Martino

Die Kartäusermönche in diesem Kloster (S. 67) beauftragten die Meister des Barock, ihre Kirche auszuschmücken. Ihre Gebete wurden mit üppigen Skulpturen, Gemälden und Intarsien aus Holz und Stein beantwortet.

Farmacia Storica dell' Ospedale degli Incurabili

Die Farmacia Storica dell'Ospedale degli Incurabili (S. 54) ist mit hinreißenden Walnussschränken, Majolikakacheln und düsteren Ölbildern die besterhaltene italienische Apotheke aus dem 18. Jh.

Trattoria Castel dell'Ovo FISCH & MEERESFRÜCHTE €€
(Karte S. 64; ☎081 764 63 52; Via Luculliana 28; Mahlzeiten 25 €; ⊙Juli–Sept. Fr–Mi 20–23 Uhr, Okt.–Juni Mo–Mi, Fr & Sa 13–15.15 & 20–23, So 13.–15.15 Uhr; 🚌128 bis Via Santa Lucia) Viele Einheimische meiden die größeren, touristischen Restaurants am Borgo Marinaro und ziehen dieses billigere, freundliche Lokal vor. Hier sitzen sie neben schaukelnden Booten und essen klassische Fischgerichte wie *zuppa di pesce* (Fischsuppe) und *insalata di polipo* (Tintenfischsalat mit Tomaten). Es steht zwar nicht auf der Karte, aber es lohnt sich, die Spaghetti mit Garnelen, Muscheln, Zucchini und Parmigiano zu bestellen. Nur Barzahlung.

Ristorantino dell'Avvocato NEAPOLITANISCH €€€
(Karte S. 64; ☎081 032 00 47; www.ilristorantinodellavvocato.it; Via Santa Lucia 115–117; Mahlzeiten 40–45 €; ⊙tgl. 12–15, Di–Sa auch 19–23 Uhr; 📶; 🚌128, E6 bis Via Santa Lucia) Das elegante und doch einladende Restaurant ist eine der Lieblingsadressen neapolitanischer Feinschmecker. Deren Held ist der leutselige Ex-Rechtsanwalt und heutige Chefkoch Raffaele Cardillo, dessen Leidenschaft für die kulinarischen Traditionen Kampaniens sich mit seinem Geschick für raffinierte, erfrischende Abwandlungen verbindet – z. B. Kaffee-*parpadelle* mit Meeräschenragout. Das Probiermenü (50–60 €) ist preiswert, eine Reservierung ratsam.

Vomero

Antica Pizza Fritta da Zia Esterina Sorbillo IMBISS €
(Karte S. 68; ☎081 1932 3779; www.sorbillo.it; Via Luca Giordano 33–35; Pizza fritta ab 3,50 €; ⊙Mo–Do 11–22, Fr bis 23, Sa bis 24 Uhr; Ⓜ Vanvitelli) Ein mit Neonröhren umrahmtes Bild von San Gennaro begrüßt die Besucher der Imbissbude Zia Esterina, die für ihre Pizza *fritta* berühmt ist. Die Füllungen der überraschend leichten Spezialität reichen von klassisch (Schweinegrieben, Provola, Ricotta und Tomaten) bis innovativ. Einfach am Tresen bestellen, warten, bis die eigene Nummer aufgerufen wird und die Köstlichkeit an einem der Stehtische verspeisen.

La Frescheria FISCH & MEERESFRÜCHTE €€
(Karte S. 68; ☎081 578 2149; www.facebook.com/lafrescheriabottegadelgusto; Via Francesco Fracanzano 8c; Mittagsgerichte 10 €, Abendessen 40 €; ⊙Di–Sa 12.30–15 & 19.30–23.30, So 12.30–15 Uhr; 📶; Ⓜ Quattro Giornate) Das moderne, aufgeweckte Restaurant serviert delikates Seafood in der ebenerdigen Bar, die sich auf *crudo* spezialisiert hat, und im gedämpft beleuchteten Speiseraum im Untergeschoss. Der Fang des Tages – ein Großteil davon stammt von Pozzuolis legendärem Fischmarkt – bestimmt das einfache, kompakte Mittagsangebot. Das Abendessen ist umfangreicher (und teuerer). Besonders schmackhaft sind der *crudo mediterraneo* (roher Fisch) und der mit Paprika bestäubte Tintenfisch in Semmelbröselkruste an hausgemachter Kräutermayo.

Vor allem gegen Ende der Woche ist eine Reservierung ratsam. Das Mittagsmenü wird auf dem Instagram-Account von La Frescheria angekündigt (unter dem Restaurantnamen suchen).

La Sanità & Capodimonte

★Concettina Ai Tre Santi PIZZA €
(Karte S. 70; ☎081 29 00 37; www.pizzeriaoliva.it; Via Arena della Sanità 7; Pizza ab 5 €; ⊙Mo–Sa 12–24, So bis 17 Uhr; 📶; Ⓜ Piazza Cavour, Museo) Wer bei dieser Top-Pizzeria lange Wartezeiten vermeiden will, sollte mittags oder abends um 19.30 Uhr kommen. Ihren Ruhm verdankt sie dem jungen, umtriebigen *pizzaiolo* Ciro Oliva. Die Speisekarte versammelt penibel ausgewählte Zutaten, die Ciros makellose Teigböden im Holzofen vervollkommnen. Neben traditioneller neapolitanischer Pizza gibt es auch einfallsreiche saisonale Optionen.

Eine davon ist das sandwichähnliche Pizzateigbrötchen *Annarella* mit Artischocken, die auf drei Arten zubereitet werden (gekocht, cremig gerührt und gebraten), Provola, *culatello* (geräucherter Schinken) und Zitronenschale. Die Pizzas zum Mitnehmen im angeschlossenen Imbiss sind nicht ganz so spektakulär.

★Pizzeria Starita PIZZA €
(Karte S. 70; ☎081 557 36 82; www.pizzeriestarita.it; Via Materdei 28; Pizza ab 3,50 €; ⊙Di–So 12–15.30 & 19–24 Uhr; Ⓜ Materdei) Die riesige Gabel und Kelle, die in der geschichtsträchtigen Pizzeria an der Wand hängen, hat Sophia Loren in *L'oro di Napoli* benutzt und hier wurden auch die *pizze fritte*, die die Schauspielerin in dem Film verkauft, zubereitet. Zu den über 60 Pizzasorten gehört die leckere *fiorilli e zucchine* (Zucchini, Zucchiniblüten und Provola), wir bleiben trotzdem der klassischen Marinara treu.

Pasticceria Poppella GEBÄCK €
(Karte S. 70; ☎081 45 53 09; www.facebook.com/pasticceriapoppella; Via Arena della Sanità 29; ⏲6–22 Uhr; Ⓜ Piazza Cavour, Museo) Neapolitaner aus der ganzen Stadt schwärmen von dieser luftigen, gut gelaunten Konditorei und ihren *fiocchi di neve* (Schneeflocken). Die weichen, kleinen Brioches sind mit Puderzucker bestäubt und mit einer trügerisch leichten, nach Vanille duftenden Mischung aus Ricotta und italienischer Gebäckcreme gefüllt. Die süßen Bällchen sind zwar die unbestrittene Hauptattraktion, aber vom rumgetränkten *babà* bis zu cremigen *cannoli* mit kandierten Kirschen gibt's hier auch all die anderen üblichen Schleckereien zu kaufen.

Pasticceria Di Costanzo GEBÄCK €
(Karte S. 50; ☎081 45 01 80; www.dicostanzopasticceria.it; Piazza Cavour 133–135; Gebäck ab 1 €; ⏲Do–Di 7.15–20.15 Uhr; Ⓜ Piazza Cavour, Museo) Die farbenfrohen, bezaubernden kunsthandwerklichen Meisterwerke von Mario Di Costanzo sind ein echter Instagram-Traum. Der junge Konditor verwendet nur natürliche Zutaten (und keine Margarine), um Geniestreiche wie gesalzene Karamell-Tartelettes mit Haselnusspraline und Meersalz zu kreieren. Viele Kuchen sind als *monoporzione* (Einzelportion) erhältlich. Zudem gibt es auch *cornetti* und andere bewährte Frühstücksbackwaren.

Da Luisa NEAPOLITANISCH €
(Karte S. 70; ☎081 44 97 66; Via Capodimonte 19; Pizza ab 3 €, Mahlzeiten 18 €; ⏲Di–So 12–15.30 & 19–23 Uhr) Gegenüber dem Palazzo Reale di Capodimonte bietet das nachbarschaftliche Da Luisa eine kleine Auswahl an unkomplizierten, klassischen Gerichten. Als Appetitanreger kommen z. B. *prosciutto* und Mozzarella auf den Tisch, gefolgt von wohltuenden Pastagerichten wie *fusilli* mit Steinpilzen und Schweinswürstchen oder *orechiette* mit Brokkoli und Pancetta. Die *secondi* für den Hauptgang beinhalten neben Seafood- und Fleischkombinationen auch brutzelnde Pizzas.

Mergellina & Posillipo

★50 Kalò PIZZA €
(Karte S. 64; ☎081 1920 4667; www.50kalò.it; Piazza Sannazzaro 201b; Pizza ab 5 €; ⏲12.30–16 & 19.30–0.30 Uhr; 📶; Ⓜ Mergellina) Dass sich der Name dieser trendigen Pizzeria ungefähr mit „guter Teig" aus dem Neapolitanischen übersetzen lässt, ist kein Zufall. An der Spitze steht Ciro Salvo, *pizzaiolo* in dritter Generation. Seine leidenschaftlichen Studien zur berühmtesten Speise Neapels hat zu wunderbar leichten, perfekt gebräunten Pizzas aus dem Holzofen geführt. Qualität ist hier Prinzip: Vom Olivenöl bis zur Landsalami stammt alles direkt von lokalen Kleinerzeugern.

Reservierungen werden nicht entgegengenommen, einfach vor 13 bzw. abends vor 19 Uhr kommen, um lange Wartezeiten zu vermeiden.

Chalet Ciro Mergellina GELATO €
(Karte S. 64; ☎081 66 99 28; www.chaletciro.it; Via Caracciolo; Eis ab 2,50 €, Cono Graffa 5 €; ⏲Mo, Di, Do & So 6.45–2.30, Fr bis 3, Sa bis 4 Uhr; Ⓜ Mergellina) Die klassische Bude am Meer hat so ziemlich alles, von Kaffee und Kuchen bis Crêpes, aber das Beste sind die *graffe* (Waffeln aus Teig) und das Eis. Beides zusammen gibt's als *cono graffa, eine mit Eis gefüllte Teigwaffel*. Die Neapolitaner bezeichnen diese dekadente Spezialität des Hauses zu recht als *bomba* (Bombe). Gezahlt wird drinnen, das Eis sucht man an der Theke zur Straße aus und anschließend kann man die Kalorien mit einem Bummel an der Bucht abarbeiten.

Benvenuti al Sud NEAPOLITANISCH €€
(Karte S. 64; ☎081 1934 9334; Corso Vittorio Emanuele 9; Pizza ab 4,50 €, Mahlzeiten 25 €; ⏲Di–Sa 12–15 & 18.30–24, So 12–15 Uhr; 📶; Ⓜ Mergellina) Farbenfrohe Wandpanoramen mit Marktszenen und neapolitanischen Ausblicken zieren die Wände der freundlichen, stimmungsvollen Mischung aus Pizzeria und Trattoria. Die phänomenalen Pizzas reichen von einfacher *marinara* (Tomate, Oregano, Knoblauch und Olivenöl) bis zur weniger bekannten *montanara*, bei der der Teig vor dem Belegen und Backen leicht angebraten wird, sodass er im Ofen schön glänzt und knistert. Neben Pizzas gibt es hier auch phantastische Pastagerichte mit Meeresfrüchten.

Palazzo Petrucci MODERN ITALIENISCH €€€
(☎081 575 75 38; www.palazzopetrucci.it; Via Posillipo 16C; Mahlzeiten 75 €, Probiermenüs 90–150 €; ⏲Di–Sa 12.30–14.30 & 19.30–22.30 Uhr, Mo nur abends, So nur mittags; 🚌140 bis Via Posillipo) Das Gourmetrestaurant am Strand verwöhnt den Gaumen mit unerwarteten Interpretationen italienischer Traditionsgerichte. So verstecken sich in der Lasagne Mozzarella, rohe Garnelen und Brokkolicreme und die Pasta *tubettone* überrascht mit einer raffinierten, unkonventionellen Kombination

aus Austern, weißen Trüffelperlen und Blumenkohlcreme. Mit seinem erstklassigen Service sowie der Aussicht auf Capri und den sagenumwobenen Palazzo Donn'Anna eignet sich das Petrucci ideal für besondere Anlässe. Im Voraus reservieren.

Ausgehen & Nachtleben

In Neapel wird nicht großartig viel Alkohol getrunken, es gibt dennoch eine zunehmend vielfältige Auswahl an Lokalitäten für einen Drink. Neben alteingesessenen Weinstuben locken neuerdings auch Bars, die Craft-Bier, Cocktails und Kaffeespezialitäten anbieten. Die Hotspots sind das *centro storico* und Chiaia. Die Altstadt ist generell günstiger und alternativer, Chaia ist schicker und szeniger.

Centro Storico

★ Spazio Intolab CLUB

(Karte S. 50; ☎ 333 9126318; www.facebook.com/intolab; Piazza Enrico De Nicola 46; Eintritt 5–15 €; ⏱ 21.30–4 Uhr; 📶; Ⓜ Garibaldi) In einem ehemaligen Kloster aus dem 15. Jh., das in der Ära der Bourbonen zur Wollspinnerei umfunktioniert wurde, logiert heute das Kulturzentrum Lanificio. Der hier beheimatete Club Spazio Intolab beglückt mit Partys bis in die Morgenstunden ein entspanntes, kreatives, kosmopolitisches Publikum. Namhafte DJs aus Italien und dem Ausland geben sich regelmäßig ein Stelldichein und spielen alles Mögliche von Deep House und Techno bis zu Live-Electro. Aktuelle Veranstaltungshinweise stehen auf der Facebookseite.

Jamón WEINBAR

(Karte S. 50; ☎ 081 420 24 58; Piazza San Domenico Maggiore 9; Panini, Käse- & Wurstteller 5 €; ⏱ 10–24 Uhr; Ⓜ Dante) Das kultivierte Feinkostgeschäft mit Weinbar am oberen Ende der weitläufigen Piazza San Domenico Maggiore ist toll für einen Imbiss. Zu den Angeboten gehören seltene und schwer zu findende Würste und Schinken, wie toskanische Bio-Mortadella mit Zimt und *prosciutto di suino nero dei Nebroli* (Siziliens Antwort auf die spanische *pata negra*). Die pikanten Leckerbissen gibt's auf einem Probierteller oder als frisch geschnittenen Belag mit einem knusprigen *panino*.

Palazzo Venezia Napoli CAFÉ

(Karte S. 50; ☎ 081 552 87 39; www.palazzovenezianapoli.com; Via Benedetto Croce 19; ⏱ Mo–Sa 10–13.30 & 15.30–19 Uhr; Ⓜ Dante) Der geschichtsträchtige Palazzo wurde der Republik Venedig im 15. Jh. als Stützpunkt für ihre Gesandten geschenkt. Heute befindet sich im 1. Stock des Gebäudes ein kleines Café. Daran angeschlossen ist ein ruhiger, verborgener Garten, dessen verstreute Tische und Stühle zwischen Schwertlilien, Zitrusbäumen, Palmen und Farnen dazu einladen, sich bei einem Kräutertee oder *aperitivo spritz* zu entspannen.

Shanti Art Musik Bar BAR

(Karte S. 50; ☎ 081 1852 5911; www.facebook.com/ShantiSPACCANapoli; Via Giovanni Paladino 56; ⏱ Mo–Mi 10–2, Do–Sa bis 3 Uhr; 📶; Ⓜ Dante) Unter tibetischen Gebetsfahnen zieht der improvisierte Flohmarkt-Schick dieser Bar eine Schar von Künstlern und Indie-Typen aus dem In- und Ausland an. Mittags winkt gutes Essen, abends tummelt sich das Partyvolk an den aufgemöbelten, kerzenbeleuchteten Tischen um zu plaudern, zu flirten und bis tief in die Nacht zu feiern. Die Getränke sind günstig und donnerstagabends spielen Livebands Jazz, Blues oder Soul.

Superfly BAR

(Karte S. 50; ☎ 081 551 03 88; www.facebook.com/soulbar.superfly; Via Cisterna dell'Olio 12; ⏱ Mo, Mi, Do & So 19–1.30, Fr & Sa bis 3 Uhr; Ⓜ Dante) Sie sind zwar ein bisschen in die Jahre gekommen, aber im Superfly lassen die feierfreudigen Kids der 1990er-Jahre es immer noch krachen. Die winzige Veteranen-Bar versteckt sich in einer Seitenstraße im *centro storico*. Bei gut gemixten Drinks, Old-School-Tunes und ausgelassener Stimmung versammeln sich Künstler, Alternative und Mittelschicht-Normalos. Bis auf die enge Straße hinaus wird munter geplaudert, angestoßen und hier und da eine neue Bekanntschaft geschlossen.

Spazio Nea CAFÉ

(Karte S. 50; ☎ 081 45 13 58; www.spazionea.it; Via Constantinopoli 53; ⏱ So–Do 9–2, Fr & Sa bis 3 Uhr 📶; Ⓜ Dante) Die weiß gestrichene Galerie, die so passend an der szenigen Piazza Bellini liegt, hat eine eigene Café-Bar mit Büchern, Blumen und gepflegter Kundschaft, die sich an den Straßentischen zu Füßen einer barocken Treppe niederlässt. Nach einem Besuch der Ausstellungen von meist italienischer und internationaler zeitgenössischer Kunst erfrischt ein *caffè* oder ein *spritz*. Auf der Facebookseite sind aktuelle Lesungen, Livemusik oder DJs angekündigt.

Caffè dell'Epoca BAR

(Karte S. 50; Via Santa Maria di Costantinopoli; ⏱ Mo–Sa 7–2, So bis 14 Uhr; 📶; Ⓜ Dante) Die

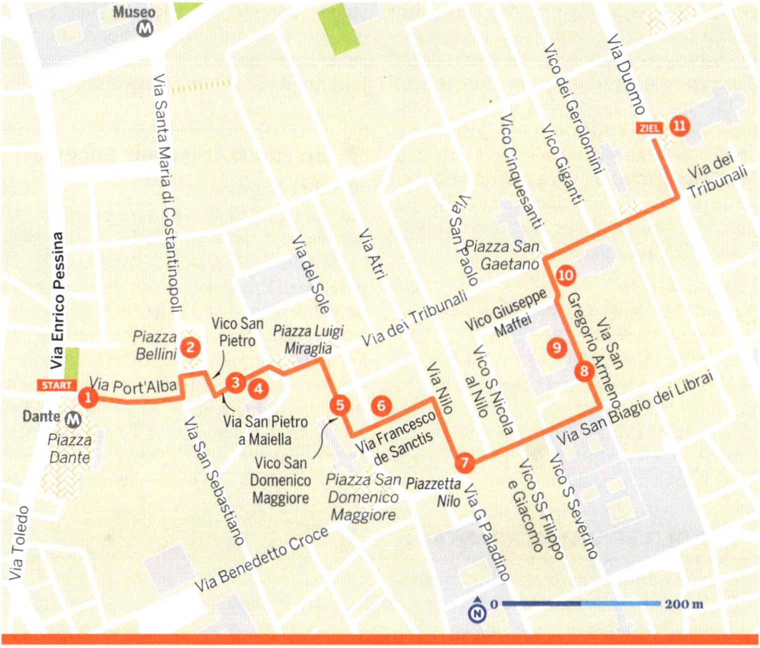

Spaziergang
Centro Storico: Bummel durchs Weltkulturerbe

START PORT'ALBA
ZIEL DUOMO
LÄNGE/DAUER 1,8KM; 2 ½ STUNDEN

Los geht's beim alten Stadttor **1 Port'Alba** (S. 88), das 1625 vom spanischen Vizekönig Neapels, Antonio Alvárez, eingeweiht wurde. Das Tor führt auf die Via Port'Alba mit Buchläden und Street-Art. Links zweigt die Via Santa Maria di Costantinopoli zur **2 Piazza Bellini** (S. 56) ab, mit ihren vielen Bars einer der beliebten abendlichen Treffpunkte der Stadt. Die Stadtmauerruinen in der Mitte des Platzes stammen aus dem 4. Jh. v. Chr. Bemerkenswert ist auch der Palazzo Firrao (Via Santa Maria di Costantinopoli 98), eine kunstvolle Symbiose aus Barock-und Renaissance-Elementen. In der Via San Pietro a Maiella am südlichen Ende der Piazza Bellini erklingt Musik aus dem traditionsreichen Conservatorio di Musica di San Pietro a Majella. Hier lohnt ein Besuch des Antiquariats **3 Colonnese** (S. 92) und der **4 Chiesa di San Pietro a Maiella** (S. 57) mit barocken Deckengemälden von Mattia Preti. Hinter der Kirche geht es über die Via Tribunali, eine der griechisch-römischen *decumani* (Hauptstraßen) Neapels, gen Osten und dann rechts ab in den **5 Vico San Domenico Maggiore** mit seinen ausgefallenen Boutiquen und Ateliers. Danach biegt die Via Francesco de Sanctis links ab zur **6 Cappella Sansevero** (S. 47), die Giuseppe Sanmartinos einzigartige Skulptur *Verhüllter Christus* beherbergt. Anschließend zweigt die Via Nilo rechts ab zur **7 Piazzetta Nilo** (S. 59), auf der die Statue des Flussgottes Nil in der Antike von alexandrinischen Händlern errichtet wurde. Die Route folgt in östlicher Richtung der Via San Biagio dei Librai und führt links in die **8 Via San Gregorio Armeno** (S. 54) mit ihren berühmten Krippenfigurenverkäufern und der überwältigenden **9 Chiesa e Chiostro di San Gregorio Armeno** (S. 54). Ein Stück weiter beeindruckt die gotische **10 Basilica di San Lorenzo Maggiore** (S. 54). Dahinter geht es rechts ab in die belebte Via Tribunali. Von hier führt linker Hand die Via Duomo zum **11 Duomo** (S. 48), der mit barocker Ausstattung und dem ältesten Taufbecken Westeuropas auftrumpft.

eintönige Ausstattung und das fahle Licht locken niemanden hierher, die unschlagbaren Schnäppchenpreise an der Piazza Bellini dagegen schon: 1,50 € für eine Flasche Peroni-Bier und ein *spritz* für 2 €. Über die billigen Getränke freuen sich u. a. jede Menge Studenten und Mitarbeiter der Kunst- und Musikakademie, die sich abends fröhlich lärmend bis auf die Straße drängen. Der humorvolle Besitzer Peppe lässt seine Kunden sogar Pizza mitbringen.

Libreria Berisio BAR

(Karte S. 50; ☎081 549 90 90; www.facebook.com/Berisio; Via Port'Alba 28–29; ⏲Mo–Do 9.30–1.30, Fr bis 3, Sa 9.30–13.30 & 19–3.30, So 18.30–1.30 Uhr; 📶; Ⓜ Dante) Dieser Mid-Century-Buchladen verwandelt sich abends in eine lebhafte Cocktailbar. In den weinroten Innenräumen verlustiert sich ein überwiegend junges, internationales Publikum. Mit einem gekonnt gerührten Negroni macht das Stöbern in den deckenhohen Buchregalen gleich doppelt so viel Spaß – und der Flirt mit den anderen Gästen auch.

Toledo & Quartieri Spagnoli

★ Caffè Gambrinus CAFÉ

(Karte S. 64; ☎081 41 75 82; www.grancaffegambrinus.com; Via Chiaia 1–2; ⏲So–Do 7–1, Fr & Sa bis 2 Uhr; 🚌R2 bis Via San Carlo, Ⓜ Municipio) Unter prächtigen Kronleuchtern serviert das älteste und ehrwürdigste Café der Stadt einzigartig guten neapolitanischen Kaffee. Oscar Wilde hat hier schon ein paar Gläschen getrunken und Mussolini ließ Räume schließen, um linke Intellektuelle zu verbannen. Die Preise an den Tischen sind zwar gesalzen, aber die abendlichen *aperitivo*-Häppchen sind gut und einen *spritz* oder eine opulente

AUF DEN SPUREN FERRANTES

Elena Ferrante, 2016 vom Nachrichtenmagazin *Time* zu einer der 100 einflussreichsten Persönlichkeiten erklärt, hat sich unter ihrem Pseudonym als Königin der zeitgenössischen Literaturszene Italiens etabliert. Ihre vierbändige Romanreihe *Neapolitanische Saga* verkaufte sich weltweit fast sechs Millionen mal und wurde sowohl fürs Theater als auch fürs Fernsehen adaptiert.

Die Tetralogie – *Meine geniale Freundin, Die Geschichte eines neuen Namens, Die Geschichte der getrennten Wege* und *Die Geschichte des verlorenen Kindes* – thematisiert die enge Beziehung der Kindheitsfreundinnen Elena Greco (Lenù) und Raffaella Cerullo (Lila). Beide wachsen Mitte des 20. Jhs. in einem ärmlichen Viertel Neapels in Zeiten turbulenter sozialer Veränderungen auf. Die dritte Protagonistin ist Neapel selbst und Ferrantes stimmungsvolle Beschreibung der Stadt hat zahlreiche Literaturpilger auf den Plan gerufen, die auf den Spuren der Romanfiguren die Schauplätze der Saga aufsuchen.

Das verarmte Viertel, in dem Lenù und Lila aufwachsen, ist Rione Luzzatti nachempfunden, einem Stadtteil mit trostlosen Wohnblocks aus dem 20. Jh. direkt südlich des **Mercato Caramanico a Poggioreale** (S. 93). Am südlichen Rand des Viertels liegt die Via Taddeo da Sessa, die in den Romanen *stradone* genannt wird und zur Piazza Garibaldi führt. Von hier zweigt der Corso Umberto I mit seinen kitschigen Brautboutiquen in südwestlicher Richtung ab. Im Norden befindet sich das *centro storico*, wo Elena in der Via Tribunali mit den linksradikalen Brigate Rosse (Rote Brigaden) in Berührung kommt und mit ihrem Vater über die von Bücherständen gesäumte Via Port'Alba schlendert.

Elena kehrt mit ihren Töchtern und Gigliola, einer alten Schulfreundin, im prachtvollen **Caffè Gambrinus** (S. 88) ein und erforscht in der ebenso opulenten **Biblioteca Nazionale di Napoli** (S. 59) die Geschichte der Stadt. Etwas nördlich davon liegt die Via Toledo, durch die die Geschwister Marcello und Michele Solara mit ihrem Fiat 1100 cruisen. Vom Caffè Gambrinus führt die Via Chiaia nach Chiaia, ein Viertel, dessen Eleganz und adretten *signore* Elena und Raffaella faszinieren. Hier ist Raffaella beim Schaufensterbummel in der Via dei Mille anzutreffen, hier präsentiert Elena ihr Buch bei **La Feltrinelli** (S. 102) und betreiben die Brüder Solara ihren Schuhladen an der schicken **Piazza dei Martiri** (Karte S. 64; 🚌E6 bis Piazza dei Martiri).

Wer vor Ort noch tiefer in die Romanwelt eintauchen will, kann bei **Looking for Lila** (☎389 8463510; www.lookingforlila.com; 5-stündige Tour für 2 Pers. 250 €) eine maßgeschneiderte Stadtführung zu den Schauplätzen buchen.

cioccolata calda (heiße Schokolade) in den Belle-Époque-Räumen zu trinken, lohnt sich dann doch.

Il Birraiuolo BAR

(Karte S. 50; ☎ 081 549 27 03; www.facebook.com/ilbirraiuolo; Via Bellini 48; ⏲ Mi, Do & So 18.30–24, Fr & Sa bis 2 Uhr; Ⓜ Dante) Wie wär's mit einem fassgereiften Saison-Bier von der Brauerei Crak in Venetien oder dem Tasmanian IPA aus dem Hause Hop Skin in der Lombardei? Oder soll's lieber ins Ausland gehen mit einem belgischen Pannepot Grand Reserva von De Struise Brouwers? Die sympathischen Profis hinterm Ausschank dieses heimeligen, unkomplizierten Craft-Bier-Tempels helfen gerne und fachkundig beim Aussuchen. Auch die Whiskeyauswahl kann sich sehen lassen.

Pancaffè O Girasole CAFÉ

(Karte S. 50; ☎ 081 1853 2802; Via Conte di Ruvo 20; ⏲ Di–Sa 7.30–21.30, So bis 19 Uhr; Ⓜ Dante) Meist steht die herzliche, kluge Besitzerin Nelli selbst hinterm Tresen des winzigen, sonnigen Cafés und versorgt ihre Kundschaft mit Cappuccino, glutenfreier heißer Schokolade oder frisch gepressten Säften. Letztere gibt es in Kombinationen wie Zitrone, Banane und Kurkuma und – für einen gesitteten Schwips – mit einem Schuss Prosecco. Die kleine Auswahl an Weinen beinhaltet auch ein paar Tropfen aus Nellis Heimat Benevento.

Caffè Mexico CAFÉ

(Karte S. 50; Piazza Dante 86; ⏲ Mo–Sa 5.30–20.30, So 6.30–14.30 Uhr; Ⓜ Dante) Dies ist eine der besten (und beliebtesten) Kaffeebars Neapels. Sogar manche Polizisten gehen hier ein und aus, um sich schnell einen Muntermacher zu holen. Das originelle Café punktet mit stilechtem Retroschick, Old-School-Baristas, einer orangefarbenen Espressomaschine und samtigem, vollmundigem *caffè*. Der Espresso wird *zuccherato* (gesüßt) serviert, wer ihn lieber bitter mag, fragt nach einem *amaro*.

Cammarota Spritz BAR

(Karte S. 60; ☎ 320 2775687; www.facebook.com/cammarotaspritz; Vico Lungo Teatro Nuovo 31; ⏲ Mo & Mi 16–24, Di & Do–Sa 12–24 Uhr; Ⓜ Toledo) Die etwas abgehalfterte Bar genießt mit ihrem spottbilligen Aperol *spritz* (1 €) Kultstatus und zieht scharenweise Studenten und Reisende an. Es gibt kaum Sitzplätze, sodass die meisten Gäste gut gelaunt auf der engen Straße plaudern, texten und flirten. Für den gleichen Preis gibt es auch Bier und Wein, Letzterer taugt allerdings eher als Salatdressing, also besser beim *spritz* bleiben.

Santa Lucia & Chiaia

★ **L'Antiquario** COCKTAILBAR

(Karte S. 64; ☎ 081 764 53 90; www.facebook.com/AntiquarioNapoli; Via Gaetani 2; ⏲ 19.30–2.30 Uhr; 🚌 151, 154 bis Piazza Vittoria) Ein Muss für Freunde der Cocktailkunst! Die sinnliche, mit Jugendstiltapeten eingekleidete Bar erinnert an die Flüsterkneipen der Prohibition und ist das Revier des neapolitanischen Barkeepers Alex Frezza, einem der Finalisten der 2014 Bombay Sapphire World's Most Imaginative Bartender Awards. Die mit viel Liebe zum Detail gemixten Drinks, deren Bandbreite von klassisch bis zeitgenössisch reicht, sind ausgezeichnet und zeugen von passioniertem Können. Mittwochs sorgen Jazzbands für zusätzlichen Charme.

★ **Barril** BAR

(Karte S. 64; ☎ 393 9814362; www.barril.it; Via G. Fiorelli 11; ⏲ Di–So 19–2 Uhr; 📶; Ⓜ Piazza Amedeo) Von der Straße führen ein paar Stufen hinunter in die belebte, schummrig beleuchtete Gartenbar. Zwischen Vogelkäfigen und alten Cinzano-Plakaten vergnügt sich ein stylisches, erwachsenes Publikum. Die Cocktails sind frisch und gekonnt gemixt, es gibt riesige, cremige Piña Coladas und für Kenner eine eigene Ginliste mit zahlreichen Tonic Waters. Dazu werden kleine Speisen wie Käse- und Wurstplatten sowie eine gute Auswahl kostenloser *aperitivo*-Snacks aufgetischt.

★ **Ba-Bar** BAR

(Karte S. 64; ☎ 081 764 35 25; www.ba-bar.it; Via Bisignano 20; ⏲ Mo & So 17–2, Di & Mi 11–15.30 & 17–2, Do–Sa 11–15.30 & 17–3 Uhr; 📶; 🚌 E6 bis Piazza dei Martiri) Die stimmungsvolle, mit schrulligen Antiquitäten gespickte Ba-Bar ist ein Allrounder. Die nette, gemischte Kundschaft trifft sich hier vorm Abendessen zum *aperitivo*, spielt im Keller Tischfußball oder unterhält sich angeregt im gemütlichen Hinterzimmer. Zu trinken gibt es gut gemixte Cocktails, eine wechselnde Auswahl interessanter italienischer Weine sowie lokale und internationale Biere. Die Küche bewirtet die Gäste mit exquisiten Käse- und Wurstplatten, Panini, Pastagerichten, Salaten und ein paar Hauptgerichten.

Cantine Sociali BAR

(Karte S. 64; ☎ 338 3511375; www.facebook.com/CantineSocialiNapoli; Piazza Giulio Rodinò

28; Mo–Mi 18–2, Do–So bis 3 Uhr; E6 bis Piazza dei Martiri) Die beliebte Bar versammelt Abend für Abend ein schickes, altersgemischtes Publikum auf ihrem Holzdeck. Die Weinkarte ist umfangreich und gehoben (und nicht besonders günstig), die Cocktails sind routiniert gemixt und das kostenlose, solide *aperitivo*-Buffet beinhaltet normalerweise Couscous, Gemüse und *pizzette* (kleine Pizzas).

Es gibt auch üppigere Speisen zur Auswahl, am besten eignet sich der Ort aber zum Trinken.

Enoteca Belledonne WEINBAR

(Karte S. 64; 081 40 31 62; www.enotecabelledonne.it; Vico Belledonne a Chiaia 18; Mo 17–1, Di–Do 10–13.30 & 16.30–2, Fr & Sa 10–13.30 & 16.30–3, So 19–2 Uhr; ; E6 bis Piazza dei Martiri) Die Weinhandlung mit integrierter Bar ist ein Urgestein in Chiaia. Die mit Flaschen gefüllten Holzregale schaffen ein behagliches Ambiente. Es gibt eine Liste gut ausgewählter, meist italienischer Weine, darunter 30 offene Weine. Zum tollen Imbissangebot gehören italienische und spanische Wurst-, Schinken- und Käsespezialitäten (ab 8 €) sowie Platten mit frischem *crudo* (25 €) von der benachbarten Pescheria Mattiucci (S. 79).

Al Barcadero CAFÉ

(Karte S. 64; 334 1790987; Banchina Santa Lucia 2; Mai–Okt. Di–So 8–2 Uhr, Nov.–April Di–So bis 20 Uhr; 128, E6 bis Via Santa Lucia) Auf dem Weg zum Borgo Marinaro geht es links die Treppen runter zu dieser unprätentiösen Bar am Wasser. Der perfekte Ort, um mit Blick aufs Meer, rudernde Fischer und den bedrohlichen Vesuv einen starken Negroni zu schlürfen.

Vomero

★ **Ventimetriquadri** CAFÉ

(Karte S. 68; 345 5328421; www.facebook.com/ventimetriquadri.specialtycoffee; Via Bernini 64A; Mo 15–23, Di–Fr 9–23, Sa 10–24, So 10–14 & 18–23 Uhr; ; M Vanvitelli) Das in einer ehemaligen Druckerei residierende Ventimetriquadri hat sich als erstes Café der Stadt speziellen Kaffeezubereitungen verschrieben. Hinterm Tresen kümmert sich meist der Besitzer Vincenzo Fioretto selbst hingebungsvoll um das Prozedere. Zur Auswahl stehen sieben sortenreine Röstungen und die Hausmischung. Bei den Brühmethoden kommen außer einer Espressomaschine u. a. die V60- und Aeropress-Filterverfahren zum Einsatz. Wer lieber Blätter als Bohnen mag, kann auch erlesene Teesorten bestellen.

Darüber hinaus gibt es sorgfältig ausgewählte Weine, regionale Craft-Biere, Kuchen sowie Käse und geräucherte Wurst von Kleinerzeugern.

Fonoteca BAR

(Karte S. 68; 081 556 03 38; www.fonoteca.net; Via Raffaele Morghen 31 C/F; Mo–Do 12–1, Fr & Sa bis 2, So 18.30–1.30 Uhr; ; M Vanvitelli, Centrale bis Piazza Fuga) Die trendige Bar in Vomero, ein Mix aus Musikladen, Café und Bar hat das Wort Ohrenschmaus neu definiert. Hier kann man neue und gebrauchte Platten und CDs von Electronica und Classic Rock bis zu Jazz, Blues und World aufstöbern, in Kunst- und Musikbüchern blättern oder sich gleich nach hinten in die Bar begeben. Außer *caffè*, Cocktails und neapolitanischem Craft-Bier gibt es ein breites Teesortiment, darunter Kräutermischungen.

La Sanità & Capodimonte

Antica Cantina Sepe BAR

(Karte S. 70; 081 45 46 09; Via dei Vergini 55; 9–20.30, Do bis 24 Uhr; M Piazza Cavour, Museo) Dass sich diese Mischung aus *cantina* und Lebensmittelladen überraschend zu einem hippen Hotspot entwickelt hat, ist ihrem derzeitigen Besitzer zu verdanken. Francesco Sepe betreibt die Antica Cantina Sepe in vierter Generation und verkauft regionale Weine vom Fass für 1,50 € pro Glas. Extravagante Tropfen kosten nicht mehr als 3,50 €. Donnerstagabends steigt die wöchentliche Aperitifsause mit DJs, Livemusik oder anderen Kulturveranstaltungen. Dann zaubert Mamma Giovanna köstliches Essen auf den Tisch. Ihre Kochkünste sind berechtigterweise so beliebt, dass man vor 20.30 Uhr kommen sollte, um nicht leer auszugehen.

Wenn es nicht zu voll ist, lohnt es sich zu fragen, ob man einen Blick in den Keller aus dem 17. Jh. werfen kann. Das verglaste Guckloch im Fußboden ist unter einer Matte versteckt.

☆ Unterhaltung

Neapel kann zwar nicht mit London oder Mailand mithalten, bietet aber trotzdem ein Weltklasse-Kulturprogramm mit Oper, Ballett, klassischer Musik, Jazz, kreativen Theaterinszenierungen und angesagten DJs. Über die aktuellen Veranstaltungen informieren die italienischsprachigen Zeitungen *Corriere del Mezzogiorno* (https://corriere

delmezzogiorno.corriere.it/napoli) und *La Repubblica* (http://napoli.repubblica.it) sowie die Touristeninformation.

☆ Centro Storico

Teatro Mercadante THEATER

(Karte S. 50; www.teatrostabilenapoli.it; Piazza Municipio; Ⓜ Municipio) Das Teatro Mercadante von 1779 beherbergt mit dem Teatro Stabile Napoli das bekannteste Ensemble der Stadt. Auf dem Spielplan stehen vorwiegend Klassiker des 19. und 20. Jhs., insgesamt aber unterschiedliche Dramatiker wie Luigi Pirandello, Henrik Ibsen, David Mamet und Roberto Alajmo. Die Produktionen sind in der Regel auf Italienisch.

☆ Toledo & Quartieri Spagnoli

★ **Teatro San Carlo** OPER, BALLETT

(Karte S. 64; ☎ 848 00 20 08, Kasse 081 797 23 31; www.teatrosancarlo.it; Via San Carlo 98; ⊙ Theaterkasse Mo–Sa 10–21, So bis 18 Uhr; 🚌 R2 bis Via San Carlo, Ⓜ Municipio) Die Opernsaison dauert von November oder Dezember bis Juni, gelegentlich gibt es auch Sommeraufführungen. Eine Karte für den sechsten Rang kostet 40 €, ein Platz im Parkett 75 bis 110 € und ein Platz in der Seitenloge 30 € (für Besucher nachweislich unter 30 Jahren). Die Ballettsaison geht von Ende Oktober bis April oder Anfang Mai. Karten hierfür kosten zwischen 30 und 100 €; wer unter 30 ist, zahlt 20 €.

Nicht alle Vorstellungen finden auf der Hauptbühne statt, manche auch auf kleineren Bühnen wie dem Teatrino di Corte im benachbarten Palazzo Reale (S. 47).

Centro di Musica Antica Pietà de' Turchini KLASSISCHE MUSIK

(Karte S. 60; ☎ 081 40 23 95; www.turchini.it; Via Santa Caterina da Siena 38; Erw./erm. 10/7 €; 🚋 Centrale bis Corso Vittorio Emanuele) Die wunderschöne säkularisierte Kirche bietet Klassikfans einen Hochgenuss und eine feierliche Kulisse für Konzerte meist neapolitanischer Musik des 17. bis 19. Jhs. Das Programm steht auf der Website. Einige Konzerte finden an anderen Orten statt, u. a. im Palazzo Zevallos Stigliano (S. 61).

Bourbon Street JAZZ

(Karte S. 50; ☎ 338 8253756; www.bourbonstreetjazzclub.com; Via Bellini 52; ⊙ Di–Do & So 20.30–2, Fr & Sa bis 3 Uhr, Juli–Anfang Sept. geschl.; Ⓜ Dante) Das Bourbon Street ist eine der Top-Adressen für Jazz und Blues und beglückt ein gemischtes Publikum aus angegrauten Jazz-Nerds und Jungspunden. Die Bands sind meist aus der Region. Mittwochs beim „JamJazz" finden sich Musiker zu spontanen Sessions zusammen. Über anstehende Events informiert die Facebookseite (Bourbon Street Napoli Jazz Club).

Galleria Toledo THEATER

(Karte S. 60; ☎ 081 42 50 37; https://galleriatoledo.info; Via Concezione a Montecalvario 34; Ⓜ Toledo) Alles, was innovativ, unabhängig oder experimentell ist, wird wahrscheinlich in diesem Kulttheater in den Quartieri Spagnoli aufgeführt. Das Programm umfasst italienische und internationale Stücke und Konzerte, manchmal gibt es auch den einen oder anderen ausgefallenen Kunstfilm. Buchungen werden online und telefonisch angenommen, die Karten müssen 30 Minuten vor Vorstellungsbeginn im Theater abgeholt werden.

☆ Santa Lucia & Chiaia

Associazione Scarlatti KLASSISCHE MUSIK

(Karte S. 64; ☎ 081 40 60 11; www.associazionescarlatti.it; Piazza dei Martiri 58; 🚌 E6 bis Piazza dei Martiri) Neapels führender Verein für klassische Musik organisiert Kammermusikkonzerte an verschiedenen Veranstaltungsorten, darunter das Museo Diocesano di Napoli. Zu den italienischen Künstlern gesellen sich internationale Gäste, wie jüngst das Amsterdam Baroque Orchestra, das Orchester des St. Petersburger Mariinski-Theaters oder der belgische Dirigent Philippe Herreweghe.

Karten sind meist eine Stunde vor Konzertbeginn vor Ort erhältlich, sie kosten je nach Platzkategorie zwischen 13 und 18 €.

☆ Vomero

Blue Around Midnight JAZZ

(Karte S. 68; ☎ 081 1837 0171; www.facebook.com/Bluearoundmidnightmidnightjazzclub; Via Bonito 32a; ⊙ Mai–Sept. Do–Sa 18–2 Uhr, Okt.–April Di–So 18–2 Uhr; 📶; Ⓜ Vanvitelli, 🚋 Montesanto bis Morghen) Das Blue Around Midnight ist einer der ältesten und berühmtesten Jazzclubs Neapels. In dem stimmungsvollen kleinen Schuppen treten vorwiegend regionale Jazzgrößen auf, gelegentlich spielen hier auch Bluesbands. Besonders nett ist, dass man zur Musik lecker essen kann (Mahlzeiten zwischen 20 und 25 €). Reservierung empfohlen.

Shoppen

Centro Storico

★ Bottega 21 MODE & ACCESSOIRES

(Karte S. 50; ☎081 033 55 42; www.bottegavenuno.it; Vico San Domenico Maggiore 21; ⊙Mo–Sa 9.30–20 Uhr) Die begehrten, modernen Lederwaren von Bottega 21 werden aus erstklassigem toskanischen Leder und nach traditionellen Handwerkstechniken gefertigt. Charakteristisch für das Design sind klare, schlichte Linien und Blockfarben. Das Sortiment beinhaltet stilvolle Tragetaschen, Handtaschen, Rucksäcke, Reisetaschen, Portemonnaies, Gürtel, Tabakbeutel und Notizbuchhüllen.

★ La Scarabattola KUNST & KUNSTHANDWERK

(Karte S. 50; ☎081 29 17 35; www.lascarabattola.it; Via dei Tribunali 50; ⊙Mo–Fr 10.30–14 & 15.30–19.30, Sa 10–20 Uhr; Ⓜ Dante) Nicht nur sind La Scarabattolas handgemachte Figuren von *magi* (weisen Männern), Teufeln und neapolitanischen volkstümlichen Gestalten Teil der offiziellen Weihnachtskrippe in Jerusalem, sondern zu den Fans dieses Ateliers gehören u. a. auch der Modedesigner Stefano Gabbana und die spanische Königsfamilie. Daneben erhalten hier Keramikstücke neapolitanischer Volkskunst einen erfrischend zeitgenössischen Stil, etwa elegante Pulcinella-Platzkartenhalter.

Scriptura MODE & ACCESSOIRES

(Karte S. 50; ☎081 552 66 69; Via San Sebastiano 45; ⊙Mo–Sa 10–20 Uhr; Ⓜ Dante) Der familiengeführte Laden ist ein Muss für Liebhaber handgefertigter Lederwaren. Die Produktpalette aus hochwertigem kampanischen Leder umfasst Handtaschen, Schulranzen, Reisetaschen und Rucksäcke sowie Gürtel, Herren- und Damenhandschuhe, Jacken, Brieftaschen, Tabakbeutel, Brillenetuis und ledergebundene Notizbücher. Der Stil und die Farbauswahl decken ein breites Spektrum von klassisch bis modern ab und die Preise sind angesichts der Qualität richtig gut.

Colonnese KUNST & BÜCHER

(Karte S. 50; ☎081 45 98 58; https://colonnese.it; Via San Pietro a Maiella 32–33; ⊙10–19.30 Uhr; Ⓜ Dante) Der distinguierte Buchladen neben einem der angesehensten Musikkonservatorien Italiens ist erfüllt von den Tönen übender Musiker. Die meisten neuen und alten Bücher sind auf Italienisch, aber es gibt auch englischsprachige Titel, darunter Editionen, die sich Klassikern mit neapolitanischen Themen und Schauplätzen widmen. Außerdem werden hochwertige originale und reproduzierte neapolitanische Drucke aus dem 18. und 19. Jh. verkauft sowie alte Postkarten mit Sammlerwert aus dem späten 19. und frühen 20. Jh.

In den Jahreszeiten mit geringerem Besucherandrang hat der Laden manchmal mittags und sonntags ein paar Stunden geschlossen.

Kiphy KOSMETIK

(Karte S. 50; ☎340 2849691; www.kiphy.it; Vico San Domenico Maggiore 3; ⊙Mo–Sa 10.30–14 & 16–19.30 Uhr; Ⓜ Dante) In ihrer himmlisch duftenden Werkstatt stellt Pina Malinconico handgemachte Seifenblöcke her, die so schön aussehen, wie sie riechen. Zu den Varianten unter den tief hängenden Lampen gehört auch eine belebende Orangen- und Zimtmischung. Die frisch hergestellten Shampoos, Cremes und Öle werden aus biologischen Zutaten aus fairem Handel hergestellt und können nach persönlichen Wünschen komponiert werden. Die Produkte sind toll verpackt, bezahlbar und mit Liebe gemacht.

Die Öffnungszeiten können sich ändern, also vor einem geplanten Besuch anrufen.

MAC KERAMIK

(Karte S. 50; ☎333 6031376; www.facebook.com/bottegadiceramica; Via Nilo 12; ⊙Mo–Sa 10–19 Uhr; Ⓜ Dante) MAC verkauft verspielte, zeitgenössische Keramik des Ehepaars Antimo De Santis und Marina Pascali. Die durchweg handgefertigten Stücke umfassen würfelförmige, pastellfarbene Halsketten, gepunktete Espressotassen oder bedrucktes Geschirr. Die Preise sind erschwinglich und reichen von 10 € für eine Espressotasse inkl. Untertasse bis zu 35 € für eine Teekanne.

Limonè ESSEN & TRINKEN

(Karte S. 50; ☎081 29 94 29; www.limoncellodinapoli.it; Piazza San Gaetano 72; ⊙11–20.30 Uhr; Ⓜ Dante) Um sich an den Geschmack von Neapel noch nach der Heimkehr erinnern zu können, sind ein paar Flaschen von Limonès hausgemachtem *limoncello* (Zitronenlikör) aus Biozitronen von den Campi Flegrei ideal. Wer es etwas süßer mag, kann auf *crema di limone*, einen köstlichen Zitronenlikör mit Milch, ausweichen. Weitere leckere Mitbringsel sind Zitronenpasta und -risotto, Schokolade mit Zitronenaroma, rumgetränkter *babà* im Glas und mit Zitrone angereicherter Grappa.

ES IST MARKT!

Porta Nolana und La Pignasecca sind nur zwei der legendären Märkte Neapels. Auf den folgenden Märkten gibt's günstige Schuhe, Küchenutensilien und gelegentlich ein kurioses altes Fundstück.

Mercato Caramanico a Poggioreale (☎ 327 5973834; www.facebook.com/Mercato Caramanico; Via Marino di Caramanico; ⏲ Fr–Mo 6.30–14 Uhr, Aug. geschl.; 🚌 130, 190, 601 bis Via Nuova Poggioreale) Der größte Markt Neapels, auch Mercatino delle Scarpe (Schuhmarkt) genannt, ist berühmt für Schuhwerk aller Art, seien es Überschussware von Designern oder Alltagslatschen. Er liegt 2,5 km nordöstlich des Bahnhofs Napoli Centrale (Bus 601 fährt von der Piazza Garibaldi zum Markt) und besteht aus über 550 Ständen, die auch andere gute Waren verkaufen, wie Handtaschen, Freizeitkleidung, Anzüge, bunte Stoffballen und Küchenutensilien.

Mercatino dell'Umberto (Karte S. 64; Via Imbriani; ⏲ Mo–Sa 8.30–14 Uhr; 🚌 128, 140, 151 bis Riviera di Chiaia) An den Ständen in der Via Imbriani werden preisgünstige modische Kleider, Pullis und Strickjacken, geschmackvoller Schmuck, Schuhe, Luxusimitate und gelegentlich Kostbarkeiten (z. B. Vintage-Seidentücher) verkauft. Das Angebot wechselt ständig. Nicht feilschen – wir sind in Chiaia, *bella*.

Mercatino di Antignano (Karte S. 68; Piazza degli Artisti; ⏲ Mo–Sa 7–13.30 Uhr; Ⓜ Quattro Giornate) Der stimmungsvolle Markt hoch oben im freundlichen Vomero wird wegen Taschen, Schmuck, Bettwäsche, Küchenutensilien und Schuhen gern besucht. Außerdem gibt es frisches Obst, Gemüse und Feinkostwaren wie zarte Oliven, pikanten Käse und rustikale *salsiccie* (Schweinewürste). Für das Päuschen zwischendurch versorgt ein Kiosk die Marktbesucher mit günstigem *spritz*.

Mercato Sant'Antonio Abate (O' Buvero; Via Sant'Antonio Abate; ⏲ Mo–Sa 9–19.30 Uhr; 🚌 147, 182, 184, 185 bis Via Forio, 201, 202, 254 bis Corso Garibaldi) Der O' Buvero auf der gar nicht schicken Via Sant'Antonio Abate ist ein hyperaktiver, improvisiert wirkender Nachbarschaftsmarkt. Feilgeboten wird hier alles von frischem Obst und Gemüse über Meeresfrüchte bis hin zu regionalen Käsesorten und *salumi* (Wurstwaren). Ein toller Ort, um Neapel hautnah zu erleben.

Mercatino di Posillipo (Karte S. 98; Parco Virgiliano; ⏲ Do 7–14 Uhr; 🚌 140 bis Via Posillipo) Der Markt vor den Haupttoren des Parco Virgiliano ist nicht der billigste, aber grundsätzlich der beste für hochwertige Waren. Hier gibt es Badebekleidung für Damen, Unterwäsche, Stiefel, Bettwäsche, preisreduzierten Schmuck und Kosmetik. Zudem wird Designermode verkauft, v. a. für Damen.

Toledo & Quartieri Spagnoli

Talarico MODE & ACCESSOIRES
(Karte S. 60; ☎ 081 40 77 23; www.mariotalarico.it; Vico Due Porte a Toledo 4b; ⏲ Mo–Sa 8–20 Uhr; Ⓜ Toledo) Mario Talarico und sein Neffe haben den schlichten Regenschirm zum Kunstwerk erhoben, das bei Staatsoberhäuptern höchst gefragt ist. Jedes Stück ist ein Unikat mit Perlmuttknöpfen, einer Hornspitze und einem Griff aus einem einzigen Baumast. Die Spitzenexemplare kosten bis zu 500 €, aber es gibt auch bezahlbare Schirme, die die glücklichen Besitzer im Regen zum Singen bringen.

Gay Odin SCHOKOLADE
(Karte S. 50; ☎ 081 551 34 91; www.gay-odin.it; Via Toledo 427; ⏲ Mo–Sa 9.30–20, So 10–14 Uhr; Ⓜ Dante) Der Laden, von dem es mehrere Filialen in Neapel gibt, ist berühmt für seine göttlichen handgefertigten Pralinen und Schokoladen.

Santa Lucia & Chiaia

Asad Ventrella: Contemporastudio SCHMUCK
(Karte S. 64; ☎ 081 247 99 37; www.asadventrella.it; Via Crispi 50; ⏲ Mo–Fr 10–13.30 & 16–19.30, Sa 10–13.30 Uhr; Ⓜ Piazza Amedeo) Asad Ventrella ist einer der talentiertesten und namhaftesten Schmuckdesigner Neapels. Sein Markenzeichen sind eigenwillige, ausdrucksstarke Kreationen, die verspielt, experimentierfreudig und elegant zugleich sind. Die skurrilen, selbstbewussten Werke zeigen einen gehörigen Schuss Lokalkolorit. Wiederkehrende Motive, die Ventrellas Ringe,

Halsketten, Armbänder und Geldklammern zieren, sind das Labyrinth und Mythen des Mittelmeerraums. Zu den extravaganten Stücken gehört eine nudelförmige Halskette aus massivem Silber.

Mattana Design SCHMUCK
(Karte S. 64; ☎081 66 88 31; www.mattanadesign.com; Via Crispi 24; ⏲Mo–Sa 10–14 & 16.30–19.30 Uhr; Ⓜ Piazza Amedeo) Ob am Finger, Handgelenk oder Hals – die akribisch detaillierten Arbeiten von Mattana für Männer und Frauen sind Hingucker. Besonders faszinierend ist die Kollektion DNapoli, für die die alte neapolitanische Geschichte, Mythologie und Kultur mit ihren Sirenen, Heiligen oder traditionellen Spielkarten Pate standen.

Livio De Simone MODE & ACCESSOIRES
(Karte S. 64; ☎081 764 38 27; www.liviodesimone.com; Via Domenico Morelli 17; ⏲Mo–Sa 10–13.30 & 16.30–20 Uhr; 🚌E6 bis Piazza dei Martiri) Der bereits verstorbene Livio De Simone verwandelte Capri in einen Laufsteg, als er Audrey Hepburn und Jackie O. in seine kühnen, bunten Kreationen kleidete. Seine Tochter Benedetta hält seine Vision am Leben, inspiriert von Insel, Sommer und Meer, mit den charakteristischen hand- und blockbedruckten *robe chemesiers* (Hemdkleidern), Kleidern, Anzügen, Mänteln und passenden Taschen, Geldbörsen, Gepäckanhängern, Kissenbezügen und Schalen.

Tramontano MODE & ACCESSOIRES
(Karte S. 64; ☎081 41 48 37; www.tramontano.it; Via Chiaia 143–144; ⏲Mo–Sa 10–13.30 & 16–20, So 10–13.30 & 16.30–20 Uhr; 🚌E6 bis Piazza dei Martiri) Tramontano hat einen guten Ruf für vorzüglich verarbeitete, handgefertigte neapolitanische Lederwaren. Zu bestaunen gibt es hier glamouröse Handtaschen, Clutches und Tragetaschen für die Dame sowie Akten- und Reisetaschen für den Herrn. Außerdem beinhaltet das Sortiment elegantes Rollgepäck.

Bowinkel ANTIQUITÄTEN
(Karte S. 64; ☎081 764 07 39; www.bowinkel.it; Via Santa Lucia 25; ⏲Mo–Fr 10–13.30 & 16–19.30, Sa bis 13.30 Uhr; 🚌128, E6 bis Via Santa Lucia) Die schönsten alten Drucke, Fotografien, Gemälde und Rahmen der Stadt. Wer hier nicht findet, was er sucht, kann es in der **Filiale** in der Via Calabritto 1 (☎081 764 82 30) versuchen, wo ein Jugendstilfächer ebenso aufzutreiben ist wie ein Modell einer längst eingemotteten Straßenbahn. Die idealen Geschenke für jemanden, der schon alles hat.

Vomero

Riot Laundry Bar MODE & ACCESSOIRES
(Karte S. 68; ☎081 1957 8491; www.facebook.com/riotlaundrybarandclothes; Via Kerbaker 19; ⏲Laden Mo–Do 10–14 & 16–20, Fr bis 24, Sa 10–24 Uhr, Café/Bar Mo–Do & So 8–2, Fr & Sa bis 4 Uhr; Ⓜ Vanvitelli, 🚌Centrale bis Piazza Fuga) Wer seine Garderobe aufpeppen, die Plattensammlung erweitern oder/und bei einem Bier oder Kaffee abschalten will, ist hier in jedem Fall goldrichtig. Die Symbiose aus Laden, Café und Bar verteilt sich auf zwei Ebenen und verkauft u .a. Streetwear von Indie-Marken wie Wood Wood und Libertine oder dem ortsansässigen Jeanslabel Derriere Heritage. Letzteres fertigt auf Wunsch maßgeschneiderte Jeans an, bei denen die Kunden zwischen verschiedenen Schnitten, Waschungen und Details wählen können. Die Anfertigung dauert etwa eine Woche (Versand möglich), eine Hose kostet zwischen 90 und 150 €.

De Paola Cameos SCHMUCK
(Karte S. 68; ☎081 1916 8284; www.cameofactory depaola.it; Via Annibale Caccavello 69; ⏲Mo–Sa 9.30–20, So bis 13.30 Uhr; Ⓜ Vanvitelli, 🚌Montesanto bis Morghen) Der an einer Straßenecke gelegene Werkstattladen beeindruckt mit wunderschönen Kameen. Die zum Teil vor Ort geschnitzten Stücke sind in kleiner Ausführung ab 50 € zu haben. Eine weitere Besonderheit sind die klassischen Ketten, Ohrringe, Anhänger und Armbänder aus Koralle. Zudem gibt es hier eine kleine Auswahl von Porzellankostbarkeiten der renommierten neapolitanischen Manufaktur Capodimonte.

La Sanità & Capodimonte

★**Omega** MODE & ACCESSOIRES
(Karte S. 70; ☎081 29 90 41; www.omegasrl.com; Via Stella 12; ⏲Mo–Fr 8.30–18 Uhr; Ⓜ Piazza Cavour, Museo) Obwohl sich diese familienbetriebene Handschuhfabrik im 3. Stock eines unscheinbaren Gebäudes versteckt, ist sie eine bekannte Größe in Paris, New York und Tokio. Zu ihren Kunden zählen u. a. Dior und Hermes. Die Damen- und Herrenlederhandschuhe von Omega werden in einem traditionellen 25-Schritte-Verfahren sorgfältig handgefertigt. Der Clou: Vor Ort gibt es sie zu einem Bruchteil des Preises der Luxus-Modehäuser.

Ein Paar kostet je nach Ausführung zwischen 30 und 110 €. Inzwischen halten hier die vierte und fünfte Generation der Familie die Fäden in der Hand: der leutselige Mauro Squillace und sein Sohn Alberto. Wenn er nicht zu beschäftigt ist, bietet Mauro kostenlose 45-minütige Führungen durch die Werkstätten an und erklärt den Herstellungsprozess. Eine Voranmeldung ist nicht nötig, egal ob man zum Shoppen kommt oder einfach nur kurz reinschauen will.

Vincenzo Oste Gioielli SCHMUCK

(Karte S. 70; 349 4433422; www.vincenzooste.it; Via dei Cristallini 138; Mo–Fr 8–19.30 Uhr; M Piazza Cavour, Museo) Während der verstorbene Annibale Oste sich als visionärer Bildhauer und Designer einen Namen machte, überzeugt Sohn Vincenzo mit seinem außergewöhnlichen Schmuckdesign. Seine Stücke, überwiegend aus Sterlingsilber gefertigt, strahlen eine intensive Dramatik und Energie aus. Mit ihren gewundenen, einfallsreichen Formen setzen sich die Ringe, Armbänder und Ohrringe als tragbare Skulpturen in Szene, die sich auch auf einem Galeriesockel gut machen würden.

Cioccolato Mario Gallucci SCHOKOLADE

(Karte S. 70; 081 45 64 42; www.cioccolatonapoli.com; Vico Lammatari 38; Mo–Fr 8.30–13 & 14–19, Sa bis 13 Uhr; C51 bis Piazza Sanità, M Piazza Cavour, Museo) Dieser in einer Seitenstraße in Sanità verborgene altmodische Schoko-Laden sorgt schon seit 1890 für jede Menge Hüftgold. Die Pralinen und Trüffel aus Zartbitter-, Vollmilch- und weißer Schokolade kommen teilweise in typisch neapolitanischen Formen daher, zum Beispiel als *tazzine di caffè* (Espressotassen) und *cozze* (Muscheln). Aus Schokolade geformt sind auch riesige Zitronen oder eine *caffettiera* (Espressokanne) samt essbaren Tassen.

Praktische Informationen

TOURISTENINFORMATIONEN

Touristeninformation (Karte S. 50; 081 551 27 01; www.inaples.it; Piazza del Gesù Nuovo 7; Mo–Sa 9–17, So bis 13 Uhr; M Dante) Im *centro storico.*

Touristeninformation (Karte S. 64; 081 40 23 94; www.inaples.it; Via San Carlo 9; Mo–Sa 9–17, So bis 13 Uhr; R2 bis Via San Carlo, M Municipio) In der Galleria Umberto I, direkt gegenüber dem Teatro San Carlo.

An- & Weiterreise

AUTO & MOTORRAD

Neapel liegt an der A1 (Autostrada del Sole, nordwärts nach Rom und Mailand) und der A3 (südwärts nach Salerno und Reggio di Calabria).

Folgende Autovermietungen sind am Flughafen von Neapel vertreten:

Avis (081 28 40 41; www.avisautonoleggio.it; Piazza Garibaldi 92, Starhotels Terminus; Mo–Fr 8–19.30, Sa 8.30–16.30, So 9–13 Uhr)

Europcar (081 780 56 43; www.europcar.it)

Hertz (081 20 28 60; www.hertz.it; Corso Arnaldo Lucci 171; Mo–Fr 8.30–13 & 14.30–19 Uhr)

Maggiore (081 28 78 58; www.maggiore.it; Napoli Centrale; Mo–Fr 8.30–19.30, Sa bis 18, So bis 12.30 Uhr)

Motorroller vermietet **Vespa Sprint** (081 764 34 52; http://vespasprint.it/noleggio-vespa-scooter-napoli; Via Santa Lucia 36, Neapel; Motorroller pro Tag ab 60 €; 9–20 Uhr) im Stadtteil Santa Lucia.

BUS

Die meisten landesweiten und internationalen Busse fahren am **Metropark Napoli Centrale** (Karte S. 50; 800 65 00 06; Corso Arnaldo Lucci; M Garibaldi) an der Südseite des Bahnhofs Napoli Centrale ab. Am Busbahnhof befindet sich auch die **Biglietteria Vecchione** (331 88969217, 081 563 03 20; www.biglietteriavecchione.it; Mo–Fr 6.30–21.30, Sa 6.30–19, So 7–19 Uhr), sie verkauft nationale und internationale Busfahrkarten.

Zu den zahlreichen Busunternehmen, die am Metropark Napoli Centrale mit regionalen und überregionalen Verbindungen vertreten sind, gehören **FlixBus** (S. 290), **Eurolines** (S. 290), **CLP** (S. 290), **Marino** (S. 290), **Miccolis** (S. 290) und **SAIS** (S. 290). Darüber hinaus fährt **Fiumicino Express** (391 3998081; www.fiumicinoexpress.com) über Caserta die römischen Flughäfen Fiumicino und Ciampino an.

Die Haltestelle für die Busse von **SITA Sud** (www.sitasudtrasporti.it), die die Amalfiküste ansteuern, ist direkt um die Ecke an der Via Galileo Ferraris (vor dem klotzigen Bürogebäude Istituto Nazionale della Previdenza Sociale).

FLUGZEUG

Neapels internationaler Flughafen (Capodichino) (081 789 62 59; www.aeroportodinapoli.it; Viale F. Ruffo di Calabria) liegt 7 km nordöstlich des Stadtzentrums. Der größte Flughafen Süditaliens wird von einer Reihe großer Fluggesellschaften und Billigflieger angeflogen, darunter EasyJet mit Verbindungen nach London, Paris, Amsterdam, Wien, Berlin und in mehrere andere europäische Städte.

SCHIFF/FÄHRE

Schnellfähren und Tragflügelboote nach Capri, Ischia, Procida und Sorrent legen am Molo Beverello vor dem Castel Nuovo ab; Tragflügelboote nach Capri, Ischia und Procida fahren auch ab Mergellina.

Die Fähren nach Sizilien, zu den Liparischen Inseln und nach Sardinien legen am Molo Angioino (gleich neben dem Molo Beverello) und an der benachbarten Calata Porta di Massa ab.

ZUG

Neapel ist der Bahnknotenpunkt Süditaliens an der Hauptstrecke Mailand–Palermo mit guten Verbindungen in andere italienische Städte.

Neapels Hauptbahnhof, **Napoli Centrale** (Stazione Centrale; ☎ 081 554 31 88; Piazza Garibaldi) befindet sich gleich östlich vom *centro storico*. Die italienische Bahngesellschaft **Trenitalia** (☎ 892021; www.trenitalia.com) bietet regelmäßige Direktverbindungen nach Rom (2. Klasse 12–48 €, 1–3 Std., etwa 66-mal tgl.). Die private Bahngesellschaft für Hochgeschwindigkeitszüge **Italo** (☎ 892020; www.italotreno.it) fährt ebenfalls täglich direkt nach Rom (2. Klasse 15–39 €, 70 Min., etwa 20-mal tgl.). Die meisten Italo-Züge halten an den Bahnhöfen Roma Termini und Roma Tiburtina.

ℹ Unterwegs vor Ort

Das Stadtzentrum ist relativ kompakt und am besten zu Fuß zu erkunden. Zudem verfügt Neapel mit seinen Bussen, Standseilbahnen, U- und S-Bahnen über ein gutes Netz erschwinglicher öffentlicher Verkehrsmittel.

Bus Bequeme Fahrt nach Capodimonte.

Circumvesuviana-Züge Praktisch, um zahlreiche archäologische Stätten wie Ercolano (Herculaneum), Oplontis und Pompeji zu erreichen.

Cumana-Züge Verbinden Neapel mit Pozzuoli und einigen Teilen der Campi Flegrei.

Metro U-Bahnline 1 fährt von Napoli Centrale über die Piazza Municipio (Schiffsanleger für Tragflügelboote und Fähren), die Via Toledo und die Randbereiche des *centro storico* nach Vomero. Line 2 fährt nach Chiaia, Mergellina und Pozzuoli.

Standseilbahn Verbindet das Stadtzentrum u. a. mit dem höher gelegenen Stadtteil Vomero.

AUTO & MOTORRAD

In weiten Teilen der Innenstadt Neapels sind nur Fahrzeuge von Anwohnern erlaubt, aber für Besucher ist ein Auto ohnehin nicht nötig.

BUS

ANM (☎ 800 639525; www.anm.it) betreibt die Stadtbusse in Neapel. Es gibt keinen zentralen Busbahnhof, die meisten Busse fahren über die Piazza Garibaldi. Die Busse verkehren in der Regel von ungefähr 5.30 bis 23 Uhr, je nach Strecke und Tag. Einige Routen werden sonntags nicht bedient. Ein paar wenige Verbindungen verkehren auch nachts, zu erkennen an dem „N" vor der Busliniennummer.

Praktische Stadtbuslinien sind u. a.:

140 Santa Lucia nach Posillipo (über Mergellina)

154 San Giovanni a Teduccio nach Chiaia (über Via Volta, Via Vespucci, Via Marina, Via Depretis, Via Acton, Via Morelli und Piazza Vittoria)

C51 Piazza Cavour nach La Sanità (über Via Foria, Via Vergini, Via Sanità und Via Fontanelle)

E6 Piazza Trieste e Trento nach Chiaia (über Via Monte di Dio, Via Santa Lucia, Via Morelli, Piazza dei Martiri und Via Filangieri)

R2 Napoli Centrale zur Piazza Trento e Trieste (über Corso Umberto I und Piazza Municipio)

R4 Via Toledo nach Capodimonte (über Piazza Dante und Via Santa Maria di Costantinopoli)

METRO & ZUG

- Die **Metroline 1** (Linea 1; www.anm.it) wird wie die Stadtbusse von ANM betrieben.
- Sie fährt von der Piazza Garibaldi (Napoli Centrale) über das Stadtzentrum nach Vomero und zu den nördlichen Vororten.

Nützliche Haltestellen sind Duomo und Università (Südrand des *centro storico*), Municipio (Tragflügelboot- und Fährhafen), Toledo (Via Toledo und Quartieri Spagnoli), Dante (Westrand des *centro storico*) und Museo (Museo Archeologico Nazionale).

- Die Linie 1 verkehrt ungefähr von 6 bis 23.30 Uhr.
- **Metroline 2** (Linea 2; www.trenitalia.com/tcom/Treni-Regionali/Campania) betreibt die staatliche Eisenbahngesellschaft Ferrovie dello Stato (FS).
- Die Züge fahren vom Bahnhof Gianturco zur Piazza Garibaldi (Napoli Centrale) und weiter nach Pozzuoli.
- Nützliche Haltestellen sind Piazza Cavour (La Sanità und Nordrand des *centro storico*), Piazza Amedeo (Chiaia) und Mergellina (Fähr- und Tragflügelboothafen Mergellina). Zur Linie 1 kann man an der Piazza Garibaldi oder an der Piazza Cavour (auch „Museo" genannt) umsteigen.
- Die Linie 2 fährt etwa von 5.30 bis 23.30 Uhr.
- Die **Circumvesuviana-Züge** (☎ 800 211388; www.eavsrl.it; der Ausschilderung vom Bahnhof Napoli Centrale folgen) fahren über Ercolano (Herculaneum; 2,20 €, 17 Min.), Pompeji (2,80 €, 36 Min.) und andere Orte entlang der Küste nach Sorrent (3,90 €, 68 Min.).
- Die Bahn verkehrt ungefähr von 6 bis 22 Uhr.
- Die Züge der **Ferrovia Cumana** (☎ 800 21 13 88; www.eavsrl.it) fahren nach Pozzuoli (2,20 €, 22 Min.) und zu den Campi Flegrei. In Neapel starten die Cumana-Züge an der Stazione Cumana di Montesanto an der Piazza Montesanto, 500 m südwestlich der Piazza Dante.
- Die Züge fahren von ungefähr 5.30 bis 22 Uhr.

STANDSEILBAHN

Drei Bahnen verbinden das Zentrum Neapels mit Vomero, eine weitere fährt von Mergellina nach Posillipo. Alle vier Bahnen sind täglich von 7 bis 22 Uhr in Betrieb.

Funicolare Centrale (www.anm.it; ⌚7–22 Uhr) Von der Piazzetta Augusteo zur Piazza Fuga.

Funicolare di Chiaia (www.anm.it; ⌚7–22 Uhr) Von der Via del Parco Margherita zur Via Domenico Cimarosa.

Funicolare di Montesanto (www.anm.it; ⌚7–22 Uhr) Von der Piazza Montesanto zur Via Raffaele Morghen.

Funicolare di Mergellina (www.anm.it; ⌚7–22 Uhr) Von Largo Barbaia am Hafen in Mergellina zur Via Manzoni.

TAXI

Die offiziellen Taxis sind weiß und verfügen über ein Taxameter. Immer darauf achten, dass dieses auch läuft.

Der Mindesttarif beträgt 3,50 € (sonntags 6,50 €). Hinzu kommt eine verwirrende Palette an zusätzlichen Gebühren, die alle unter www.taxinapoli.it/tariffe aufgelistet sind. Zu diesen Extrakosten zählen u. a.:

- 1,50 € für ein über Funkruf bestelltes Taxi
- 4 € für eine Fahrt zum Flughafen
- 5 € für Fahrten vom Flughafen plus 0,50 € pro Gepäckstück im Kofferraum.
- Für Blindenhunde und Rollstühle fallen keine Extrakosten an.

Taxistände gibt es an den meisten großen Piazzas der Stadt.

Telefonisch kann man bei folgenden Unternehmen ein Taxi bestellen:

Consortaxi (☎081 22 22; www.consortaxi.com)

Radio Taxi La Partenope (☎081 01 01; www.radiotaxilapartenope.it)

Taxi Napoli (☎081 88 88; www.taxinapoli.it)

CAMPI FLEGREI

Die wenig beachteten Campi Flegrei (Phlegräische Felder) erstrecken sich westlich des Posillipo-Hügels bis zum Tyrrhenischen Meer. Ihrer hässlichen Zersiedelung setzen sie dampfende aktive Krater, grüne Vulkanhänge und beeindruckende antike Ruinen entgegen. Die Siedlungen der alten Griechen in dieser Gegend sind die ältesten in Italien, der Monte Nuovo hingegen ist der jüngste Berg Europas. Tor zu der Region ist die Hafenstadt Pozzuoli mit ihren archäologischen Sehenswürdigkeiten und den Fähren nach Ischia und Procida.

An- & Weiterreise

BUS

EAV (☎800 211388; www.eavsrl.it) Betreibt die Buslinien durch das Gebiet der Campi Flegrei mit Anschluss an die Cumana-Züge nach Bacoli und Cuma. Allerdings sind die Verbindungen oft ungünstig und unzuverlässig. Die einfachste Art, die Campi Flegrei jenseits von Pozzuoli zu erkunden, ist mit einem seriösen Tourveranstalter, z. B. mit **Yellow Sudmarine Food & Art Tours** (☎329 1010328; www.yellowsudmarine.com).

ZUG

Die Metrolinie 2 fährt häufig von Neapel nach Bagnoli (1,30 €) und Pozzuoli (2,20 €) in den Campi Flegrei. Die Nahverkehrszüge der **Ferrovia Cumana** (S. 96) verkehren ebenfalls häufig zwischen Neapel, Bagnoli und Pozzuoli. In Neapel fahren die Cumana-Züge in der Stazione Cumana di Montesanto an der Piazza Montesanto, 500 m südwestlich der Piazza Dante, ab. Die Cumana-Linie ist auch praktisch, um nach Lucrino (2,20 €, 29 Min.) und Fusaro (2,80 €, 33 Min.) zu kommen.

Pozzuoli & Umgebung

Pozzuoli ist der ältere, etwas ruhigere Bruder Neapels. Die Stadt wurde um 530 v. Chr. von politischen Flüchtlingen der ägäischen Insel Samos gegründet. An diesem Ort soll 61 n. Chr. auch der hl. Paulus gelandet sein, San Gennaro (der hl. Januarius) wurde hier enthauptet und die Filmdiva Sophia Loren verbrachte in Pozzuoli ihre Kindheit. Die Stadt ist übersät mit antiken Relikten, darunter eins der größten römischen Amphitheater Italiens, Tavernen und eine Sklavenzelle. An der Strandpromenade und in den umliegenden Straßen verteilen sich lebhafte Bars und Restaurants mit dem frischesten Seafood der Region.

Sehenswertes

Rione Terra ARCHÄOLOGISCHE STÄTTE

(Karte S. 98; ☎081 1993 6286; www.cattedralepozzuoli.it; Largo Sedile di Porto; Ausgrabungen Erw./erm. 5/2,50 €; ⌚Duomo Sa 10–12 & 17.30–19.30, So 10.30–13 & 17.30–19.30 Uhr; Ausgrabungen Sa & So 9–16.30 Uhr; Ⓜ Pozzuoli, 🚆 Cumana bis Pozzuoli) Rione Terra ist das älteste Viertel von Pozzuoli. Hier befand sich die antike Akropolis. Der ursprüngliche Tempel für Jupiter, Juno und Minerva aus dem 2. Jh. v. Chr. wurde im 1. Jh. durch einen Tempel für Augustus ersetzt. Dessen Marmorsäulen bilden heute einen Teil des Doms aus dem 17. Jh., in dem 13 Gemälde von Meistern desselben

Campi Flegrei

Campi Flegrei

Sehenswertes

1 Anfiteatro Flavio D2
2 Lago d'Averno C1
3 Monte Nuovo C1
4 Museo Archeologico dei Campi Flegrei C2
5 Parco Archeologico di Baia B2
6 Parco Archeologico di Cuma B1
7 Parco Sommerso di Gaiola F3
8 Parco Virgiliano F3
9 Piscina Mirabilis C3
10 Rione Terra D2
11 Spiaggia del Castello C2
12 Tempio di Serapide D2

Aktivitäten, Kurse & Touren

13 Terme Stufe di Nerone C2

Essen

14 Capo Blu C4
15 Exytus Caffè D2
16 Pizzaló D2

Ausgehen & Nachtleben

17 Beach Brothers C4
18 Roof & Sky C3

Unterhaltung

19 Stadio San Paolo F2

Shoppen

20 Mercatino di Posillipo F3

Jahrhunderts hängen, u. a. von Artemisia Gentileschi, Giovanni Lanfranco und Jusepe de Ribera. Unter den heutigen Gebäuden des Viertels liegen antike Ruinen.

Zu den Ruinen aus der Zeit, als Pozzuoli noch die antike Hafenstadt Puteoli war, gehören der *decumanus maximus* (Hauptstraße) mit Tavernen, Müllerläden (samt in-

takten Mahlsteinen) und einer Sklavenzelle, in der noch zwei Zeilen eines Gedichts von Catull zu lesen sind. Archäologen machten die überraschende Entdeckung, als in den 1970er-Jahren vulkanische Aktivität eine Massenevakuation des Viertels erforderte.

Anfiteatro Flavio ARCHÄOLOGISCHE STÄTTE

(Karte S. 98; ☎848 80 02 88; Corso Nicola Terracciano 75; Erw./erm. 4/2 €; ⏲Mi–Mo 9 Uhr bis 1 Std. vor Sonnenuntergang; Ⓜ Pozzuoli, Cumana bis Pozzuoli) In seiner Glanzzeit in der Antike fasste Italiens drittgrößtes Amphitheater – von Nero geplant und von Vespasian von 69 bis 79 n. Chr. vollendet – über 20 000 Zuschauer. Es wurde gelegentlich für nachgestellte Seeschlachten geflutet. Die am besten erhaltenen Teile liegen unter der Hauptarena. Beim Schlendern zwischen den umgefallenen Säulen können Besucher über den komplizierten Mechanismus grübeln, mit dem die Käfige mit den Raubtieren durch die „Dachluken" hoch zu ihren Opfern gehievt wurden. Für den Eintritt gibt es ein Kombiticket (S. 103).

Tempio di Serapide ARCHÄOLOGISCHE STÄTTE

(Karte S. 98; Via Serapide; ⏲24 Std.; Ⓜ Pozzuoli, Cumana bis Pozzuoli) Den Tempio di Serapide auf einer baumbestandenen Piazza gleich östlich des Hafens kann man zwar von der Straße aus betrachten, aber nicht besichtigen. Trotz seines Namens war der Bau gar kein Tempel, sondern ein antikes *macellum* (Markt). Die Stätte erhielt ihren Namen nach der Statue des ägyptischen Gottes Serapis, die hier 1750 gefunden wurde. Die öffentlichen Toiletten (beidseitig der östlichen Apsis) kann man als historisches Zeugnis menschlicher Erfindungsgabe betrachten.

Monte Nuovo PARK

(Neuer Berg; Karte S. 98; ☎081 804 14 62; Via Virgilio; ⏲Mo–So 9 Uhr bis 1 Std. vor Sonnenuntergang, So bis 13 Uhr; Cumana bis Arco Felice)

Am 29. September 1538 um 20 Uhr erschien nahe der antiken römischen Siedlung Tripergole ein Riss in der Erde, der über sechs Tage mit aller Gewalt eine Mischung aus Bimsstein, Feuer und Rauch ausspie. Am Ende der Woche hatte Pozzuoli einen neuen, 134 m hohen Nachbarn. Heute ist Europas jüngster Berg ein üppig grünes und friedliches Naturreservat, dessen schattige Hänge mit Meerblick ideal für ein Picknick sind.

Essen

Exytus Caffè CAFÉ €

(Karte S. 98; ☎081 526 70 90; Corso della Repubblica 126; Cornetto 0,80 €; 7.30–2 Uhr; M Pozzuoli, Cumana bis Pozzuoli) Das Exytus mag zwar nur eine schlichte Bude sein, aber es ist ein äußerst beliebtes Straßencafé. Draußen genießen die Gäste Espresso mit einer perfekten *schiuma zuccherata* (süßem Schaum), dazu einen köstlichen *cornetto* (Croissant); besonders lecker ist die Kombination *crema e amarena* (Vanillecreme und Kirsche).

Pizzaló PIZZA, NEAPOLITANISCH €€

(Karte S. 98; ☎081 658 75 66; Corso Umberto I 17/19; Mahlzeiten 30 €; 12–15.30 & 19–24 Uhr; ; M Pozzuoli, Cumana bis Pozzuoli) Die fröhliche Restaurant-Pizzeria Pizzaló an der beliebten Promenade von Pozzuoli serviert anständige Pizza sowie neapolitanische Gerichte mit überraschendem Kniff: *parmigiana di melanzane* (Auberginen-Parmesan-Auflauf) mit Tintenfisch oder *paccheri alla genovese* (Röhrenpasta und gedünstete Zwiebeln) mit Meeresfrüchten. Ob Großfamilie oder Yuppie – die Straßentische sind an sonnigen Tagen von allen heiß begehrt.

Lucrino, Baia & Bacoli

Die drei Ortschaften erstrecken sich westlich von Pozzuoli entlang einer dicht bebauten und interessanten Küstenstraße. Die erste Ortschaft ist Lucrino mit dem stillen Lago d'Averno (dem mythologischen Eingang zur Hölle) und einem berühmten Thermalbad. Baia, 3 km weiter südwestlich, ist nach Baios benannt, einem Schiffskameraden von Odysseus, der hier der Legende nach starb und begraben wurde. Der Großteil der antiken Stadt, einst ein glanzvoller römischer Badeort, liegt nun unter Wasser, jedoch helfen stimmungsvolle Ruinen und ein jüngst erweitertes archäologisches Museum der Phantasie auf die Sprünge. Nochmals 4 km südwärts liegt das verschlafene Fischernest Bacoli, wo sich die magische Piscina Mirabilis befindet.

Sehenswertes

Parco Archeologico di Baia ARCHÄOLOGISCHE STATTE

(Karte S. 98; ☎081 868 75 92; www.coopculture.it; Via Sella di Baia, Baia; Erw./erm. 4/2 €; Mai–Aug. Di–So 9–20 Uhr, sonst kürzere Öffnungszeiten; EAV bis Baia, Cumana bis Fusaro) In römischer Zeit waren die Ruinen aus dem 1. Jh. v. Chr. Teil einer weitläufigen Palast- und Badeanlage. Kaiser und ihre Gäste amüsierten sich in opulent ausgestalteten Thermalbädern, die bis zum Meer reichten. Zu den erhaltenen Bruchstücken gehören herrliche Bodenmosaike, ein wunderschön stuckverziertes *balneum* (Badezimmer), ein Freilufttheater und der **Tempio di Mercurio**, dessen Kuppel mit Rundfenstern älter ist als das römische Pantheon. Die Kuppel überdachte einst das *frigidarium* (kaltes Bad), das sich ungefähr 7 m unter dem heutigen Meeresspiegel befindet.

Mit öffentlichen Verkehrsmitteln ist die Stätte mit dem Cumana-Zug bis Bahnhof Fusaro und dann 150 m zu Fuß nach Norden zur Via Fusaro zu erreichen. Von dort sind es noch weitere 900 m zu Fuß ostwärts über die Via Fusaro. Von der Via Fusaro verkehrt auch der EAV-Bus nach Monte di Procida, der montags bis samstags ungefähr alle 20 Minuten und sonntags seltener fährt. Der Bus kann auch im Zentrum Neapels an der Piazza Municipio oder der Piazza Vittoria bestiegen werden.

Für den Eintritt gibt es ein Kombiticket (S. 103).

WICHTIGE TELEFONNUMMERN

LANDESVORWAHL FÜR ITALIEN	☎39
Internationale Vorwahl	☎00
Rettungswagen	☎118
Polizei	☎112/☎113
Feuerwehr	☎115

Museo Archeologico dei Campi Flegrei MUSEUM, BURG

(Karte S. 98; ☎081 523 37 97; www.coopculture.it; Via Castello 39, Bacoli; Erw./erm. 4/2 €; ⏲Di–So 9–14.30 Uhr, letzter Eintritt 13 Uhr; 🚌EAV bis Baia) Das meistens nur spärlich besuchte Museum ist in dem imposanten Castello di Baia untergebracht. Die Burg war Ende des 15. Jhs. von den Aragoniern als Verteidigung gegen eine mögliche französische Invasion errichtet worden. Später wurde sie vom spanischen Vizekönig Don Pedro de Toledo erweitert und diente fast das gesamte 20. Jh. lang als Armeewaisenhaus. Heute birgt sie eine interessante Sammlung archäologischer Schätze aus der Umgebung.

Dazu gehören Fundstücke aus der ursprünglichen griechischen Siedlung sowie Artefakte aus dem Rione Terra in Pozzuoli. Aus finanziellen und verwaltungstechnischen Gründen sind bestimmte Teile der Sammlung nur sehr unregelmäßig zugänglich. Bei unserem letzten Besuch waren sowohl das *nymphaeum* des Museums (Schrein der Wassernymphe, der aus der versunkenen Siedlung Baiae geborgen wurde) als auch eine bronzene Reiterstatue des Kaisers Domitian nicht zu besichtigen.

Für den Eintritt gibt es ein Kombiticket (S. 103).

Spiaggia del Castello STRAND

(Karte S. 98; ☎333 2629253; www.spiaggiacastellodibaia.it; 🚌EAV bis Baia) Der malerische Strand direkt zu Füßen des Castello di Baia ist nur per Boot (Erw./erm. 3/1,50 €) von einem benachbarten Anleger zu erreichen. Badelustige Besucher können mit dem EAV-Bus nach Baia fahren und bei der FIART-Fabrik südlich der Stadt aussteigen. Nach ein paar Schritten gen Süden (250 m) geht es links neben dem grünen Tor an der Kurve in die Zufahrt zum Parkplatz und zur Anlegestelle.

Für ein bequemes Sonnenbad am Meer werden Liegestühle und Sonnenschirme (werktags/am Wochenende 5/6 €) vermietet. Wer im Sommer den Ausflüglerscharen aus dem Weg gehen will, sollte zu Wochenbeginn kommen.

Lago d'Averno SEE, RUINE

(Karte S. 98; Via Lucrino Averno, Lucrino; 🚆Cumana bis Lucrino) In Vergils *Aeneis* steigt Aeneas am Lago d'Averno in die Unterwelt hinab. Eine Hölle ist in einer so idyllischen Umgebung, wo alte Weingärten und Zitrushaine den Krater umgeben, nur schwer vorzustellen. Ein beliebter Wanderweg führt heute um den See herum, er beginnt einen kurzen Fußweg (1 km) nördlich des Bahnhofs Lucrino.

Der Name des **Sees** entstammt dem griechischen Wort άορνος *(avernos)*, was „ohne Vögel" bedeutet. Der Legende nach sollen Vögel, die über den See hinweg flogen, vom Himmel gefallen sein. Eine mögliche Erklärung für dieses Phänomen könnten die giftigen vulkanischen Gase aus den Fumarolen des Sees gewesen sein. Für den römischen General Vipsanius Agrippa erwies sich der Lago d'Averno als nützlich. Er verband ihn 37 v. Chr. mit dem benachbarten Lago Lucrino und dem Meer und verwandelte das „Höllentor" in eine strategisch günstige Marinewerft. Die Kriegsschiffe sind verschwunden, aber die Ruine des **Tempio di Apollo** (Apollotempel) am Seeufer ist noch vorhanden. Das Thermalbad aus der Zeit Hadrians im 2. Jh. n. Chr. besaß einst ein Kuppeldach, das fast so groß wie das des Pantheon in Rom war. Allerdings sind nur noch vier große Bogenfenster erhalten.

Aktivitäten

Terme Stufe di Nerone THERMALBAD

(Karte S. 98; ☎081 868 80 06; www.termestufedinerone.it; Via Stufe di Nerone 37, Bacoli; Tageskarte 30 €, 50-min. Massage ab 40 €; ⏲Juni–Aug. tgl. 8–20 Uhr, Sept.–Mai Mo, Mi & Sa 8–20, Di, Do & Fr bis 23, So bis 18 Uhr; 🚆Cumana bis Lucrino) Nach einem Besuch dieses Thermalbads im Grünen fühlt man sich wie neugeboren. Es wurde an der Stelle eines antiken römischen Vorgängers gebaut (die Reste sind noch in der Bar zu erkennen). Die dampfenden Grotten, Mineralbäder und Becken sind eine Wohltat nach der Hektik Neapels. Tageskarten müssen über die Website bestellt werden, wo man auch Schönheitsbehandlungen und Massagen buchen kann.

Die Behandlungen sollten mindestens zwei Tage im Voraus reserviert werden. Badekappen sind für die Becken vorgeschrieben und können vor Ort (ebenso wie Handtücher) für 8 € gekauft werden. Vom Bahnhof Lucrino sind es zu Fuß 500 m südwestlich über die Via Miliscola, dann rechts in die Via Stufe di Nerone. Der Eingang liegt 200 m weiter. Autofahrer zahlen auf dem Parkplatz des Bads 2,50 €.

Essen

★ **Capo Blu** ITALIENISCH €€

(Karte S. 98; ☎081 523 61 22; Via Sacello di Miseno 122, Miseno; Mahlzeiten 25–35 €; ⏲Juni–Aug. Di–

STADIO SAN PAOLO

Der Fußballclub Napoli hat nach Juventus Turin, AC Mailand und Inter Mailand die meisten Fans in Italien. Sich ein Spiel im **Stadio San Paolo** (Karte S. 98; Piazzale Vincenzo Tecchio; Ⓜ Napoli Campi Flegrei), dem drittgrößten Stadion des Landes, anzuschauen, ist eine spannende Angelegenheit. Saison ist von Ende August bis Ende Mai, die Plätze kosten etwa 20 bis 100 €. Tickets gibt es in bestimmten Tabakläden, am Kartenverkaufsschalter von **Feltrinelli** (Karte S. 64; ☎199 15 11 73; www.lafeltrinelli.it; Via Santa Caterina 23; ⏰9–21 Uhr; 🚌E6 bis Piazza dei Martiri) oder im **Box Office** (Karte S. 60; ☎081 551 91 88; www.boxofficenapoli.it; Galleria Umberto I 17; ⏰Mo–Fr 9.30–20, Sa 10–13.30 & 16.30–20 Uhr; 🚌R2 bis Piazza Trieste e Trento, Ⓜ Municipio); Ausweis mitbringen.

So 20–24 Uhr, sonst Di–Sa 20–24, So 13–16 Uhr; 📶; 🚆Cumana bis Torregavata, dann per EAV-Bus bis Miseno) Zwischen Modellbooten und den Werken einheimischer Künstler serviert das zwanglose, gesellige Capo Blu Antipasti, die eines Feinschmeckerlokals würdig sind. Der mehrgängige *assaggio di antipasti* (Antipasti-Verkostung) ist eigentlich schon für sich genommen eine ganze Mahlzeit. Das wechselnde Repertoire beinhaltet verschiedene Delikatessen, darunter weiße Polenta mit Meeresschnecken und Salsa aus *papacelle* (neapolitanische Paprika) oder pikante *sfogliatina* mit Büffelricotta, marinierten Orangen-Sardellen, Artischocken und Minze.

Auch der Nachtisch braucht noch Platz. Eine der saisonalen Optionen ist Käsekuchen mit Mandarinensauce aus garteneigenen Früchten.

Am besten im Voraus buchen und nach einem Tisch in der mosaikgeschmückten *sala intima* (Privatspeisesaal) oder im Sommer auf dem *terrazzino* (kleine Außenterrasse) fragen.

Ausgehen & Nachtleben

Beach Brothers BAR

(Karte S. 98; ☎081 523 31 83; Via Dragonara 22, Miseno; ⏰Mai–Sept. tgl. 7.30–3 Uhr, Okt.–April Do–Di 9–19.30 Uhr; 📶; 🚆Cumana bis Torregavata, dann per EAV-Bus bis Miseno) Die direkt am Sandstrand von Miseno gelegene Bar ist ein paradiesischer Ort, um bei einem Bier oder *spritz* zu entspannen und den Sonnenuntergang über Procida und Ischia zu beobachten. Die jungen, musikbegeisterten Besitzer holen das ganze Jahr über zeitgenössische neapolitanische Singer-Songwriter auf die Bühne. Für Hungrige gibt es einfache Fisch- und Meeresfrüchtespezialitäten, für Satte und Müde einen Liegestuhlverleih (5 € in der Hauptsaison).

Am schönsten ist es im Beach Brothers von September bis Mai ohne den hochsommerlichen Besucherandrang und Autoverkehr.

Roof & Sky BAR

(Karte S. 98; ☎333 2761608; www.astecoecielo.it; Via Miseno, Bacoli; ⏰Di–Do & So 7.30–1, Fr & Sa bis 4 Uhr; 📶; 🚆Cumana bis Fusaro, dann per EAV-Bus bis Bacoli) Diese schwimmende Ponton-Bar lichtet von Mai bis September allabendlich gegen 21.30 Uhr die Anker und lässt sich auf den Lago di Miseno treiben. Ein Shuttleboot-Service bringt die Gäste vom Ufer in Bacoli an Bord und wieder zurück. Sommers wie winters werden gut gemixte Cocktails, pikante *taglieri* (Platten) und leckere *aperitivo*-Snacks gereicht.

GOLF VON NEAPEL

Die zwischen Neapel und Castellammare im Süden verstreuten archäologischen Stätten waren über Jahrhunderte unter meterdickem vulkanischem Schutt begraben. Sie gehören zu den besterhaltenen und spektakulärsten römischen Ruinen, die es überhaupt gibt. Dazu zählen die Ruinen von Pompeji und die kleineren, aber besser erhaltenen Ruinen von Herculaneum. Darüber hinaus gibt es weniger bekannte, ebenfalls lohnende antike Zeitzeugen wie die aufwendig mit Fresken verzierte Villa Oplontis. Der Vesuv, der ihnen allen zum Verhängnis wurde, wartet mit einer sensationellen Gipfelaussicht und idyllischen Wanderwegen auf.

Herculaneum (Ercolano)

Ercolano ist eine triste neapolitanische Vorstadt, in der sich eine der besterhaltenen antiken Ruinenstätten Italiens befindet: Herculaneum. Das hervorragend konservierte antike Fischerstädtchen ist kleiner und weniger überwältigend als Pompeji. Dafür hat man hier nicht das quälende Gefühl, irgendwas verpasst zu haben.

Sehenswertes

★ Ruinen von Herculaneum ARCHÄOLOGISCHE STÄTTE

(☎ 081 857 53 47; www.coopculture.it; Corso Resina 187, Ercolano; Erw./erm. 11/5,50 €; ⏰April–Okt. 8.30–19.30 Uhr, Nov.–März bis 17 Uhr; 🚇Circumvesuviana bis Ercolano Scavi) Die Ruinen von Herculaneum bergen eine Fülle an archäologischen Funden, von antiken Werbetafeln und stilvollen Mosaiken bis zu verkohlten Möbeln und Skeletten. Der exzellent erhaltene römische Fischerort mit damals 4000 Einwohnern ist leichter zu überblicken als Pompeji und kann mit einem Stadtplan und einem Audioguide (8 €) selbst erkundet werden.

Um die Ruinen vom Bahnhof Ercolano Scavi zu erreichen, geht man vom Bahnhof bergab bis zum Ende der Via IV Novembre und durch den Torbogen. Der Weg führt hinunter zum links gelegenen Kartenschalter. Nach dem Kauf der Eintrittskarte geht es dann auf dem gleichen Weg zum eigentlichen Eingang zu den Ruinen weiter, wo auch die Audioguides erhältlich sind.

Herculaneum und Pompeji erlitten zur gleichen Zeit das gleiche Schicksal. Herculaneum wurde 62 n. Chr. von einem Erdbeben zerstört und 79 n. Chr. beim Ausbruch des Vesuvs von einer 16 m dicken Schlammlawine überrollt, die den Ort praktisch versteinerte. Deswegen sind sogar vergänglichere Stücke wie Möbel und Kleidung erstaunlich gut erhalten. Für die Einwohner war es eine Tragödie; Tausende Menschen versuchten mit dem Boot zu fliehen, erstickten aber an den giftigen Gasen des Vulkans.

Die Stadt selbst wurde 1709 wiederentdeckt und bis 1874 gab es hier periodisch Amateurausgrabungen. Viele Fundstücke wurden nach Neapel gebracht, um die Häuser der Wohlhabenden zu schmücken oder um in Museen zu wandern. Professionelle Ausgrabungen wurden erst wieder 1927 aufgenommen und dauern bis heute an. Da aber ein großer Teil der antiken Stätte unter dem modernen Ercolano begraben ist, geht es nur langsam voran. Stets sind einige Häuser wegen Restaurierung geschlossen.

➡ Casa d'Argo

(Argus-Haus) Das vornehme Haus hatte seinen Eingang ursprünglich zum Cardo II (noch nicht ausgegraben). Um seinen von einem Säulengang umgebenen Garten gruppieren sich ein *triclinium* (Esszimmer) und andere Wohnräume.

➡ Casa dello Scheletro

(Haus des Skeletts) Die bescheidene Casa dello Scheletro besitzt fünf verschiedene Mosaikböden, darunter einen mit weißen Pfeilen am Eingang, der Gästen den Weg weist. Bemerkenswert im Innenhof ist das Oberlicht mit seinen Resten eines antiken Sicherheitsgitters. Von den Wandmosaiken mit mythologischen Themen sind nur die verblichenen Teile Originale; die anderen befinden sich heute im Museo Archeologico Nazionale (S. 44).

➡ Terme Maschili

(Männerbäder) Die Terme Maschili waren die Männerabteilung der **Terme del Foro** (Forumsbäder). Interessant ist die antike Latrine links des Eingangs. Dahinter ist das *apodyterium* (Umkleideraum), samt Bänken für wartende Kunden und einem praktischen Wandregal zur Aufbewahrung von Schuhen und Togen.

Wem nach einem erfrischenden Bad war, ging ins *frigidarium* (Kaltbad) links, die weniger Abgehärteten machten sich gleich auf ins *tepidarium* (Warmbad) rechts. Der abgesunkene Mosaikboden zeugt von der seismischen Aktivität vor dem katastrophalen Ausbruch des Vesuvs. Hinter diesem Raum liegen das *caldarium* (Heißbad) und ein Sportgelände.

➡ Decumano Massimo

Herculaneums antike Hauptstraße ist von Läden gesäumt, zudem gibt es noch Reste von Wandfresken zu sehen, die zu Werbezwecken genutzt wurden und z. B. Weine nach einer Farbskala und deren Preis nach Gewicht anzeigen. Beachtenswert ist jenes

ℹ VOR DEM BESUCH

Für die Campi Flegrei gibt's ein günstiges Kombiticket. Es ist zwei Tage gültig und berechtigt zum Eintritt in das **Anfiteatro Flavio** (S. 99), den **Parco Archeologico di Baia** (S. 100), das **Museo Archeologico dei Campi Flegrei** (S. 101) und den **Parco Archeologico di Cuma** (S. 106). Das Ticket kostet 4 € (2 € für EU-Bürger zwischen 18 und 24 Jahren) und ist bei allen vier Sehenswürdigkeiten erhältlich. Zu beachten ist, dass Parco Archeologico di Baia und Museo Archeologico dei Campi Flegrei montags geschlossen sind, während das Anfiteatro Flavio dienstags zu ist.

Ruinen von Herculaneum

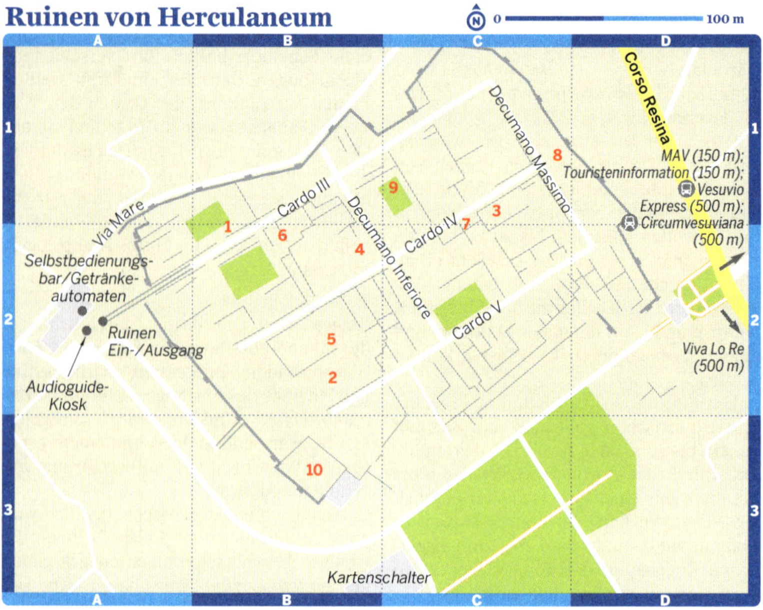

Ruinen von Herculaneum

Sehenswertes

1 Casa d'Argo B2
2 Casa dei Cervi B2
3 Casa del Bel Cortile C1
4 Casa del Tramezzo di Legno B2
5 Casa dell'Atrio a Mosaico B2
6 Casa dello Scheletro B1
7 Casa di Nettuno e Anfitrite C2
8 Decumano Massimo C1
9 Terme Maschili B1
10 Terme Suburbane B3

rechts der Casa del Salone Nero. Ein Kruzifix, das in einem der oberen Zimmer in der **Casa del Bicentenario** (Zweihundertjahrhaus) weiter östlich in der Straße gefunden wurde, ist ein möglicher Hinweis auf Christen im alten Herculaneum.

➡ **Casa del Bel Cortile**

(Haus des schönen Innenhofs) Die Casa del Bel Cortile beherbergt drei der 300 Skelette, die von Archäologen 1980 am antiken Küstenverlauf gefunden wurden. Fast zwei Jahrtausende nach dem Vulkanausbruch ist es immer noch ein ergreifender Anblick, (mutmaßlich) Mutter, Vater und Kleinkind in ihren letzten, entsetzlichen Lebensmomenten zusammengedrängt zu sehen.

➡ **Casa di Nettuno e Anfitrite**

(Haus des Neptun und der Amphitrite) Das aristokratische Wohnhaus erhielt seinen Namen von dem außerordentlichen Mosaik im *triclinium* (Esszimmer), das ein ebenfalls mosaikverziertes *nymphaeum* (Brunnen und Bad als Schrein für die Wassernymphe) beinhaltet. Die warmen Farben, in denen der Meeresgott und seine Nymphenbraut gehalten sind, deuten an, wie verschwenderisch die Innenräume einst gestaltet gewesen sein müssen.

➡ **Casa del Tramezzo di Legno**

(Haus der Holztrennwand) Das Haus verfügt ungewöhnlicherweise über zwei Atrien, die wahrscheinlich zu zwei unterschiedlichen Häusern gehörten, welche im 1. Jh. n. Chr. zusammengelegt worden waren. Das berühmteste Relikt ist eine wunderbar erhaltene hölzerne Trennwand zwischen Atrium und *tablinum*, in dem der Besitzer mit seinen Kunden Geschäfte besprach.

➡ **Casa dell'Atrio a Mosaico**

(Haus des Mosaikatriums; ⌚ wg. Restaurierung geschl.) Das Haus des Mosaikatriums ist eine antike Villa und besitzt großflächige Bodenmosaiken, die allerdings von Zeit und Natur schief und uneben wurden. Besonders bemerkenswert ist das schwarz-weiße Schachbrettmosaik im Atrium.

➡ **Casa dei Cervi**
(Haus der Hirsche) Die Casa dei Cervi ist ein imposantes Exemplar eines römischen Adelshauses, das vor der vulkanischen Schlammlawine am Meeresufer lag. In der zweistöckigen Villa um einen zentralen Innenhof hängen Wandbilder und einige schöne Stillleben. Im Innenhof stehen ein marmornes winziges Hirschpaar, das von Hunden angegriffen wird, und die faszinierende Statue eines betrunkenen, pinkelnden Herkules'.

➡ **Terme Suburbane**
(Vorstadtbäder) Den südlichsten Rand Herculaneums markieren die Terme Suburbane aus dem 1. Jh. n. Chr., eine der am besten erhaltenen römischen Bäderanlagen überhaupt. Sie besteht aus tiefen Becken, Gipsfriesen und Basreliefs über Marmorsitzen und -böden. Es ist auch die geeignetste Stelle, um die dicken vulkanischen Ablagerungen zu sehen, die den antiken Küstenstrich regelrecht erdrückten.

MAV MUSEUM
(Museo Archeologico Virtuale; ☎081 777 68 43; www.museomav.com; Via IV Novembre 44; Erw./erm. 10/8 €; ⏲März–Mai tgl. 9–17. 30 Uhr, Juni–Sept. tgl. 10–18.30 Uhr, Okt.–Feb. Di–So 10–16 Uhr; 👪; 🚆Circumvesuviana bis Ercolano Scavi) Das „virtuelle archäologische Museum" haucht mit computergenerierten Nachbildungen Ruinen wie dem Forum von Pompeji und der Villa Jovis auf Capri imaginiertes Leben ein. Einige der Schautafeln sind nur auf Italienisch. Der kurze Dokumentarfilm gibt – in mittelmäßiger 3D-Qualität – einen Überblick über die Geschichte des Vesuvs und seinen berüchtigten Ausbruch im Jahr 79 n. Chr. Das Museum liegt an der Hauptstraße, die den Bahnhof Ercolano Scavi mit den Ruinen von Herculaneum verbindet.

Essen

Viva Lo Re NEAPOLITANISCH €€
(☎081 739 02 07; www.vivalore.it; Corso Resina 261, Ercolano; Mahlzeiten 32 €; ⏲Di–Sa 12–15.30 & 19.30–23.30, So 12–15.30 Uhr; 📶) Lust auf ein kultiviertes Essen oder einfach nur ein Glas Wein? In beiden Fällen ist diese gehobene, aber trotzdem entspannte *osteria* (legere Taverne) eine solide Wahl. Die Weinkarte ist umfangreich und beeindruckend. Die regional geprägte und vom saisonalen Angebot inspirierte Küche versteht ihr Handwerk und setzt raffinierte moderne Akzente. Zu finden ist die Osteria 500 m südöstlich der Ruinen von Herculaneum am Corso Regina, der wegen seiner vielen einst prächtigen Villen aus dem 18. Jh. auch *Miglio d'oro* (goldene Meile) genannt wird.

Praktische Informationen

Touristeninformation (☎081 788 13 75; Via IV Novembre 44; ⏲Mo–Fr 9–14, Di & Do auch 14.15–17.15 Uhr; 🚆Circumvesuviana bis Ercolano Scavi) Ercolanos Touristeninformation befindet sich im gleichen Gebäude wie das **MAV** (S. 105), zwischen dem Bahnhof der Circumvesuviana Ercolano Scavi und den *scavi* (Ausgrabungen) von Herculaneum.

An- & Weiterreise

AUTO & MOTORRAD

Wer mit dem Auto von Neapel herfährt, nimmt die A3 Richtung Südosten am Golf von Neapel entlang. Ausfahrt zu den Ruinen von Herculaneum ist Ercolano Portico, von dort weisen Schilder zu den Parkplätzen. Von Sorrent geht es nordwärts über die SS145 mit Zufahrt zur A3.

ZUG

Der **Circumvesuviana-Zug** (S. 96; 2,20 € von Neapel oder 2,90 € von Sorrent) hält am Bahn-

ABSEITS DER ÜBLICHEN PFADE

PISCINA MIRABILIS

Der Besuch der größten römischen Zisterne der Welt, der **Piscina Mirabilis** (Wunderbares Becken; Karte S. 98; ☎333 6853278; Via Piscina Mirabile 27, Bacoli; Spende erwünscht; ⏲April–Okt. Di–So 8–16.30 Uhr, Nov.–März Di–So bis 15 Uhr; 🚆Cumana bis Fusaro, dann EAV-Bus bis Bacoli), muss (telefonisch) mindestens zwei Stunden zuvor angemeldet werden. Aber die Mühe lohnt sich, um dieses unterschätzte Wunder aus der augusteischen Ära zu erleben. Das „wunderbare Becken" mit seinem gespenstischen Licht, 48 hohen Säulen und einem Tonnengewölbe gleicht eher einer unterirdischen Kathedrale als einem gigantischen Wassertank. Es kostet zwar keinen Eintritt, aber ein kleines Trinkgeld (um 3 € pro Person) ist angemessen.

Die Zisterne ist nur einen kurzen Fußweg von der Via Miseno im Zentrum von Bacoli entfernt. Einfach der ausgeschilderten Treppe links der Osteria Il Garum an der Via Miseno 19 folgen.

ABSTECHER

CUMA

Der **Parco Archeologico di Cuma** (Scavi Archeologici di Cuma; Karte S. 98; ☎081 854 30 60; Via Montecuma; Erw./erm. 4/2 €; ⏲9 Uhr bis 1 Std. vor Sonnenuntergang; Cumana bis Fusaro, dann EAV-Bus bis Cuma) lädt ein zu einem Streifzug durch die Antike. Die Stadt wurde im 8. Jh. v. Chr. als erste griechische Siedlung auf dem italienischen Festland gegründet. Um die Ruinen ranken sich einige Mythen: In Virgils *Aeneis* übermittelte das Orakel in der **Antro della Sibilla Cumana** (Höhle der Sibylle von Cumae) Botschaften von Apollo. Neuen, profaneren Untersuchungen zufolge wurde der 130 m lange, trapezförmige Tunnel als Teil der Verteidigungsanlagen von Cuma gebaut.

Sagenumwoben ist auch der **Tempio di Apollo** (Apollotempel), der an jener Stelle gebaut wurde, wo Dädalus nach seinem Flug in Italien gelandet sein soll. In der griechischen Mythologie erhoben sich Dädalus und sein Sohn Ikarus in die Lüfte, um dem kretischen König Minos zu entkommen. Unterwegs flog Ikarus zu dicht an die Sonne und stürzte ins Meer, da seine Flügel aus Wachs und Federn durch die Hitze geschmolzen waren. Auf der Spitze der antiken Akropolis steht die Ruine des **Tempio di Giove** (Jupitertempel) aus dem 5. Jh. v. Chr. Er wurde später in eine christliche Basilika umgebaut, von der noch die Reste des Altars und des runden Taufbeckens zu sehen sind.

Von Neapel und Pozzuoli fährt der Cumana-Zug bis zum Bahnhof Fusaro. 150 m nördlich davon fahren von der Via Fusaro EAV-Busse nach Cuma. Letztere verkehren montags bis samstags ca. alle 30 Minuten und sonntags stündlich.

hof Ercolano Scavi. Von hier geht es 500 m zu Fuß bergab zu den Ruinen, einfach der Ausschilderung zu den *scavi* (Ausgrabungen) auf der Hauptstraße Via IV Novembre folgen.

Von Mitte März bis Mitte Oktober fährt der Touristenzug Campania Express viermal täglich zwischen Neapel (ab den Circumvesuviana-Bahnhöfen Porta Nolana und Piazza Garibaldi) und Sorrent und hält unterwegs an den Bahnhöfen Ercolano Scavi und Pompei Scavi–Villa dei Misteri. Tagesrückfahrkarten von Neapel nach Ercolano (7 €) oder von Sorrent nach Ercolano (11 €) gibt's an den Bahnhöfen oder online beim **EAV** (S. 97).

Vesuv

Der Vesuv, der sich gewaltig am Golf von Neapel erhebt, ist Teil des kampanischen Vulkanbogens. Zu der Kette aktiver, schlafender und erloschener Vulkane gehören auch der Solfatara-Krater und der Monte Nuovo in den Campi Flegrei sowie der Monte Epomeo auf Ischia. Der Vesuv ist berüchtigt für seine explosionsartigen Ausbrüche. Wegen der dichten Bebauung ist er einer der am schärfsten überwachten Vulkane der Welt. Eine weitere große Eruption wäre katastrophal. Über eine halbe Million Menschen leben in der sogenannten Roten Zone, jener Gegend, die bei einem großen Ausbruch pyroklastischen Strömen und Sedimenten am meisten ausgesetzt wäre. Dennoch sind – trotz staatlicher Anreize – nur wenige Bewohner zum Wegzug bereit.

Sehenswertes

Vesuv VULKAN

(Krater Erw./erm. 10/8 €; ⏲Krater Juli & Aug. 9–18 Uhr, April–Juni & Sept. bis 17 Uhr, März & Okt. bis 16 Uhr, Nov.–Feb. bis 15 Uhr, der Kartenschalter schließt jeweils 1 Std. zuvor) Seit sich der Vesuv 79 n. Chr. in die Geschichte katapultierte, ist er noch über 30-mal ausgebrochen. Was die schlummernde Gefahr jedoch wettmacht, ist der spektakuläre Blick vom Krater über Neapel, den weltberühmten Golf und einen Teil des Apennin. Der Vesuv ist der Mittelpunkt des **Parco Nazionale del Vesuvio** (Nationalpark Vesuv; www.epnv.it) mit neun interessanten Naturwanderwegen um den Vulkan. Auf der Website des Parks kann man eine einfache Karte herunterladen. Horse Riding Tour Naples (S. 113) bietet zudem täglich Reittouren.

Es wird allgemein angenommen, dass der Berg einst höher war als heute – seine damals einzige Spitze war etwa 3000 m hoch, heute 1281 m. Sein heftiger Ausbruch 79 n. Chr. überschüttete nicht nur Pompeji mit Bimsstein und drängte die Küstenlinie mehrere Kilometer weiter ins Meer, sondern zerstörte auch einen großen Teil des Berggipfels und schuf dadurch eine riesige Caldera und zwei neue Gipfel. Die verheerendste Explosion seit 79 n. Chr. fand 1631 statt, die jüngste 1944.

An- & Weiterreise

AUTO & MOTORRAD

Autofahrer zweigen von der A3 Ercolano Portico ab und folgen den Schildern zum Parco Nazionale del Vesuvio. Vom Autoparkplatz (5 €) fährt ein Shuttlebus (hin & zurück 2 €) zum Kartenschalter und Zugangsbereich am Gipfelparkplatz weiter oben.

BUS

Der Vesuv ist mit dem Bus von Pompeji und Ercolano aus erreichbar.

Die günstigste Möglichkeit sind die öffentlichen **EAV-Busse** (S. 97), die in Pompeji an der Piazza Anfiteatro abfahren und unterwegs am Bahnhof Pompei Scavi–Villa dei Misteri halten. Die Busse fahren von 8 bis 15.30 Uhr alle 50 Minuten ab und benötigen etwa 50 Minuten bis zum Busparkplatz am Gipfel. Von dort führt ein 860 m langer Schotterweg bis zum Krater (ca. 25 Min. Aufstieg). Die Eintrittskarten für den Gipfelbereich (Erw./erm. 10/8 €) werden am Parkplatz verkauft. In Pompeji sollte man die Behauptung, dass die öffentlichen Busse nur im Sommer fahren, einfach ignorieren. Dabei handelt es sich nur um den Versuch, Kunden für private Touren zu gewinnen. Die Bustickets kosten 3,10 € (einfache Fahrt) und sind an Bord erhältlich.

Von Ercolano fahren die Busse des Privatunternehmens **Vesuvio Express** (☎081 739 36 66; www.vesuvioexpress.it; Piazzale Stazione Circumvesuviana, Ercolano; hin & zurück inkl. Zutritt zum Gipfel 20 €; ⏲Juli & Aug. 9.30–17 Uhr alle 40 Min., April, Juni & Sept. bis 16 Uhr, Okt.–März bis 15 Uhr) zum Gipfelparkplatz. Startpunkt ist die Piazzale Stazione Circumvesuviana vor dem Bahnhof Ercolano Scavi. Allerdings hat diese Busgesellschaft sehr gemischte Bewertungen erhalten und zahlreiche Reisende haben sich über deren Unzuverlässigkeit beschwert.

Bei schlechtem Wetter ist der Gipfelweg gesperrt und die Busverbindung wird eingestellt.

Pompeji

Das heutige Pompeji (italienisch Pompei) mag wie eine unscheinbare Satellitenstadt Neapels wirken. Aber hier befindet sich die spannendste archäologische Stätte Europas – die Ruinen von Pompeji. Die weitläufige Anlage ist eine ständige Mahnung an die zerstörerischen Kräfte, die tief im Vesuv schlummern.

Sehenswertes

★ Ruinen von Pompeji — ARCHÄOLOGISCHE STÄTTE

(☎081 857 53 47; www.pompeiisites.org; Eingänge an der Porta Marina, Piazza Anfiteatro; Erw./erm. 15/9 €, inkl. Oplontis & Boscoreale 18/10 €; ⏲April–Okt. 9–19.30 Uhr, letzter Einlass 18 Uhr, Nov.–März 8.30–17.30 Uhr, letzter Einlass 15.30 Uhr; 🚆Circumvesuviana bis Pompei Scavi–Villa dei Misteri) Ein Besuch der gespenstischen Ruinen des antiken Pompeji gehört zu den bewegendsten archäologischen Erlebnissen der Welt. Die Stätte ist vor allem deswegen so unschätzbar, weil sie nicht einfach 79 n. Chr. vom Vesuv hinweggefegt wurde, sondern unter einer Schicht *lapilli* (brennende Bimssteinfragmente) begraben wurde. Das Resultat ist ein bemerkenswert gut erhaltenes Zeugnis antiken Lebens. Besucher von heute können auf römischen Straßen laufen und jahrtausendealte Wohnungen, Tempel, Geschäfte, Cafés, Amphitheater und sogar Bordelle betreten.

Die Ursprünge Pompejis sind ungewiss, aber es ist wahrscheinlich, dass es im 7. Jh. v. Chr. von den kampanischen Oskern gegründet wurde. Im Lauf der folgenden sieben Jahrhunderte fiel die Stadt an die Griechen und die Samniten. 80 v. Chr. wurde sie römische Kolonie. 62 n. Chr., nur 17 Jahre vor dem Vesuvausbruch, wurde die Stadt von einem mächtigen Erdbeben erschüttert. Der Schaden war weitreichend und viele der 20 000 Einwohner flohen. Zum Glück waren nicht alle Menschen bis zum Ausbruch des Vesuvs wieder zurückgekehrt, dennoch starben bei dem Unglück rund 2000 Kinder, Frauen und Männer.

Nach dem katastrophalen Untergang verschwand Pompeji lange aus dem Gedächtnis der Menschen, bis 1594 der Architekt Domenico Fontana beim Ausgraben eines Kanals auf die Ruinen stieß. Die eigentliche Erforschung begann erst im Jahr 1748. Von der ursprünglich 66 ha großen Stadt Pompeji sind bis heute erst 44 ha ausgegraben. Das heißt natürlich nicht, dass Besucher ungehinderten Zugang zu jeder Ecke des Weltkulturerbes haben. Oft sind Abschnitte ohne ersichtlichen Grund abgesperrt, es gibt kaum eine eindeutige Beschilderung, dafür hin und wieder streunende Hunde. Audioguides sind eine durchaus sinnvolle Investition (8 €) und ein guter Stadtführer ist ebenfalls hilfreich, z. B. *Pompeii* von Electa Napoli.

TOUREN DURCH POMPEJI

Vor dem Kartenschalter werden Besucher in der Regel von Touristenführern angesprochen. Autorisierte Führer tragen ein Erkennungsschildchen. Zu den seriösen Anbietern gehören:

Yellow Sudmarine Food Art & Tours (S. 97)

Walks of Italy (www.walksofitaly.com; 3-stündige Pompeji-Führungen pro Pers. 59 €)

Terme Suburbane

(Vorstadtbäder) Das Badehaus aus dem 1. Jh. v. Chr. gleich außerhalb der antiken Stadtmauern Pompejis ist für seine erotischen Fresken berühmt, die bei ihrer Freilegung 2001 den Vatikan schockierten. Die Bilder schmücken das einstige *apodyterium* (Umkleideraum). Der Raum, der zum *frigidarium* (Kaltbad) mit seinen farbenprächtigen Fresken führt, besitzt Stuckfragmente und eines der wenigen originalen Dächer, die in Pompeji erhalten blieben. Jenseits des *tepidarium* (Warmbad) und *caldarium* (Heißbad) befinden sich die Reste eines beheizten Freibads.

Antiquarium MUSEUM

Pompejis kleines Museum zeigt archäologische Funde der Stätte und geht verschiedenen Aspekten der antiken römischen Kultur auf den Grund. Die Ausstellung beinhaltet auch eine Multimedia-Präsentation, die eine Reihe von alten Pompeji-Gebäuden digital rekonstruiert – ein hilfreicher Einstieg, bevor es auf eigene Faust durch die Ruinen geht. Angeschlossen an das Museum ist der **Buchladen** der Ausgrabungsstätte.

Tempio di Apollo

(Apollotempel) Der Tempio di Apollo ist das älteste und bedeutendste religiöse Gebäude Pompejis. Er stammt weitgehend aus dem 2. Jh. v. Chr., einschließlich des bemerkenswerten Säulenportikus. Es gibt auch Fragmente einer früheren Version aus dem 6. Jh. v. Chr. Die Statuen von Apollo und Diana (dargestellt als Bogenschützen) auf beiden Seiten des Portikus sind Kopien. Die Originale sind im Museo Archeologico Nazionale in Neapel (S. 44) ausgestellt.

Basilica

Die Basilika war im 2. Jh. v. Chr. Sitz des Stadtgerichts und der Börse Pompejis. Die halbrunden Apsiden sollten später die Gestaltung frühchristlicher Kirchen beeinflussen.

Foro

(Forum) Das *foro*, ein großes Rechteck, das von Kalksteinsäulen gesäumt ist, war der Hauptplatz des antiken Pompeji und vor dem Bau des Amphitheaters (S. 113) Schauplatz von Gladiatorenspielen. Die Gebäude um das Forum zeugen von seiner Rolle als Zentrum kommunaler, kommerzieller, politischer und religiöser Aktivitäten. An seinem nördlichen Ende stehen z. B. die Überreste des Tempio di Giove (s. u.; Capitolium), der das Herzstück des religiösen Lebens in Pompeji war.

Tempio di Giove

(Tempel des Jupiter) Der Tempio di Giove wurde im 2. Jh. v. Chr. zu Ehren von Jupiter, Juno und Minerva erbaut. Er war der Dreh- und Angelpunkt des religiösen Geschehens. Zu den erhaltenen Elementen gehören kannelierte Säulen und die beiden Triumphbögen. Eine hier gefundene großformatige Skulptur des Jupiterkopfes kann im Museo Archeologico Nazionale (S. 44) in Neapel bestaunt werden.

Granai del Foro

(Forumskornspeicher) Im Granai del Foro werden heute Hunderte Amphoren sowie etliche Gipskörper aufbewahrt. Letztere wurden im 19. Jh. hergestellt, indem Gips in die Hohlräume gegossen wurde, die von längst verwesten Leichen hinterlassen worden waren. Einer dieser Gipskörper stammt von einer schwangeren Sklavin.

Macellum

(Markt) Das *macellum* aus dem 2. Jh. v. Chr. war der größte Obst- und Gemüsemarkt der Stadt. Die zwölf Sockel in der Mitte des Marktes dienten einst als Halterungen für die Holzmasten, die das kegelförmige Marktdach stützten. Erhaltene Fresken zeigen einige der hier verkauften Waren, u. a. Garnelen.

Casa del Poeta Tragico

(Haus des tragischen Dichters) Die Casa del Poeta Tragico aus dem 1. Jh. n. Chr. besitzt die ersten bekannten Schilder der Welt, die vor einem bissigen Hund warnen *(cave canem)*. Das durch eine Sichtglasscheibe geschützte Bodenmosaik ist eines der besterhaltenen Mosaiken in den Ruinen. Berühmtheit erlangte das Haus selbst übrigens als Schauplatz in Edward Bulwer-Lyttons Roman *Die letzten Tage von Pompeji* von 1834.

Pompeji

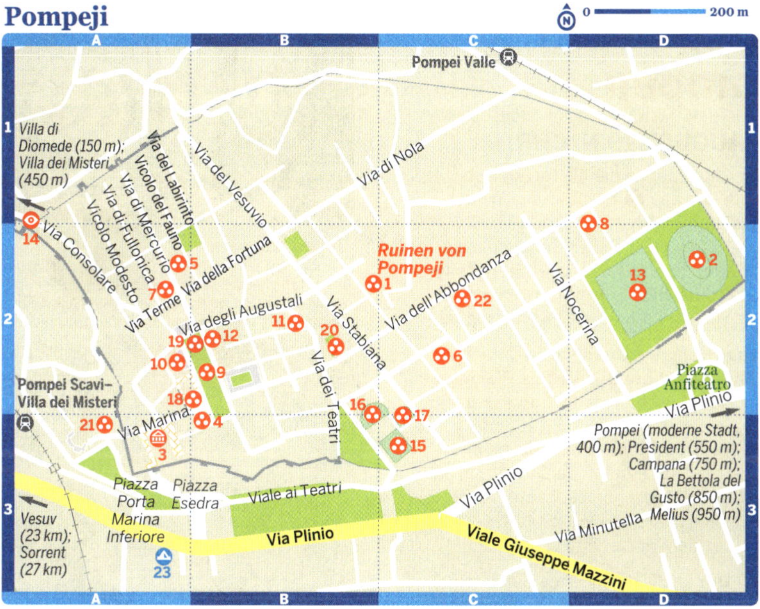

Pompeji

Highlights

1 Ruinen von Pompeji B2

Sehenswertes

2 Anfiteatro D2
3 Antiquarium A3
4 Basilica B3
5 Casa del Fauno A2
6 Casa del Menandro C2
7 Casa del Poeta Tragico A2
8 Casa della Venere in Conchiglia D1
9 Foro B2
10 Granai del Foro A2
11 Lupanare B2
12 Macellum B2
13 Palestra Grande D2
14 Porta Ercolano A1
15 Quadriportico dei Teatri C3
16 Teatro Grande B2
17 Teatro Piccolo C3
18 Tempio di Apollo B2
19 Tempio di Giove B2
20 Terme Stabiane B2
21 Terme Suburbane A3
22 Via dell'Abbondanza C2

Schlafen

23 Camping Spartacus A3

➡ Casa del Fauno

(Haus des Fauns) Das größte Wohnhaus Pompejis belegt eine ganze *insula* (Straßenblock), besitzt zwei Atrien im vorderen Teil (bescheidenere Häuser hatten nur eins) und ist nach der zierlichen Bronzestatue im *impluvium* (flaches Becken) benannt. Hier hatten auch die ersten Ausgräber Pompejis wunderbare Mosaiken gefunden, die sich heute zum großen Teil im Museo Archeologico Nazionale (S. 44) in Neapel befinden. Zu den wertvollen, vor Ort verbliebenen Originalbestandteilen gehört ein herrlicher, geometrisch gemusterter Marmorboden.

➡ Villa dei Misteri

(Mysterienvilla) Die restaurierte Villa mit 90 Zimmern ist einer der vollständigsten Bauten von Pompeji. Der **dionysische Fries**, das bedeutendste Fresko, das noch vor Ort ist, bedeckt die Wand im großen Speiseraum. Es ist eines der größten und faszinierendsten Gemälde der Antike und stellt die Einführung einer angehenden Braut in den Kult des Dionysos, des griechischen Gotts des Weins, dar. Um zur Villa dei Misteri zu gelangen, folgt man der Via Consolare nordwestlich durch die **Porta Ercolano** aus der Stadt hinaus bis hinter die **Villa di Diomede**.

Tragödie in Pompeji

24. AUGUST 79 N. CHR.

8 Uhr Gebäude wie die ❶ **Terme Suburbane** und das ❷ **Forum** werden noch nach einem Erdbeben im Jahr 63 n. Chr., das der Stadt erheblichen Schaden zugefügt hatte, repariert. Trotz heftiger nächtlicher Erdbeben ahnen die Einwohner nichts von der kommenden Katastrophe.

Mittags Hungrige Bewohner strömen ins ❸ **Thermopolium di Vetutius Placidus**. Lüsterne schleichen ins ❹ **Lupanare** und Gladiatoren trainieren für die abendlichen Spiele im ❺ **Amphitheater**. Ein gewaltiger Knall kündigt den Ausbruch an. Geschockte Menschen beobachten, wie eine dunkle Wolke aus Vulkanasche um die 14 km aus dem Krater emporschießt.

15–17 Uhr Lapilli (brennende Bimssteine) regnen auf Pompeji. Entsetzte Menschen fliehen oder suchen Schutz. Nach zwei Stunden ist die Aschewolke 25 km hoch und der Himmel schwarz. Dächer stürzen unter dem schweren Geröll ein und begraben die Bewohner unter sich.

25. AUGUST 79 N. CHR.

Mitternacht Schlammlawinen stürzen auf Herculaneum herab. Lapilli und Asche regnen weiterhin auf Pompeji, brechen durch Gebäude und ersticken alle, die in ihnen Zuflucht suchen.

4–8 Uhr Asche und Gas rollen über Herculaneum. Weitere Ströme bedecken Pompeji und töten alle verbliebenen Einwohner, auch jene im ❻ **Orto dei Fuggiaschi**. Die vulkanische „Decke" wird über zwei Jahrtausende Schätze wie die ❼ **Casa del Menandro** und die ❽ **Villa dei Misteri** bewahren.

TOP-TIPPS

- Besichtigung am Nachmittag
- Drei Stunden einplanen
- Bequeme Schuhe und Hut tragen
- Trinkwasser nicht vergessen
- Nicht mit Blitzlicht fotografieren

Terme Suburbane
Laconicum (Sauna), *caldarium* (Dampfbad) und das große, beheizte Schwimmbecken waren nicht die einzige Wärmequelle – auch die frivolen Fresken an den Wänden dieses Vorstadtbadehauses heizten den Gästen ordentlich ein.

Forum
Das Forum, eine Art antiker Times Square, liegt an der Kreuzung der Hauptstraßen von Pompeji und war im 1. Jh. n. Chr. für den Verkehr gesperrt. Auf den Sockeln am Südrand standen Statuen der kaiserlichen Familie.

Villa dei Misteri

In der Villa befindet sich der weltberühmte *Dionysische Fries*. Weitere Highlights sind die Trompe-l'œil-Wandverzierungen im *cubiculum* (Schlafzimmer) und die ägyptisierenden Kunstwerke im *tablinum* (Empfangsraum).

Lupanare

Die Prostituierten in dem Bordell waren oft griechische oder asiatische Sklavinnen. Auf den Steinbetten lagen einst Matratzen und bei den eingravierten Namen an den Wänden handelt es sich wohl um die der Frauen und ihrer Kunden.

PORJONICU STELIAN / SHUTTERSTOCK ©

Thermopolium di Vetutius Placidus

Auf der Theke dieser antiken Snackbar standen einst Urnen mit warmem Essen. Das *lararium* (Hausschrein) an der Rückwand stellt Dionysos (Gott des Weins) und Merkur (Gott der Diebe und Kaufleute) dar.

AUGENZEUGENBERICHT

In seinen Briefen an Tacitus (56–117 n. Chr.) gibt Plinius der Jüngere (61–112 n. Chr.) einen spannenden Katastrophenbericht.

Orto dei Fuggiaschi

Der Garten der Flüchtenden zeigt die Gipsformen von 13 Menschen, die dort beim Vesuvausbruch Zuflucht suchten – die höchste Opferzahl, die an einem Ort gefunden wurde. Die zusammengekauerten Leichen sind ein bewegender Anblick.

Casa del Menandro

Das Haus gehörte wahrscheinlich der Familie von Poppaea Sabina, Neros zweiter Frau. Im Raum inks vom Atrium sind Gemälde zum Trojanischen Krieg und ein mehrfarbiges Mosaik von Pygmäen, die auf dem Nil rudern.

EDELLA / GETTY IMAGES ©

WDJ / GETTY IMAGES ©

Amphitheater

Richter, Senatoren und die Sponsoren und Veranstalter der Spiele saßen in dem altgedienten Amphitheater bei Gladiatorenkämpfen und gelegentlichen Krawallen in der ersten Reihe. Die Brüstung um das Stadion ist mit Szenen von Kämpfen, Siegesfeiern und Jagden bemalt.

➡ **Lupanare**

Die freizügigen Fresken in diesem alten Bordell sollten einst die Kundschaft visuell inspirieren und in Stimmung bringen. Zum Verlustieren standen den Besuchern fünf Zimmer im Erdgeschoss zur Verfügung, die jeweils mit einem Steinbett und einer Latrine ausgestattet waren. An den Wänden finden sich eingeritzte Liebes- und Sehnsuchtsbekundungen der Prostituierten in verschiedenen Sprachen.

➡ **Terme Stabiane**

(Stabianer Therme) In der typischen Bäderanlage aus dem 2. Jh. v. Chr. traten Badegäste durch das Vestibül, zogen sich im gewölbten *apodyterium* (Umkleideraum) um und begaben sich dann ins *tepidarium* (lauwarmes Bad) und *caldarium* (heißes Bad). Besonders eindrucksvoll ist das Stuckgewölbe im Umkleideraum der Männer.

➡ **Via dell'Abbondanza**

(Straße des Überflusses) Die Via dell'Abbondanza war eine der Hauptstraßen des antiken Pompeji. Die erhöhten Trittsteine ermöglichten es den Menschen, die Straße zu überqueren, ohne in den Abfall zu treten, der die Straße runterspülte.

➡ **Teatro Grande**

(Großes Theater) Das Teatro Grande aus dem 2. Jh. v. Chr. war ein riesiges Theater mit 5000 Plätzen, das in die Lavamasse gehauen wurde, auf der Pompeji ursprünglich erbaut wurde. Heute führt hier alljährlich im Sommer das Pompei Theatrum Mundi (S. 113) klassische Stücke auf.

➡ **Quadriportico dei Teatri**

Der mit einem Säulengang umgebene Quadriportico dei Teatri hinter der Bühne des Teatro Grande diente ursprünglich zum Flanieren der Zuschauer zwischen den Akten und später als Kaserne für Gladiatoren.

➡ **Teatro Piccolo**

(Odeon) Anders als die Amphitheater war das einst für seine Akustik berühmte Teatro Piccolo ein Theaterhaus.

ABSEITS DER ÜBLICHEN PFADE

ANTIKE VILLEN

Oplontis (☎ 081 857 53 47; www.pompeiisites.org; Via dei Sepolcri, Torre Annunziata; Erw./erm. inkl. Boscoreale 7/4 €; ⏲ April–Okt. 9–19.30 Uhr, letzter Einlass 18 Uhr, Nov.–März 8.30–17.30 Uhr, letzter Einlass 15.30 Uhr; 🚉 Circumvesuviana bis Torre Annunziata), das unter den unansehnlichen Straßen von Torre Annunziata begraben ist und erstmals im 18. Jh. entdeckt wurde, war einst eine noble Vorstadt am Meer unter der Verwaltung von Pompeji. Nur zwei Häuser wurden bisher ausgegraben und eines davon, die Villa Poppaea, ist zu besichtigen. Die Villa ist ein prachtvolles Beispiel einer *otium*-Villa (ein Privathaus, das für Ruhe und Erholung genutzt wurde), das vermutlich Sabina Poppaea gehörte, Neros zweiter Frau. Die Villa liegt 300 m über die Via Sepolcri vom Bahnhof Torre Annunziata der Circumvesuviana-Bahn entfernt.

Südlich von Oplontis lag **Stabiae** (☎ 081 857 53 47; www.pompeiisites.org; Via Passeggiata Archeologica, Castellammare di Stabia; ⏲ April–Okt. 9–19.30 Uhr, letzter Einlass 18 Uhr, Nov.–März bis 17.30 Uhr, letzter Einlass 15.30 Uhr; 🚉 Circumvesuviana bis Via Nocera) GRATIS am Hang des Varano, einst mit Blick über das Meer, heute über das moderne Castellammare di Stabia. In Stabiae sind zwei Villen zu besichtigen: die Villa Arianna aus dem 1. Jh. v. Chr. und die größere Villa San Marco, die über 11 000 m² umfassen soll. Stabiae liegt 1,1 km südlich vom Bahnhof Via Nocera der Circumvesuviana-Bahn.

Die archäologische Stätte **Boscoreale** (☎ 081 857 53 47; www.pompeiisites.org; Via Settetermini, Boscoreale; Erw./erm. inkl. Oplontis 7/4 €; ⏲ April–Okt. 8.30–19.30 Uhr, letzter Einlass 18 Uhr, Nov.–März 8.30–18.30 Uhr, letzter Einlass 17 Uhr; 🚉 Circumvesuviana bis Villa Regina–Antiquarium) etwa 3 km nördlich von Pompeji besteht aus einem rustikalen Landhaus aus dem 1. Jh. v. Chr. und einem faszinierenden Antiquarium mit Fundstücken aus Pompeji, Herculaneum und der Umgebung. Zu erreichen ist Boscoreale mit der Circumvesuviana-Bahn bis Bahnhof Villa Regina–Antiquarium. Vom Bahnhof sind es noch 700 m zu Fuß bis zu den Ruinen. Der Weg ist ausgeschildert und führt nördlich über die Via Settermini und dann links in die Viale Villa Regina.

Für Oplontis und Boscoreale gilt eine Eintrittskarte (Erw./erm. 7/4 €). Beide lassen sich zudem mit einem Kombiticket besuchen, das auch den Eintritt für Pompeji beinhaltet (Erw./erm. 18/10 €). Für Stabiae ist der Eintritt derzeit frei.

➡ Casa del Menandro

(Haus des Menander) Die luxuriöse Casa del Menandro ist besser erhalten als die größere Casa del Fauno. Sie besitzt hinter ihrem Atrium ein herausragendes, elegantes Peristyl (von Säulen umgebener Innenhof) mit schönen Fresken. An der hintersten rechten Seite des Peristyls führt ein Durchgang zu einem privaten Badehaus, das opulent mit Fresken und Mosaiken geschmückt ist. Den zentralen Raum hinter dem äußersten Ende des Peristyls ziert ein bemerkenswertes Fresko des antiken griechischen Dramatikers Menander, nach dem die wiederentdeckte Villa benannt wurde.

➡ Palestra Grande

(Große Palästra) Schlanke Menschen der Antike hielten sich in der Palestra Grande fit, einem Sportfeld mit einem eindrucksvollen Säulengang aus der augustinischen Zeit. Der riesige Innenhof, der sowohl als Trainingsgelände für Gladiatoren als auch als Versammlungsort für Jugendverbände diente, umfasst die Überreste eines Schwimmbeckens. Die Stätte wird heute für temporäre Ausstellungen genutzt.

➡ Anfiteatro

(Amphitheater) Gladiatorenkämpfe haben im grasbewachsenen *anfiteatro* bis zu 20 000 Menschen in ihren Bann geschlagen. Es wurde 70 v. Chr. gebaut und ist das älteste bekannte römische Amphitheater überhaupt. Im Jahr 59 n. Chr. kam es zu gewaltsamen Zusammenstößen zwischen den Zuschauern von Pompeji und Nocera, dokumentiert auf einem Fresko im Museo Archeologico Nazionale in Neapel (S. 44).

➡ Casa della Venere in Conchiglia

(Haus der Venus in der Muschel) Die Casa della Venere in Conchiglia besitzt ein reizendes Peristyl mit einem kleinen, gepflegten Garten. In diesem Garten befindet sich das bemerkenswerte, riesige Venusfresko, nach dem das Haus benannt wurde. Venus – deren Haarputz in dieser Darstellung den zu Kaiser Neros Zeiten angesagten Frisurenstil widerspiegelt – war die Schutzgöttin der Stadt.

Festivals & Events

Pompei Theatrum Mundi THEATER

(www.teatrostabilenapoli.it/pompeii-theatrum-mundi; ⌚ Juni–Juli) Das gefeierte Sommerprogramm des Teatro Stabile aus Neapel belebt die Bühne des antiken Teatro Grande in Pompeji mit klassischen Stücken.

ABSEITS DER ÜBLICHEN PFADE

DER VESUV ZU PFERDE

Der Vesuv lässt sich auch hoch zu Ross erkunden. **Horse Riding Tour Naples** (☎ 345 8560306; www.horseridingnaples.com; geführte Tour 60 €) bietet täglich morgens und nachmittags geführte Ausritte durch den Parco Nazionale del Vesuvio an (sofern das Wetter mitspielt). Die etwa 2- bis 2 ½-stündige Tour beinhaltet den Transfer vom/zum Hotel in Neapel sowie nach Pompeji oder Ercolano (Herculaneum). Helm, Sattel und Führer sind im Preis inbegriffen.

Essen & Ausgehen

Melius NEAPOLITANISCH €

(☎ 081 850 25 98; www.salumeriamelius.com; Via Lepanto 156–160; Käse- & Wurstteller 12 €, Mahlzeiten etwa 25 €; ⌚ Di–Sa 9–23, So bis 15 Uhr; FS bis Pompei, Circumvesuviana bis Pompei Scavi–Villa dei Misteri) Der appetitanregende Feinkostladen verführt mit kampanischen Spezialitäten. Im hauseigenen Restaurant werden regionale Delikatessen wie frischer *mozzarella di bufala* (Büffelmozzarella), Gragnano-Pasta, geräucherte Cilento-Salami und Sardellen aus Cetara aufgetischt oder zum Mitnehmen verkauft.

La Bettola del Gusto ITALIENISCH €€

(☎ 081 863 78 11; www.labettoladelgusto.it; Via Sacra 48; Mahlzeiten 25–30 €, Probiermenü 35 €; ⌚ Di–So 12.30–15.30 & 19.30–23 Uhr; ; FS bis Pompei, Circumvesuviana bis Pompei Scavi–Villa dei Misteri) Inspiriert von den Kochkünsten ihrer Mutter Rosa betreiben die Zwillinge Alberto und Vincenzo Fortunato dieses einladende, preiswerte Restaurant. Der Schwerpunkt der Küche liegt auf handverarbeiteten Zutaten von Kleinerzeugern wie der *provolone del Monaco* oder das Gemüse aus dem familieneigenen Anbau. Zu den genussvollen, einfallsreichen Kompositionen zählen z. B. gebratene Garnelen in knuspriger *guanciale* (gepökelte Schweinebacke) aus Irpinia, die mit einer köstlichen Zucchinicreme gereicht werden.

★ President KAMPANISCH €€€

(☎ 081 850 72 45; www.ristorantepresident.it; Piazza Schettini 12; Mahlzeiten ab 40 €, Probiermenüs 65–90 €; ⌚ Di–So 12–15.30 & 19 Uhr bis spät;

FS bis Pompei, Circumvesuviana bis Pompei Scavi–Villa dei Misteri) Geführt wird der mit einem Michelinstern ausgezeichnete Gourmettempel vom charmanten Besitzer und Chefkoch Paolo Gramaglia. Seine Leidenschaft für lokale Erzeugnisse, Geschichte und kulinarische Kapriolen schlägt sich nieder in Brot, das nach antiken römischen Rezepten gebacken wird, Gelbschwanzmakrelen-Carpaccio mit Bitterorange, Zitrusschale, Zitronenemulsion und Büffelmozzarella oder makellos glasierter Entenbrust an Essigkirschen, Orangensauce und Kapuzinerkresse.

Zu beachten: Wer mit dem *treno regionale* (Regionalzug) vom nahegelegenen Bahnhof Pompei (näher und praktischer als der Bahnhof Pompei Scavi–Villa dei Misteri des Circumvesuviana-Zugs) zurück nach Neapel fahren will, sollte zuerst die Fahrzeiten checken, da der letzte Zug von Pompei oft schon um 21.40 Uhr abfährt.

Campana KAFFEE

(081 1966 4530; www.facebook.com/campana bottega; Via Sacra 44; Di–Fr 7.30–22.30, Sa & So bis 23.30 Uhr; FS bis Pompei, Circumvesuviana bis Pompei Scavi–Villa dei Misteri) Die freundliche, entspannte Bottega ist Kampaniens erste Rösterei für Kaffeespezialitäten und ein leidenschaftliches Projekt der jungen Paola Campana. Es gibt eine rotierende Auswahl an sortenreinen Bohnen sowie eine vollmundige Hausmischung aus sechs sortenreinen Röstungen.

An- & Weiterreise

AUTO & MOTORRAD

Autofahrer nehmen ab Neapel die A3 Richtung Südosten bis zur Ausfahrt Pompei und folgen dann den Schildern nach „Pompei Scavi" (Ausgrabungen). Parkplätze sind deutlich ausgewiesen und werden lauthals beworben. In der Nähe der Ruinen bietet **Camping Spartacus** (081 862 40 78; www.campingspartacus.it; Via Plinio 127; Erw./Kind pro Nacht 7,50/4 €, Auto/Campingbus/Wohnmobil 5/10/12 €;) günstige Ganztagesparkplätze (5 €). Diese Option ist viel preiswerter als der Hauptparkplatz direkt nördlich des Circumvesuviana-Bahnhofs.

Von Sorrent geht es nordwärts über die SS145, die zur A3 und nach Pompeji führt.

ZUG

Wer zu den *scavi* (Ausgrabungen) mit dem **Circumvesuviana-Zug** (ab Neapel 2,80 €, 36 Min; ab Sorrent 2,40 €, 30 Min.) fährt, steigt am Bahnhof Pompei Scavi–Villa dei Misteri neben dem Haupteingang an der Porta Marina aus. Regionalzüge (www.trenitalia.com) halten am Bahnhof Pompei im Zentrum der modernen Stadt.

Von Mitte März bis Mitte Oktober fährt der Touristenzug Campania Express viermal täglich zwischen Neapel (Circumvesuviana-Bahnhöfe Porta Nolana und Piazza Garibaldi) und Sorrent. Unterwegs hält er an den Bahnhöfen Ercolano Scavi, Torre Annunziata (Oplontis), Pompei Scavi–Villa dei Misteri, Castellammare und Vico Equense. Tagesrückfahrkarten von Neapel nach Pompeii (11 €, 29 Min.) sowie von Sorrent nach Pompei (7 €, 24 Min.) gibt's an den Bahnhöfen oder online beim **EAV** (S. 97).

Die Inseln

Inhalt ➡

Gut essen

- La Palette (S. 121)
- È Divino (S. 120)
- La Casereccia (S. 142)
- Il Focolare (S. 147)
- Da Mariano (S. 151)

Schön übernachten

- La Minerva (S. 218)
- Capri Palace (S. 220)
- Mezzatorre Resort & Spa (S. 221)
- Casa Mariantonia (S. 219)
- Hotel La Vigna (S. 222)

Auf zu den Inseln!

Wie bunte Spielsteine sind die Inseln der Amalfiküste in den wunderbar blauen Golf von Neapel geworfen. Völlig zu Recht sind sie berühmt und entsprechend gut besucht. Procida, Ischia und Capri unterscheiden sich nicht nur in Atmosphäre und Landschaft, sondern auch in Bezug auf Sehenswürdigkeiten, Aktivitätsangebot und Größe. Das hübsche Procida ist die kleinste in diesem Inseltrio. Das winzige, friedliche, unverfälschte Juwel lässt sich schon in wenigen Stunden erkunden. Der angesagte Gegensatz dazu ist Capri mit seinem Hochglanzangebot an Erlebnissen, Sehenswürdigkeiten und Einkaufsmöglichkeiten. Hier ist eine sorgfältige Tagesplanung gefragt – von der Auswahl der Schuhe ganz zu schweigen (vor allem bei Wanderlust). Ischia ist die größte der drei Inseln, mit natürlichen Heilquellen, Botanischen Gärten, versteckten Buchten und phantastischem Essen. Wem das alles zu anstrengend ist, kann gleich die Strände anpeilen und macht damit sicher auch keinen Fehler – sie sind die besten im Golf von Neapel.

Reisezeit

- Das Klima der Inseln im Golf von Neapel gleicht dem des restlichen Kampaniens.
- Im August nehmen die meisten Italiener ihren Jahresurlaub und gesellen sich dann zu den zahllosen ausländischen Besuchern, die die Inseln im Hochsommer ansteuern. Besonders auf Ischia und Capri ist es schon im Juli voll.
- Die besten Reisemonate sind April/Mai und September/Oktober mit oft blauem Himmel und milden bis warmen Temperaturen.
- Auch zu Ostern kann es voll sein: Die Prozessionen auf Procida sind ein tolles Spektakel.

Highlights

1 **Marina Corricella** (S. 148) In einem Fischrestaurant am Hafen von Procida zu Mittag schlemmen.

2 **Capri Whales** (S. 129) Durch die türkisblauen Gewässer rund um Capri schippern.

3 **Monte Solaro** (S. 129) Mit dem Sessellift auf den höchsten Berg von Capri schweben.

4 **La Mortella** (S. 141) Das Gartenparadies des britischen Komponisten William Walton erkunden.

5 **Villa Lysis** (S. 125) Die von Klassizismus und Jugendstil inspirierte Architektur der Küstenvilla bestaunen.

6 **Castello Aragonese** (S. 143) Durch das labyrinthartige Innere der Festung vor der Ostküste Ischias irren.

7 **Negombo** (S. 141) In Ischias schönster Therme zwischen Wasserbecken, exotischen Pflanzen und modernen Skulpturen relaxen.

CAPRI

☎ 081 / 14 200 EW.

Die Insel Capri ist schön, einfach wunderschön. Es gibt hier kaum ein schäbiges Gebäude oder einen ungepflegten Garten. Schroffe Felsen ragen majestätisch aus dem unglaublich blauen Meer, Blauregen und Bougainvilleen umranken elegante Villen. Selbst die Bäume wirken sorgsam zurechtgestutzt.

Die kleine Felsinsel vor der Westspitze der Sorrentinischen Halbinsel, die seit Langem ein Refugium der Prominenten und Superreichen ist, sprüht vor luxuriösem Flair. Teure Restaurants und erlesene Juweliergeschäfte können die Kreditkarte arg strapazieren, schon ein Cappuccino kann locker 7 € kosten. Trotzdem ist Capri unbedingt einen Besuch wert. Ob man im Sessellift auf den Monte Solaro hinaufschwebt, sich die lang vergangenen Freuden des Dichterlebens in der Villa Lysis ausmalt oder ein ruhiges Eckchen in den verwinkelten Gassen von Anacapri aufsucht – hier gibt es unvergleichliche Momente zu erleben.

An- & Weiterreise

Wer nicht das nötige Kleingeld (1850 €) für den **Helikopterflug** (☎ 0828 35 41 55, 348 586 28 30; www.capri-helicopters.com) vom internationalen Flughafen Capodichino in Neapel (20 Min.) hat, kommt mit der Fähre auf Ca-pri an.

SCHIFF/FÄHRE

Die beiden wichtigsten Fährverbindungen führen von Neapel und Sorrent nach Capri. Außerdem gibt es je nach Saison Verbindungen nach Ischia und an die Amalfiküste (Amalfi, Positano und Salerno).

Caremar (☎ 081 837 07 00; www.caremar.it; Marina Grande) Tragflügelboote und Fähren zwischen Neapel und Capri (12,30–17,80 €,40 Min.–1¼ Std., bis zu 7-mal tgl.) sowie Tragflügelboote von/nach Sorrent (14,40 €, 25 Min., 4-mal tgl.).

Navigazione Libera del Golfo (S. 293) Tragflügelboote zwischen Neapel und Capri (21,50–22,80 €, 45 Min., 19-mal tgl.).

SNAV (☎ 081 428 55 55; www.snav.it; Marina Grande) Tragflügelboote nach und von Neapel (21,50 €, 45 Min., 9-mal tgl.).

Unterwegs vor Ort

Wer einigermaßen fit ist und etwas Zeit mitbringt, kann die kleine Insel Capri gut zu Fuß erkunden. Von Marina Grande geht man bis Capri-Stadt etwa 20 Minuten. Der Fußweg von Marina Grande nach Anacapri über die **Scala Fenicia** (S. 120) dauert ungefähr eine Stunde. Beide Wege führen bergauf (mit Stufen).

BOOT

Motoscafisti di Capri (S. 129) bietet Bootstouren von Marina Grande zur Blauen Grotte an. Das Ruderboot in die Grotte hinein ist nicht im Preis enthalten; es muss am Grotteneingang bezahlt werden. Online sind die Bootstickets 1 € billiger. Das Unternehmen veranstaltet außerdem eine zweistündige Bootstour rund um die Insel (am Ticketschalter/online 18/17 €), die auch die Blaue Grotte besucht.

BUS

Autobus ATC (S. 123) betreibt Busse zwischen Marina Grande, Capri-Stadt, Marina Piccola und Anacapri.

Staiano Autotrasporti (☎ 081 837 24 22; www.staianotourcapri.com; Busbahnhof, Via Tommaso, Anacapri; Tickets 2 €) Regelmäßig verkehrende Busse von Anacapri zur Blauen Grotte und zum *faro* (Leuchtturm) Punta Carena.

MOTORROLLER

Ciro dei Motorini (☎ 081 362 00 83, 338 3606918; www.capriscooter.com; Via Marina Grande 55; 30/65 € für 2/24 Std.) ist ein Motorrollerverleih in Marina Grande. **Capri Scooter** (☎ 081 837 38 88; www.capriscooter.com; Piazza Barile 20, Anacapri; 30/65 € für 2/24 Std.) vermietet Motorroller in Anacapri.

SEILBAHN

Standseilbahn (Via Colombo 18; Tickets 2 €; ⏲ 6.30–12.30 Uhr) Die erste Herausforderung für Besucher der Insel ist der Weg von Marina Grande nach Capri-Stadt. Am meisten Spaß macht die Standseilbahn, vor allem wegen des schönen Ausblicks auf die Zitronenhaine und die umgebende Landschaft. Der Ticketschalter in Marina Grande befindet sich nicht an der Seilbahnstation, sondern hinter der Touristeninformation (vom Fährhafen nach rechts in die Via Marina Grande einbiegen). Achtung: Von Januar bis Ende März ist die Standseilbahn normalerweise zu Wartungszwecken außer Betrieb; in dieser Zeit verkehrt ein Ersatzbus.

TAXI

Von Marina Grande kostet ein Taxi (☎ in Anacapri 081 837 11 75, in Capri-Stadt 081 837 66 57) nach Capri ab 17 €, nach Anacapri ab 23 €; die Fahrt von Capri nach Anacapri kostet etwa 18 €. Im Preis ist ein Gepäckstück enthalten. Jedes weitere Gepäckstück (über 40 x 20 x 50 cm) kostet 2 € Aufschlag.

Capri

0
1 km
Neapel
Sorrent
Golf von Neapel (Golfo di Napoli)
Punta dell'Arcera
Punta del Capo
Villa Lysis
Villa Jovis
Salto di Tiberio
Bagno di Tiberio
Marina di Caterola
Scala Fenicia
Via Provinciale Anacapri
MARINA GRANDE
ANACAPRI
Seggiovia del Monte Solaro
Via Grotta Azzurra
Traversa la Vigna
Via Tuoro
Via Pagliaro
s. Karte Anacapri (S. 126)
Via Roma
Seggiovia (Standseilbahn)
CAPRI-STADT
s. Karte Capri-Stadt (S. 122)
Via lo Capo
Via A Maiuri
Via Tiberio
Via Arco Naturale
Via Matermània
Via Tragara
Passeggiata del Pizzolungo
Monte Tuoro (261 m)
Punta Massullo
Pizzolungo
Scoglio del Monacone
Porto di Tragara
Isole Faraglioni
Scoglio dell'Unghia Marina
Marina Piccola
Scoglio delle Sirene
Punta di Mulo
Monte Santa Maria (495 m)
Seggiovia-Bergstation
Monte Solaro (589 m)
Cala del Rio
Sentiero dei Fortini
Via Nuova del Faro
Via Migliera
Migliera (304 m)
Cala del Tombosiello
Punta Carena
Punta del Tuono
Cala Marmolata
Punta Ventroso
Tyrrhenisches Meer
A
B
C
D
E
F
G
1
2
3
4
1
2
3
4
5
6
7
8
9
10
11
12
13
14
15
16
17
18
19
20
21
22
23
24
25
26
27
28
29
30

Capri

Highlights
1 Villa Jovis ... G1
2 Villa Lysis ... G1

Sehenswertes
3 Arco Naturale ... G2
4 Bagni di Tiberio ... D1
5 Belvedere di Migliera ... B4
6 Belvedere di Tragara ... F3
7 Chiesa di San Costanzo ... D2
8 Grotta Azzurra ... B1
9 Grotta di Matermània ... G3
10 Isole Faraglioni ... F4
11 Strand von Marina Grande ... E1
12 Monte Solaro ... C3
13 Spiaggia di Faro ... A4
14 Villa Malaparte ... G3

Aktivitäten, Kurse & Touren
15 Bagni Lo Scoglio delle Sirene ... D3
16 Banana Sport ... E1
17 Capri Whales ... E2
18 Laser Capri ... E2
Motoscafisti di Capri ... (s. 17)
19 Passeggiata del Pizzolungo ... F3
20 Scala Fenicia ... D2
21 Sentiero dei Fortini ... A1
Sercomar ... (s. 18)

Schlafen
22 Belvedere e Tre Re ... E2
23 Hotel Alla Bussola di Hermes ... B2
24 Hotel Villa Eva ... B1
25 Hotel Villa Sarah ... F2
26 La Minerva ... F3
27 Relais Maresca ... E2

Essen
28 La Palette ... F3
29 L'Approdo ... E2
30 Le Grottelle ... F2

Capri-Stadt

081 / 7210 EW.

Mit ihren weiß getünchten Steinhäusern und autofreien Gassen wirkt das Städtchen Capri fast wie eine Filmkulisse. Diese Miniaturausgabe exklusiven mediterranen Schicks ist ein Tummelplatz voll Luxushotels, teurer Bars, Nobelrestaurants und Edelboutiquen. Im Sommer ist das Zentrum überfüllt mit Tagesausflüglern und Playboys oder -girls, die mit eigener Jacht hier sind. Das sollte aber niemanden davon abhalten, die stimmungsvollen alten Seitenstraßen zu erkunden, wo sich die Besuchermassen schnell verlieren. Ganz besonders schön ist der Spaziergang Richtung Westen aus dem Ort hinaus zur Villa Jovis.

Sehenswertes

Giardini di Augusto GÄRTEN

(Gärten des Augustus; Karte S. 122; 1 €; Sommer 9–19.30 Uhr, Winter 9.30–17.30 Uhr) Wie ihr Name schon erahnen lässt, wurde diese Gartenanlage beim Kartäuserkloster Certosa di San Giacomo von Kaiser Augustus begründet. Blumenbepflanzte Terrassen steigen zu einem Aussichtspunkt an, der atemberaubenden Blick auf die **Isole Faraglioni** bietet, drei aus dem Meer ragende Kalksteinsäulen.

Von der Gartenanlage schlängelt sich der hübsche Serpentinenpfad **Via Krupp** nach Marina Piccola hinab, vorbei an einem Monument für Wladimir Lenin, der von einer nahen Plattform über den Weg wacht. Der russische Revolutionär besuchte Capri 1908. Aus dieser Zeit stammt auch das berühmte Foto, das ihn beim Schachspiel mit seinem Revoluzzerkollegen Alexander Bogdanow zeigt. Auf diesem Foto ist auch der russische Schriftsteller Maxim Gorki zu sehen, der von 1906 bis 1909 auf der Insel lebte.

Certosa di San Giacomo KLOSTER

(Karte S. 122; 081 837 62 18; Viale Certosa 40; Erw./erm. 6/3 €; Jan.–März Di–So 10–14 Uhr, April–Aug. 10–19 Uhr, Sept.–Dez. 10–17 Uhr) Das 1363 gegründete stattliche Kloster gilt allgemein als das schönste noch erhaltene Beispiel hiesiger Architektur und beherbergt heute eine Schule, eine Bibliothek, einen Ausstellungsraum mit wechselnden Exponaten sowie ein Museum mit beeindruckenden Malereien aus dem 17. Jh. Besonders schön ist die verblichene Pracht der Kreuzgänge: Der kleinere stammt aus dem 14., der größere aus dem 16. Jh.

Der Weg zum Kloster führt östlich der Piazza Umberto I entlang der kurvigen Via Vittorio Emanuele III.

Das Kloster hat eine erschütternde Geschichte: Zunächst war es eine Festung des mächtigen Kartäuserordens, dann wurde es im 16. Jh. bei Piratenangriffen durch die Sarazenen heftig attackiert. Hundert Jahre später zogen sich die Mönche auf der Flucht vor der Pest hierher zurück. Die restliche Bevölkerung war eher der Meinung, sie hätten sich für die Pflege der Erkrankten engagieren sollen, und warf erbost ihre Pesttoten über die Klostermauern. Die dunkle Vergangenheit des Klosters tritt in den Hintergrund, sobald man in der Kirche die Fresken aus dem 17. Jh. auf sich wirken lässt.

Piazza Umberto I PIAZZA

(Karte S. 122) Zu Füßen des Uhrturms aus dem 17. Jh. erstreckt sich, umrahmt von schicken Cafés, dieser mondäne Platz, den man als Capri-Besucher erlebt haben muss – vor allem abends. Dann werfen sich die Einheimischen in Schale. Hier in der allerersten Reihe mit bestem Ausblick zu sitzen, hat allerdings seinen Preis: um die 7 € für einen Cappuccino, rund 18 € für zwei Gläser Weißwein.

Chiesa di Santo Stefano KIRCHE

(Karte S. 122; 081 837 23 96; Piazza Umberto I; Sommer 9–19 Uhr, Winter 10–14 Uhr) Die Hauptkirche von Capri ist wenig bemerkenswert, bietet aber eine willkommene Zuflucht vor dem Touristengedränge in den Straßen rundherum. Ihre mit Marmorimitat aufgemotzten Holztüren stammen aus der Mitte des 18. Jhs. und sind von der Villa Jovis inspiriert. Sehr schön sind auch die beiden träge zurückgelehnten Patrizier in der Kapelle auf der Südseite des Altars, die irgendwie an das leicht dekadente Volk in den Cafés vor der Tür erinnern.

Essen

Capri-Stadt wimmelt von Restaurants und Trattorien, die vorwiegend die traditionelle Küche der Region servieren. Wie zu erwarten, ist die Preislage eher gehoben. Wer einen preiswerteren Happen auf die Hand sucht, steuert am besten die Snackbar Raffaele Buonacore an, die frisch zubereitetes italienisches Street Food verkauft. In der sommerlichen Hauptsaison sollte man bei den Restaurants rechtzeitig telefonisch reservieren.

Raffaele Buonacore IMBISS €

(Karte S. 122; 081 837 78 26; Via Vittorio Emanuele III 35; Snacks 2–10 €, Gelato ab 2,50 €; 8–21 Uhr, Okt.–Juni Di geschl.;) Der beliebte, schnörkellose Imbiss ist ideal für einen schnellen Magenfüller zum Mitnehmen und macht ein Mordsgeschäft mit süßen und herzhaften Leckereien. Seine *panini*, gefüllten Paprika, Waffeln und die legendäre Eiscreme sind zuverlässig lecker. Schwer zu toppen sind vor allem die köstlichen und überaus sättigenden *sfogliatelle* (Blätterteig mit Zimt-Ricotta-Füllung, 2,50 €) und die federleichten *caprilu al limone* (Zitronen-Mandel-Kuchen).

★ È Divino ITALIENISCH €€

(Karte S. 122; 081 837 83 64; www.edivinocapri.com/divino; Via Sella Orta 10a; Mahlzeiten 33–48 €; Juni–Aug. tgl. 20–1 Uhr, sonst Di–So 12.30–14.30 & 19.30–24 Uhr;) Das ungeniert exzentrische Slow-Food-Lokal (welches andere Restaurant hat ein Bett im Speiseraum stehen?) ist ein Geheimtipp. Ob man nun im Garten unter Zitronenbäumen speist oder drinnen zwischen Antiquitäten, Kronleuchtern, moderner Kunst (und dem Bett) – immer ist das wohl durchdachte, regelmäßig wechselnde Speisenangebot von dem bestimmt, was Garten und Markt an frischen Zutaten hergeben.

Ein heißer Tipp ist das geradezu sinnliche Pastagericht aus *paccheri* (kurze, dicke Röhrennudeln) mit Thunfisch, Oliven, Kapern und Datteltomaten.

ERSTE ORIENTIERUNG

Alle Tragflügelboote und Fähren legen in Marina Grande an, dem Verkehrsknotenpunkt der Insel. Capri-Stadt erreicht man von hier aus am schnellsten mit der Seilbahn. Es gibt aber auch Busse und (teure) Taxis. Zu Fuß ist es ein anstrengender 2,3 km langer Anstieg auf der Via Marina Grande. Oben angekommen geht es dann an der Kreuzung mit der Via Roma nach links (Osten) ins Zentrum oder nach rechts (Westen) zur Via Provinciale di Anacapri, die schließlich in die Via Orlandi übergeht und nach Anacapri führt.

Die winzige Piazza Umberto I ist der Mittelpunkt des Städtchens Capri. Nur einen Katzensprung Richtung Osten entfernt liegt die Via Vittorio Emanuele III, die zur größten Einkaufsmeile führt, der Via Camerelle.

Auf dem Hügel in Anacapri halten Busse und Taxis an der Piazza Vittoria. Von hier aus führt die Hauptstraße Via Giuseppe Orlandi nach Südwesten und die Via Capodimonte nach Nordosten zur Villa San Michele di Axel Munthe hinauf.

Außerdem kann man von Marina Grande über die **Scala Fenicia** (Karte S. 118), die mit 921 Stufen steil bergauf führt, in etwa einer Stunde nach Anacapri gelangen.

★ La Palette ITALIENISCH €€
(Karte S. 118; ☎081 837 72 83; www.lapalette.it; Via Matermània 36; Mahlzeiten ab 35 €; ⏲11–24 Uhr) Die Küche komponiert aus heimischen Zutaten der Insel ungemein aromaintensive, kreative Genüsse wie Zucchiniblüten mit Ricotta-Füllung, frischen, würzigen Tintenfischsalat und Aubergine *parmigiana*, die um Längen besser mundet als anderswo. Dazu bietet das Restaurant nur zehn Gehminuten von Capri-Stadt traumhaft romantische Aussicht auf die Bucht.

Auch dank seines fabelhaften Weinkellers und des kompetenten und engagierten Personals hat sich das erst 2015 eröffnete La Palette schon jetzt einen Spitzenplatz in Capris illustrer Restaurantszene erobert.

Al Grottino NEAPOLITANISCH €€
(Karte S. 122; ☎081 837 05 84; www.ristorantealgrottino.net; Via Longano 27; Mahlzeiten ab 30 €; ⏲April–Okt. 11.45–15.30 & 18.30–24 Uhr) Hier muss man auf Warteschlangen gefasst sein. Diesen Klassiker gibt es seit 1937 und bereits in den 1950er- und 1960er-Jahren war er ein Favorit der Promis (sehr schön dokumentiert durch die Fotos im Fenster). Bis heute lockt die Küche Einheimische wie Besucher mit traditionell neapolitanischen Gerichten wie *ravioli alle Caprese* (mit Parmesan und Majoran) und Spezialitäten wie *cocotte* (hausgemachte Pasta mit gemischten Meeresfrüchten in einer Art Paella-Pfanne).

Der kleine Speisesaal ist wunderbar traditionell eingerichtet – selbst die dekorativen Chianti-Flaschen fehlen nicht.

Donna Rachele TRATTORIA €€
(Karte S. 122; ☎081 837 53 87; www.donnarachele.com; Via Padre Serafino Cimmino 2; Pizza ab 7 €, Mahlzeiten 30–35 €; ⏲12–15.30 & 19–24 Uhr; 🖉) Der Laden versteckt sich in einer Ecke und verbreitet die Atmosphäre einer traditionellen Trattoria: kleine Räume, Zierkacheln und Flaschen an den Wänden. Mit den Antipasti (gegrillte Artischocken, sautierter Spinat oder weiße Bohnen) werden Vegetarier glücklich, Fischfetischisten werden Hauptgerichte wie *alici del menaica* (auf traditionelle kampanische Weise gefangene Sardellen) lieben.

★ Il Geranio FISCH & MEERESFRÜCHTE €€€
(Karte S. 122; ☎081 837 06 16; www.geraniocapri.com; Via Matteotti 8; Mahlzeiten 45–50 €; ⏲Mitte April–Mitte Okt. 12–15 & 19–23 Uhr) Ideal als romantischer Rahmen für einen Heiratsantrag oder als Trostpflaster gegen den Urlaubsende-Blues ist die Terrasse dieses eleganten Restaurants mit atemberaubendem Ausblick über die Pinien hinweg bis zu den Isole Faraglioni. Spezialität des Hauses sind Meeresfrüchte, vor allem der Fisch in Salzkruste. Sehr gut sind auch der Oktopussalat und die Linguine mit Safran und Miesmuscheln. In der Hauptsaison für einen Terrassentisch mindestens drei Tage im Voraus reservieren.

> ABSTECHER
>
> **LE GROTTELLE**
>
> **Le Grottelle** (Karte S. 118; ☎081 837 57 19; Via Arco Naturale 13; Mahlzeiten 30–40 €; ⏲Sommer Fr–Mi 12–14.30 & 19–23 Uhr, April, Mai & Okt. Fr–Mi 12–15 Uhr, Nov.–März geschl.; 📶) ist eine gute Adresse, um richtig Eindruck zu schinden – nicht so sehr wegen des durchaus anständigen Essens, sondern wegen der spektakulären Lage. Gespeist wird entweder in einer Höhle oder auf einer Terrasse am Berghang mit Meerblick. Die Speisen sind rustikal, von hausgemachten Fusilli mit Garnelen und Zucchini bis zu Kaninchen mit Zwiebeln, Knoblauch und Rosmarin. Das Restaurant nur einen Kilometer östlich von Capri-Stadt ist von dort leicht zu Fuß zu erreichen.

La Capannina TRATTORIA €€€
(Karte S. 122; ☎081 837 07 32; www.capanninacapri.com; Via le Botteghe 12; Mahlzeiten 40–50 €; ⏲März–Okt. 12–15 & 19–23.30 Uhr) Die berühmteste Trattoria der Insel wurde 1931 eröffnet und ist ein altgedienter Favorit der Promis. Die Einrichtung ist wie die Hollywoodversion eines rustikalen Restaurants (rosa Tischtücher, rosa Rosen, hängende Kupfertöpfe und gedrechselte Holzstühle), die Küche serviert die klassische Hausmannskost der Insel. Eine Reservierung ist zu empfehlen.

Beliebt sind vor allem die hervorragende Pasta mit Meeresfrüchten, *ravioli caprese* (mit Ricotta-Kräuter-Füllung), Fleisch und frischer Fisch vom Grill sowie die Spezialität des Hauses: *linguine al sugo di scorfano* (Bandnudeln mit Drachenkopf).

Ausgehen & Nachtleben

Das Nachtleben auf Capri dreht sich primär ums Sehen und Gesehenwerden. Das bedeutet in erster Linie Aufstylen und Abhängen, idealerweise in einem der Cafés auf der Piazzetta (Piazza Umberto I). Von den Cafés abgesehen ist das Nachtleben hier ziemlich zahm – es gibt erstaunlich wenige Clubs.

Capri-Stadt

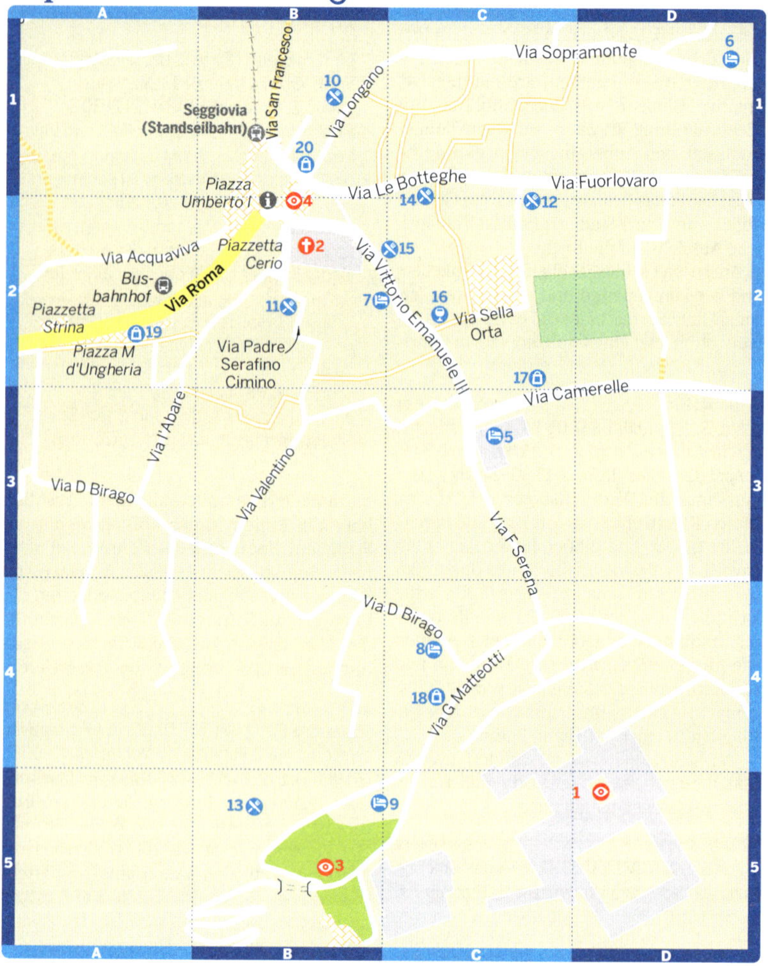

Capri-Stadt

Sehenswertes
1 Certosa di San Giacomo D5
2 Chiesa di Santo Stefano B2
3 Giardini di Augusto B5
4 Piazza Umberto I B2

Schlafen
5 Grand Hotel Quisisana C3
6 Hotel Esperia D1
7 Hotel Gatto Bianco B2
8 Hotel La Tosca C4
9 Hotel Villa Krupp B5

Essen
10 Al Grottino B1
11 Donna Rachele B2
12 È Divino C2
13 Il Geranio B5
14 La Capannina C1
15 Raffaele Buonacore C2

Ausgehen & Nachtleben
16 Taverna Anema e Core C2

Shoppen
17 Capri Watch C2
18 Carthusia I Profumi di Capri C4
19 Da Costanzo A2
20 La Parissienne B1

Taverna Anema e Core CLUB
(Karte S. 122; ☎329 4742508; www.anemaecore.com; Vico Sella Orta 39e, Capri-Stadt; ⏲Di–So 23 Uhr–open end) Hinter einer eher bescheidenen Fassade versteckt der charismatische Guido Lembo seine Taverna Anema e Core, einen der bekanntesten Clubs der Insel. Die coole und raffinierte Bar mit Club zieht eine angenehme Mischung aus superschicken und leger gekleideten Gästen an, die die entspannte Atmosphäre und regelmäßige Livemusik schätzen. Dazu gehört auch zuverlässig authentische neapolitanische Gitarrenmusik mit Gesang.

Shoppen

★**La Parisienne** MODE & ACCESSOIRES
(Karte S. 122; ☎081 837 02 83; www.laparisienne capri.it; Piazza Umberto I 7, Capri-Stadt; ⏲9–22 Uhr) La Parisienne wurde 1906 eröffnet (nein, das ist kein Druckfehler!) und hat sich in den 1960er-Jahren mit der Caprihose endgültig einen Namen gemacht. Richtig bekannt wurde das kecke Beinkleid vor allem durch Audrey Hepburn, die das Teil natürlich hier gekauft hatte. Eine Maßanfertigung ist innerhalb eines Tages fertig, aber die berühmte Hose wird auch von der Stange verkauft (ab 250 €).

Jackie Onassis kaufte hier ein ebenso wie Clark Gable, dem vor allem die Bermudas gefielen, die damals als verwegen galten.

Carthusia I Profumi di Capri KOSMETIK
(Karte S. 122; ☎081 837 53 93; www.carthusia.it; Via Matteotti 2d, Capri-Stadt; ⏲April–Sept. 9–20, sonst 9–17 Uhr) Das berühmte blumige Parfüm aus Capri wurde angeblich 1380 vom Prior des Klosters Certosa di San Giacomo geschaffen – allerdings eher aus Versehen. Für einen überraschenden Besuch der Königin stellte er ihr zu Ehren ein Bouquet aus den schönsten Blumen der Insel zusammen. Als er das Wasser in der Vase wechselte, stellte er fest, dass es den Blumenduft angenommen hatte. Dieser wurde zur Grundlage des klassischen Parfüms, das heute in dem schicken Outlet verkauft wird.

Außer Düften für Damen und Herren verkauft der Laden auch himmlisch duftende Hautpflegeprodukte, Kerzen und Raumdüfte.

Capri Watch MODE & ACCESSOIRES
(Karte S. 122; ☎081 837 71 48; www.capricapri.com; Via Camerelle 21, Capri-Stadt; ⏲Mo–Sa 9–17 Uhr) Die schicke Auswahl an Uhren in diesem Laden stammt aus der Werkstatt des örtlichen Uhrmachers Silvio Staiano. Die Preise beginnen bei erstaunlich günstigen 70 € für ein relativ einfaches Stück und enden mit einigen Nullen mehr bei den edelsteinbesetzten Zeitmessern für die oberen Zehntausend.

Das Geschäft betreibt mehrere Filialen auf der Insel.

Da Costanzo SCHUHE
(Karte S. 122; ☎081 837 80 77; Via Roma 49, Capri-Stadt; ⏲März–Nov. 9–20.30 Uhr) 1959 kaufte sich Clark Gable in diesem winzigen, unprätentiösen Schuhgeschäft ein paar handgemachte Sandalen. Der Laden existiert noch heute und bietet Passanten wie Fashionistas farbenfrohe Schuhmode. Die Preise beginnen bei etwa 90 €.

Praktische Informationen

Touristeninformation (Karte S. 122; ☎081 837 06 86; www.capritourism.com; Piazza Umberto I, Capri-Stadt; ⏲Sommer 8.30–20.45 Uhr, Winter Mo–Sa 9–13 & 15.30–18.45 Uhr) Am Hauptplatz. Hier bekommt man eine Karte der Insel, Listen mit Unterkünften, Fahrpläne für die Fähren und andere nützliche Informationen.

An- & Weiterreise

Autobus ATC (☎081 837 04 20; Ticket 2 €, Tageskarte 6 €) Regelmäßig verkehrende Busse nach/von Anacapri. Der **Busbahnhof** (Karte S. 122) befindet sich an der Via Roma, 150 m südwestlich der Piazza Umberto I.

Anacapri & Umgebung

Anacapri ist zwar ruhiger als die Nachbarstadt Capri, aber Tourismus ist auch hier kein Fremdwort. Er konzentriert sich hauptsächlich um die Villa San Michele di Axel Munthe und die Souvenirläden an den Hauptstraßen. Wer etwas weiterforscht, stellt aber schnell fest, dass Anacapri im Grunde immer noch das ruhige, ländliche Örtchen ist, das es immer schon war.

Sehenswertes

★**Villa San Michele di Axel Munthe** MUSEUM, GÄRTEN
(Karte S. 126; ☎081 837 14 01; www.villasan michele.eu; Via Axel Munthe 34; 8 €; ⏲Mai–Sept. 9–18 Uhr, sonst kürzer) Das ehemalige Haus des schwedischen Arztes, Psychiaters und Tierschützers Axel Munthe sollte auf keiner Reiseroute fehlen. Wo heute die Villa steht, stand auch schon während der Römerzeit

eine Villa. Der Garten mit den perfekt gepflegten Blumenbeeten lädt zu einem geruhsamen Spaziergang mit wunderschönen Aussichtspunkten und einigen römischen Skulpturen ein, die sich in einem Erinnerungsfoto wunderbar machen.

Wer zwischen Juni und August hier ist, erwischt vielleicht auch eines der klassischen Konzerte im Garten. Termine und Reservierungsinfos stehen auf der Website.

Chiesa di San Michele KIRCHE

(Karte S. 126; Piazza San Nicola; 3 €; ⌚9.30–19 Uhr) Das bedeutendste Bauwerk von Anacapri ist berühmt für seinen farbenprächtigen Fliesenboden, der die Geschichte von Adam und Eva darstellt. Das Kunstwerk ist von so meisterlicher Detailfülle, dass man den Boden der achteckigen Kirche ohne Abdeckung beließ, damit Besucher ihn eingehender betrachten können. Den besten Blick bietet aber eine kleine Aussichtsgalerie, zu der eine Wendeltreppe hochführt.

Belvedere di Migliera AUSSICHTSPUNKT

(Karte S. 118) Die Aussichtsplattform, die von Anacapri in 30 Minuten über einen befestigten Fußweg zu erreichen ist, bietet einen spektakulären Panoramablick aufs Meer. Von der Piazza Vittoria geht man auf der Via Caposcuro geradeaus und dann weiter auf ihrer Verlängerung, der Via Migliera. Unterwegs führt der Weg vorbei an Obstgärten, Weinbergen und kleinen Waldstücken.

INSIDERWISSEN

PROMI-INSEL

Als Synonym für die Mittelmeer-Schickeria genießt Capri seit Jahrhunderten einen Ruf als Tummelplatz der Berühmten und Berüchtigten. Wer den Fuß in eines der alteingesessenen Restaurants setzt, wird in den meisten Fällen eine Fotowand voller Spaghetti schmausender und Negroni schlürfender Prominenter vorfinden.

Der erste illustre Inselbewohner, der hier seine Zelte aufschlug, war 27 n. Chr. Kaiser Tiberius. Der für seine sexuellen Ausschweifungen (zumindest, wenn man dem römischen Schriftsteller Sueton glauben darf) bekannte Römer ließ sich zwölf Villen auf der Insel bauen, darunter die riesige Villa Jovis. Er hinterließ offenbar auch in der Bevölkerung tiefe Narben, sodass sein Name bis heute auf Capri mit dem Bösen schlechthin gleichgesetzt wird. Als der schwedische Arzt Axel Munthe Anfang des 20. Jhs. anfing, die römischen Ruinen zu erforschen und schließlich eine Villa am Standort eines tiberischen Palastes baute, hieß es unter Einheimischen nur abfällig, das sei alles „*roba di Tiberio*" – Tiberius' Zeug.

Was die Insel aber wirklich zum Magneten für Promis machte, waren weniger die Eskapaden des Tiberius als die Entdeckung der Blauen Grotte im Jahr 1826. Die Geschichte der spektakulären Höhle sprach sich wie ein Lauffeuer unter Künstlern wie John Singer Sargent, Komponisten wie Debussy, Intellektuellen, Industriellen und Schriftstellern herum, die nun alle die einsame Schönheit der Insel selbst sehen wollten (obwohl sich manch einer auch eher von der Käuflichkeit der einheimischen Jungs angezogen fühlte). Einer der ersten Wiederholungsgäste, der deutsche Industrielle und Waffenhersteller Alfred Krupp, wurde in einen homosexuellen Skandal verwickelt, während der Schriftsteller Norman Douglas und der französische Graf Jacques d'Adelswärd-Fersen die Gerüchteküche insgesamt am Laufen hielten.

Die Insel diente auch dem einen oder anderen russischen Revolutionär als Zuflucht: 1905 siedelte Maxim Gorki nach einem gescheiterten Putsch gegen den Zar nach Capri über; 1908 und 1910 kam Wladimir Lenin auf Capri-Besuch. Anfang des 20. Jhs. besuchten der chilenische Dichter Pablo Neruda und auch der Schriftsteller Thomas Mann regelmäßig die Insel; die britischen Schriftsteller Compton Mackenzie und Graham Greene lebten hier für längere Zeit und die während des Zweiten Weltkriegs bekannte Sängerin Gracie Fields bezog hier ihren Alterssitz.

In neuerer Zeit ließ sich die Sängerin Mariah Carey beim Einkaufen mit ihrem (inzwischen Ex-)Milliardärsfreund James Packer auf der Insel blicken, während Beyoncé und Jay-Z beim Abendessen in Capri-Stadt geknipst wurden. Solche Promis tragen dazu bei, Capris glamouröses Dolce-Vita-Image intakt und die überarbeiteten Paparazzi der Insel in Lohn und Brot zu halten.

NICHT VERSÄUMEN

HISTORISCHE LUXUSVILLEN

Der Nordostzipfel von Capri beherbergt zwei der eindrucksvollsten ehemaligen Wohngebäude der Insel.

Rund 40 Gehminuten von der Piazza Umberto I in Capri-Stadt steht eine wunderbar melancholisch anmutende Jugendstilvilla, die **Villa Lysis** (Karte S. 118; www.villalysiscapri.com; Via Lo Capo 12; 2 €; ⏲ Sommer Do–Di 10–18 Uhr, Winter Do–Di 10–16 Uhr). Sie diente dem französischen Dichter Jacques d'Adelswärd-Fersen als Rückzugsort, da er 1904 vor einem Skandal um homosexuelle Eskapaden aus Paris nach Capri geflüchtet war. Im Unterschied zu anderen Villen wurde das Interieur weitgehend leer belassen; es bleibt der Phantasie der Besucher überlassen, es mit Leben zu füllen.

Eine bemerkenswerte Kuriosität ist das Chinesische Zimmer im Untergeschoss. Es umschließt eine halbrunde „Opiumhöhle" mit einem hakenkreuzförmigen Swastika-Emblem auf dem Fußboden (im Hinduismus und Buddhismus ist die Swastika ein wichtiges Symbol). Nach einem Ceylon-Besuch Anfang des 19. Jhs. wurde Fersen opiumsüchtig. Überwältigend ist auch der sonnengesprenkelte Garten in seiner teils schon von der Natur überwucherten klassizistischen Pracht.

Von hier kann man über einen steilen, gewundenen Pfad, den Sentiero delle Calanche, innerhalb von 20 Minuten die **Villa Jovis** (Villa Jupiter; Karte S. 118; Via A. Maiuri; Erw./erm. 6/3 €; ⏲ Juni Mi–Mo 10–18 Uhr, Juli & Aug. bis 19 Uhr, das übrige Jahr eingeschränkte Öffnungszeiten, Jan.–Mitte März geschl.) erreichen. Die Villa Jovis war die größte und prunkvollste der zwölf Villen, die der römische Kaiser Tiberius (reg. 14–37 n. Chr.) auf Capri errichten ließ, und seine Hauptresidenz auf der Insel. Die riesige Anlage, von der heute nur Ruinen übrig sind, soll Schauplatz der dekadenten Ausschweifungen des Kaisers gewesen sein. Zu ihr gehörte außer den kaiserlichen Gemächern auch eine ausgedehnte Badelandschaft, eingebettet in üppige Gärten und Wald.

Die spektakuläre Lage stellte die Architekten des Kaisers vor gewaltige Aufgaben. Das Hauptproblem bestand darin, genügend Wasser für die Bäder und die weitläufige Gartenanlage zu sammeln und zu speichern. Die Lösung war schließlich ein komplexes Kanalsystem, mit dem Regenwasser in vier riesige Wasserspeicher geleitet wurde. Die Überreste sind auch heute noch gut zu erkennen.

Neben dem Kartenschalter befindet sich der 330 m hohe **Salto di Tiberio** (Sprung des Tiberius), ein spektakulärer, senkrecht abfallender Küstenfelsen, von dem aus der Kaiser angeblich in Ungnade Gefallene ins Meer werfen ließ.

Von Capri-Stadt ist die Villa Jovis zu Fuß in 45 Minuten über die Via Tiberio zu erreichen.

Vom Belvedere aus kann man über die Torre di Materita nach Anacapri zurückgehen. Wer sich nicht ausgelastet fühlt, besteigt noch den Monte Solaro. Achtung: Der anstrengende Aufstieg ist als mittelschwer bis schwer eingestuft.

Casa Rossa MUSEUM
(Karte S. 126; ☎081 838 21 93; Via Orlandi 78; 3,50 €; ⏲10–13.30 & 17.30–20 Uhr) Das auffällige „rote Haus" im marokkanischen Stil wurde 1876 von dem amerikanischen Colonel John Clay MacKown erbaut. Der um einen Wehrturm aus dem 16. Jh. entstandene Bau beherbergt heute eine bunte Mischung an Malerei aus dem 19. Jh., darunter stimmungsvolle Capri-Bilder von Gonsalvo Carelli (1818–1900) und von dem Franzosen Eduard Alexandre Sain, der in Bildern wie *Hochzeit auf Capri* die Atmosphäre der Insel aufs Schönste eingefangen hat. Ebenfalls zu sehen ist eine kolossale römische Statue aus dem 1. Jh., die Anfang des 19. Jhs. bei Ausgrabungen in der Blauen Grotte entdeckt wurde.

Essen

In Anacapri gibt es eine Reihe von Trattorien und Restaurants, die hauptsächlich traditionelle Kost der Region und Pizza servieren.

Trattoria Il Solitario TRATTORIA €
(Karte S. 126; ☎081 837 13 82; Via Orlandi 96; Mahlzeiten 20–30 €; ⏲April–Okt. 12–15.30 & 19–23.30 Uhr; 👪) Viel näher als hier kommt man definitiv nicht mehr an eine Privateinladung heran. Die Tische stehen in einem kleinen Hinterhof mit Zitronenbäumen und Kinderspielzeug in der Ecke. Überhaupt hat die ganze Atmosphäre etwas entspannt Fe-

Anacapri

Anacapri

Highlights
1 Seggiovia del Monte Solaro C2
2 Villa San Michele di Axel Munthe D1

Sehenswertes
3 Casa Rossa B2
4 Chiesa di San Michele A2

Schlafen
5 Capri Palace C2
6 Casa Mariantonia A3
7 Hotel Bellavista C1
8 Hotel Carmencita B3
9 Hotel Senaria A4

Essen
10 La Rondinella A3
11 Le Arcate B2
12 Trattoria Il Solitario A2

Ausgehen & Nachtleben
13 Caffè Michelangelo A2

Shoppen
14 Elegantia B2
15 Limoncello Capri Canale Massimo C1

rienhaftes. Auf der Speisekarte stehen die üblichen Inselgerichte: Pasta und Meeresfrüchte, Fleisch vom Grill und Pizza. Die Portionen sind groß und die Qualität ist hoch.

Unter den Pizzas ist auch eine große Auswahl an *pizza bianche* – sehr angenehm für alle, die langsam keine Tomaten mehr sehen können.

La Rondinella ITALIENISCH €€
(Karte S. 126; ☎081 837 12 23; www.ristorantelarondinella.com; Via Orlandi 295; Mahlzeiten 30–

40 €, Pizza ab 7 €; ⏲12–14.30 & 19–23.30 Uhr, Nov.–März geschl.) Das Restaurant im Herzen des weiß getünchten Anacapri war das Stammlokal von Graham Greene, wenn er sich auf der Insel aufhielt. Wer weiß, welche literarischen Geistesblitze der Schriftsteller hatte, während er an seinem bevorzugten Ecktisch saß? Vielleicht ließ er sich wie heutige Gäste von den *linguine alla ciammura*, einem Pastagericht in einer cremigen Sauce mit Sardellen, Knoblauch und Petersilie, inspirieren.

Die *torta di mandorle* (Schokoladen-Mandel-Torte) bildet den passenden Epilog zu einem unwiderstehlichen Menü.

Le Arcate KAMPANISCH, PIZZA €€
(Karte S. 126; ☎081 837 35 88; Via de Tommaso 24; Pizza 7–11 €, Mahlzeiten 30 €; ⏲12–15 & 19–24 Uhr) Wer Einheimische nach einem guten Restaurant fragt, wird sehr oft hierher verwiesen. Die Inneneinrichtung des unprätentiösen Lokals setzt sich aus Hängekörben mit Efeu, sonnengelben Tischtüchern und alten Terrakottafliesen zusammen. Spezialität des Hauses sind die raffiniert schlichten *primi* (Vorspeisen) und Pizzas. Sehr probierenswert ist auch der Inselklassiker *ravioli alla caprese* (mit einer Füllung aus Ricotta, Parmesan und Majoran in Tomaten- oder Salbei-Butter-Sauce).

Ausgehen & Nachtleben

Caffè Michelangelo CAFÉ
(Karte S. 126; Via Orlandi 138, Anacapri; ⏲Juli & Aug. 8–2 Uhr, Sept.–Juni 8–1 Uhr, Nov. & Dez. Do geschl.;) An einer Straße mit stilvollen Geschäften und in der Nähe zweier hübscher Plätze – die beste Adresse in Anacapri, um sich ein Weilchen niederzulassen und dem Touristentreiben zuzuschauen. Dazu mundet ein *spritz con Cynar*, die weniger süße Abwandlung des klassischen Aperol Spritz, die mit einem bittersüßen italienischen Kräuterlikör zubereitet wird. Außerdem werden auch offene Weine ausgeschenkt.

Shoppen

Limoncello Capri Canale Massimo GETRÄNKE
(Karte S. 126; ☎081 837 29 27; www.limoncello.com; Via Capodimonte 27, Anacapri; ⏲9–19.30 Uhr) Nicht vom knallgelben Schild irritieren las-

ABSEITS DER ÜBLICHEN PFADE

PASSEGGIATA DEL PIZZOLUNGO

Ein Netz gut gepflegter Wanderwege zieht sich über die ganze Insel Capri – teilweise durch Gebiete, die selbst im Sommer fast menschenleer sind. Brauchbare Karten dazu gibt es bei der Touristeninformation. Eine besonders schöne Wanderroute ist die Passeggiata del Pizzolungo, die als Rundwanderung ab dem Zentrum von Capri-Stadt absolviert werden kann. Sie ist sogar für Capris Verhältnisse spektakulär und passiert eine ganze Reihe von Sehenswürdigkeiten an der Westküste, wie den Arco Naturale, die Faraglioni und mehrere Grotten sowie *belvederi* (Aussichtspunkte). Der Weg ist größtenteils befestigt; er hat eine Menge Stufen, ist aber nicht übermäßig schwierig. Die Wanderung sollte ungefähr eine Stunde dauern und ist auf den meisten Karten der Gegend, die bei der Touristeninformation erhältlich sind, grob eingezeichnet.

Von Capri-Stadt führt die Route ostwärts zum **Arco Naturale** (Karte S. 118). Der kuriose Kalksteinbogen aus der Altsteinzeit wurde über Jahrtausende durch die Naturgewalten ausgehöhlt. Vom Ende der Via Matermània geht es zum Restaurant Le Grottelle (S. 121) zurück und dann die Treppe daneben (Passeggiata del Pizzolungo) hinunter. Etwa auf halber Höhe liegt die riesige **Grotta di Matermània** (Karte S. 118), die den Römern als *nymphaeum* (Wassernymphenschrein) diente, mit Resten eines Wandmosaiks aus Muscheln. Unten angekommen führt der Pfad die felsige Küste entlang nach Süden. Links erscheint auf der Landzunge Punta Massullo eine auffällige Flachdach-Villa: die **Villa Malaparte** (Karte S. 118), das ehemalige Ferienhaus des toskanischen Schriftstellers Curzio Malaparte (1898–1957). Auf dem Weg nach Westen um den unteren Waldsaum des Monte Tuoro wird der Ausblick aufs Meer immer beeindruckender. Ein paar Hundert Meter weiter führt rechts eine Treppe zum **Belvedere di Tragara** (Karte S. 118) hinauf, der einen atemberaubenden Blick auf die schroffen Kalksteinzacken der **Isole Faraglioni** (Karte S. 118) bietet. Von hier geht es auf der Via Tragara zurück zum Stadtzentrum.

GROTTA AZZURRA

Bei Weitem die berühmteste Attraktion auf Capri ist die **Grotta Azzurra** (Blaue Grotte; Karte S. 118; 14 €; ⏲9–17 Uhr). Die außergewöhnliche Meereshöhle leuchtet in einem unirdisch blauen Licht. Am einfachsten ist sie per Bootstour von Marina Grande zu besuchen. Die Tickets gelten nur für die Bootsfahrt hin und zurück; das Ruderboot in die Grotte hinein und das Eintrittsgeld zur Grotte müssen separat bezahlt werden. So schön sie ist, wird die Grotte im Sommer oft von Besuchermassen überschwemmt. Die vielen Menschen, die langen Wartezeiten und die Trinkgeld heischenden Fremdenführer können einem das Erlebnis etwas verleiden.

Die unter einheimischen Fischern längst bekannte Grotte wurde 1826 von zwei Deutschen – dem Schriftsteller Augustus Kopisch und dem Maler Ernst Fries – neu entdeckt. Recherchen ergaben, dass Kaiser Tiberius bereits 30 n. Chr. einen Kai mit *nymphaeum* (Schrein für die Wassernymphe) in die Höhle bauen ließ. Im hinteren Bereich sieht man noch heute den gemeißelten römischen Landesteg.

Die 54 x 30 m große und 15 m hohe Grotte ist in prähistorischer Zeit möglicherweise um 20 m abgesunken, wodurch jede Öffnung bis auf den 1,3 m hohen Eingang blockiert wurde. Hierin liegt das Geheimnis des magisch blauen Lichts: Das Sonnenlicht kommt unter dem Wasser durch eine kleine Öffnung herein und wird vom Wasser gebrochen. Zusammen mit der Reflexion durch den weißen Sandboden erzeugt dies die intensiv blaue Farbe, der die Grotte ihren Namen verdankt.

Die Grotte ist auch von Landseite zu erreichen. Dazu fährt man mit dem Bus von Marina Grande nach Anacapri und dann mit einem anderen Bus bis zum Straßenende an der Grotta Azzurra. Von hier führt eine Treppe zu einer kleinen Anlegestelle hinunter, wo Ruderboote darauf warten, Passagiere in die angrenzende Grotte zu bringen.

Besucher sollten sich darüber im Klaren sein, dass sie auf einer Tour höchstens zehn Minuten im Inneren der Grotte verbringen. Die singenden „Kapitäne" sind übrigens im Preis inbegriffen; man muss sich also keineswegs verpflichtet fühlen, ihnen auch noch ein Trinkgeld zu geben.

Bei rauer See ist die Grotte geschlossen. Schwimmen ist darin verboten, vor dem Eingang jedoch erlaubt.

sen! Dieser historische Laden hat tatsächlich mit den besten Limoncello der ganzen Insel. Und nicht nur das: Hier wurde er erfunden. Zumindest behaupten das die Inhaber. Angeblich mixte Vivica, die Großmutter des aktuellen Inhabers Massimo, den ersten zitronigen Tropfen als Verdauungsschnäpschen für die Gäste ihres kleinen Gästehauses. Heute produziert der Laden an die 70 000 Flaschen pro Jahr – außerdem Zitronen- und Orangenpralinen (sehr zu empfehlen), Zitronenmarmelade und Zitronenhonig. Darüber hinaus gibt es ein leckeres Zitronensorbet (2,50 €) mit 2 % Alkoholgehalt.

Elegantia MODE & ACCESSOIRES
(Karte S. 126; Via Orlandi 75, Anacapri; ⏲Mo–Sa 9–20 Uhr) Wer immer schon so einen Schlapphut in Pastellfarben wollte, bekommt hier für 15 €, was sein Herz begehrt. Der Inhaber führt auch Änderungen und Reparaturen durch.

ℹ Praktische Informationen

Touristeninformation (Karte S. 126; ☎081 837 15 24; www.capritourism.com; Via Orlandi 59, Anacapri; ⏲Juni–Mitte Sept. tgl. 8.30–16.15 Uhr, sonst Mo–Sa 8.30–14.30 Uhr) Hält eine Karte der Insel, ein Hotelverzeichnis und weitere nützliche Infos bereit.

ℹ An- & Weiterreise

Autobus ATC (S. 123) Regelmäßig verkehren Busse nach/von Marina Grande und Capri-Stadt. Am **Busbahnhof** (Karte S. 126; Piazzetta Cimitero) von Anacapri kann man in Minibusse zur Grotta Azzurra und zum *faro* (Leuchtturm) umsteigen.

Marina Grande

☎081

Capris größter Hafen ist mit seinem etwas heruntergekommenen Charme sehr italienisch und hat dabei wenig mit dem weltmännischen Glamour auf dem Hügel gemein. Für alle, die ganz dringend schwimmen wollen, gibt es westlich des Hafens einen schönen 200 m langen Kieselstrand (der größte auf Capri).

Sehenswertes

Bagni di Tiberio STRAND
(Karte S. 118; ⌚April–Sept. 9 Uhr–Sonnenuntergang) Am Kieselstrand befindet sich der beliebteste Strandclub der Insel (Eintritt 20 €), wo man in den Ruinen einer römischen Villa planschen kann. Er liegt zehn Gehminuten oder eine kurze Bootsfahrt von Marina Grande entfernt.

Chiesa di San Costanzo KIRCHE
(Karte S. 118; Via Marina Grande) Die älteste Kirche der Insel ist die einzige wirkliche Sehenswürdigkeit in der Nähe des Jachthafens. Die weiß getünchte *chiesa* wurde im 5. Jh. erbaut und dem Schutzpatron von Capri geweiht, der sich unterwegs von Konstantinopel nach Rom vor einem Sturm auf die Insel rettete und hier blieb. Der ursprüngliche Bau entstand auf römischen Mauerresten, während die heutige byzantinische Kirche das Ergebnis eines Umbaus im 10. Jh. ist.

Aktivitäten

★ **Capri Whales** BOOTSTOUREN
(Karte S. 118; ☎081 837 58 33; www.capriwhales.it; Marina Grande 17; 2-std. Bootstouren ab 150 €, Tagesausflug nach Positano 450 €, Bootsverleih 3 Std./Tag 150/300 €; Kinder unter 6 J. frei; ⌚Mai–Okt.; 👪) Der sympathische Betrieb am Hauptkai bietet geführte Bootstouren um die Insel und ganztägige Ausflüge nach Positano an. Alternativ kann man auch bloß ein Boot für drei Stunden oder den ganzen Tag ausleihen. Bei den familienfreundlichen Touren werden Rettungswesten für Kinder und Wasserspielzeug zur Verfügung gestellt.

Motoscafisti di Capri BOOTSTOUREN
(Karte S. 118; ☎081 837 56 46; www.motoscafisticapri.com; Privatpier 0; Grotta Azzurra/Inselrundfahrt 15/18 €) Der Anbieter veranstaltet Touren von Marina Grande zur Blauen Grotte. Das Ruderboot in die Grotte hinein ist nicht im Preis enthalten, sondern muss am Grotteneingang bezahlt werden. Bei Onlinebuchnung sind die Bootstickets 1 € billiger. Das Unternehmen bietet außerdem eine zweistündige Bootsfahrt rund um die Insel an, die ebenfalls die Grotta Azzurra ansteuert.

NICHT VERSÄUMEN

MONTE SOLARO

Capris höchster Punkt ist der Gipfel des **Monte Solaro** (Karte S. 118), der sich 589 m über Anacapri erhebt. Am einfachsten erreicht man ihn mit der **Seggiovia del Monte Solaro** (Karte S. 126; ☎081 837 14 38; www.capriseggiovia.it; Via Caposcuro; einfache Fahrt/hin & zurück 8/11 €; ⌚Mai–Okt. 9.30–17 Uhr, März & April 9–16 Uhr, Nov.–Feb. 9–15.30 Uhr) von der Piazza Vittoria aus. Mit dem altmodischen Sessellift über die weißen Häuser, terrassierten Gärten und dunstigen Hänge von Anacapri auf den Gipfel des höchsten Berges von Capri hinaufzuschweben, ist wohl eines der großartigsten Erlebnisse, die die Insel zu bieten hat. Die viel zu kurze Fahrt dauert nur 13 Minuten, dafür erwartet die Besucher oben eine überwältigende Aussicht, umrahmt von verstümmelten klassischen Statuen.

Wer mehr Kalorien verbrennen will, kann den Gipfel zu Fuß erklimmen; das dauert etwa 45 bis 60 Minuten pro Strecke. Dazu nimmt man zunächst die Via Axel Munthe und biegt dann rechts auf die Via Salita per il Solaro ab. Der Weg führt stetig bergauf, ist aber nicht weiter schwierig, wenn man einigermaßen fit ist. Dem steilen, steinigen Wanderweg bis zum Pass La Crocetta folgen, der durch ein markantes Eisenkruzifix gekennzeichnet ist. Hier teilt sich der Weg: Rechts führt er zum Gipfel mit spektakulärem Ausblick über den Golf von Neapel und die Amalfiküste, links zum Cetrella-Tal und zur kleinen Einsiedelei **Santa Maria a Cetrella**.

Die Einsiedelei stammt aus dem 16. Jh. Ihr Glockenturm und die beiden Kirchenschiffe mit Tonnengewölbe sind die ältesten Teile des Bauwerks. Die Sakristei und einige Nebenräume wurden im frühen 17. Jh. angebaut. Die Einsiedelei ist nicht immer geöffnet. Besucher, die einen Blick hineinwerfen möchten, sollten bei der Touristeninformation nachfragen, bevor sie hier heraufkommen.

1

INU/SHUTTERSTOCK ©

2

4

FRANK CHMURA/GETTY IMAGES ©

1. Malerisches Procida (S. 148)
n Pastellfarben gestrichene Häuser auf der hübschen Insel Procida.

2. Marina Corricella (S. 149), Procida
Das farbenfrohe Küstenörtchen Marina Corricella lickt über einen Hafen voller Boote.

3. La Mortella (S. 141), Ischia
Passionsblume in La Mortella, einem der schönsten botanischen Gärten Italiens mit mehr als 1000 seltenen und exotischen Pflanzen.

4. Monte Solaro (S. 129), Capri
Ausblick vom Monte Solaro, dem höchsten Berg auf Capri, leicht zu erreichen per Sessellift.

KAREL GALLAS/SHUTTERSTOCK ©

ABSEITS DER ÜBLICHEN PFADE

SPIAGGIA DI FARO

Der Lieblingsstrand der Einheimischen auf Capri ist die **Spiaggia di Faro** (Karte S. 118) am Leuchtturm. Der Strand liegt abseits des Touristentrubels und ist für seine wunderbaren Sonnenuntergänge bekannt. Es gibt hier zwei private Strandclubs und einen öffentlichen Bereich mit Café. Wie die meisten Strände auf Capri ist auch dieser vorwiegend felsig – was seiner Beliebtheit keinen Abbruch tut. Zu erreichen ist er mit dem Bus, der von Anacapri Richtung Faro fährt.

Banana Sport BOOTSVERLEIH
(Karte S. 118; ☎348 5949665; Marina Grande; Bootsverleih 2 Std./Tag 80/220 €; ⏲Mai–Mitte Okt.) Banana Sport liegt am östlichen Ende der Strandpromenade und verleiht Motorschlauchboote für fünf Personen, mit denen man die versteckten Buchten und Grotten der Insel erkunden kann. Damit lässt sich auch die beliebte kleine Bucht **Bagno di Tiberio** (10 €) gut erreichen, die westlich der Marina Grande liegt. Schon Tiberius soll hier gebadet haben.

Geführte Touren

Laser Capri BOOTSTOUREN
(Karte S. 118; ☎081 837 52 08; www.lasercapri.com; Via Colombo 69; Blaue Grotte/Inselrundfahrt 18 €) Die Firma mit Ticketschalter direkt am Hafen (meistens der mit der längsten Schlange davor) bietet die beiden klassischen Inseltouren an: Bootsausflüge zur Grotta Azzurra (das Eintrittsgeld zur Grotte ist nicht enthalten) und eine einstündige Bootsrundfahrt um die Insel.

Wer genügend Zeit hat, sollte sich für die Inselrundfahrt entscheiden – sie ist sehr gefragt, garantiert aber auch spektakuläre Aussicht auf die Villa Jovis, den Arco Naturale, I Faraglioni und die Grotta Verde von einem bequemen Sitzplatz aus.

Sercomar BOOTSTOUREN
(Karte S. 118; ☎081 837 87 81; www.capriseaservice.com; Via Colombo 64, Marina Grande; Bootstouren ca. 18 €; ⏲April–Okt.; 👪) Zweistündige Bootstouren um die Insel zum günstigen Preis. Ursprünglich hatte das Unternehmen auch Tauchtouren im Programm, die allerdings bei unserem letzten Besuch ausgesetzt waren. Interessenten sollten rechtzeitig nachfragen.

Essen

An der Via Marina Grande, gegenüber dem Hafen, gibt es eine Reihe von Lokalen – größtenteils mittelmäßige, überteuerte Touristenfallen. Capri-Stadt und Anacapri haben bessere Esslokale zu bieten.

L'Approdo ITALIENISCH €€
(Karte S. 118; ☎081 837 89 90; www.approdocapri.com; Piazzetta Ferraro 8; Pizza ab 4,50 €, Mahlzeiten 25–40 €; ⏲11.30–16 & 18.30–24 Uhr) Wer mit Hunger von der Fähre steigt, muss nicht lange leiden. Nach dem Fähranleger links und zwei Minuten zu Fuß liegt das rettende Lokal. Der Antipasti-Teller ist sehr gut und sättigend und es gibt eine vielfältige Auswahl appetitlich anzusehender Pizzas, z. B. die *sfilatino* mit Ricotta, Schinken und Mozzarella. Die Meeresfrüchte sind teurer, dafür am selben Tag aus dem Meer gezogen.

Die geräumige Terrasse bietet einen malerischen Ausblick auf die bunten Fischerboote und -netze und fast nichts erinnert an Capris berühmten Glamour.

Praktische Informationen

Touristeninformation (☎081 837 06 34; www.capritourism.com; Banchina del Porto; ⏲Sommer tgl. 8.30–16.15 Uhr, Winter Mo–Sa 8.30–14.30 Uhr) Hier gibt es eine Karte der Insel, Unterkunftsverzeichnisse, Fahrpläne für die Fähren und andere nützliche Infos.

Anreise & Unterwegs vor Ort

Marina Grande ist der Haupthafen der Insel und der Ort, an dem die meisten Capri-Besucher ankommen. Von hier verkehren täglich zahlreiche Fähren und Tragflügelboote nach Neapel und Sorrent (im Sommer auch zur Amalfiküste).

Vom Hafen geht man zu Fuß bis Capri-Stadt 20 Minuten bergauf. Eine Alternative ist die Standseilbahn (S. 117), die die Ankömmlinge direkt zur Piazza Umberto I befördert. Außerdem verkehren Minibusse von Autobus ATC (S. 123) nach Capri-Stadt, Marina Piccola und Anacapri.

ISCHIA

☎081 / 64 000 EW.

Die vulkanische Felsinsel Ischia ist die am besten erschlossene und größte der Inseln im Golf von Neapel. Als frühe Kolonie der Magna Graecia wurde Ischia schon im 8. Jh. v. Chr. erstmals besiedelt. Heute ist die Insel berühmt für ihre Thermalbäder, penibel gepflegten Gärten, eindrucksvollen aragonischen Burgen und das unaufdringliche italienische Flair. Ischia bildet einen erfrischenden Gegenpol zum mondänen Capri.

Die meisten Besucher steuern die nördlichen Küstenorte Ischia Porto, Ischia Ponte, Forio und Lacco Ameno an. Von diesen hat Ischia Porto die besten Bars, während Forio und Lacco Ameno die attraktivsten Kurbäder und Gärten besitzen. An der ruhigeren Südküste bietet das schöne, autofreie Sant' Angelo eine entspannte Kombination aus malerischem Hafen und relaxtem Strandleben. Zwischen den beiden Küsten liegt eine wenig beachtete wunderschöne Landschaft aus Kastanienwäldern, Weinbergen und vulkanischen Felsen, über die Ischias höchster Berg, der Monte Epomeo, wacht.

Praktische Informationen

Touristeninformation (Karte S. 134; ☎ 081 507 42 31; www.infoischiaprocida.it; Corso Sogliuzzo 72, Ischia Porto; ⊙ Mo–Sa 9–14 & 15–20 Uhr) Bietet am Fährhafen in Ischia Porto eine kleine Auswahl an Karten und Broschüren.

An- & Weiterreise

Der Hauptfährhafen von Ischia ist Ischia Porto. Außerdem gibt es kleinere Fähranleger in Casamicciola und Forio.

Alilauro (☎ 081 497 22 42; www.alilauro.it) Betreibt Tragflügelboote von Neapel nach Ischia Porto (20,10 €, 50 Min., bis zu 12-mal tgl.) und täglich bis zu sechs Tragflügelboote zwischen Forio und Neapel (21,50 €). Außerdem verkehren von Ischia Porto täglich zwei Fähren nach Sorrent (22,90 €, 1 Std.).

Caremar (☎ 081 98 48 18; www.caremar.it; Via Iasolino) Betreibt bis zu sechs Tragflügelboote täglich von Neapel nach Ischia Porto (17,90 €, 45 Min.) und Procida (8,70 €, 20 Min.) sowie Fähren.

SNAV (Karte S. 134; ☎ 081 428 55 55; www.snav.it) Betreibt Tragflügelboote von Neapel nach Casamicciola auf Ischia (20,20–21,20 €, 1 Std., 5-mal tgl.).

Unterwegs vor Ort

Auf der umlaufenden Schnellstraße der Insel kann es im Hochsommer ziemlich voll werden. Zäh fließender Verkehr, die Vorliebe der einheimischen Jugend für waghalsige Überholmanover in uneinsehbaren Kurven und Umweltverschmutzung durch zu viele Autossind lauter gute Gründe, sich auf dieser Insel auf das gut ausgebaute (und billige) Busnetz oder auf ein (nicht billiges) Taxi zu verlassen. Die Entfernung zwischen den Sehenswürdigkeiten und der Mangel an Bürgersteigen an den verkehrsreichen Straßen wirken eher abschreckend auf Spaziergänger.

Der **Hauptbusbahnhof** (Karte S. 134; Ecke Via Iasolino & Via della Foce) von Ischia liegt eine Gehminute westlich des **Fährterminals** (Karte S. 134; Via Iasolino) von Ischia Porto; von hier verkehren Busse in alle Richtungen.

AUTO & MOTORROLLER

Wer der kleinen Insel einen Gefallen tun will, reist ohne Auto an. Auto oder Roller für einen Tagestrip können bei zahlreichen Vermietungen geliehen werden. **Balestrieri** (☎ 081 98 56 91; www.autonoleggiobalestrieri.it; Via Iasolino 35, Ischia Porto; Auto ab 30/140 € pro Tag/Woche) vermietet Autos und Roller und hat auch Mountainbikes im Angebot (15 € pro Tag). Achtung: Leihfahrzeuge dürfen die Insel nicht verlassen.

Parken

Für alle, die in der Hochsaison hier Auto fahren, wird Parken zu einer richtigen Plage. Wer schlau ist, mietet einen Smart, der auch noch in die kleinste Lücke passt. Am Ortseingang von Sant'Angelo gibt es einen kleinen Parkplatz (2 Std. 3 €); im Zentrum von Ischia Porto und Ischia Ponte ist jeweils ein beschilderter Parkplatz (1,50 € pro Std.).

BUS

Die beiden wichtigsten Buslinien sind Linie CS (Circolo Sinistro; Kreis links), die gegen den Uhrzeigersinn um die Insel fährt, und Linie CD (Circolo Destro; Kreis rechts), die das Gleiche im Uhrzeigersinn tut. Beide durchfahren alle Orte im 15- bis 30-Minuten-Takt. Die Busse fahren in der Nähe aller Hotels und Campingplätze vorbei. Ein Einzelfahrschein *(corsa singola)* kostet 1,50 € (2 €, wenn man ihn im Bus kauft). Eine Tageskarte für beliebig viele Fahrten *(biglietto giornaliero)* kostet 4,50 € und ist in Tabakläden zu bekommen.

Taxis und Mikrotaxis (Dreiradautos mit Rollermotor) stehen ebenfalls zur Verfügung.

Ischia Porto & Ischia Ponte

Nominell sind Ischia Porto und Ischia Ponte zwei getrennte Ortschaften. De facto bilden sie aber eine einzige mäandernde Schlange aus pastellfarbenen Häusern, Terrassenbars, Restaurants und palmenbeschatteten Läden und Hotels.

Der Fährhafen war ursprünglich ein Kratersee, der 1854 auf Bitte des spanischen Königs Ferdinand II. zum Meer durchgebrochen wurde. Angeblich konnte Majestät den Gestank des Sees nicht ertragen; wahrschein-

Ischia

licher ist jedoch, dass er sich davon eine Steigerung seiner Einnahmen durch den Schiffsverkehr versprach. Wie auch immer: Gelohnt hat es sich auf jeden Fall. Heute ist der Hafen von Restaurants gesäumt, die frischen Fisch im Angebot haben. Weiter im Osten liegt die **Spiaggia dei Pescatori**, eine unwiderstehliche Mischung aus bunt bemalten Fischerbooten, goldgebräunter Haut und knalligen Sonnenschirmen vor dem Hintergrund der imposanten Silhouette des Castello Aragonese.

Sehenswertes

Santa Maria Assunta KATHEDRALE

(Karte S. 134; Via Mazzella, Ischia Ponte; 8–12.30 & 16.30–20 Uhr) Die Torre del Mare, ein auffälliger Wachturm aus dem 15. Jh., dient heute der Kathedrale von Ischia als Glockenturm. Die 1751 fertiggestellte Kirche wurde von Antonio Massinetti entworfen und steht auf den Fundamenten zweier früherer Kirchen – eine aus dem 13. und eine aus dem 17. Jh. Im barock ausgestalteten Innern finden sich ein alter Taufstein, der aus der nahen Burg

Ischia

Highlights
1 Castello Aragonese ... H3
2 La Mortella ... B2

Sehenswertes
3 Baia di Sorgeto ... C6
4 Cappella di San Nicola di Bari ... D3
5 Casa Museo ... D4
6 Chiesa di Santa Maria del Soccorso ... A3
7 Giardini Ravino ... B3
8 Monte Epomeo ... D3
Museo Angelo Rizzoli ... (s. 9)
9 Museo Archeologico di Pithecusae ... C1
10 Punta Caruso ... B1
11 Spiaggia dei Maronti ... D6

Aktivitäten, Kurse & Touren
12 Giardini Poseidon ... B4
13 Negombo ... C1
14 Parco Termale Aphrodite Apollon ... D6
15 Terme Cavascura ... D5
16 Westcoast ... B3

Schlafen
Albergo Il Monastero ... (s. 1)
17 Camping Mirage ... E6
18 Hotel Casa Celestino ... D6
19 Hotel La Sirenella ... C1
20 La Rotonda sul Mare ... B2
21 Mezzatorre Resort & Spa ... B1
22 Semiramis Hotel de Charme ... B4
Umberto a Mare ... (s. 28)

Essen
23 Gardenia Mare ... H4
24 Il Focolare ... E3
La Cantina del Mare ... (s. 19)
25 La Casereccia ... C3
26 Montecorvo ... B4
27 Ristorante Pietratorcia ... B4
28 Umberto a Mare ... A3
29 Zi Carmela ... B3

Shoppen
30 L'Isoletto ... D6
31 Stella di Mare ... C1

gerettet wurde und von Marmorstatuen der Tugenden getragen wird, sowie ein nüchternes romanisches Kruzifix.

Museo del Mare MUSEUM

(Karte S. 134; ☎081 98 11 24; Via San Giovanni da Procida 2, Ischia Ponte; Erw./erm. 2,50 €/frei; ⏲Mi, Fr & So 10.30–12.30, Di, Do & Sa 16–20 Uhr; 👪) Wer ein Seemannsherz hat (oder eine Vorliebe für Schiffsmodelle) sollte sich auf jeden Fall das Schifffahrtsmuseum mit seinen liebevoll dokumentierten Exponaten ansehen. Zu sehen sind unter anderem Votivgaben der Seeleute an Heilige, wunderschön gearbeitete Schiffsmodelle und aufschlussreiche Fotografien aus dem Inselleben des 20. Jhs., z. B. die Ankunft des allerersten amerikanischen Autos im Jahr 1958 – damals mit Sicherheit ein großes Ereignis.

Aktivitäten

Ischia Diving TAUCHEN

(Karte S. 134; ☎081 98 18 52; www.ischiadiving.net; Via Iasolino 106, Ischia Porto; Tauchgang 40 €) Der alteingesessene Tauchveranstalter bietet mehrere Tauchpakete zu attraktiven Preisen, z. B. fünf Tauchgänge mit Ausrüstung für 180 €.

Essen

Ischia Porto und Ischia Ponte haben eine Reihe anständiger Restaurants. Der Schwerpunkt liegt auf frisch gefangenem Fisch und Meeresfrüchten. Wer mit Blick aufs Wasser dinieren will, hält sich am besten an die Restaurants entlang der Via Porto, die an der Ostseite des Hafens von Ischia Porto verläuft. Im Zweifelsfall immer nachfragen, ob die Meeresfrüchte *surgelato* (tiefgefroren) oder *fresco* (frisch) sind, und Letzteren den Vorzug geben.

Ristorante Aglio, Olio & Pomodoro ITALIENISCH €

(Karte S. 134; ☎081 1914 3460; Via Mazzella 84, Ischia Ponte; Mahlzeiten 20 €; ⏲12.30–15 & 19–23 Uhr) Knoblauch, Olivenöl und Tomaten bilden die Grundlage vieler schlicht zubereiteter Gerichte dieser einladenden Trattoria, die heimische Spezialitäten wie Kaninchen sowie ausgezeichnete Pizza und Fischgerichte auftischt. Nicht die eleganteste Adresse der Stadt, aber mit vernünftigen Preisen und gut für ein vergnügliches Mahl.

Al Pontile ITALIENISCH €

(Karte S. 134; ☎081 98 34 92; Via Mazzella 15, Ischia Ponte; Mahlzeiten ab 20 €; ⏲März–Okt. 12–15 & 19–24 Uhr) Die Tische vor und hinter dem Lokal haben über die Einkaufsstraße bzw. übers Meer hinweg alle einen stimmungsvollen Ausblick auf die Burg. Auf der beruhigend kurzen Speisekarte stehen Nudelklassiker wie *puttanesca* mit Kapern, Tomaten und Oliven sowie die üblichen Hauptgerichte mit Fleisch und Fisch. Gegen ein entsprechend freundliches Lächeln bringt der Wirt mit der Rechnung eine Flasche Limoncello vorbei.

Bar de Maio GELATO €
(Karte S. 134; ☎ 081 99 18 70; Piazza Antica Reggia 9, Ischia Porto; Eiscreme ab 1,50 €; ⏲ 24 Std.) Offiziell eine Bar in Hafennähe, aber vor allem als erstklassige Adresse für *gelato* bekannt. Für manche Einheimischen ist das hier die beste Eisdiele der Insel.

Da Ciccio CAFÉ €
(Karte S. 134; ☎ 081 199 13 14; Via Porto 1, Ischia Porto; Snacks ab 1 €; ⏲ 8–24 Uhr; 📶) Das Da Ciccio ist altehrwürdig und beliebt genug, um als „Institution" durchzugehen (seit 1947 im Geschäft und kein Ende in Sicht). Die stets gut besuchte Bar (nicht mit dem gleichnamigen Restaurant zu verwechseln) liegt mitten im Hafengebiet. Sie dient zugleich als entspanntes Lokal, das Menschen, die dank kostenlosem WLAN hier ihre E-Mails checken, mit Eiscreme, Gebäck und Kaffee versorgt.

Gran Caffè Vittoria CAFÉ €
(Karte S. 134; ☎ 081 199 16 49; Corso Colonna 110, Ischia Porto; Gebäck ab 2,50 €; ⏲ 8–23 Uhr) Das vornehme Café am schickeren Ende des Hafens beschäftigt Kellner der alten Schule (mit Fliege um den Hals), die eine kunstvoll arrangierte Auswahl an Kuchen, Gebäck, Kaffee und anderen Köstlichkeiten auftragen. Der größte Teil der Gästeschar macht es sich auf der Terrasse auf der anderen Seite der verkehrsberuhigten Straße gemütlich.

★ Ristorante La Pantera Rosa ITALIENISCH €€
(Karte S. 134; ☎ 081 99 24 83; Via Porto 53, Ischia Porto; Mahlzeiten 30 €; ⏲ 12–14.30 & 19–23.30 Uhr) Von den vielen Esslokalen, die sich an Ischias Hafen reihen, ist der „rosa Panther" vielleicht das beste. Zunächst wäre da der Inhaber Amedeo, ein Sprachgenie, der gleich in fünf Sprachen charmant parliert. Und dann das Essen: Neben traditionellen Pasta- und Pizzarezepten locken überaus empfehlenswerte Spezialitäten wie *risotto alla pescatora* (mit Meeresfrüchten).

Gardenia Mare MEDITERRAN €€
(Karte S. 134; ☎ 081 99 11 07; www.gardeniamare.it; Via Nuova Cartaromana 66, Ischia Ponte; Mahlzeiten 35–40 €; ⏲ 9–18 & 20.30–23.30 Uhr) Mit Bambusmöbeln, allem möglichen Grünzeug drum herum und wunderbaren Ausblicken auf das Castello Aragonese ist das Gardenia Mare ein fabelhaft romantisches Plätzchen für ein Abendessen zum Sonnenuntergang. Außerdem ist es das Restaurant eines Strandclubs (Gäste, die nur essen wollen, zahlen keinen Eintritt), sodass man sich den Appetit auf die Fischgerichte erarbeiten kann, indem man vorher ein wenig herumplanscht.

Da Raffaele ITALIENISCH €€
(Karte S. 134; ☎ 081 99 12 03; www.daraffaele.it; Via Roma 29, Ischia Porto; Mahlzeiten 28 €; ⏲ März–Nov. 12–15 & 18.30–23.30 Uhr; 👪) Das hell erleuchtete, einladende Lokal liegt sehr günstig mitten auf der Via Roma. Die Speisekarte hält kaum Überraschungen bereit, dafür ist alles sehr gut gemacht. Eine gute Wahl ist *frittura di pesce all'ischitana* (Fischplatte vom Grill), empfehlenswert sind aber auch die *melanzane a funghetti* (gegrillte Auberginen mit Tomaten, Pilzen, Knoblauch und Basilikum). Vielleicht die beste Adresse auf Ischia für Bier und Pizza an einem Straßentisch.

Ristorante da Ciccio ITALIENISCH €€
(Karte S. 134; ☎ 081 99 16 86; Via Mazzella 32, Ischia Ponte; Mahlzeiten 25–30 €; ⏲ 12–15.30 & 19.30–23.30 Uhr, Dez.–Feb. Di geschl.) Das Da Ciccio (Italienisch für „Dickerchen") brutzelt

NICHT VERSÄUMEN

RISTORANTE PIETRATORCIA

Inmitten einer Idylle aus wuchernden Reben, wilden Feigenbäumen und Rosmarinbüschen liegt das **Ristorante Pietratorcia** (Karte S. 134; ☎ 081 90 72 32; www.ristorantepietratorcia.it; Via Provinciale Panza 401; Menü 35 €, Weinverkostung ab 20 €; ⏲ Ostern–Okt. 11–14 & 17.30–24 Uhr; 📶), eine erstklassige Weinkellerei mit hervorragender Ischia-Küche. Hier kann man sich durch die alten Steingewölbe führen lassen, heimische Weine verkosten und gekonnt zubereitete Menüs mit Fisch, Meeresfrüchten oder Fleisch von der Insel genießen, z. B. Kaninchen mit Pasta oder nach ischitanischer Art mit Kartoffeln in Wein geschmort. In der Hauptsaison unbedingt reservieren. Die Buslinien CD und CS halten wenige Meter vom Eingang. Am besten bittet man den Busfahrer, Bescheid zu sagen, wo man aussteigen muss.

Ischia Porto & Ponte

Ischia Porto & Ponte

Sehenswertes
1 Museo del Mare ... D1
2 Santa Maria Assunta ... D1

Aktivitäten, Kurse & Touren
3 Ischia Diving ... A1

Schlafen
4 Hotel Noris ... C4
5 Il Moresco ... C2

Essen
6 Al Pontile ... D1
7 Bar de Maio ... B2
8 Da Ciccio ... B2
9 Da Raffaele ... B2
10 Gran Caffè Vittoria ... C2
11 Ristorante Aglio, Olio & Pomodoro ... C1
12 Ristorante da Ciccio ... D1
13 Ristorante La Pantera Rosa ... B1

Ausgehen & Nachtleben
14 Bar Calise ... C3
15 Valentino Ischia ... C3

Shoppen
16 Antica Macelleria di Francesco Esposito ... B2
17 Atelier delle Dolcezze ... C3
18 Filippo Cianciarelli ... D4
19 Judith Major ... C2
20 Libreria Imagaenaria ... D1
21 Scaglione Renato ... B2

schon seit 1963 Fischgerichte. Sein derzeitiger Inhaber, der sympathische Carlo, betreibt es als stimmungsvolle Trattoria mit schlichter, ungeniert fischlastiger Speisekarte. Die Pasta mit Garnelen, Muscheln und Zucchini ist ein Gedicht.

Im Sommer gibt es auch Tische draußen vor der Tür mit Traumblick auf das Castello.

Ausgehen & Nachtleben

Ischia ist nicht Ibiza. Trotzdem ist rund um Ischia Porto ganz schön was los und eine Handvoll Bars und Nachtclubs hat auch bis in die Puppen geöffnet.

Bar Calise BAR

(Karte S. 134; ☎ 081 99 12 70; www.barcalise.com; Piazza degli Eroi 69, Ischia Porto; ⏲ Di–So 11–16 & 18–2 Uhr) Die 1925 eröffnete Bar in Hafennähe gehört zu den ältesten Ischias. Sie verströmt eine träge-vornehme Atmosphäre. Kellner mit Westen servieren Cocktails und Kaffee, dazu gibt's live Latin-, Swing- und Folkmusik. Die dazugehörige *pasticceria* ist eine tolle Adresse für *sfogliatelle* (Blätterteig mit Ricotta-Zimt-Füllung) und andere Leckereien.

Valentino Ischia CLUB

(Karte S. 134; ☎ 081 98 25 69; www.valentinoischia.eu; Corso Colonna 97, Ischia Porto; ⏲ Mi–So 22–5 Uhr) Ein überraschend quirliger Club mit internationalem House und – als ästhetischem Bonus – hübschen traditionellen Majolikakacheln.

Shoppen

Ischias Shoppingmeile konzentriert sich um die Via Roma und die kleinen Sträßchen, die nach Ischia Ponte führen. Vom taschentuchgroßen Bikini zum dekadenten *babà* (in Rum getränkter Biskuit) gibt es hier genügend Einkaufsmöglichkeiten für einen Kreditkarteninfarkt. Entspannter geht es in den winzigen Boutiquen und Kunstgalerien von Sant'Angelo und Forio zu.

Antica Macelleria di Francesco Esposito LEBENSMITTEL

(Karte S. 134; ☎ 081 98 10 11; Via delle Terme 2, Ischia Porto; ⏲ 8–13.30 & 16.30–22 Uhr) Der hundertjährige Delikatessenladen ist der Himmel für Feinschmecker. Ab 8 Uhr morgens gibt's frischen Mozzarella mit *casareccio* aus dem Holzofen, eine Käseauswahl, bei der einem das Wasser im Mund zusammenläuft, *prosciutto*, hausgemachte Salami mit *peperoncino* und marinierte Paprika. Mit anderen Worten: Alle Zutaten für ein Picknick am Strand. Auch der obligatorische Falanghina (trockener Weißwein) fehlt nicht im Sortiment.

Atelier delle Dolcezze LEBENSMITTEL

(Cioccolateria e Gelateria d'Arte; Karte S. 134; Via Cortese; ⏲ Di–So 9–13.30 & 16.30–20.30 Uhr) Der wunderbar moderne Chocolatier verführt mit süßen schokoladigen Leckereien sowie köstlichem handwerklich hergestelltem Speiseeis. Die hübsch verpackten Schachteln sind prima Mitbringsel.

Libreria Imagaenaria BÜCHER

(Karte S. 134; ☎ 081 98 56 32; Via Mazzella 46–50, Ischia Ponte; ⏲ 9–21.30 Uhr) Die wunderbar altmodische Buchhandlung in Ischia Ponte mit Armsesseln und Bergen von vielsprachigen Büchern verkauft auch schöne Kunstdrucke aus heimischer Produktion.

Judith Major MODE & ACCESSOIRES

(Karte S. 134; ☎ 081 98 32 95; Corso Colonna 174, Ischia Porte; ⏲ 9.30–13.30 & 16–20 Uhr) Der Name klingt wie der einer strengen Lehrerin. Erstaunlicherweise verbirgt sich dahinter aber eine peppige Boutique, die den exklusiven Vertrieb des italienischen Modelabels Brunello Cucinelli hat. Der Look entspricht ungefähr Polo Ralph Lauren mit sexy italienischer Note. Das Angebot umfasst Kaschmirpullover, legere Hemden, Blazer und schicke Damenmode. In der Schuhabteilung gibt's für Männer Prada, Barrett und Alberto Guardiani und für Frauen Stuart Weitzman und Pedro Garcia.

Filippo Cianciarelli KERAMIK

(Artigianato Ischitano; Karte S. 134; www.ceramichecianciarelli.it; Via Mazzella 113, Ischia Ponte; ⏲ Mo–Sa 9–13 & 16–20 Uhr) Filippo heißt der Schöpfer dieser lebhaft und originell gemusterten Stücke. Darunter sind auffällige, pyramidenförmige Vasen, abstrakte Keramikmosaike und kleinere, kofferfreundliche Teile wie Teller, Tassen u. Ä. Neben seinen Arbeiten sind hier auch traditionellere Töpferwaren zu finden. Über der Ladentür steht „Artigianato Ischitano".

Scaglione Renato SCHMUCK

(Karte S. 134; ☎ 081 98 45 03; Via Alfredo de Luca 109, Ischia Porto; ⏲ Mo–Sa 9–13 & 16–20 Uhr) Der kleine Juwelier hat eine kleine, aber sehr feine Auswahl exquisiter Schmuckstücke mit Türkisen, Amethysten, Bernstein und Koralle. Die Preise sind etwas günstiger als bei der hochglanzpolierten Konkurrenz in der nahe gelegenen Via Roma.

An- & Weiterreise

Ischia Porto ist der Haupthafen der Insel. Von hier verkehren täglich Tragflügelboote der Unternehmen Caremar (S. 117) und Alilauro (S. 133) nach Neapel.

Unterwegs vor Ort

Vom Hauptbusbahnhof (S. 133) der Insel, eine Gehminute westlich des Fähranlegers von Ischia Porto, fahren Busse zu allen Orten der Insel.

DIE INSELN IN ....

... einem Tag

Nur eine kurze Fährfahrt von Neapels lauten und überfüllten Straßen entfernt lädt die sympathisch urwüchsige Insel Procida zu einem relaxten Tagesausflug ein. Nach einem entspannten Bummel durch die Altstadt (*centro storico*) wartet an der **Marina Corricella** (S. 148) ein einfaches Mahl aus frischen Meeresfrüchten mit Blick auf die Fischerboote. Am Nachmittag bietet sich eine **Bootstour** (S. 153) zu den idyllischen Buchten der Insel an.

... zwei Tagen

Am besten ist man schon früh auf Ischia, um im Botanischen Garten von La Mortella auf schattigen Pfaden zwischen den exotischen Pflanzen umherzuwandern. Im verschlafenen **Sant'Angelo** (S. 146) kann man in Strandnähe zu Mittag essen. Später geht es per Wassertaxi zur **Terme Cavascura** (S. 147), dem ältesten natürlichen Thermalbad der Insel, wo der Nachmittag ganz im Zeichen der Erholung und Entspannung steht. Einen schönen Abschluss bildet ein Streifzug durch die abwechslungsreichen **Geschäfte** (S. 139) der Via Roma, die nur einen kurzen Bummel vom Fähranleger entfernt liegt.

... drei Tagen

Auf Capri sollte man vor den Scharen von Tagesausflüglern ankommen und als Erstes den symbolträchtigen Platz **La Piazzetta** (S. 120) ansteuern, wo sich auch die Einheimischen tummeln. Von den schicken Ladenzeilen geht es dann zu den nahe gelegenen **Giardini di Augusto** (S. 119) mit ihren blumenbepflanzten Terrassen und traumhafter Aussicht. Nach dem Mittagessen mit Meerblick verlocken die schönen Wanderwege der Insel zu einem Spaziergang oder einer anspruchsvolleren Wanderung.

Lacco Ameno

☎081 / 4800 EW.

Lacco Ameno, die kleinste der sechs Gemeinden Ischias, war die vielleicht erste griechische Kolonie in Italien. Heute liegt die faszinierende Geschichte unter einer Ansammlung schicker Kurbäder verborgen. Die Griechen kamen um 750 v. Chr. als erste Siedler in die Gegend. Sie tauften Ischia Pithecusae und erbauten eine Akropolis auf dem Monte Vico, nicht weit vom heutigen Lacco Ameno. In der Nähe wurden zahlreiche Nekropolen entdeckt.

Zu neuem Glanz gelangte Lacco in den 1950er- und 1960er-Jahren, als der italienische Filmproduzent Angelo Rizzoli die Villa Arbusto aus dem 18. Jh. erwarb und die römische Vorliebe für Thermalbäder wiederbelebte. Französische Filmsternchen und europäische Königskinder tummelten sich im legendären Kurort Terme Regina Isabella. Die Promis sind verschwunden, aber das örtliche Wahrzeichen ist geblieben: die 10 m hohe Felsformation **Il Fungo** (der Pilz), die der Monte Epomeo vor Tausenden von Jahren ins Meer gespuckt hat.

Sehenswertes

Museo Archeologico di Pithecusae MUSEUM

(Karte S. 134; ☎081 99 61 83; www.pithecusae.it; Corso Rizzoli 210; inkl. Museo Angelo Rizzoli 5 €; ⏲Di–So 9.30–13 & 15–18.30 Uhr) Das Museo Archeologico di Pithecusae ist in der eleganten Villa Arbusto (ehemaliges Wohnhaus des Filmproduzenten Angelo Rizzoli) untergebracht und steht damit bereits an einem höchst historischen Ort, nämlich mit Blick auf den Monte Vico, auf dem einst die Siedlung und Akropolis von Pithecusae standen. Das Museum stellt faszinierende bedeutende Funde aus der hellenischen Besiedlungszeit der Insel aus, die Objekte von importierter Keramik bis zu Teilen der Akropolis selbst umfasst. Highlight ist der legendäre Becher des Nestor aus dem 7. Jh. v. Chr. in Sala (Saal) II. Die Inschrift auf dem Becher gehört zu den ältesten Zeugnissen griechischer Schrift überhaupt und lobt passenderweise den Wein von Ischia. Zur Anlage gehört außerdem noch das Museo Angelo Rizzoli.

Museo Angelo Rizzoli MUSEUM

(Karte S. 134; ☎081 99 61 83; www.museoangelorizzoli.it; Corso Rizzoli 210; inkl. Museo Archeologico di Pithecusae 5 €; ⏲Di–So 9.30–13 & 15–18.30 Uhr; 👪) Das winzige Museum, das innerhalb des größeren Museo Archeologico di Pithecusae (S. 144) untergebracht ist, huldigt dem Mann, der in den 1950er-Jahren aus dem bescheidenen Nest Lacco einen Promi-Hotspot machte. Coole Paparazzi-Fotos und Zeitungsausschnitte des Hitchcock-mäßigen Rizzoli und seiner berühmten Freunde zieren die Wände der Zimmer, die einst Gina Lollobrigida, Grace Kelly, Federico Fellini und Konsorten beherbergten. Genauso bemerkenswert ist der Garten der Villa, der mit Zitronenbäumen, Springbrunnen, Kinderspielplatz und Fünfsterne-Ausblick auf die Campi Flegrei seiner illustren Gäste würdig war.

Aktivitäten

★ Negombo THERME
(Karte S. 134; ☎081 98 61 52; www.negombo.it; Baia di San Montano; Tageskarte 33–36 €, ab 13.30 Uhr 26–27 €; ⏲Mitte April–Okt. 8.30–19 Uhr) Mit seinem vielseitigen Angebot das vielleicht beste Thermalbad auf einer Insel, die von Thermalbädern nur so wimmelt. Es hat nicht nur Thermalbecken mit Zen-Atmosphäre, einen Hamam und einen Privatstrand, sondern gehört mit seinen über 500 exotischen Pflanzenarten auch dem Verband der Grandi Giardini Italiani an. Obendrein ist es ein „Kunstpark" mit avantgardistischen Skulpturen, die in das üppige Grün eingebettet sind.

Die attraktiven Becken (15 insgesamt) sind von Blumen und Blätterwerk umgeben. Außerdem gibt es ein japanisches Labyrinthbecken für müde Füße, eine anständige *tavola calda* (Snackbar) und ein umfangreiches Angebot an Massage- und Kosmetikbehandlungen. Dank des vorgelagerten Privatstrands an der Baia di San Montano lockt Negombo ein jüngeres Publikum an als viele andere Thermalbäder auf Ischia.

Gäste, die mit dem Auto oder Motorroller kommen, können auf dem Gelände parken (Auto/Motorroller 5/3 € pro Tag).

Essen

La Cantina del Mare ITALIENISCH €
(Karte S. 134; ☎081 333 03 22; Corso Rizzoli 20; Mahlzeiten 25 €; ⏲12–14.30 & 19–24 Uhr) Der freundliche Laden gleich gegenuber vom Strand serviert Einheimischen und gut informierten Touristen hervorragendes Essen – Spezialität des Hauses sind Meeresfrüchte. Genießen kann man das Ganze auf der hübschen Terrasse oder im dämmerigen Innenraum, der von Weinregalen umrahmt wird. Auch das Brot ist eine Besonderheit, denn es stammt aus dem ältesten Backofen der Insel und wird täglich frisch geliefert.

Shoppen

Stella di Mare BEKLEIDUNG
(Karte S. 134; ☎081 199 43 96; Corso Rizzoli 150; ⏲9.30–13 & 17–22 Uhr) Ebenso hochpreisige wie hinreißende Damenbekleidung: Die Röcke und Kaftane aus Seide und Leinen bewirken, dass frau immer schön cool bleibt, dazu passen Sandalen, Halbschuhe und Taschen mit Fransen und Perlen.

An- & Weiterreise

Die beiden Hauptbuslinien von Ischia – CS und CD – halten auf ihrem Weg rund um die Insel auch in Lacco Ameno. Sie fahren alle 15 bis 30 Minuten von der Uferpromenade, Kreuzung Corso Angelo Rizzoli und SS270, ab.

Forio & die Westküste

Forio ist die größte Stadt der Insel und war in den 1950er-Jahren der liebste Urlaubsort von Tennessee Williams und Truman Capote. Hier gibt es einige der besten Restaurants auf Ischia, gute Strände und zwei wunderschön angelegte Botanische Gärten.

Sehenswertes

★ La Mortella GÄRTEN
(Karte S. 134; ☎081 98 62 20; www.lamortella.it; Via F. Calese 39; Erw./erm. 12/10 €; ⏲April–Okt. Di, Do, Sa & So 9–19 Uhr) Das Pflanzenparadies La Mortella (dt. die Myrte) umfasst das ehemalige Wohnhaus und die Gartenanlage des britischen Komponisten William Walton (1902–1983; S. 149) und seiner argentinischen Frau Susana. Die von den maurischen Gärten der Alhambra in Granada inspirierte Anlage wurde von Russell Page entworfen und gilt als einer der schönsten Botanischen Gärten Italiens. Rund um die Terrassen, Tümpel, Palmen und Springbrunnen sind mehr als 1000 seltene, exotische Pflanzen aus aller Welt zu sehen.

Der untere Teil des Gartens ist tropisch-feucht, der obere ist mit mediterranen Gewächsen bepflanzt und eröffnet wunderbaren Blick auf Forio und die Küste.

Die Waltons ließen sich 1949 hier nieder und luden in der Folge illustre Gäste wie Sir Laurence Olivier, Maria Callas und Charlie Chaplin in ihr Heim. Ein kleines Museum auf dem Gelände widmet sich dem Leben des Komponisten, dessen Asche unter einem Monument im oberen Bereich des Gartens beigesetzt ist. Im Frühjahr und Sommer finden in der Gartenanlage Kammermusik- und andere Konzerte statt. Im recht eleganten Café können die Gäste ein Tässchen Tee im Grünen genießen.

Giardini Ravino GÄRTEN

(Karte S. 134; ☎081 99 77 83; www.ravino.it; SS 270; Erw./erm. 9/4 €; ⊙März–Mitte Nov. Mi & Fr–Mo 9 Uhr bis Sonnenuntergang) Die 6000 m^2 großen Gärten, die ganz und gar dem stolzen Kaktus gewidmet sind, stehen für die persönliche Vision des hiesigen Botanikers Giuseppe D'Ambra, der seit den 1960er-Jahren Pflanzen von seinen Reisen mitbringt. Die Sammlung ist breit gefächert und umschließt auch andere Sukkulentenarten, teilweise mit homöopathischen Eigenschaften. Sonntags um 11 Uhr gibt es eine Führung, ansonsten empfiehlt es sich, vorher zu reservieren.

In den Gärten gibt es neben Konzerten und Kunstausstellungen auch Apartments für Selbstversorger.

Chiesa di Santa Maria del Soccorso KIRCHE

(Karte S. 134; Via Soccorso 1; ⊙10 Uhr bis Sonnenuntergang) Die winzige weiße Kirche thront im Stadtzentrum über dem Wasser. Sie gehörte ursprünglich zu einem Augustinerkloster aus dem 14. Jh. 1791 bzw. 1854 wurde sie um eine Seitenkapelle und eine Kuppel ergänzt, wobei Letztere nach dem Erdbeben von 1883 noch einmal erneuert wurde. Die ungleichen Majolikafliesen aus dem 18. Jh., welche die vom Meerwasser angegriffene Treppe vor der Kirche zieren, sind wirklich wunderschön – der Ausblick ist es ebenfalls.

Aktivitäten

Giardini Poseidon THERME

(Gärten des Poseidon; Karte S. 134; ☎081 908 71 11; www.giardiniposeidonterme.com; Via Mazzella, Spiaggia di Citara; Tageskarte/halber Tag/Abend 33/28/6 €; ⊙April–Okt. 9–19 Uhr) Südlich von Forio lockt das größte Thermalbad von Ischia, die riesigen Giardini Poseidon, mit 20 Becken (Wassertemperatur 28–40 °C) auf einem 6 ha großen Gelände. Zum breit gefächerten Angebot an Behandlungen und Anlagen gehören Massagen, Saunen, Whirlpools, verschiedene Gesundheitsbehandlungen sowie Terrassenbecken, die sich den Vulkanhang bis zum Meer hinunterziehen. Eine schöne Alternative ist der herrliche Privatstrand am Fuß des Hangs.

Westcoast BOOTSVERLEIH

(Karte S. 134; ☎081 90 86 04; www.westcoastischia.it; Porto di Forio; Bootsverleih ab 100 €; ⊙April–Nov. 9–18.30 Uhr) Westcoast verleiht ganztägig Motorboote und Schlauchboote (mit oder ohne Skipper). Das ist vor allem im August interessant, wenn alle beliebteren Strände überfüllt sind. So kann man sich eine ruhige kleine Sandbucht suchen.

Essen

An brauchbaren Esslokalen herrscht in Forio kein Mangel. Viele säumen die Hafenpromenade, aber einige der besten – darunter eine Weinkellerei – liegen am Stadtrand verstreut.

Zi Carmela ITALIENISCH €

(Karte S. 134; ☎081 99 84 23; Via Schioppa 27; Mahlzeiten 25 €; ⊙April–Okt. 12–15 & 19–24 Uhr; 👪) Das mehrere Jahrzehnte alte Restaurant hat eine wunderschöne Terrasse, die mit Kupferpfannen, Keramiktassen sowie Knoblauch- und Chili-Girlanden geschmückt ist. Einheimische kommen wegen der Meeresfrüchte her: *fritturina e pezzogne* (ein regionaler Weißfisch, im Pizza-Holzofen gegart) oder *tartare di palamito al profumo d'arancia* (Fisch-Tatar mit Zitrone).

Untendrunter befindet sich eine amerikanisch gestylte Bar (ihr Eingang liegt an einer Seitenstraße).

★ **La Casereccia** KAMPANISCH €€

(Karte S. 134; ☎081 98 77 56; www.lacasereccia.com; Via Baiola 269; Mahlzeiten 28–40 €; ⊙13–15 & 19.30–1 Uhr) Unter der verlässlichen Leitung von Mamma Tina tischt das Casereccia jede Menge schmackhafte *casereccia* (Hausmannskost) auf. Auf der sehr inseltypischen Speisekarte dominieren Fisch und Meeresfrüchte, Pizza mit dickem Boden, Wein von der Insel und die viel gepriesene Inselspezialität *coniglio* (Kaninchen) – ob als Braten oder als leckere Raviolifüllung. Das Lokal liegt etwas außerhalb der Stadt an den Hängen des Monte Epomeo und ist den Abstecher allemal wert.

Montecorvo ITALIENISCH €€

(Karte S. 134; ☎081 99 80 29; www.montecorvo.it; Via Montecorvo 33; Mahlzeiten 30 €; ⊙tgl. 19.30–24, So auch 12.30–15 Uhr, Dez.–März Mi geschl.; 📶) Das Restaurant liegt inmitten von üppigem Blätterwerk am Berghang versteckt; ein Teil des Speisesaals ragt als Höhle in den Fels

CASTELLO ARAGONESE

Burgen gibt es viele, aber der **Castello Aragonese** (Aragonische Burg; Karte S. 134; ☎081 99 19 59, 081 99 28 34; www.castelloaragoneseischia.com; Rocca del Castello, Ischia Ponte; Erw./erm. 10/6 €; ⌚9 Uhr–Sonnenuntergang) auf Ischia ist etwas ganz Besonderes. Die Festungsstadt auf ihrer eigenen kleinen Felsinsel wirkt wie eine Kreuzung aus Harry Potters Hogwarts-Schule und dem Mont Saint-Michel. Die erste Festung hier wurde von dem syrakusischen Tyrannen Gerone I. im Jahr 474 v. Chr. erbaut. Der heutige Bau stammt größtenteils aus dem 15. Jh. Damals befahl König Alfons von Aragonien eine gründliche Runderneuerung der älteren angevinischen Festung. So entstanden befestigte Bastionen, der heutige Fahrdamm und eine in den Felsen gehauene Zugangsrampe.

Am Fuß des Komplexes zahlt man den Eintritt und gelangt dann mit einem Aufzug oder über verschiedene Wege zu einem Rundgang durch die Gebäude und üppigen Gärten. Die beschilderte Route beginnt an der relativ modernen und schlichten **Chiesa dell'Immacolata**, die 1737 auf den Grundmauern einer älteren Kirche errichtet wurde. Der Bau wurde vom angrenzenden **Convento delle Clarisse** (Klarissenkloster) in Auftrag gegeben, blieb dann aber schmucklos, als dem Orden das Geld ausging. Nebenan hinterließen die Nonnen die seltsamste und makaberste Sehenswürdigkeit der Festung. Wenn die damaligen Ordensschwestern verstarben, wurden ihre Leichen in den fensterlosen **Cimitero delle Monache Clarisse** gebracht und dort auf abortähnliche Sitze gesetzt. Die lebenden Nonnen mussten die verwesenden Leichname täglich anbeten – als grausige Erinnerung an ihre eigene Sterblichkeit. Kein Wunder, dass viele von ihnen sich dabei Krankheiten einfingen, die teils tödlich ausgingen. Heute sind nur noch die leeren Sitze als schaurige Zeitzeugnisse zu besichtigen.

Viel freundlicher wirkt die sonnengebleichte, stuckierte Ruine der **Cattedrale dell' Assunta** aus dem 14. Jh., die 1809 unter Kanonenbeschuss zusammenbrach, als die Briten versuchten, die napoleonische Besatzungsarmee zur Aufgabe zu zwingen. Die Krypta unter der Ruine stammt aus dem 11. Jh. Hier sind noch Teile eines von Giotto inspirierten Freskos aus dem 14. Jh. zu sehen.

Wer noch weiter geht, erreicht die elegante achteckige **Chiesa di San Pietro a Pantaniello** und den düsteren **Carcere Borbonico**, einst das Gefängnis für die Anführer des Risorgimento (italienische Nationalbewegung im 19. Jh.), darunter Poerio, Pironti, Nusco und Settembrini. Außerdem gibt es noch das grausige **Museo delle Torture**, ein kleines Museum mit mittelalterlichen Folterinstrumenten sowie eindrucksvollen Rüstungen und Waffen.

Beim Bummel über das terrassierte Festungsgelände kann man noch in mehrere kleine Kapellen hineinschauen und die Aussicht vom Terrazzo degli Ulivi (Olivenbaum-Terrasse) genießen.

Zur Anlage gehören zwei attraktive Caféterrassen (die höhere davon bietet Blick nach Capri hinüber) und das Hotel **Albergo Il Monastero** (S. 221).

hinein. Die grün umwucherte Terrasse bietet ein spektakuläres Sonnenuntergangspanorama. Inhaber und Küchenchef Giovanni ist stolz auf seine besonderen Tagesgerichte, bei denen der Schwerpunkt auf gegrilltem Fleisch und Fisch liegt. Besonders beliebt ist die einheimische Spezialität Kaninchen, im Holzofen gegart.

Aufgrund seiner versteckten Lage ist das über eine Nebenstraße zu erreichende Montecorvo gut ausgeschildert.

Umberto a Mare ITALIENISCH **€€€**

(Karte S. 134; ☎081 99 71 71; www.umbertoamare.it; Via Soccorso 2; Mahlzeiten 45–50 €; ⌚März–Dez. 12–15 & 19–23 Uhr) Schon seit 80 Jahren genießen glückliche Gäste das Sonnenuntergangspanorama von dieser Restaurantterrasse neben der im spanischen Missionsstil erbauten Soccorso-Kirche. Zur Wahl stehen eine ruhige Café-Bar mit leichten Snacks und ein formelleres Restaurant mit saisonal wechselnder Speisekarte. Besonders gut sind die Penne mit Hummer und Spargel sowie das delikate *al profumo di mare* (leicht gegrillter Fisch, frisch aus dem Meer).

Ein besonders deliziöses Dessert ist das Orangensorbet.

FAULE TAGE AM STRAND

Kampaniens Traumlandschaften bieten nicht nur Gelegenheit zu Abenteuern, sondern auch Entspannung. Die Region verfügt über einige der einladensten Küstenabschnitte Italiens. Dies sind die besten spiagge *(Strände) zum Bräunen, Baden und Relaxen.*

INSELSTRÄNDE

Der Top-Strand auf Capri ist der von **Marina Grande** (Karte S. 118), wo sich etwas Sand zwischen die Kiesel mischt. Am Kiesstrand **Bagni di Tiberio** (S. 129) kann man zwischen Ruinen planschen; die **Spiaggia di Faro** (S. 132) ist ein Geheimtipp, um grandiose Sonnenuntergänge zu genießen. Auf Ischia lockt die **Baia di Sorgeto** (S. 147) mit einer blubbernden Thermalquelle, während die felsige **Punta Caruso** (Karte S. 134) klares, tiefes Wasser für erwachsene Schwimmer bietet. Auf Procida lädt die schöne, sandige **Spiaggia di Chiaia** (S. 149) zum Baden ein.

STRÄNDE DER AMALFIKÜSTE

Der schönste, wenn auch oft überlaufene Sandstrand an der Amalfiküste ist **Vietri sul Mare** (🚹). Der steilwandige **Fiordo di Furore** (S. 181) ist ideal zum geschützten Baden. **Maiori** (SS163, Maiori), einer der weniger touristischen Hafenorte der Küste, hat den längsten Strand der Region. **Marina di Praia** bietet eine kiesige Bucht mit guten Bademöglichkeiten, Tauchveranstaltern und ausgezeichneten Fischrestaurants. Die winzige, nach Westen gelegene **Spiaggia della Gavitelli** (S. 177) hat einen privaten Strandclub und tollen Blick auf den Sonnenuntergang.

STRÄNDE DES CILENTO

Weitläufige Sandstrände sind die blitzsaubere **Spiaggia Grande di Acciaroli** (S. 205) und der Strand von **Castellabate** (S. 204), beide Welten entfernt von den steinigeren und belebteren Badestränden der Amalfiküste. Ansprechend wirken auch die **Spiaggia Palinuro** (S. 206) und ihr etwas ruhigeres Gegenstück, die **Spiaggia Marinella** (S. 206).

1. Marina Grande, Capri (S. 128)
2. Fiordo di Furore, Amalfiküste (S. 181)

1

JACKBOLLA/SHUTTERSTOCK ©

INSIDERWISSEN

ISCHIA AUF DEM TELLER

Wenn man die leckersten Spezialitäten der ischitanischen Küche auf einem Teller versammeln wollte, müsste das schon ein mächtig großer Teller sein. Dank der umgebenden Gewässer und der fruchtbaren Vulkanböden der Insel hat sich hier über die Jahre eine unglaubliche Vielfalt an Rezepten entwickelt, die feine Unterschiede zu ähnlichen Gerichten des übrigen Kampaniens aufweisen.

Eine auf Ischia beliebte Vorspeise ist *caponata*. Doch im Gegensatz zur sizilianischen *caponata* (mit Auberginen) ähnelt das ischitanische Gericht eher einer Tomaten-Bruschetta, jedoch mit Thunfisch und Oliven angereichert. Dieses ursprüngliche Arme-Leute-Essen wurde für die Bauern auf dem Feld aus altbackenem Brot vom Vortag zubereitet.

Beim Hauptgang hat man die Qual der Wahl zwischen Land und Meer. Klassische Fischgerichte werden nach einer Garmethode namens *acqua pazza* (wörtlich „verrücktes Wasser") zubereitet: Dabei wird Weißfisch in einer stark gekräuterten Brühe mit heimischen *pomodorini* (Kirschtomaten), Knoblauch und Petersilie pochiert. Typische Fischsorten der Insel sind u. a. *pesce bandiera* (Degenfisch), *castagna*, *lampuga* und *palamide* (ein kleiner Thunfisch). Meeresfrüchte wie Tintenfisch, Garnelen und Sardellen genießt man am besten gebraten als *frittura di paranza* („vom Fischerboot") mit Zitrone dazu.

Die saftigen *pomodorini* sind auch eine wichtige Zutat beim absoluten Ischia-Klassiker *coniglio all'ischitana*: Kaninchenragout, das in einer Sauce aus Oliven, ungeschälten Knoblauchzehen, Tomaten, Peperoni, Basilikum, Thymian und Weißwein in einem großen Tontopf auf dem Herd geschmort wird. Früher wurden dafür Wildkaninchen verwendet, aber seit dem späten 20. Jh. kamen auch auf Ischia meist Kaninchen aus Käfighaltung auf den Tisch. In den letzten Jahren sind im Zuge des Slow-Food-Trends viele Bauern zu der Praxis zurückgekehrt, Kaninchen *di fossa* (halbwild in unterirdischen Bauen) zu halten.

Trotz der hohen Bevölkerungsdichte und des Mangels an Agrarland gibt es auf Ischia immer noch rund 800 ha Weinberge, die meisten davon terrassiert an den unteren Hängen des Monte Epomeo. Der Weinbau auf Ischia geht auf die alten Griechen zurück und die Insel besitzt einige der ältesten D.O.C.s (kontrollierte Ursprungsbezeichnungen) Italiens. Zu Fisch oder Pasta passen Forastera oder Biancolella (beides Weißweine). Zum herzhaften *coniglio all'ischitana* mundet ein rubinroter Piedirosso.

Wer danach noch Platz für ein Dessert hat, sollte unbedingt den Schokoladen-Mandel-Kuchen von der Nachbarinsel Capri probieren und mit dem obligatorischen eiskalten Limoncello nachspülen.

An- & Weiterreise

Alilauro (S. 133) betreibt Tragflügelboote zwischen dem Hafen von Forio und Neapel.

Die beiden Hauptbuslinien von Ischia – CS und CD – steuern Forio auf ihrem Rundkurs um die Insel an. Die Busse fahren alle 15 bis 30 Minuten von einer Bushaltestelle am Hafen, an der Kreuzung Via Colombo und Via Panza, ab.

Sant'Angelo & die Südküste

Das winzige Örtchen Sant'Angelo zieht mit seinen versteckten Boutiquen, Restaurants am Meer und tollen Stränden eine modebewusste Klientel an. Stille Gässchen führen den Berg hinunter zur angesagten Piazzetta Ottorino Troia, wo sonnengebräunte Einheimische bei einem Campari spätabends einem Sommerkonzert lauschen. Und über all das wacht der riesige *scoglio* (Fels). Er ist mit dem Ort über eine lange Sandbank verbunden, auf der und um die herum Fischerboote, Sonnenschirme und *bagnini* (Rettungsschwimmer) das Bild prägen.

Vom Pier fahren bunt bemalte Wassertaxis zum Sandstrand **Spiaggia dei Maronti** (Karte S. 134) oder zur kleinen Bucht Baia di Sorgeto (S. 147).

Sehenswertes

Casa Museo MUSEUM
(Hausmuseum; Karte S. 134; ☎349 7198879; SS 270, Serrara Fontana; ⏲10–19 Uhr) GRATIS Zuerst die gute Nachricht: Der Weg zum Museum

ist gut beschildert und einen Parkplatz gibt es ebenfalls. Die schlechte Nachricht: Das Museum liegt an einer gefährlichen Ecke auf der Bergstraße zwischen Buonopane und Fontana. Trotzdem ist es einen Umweg wert, denn die bezaubernde Casa Museo ist viel interessanter als ihr Name. Die direkt in den Felsen gehauenen Ausstellungsräume enthalten skurrile Arbeiten aus Stein, Holz und Kieselsteinen (z. B. die lebensgroße Skulptur eines Schweins).

Wunderbar sind auch der steinerne Neptunkopf, phantasievolle Reptilien aus Kieseln, Holzmöbel aus knorrigen Baumstämmen und die feinen Kieselmosaike an allen Wänden, selbst im Klo ... Wie bei Alice im Wunderland führen Felstunnel hierhin und dorthin – oder in manchen Fällen auch nirgendwo hin. Der Eintritt ist frei, Spenden sind willkommen.

Baia di Sorgeto THERMALQUELLE
(Karte S. 134; Via Sorgeto) Zwischen all den vornehmen, traumhaft schönen und teils sehr teuren Thermalbädern ist eine kostenlose Thermalquelle eine erfreuliche Abwechslung. Zwei Kilometer südlich des Dorfs Panza führen 300 Stufen zu einer abgeschiedenen Bucht hinunter, an deren Ufer heißes Thermalwasser in Felsbecken fließt, wo es sich mit kühlem Meerwasser mischt. Hier kann man sich einfach eine Stelle mit der optimalen Wohlfühltemperatur suchen (Vorsicht: Das Wasser kann brühheiß sein!) und sich genüsslich auf den Felsen im Wasser aalen.

An der Bucht gibt es einen schäbigen, nur im Sommer geöffneten Kiosk

Die Bucht ist auch per Wassertaxi von Sant'Angelo zu erreichen (eine Strecke 5 €).

Aktivitäten

Terme Cavascura THERME
(Karte S. 134; ☎ 081 90 55 64, 081 99 92 42; www.cavascura.it; Via Cavascura 1, Spiaggia dei Maronti, Sant'Angelo; Thermalbad 12 €, Fangobehandlung & Thermalbad 27 €; ⊙ Mitte April–Mitte Okt. 8.30–18 Uhr) Die schnörkellose Freilufttherme zwischen hohen Felswänden ist die älteste auf Ischia. Gäste können in Bädern planschen, die von den Römern in den Fels gehauen wurden, oder in einer Grotte schwitzen. Um herzukommen, nimmt man ein Wassertaxi nach Cavascura (eine Strecke 3,50 €) und folgt den Schildern zur Terme Cavascura 300 m in eine Schlucht hinein.

Gegen einen Aufpreis kann man sich auch noch eine Gesichtsbehandlung mit Fango und Massage (24 €), eine Maniküre (15 €) oder eine Anti-Stress-Massage gönnen (30 €). Das schwefelhaltige Wasser hilft gegen einige beschwerden, z. B. Rheuma, Bronchitis und Hautkrankheiten.

Parco Termale Aphrodite Apollon THERME
(Karte S. 134; ☎ 081 99 92 19; www.aphroditeapollon.it; Via Petrelle, Sant'Angelo; ganzer/halber Tag 40/30 €; ⊙ Mitte April–Okt. 8–18 Uhr) Ein spektakulärer, wenn auch teilweise schweißtreibender Spaziergang führt nach 2 km von Sant'Angelo zu dieser luxuriösen Therme, die heute Teil des Miramare Sea Resorts ist (wer nicht laufen will, kann auch hinfahren). Hinter den Efeuranken am Eingang verbirgt sich ein marmorverkleideter Komplex aus Fitnessstudios, Saunen, üppigen Terrassengärten und zwölf Becken mit verschiedenen Temperaturen, darunter eines speziell zum Wasserradfahren. Die Therme bietet außerdem ein großes Angebot an Schönheits- und Wellnessbehandlungen.

ABSTECHER

IL FOCOLARE

Eine gute Adresse für Feinschmecker, die etwas Abwechslung von der allgegenwärtigen Fischküche brauchen, ist **Il Focolare** (Karte S. 134; ☎ 081 90 29 44; www.trattoriailfocolare.it; Via Creajo al Crocefisso 3, Barano d'Ischia; Mahlzeiten 30–35 €; ⊙ Sommer Do–So 12.30–14.45 & tgl. 19.30–22.30 Uhr, Winter Mi geschl., Feb. geschl.), eines der beliebtesten Restaurants der Insel. Das gemütliche, rustikale Lokal ist familiengeführt mit einer soliden, traditionellen Fleischauswahl auf der Speisekarte: Steak, Lammkotelett und Spezialitäten wie *coniglio all'ischitana* (inseltypisches Kaninchengericht mit Tomaten, Knoblauch und Kräutern). Die hausgemachten Nachtische sind ebenfalls vom Feinsten.

Der Inhaber Riccardo D'Ambra betreibt das Restaurant zusammen mit seinem Sohn Agostino und ist ein führender regionale Verfechter der Slow-Food-Bewegung. Meeresfrüchte, Kaffee und alkoholfreie Getränke sind hier Fehlanzeige. Wer darauf Wert legt, muss weiterziehen.

ABSEITS DER ÜBLICHEN PFADE

MONTE EPOMEO & DAS HINTERLAND

Für Besucher mit durchschnittlicher Kondition gehört die Besteigung des schlummernden Vulkans von Ischia zum Pflichtprogramm, schon weil der felsige Gipfel des Monte Epomeo einfach umwerfende Aussicht bietet.

Der schnellste Weg auf den Epomeo beginnt beim Dorf **Fontana** an der Südseite des Bergs. Die 2,5 km lange Route ist ab der Straßenbiegung, an der der Bus hält, ausgeschildert. Sie windet sich zunächst eine geteerte Straße empor, biegt dann auf eine Piste ab und endet als ziemlich steiler Pfad.

In der Nähe des Gipfels steht die kleine **Cappella di San Nicola di Bari** (Karte S. 134) aus dem 15. Jh., die einen besonders hübschen Majolikaboden hat. Die angrenzende Eremitage wurde im 18. Jh. von einem Gouverneur der Insel erbaut, der sich von allem Weltlichen abwandte, nachdem er knapp dem Tod entronnen war, und sein restliches Leben hier in frommer Einsamkeit verbrachte.

Für diejenigen, die sich noch gründlicher im zerklüfteten Inselinneren von Ischia umsehen möchten, bietet **Geo-Ausflüge** (☎081 90 30 58; www.eurogeopark.com; Wanderungen 17–26 €) diverse Wanderungen über die Insel unter Führung des italienischen Geologen Aniello Di Lorio an. Sie dauern drei bis fünf Stunden und beginnen an verschiedenen Sammelpunkten auf Ischia. Für 9 € zusätzlich sind auch Abholung und Rücktransport von bzw. nach Casamicciola und Panza möglich. Die Führung ist auf Deutsch und Italienisch, aber auch anderssprachige Teilnehmer haben hier die Gelegenheit, einige wunderschöne Gegenden der Insel zu erleben, die auf eigene Faust schwer zu finden wären. Auskünfte und Buchungen per E-Mail oder telefonisch bei Geo-Ausflüge.

Im Vergleich zu den berühmteren (und attraktiveren) Konkurrenzbetrieben ist sie allerdings eine Spur zu teuer.

Shoppen

L'Isoletto LEBENSMITTEL

(Karte S. 134; ☎081 99 93 74; Via Chiaia delle Rose 36, Sant'Angelo; ⏲Mo–Sa 9–21 Uhr) Hier kann man sich mit allem eindecken, was die regionale Küche an Gaumenfreuden zu bieten hat: von pikanten *peperoncini* über den in Rum getränkten *babà* und *cannoncelli* (mit Zitronensahne gefülltes Gebäck) bis zum Wein aus Ischia und dem unvermeidlichen Limoncello. Weniger geschmackvoll (dafür aber entzückend kitschig) sind die Tourissouvenirs. Das Sortiment besteht aus Wunderwerken wie Tischsets mit Muscheln oder 3D-Dekotellern für die Wand.

An- & Weiterreise

Die beiden Hauptbuslinien von Ischia – CS und CD – halten am Ortsrand von Sant'Angelo. Von der Bushaltestelle geht man etwa zehn Minuten bis zum Ortszentrum. Die Busse verkehren alle 15 bis 30 Minuten.

PROCIDA

☎081 / 10 500 EW.

Die kleinste Insel im Golf von Neapel ist gleichzeitig sein bestgehütetes Geheimnis. Procida liegt zum Glück im blinden Fleck des Massentourismus, wie eine Blaupause des früheren Portofino, und ist erfrischend ungekünstelt. Vom August einmal abgesehen, wenn die Strände von Festlanditalienern bevölkert sind, findet man in den schmalen, sonnengebleichten Gassen der Insel nur Einheimische: Kinder mit Angelruten, Eltern mit Kinderwagen und alte Fischer, die ihre Seemannsgarne spinnen. Hier sind die Hotels kleiner, es gibt nicht so viele Kellner, die (gebrochenes) Deutsch sprechen, der Empfang ist authentisch und nicht durch Pauschaltourismus verfälscht.

Wer genügend Zeit hat, erkundet Procida am besten zu Fuß. Unwiderstehlich schön sind vor allem Marina Grande, **Marina Corricella** und Marina di Chiaiolella. Hier finden sich auch die meisten Hotels, Bars und Restaurants. Viele Strände gibt es nicht – außer dem Lido di Procida, der, vom August einmal abgesehen, selten überfüllt ist.

Sehenswertes

Abbazia di San Michele Arcangelo KIRCHE, MUSEUM

(☎334 8514028, 334 8514252; www.abbaziasanmicheleprocida.it; Via Terra Murata 89, Terra Murata; ⏲Mo–So 10–12.45, Di–Sa auch 15–17 Uhr) GRATIS Hier kann man im schwindelerregenden Ausblick über die Bucht schwelgen, bevor man sich der Abbazia di San Michele Arcangelo zuwendet. Die einstige Abtei wurde im 11. Jh. erbaut und zwischen dem 17. und 19. Jh. umgestaltet. Heute beherbergt sie ein kleines Museum mit Gemälden, die aus Dankbarkeit von schiffbrüchigen Seeleuten gemalt wurden. Außerdem gibt es noch eine Kirche mit einer spektakulären Kassettendecke und einem alten griechischen Alabasterbecken, das zum Taufbecken umfunktioniert wurde.

Die Apsis der Kirche ist mit vier Gemälden des neapolitanischen Künstlers Nicola Russo aus dem Jahr 1690 geschmückt. Eines davon zeigt den Erzengel Michael, wie er Procida am 8. Mai 1535 gegen einen Angriff der Sarazenen schützt. Besonders interessant an dem Gemälde ist seine Darstellung der Marina Grande im 16. Jh.

Von April bis Oktober werden auf Anfrage Führungen geboten.

Spiaggia di Chiaia STRAND

Procida hat nicht allzu viel Strandleben zu bieten, aber dieser lange, schmale, bräunli-

INSIDERWISSEN

WILLIAM & SUSANA WALTON – ORT DER MYRTEN

Das erste Treffen zwischen dem 46-jährigen William Walton, einem bekannten britischen Komponisten, und Susana Gil, einer 22-jährigen argentinischen Sekretärin beim British Council, ist legendär. Walton sah Susana auf einer Cocktailparty in Buenos Aires und erzählte dem Komponisten Benjamin Britten, dass er sie heiraten wolle. Er machte Susana einen Heiratsantrag und wiederholte diesen zwei Wochen lang jeden Tag, bis sie – zum Kummer ihrer Eltern – zustimmte: 1948 heirateten die beiden. Die Ehe war nicht nahtlos der Stoff, aus dem die Märchen sind. Walton hatte jede Menge Affären und drängte Susana, als sie schwanger war, zu einer gefährlichen Abtreibung bei einem Quacksalber. Bis zum Ende ihres Lebens standen für Susana ihr Ehemann und seine Musik dennoch stets an erster Stelle.

Als die beiden heirateten, war Walton auf dem Höhepunkt seiner Karriere. *Façade* – sein berühmtestes Werk – war schon 1923 aus einer Zusammenarbeit mit Edith Sitwell heraus entstanden. Die Vertonung ihrer surrealistischen Gedichte wurde als bedeutender Beitrag zur Moderne gefeiert. Auf ein innovatives Violakonzert (1929) folgte 1935 die umwerfende *Sinfonie Nr. 1*. Im Jahr 1944 schrieb Walton die gleichermaßen meisterhaft nuancierte und schmetternde Musik zu Oliviers Film *Heinrich V*.

Trotz des Ruhms des Komponisten war Geld knapp und das Paar zog von London aufs wilde Ischia um. Ihr neues Zuhause, erstanden trotz Bedenken ihres Freundes Laurence Olivier, war ein karger Steinbruch, auf dessen Felsen Myrten *(mortelle)* wuchsen. 1956 begannen Susana und der Landschaftsarchitekt Russell Page mit der Arbeit an La Mortella und verwandelten die Felslandschaft in ein terrassiertes tropisches Paradies aus seltenen und exotischen Pflanzen. Dazu gehörte u. a. die riesige Seerosenart *Victoria amazonica*, deren Blätter von Weiß zu Karminrot wechseln. Während der Garten immer schöner und bekannter wurde, sank Waltons Stern als Komponist und er wurde schließlich von Britten überholt. Sein Werk galt zunehmend als altmodisch.

Der Garten war dem Paar ein liebgewonnenes Refugium, wo sie von Stars wie Laurence Olivier und Vivien Leigh, Maria Callas, Charlie Chaplin und dem britischen Dramatiker Terence Rattigan besucht wurden.

Als Walton 1983 starb, ließ Susana seine Asche in einem pyramidenförmigen Fels in La Mortella bestatten und schuf zu seinem Andenken die Stiftung William Walton Trust and Foundation. Sie ließ im Garten einen Konzertsaal bauen, mit Büsten der Sitwells, einer Bronze von Walton und einer „Bocca"-Skulptur, die auf John Pipers Bühnenentwurf für die Ballettversion des Werks *Façade* anspielt.

Bis ins hohe Alter war Susana in ihren farbenprächtigen Kleidern im Garten eine beherzte und geistvolle Präsenz. 2010 starb sie im Alter von 83 Jahren. Der Garten wird heute von der Stiftung betrieben. Besuchern dieses wunderbaren Orts bietet sich ein doppeltes Vergnügen: Nicht nur können sie sich zwischen den üppigen Pflanzen bewegen, sondern sie hören auch Waltons unwiderstehlich fröhliche und sinnliche Musik. Dazu können sie sich Susanas Grabmal anschauen. Es erinnert an eine Frau, die „zärtlich liebte, leidenschaftlich arbeitete und an die Unsterblichkeit glaubte".

Procida

che Sandstreifen mit Blick auf die Marina Corricella in der Ferne hat eine treue einheimische Fangemeinde. Zu erreichen ist er über eine Treppe von der Via Pizzaco, per Boot von der Marina Corricella oder mit einem Kajak von der Marina Chiaiolella. Am Strand gibt es auch ein Fischrestaurant, das La Conchiglia (S. 153).

Isola di Vivara

INSEL

(☎ 347 7858256; www.comune.procida.na.it; Erw./erm. 10/5 €; ⌚ Führungen Fr–So 10 & 15 Uhr) Bei dem Inselchen Vivara, über eine Fußgängerbrücke mit Procida verbunden, handelt es sich um den Überrest eines vor rund 55 000 Jahren versunkenen Vulkankraters. Die Insel hat eine einzigartige Flora und eine vielfältige Vogelwelt. Archäologen haben hier Spuren einer mykenischen Ansiedlung aus der Bronzezeit und Keramikscherben aus der Ära der frühen griechischen Siedler ausgegraben. 2002 wurde die Insel für Besucher gesperrt; erst seit 2017 ist sie im Rahmen von Führungen wieder zugänglich. Die geführten Touren sollten zwei bis drei Tage im Voraus gebucht werden.

Procida

Sehenswertes
1 Abbazia di San Michele Arcangelo D2
2 Spiaggia di Chiaia C3

Aktivitäten, Kurse & Touren
3 ASD Kayak Procida A4
4 Barcheggiando A4
5 Blue Dream Sailing Charter D4
6 Cesare (Bootstouren) D5
7 Sprint D4

Schlafen
8 Bed & Breakfast La Terrazza B1
9 Casa Giovanni da Procida B3
10 Casa Sul Mare D5
11 Hotel Crescenzo A4
12 Hotel La Corricella D5
13 Hotel La Vigna D2

Essen
14 Bar Capriccio C4
15 Bar dal Cavaliere D4
16 Caracalè D5
17 Da Giorgio D4
18 Da Mariano A4
Fammivento .... (s. 17)
19 La Conchiglia C3
La Lampara .... (s. 12)

Shoppen
20 Enoteca Borgo Antico D4
21 Maricella D4
22 Mediterraneo D4

Aktivitäten

ASD Kayak Procida KAJAKFAHREN
(☎348 3487880; www.procidainkayak.it; Via Marina Chiaiolella 30; 4-std. Inselrundfahrt 35 €) Procida dürfte in ganz Kampanien die beste Gegend zum Kajakfahren sein und dieser freundliche Veranstalter bietet ausgesprochen schöne und sichere Paddeltouren an. Die vierstündige Umrundung der Insel ist ein absolutes Highlight.

Blue Dream Sailing Charter BOOTSVERLEIH
(☎339 5720874, 081 896 05 79; www.bluedreamcharter.com; Via Emanuele 14, Marina Grande; 6/8-Personen-Jacht ab 1600/2300 € pro Woche) Wer eher zur Champagnerfraktion gehört, kann hier eine Jacht oder einen Katamaran chartern.

Barcheggiando BOOTSVERLEIH
(☎081 810 19 34; Marina Chiaiolella; ab 100 €/Tag; ⏲April–Okt. 8–20 Uhr) Der Anbieter vermietet an der Marina Chiaiolella Motorboote und andere Boote.

Sprint RADFAHREN
(☎339 8659600; www.sprintprocida.com; Via Roma 28, Marina Grande; 10 €/Std., 15 €/4 Std.; 👪) Einer von mehreren Fahrradverleihern an der Marina Grande. Fahrräder sind ideal, um diese kleine, relativ flache Insel zu erkunden.

Geführte Touren

Cesare BOOTSTOUREN
(☎333 4603877; 2½-std. Tour 25 € pro Pers.; ⏲März–Okt.) Am Hafen der Marina Corricella muss man nur die paar Brocken Italienisch hervorkramen und bei einer der Strandbars oder beim Restaurant La Gorgonia nach dem freundlichen Cesare fragen – er ist meistens irgendwo in der Nähe. Cesare bietet großartige Bootstouren an.

Essen

Hier sind die schönsten Restaurants direkt am Meer nicht automatisch überteuert und Touristennepp. Die Trattorien am Hafen haben fangfrische Klassiker auf der Karte. Diverse Trattorien im Hinterland verwenden Zutaten aus eigenem Anbau sowie Wild aus eigener Schlachtung. Ein besonderer Tipp ist die pikante *insalata al limone*, ein Zitronensalat mit Chiliöl. In den bodenständigen Kneipen der Marina Grande kann man sich unter die einheimischen Fischer mischen.

★ **Da Mariano** ITALIENISCH €
(☎081 896 73 50; Marina di Chiaiolella; Mahlzeiten 20–25 €; ⏲12–15 & 19–24 Uhr) Die Einheimischen lieben dieses Restaurant wegen seiner einfachen, aber perfekt zubereiteten lokalen Gerichte wie gefüllten Calamari und *spaghetti alle vongole* (mit Muscheln). Der Fisch, u. a. Schwertfisch, ist wunderbar frisch und die Gäste blicken beim Speisen auf die Bucht. Den krönenden Abschluss könnten in Wein geköchelte Pfirsiche bilden.

Bar Capriccio CAFÉ, BAR €
(☎081 896 80 16; Via Roma 99; Snacks 2–8 €; ⏲Fr–Mi 6–2 Uhr) Wer seinen Cappuccino-Becher von einem coolen Einheimischen serviert bekommen möchte, steuert am besten diese international inspirierte Café-Bar am Hafen an. Ihre kohlehydratlastigen Snacks

reichen von diversem Gebäck zum Frühstück bis zu Pizzastücken und Pommes am Abend. John-Lennon-Zitate, Route-66-Devotionalien und kubanische Flaggen zieren die Wände. Und auch das Bier schmeckt lecker.

Bar dal Cavaliere KONDITOREI €
(☎081 810 10 74; Via Roma 42, Marina Grande; Gebäck ab 1 €; ⌚7–24 Uhr) Procidas beste Konditorei präsentiert eine zuckersüße Auswahl an Kuchen und Gebäck und ist eine gute Adresse, um sich mit der ortstypischen Leckerei *lingua di bue* (Ochsenzunge) bekannt zu machen, einer „Zunge" aus Blätterteig, die mit *crema pasticcera* (Vanillecreme) gefüllt ist. Gleichzeitig fungiert der Laden als Cocktailbar, in der es an Wochenendnachmittagen hoch hergeht.

Fammivento FISCH & MEERESFRÜCHTE €
(☎081 896 90 20; Via Roma 39, Marina Grande; Mahlzeiten 20–30 €; ⌚Di–Sa 12–15.30 & 20–23 Uhr, So 12–15.30 Uhr, Dez.–Feb. geschl.) In dem Fischrestaurant am Hafen schmecken zum Auftakt der Mahlzeit gefüllte Sardellen, gefolgt von *linguine pesce spada e melanzane* (Bandnudeln mit Schwertfisch und Aubergine) und zu guter Letzt einer *zuppa di crostaci e moluschi* (Suppe mit verschiedenen Meeresfrüchten).

Da Giorgio TRATTORIA €
(☎081 896 79 10; Via Roma 36, Marina Grande; Mahlzeiten 24 €; ⌚März–Okt. 12–15 & 19–23.30 Uhr, Nov.–Feb. Di geschl.) Altmodische Trattoria ohne Schnickschnack am Hafen. Die Speisekarte bietet keine großen Überraschungen, dafür sind die Zutaten frisch. Tipps: die *spaghetti con frutti di mare* (mit Meeresfrüchten), zu denen luftiges *casareccio*-Brot (nach Hausmacherart) gereicht wird.

La Lampara FISCH & MEERESFRÜCHTE €€
(☎081 896 75 75; Marina Corricella; Mahlzeiten 25–28 €; ⌚Mai–Okt. 12–14.30 & 19–23 Uhr) Von dieser hoch gelegenen Terrasse genießt man einen Traumblick auf den malerischen und angenehm belebten Hafen von Procida, der schon so manchen Reiseführer geziert hat. Auf den Tischen landet der Tagesfang frisch aus dem Meer. Als Einstieg eignen sich marinierte Meeresfrüchte-Antipasti, bevor es mit den Meeresfrüchte-Ravioli in die Vollen geht.

Das Restaurant wird von den Inhabern des ebenso göttlichen Hotels La Corricella (S. 223) betrieben.

Caracalè FISCH & MEERESFRÜCHTE €€
(☎081 896 91 92; Via Marina Corricella 6, Marina Corricella; Mahlzeiten 28 €; ⌚12.30–15.30 & 19–23 Uhr, März–Juni & Sept.–Mitte Nov. Di geschl.) An diesem unprätentiösen Hafen mit seinen alten Fischerbooten, aufgetürmten Fangnetzen und hochnäsigen Katzen lockt ein halbes Dutzend ausgezeichneter Restaurants wie die Sirenen der Mythologie. Auf jeden Fall richtig liegt, wer dem Tagesfang ins Caracalè folgt, ganz links, wenn man aufs Meer blickt. Hier rutschen Muscheln und gegrillter Schwertfisch, unterstützt von einem gut gekühlten Weißwein, ganz geschmeidig die Kehle hinunter.

INSELFESTE

Processione dei Misteri Bei der Prozession der Mysterien am Karfreitag werden eine Holzstatue von Christus und der Madonna addolorata zusammen mit lebensgroßen Gips- und Pappmaché-Darstellungen von Szenen aus dem Leben Christi quer über Procida getragen. Die Männer sind in blaue Tuniken mit weißer Kapuze gehüllt, während sich junge Frauen oft als Madonna verkleiden.

Ischia Film Festival (www.ischiafilmfestival.it; ⌚Juni/Juli) Kostenlose Filme und Ausstellungen an den schönsten Schauplätzen der Insel. Im Mittelpunkt des Geschehens steht das Castello Aragonese.

Festa di Sant'Anna (www.infoischiaprocida.it; Ischia; ⌚26. Juli) Das allegorische „Anzünden des Castello Aragonese" findet mit einer hypnotischen Prozession aus Booten und Feuerwerk am Tag der hl. Anna statt.

Settembrata Anacaprese (www.capritourism.com; Capri; ⌚Ende Aug.–Anfang Sept.) Alljährliche Feier der Weinlese mit gastronomischen Events und Märkten.

Ischia Piano & Jazz (⌚Anfang Sept.) Bei Ischias fünftägigem Jazzfestival hauen nicht nur heimische, sondern auch einige ausländische Talente in die Tasten. Es findet an verschiedenen Orten der Insel statt.

FAKTEN ZU FÄHREN

Die meisten Besucher kommen per Tragflügelboot oder Fähre auf die Inseln. Zu beachten: Die Fähren von/nach Positano und Amalfi verkehren nur von etwa Mai bis September oder Oktober. Den Rest des Jahres ist man auf die Verbindungen ab Neapel oder Sorrent angewiesen. In Neapel legen die Tragflügelboote vom Molo Beverello, die langsameren Fähren von der benachbarten Calata Porta Massa ab. Normalerweise muss man für die Überfahrt nicht reservieren, sollte aber etwa 35 Minuten vor der Abfahrt da sein, weil sich manchmal Warteschlangen bilden.

La Conchiglia FISCH & MEERESFRÜCHTE €€
(☎081 896 76 02; www.laconchigliaristorante.com; Via Pizzaco 10, Solchiaro; Mahlzeiten 25 €; ⏲Sommer 13–15.30 & 20–21.30 Uhr) Die „Muschel" (über eine steile Treppe von der Via Pizzaco zu erreichen) liegt abgeschieden an einem schmalen Strand mit dunklem Sand, einem verwitterten Holzsteg und Blick auf das pastellfarbene Gewirr der Marina Corricella in der Ferne. Das Restaurant bietet einige interessante Meeresfrüchte-Gemüse-Kombinationen, z. B. *stracci* (breite Bandnudeln) mit Muscheln und Brokkoli, besonders lecker mit dem weißen Hauswein.

Der Speisesaal mit Meerblick ist eher zwanglos; im Sommer dringt das Wellenrauschen als wohltuende Klangkulisse durch die weit geöffneten Fenster.

Shoppen

Enoteca Borgo Antico WEIN
(☎081 896 96 38; Via Emanuele 13, Marina Grande; ⏲9–21 Uhr) Der schicke kleine Laden hat die besten kampanischen Weine und eine Handvoll anderer italienischer Tropfen auf Lager. Der freundliche Inhaber berät seine Kunden gern, welche regionalen Weine die besten oder die günstigsten sind (allerdings auf Italienisch). Darüber hinaus sind auch Limoncello und eine große Auswahl an Grappa in traditioneller wie modernerer Geschmacksrichtung zu haben.

Maricella MODE & ACCESSOIRES
(☎081 896 05 61; Via Roma 161, Marina Grande; ⏲9–20.30 Uhr) Die süße kleine Boutique verkauft knallbunte Accessoires, darunter auch Schmuck, in den man am liebsten hineinbeißen möchte: Ketten, deren Perlen aussehen wie M&Ms, hellgelbe Ohrringe, deren Farbe an Zitronenbrause erinnert, und Ringe mit Klunkern wie Riesenbonbons, aber auch hübsche Sandalen, Bast- und Strandtaschen.

Mediterraneo MODE & ACCESSOIRES
(☎081 196 69 09; Via Roma 32, Marina Grande; ⏲9.30–21 Uhr) In diesem Laden bestehen die Klamotten aus hauchdünner Baumwolle – perfekt für die heißen Sommertage. Fließende Kleider, gemustert wie eine Wildblumenwiese, lange, federleichte Röcke, transparente, schneeweiße Hemden, in kräftigen Farben bedruckte Einkaufstaschen und eine Auswahl eleganterer Modelle in herrlich bunten Dessins.

Praktische Informationen

Pro Loco (☎344 1162932; www.facebook.com/proloco.procida.3; Via Roma, Stazione Marittima, Marina Grande; ⏲ tgl. 10–13 Uhr, April–Okt. auch Sa & So 15–17 Uhr) Die bescheidene Touristeninformation in der Fahrkartenausgabestelle für Fähren und Tragflügelboote bietet wenig gedrucktes Material, sollte aber über Aktivitäten u. Ä. informieren können.

An- & Weiterreise

SCHIFF/FÄHRE

Das **Terminal für Fähren und Tragflügelboote** (Via Roma, Stazione Marittima) ist an der Marina Grande.

Caremar (☎081 896 72 80; www.caremar.it) Betreibt Tragflügelboote von/nach Neapel (17,90 €, 40 Min., 8-mal tgl.) und Ischia (8,70 €, 20 Min., 6-mal tgl.) sowie langsamere Fährverbindungen zu beiden Zielen.

SNAV (☎081 428 55 55; www.snav.it) Täglich bis zu vier Tragflügelboote nach/von Neapel (17,50–19 €, 25 Min.).

Unterwegs vor Ort

Mit einer Fläche von nur 3,8 km² lässt sich die Insel leicht zu Fuß erkunden. Irgendjemand hat mal errechnet, dass jedes Ziel auf der Insel mit höchstens 6000 Schritten erreichbar sei.

BUS

Das überschaubare Busnetz (Tickets gibt es für 1,20 € bei Zeitungskiosken oder für 1,40 € im Bus) besteht aus vier Linien, die sternförmig von der **Bushaltestelle** (Ecke Via Roma & Via Libertà) an der Marina Grande abfahren. Buslinie L1 verbindet den Hafen mit der Via Marina di Chiaiolella (15 Min.).

Amalfiküste

Inhalt ➡

Gut essen

- Ristorante La Caravella (S. 181)
- Casa Mele (S. 175)
- C'era Una Volta (S. 174)
- Donna Rosa (S. 174)

Schön übernachten

- Belmond Hotel Caruso (S. 230)
- Villa Franca (S. 227)
- Hotel Palazzo Murat (S. 227)
- Agriturismo Serafina (S. 227)
- Hotel Santa Caterina (S. 229)

Auf zur Amalfiküste!

Die Unesco stufte die Amalfiküste als einzigartiges Beispiel einer mediterranen Landschaft ein und in der Tat ist sie ein Erlebnis. Fast senkrecht stürzen hier die Berge ins Meer in einem dramatischen Zusammenspiel aus schroffen Felsen, Ortschaften an Steilklippen und grünen Wäldern.

Die Städtchen strahlen wie Hollywood-Stars, allen voran Positano, Liebling des Jetsets, eine pastellfarbene Kaskade aus schicken Boutiquen, schönen Menschen und Sonnenhungrigen. Weiter östlich lockt der Dom in Amalfi, während Ravello die Herzen mit Villen und der Verbindung zu Richard Wagner gefangen nimmt. Das Tor zur Amalfiküste ist im Westen Sorrent, ein attraktiver Ferienort auf den Klippen, der wundersamerweise auch im Zeitalter des Pauschaltourismus seinen Reiz nicht verloren hat. Neben türkisblauem Wasser und filmreifen Plätzen bietet die Region einige der besten Restaurants des Landes. Wer von Promis und Küstenrummel die Nase voll hat, findet landeinwärts wunderbare Wandergebiete mit gut markierten Wegen.

Reisezeit

- Die meisten Hotels, Restaurants und Bars an der Amalfiküste machen von Ende Oktober bis Ostern die Schotten dicht.
- Von April bis Juni und im Oktober ist weniger Betrieb, ab Juni herrschen Sommertemperaturen.
- Im August, besonders an Wochenenden, kommen die Neapolitaner in Scharen an die Küste – dann füllen sich die Restaurants und Strände sehr schnell und überall ist Geduld angesagt.
- Die beste Zeit zum Wandern ist im April und Mai, wenn die Wildblumen blühen und das Wetter zwar gelegentlich feucht, aber meist angenehm mild ist.

Highlights

1 Sentiero degli Dei (S. 156) Auf dem spektakulären Pfad der Götter wie im siebten Himmel wandeln.

2 Positano (S. 171) Sich auf den schwindelerregenden Straßen der vornehmsten Stadt Kampaniens wie in der Kulisse eines Bond-Films vorkommen.

3 Cetara (S. 190) In dem geschäftigen Fischerstädtchen an der Amalfiküste ein ausgedehntes Seafood-Mittagessen genießen.

4 Villa Cimbrone (S. 186) Am Belvedere der Unendlichkeit den perfekten Winkel für das klassische Ravello-Foto finden.

5 Amalfi (S. 181) Sich mit einem Charterboot auf die Suche nach dem perfekten Badeplatz machen.

6 SITA-Busfahrt (S. 170) In den Haarnadelkurven der Amalfiküstenstraße Nervenkitzel erleben.

7 Sorrent (S. 160) In den engen Gassen des *centro storico* auf die Jagd nach traditioneller Intarsienkunst gehen.

WANDERN AN DER AMALFIKÜSTE

SENTIERO DEGLI DEI

Der „Pfad der Götter" ist nicht nur spektakulär. Er ist auch einer der wenigen Wanderwege an der Amalfiküste ohne übermäßig viele Treppen.

START BOMERANO
ZIEL NOCELLE
LÄNGE/DAUER 6 KM; 3 STUNDEN

Die Wanderung beginnt in der Ortschaft Bomerano (ein Ortsteil von Agerola), von Amalfi aus leicht erreichbar per SITA-Bus.

In einem Laden am Hauptplatz, z. B. **Top-VIP Cetarell** (Piazza Paolo Capasso 5, Panini ab 4 €; ⌚8–16 Uhr), etwas Proviant besorgen und den rot-weißen Schildern an der Via Pennino folgen. Den Einstieg in die Wanderung markiert ein **Denkmal** mit Zitaten von Italo Calvino und D. H. Lawrence. Bald führt der Weg um eine Steilklippe mit Blick über die Terrassenfelder und unter den Überhang der Grotta del Biscotto. Von dort verläuft der Weg relativ geradlinig weiter über den Berg. Gelegentlich taucht er in ein Wäldchen ein oder verlangt an einem Felsen etwas Kraxelei, aber im Allgemeinen ist er wenig anspruchsvoll.

Erster Orientierungspunkt nach der Grotte ist die Gabelung am **Colle Serra**. Hier hat man die Wahl zwischen einem oberhalb und einem unterhalb verlaufenden Weg. Der untere Weg ist exponierter und führt durch Weinberge und felsigere Abschnitte mit herrlichem Blick über Praiano. Nach etwa 800 m kann man einen kurzen Abstecher zum **Kloster San Domenico** machen. Die beliebtere obere Route (Nr. 327a) bleibt in den hohen Felsen und bietet weiten Ausblick. Beide treffen sich wieder nach 1,5 km in **Cisternulo**. Gleich unterhalb des Colle Serra trifft ein alternativer Routenbeginn von Praiano aus auf den Hauptweg. Wer diesen gehen will, sollte wissen, dass diese Variante als Erstes über 1000 Stufen führt.

Nach Cisternulo schlängelt sich der Pfad um ein paar halb versteckte Höhlen und steigt ab ins Valle Grarelle, um nach einem

Die Amalfiküste ist durchzogen von uralten Pfaden, die teils schon seit dem 10. / 11. Jh. existieren. Heute bieten sie Wanderern die Möglichkeit, mit dieser wunderbaren Region auf Tuchfühlung zu gehen.

FRANCESCA SCIARRA/SHUTTERSTOCK ©

letzten Anstieg im Dörfchen **Nocelle** zu enden. Am Ortseingang serviert ein reizender Kiosk mit Blumen auf den Tischen kalte Getränke und Kaffee. Oder man geht durchs Dorf zur Piazza Santa Croce, wo man sich an einem Stand an frischem Orangen- und Zitronensaft satt trinken kann.

Von hier aus hat man drei Möglichkeiten. 1: über die Treppe (rund 1500 Stufen!) bergab durch das Dorf, um nach mehreren Olivenhainen 2 km östlich von Positano an der Küstenstraße anzukommen. 2: am Ende der einzigen Straße von Nocelle nach Positano einen der Minibusse von **Mobility Amalfi Coast** (S. 177) nehmen, die dort zehnmal täglich fahren. 3: schöner, aber länger auf dem Weg, der Richtung Westen aus Nocelle herausführt, weiter nach Montepertuso gehen. Das riesige, dunkle Loch im Felsen dort wirkt, als ob ein Riese hier wütend seine Faust hineingerammt hätte. Dann führt der Weg über mehrere Treppen bergab an der Kirche vorbei und erreicht schließlich den nördlichen Stadtrand von Positano.

Der CAI (Club Alpino Italiano; Italienischer Alpenverein) hat eine Website mit Informationen zu diversen Wanderwegen in der Region der Monti Lattari (www.caimontilattari.it). Die beste gedruckte Wanderkarte ist Karte Nr. 3 von cart&guide, die in fast allen Buch- und Zeitungsläden erhältlich ist (5 €). Wer die Wanderung lieber mit einem Führer machen möchte, kann sich z. B. an den Amerikaner **Frank Carpegna** (www.positanofrankcarpegna.com) wenden, der schon lange hier wohnt, oder an **Zia Lucy** (www.zialucy.it).

Menschen mit Höhenangst sollten den Sentiero degli Dei nicht gehen – im Zweifel eher die weniger exponierte obere Route nehmen (Nr. 327a). Die ganze Wanderung (Bomerano bis Nocelle) ist einfache Strecke knapp 6 km lang; wer zum Schluss nach Po-

WO GEHT'S LANG?

Im Frühjahr und Herbst blüht alles und die Temperaturen sind angenehm. Jetzt ist die beste Zeit für Wanderungen. Die Gegend ist dicht besiedelt und die Wege gut eingelaufen, eine Karte ist trotzdem eine gute Idee, da die Orientierung oft durch das komplexe Wegenetz und unberechenbare Beschilderung erschwert wird. Wer will schon 500 Stufen umsonst steigen, wenn er bereits 1000 hinter sich hat? **Cart&guide** (www.carteguide.com) bietet sechs Wanderkarten der Region mit markierten Routen und Beschreibungen auf Englisch und Italienisch. Die meisten örtlichen Buch- und Zeitungsläden verkaufen sie für 5 € das Stück.

sitano läuft, muss weitere 3–4 km dazurechnen. Im Frühjahr und Sommer ist es meist sonnig. Der Gipfel kann zwar teilweise in den Wolken liegen, aber das macht alles nur noch dramatischer. Da das Terrain uneben ist, sind ein Rucksack und genügend Wasser sowie feste Schuhe unbedingt empfehlenswert. Wer dazu noch Schwimmsachen einpackt, kann sich am Ende bei einem Bad im Meer abkühlen.

Bei schlechtem Wetter oder Bergsturz ist der Weg teilweise gesperrt. Bei Bedarf bieten die Touristeninformationen in **Praiano** (S. 177) und **Bomerano** (☎081 879 10 64; Piazza Paolo Capasso, ⌚Mo–Sa 8–13 & 14–19, So 8–13 Uhr) Unterstützung und Details.

VALLE DELLE FERRIERE ÜBER SENTIERO ALTO

Hinter der Stadt Amalfi versteckt sich ein subtropisches Wunderland, in dem sich der Fluss Canneto über Wasserfälle seinen Weg durch üppiges Grün bahnt. Eine erfrischende Abwechslung!

START/ZIEL AMALFI
LÄNGE/DAUER 11 KM; 5 STUNDEN

Früher standen im Valle delle Ferriere ein Eisenwerk *(ferriera)* und verschiedene Papierfabriken *(cartiere)*. Geblieben sind nur ein paar moosbewachsene Ruinen. Das Gebiet steht heute unter Naturschutz und ist bekannt für seine Orchideen und andere endemische Flora.

Zwei Hauptwanderwege führen durch das Tal. Der längere – *sentiero alto* (oberer Weg) – ist ein 11 km langer Rundweg durch Kastanienwälder und schroffe Felsen nördlich von Amalfi. Der kürzere – *sentiero basso* (unterer Weg) – führt vom Museo della Carta in Amalfi direkt talaufwärts.

Für welchen auch immer man sich entscheidet, vorher lohnt sich ein Besuch des **Museo della Carta** (S. 183). Im 12. und 13. Jh. war das Valle delle Ferriere eine Drehscheibe der Papierindustrie und das Museum besitzt noch eine funktionierende Papierpresse.

Der *sentiero alto* beginnt in Amalfi gleich südlich des Museums. Er folgt zunächst der Via Casamare bergauf und wird zu einem Kiesweg mit vielen Stufen. So beginnt der lange Anstieg zum Dorf **Pogerola** auf 252 m. Die Stufen führen direkt zum Hauptplatz von Pogerola, über dem die **Kirche der Madonna delle Grazie** thront. Hier mit dem Rücken zur Kirche die Straße nach rechts nehmen. Nach 150 m wieder nach rechts abbiegen auf einen Pfad (Via Riulo), der an Häusern und Terrassenfeldern vorbei in den Wald führt. Jetzt ist man bereits im **Naturschutzgebiet** des Valle delle Ferriere, mit smaragdgrünen Farnen und erfrischenden Wasserfällen (teilweise bis zu 20 m hoch). Der Wanderweg beginnt auf der bewaldeten Westseite des Tals, quert den **Canneto** am größten Wasserfall und kehrt auf der offeneren, felsigen Ostseite des Tals zurück. Nach einem Tunnel hoch über der Stadt Amalfi bewegen sich die letzten Kilometer der Wanderung in zivilisierterem Terrain. Über Zitronenhaine und Terrassengärten erreicht man die Dörfer **Minuta** und **Pontone** und kehrt schließlich zurück zu den mittelalterlichen Gassen von Amalfi.

HANNAH DENSKI/SHUTTERSTOCK ©

POLEIJPHOTO/SHUTTERSTOCK ©

1. Montepertuso **2.** Valle delle Ferriere
3. Wasserfall, Valle delle Ferriere

PROSLGN/SHUTTERSTOCK ©

An- & Weiterreise

FLUGZEUG

Für die Amalfiküste liegt der **Internationale Flughafen Neapel** (☎ 081 789 6259; www.aeroportodinapoli.it; Viale F. Ruffo di Calabria) am günstigsten. Der umgangssprachlich als Capodichino bekannte Flughafen wird von zahlreichen großen Airlines und Billigfliegern angeflogen und bietet häufige Verbindungen zu vielen europäischen Städten. Das Busunternehmen **Curreri** (S. 168) pendelt 10-mal täglich zwischen Flughafen und Sorrent (10 €, 1¼ Std.).

SCHIFF/FÄHRE

Zwischen Neapel und Sorrent verkehrt ganzjährig ein Tragflügelboot (13,10 €, 20 Min., 5-mal tgl.), eine weitere Verbindung pendelt zwischen Sorrent und Capri (20,60 €, 25 Min., mind. 4-mal tgl.). Etwa ab Mai bis Oktober gibt es eine regelmäßige Fährverbindung zwischen Sorrent und Positano (19,80 €, 30 Min., 2-mal tgl.) sowie nach Amalfi (20,80 €, 50 Min., 2-mal tgl.). Von dort aus fährt eine Fähre weiter nach Salerno.

ZUG

Die **Circumvesuviana** (S. 294) fährt alle 30 Minuten vom Bahnhof Garibaldi in Neapel (neben Napoli Centrale) nach Sorrent (3,90 €, 70 Min.) mit Halt in Ercolano (Herculaneum) und Pompeji. **Trenitalia** (S. 290) bietet eine regelmäßige Verbindung zwischen dem Bahnhof Napoli Centrale und Salerno (4,70 €, 40 Min.).

Unterwegs vor Ort

An der Küste entlang fahren keine Züge. Stattdessen pendeln regelmäßig und zuverlässig die Busse von **SITA Sud** (☎ 344 1031070; www.sitasudtrasporti.it) zwischen Sorrent, Positano, Amalfi, Salerno und allen Ortschaften dazwischen.

Im Hinterland empfiehlt es sich, auf Fahrrad oder Roller umzusteigen (Vorsicht: Abseits der Küstenstraße wird's bergig!) – oder sowieso die Region zu erwandern. Es gibt unerschöpflich viele Wanderwege.

SORRENT

☎ 081 / 16 700 EW.

Klein, aber oho! Sorrent hat viel zu bieten: Zitronen, erstklassige Hotels und Steilklippen im historischen Ortskern.

Als westliches Tor zur Amalfiküste ist der Ort anhaltend beliebt. Darüber hinaus liegt er an der Eisenbahnlinie nach Pompeji und verfügt über Expressfähren nach Neapel und Capri.

Der Tourismus blickt hier bereits auf eine lange Geschichte zurück. Im 19. Jh. gehörte Sorrent zum Pflichtprogramm der italienreisenden Bildungselite, ausgelöst durch den Dichter Byron, in dessen Fußstapfen anschließend eine ganze Kette literarischer Prominenz trat, darunter Dickens, Goethe und Tolstoi. Die Romantik ist bis heute ungebrochen. Wer sonntags über die Piazza Tasso schlendert, kommt in den Genuss einer der schönsten *passeggiatas* (Spaziergänge), die Italien zu bieten hat – mit palastartigen Hotels, wunderbaren Intarsienwerkstätten und einfachen kampanischen Restaurants, in denen man sich *gnocchi alla sorrentina*, gefolgt von einem eiskalten Limoncello gönnen kann.

Sehenswertes

Die Innenstadt ist übersichtlich und alle Hauptattraktionen liegen in Gehweite der Piazza Tasso. Sorrent eignet sich wunderbar für eine abendliche *passeggiata* (Spaziergang). An den quirligen Straßen finden sich immer wieder Plätzchen auf den Klippen mit tollem Sonnenuntergangsblick über den Vesuv und Neapel.

Centro Storico — STADTVIERTEL

(Altstadt; Corso Italia) Die kürzlich in eine Fußgängerzone verwandelte Corso Italia ist ein Hotspot für Läden, Restaurants und Bars. Sie durchquert die geschäftige Altstadt von Ost nach West. Aber wer einmal Richtung Norden um die Ecke biegt, landet in schmalen, gepflasterten Gassen, die von Häusern mit den traditionellen grünen Fensterläden flankiert werden. Ab und zu schiebt sich ein Palazzo, eine Piazza oder eine Kirche dazwischen. Auch an Souvenir- und Antiquitätenläden sowie Modeboutiquen, Trattorien und architektonischen Hinguckern herrscht in den alten Gassen kein Mangel.

Marina Grande — HAFEN

Deutlich abgeschieden von der restlichen Stadt und ganz ohne die Tragflügelboote und Fähren, die den Jachthafen bevölkern, strahlt das ehemalige Fischerdorf einen ähnlichen zeitlos maritimen Flair aus wie die Marina Corricella auf Procida. Fischerboote und pastellfarbene Häuser verstärken den Charme des Viertels, das für seine familiengeführten Fischrestaurants bekannt ist. Der Hafen dient gleichzeitig als Schutz für das, was Sorrent seinen Strand nennt.

Es gibt Plätzchen zum Sonnenbaden, auf den Anlegern kann man für rund 12 € Liegen und Sonnenschirme mieten.

Sorrent

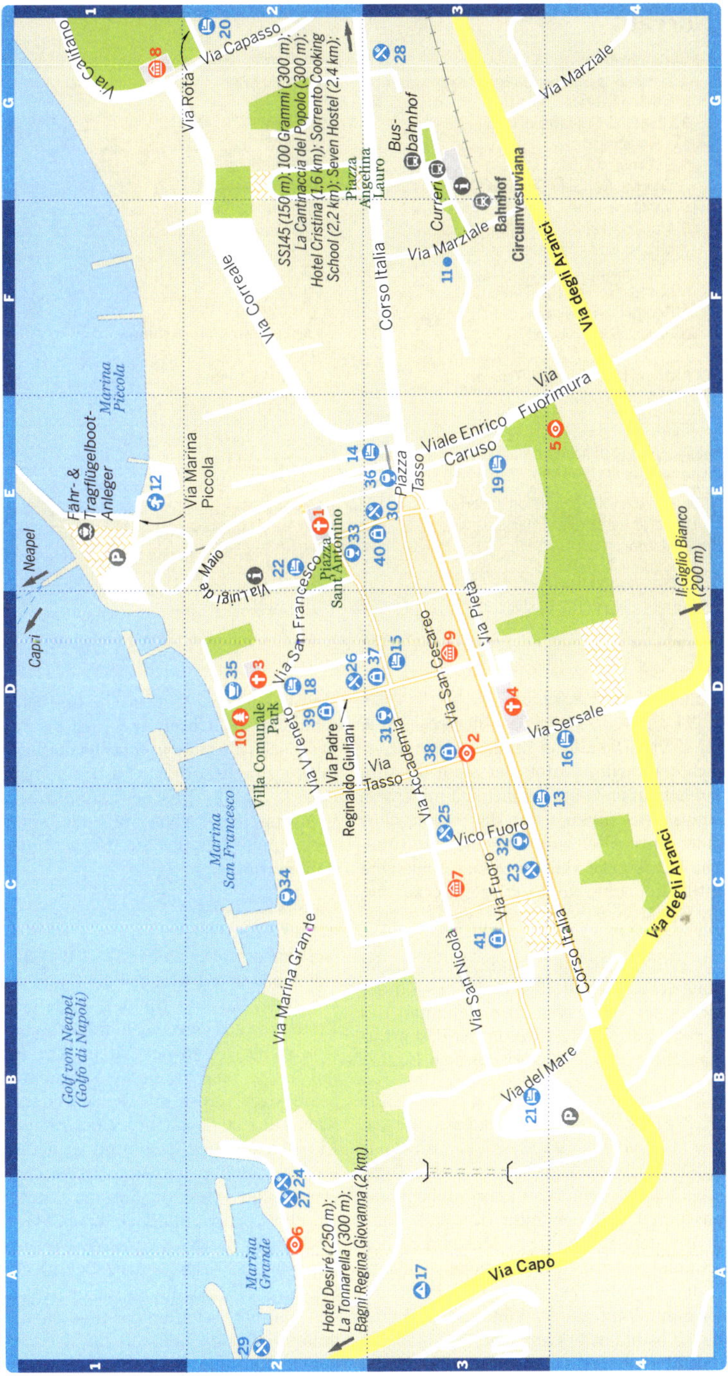
Golf von Neapel (Golfo di Napoli)
Marina Grande
Marina San Francesco
Marina Piccola
Fähr- & Tragflügelboot-Anleger
Neapel
Capri
Villa Comunale Park
Piazza Sant'Antonino
Piazza Tasso
Piazza Angelina Lauro
Bus-bahnhof
Bahnhof Circumvesuviana
Via Capo
Via degli Aranci
Via del Mare
Via Marina Grande
Via San Nicola
Via Fuoro
Vico Fuoro
Corso Italia
Via Accademia
Via Tasso
Via Padre Reginaldo Giuliani
Via V Veneto
Via San Francesco
Via San Cesareo
Via Pietà
Via Sersale
Via Luigi de Maio
Via Marina Piccola
Viale Enrico Caruso
Via Fuorimura
Via Correale
Via Rota
Via Capasso
Via Califano
Via Marziale
Via Curreri
Hotel Desiré (250 m); La Tonnarella (300 m); Bagni Regina Giovanna (2 km)
Il Giglio Bianco (200 m)
SS145 (150 m); 100 Grammi (300 m); La Cantinaccia del Popolo (300 m); Hotel Cristina (1,6 km); Sorrento Cooking School (2,2 km); Seven Hostel (2,4 km)

Sorrent

Sehenswertes
1 Basilica di Sant'Antonino E2
2 Centro Storico D3
3 Chiesa & Chiostro di San Francesco D2
4 Duomo D3
Galeria Raffaele Celentano .... (s. 3)
5 Il Vallone dei Mulino E4
6 Marina Grande A2
7 Museo Bottega della Tarsia Lignea C3
8 Museo Correale di Terranova G1
9 Sedile Dominova D3
10 Parco Villa Comunale D2

Aktivitäten, Kurse & Touren
11 Gelateria David F3
12 Sic Sic E1

Schlafen
13 Casa Astarita C3
14 Grand Hotel Excelsior Vittoria E3
15 Hotel Astoria D3
16 Mignon D4
17 Nube d'Argento A3
18 Palazzo Marziale D2
19 Plaza Hotel E3
20 Sorrento Relais G2
21 Ulisse B3
22 Villa Elisa E2

Essen
23 AZZ! C3
24 Da Emilia A2
25 Inn Bufalito C3
26 L'Antica Trattoria D2
27 O'Puledrone A2
28 Pizzeria Da Franco G3
29 Soul & Fish A2
30 Zi'Ntonio E3

Ausgehen & Nachtleben
31 Bollicine D3
32 Cafè Latino C3
33 D'Anton E2
34 La Pergola C2
35 Risto-Bar La Villa D2
36 Syrenuse Bar E3

Shoppen
37 Autori Capresi D3
38 Bottega 21 .... D3
39 La Feluca D2
40 Stinga E3
41 Terrerosse C3

Basilica di Sant'Antonino KIRCHE
(☎081 878 14 37; Piazza Sant'Antonino; ⏰9–12 & 17–19 Uhr) Die älteste Kirche in Sorrent ist nach dem Schutzpatron der Stadt benannt und hat außen kaum Ähnlichkeit mit einem Gotteshaus. Innen sieht das schon ganz anders aus: Hier sind verschiedene römische Fundstücke, dunkle Gemälde aus dem Mittelalter, eine goldverzierte Decke und am Hauptportal – seltsamerweise – zwei Walrippen zu bewundern. Angeblich hat Sant'Antonio diverse Wunder bewirkt und eines davon war die Rettung eines Kindes aus einem Walmagen. Die Reliquien des Heiligen liegen unterhalb des barocken Kirchenschiffs in einer Krypta aus dem 18. Jh.

Museo Correale di Terranova MUSEUM
(☎081 878 18 46; www.museocorreale.it; Via Correale 50; Erw./erm. 8/3 €; ⏰April–Okt. Mo–Fr 9.30–18.30, Sa bis 13.30 Uhr, Nov.–März Di–So 9.30–13.30 Uhr) Uhrensammler, Archäologiefans und Liebhaber feiner Keramik kommen in dem weitläufigen Museum östlich des Stadtzentrums gleichermaßen auf ihre Kosten. Parallel zu einer breit gefächerten Sammlung an neapolitanischer Kunst und Kunsthandwerk aus dem 16. bis 19. Jh. (darunter herausragende Einlegearbeiten) sind japanische, chinesische und europäische Keramik, Uhren und Fächer sowie im Erdgeschoss antike und mittelalterliche Artefakte zu sehen. Dort ist u. a. ein Fragment einer antiken ägyptischen Schnitzarbeit, die in Sorrent in der Nähe der Sedile Dominova (ehemaliger Sitz der Stadtverwaltung) gefunden wurde.

Chiesa & Chiostro di San Francesco KIRCHE, GALERIE
(Via San Francesco; ⏰8–13 & 14–20 Uhr) Die Kirche neben dem Park der Villa Comunale ist vor allem bekannt für den angrenzenden Kreuzgang aus dem 14. Jh. mit Zugang über eine kleine Tür in der Kirche. Der Innenhof besitzt eine arabische Kolonnade aus achteckigen Säulen mit Gewölbebögen. Der Kreuzgang steht auf den Überresten eines Klosters aus dem 7. Jh. und ist heute voller Bougainvillea und Vogelgezwitscher. Im Obergeschoss stellt die Sorrento International Photo School in der **Galerie Celentano** (☎344 083 85 03; www.raffaelecelentano.com; Erw./erm. 2,50 €/frei; ⏰März–Dez. 10–20 Uhr) Schwarzweißfotos italienischer Alltagsszenen und Landschaften des modernen Fotografen Raffaele Celentano aus, der hier aus der Gegend stammt.

Museo Bottega della Tarsia Lignea — MUSEUM

(☎081 877 19 42; Via San Nicola 28; Erw./erm. 8/5 €; ⌚April–Okt. 10–18.30 Uhr, Nov.–März bis 17 Uhr) Seit dem 18. Jh. ist Sorrent berühmt für Möbel mit kunstvollen Einlegearbeiten aus verschiedenfarbigen Hölzern. Das Museum zeigt beeindruckende historische Beispiele, viele im einst angesagten pikaresken Stil angefertigt. Untergebracht ist das Museum in einer Villa mit wunderschönen Fresken aus dem 18. Jh., wo außerdem eine Sammlung von Gemälden, Drucken und Fotografien einen Eindruck davon vermittelt, wie die Stadt und ihre Umgebung im 19. Jh. aussahen.

Il Vallone dei Mulino — NATURSEHENSWÜRDIGKEIT

(Tal der Mühlen; Via Fuorimura) Gleich hinter der Piazza Tasso ist von der Via Fuorimura aus ein schwindelerregendes Naturphänomen zu sehen: Der tiefe Spalt in der Bergflanke entstand durch einen Vulkanausbruch vor 35 000 Jahren. Lange Zeit war Sorrent von drei solcher Schluchten umgeben, aber nur diese ist bis heute erhalten. Ihren Namen verdankt sie den Getreidemühlen, die früher hier standen (überwucherte Überreste sind noch deutlich zu erkennen).

Duomo — KIRCHE

(☎081 878 22 48; Corso Italia; ⌚8.30–12 & 17.30–20.30 Uhr) Der Dom von Sorrent hat ein herrliches Außenfresko, einen dreistöckigen Glockenturm, vier klassische Säulen und eine elegante Majolikauhr. Innen sind der Bischofsthron aus Marmor (1573) sowie das hölzerne Chorgestühl und Kreuzesstationen im regionalen *intarsio*-Stil von besonderem Interesse. Der im 15. Jh. erbaute Dom wurde im Laufe der Jahrhunderte mehrmals umgestaltet. Die Fassade stammt vom Anfang des 20. Jhs.

Villa Comunale Park — PARK

(⌚Juni–Aug. 8–1 Uhr, Mai & Sept. bis 24 Uhr, sonst kürzere Öffnungszeiten) Der Park in luftiger Höhe auf den berühmten Steilklippen von Sorrent bietet mehr Weitblick als Grünes, dafür aber eine herrliche Aussicht über die Bucht zum Vesuv. Opernreife Straßenmusiker sowie eine kleine **Bar** (☎081 807 40 90; www.lavillasorrento.it; ⌚8.30–23 Uhr; 📶) tragen dazu bei, dass der Ort bei Sonnenuntergang besonders beliebt ist. Auf der Westseite erleichtert ein Aufzug (1 €) den Abstieg zum Hafen.

Aktivitäten

Um die schroffe, scheinbar unzugängliche Küste zu erkunden, ist ein Charterboot eigentlich am besten geeignet. Wer sich nicht vom ersten steilen Anstieg abschrecken lässt, hat außerdem von Sorrent aus Zugang zu ei-

DIE AMALFIKÜSTE IN ...

... einem Tag

Im romantischen **Ravello** (S. 185) aufwachen und den Tag auf Wagners Spuren mit Blick aufs Meer in den Gärten der **Villa Rufolo** (S. 186) und der **Villa Cimbrone** (S. 186) begrüßen. Nach einem entspannten Mittagessen mit dem Bus nach **Amalfi** (S. 181) fahren, um **Dom** (S. 187) und **Papiermuseum** (S. 183) zu erkunden. Bei Espresso und *paste* (Gebäck) auftanken und zum Abendessen an der Spiaggia Grande mit der Fähre nach Positano (S. 171) abfahren.

... zwei Tagen

Die schicken Boutiquen in Positano abklappern, die Kirche besichtigen und um die Klippe zum ruhigen **Fornillo** spazieren (S. 173). Wer sportlicher ist, tobt sich in den Bergen auf dem **Sentiero degli Dei** (S. 156) aus. Die Wanderung nimmt drei Stunden in Anspruch, aber mit Mittagessen und diversen Pausen an Aussichtspunkten kann man sie auf sechs ausdehnen. Es gibt auch herrliche kürzere Wege.

... drei Tagen

Morgens mit der Fähre nach **Sorrent** (S. 160) schippern, einen Bus nehmen und die spektakuläre Südspitze der Halbinsel erkunden. Dafür von Sorrent aus nach Westen der kleinen Küstenstraße folgen und am Aussichtspunkt in **Massa Lubrense** (Largo Vescovado; ⌚7–12 & 16.30–20 Uhr) das Panorama genießen, bevor es weitergeht zur dramatischen Punta Campanella. Hier empfiehlt sich ein Spaziergang zum Strand **Baia di Ieranto** (S. 168). Sportliche gehen weiter zum ruhigen **Sant'Agata sui due Golfi** (S. 169), um dann den Bus zurück nach Sorrent zu nehmen.

NICHT VERSÄUMEN

O'PULEDRONE

Am besten schmeckt doch immer noch ein Fisch, den man selbst gefangen hat. Das geht am besten beim sympathischen **O'Puledrone** (☎081 012 41 34; www.opuledrone.com; Via Marina Grande 150; Mahlzeiten 25–30 €; ⏲April–Okt. 12–15 & 18.30 Uhr bis spät). Der Laden gehört einer örtlichen Fischerkooperative, die dreistündige Angeltouren anbieten (70 €). Wer einen Fisch an der Angel hat, bekommt ihn zubereitet und mit einer Karaffe Wein serviert. *Perfetto!*

nem Netz aus Wanderwegen, das den größten Teil der Halbinsel überzieht.

★ Sic Sic BOOTSTOUREN
(☎081 807 22 83; www.nauticasicsic.com; Marina Piccola; ⏲Mai–Okt.) Die besten Strände sind oft nur per Boot zu erreichen. Dieser Anbieter verleiht verschiedene Motorboote (mit oder ohne Bootsführer) ab 50 € pro Stunde und 150 € pro Tag. Auch Bootsausflüge und Arrangements für Hochzeitsfotos können hier gebucht werden.

Bagni Regina Giovanna SCHWIMMEN
Sorrent hat leider keinen richtigen Strand. Deshalb pilgern viele 2 km westwärts nach Bagni Regina Giovanna, wo sich zwischen den Ruinen der römischen Villa Pollio Felix ein von Felsen durchsetzter Sandstreifen mit klarem, sauberem Wasser ausbreitet. Man kann hierher auch zu Fuß gehen (einfach der Via Capo folgen), allerdings braucht es dazu feste Schuhe, da man etwas kraxeln muss.

Wer seine Kräfte schonen will, nimmt den SITA-Sud-Bus in Richtung Massa Lubrense.

Kurse

Sorrento Cooking School KOCHEN
(☎081 878 35 55; www.sorrentocookingschool.com; Viale dei Pini 52, Sant'Agnello; ⏲April–Okt. 10–14 Uhr) Es bleibt jedem selbst überlassen, ob er einen urlaubsfüllenden Kochkurs bucht oder in einem lockeren, vierstündigen Workshop (75 €) lernt, Basisgerichte wie Pizza, Ravioli oder Tiramisu zu zaubern. Die Kochschule liegt idyllisch zwischen Zitronenbäumen. Am Ende des Unterrichts werden natürlich die gemeinsam hergestellten Gerichte plus Weine aus der Gegend genossen.

Kurse finden im Esperidi Resort in Sant' Agnello statt, von Sorrent aus ist eine Abholung möglich.

Gelateria David GELATO
(☎081 807 36 49; www.gelateriadavidsorrento.it; Via Marziale 19; ⏲8–13 Uhr) Der ultimative Partyhit: selbstgemachtes italienisches Eis! Hier gibt's den Kurs dazu. Davids einstündige Demonstration kostet 12 € und endet mit einem „Eismacher-Diplom". Die Workshops finden auf Nachfrage statt. Wer sich dafür interessiert, ruft einfach an oder schaut persönlich vorbei (David spricht gut Englisch). Zu den Spezialitäten gehören „Sorrento Moon" mit Mandeln und Zitronen sowie *veneziana*, ein Sorbet aus Zitrone, Orange und Mandarine.

Festivals & Events

Die Klassikkonzerte im Kreuzgang der Chiesa di San Francesco (S. 162) finden zwischen Juli und September statt und genießen Weltruf. Nähere Auskünfte erteilt die Touristeninformation.

Sant'Antonino RELIGION
(⏲14. Feb.) Zu Ehren von Sant'Antonino, dem Schutzheiligen von Sorrent, findet jedes Jahr eine Prozession statt und für einen riesigen Markt werden Stände aufgebaut. Der Heilige soll Sorrent im Zweiten Weltkrieg beschützt haben, als Salerno und Neapel schwer bombardiert wurden.

Settimana Santa RELIGION
(Karwoche) Am Gründonnerstag um Punkt Mitternacht wälzt sich die erste, in ganz Italien berühmte Prozession durch die Straßen. Die Menschen sind als Büßer in weiße Gewänder und Kapuzen gehüllt. Bei der zweiten Prozession am Karfreitag tragen die Teilnehmer Schwarz im Gedenken an den Tod Christi.

Sagra della Salsiccia e Ceppone ESSEN & TRINKEN
(⏲13. Dez.) Wer Wurst mag, wird sich nach diesem Fest alle Finger lecken: Über einem riesigen Feuer werden tonnenweise Würste gegrillt. Dazu gibt's süffigen Wein von den umliegenden Rebhängen.

Essen

Im Stadtzentrum wimmelt es von Bars, Cafés, Trattorien, Restaurants und sogar dem einen oder anderen Kebab-Imbiss. Die Touristenfallen outen sich durch aufdringliche Kellner, die draußen auf Kundenfang gehen, und/oder durch verblasste Fotos der angebotenen Gerichte (mies und teuer). Jeder sollte sich irgendwann mal eine Dosis guter *gnocchi alla sorrentina* (Gnocchi mit Tomatensoße und Mozzarella) bestellen.

AZZ! TAVERNE €

(081 877 46 01; Corso Italia 14; Hauptgerichte & Snacks 8–10 €; 9.30–24 Uhr) Genauso schön schlicht wie die gute alte italienische Dorfkneipe. Duftendes Knoblauchbrot, schmackhafte Lasagne und sättigende *spaghetti puttanesca* werden in zackigem Tempo serviert, das Personal ist gut gelaunt und mehrsprachig. Ideal für alle, die alleine unterwegs sind und weder viel Zeit noch Lust auf turtelnde Liebespaare haben.

La Cantinaccia del Popolo NEAPOLITANISCH €

(366 1015497; Vico Terzo Rota 3; Mahlzeiten 21 €; Di–So 11–15 & 19–23 Uhr) Der bodenständige Favorit schmückt sich mit Knoblauch und hängenden Schinken und ist ein Beweis dafür, dass es für gute Küche nichts braucht außer gute Zutaten und schlichte Rezepte. Bestes Beispiel sind die *spaghetti al pomodoro,* ein Klassiker aus Pasta und Tomaten, dessen Aroma den Gaumen entzückt. Besonders authentisch: Sie werden auch noch in der Pfanne serviert.

Pizzeria Da Franco PIZZA €

(081 877 20 66; Corso Italia 265; Pizza ab 6 €; 9–2 Uhr;) Die Tische im lässigen Da Franco sind selten leer, was sie wohl der überragend guten Pizza zu verdanken haben. Die auf dem Blech servierte Köstlichkeit wird auf sorrentinische Art gebacken, d. h mit knusprigerem Boden als das Gegenstück aus Neapel. Über den Gästen hängen riesige Parmaschinken, die neben regionaler Salami, Käse und Grillgemüse auf der Antipastikarte stehen.

100 Grammi ITALIENISCH €

(081 533 92 89; Viale Nizza 49; Mahlzeiten 18–25 €; 11.30–24 Uhr) Italien ist zwar der Geburtsort des Slow Food, aber wer gerade keine Zeit hat, 30 Minuten auf seine handgemachten Ravioli zu warten, kann sich getrost in das neue 100 Grammi begeben, wo gesundes hausgemachtes Essen zackig auf den Tisch kommt. Toll sind hier einfache Standards wie *gnocchi alla sorrentino* (immer mit kostenloser Überraschungsvorspeise).

★ Da Emilia TRATTORIA €€

(081 807 27 20; www.daemilia.it; Via Marina Grande 62; Mahlzeiten 22–30 €; März–Nov. 12–15 & 18–22.30 Uhr;) Seit 1947 wuselt dieselbe Familie in diesem freundlichen, belebten Restaurant mit Blick auf die Fischerboote der Marina Grande. An den Wänden des großen Speisesaals hängen Jugendfotos der ehemaligen Stammkundin Sophia Loren, vor der Terrasse spielen die Wellen und auf der Karte stehen einfache Gerichte wie Muscheln mit Zitrone, Spaghetti mit Miesmuscheln oder Calamari vom Grill.

Soul & Fish FISCH & MEERESFRÜCHTE €€

(081 878 21 70; Marina Grande; Mahlzeiten 38–46 €; 12–14.30 & 19–22.30 Uhr, Nov.–Ostern geschl.;) Das Soul & Fish kommt deutlich hipper daher als die nüchternen Fischrestaurants an der Marina Grande. Brot wird in einer Tüte serviert, Nachtisch im Einmachglas und der frisch gegrillte Fisch wird vom Kellner am Tisch zerlegt. Das Styling geht in Richtung „schicke Strandhütte" mit Holzböden, Regiesesseln und dicken Kissen.

Inn Bufalito ITALIENISCH €€

(081 365 69 75; www.innbufalito.it; Vico Fuoro 21; Mahlzeiten 25–30 €; 12–24 Uhr;) Der Besitzer Franco Coppola (nein, nicht der Regisseur) setzt in seiner rustikal schicken Mozzarella-Bar mit Restaurant voll auf heimische Produkte. Büffelmozzarella kann als Teil einer Probierplatte bestellt werden und überhaupt steht die Speisekarte im Zeichen des Büffels – von den hausgemachten *paccheri* (kurze Pastaröhren mit einer Füllung aus Büffelfleisch) über Ragout bis hin zum Büffelsteak vom Grill.

Zi'Ntonio ITALIENISCH €€€

(081 878 16 23; www.zintonio.it; Via Luigi de Maio 9–11; Pizza ab 6 €, Mahlzeiten um 40 €; 12–15.30 & 18–24 Uhr) Das gemütliche, lebhafte und elegant-rustikale Lokal bedient auf mehreren Ebenen alle von der italienischen Familie über Pärchen bis hin zum Eingeweihten von außerhalb. Zu den bodenständigen Highlights gehören gebackene Zucchiniblüte mit einer Füllung aus Büffelmozzarella und Basilikum und eine Suppe aus Linsen und Winterendivien, richtigen Kultstatus hab das *risotto alla pescatore*, eine fast Paella-artige Riesenportion Reis mit Meeresfrüchten.

L'Antica Trattoria ITALIENISCH €€€

(081 807 10 82; www.lanticatrattoria.com; Via Padre Reginaldo Giuliani 33; Mahlzeiten 50–70 €, Festpreismenüs 49–90 €; 11–21 Uhr;) Am schönsten ist es oben auf der Terrasse mit traditionellen Fliesen und Weinranken – da scheint der Straßentrubel meilenweit ent-

NICHT VERSÄUMEN

DON ALFONSO 1890

Das **Ristorante Don Alfonso 1890** (081 533 02 26; www.donalfonso.com; Corso Sant'Agata 11; Mahlzeiten 80 €, 6-Gang-Probiermenü 150 €; Anfang März–Ende Okt. 12.30–14.30 & 19.30–23 Uhr; P), Weltklasselokal und Liebling der Feinschmecker, ist eher ein Erlebnis als bloß eine Mahlzeit. Das Essen ist nicht nur exquisit, kreativ und seiner sorrentinischen Herkunft treu. Es wird auch noch perfekt präsentiert von einer aufrichtig freundlichen Bedienung, die jeden Gast wie einen König behandelt.

Die strahlend weiße Einrichtung des Lokals wirkt ganz unangestrengt elegant und erfrischend unprätentiös (Kinder willkommen!).

Das Essen ist ein stets wechselndes Festmahl aus Zutaten vom nahe gelegenen, familiengeführten Bauernhof: spektakuläre Geschmackserlebnisse aus eigenen Eiern, Oliven, Honig, Auberginen, Zitronen und Kräutern. Die Krönung vor oder nach dem Essen ist eine Führung durch den Wein- und Käsekeller sowie die geschäftige Küche.

fernt. Die mit Recht als beste Essadresse der Stadt gepriesene Trattoria hat viele feine Gerichte auf der Karte (darunter Zucchiniblüten, Wachteln und gratinierten Kabeljau). Für den romantischen Touch sorgt ein Mandolinenspieler.

Ausgehen & Nachtleben

Trotz seiner Beliebtheit ist Sorrent keine ausgesprochene Partystadt. Dennoch gibt es keinen Mangel an Lokalen für einen Drink, ob Sportbar nach britischem Vorbild (mit Bier im Pint-Glas und Erstligistenfußball) oder *aperitivo*-Bar an der Piazza (mit gelegentlicher Livemusik und Leutebeobachten). An der Piazza Tasso ist abends am meisten los.

★ D'Anton LOUNGE

(333 8075839; www.dantonsorrento.com; Piazza Sant'Antonio 3/4; Mo 17–22, Di–Do 10–14 & 17–22, Fr–So 10–14 & 17–24 Uhr) Ein neues und äußerst italienisches Konzept ist diese Kombination aus Cocktailbar und Laden für Wohndesign. Genauer: Das elegante Sofa, auf dem man gerade an einem Negroni nippt, ist käuflich. Der glitzernde Kronleuchter und der zauberhafte Spiegel ebenfalls. Wer gerade besonders flüssig ist, kann die schönen Lampen gleich auf die Rechnung setzen lassen. Alle anderen bewundern sie einfach bei einer kleinen Vorspeise oder einem Stück sündhaften Schoko-Mandel-Kuchen.

Bollicine WEINBAR

(081 878 46 16; Via Accademia 9; 18.30 Uhr bis spät) Auf der Weinkarte der unauffälligen Bar mit dunkler Holzeinrichtung stehen alle großen italienischen Namen und eine interessante Auswahl lokaler Tropfen. Unentschlossene können sich vom netten Personal beraten lassen. Für den kleinen Hunger gibt es Panini, Bruschetta und ein oder zwei Pastagerichte.

La Pergola BAR

(081 878 10 24; www.bellevue.it; Hotel Bellevue Syrene, Piazza della Vittoria 5) Wer Frühlingsgefühle hat, holt seine besten italienischen Designerschuhe aus dem Schrank und führt das Objekt seiner Begierde auf einen Aperitif in die höchst romantische Terrassenbar/Restaurant des Hotel Bellevue Syrene aus. Der Blick von der Steilklippe über die Bucht von Neapel zum Vesuv bringt Glamour ins Rendezvous.

Syrenuse Bar BAR

(081 807 55 82; www.barsyrenusesorrento.it; Piazza Tasso; 7.30 Uhr bis spät;) Die Bar am belebtesten Eck der Piazza Tasso ist der Lieblingstreff der Einheimischen für einen Aperitif während, vor oder nach der abendlichen *passeggiata*. Getränkepreise sind für Sorrent gemäßigt, dazu gibt es als willkommene Abwechslung von den üblichen Nüssen und Chips *pizzette* und *zeppole* (salzige Donuts). Samstags spielt Livemusik.

Cafè Latino BAR

(081 877 37 18; www.cafelatinosorrento.it; Vico Fuoro 4a; März–Dez. 10–1 Uhr) Hier hat sich wohl schon so manches Pärchen gefunden. Die von Orangen- und Zitronenbäumen umstandene Terrasse ist der perfekte Ort, um sein Date auf einen exotischen Cocktail (ab 7 €) auszuführen. Todsichere Verführer sind Mary Pickford (Rum, Ananassaft, Grenadine und Maraschino) oder auch ein kühles Glas Weißwein. Und wer sich gar nicht loszureißen vermag, kann hier auch essen (Mahlzeiten rund 35 €).

Shoppen

Das wichtigste Handwerk in Sorrent sind Einlegearbeiten. Wer ein typisches, hochwertiges Souvenir sucht, kann mit hölzernen Einlegearbeiten nichts falsch machen – hier gibt es alles vom Schmuckkästchen bis zum Kartentisch. Die besten Läden existieren teilweise schon seit 100 Jahren und befinden sich in den engen Gassen des *centro storico*.

Bottega 21 MODE & ACCESSOIRES
(☎081 807 35 85; www.bottegaventuno.it; Via Torquato Tasso 19; ⏲im Sommer Di & Mi 10–14 & 16–22 Uhr, sonst kürzere Öffnungszeiten, Jan.–Mitte März geschl.) Bottega 21 ist die sorrentinische Filiale einer neapolitanischen Werkstatt, die für stilvolle, handgefertigte Lederwaren bekannt ist. Das Angebot reicht von Einkaufstaschen über Handtaschen, Seesäcke, Rucksäcke, Tabakbeutel, Geldbeutel und Münzbeutel bis hin zum Gürtel. Verarbeitet wird nur hochwertiges toskanisches Leder in natürlichen, erdigen Farben oder klaren Blockfarben.

Stinga KUNST & KUNSTHANDWERK
(☎081 878 11 30; www.stingatarsia.com; Via Luigi de Maio 16; ⏲9–20.30 Uhr) Seit drei Generationen fertigt eine Familie aus Sorrent diese wunderschönen Intarsienarbeiten, die hier verkauft werden – keine Massenware also, sondern echtes Kunsthandwerk! Form- und Farbgebung sind oft geometrisch oder erinnern an ein Mosaik. Ein weiteres Familienmitglied, Amulè, hat sich auf Schmuck, zum Teil mit Korallen, spezialisiert.

Autori Capresi MODE & ACCESSOIRES
(☎081 877 17 17; www.autoricapresi.it; Via Padre Reginaldo Giuliani 21; ⏲9.30–22.30 Uhr) Wer nicht aufs Geld schauen muss, kann sich in der Unisexboutique komplett im Küstenlook ausstaffieren lassen. Zu den leger schicken Leinenkreationen kampanischer Schneider gehören Hosen, Hemden und Kaftans – ganz zu schweigen von den entzückenden Outfits für kleine Fashion Victims. Daneben gibt es Rollkragenpullis – überhaupt Pullover – sowie Gürtel und Accessoires und in der Schuhabteilung schicke Sandalen und Wildleder-Slipper, die selbst auf einer Luxusjacht passend wären.

La Feluca ANTIQUITÄTEN
(☎081 807 24 78; Via Padre Reginaldo Giuliani 60; ⏲Mo–Sa 10–21.30, So 15–21.30 Uhr) Wer ein eher obskures Andenken sucht, ist hier richtig. Der Laden hat alles von historischen Fotos von Sorrent und Kampanien bis zum alten Werbeposter und darüber hinaus noch die eine oder andere Skulptur und Holzeinlegearbeit. In den grünen Alben auf der Theke finden sich oft die größten Kuriositäten – bei unserem letzten Besuch etwa eine alte Speisekarte von einem Kreuzfahrtschiff.

Terrerosse KERAMIK
(☎349 7542872, 081 807 32 77; Via Fuoro 73; ⏲April–Okt. 10–22 Uhr, Nov.–März 10–13.30 & 15.30–19 Uhr) Inspiriert durch die Meerestiere, Geschichte und Mythologie der Region produzieren Alessandro Ottone und seine Partnerin Enrica Cerchia die wohl eigenwilligste Keramik der Stadt. In die Flächen sind oft skurrile Muster eingraviert, Fische scheinen direkt aus den Tellern herauszuspringen. Zu kaufen gibt es alles von Platten über Kaffeetassen, Tischlampen und Schmuck bis hin zu Weihnachtsdekoration. Das Geschirr ist mit ungiftigen, waschmaschinenfesten Farben hergestellt.

Praktische Informationen

Hauptstelle Touristeninformation (☎081 807 40 33; www.sorrentotourism.com; Via Luigi de Maio 35; ⏲Juni–Okt. Mo–Fr 8.30–19.30 Uhr, Nov.–Mai bis 16 Uhr) Die offizielle Touristeninformation der Stadt ist im Circolo dei Forestieri (Ausländerclub). Besonders nützlich ist die Publikation *Surrentum*.

Touristeninformationspunkt am Bahnhof (☎081 878 21 03; www.tempiotravel.com; am Bahnhof Circumvesuviana; ⏲März–Okt. 8.30–19 Uhr) Wird vom Reisebüro Tempio Travel betrieben.

An- & Weiterreise

AUTO & MOTORRAD

Wer aus Neapel und dem Norden kommt, nimmt die Autobahn A3 bis zur Ausfahrt Castellammare di Stabia und fährt dann auf der SS145 weiter in Richtung Süden.

BUS

SITA Sud (www.sitasudtrasporti.it) Die Busse dieser Firma fahren nach Neapel, zur Amalfiküste und nach Sant'Agata. Der **Busbahnhof** (Piazza Giovanna Battista de Curtis) liegt gegenüber dem Eingang zum Bahnhof der Circumvesuviana. Tickets gibt's am Bahnhof und in Läden mit dem blauen SITA-Zeichen.

VOM/ZUM FLUGHAFEN

Der **Internationale Flughafen Neapel** (Capodichino; S. 160) liegt für Sorrent und die Amalfiküste am günstigsten.

Bus

Curreri (☎081 801 54 20; www.curreriviaggi.it) Fährt zehnmal täglich vom Internationalen Flughafen Neapel nach Sorrent. Abfahrt vor der Abflughalle, Endstation gegenüber dem Bahnhof Sorrent. Tickets (10 €) für die 1¼-stündige Fahrt gibt es an Bord.

Taxi

Ein Taxi vom Flughafen nach Sorrent kostet rund 85 €.

SCHIFF/FÄHRE

Die meisten Fähren nach Capri starten am **Fähr- und Tragflügelbootableger** (Via Luigi de Maio) in Sorrent. In den Sommermonaten gibt's auch gute Verbindungen nach Neapel und zu den Badeorten an der Amalfiküste.

Caremar (☎081 807 30 77; www.caremar.it) Tragflügelboote nach Capri (20,60 €, 25 Min., 4-mal tgl.).

Alilauro (☎081 807 18 12; www.alilauro.it) Saisonale Tragflügelboote nach Neapel (13,10 €, 20 Min., 5-mal tgl.) sowie nach Capri (20,50 €, 20 Min., 12-mal tgl.), Ischia (22,90 €, 1 Std., 3-mal tgl.), Positano (19,80 €, 30 Min., 2-mal tgl.) und Amalfi (20,80 €, 50 Min., 2-mal tgl.).

ZUG

Sorrent ist die letzte Station an der Bahnlinie **Circumvesuviana** (S. 193) von Neapel. Alle 30 Minuten fahren Züge nach Neapel (3,90 €, 70 Min.) über Pompeji (2,40 €, 30 Min.) und Ercolano (3,90 €, 50 Min.).

Unterwegs vor Ort

AUTO & MOTORRAD

Die großen internationalen Autovermietungen sowie einige einheimische Verleiher haben Filialen in Sorrent.

Autoservizi De Martino (☎081 878 28 01; www.autoservizidemartino.com; Via Parsano 8) Pkw ab 54 € pro Tag bzw. 280 € pro Woche sowie 50-ccm-Motorroller ab 23 € für vier Stunden.

Avis (☎081 878 24 59; www.avisautonoleggio.it; Corso Italia 322, Sant'Agnello; ⏲Mo–Fr 8.30–13.30 & 15.30–18.30, Sa 9–13 Uhr) Kleinwagen ab 35 € pro Tag.

Hertz (☎081 807 16 46; www.hertz.it; Corso Italia 261b; ⏲Mo–Do 8–11 & 14–17.30, Fr 8–11.30 & 14–16.30 Uhr) Kleinwagen ab 33 € pro Tag.

Parken

Im Hochsommer kann die Parkplatzsuche frustrierend sein, da die meisten Nebenstraßen Anwohnern vorbehalten sind und in der Innenstadt tagsüber weitgehend Fahrverbot herrscht. Gut ausgeschilderte Parkplätze liegen in der Nähe des Fähranlegers, an der Ecke Via degli Aranci und Via Renato und nicht weit von der Via Capo im Westen der Stadt (2 € pro Std.).

SORRENTINISCHE HALBINSEL

Die Gegend westlich von Sorrent ist noch unverfälscht und wunderschön. Sie wird auch „das Land der Sirenen" genannt, da die verhängnisvollen Jungfrauen aus der griechischen Mythologie auf den winzigen Inseln des Archipels Li Galli (südlich der Sorrentinischen Halbinsel) gelebt haben sollen.

Hier schlängeln sich recht steile Sträßchen durch Hügel mit Oliven- und Zitronenhainen, verschlafene Dörfer und kleine Fischereihäfen. Hinter jeder Kurve wartet ein neues, atemberaubendes Panorama. Am schönsten sind die Ausblicke auf der Höhe über der Punta Campanella, dem westlichsten Punkt der Sorrentinischen Halbinsel. Von dort aus scheint die Insel Capri zum Greifen nah.

Die Region östlich von Sorrent ist besser erschlossen und daher auch nicht mehr so ursprünglich wie der Küstenstreifen im Westen. Diese Halbinsel schützt den längsten Strand der Region, die Spiaggia di Alimuri in Meta, sowie die römischen Villen in Castellammare di Stabia. Von Castellammare aus fährt eine Gondel (S. 168) zum Gipfel des Monte Faito (1131 m).

Sehenswertes

Baia di Ieranto STRAND

Den spektakulären Strand an der Spitze der Punta Penna erreicht man über einen Wanderweg, der im Dorf Nerano beginnt. Der einfache Weg dauert etwa 45 Minuten und erfordert feste Schuhe – mehr als einmal geht es steil bergab. Der Kiesstrand liegt im Schutz der Landzunge und ist daher perfekt zum Schwimmen, kann im Sommer aber ziemlich voll sein.

Monte Faito BERG

Eine **Seilbahn** (einfach/hin & zurück 5,50/8 €; ⏲April–Juni & Sept.–Nov. 9.30–16.30 Uhr, Juli & Aug. 8.30–20.30 Uhr), die am Bahnhof der Circumvesuviana in Castellamare abfährt, bringt einen in acht Minuten hinauf auf den Monte Faito, mit 1131 m einer der höchsten Gipfel der Monti Lattari. Die von dichten Buchenwäldern bedeckte Kuppe lädt zu Wanderungen mit tollen Panoramablicken ein.

Essen

Gran Caffè Marianiello CAFÉ €

(☎081 878 62 83; Piazza Cota, Piano di Sorrento; Croissants ab 0,90 €, Backwaren ab 1,50 €; ⏲6–24 Uhr; 🛜) Fragt man einen hiesigen *buongustaio* (Feinschmecker), wo es den besten *cornetto* (Croissant) gibt, verweist er mit großer Wahrscheinlichkeit auf dieses moderne Café an der Piazza von Piano (mit dem Zug vier Minuten von Sorrent). Vincenzo Malafronte, *pasticcero* (Konditor) des Hauses, kreiert hier etwas, das dem französischen Blätterteigoriginal deutlich näher kommt als die Brioche-ähnlichen Hörnchen, die man sonst in Italien bekommt. Alles ist frisch zubereitet, selbst die himmlische *crema pasticcera* (Vanillecreme), mit der sie gefüllt sind.

Im Café gibt es außerdem wunderbar cremiges Eis, besonders gut ist das gesalzene Karamelleis. Der Cappuccino ist ein Gedicht (auf Wunsch mit Sojamilch) und am Freitagabend spielt meist eine Jazzband.

An- & Weiterreise

Der einfachste Weg, die Halbinsel zu erreichen, ist mit einem Zug der Circumvesuviana (S. 193) von Neapel.

Die SITA-Sud-Busse (S. 170) fahren in die Städte der Amalfiküste und weiter nach Salerno.

Massa Lubrense

☎081 / 14 300 EW.

Massa Lubrense ist das erste Städtchen an der Küste westlich von Sorrent. Es liegt 120 m hoch und besteht aus einem kleinen Zentrum und 17 *frazioni* (Teilorten), die durch ein labyrinthisches Netz aus Fußwegen und Maultierpfaden miteinander verbunden sind. Wer ohne Maultier unterwegs ist, kann auf das gute Netz der SITA-Busse zurückgreifen. Aber mit den *due golfi* (der Golf von Neapel und Salerno) stets vor Augen ist das hier vor allem wunderbares Wanderterrain.

Sehenswertes

Marina della Lobra HAFEN

Unterhalb des Largo Vescovado liegt in 1,5 km Entfernung ein kleiner, von grünen Hängen und halb verfallenen Häuschen umrahmter Hafen. Hier kann man Boote mieten, um die ansonsten schwer erreichbaren Lagunen und Buchten entlang der Küste auszukundschaften.

Aktivitäten

Coop Marina della Lobra BOOTSTOUREN

(☎081 808 93 80; www.marinalobra.com; Marina della Lobra; Bootsverleih ab 35 € pro Std.) Ein vertrauenswürdiger Bootsverleih mit Kiosk am Parkplatz. Es werden auch Touren nach Capri (60 €) angeboten.

Essen

★ **La Torre** FISCH & MEERESFRÜCHTE €€

(☎081 80 89 56; www.latorreonefire.it; Piazzetta Annunziata 7, Annunziata, Massa Lubrense; Mahlzeiten 30–40 €; ⏲April–Feb. Mo & Mi–Do 9–24, Fr–So bis 1 Uhr) Das La Torre hat sich kurz vor Massa in einem hübschen kleinen *borgo* (Dorf) auf einem Hügel mit Blick auf den Golf von Neapel eingenistet. In dem Steinhaus neben der Kirche ist Slow Food Trumpf, z. B. Bernsteinmakrele vom Grill mit sorrentinischen Zitronen oder Linguine mit Sardellen.

Funiculi Funiculá FISCH & MEERESFRÜCHTE €€

(Via Fontanelle 16, Marina della Lobra; Mahlzeiten 32 €; ⏲Di–So 12–15 Uhr, April–Okt. außerdem Sa & So 19–23.30 Uhr; 👪) An der Marina della Lobra passt sich alles an die Dimensionen des Hafens an: Geparkte Autos sind meist ein Fiat 500 und die Boote sind ebenfalls winzig. Hier befindet sich das vielseitige „FF", in dem Gäste im Café einen Cappuccino trinken oder im Restaurant fangfrischen Fisch genießen. Egal, wie die Wahl ausfällt – beides ist gut.

Praktische Informationen

Touristeninformation (☎081 533 90 21; www.massalubrense.it; Viale Filangieri 11; ⏲tgl. 9.30–13, Mo, Di & Do–Sa außerdem 16.30–20 Uhr) Hier gibt's Busfahrpläne und Karten.

An- & Weiterreise

AUTO & MOTORRAD

Massa Lubrense liegt 20 Autominuten von Sorrent entfernt.

Parken

Entweder die vielen Sträßchen abklappern oder eine der Parkuhren im Zentrum füttern (2 € pro Std.).

BUS

SITA Sud (☎199 73 07 49; www.sitabus.it) Betreibt Busse nach Massa Lubrense (7–21 Uhr stündl.) ab dem Bahnhof der Circumvesuviana in Sorrent (2,20 €, 20 Min.).

Sant'Agata sui due Golfi

Über einen direkten Wanderweg mit reichlich Treppen bietet die Ortschaft Sant'Agata nur 4 km von Sorrent entfernt auf dem Kamm der Sorrentinischen Halbinsel einen herrlichen Blick über die *due golfi*. Trotz der Nähe zu zahlreichen Ferienorten ist das

Klima im Dorf – meteorologisch wie kulturell – völlig anders als im nahe gelegenen Sorrent: Es ist nicht nur kühler, sondern auch ruhiger. Die Umgebung ist ein Paradies für Wanderfreunde. Wege führen in alle Richtungen und treffen auch immer recht bald auf die Küste. Auch das Essen ist selbst nach italienischen Maßstäben erstklassig. Besucher können wählen zwischen diversen wunderbaren *agriturismi* und dem unvergleichlichen Don Alfonso 1890 (S. 166), das sicher zu den besten Restaurants Italiens zählt.

Sehenswertes

Convento del Deserto KLOSTER, AUSSICHTSPUNKT

(☎ 081 878 01 99; Via Deserto; ⏲ Garten 8–19 Uhr, Aussichtspunkt Sommer 10–12 & 17–19 Uhr, Winter 10–12 & 15–17 Uhr) Ein 1,5 km langer, steiler Weg führt vom Ortskern hinauf zu dem riesigen Karmeliterkloster aus dem 17. Jh., das seit 1983 von Benediktinerinnen bewohnt wird und offiziell als Monastero di San Paolo bekannt ist. Nur wer scharf auf den tollen Rundumblick von der Dachterrasse ist, muss sich den mühsamen Anstieg abringen – das Kloster selbst ist weniger spannend.

Essen

Für so einen winzigen Ort bietet Sant'Agata erstaunlich viele kulinarisch anspruchsvolle Möglichkeiten.

Lo Stuzzichino NEAPOLITANISCH €

(☎ 081 533 00 10; www.ristorantelostuzzichino.it; Via Deserto 1a; Pizza ab 5 €, Mahlzeiten 18 €, Probiermenü 40 €; ⏲ Feb.–Dez.) S *Stuzzichino* bedeutet „Vorspeise", aber Paolo de Gregorio, der offenherzige Inhaber dieses Slow-Food-Lokals, bietet seinen Gästen weit mehr als nur das. Warmlaufen kann man sich erst mal mit den Fischrouladen mit Räucherkäsefüllung oder einem Eintopf aus Meeresfrüchten und Saisongemüse und dann bei den seltenen *gamberetti di Crapolla* (Garnelenart) in die Vollen gehen.

Bar Pasticceria Fiorentino CAFÉ €

(☎ 081 878 00 64; Via Nastro Azzurro 7; Gebäck ab 1,50 €; ⏲ Mi–Mo 6–22 Uhr) Hier scheint sich sonntags nach der Messe die halbe Ortschaft auf einen Espresso, ein Eis und ein Blätterteiggebäck zu versammeln: Priester, Teenies, Landwirte und neunzigjährige *nonnas* – alle sind hier. Da setzt man sich am besten einfach dazu.

Praktische Informationen

Touristeninformation (☎ 081 533 01 35; Corso Sant'Agata 25; ⏲ 9–13 & 17.30–21 Uhr) Wer mehr über Sant'Agata und die Umgebung wissen will, schaut in der kleinen Touristeninformation am Hauptplatz vorbei.

An- & Weiterreise

AUTO & MOTORRAD

Ab Sorrent auf der SS145 westwärts fahren und nach ca. 7 km rechts abbiegen (ausgeschildert).

BUS

SITA (☎ 199 73 07 49; www.sitabus.it) Die Busse starten am Bahnhof der Circum-

DIE AMALFIKÜSTE IM SITA-BUS

Die spektakuläre Straße an der Amalfiküste heißt Strada Statale 163 – oder auch *Nastro Azzurro* (blaues Band). Unter dem Bourbonenkönig Ferdinand II. angelegt und 1853 fertiggestellt schlängelt sie sich in engen Kurven, über tiefe Schluchten und durch Felsentunnel von Vietri sul Mare bis nach Sant'Agata sui due Golfi bei Sorrent die ganze Amalfiküste entlang. Über diese Meisterleistung der Ingenieurskunst mokierte sich John Steinbeck in seinem 1953 erschienenen Essay *My Positano* und schrieb, die Straße sei „extra so angelegt worden, dass sie etwas schmaler ist als zwei Autos nebeneinander".

Eigentlich hat man die Amalfiküste erst dann wirklich gesehen, wenn man das Abenteuer einer SITA-Busfahrt erlebt hat, etwa wenn sich der Bus an ungeduldig wartenden Autoschlangen vorbeiquetscht oder mit quietschenden Reifen um Haarnadelkurven fährt, in denen nur eine hüfthohe Barriere zwischen Leben und Tod liegt. Busfahrer an der Amalfiküste machen hemmungslosen Gebrauch ihrer lauten Hupen, sehen die latenten Gefahren absolut gelassen und sitzen selbstbewusst wie Formel-Eins-Fahrer mit übermenschlicher Rundumsicht am Steuer.

SITA-Busse halten an vielen Orten entlang der Küste, wobei der Hauptknotenpunkt die Stadt Amalfi ist. Wer mitfahren will, kauft vorher im Tabakladen oder in einer Bar eine Fahrkarte, entwertet sie beim Einsteigen und genießt die Fahrt. Die beliebteren Busrouten sind im Juli und August recht voll und man muss nicht selten stehen.

vesuviana in Sorrent und verkehren im Stundentakt.

WANDERN

Von Sorrent nach Sant'Agata läuft man auf guten Pfaden mit Stufen 4 km. Wer mag, kann von der Piazza Tasso in Sorrent aus südwärts über die Viale Caruso und die Via Fuorimuraden einen 3 km langen, malerischen Fußweg erreichen. Der „Circumpiso" nimmt rund eine Stunde in Anspruch und ist auf der Wanderkarte der Touristeninformation in Grün eingezeichnet.

Marina del Cantone

In der Nähe von Massa Lubrense führt ein wunderschöner Wanderweg von Nerano hinunter zum klaren Wasser der ruhigen Baia di Ieranto (S. 168) und nach Marina del Cantone. Das unauffällige Dörfchen mit seinem Kiesstrand ist nicht nur ideal zum Relaxen. Hier befindet sich auch mit dem Lo Scoglio (S. 171) eine der begehrtesten Restaurantadressen der Region. Nicht selten lassen sich VIPs von Capri herüberschippern, um einmalig zu schlemmen.

Sehenswertes

Punta Campanella MEERESSCHUTZGEBIET
(www.puntacampanella.org) Viele Taucher kommen in diesen Teil des 11 km² großen Meeresschutzgebiets mit intaktem ökologischen Gleichgewicht, um zwischen Grotten und antiken Ruinen Flora und Meerestiere zu bestaunen. Wer es selbst erleben will, kann beim PADI-zertifizierten Nettuno Diving alle möglichen Aktivitäten buchen, vom Schnorcheltrip über den Anfängerkurs oder Höhlentauchgang bis hin zu Tauchausflügen vor der Küste von Capri und La Galli.

Aktivitäten

Nettuno Diving TAUCHEN
(☎081 808 10 51; www.sorrentodiving.com; Via Vespucci 39; 1/2 Tauchgänge 65/110 €; ⌚8–19 Uhr; 👪) Einer der besten Tauchanbieter der Sorrentinischen Halbinsel, mit einer Basis am Campingplatz Nettuno (S. 226). Die Tauchlehrer haben an bestimmten Tagen eine Berechtigung für den Zugang zum Meeresschutzgebiet der Punta Campanella. Von der Tauchbasis aus sind 20 Tauchreviere innerhalb von 20 Minuten erreichbar. Auf Anfrage organisiert das freundliche Team auch Nachttauchgänge (10 € Aufpreis), Open-Water-Kurse (395 €) und Schnorcheltrips nach Capri (35 €).

Essen

Gemessen an seiner winzigen Größe hat Marina del Cantone eine erstaunliche Zahl hervorragender Restaurants, die auf Stelzen direkt über den Wellen sitzen. Und keiner sollte abreisen, ohne die lokale Spezialität zu probieren: *spaghetti alla Nerano.*

Lo Scoglio FISCH & MEERESFRÜCHTE €€€
(☎081 808 10 26; www.hotelloscoglio.com; Piazza delle Sirene 15, Marina del Cantone; Mahlzeiten 60 €; ⌚12.30–17 & 19.30–23 Uhr) Das einzige Restaurant an der Marina, das direkten Zugang vom Wasser aus hat, ist bei Promis beliebt – und das seit den 1950er-Jahren, als Sant'Agata hauptsächlich per Muli erreichbar war. Die Spaghetti nach Nerano-Art sind hier gut, aber noch besser sind die Meeresfrüchte, vor allem die rohen *tartufi di mare* (süße Muscheln mit einem Spritzer Zitrone).

An- & Weiterreise

SITA Sud (☎199 73 07 49; www.sitabus.it) Busse pendeln regelmäßig zwischen Sorrent (Abfahrt am Bahnhof der Circumvesuviana) und Marina del Cantone.

ORTE AN DER AMALFIKÜSTE

Positano

☎089 / 3960 EW.

Mit seinen senkrecht übereinander gestapelten Häuserreihen in sonnengebleichten Rosa-, Orange- und Terrakottatönen über azurblauem Meer ist Positano an der ganzen Amalfiküste an Dramatik, Luxus und Postkartenidylle nicht zu überbieten. Auch die steilen Sträßchen, in denen sich von Glyzinien umrankte Hotels, Restaurants und modische Läden drängen, sind echte Hingucker.

Hinter der schönen Fassade spielt sich das ganz normale Leben ab und es tut richtig gut zu sehen, dass auch hier der Putz bröckelt, die Farbe abblättert und es gelegentlich leicht nach Gully riecht. So stellt sich echte süditalienische Urlaubsatmosphäre ein – mit sonnenverbrannten Badegästen, die am Strand eine Pizza essen, Kiddies, die ihren Eltern das x-te *gelato* abringen, und schicken Damen aus Mailand, die die teuren Klamottenläden abgrasen. Das hat hier übrigens Tradition: Schon in den 1960er-Jahren war *moda Positano* ein Synonym für elegan-

Positano

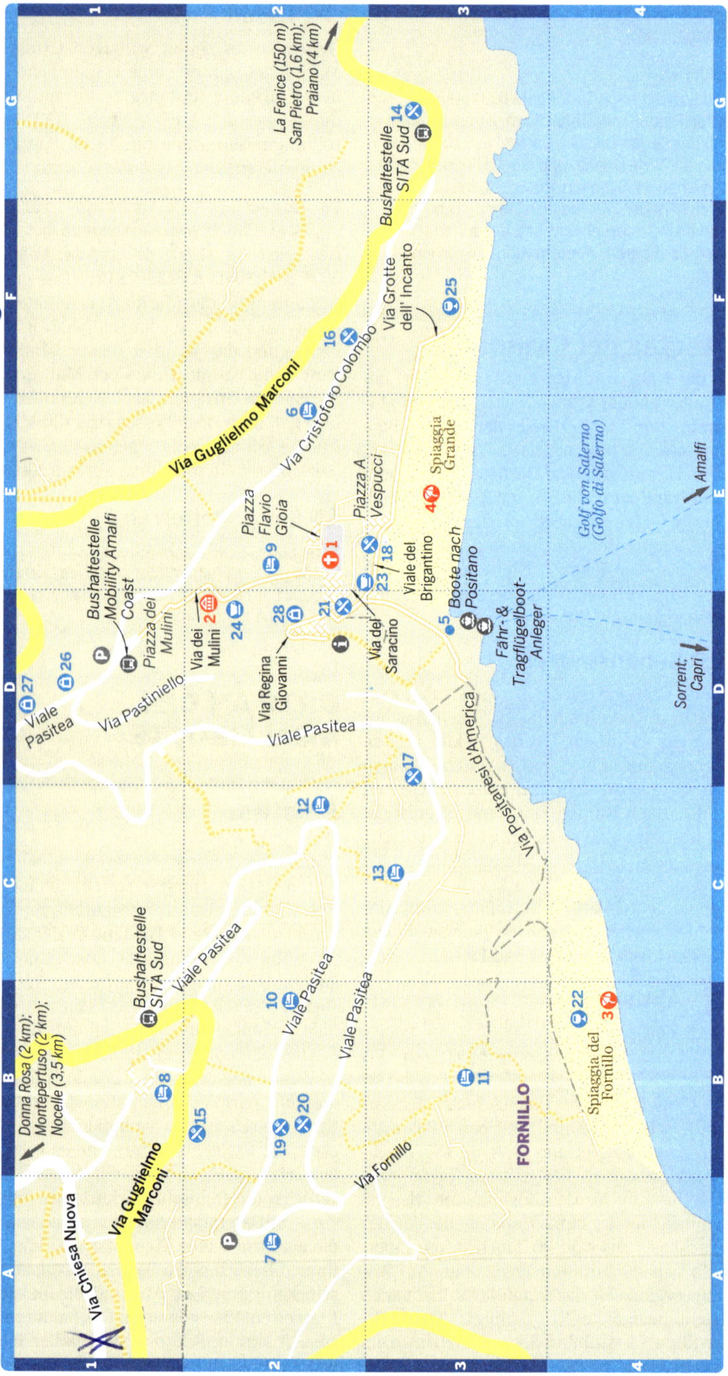
0
200 m
Via Guglielmo Marconi
Via Cristoforo Colombo
Via Grotte dell' Incanto
Bushaltestelle SITA Sud
La Fenice (150 m)
San Pietro (1,6 km);
Praiano (4 km)
Spiaggia Grande
Piazza A Vespucci
Piazza Flavio Gioia
Viale del Brigantino
Boote nach Positano
Fähr- & Tragflügelboot-Anleger
Golf von Salerno
(Golfo di Salerno)
Amalfi
Sorrent;
Capri
Via del Saracino
Via Regina Giovanni
Via dei Mulini
Piazza dei Mulini
Bushaltestelle Mobility Amalfi Coast
Via Pastiniello
Viale Pasitea
Via Positanesi d'America
Spiaggia del Fornillo
FORNILLO
Via Fornillo
Bushaltestelle SITA Sud
Donna Rosa (2 km);
Montepertuso (2 km);
Nocelle (3,5 km)
Via Chiesa Nuova
Via Guglielmo Marconi

Positano

Sehenswertes
1 Chiesa di Santa Maria Assunta E2
2 Franco Senesi D2
Palazzo Murat .... (s. 9)
3 Spiaggia del Fornillo B4
4 Spiaggia Grande E3

Aktivitäten, Kurse & Touren
5 L'Uomo e il Mare D3

Schlafen
6 Albergo California E2
7 Florida Residence A2
8 Hostel Brikette B1
9 Hotel Palazzo Murat E2
10 Hotel Villa Gabrisa B2
11 Pensione Maria Luisa B3
12 Villa Franca C2
13 Villa Nettuno C3

Essen
14 Casa Mele G3
15 C'era Una Volta B2
16 Da Bruno F2
17 Da Vincenzo D3
18 La Cambusa E3
19 Next2 .... B2
20 Ristorante il Saraceno d'Oro B2
21 Wine Dark House D2

Ausgehen & Nachtleben
22 Da Ferdinando B4
23 La Brezza Net Art Cafe E2
24 La Zagara D2
25 Music on the Rocks F3

Shoppen
26 Ceramiche Maria Grazia D1
27 La Bottega di Brunella D1
28 La Botteguccia de Giovanni D2

ten Strandlook und der Siegeszug des französischen Bikinis im prüden Italien begann ebenfalls genau hier.

Sehenswertes

Die Stadtansicht von Positano, wo sich pastellfarbene Häuser am Hang übereinanderstapeln, ist einfach unvergesslich.

Im Städtchen kommt man am besten zu Fuß voran. Wer keine Knieprobleme hat, wird sich über die Dutzenden von steilen Gassen und Treppen freuen, die autofreies Schlendern ermöglichen. Andere nehmen den Bus bis ans obere Ende von Positano und bummeln dann gemütlich bergab.

Spiaggia del Fornillo — STRAND

Von Positanos populärstem Strand, der Spiaggia Grande, zur Spiaggia del Fornillo führt eine leichte Tour mit einer (ausnahmsweise gnädigen) Anzahl von Stufen Richtung Westen. Da können die High Heels getrost im Schrank bleiben, denn im relaxten Fornillo ist Freizeitlook angesagt und in der Handvoll Strandbars wird's nach Sonnenuntergang gemütlich.

Der Weg beginnt am Westende der Spiaggia Grande am Fähranleger mit ein paar Treppenstufen hinauf zur Torre Trasita. Der Fußweg führt an dramatischen Felsformationen und einer grünen Schlucht vorbei bis zum hübschen Strand von Fornillo.

Spiaggia Grande — STRAND

Der „große Strand" ist vielleicht nicht jedermanns Traum, da der graue Sand unter einem Meer bunter (und teurer) Sonnenschirme verschwindet. Eine Strandliege mit Schirm kosten im abgesperrten Strandbereich rund 20 € pro Person und Tag (Dusche kostet extra). Der öffentliche Teil ist gratis und daher natürlich übervölkert, dafür sind die Toiletten makellos sauber – wie auch das Wasser.

Chiesa di Santa Maria Assunta — KIRCHE

(☎089 87 54 80; Piazza Flavio Gioia; ⊙8–12 & 16–21 Uhr) Positanos größte Kirche mit ihrer bunten, mit Majolikakacheln bedeckten Kuppel fehlt auf keinem Foto der Stadt. Es ist ehrlich gesagt auch die einzige Sehenswürdigkeit. Wer am Wochenende da ist, hat vielleicht das Glück, das Fotomotiv durch eine Hochzeitsgesellschaft aufgewertet zu bekommen. Brautpaare aus ganz Süditalien fahren extra hierher, um sich das Jawort zu geben.

Berühmt ist die Kirche für die byzantinische *Schwarze Madonna mit Kind* über dem Hauptaltar. Angeblich wurde die Ikone in Konstantinopel von Piraten gestohlen und nach Westen geschmuggelt.

Palazzo Murat — PALAST

(☎089 875 51 77; www.palazzomurat.it; Via dei Mulini 23) Auch wenn das Luxushotel gleich westlich der Chiesa di Santa Maria Assunta finanziell nicht infrage kommt, ist es doch einen Besuch wert. Der hübsche, von Blumen überbordende Innenhof ist eine Augenweide, im berankten Patio lässt es sich bei einem Glas Wein über das kurze, tragische Leben Joachim Murats reflektieren. Der Schwager Napoleons und König von Neapel

NICHT VERSÄUMEN

DONNA ROSA

Die einst bescheidene Trattoria **Donna Rosa** (☎089 81 18 06; www.drpositano.com; Via Montepertuso 97–99, Mahlzeiten 45–65 €; ⌚April–Dez. Mi–Mo 11–14 & 17.30–21.30 Uhr, Aug. mittags geschl.) gilt heute trotz ihrer abgelegenen Location in Montepertuso als Klassiker der Amalfiküste. Der Grund dafür ist, dass Rosas Familie inzwischen in der dritten Generation hervorragendes Essen serviert – von Jamie Oliver lobend erwähnt zu werden, hat sicher auch nicht geschadet. Reservierungen sind abends zu empfehlen und mittags Pflicht.

Bei Donna Rosa wechselt die Speisekarte häufig, aber zwei Dinge sind gleichbleibend exquisit: das Essen und der Ausblick. Wenn es gerade warmes Schokoladensoufflee gibt, unbedingt zuschlagen! Tagsüber gibt es noch hervorragende Kochkurse, Einzelheiten stehen auf der Website.

(reg. 1808–1815) hatte den Palast als Sommerresidenz für sich und seine Gemahlin, Caroline Bonaparte, bauen lassen.

Franco Senesi GALERIE
(☎089 87 52 57; www.francosenesifineart.com; Via dei Mulini 16; ⌚April–Nov. 10–24 Uhr) Zwischen trendigen Boutiquen und auf Zitronenmotive konzentrierten Töpferläden stellt Franco Senesi in kühnen, unverstellten Räumen Arbeiten von über 20 modernen italienischen Malern und Bildhauern aus. Besucher können sich in aller Ruhe umschauen, ohne ständig angequasselt zu werden. Die Werke sind so unterschiedlich, dass fast jeder „seinen" Liebling findet – und vielleicht sogar kauft. Von wunderschönen naturalistischen Bildern über sehr farbintensive surrealistische Werke bis hin zu abstrakten Skulpturen ist alles dabei. Auf Wunsch übernimmt die Galerie den Versand.

Touren

L'Uomo e il Mare BOOTSTOUREN
(☎089 81 16 13; www.escursioniluomoeilmare.it; ⌚Ostern–Okt. 9–20 Uhr) Bietet in einem Kiosk am Fähranleger Bootstouren an. Auf dem Programm stehen z. B. Tagesausflüge nach Capri und Amalfi (65–80 €) sowie auf Wunsch private Sonnenuntergangstrips nach Li Galli, Champagner inklusive (ab 200 € ab 12 Personen). Private Touren sollten mindestens einen Tag im Voraus gebucht werden.

Essen

Bekannt ist Positano vor allem für romantisch gelegene Luxusrestaurants mit feinem Essen, aber man kann auch günstiger davonkommen, wenn man weiß, wo man suchen muss. Allgemein gilt: Je näher am Meer, desto teurer. Viele Lokale haben den Winter über zu und nehmen nur das Geschäft an Weihnachten und Silvester/Neujahr mit.

★ **C'era Una Volta** TRATTORIA, PIZZA €
(☎089 81 19 30; Via Marconi 127; Mahlzeiten 20–30 €; ⌚12–15 & 18.30–23 Uhr) Für alle Traveller mit schmalem Budget, die dachten, Positano können sich nur VIPs leisten, ist diese fast märchenhaft authentische Trattoria („Es war einmal") mit ehrlicher italienischer Hausmannskost unwiderstehlich wie Sirenengesang. Schon die *gnocchi alla sorrentina* (Gnocchi mit Tomaten-Basilikum-Soße) mit Caprese lassen keine Wünsche offen. Pizza gibt es ab 4,50 €, Bier ab 2 €. Und das in Positano!

Außerdem gibt's im Sommer einen kostenlosen Shuttle, der zum Zentrum pendelt.

La Cambusa FISCH & MEERESFRÜCHTE €€
(☎089 87 54 32; www.lacambusapositano.com; Piazza Vespucci 4; Mahlzeiten 40 €; ⌚Mitte Dez.–Okt. 12–23 Uhr; 📶) Das Lokal mit warmen Pastelltönen und Terrasse liegt direkt am Meer, was mittelmäßige Kost zu überteuerten Preisen vermuten lassen könnte. Glücklicherweise stimmt das hier nicht. Alle Zutaten sind erstklassig und kommen in Gerichten wie hausgemachten Ravioli mit Krebsfleisch oder Risotto mit Meeresfrüchten bestens zur Geltung.

Da Vincenzo ITALIENISCH €€
(☎089 87 51 28; www.davincenzo.it; Viale Pasitea 172–178; Mahlzeiten 40–45 €; ⌚12–14.45 & 18.15–22.45 Uhr) Bereits die dritte Generation steht hier am Herd, um Wunderbares zu zaubern. Fisch und Meeresfrüchte spielen in interessanten Kreationen wie gegrillten Tintenfischarmen mit frittierten Artischocken eine Hauptrolle. Aber auch saisonal orientierte Pastagerichte (Spaghetti mit dicken Bohnen und Ricotta) sind ein Hochgenuss. Mitbesitzerin Marcella fabriziert angeblich die leckersten Desserts der Stadt. Reservierung empfohlen.

Da Bruno NEAPOLITANISCH €€

(☎089 87 53 92; www.brunopositano.it; Via Cristoforo Colombo 157; Mahlzeiten 30–45 €; ⏰April–Okt. 12–23 Uhr) Das lockere Lokal auf der Steilklippe mit Blick auf die Stadt und die Sonnenschirme der Spiaggia Grande serviert an seinen Tischen am Gehsteig wunderbare süditalienische Küche aus besten Zutaten. Auf dem *antipasto misto* (gemischter Vorspeisenteller) sind meist ausgefallene Leckerbissen zu finden, etwa der regionale Fisch mit Orange und Rucola oder der sinnliche *polpo alla Luciana* (zarter Oktopus mit Kirschtomaten, Oliven und Kapern).

Wine Dark House ITALIENISCH €€

(☎089 81 19 25; Via del Saracino 6/8; Mahlzeiten 25–30 €; ⏰Mi–Mo 12–15 & 19–22 Uhr) Das kleine weinrote Restaurant sitzt genau im Zentrum, wo sich die Tische von einer hippen kleinen Bar bis hinaus in den hübschen Innenhof ausbreiten. Die Speisekarte betont gut präsentierte Standards (z. B. die *parmigiana di melanzane* – Auberginenauflauf). Die Bedienung ist charmant und die Weinkarte erwartungsgemäß lang.

Ristorante il Saraceno d'Oro ITALIENISCH €€

(☎089 81 20 50; www.saracenodoro.com; Viale Pasitea 254; Pizza ab 5 €, Mahlzeiten 28 €; ⏰März–Okt. 12.30–15 & 18.30–23 Uhr) Mit seinen Kellnern, die mit Tellern über die Straße flitzen, wirkt das leicht schäbige Lokal so richtig typisch italienisch. Zum Glück herrscht am Abend kaum Verkehr. Pizza, Pasta und vor allem die Gemüsebeilagen schmecken sehr lecker.

IM SCHNECKENTEMPO

Positano gehört zu den weltweit über 235 und rund 85 italienischen *Città Slow*, einer Aktion der 1986 in Norditalien gegründeten Slow-Food-Bewegung. Wer eine „langsame Stadt" sein will, muss u. a. folgende Kriterien erfüllen: höchstens 55 000 Einwohner, keine Fast-Food-Lokale, keine Neonreklame, dafür viele Wander- und Radwege und familiäre Restaurants, die vor allem traditionelle Gerichte aus regionalen Zutaten anbieten. Wer mehr darüber wissen will, klickt sich auf die Website www.cittaslow.org.

★ **Casa Mele** ITALIENISCH €€€

(☎089 81 13 64; www.casamele.com; Via Marconi 76; Probiermenü 65–80 €; ⏰April–Anfang Dez. Di–So 19–24 Uhr) Das coole, moderne Restaurant ist eine Seltenheit in diesem Land der traditionellen Trattorien. Ebenso ungewöhnlich sind die Menüs auf der langen Karte, die als Kunstform präsentiert werden. Die offene Küche ist wie ein Fenster ins Atelier eines Künstlers: In diesem Labor entstehen eigenwillige Pasta, delikater Fisch in subtiler Soße und herausragende Desserts. Genauso himmlisch ist der Service.

Das Manifest des Restaurants steht auf Englisch an einer Wand. Sinngemäß: „Essen ist eine Notwendigkeit. Intelligent essen ist eine Kunst." Kein Zweifel, hier wird mit viel Kreativität gekocht.

Die Casa Mele bietet auch dreistündige Kochkurse an (Zeiten und Preise wechseln; Einzelheiten stehen auf der Website).

★ **Next2** ITALIENISCH €€€

(☎089 812 35 16; www.next2.it; Viale Pasitea 242; Mahlzeiten ab 50 €; ⏰April–Okt. 18.30–23 Uhr) Das moderne Restaurant vermählt dezente Eleganz mit subtil kreativer Küche. Regionale Zutaten aus ökologischem Anbau werden zu eindrucksvoll präsentierten Gerichten wie Oktopus vom Grill mit gebackenen Oliven und knusprigem Brot oder Lammravioli mit Lauch und frittierten Artischocken verarbeitet. Die Desserts zergehen auf der Zunge und die Meerblickterrasse ist im Sommer einfach unschlagbar.

Ausgehen & Nachtleben

La Zagara CAFÉ

(☎089 87 59 64; www.lazagara.com; Via dei Mulini 8; ⏰April–Mitte Nov. 8–22 Uhr) Den Inbegriff einer italienischen Terrasse – mit Bäumen, Blumen und allem Drum und Dran – gibt es schon seit den 1950er-Jahren. Direkt an der Terrasse liegt die hervorragende *pasticceria* (Konditorei; Kuchen ab 3 €), die sowohl Süßes als auch Herzhaftes serviert und vor allem bekannt ist für ihre *tiramisù al limone*.

Music on the Rocks CLUB

(☎089 87 58 74; www.musicontherocks.it; Via Grotte dell'Incanto 51; Eintritt 10–30 €; ⏰Ende April–Okt. 22 Uhr bis spät; 📶) Das ist eines der wenigen wirklichen Nachtlokale hier und dazu einer der besten Clubs der Amalfiküste. Auch die Location im Turm am Ende der Spiaggia Grande macht was her. Mit House und Retro-Disco schaffen die DJs relaxte Vibes für ein lebhaftes Publikum.

Da Ferdinando BAR

(☎ 089 87 53 65; Spiaggia dei Fornillo; ⏲ Mai–Okt. 10–3 Uhr) Die karibische Bambusbar taucht jeden Sommer wieder an Positanos kleinem Strand Fornillo auf. Sie vermietet Sonnenliegen und serviert Drinks und leichte Snacks. Nach Sonnenuntergang sorgt Rock 'n' Roll-Musik für die richtige Stimmung.

La Brezza Net Art Cafe CAFÉ

(☎ 089 87 58 11; www.labrezzapositano.it; Via Regina Giovanna 2; ⏲ 9–1 Uhr; 📶) Das grau-weiß eingerichtete Café hat eine Terrasse mit Meerblick, veranstaltet regelmäßig Kunstausstellungen und ist ein feiner Ort für ein Päuschen. Tagsüber werden Kaffee, Panini, Salat und Snacks serviert, schöner ist es ab 18 Uhr, wenn es kreative Fischtapas gibt, idealerweise zusammen mit einem der (für Positano) günstigen Weine.

Shoppen

La Bottega di Brunella MODE & ACCESSOIRES

(☎ 089 87 52 28; www.brunella.it; Viale Pasitea 72; ⏲ 9–21 Uhr) Dass die Frauen hier so unangestrengt schick aussehen, liegt unter anderem an diesem Laden – einer der wenigen, dessen Angebot tatsächlich „made in Positano" ist (die meisten Boutiquen tun nur so und verkaufen Importware). Leinen und Seide in Erdfarben (Beige, Ocker, Braun, Gelb) sind das bevorzugte Material.

La Botteguccia de Giovanni SCHUHE

(☎ 089 81 18 24; www.labottegucciapositano.it; Via Regina Giovanni 19; ⏲ Mai–Okt. 9.30–21 Uhr) In seiner kleinen Werkstatt hinten im Laden fertigt Giovanni noch Ledersandalen nach Maß. Die Kunden suchen sich Farbe und Schmuckelemente aus (z. B. Muscheln, was für Positano irgendwie typisch zu sein scheint), hinterlassen ihre Schuhgröße und gehen einen Cappuccino trinken, während er sich an die Arbeit macht. Kostenpunkt: ab 50 €.

Ceramiche Maria Grazia KERAMIK

(☎ 089 812 34 81; Viale Pasitea 8; ⏲ Mai–Okt. 9.30–20.30 Uhr) Angesichts der überwältigenden Auswahl an Keramik aus heimischer Produktion ist Stress beim Einchecken fast vorprogrammiert. Zum Glück wird die fragile Ware auf Wunsch auch verschickt. Formen und Farben sind von dezenter Eleganz: Schalen, Teller, Tische und sogar Eierbecher im Zitronendesign.

Praktische Informationen

Touristeninformation (☎ 089 87 50 67; www.aziendaturismopositano.it; Via Regina Giovanna 13; ⏲ Mai–Sept. Mo–Sa 8.30–20, So bis 14 Uhr, sonst kürzere Öffnungszeiten) Bietet viele Infos, von Sightseeing und Führungen bis zu Transportdetails. Es gibt auch eine kostenlose Wanderkarte.

An- & Weiterreise

AUTO & MOTORRAD

Anfahrt auf der Autobahn A3 bis Ausfahrt Vietri sul Mare und weiter auf der Küstenstraße SS163.

Positano Rent a Scooter (☎ 089 812 20 77; www.positanorentascooter.it; Viale Pasitea 99; pro Tag ab 70 €; ⏲ 9–21 Uhr) vermietet Roller (gegen Vorlage von Führerschein und Personalausweis).

Parken

Im Sommer ist die Parkplatzsuche ziemlich nervig. Es gibt einige ausgewiesene blaue Zonen (3 € pro Std.) und mehrere privat betriebene teure Parkplätze. Der **Parcheggio da Anna** (Viale Pasitea 173; 5 € pro Stunde) liegt am oberen Ende der Stadt, kurz vor der Pensione Maria Luisa. Vom Parkplatz **Di Gennaro** (Via Pasitea 1; 25 € pro Tag) am Ende der Via Cristoforo Colombo sind die Wege zum Stadtzentrum und Strand kürzer.

BUS

Positano liegt an der Küstenstraße SS163, 16 km westlich von Amalfi und 18 km östlich von Sorrent. SITA Sud hat zwei Haupthaltestellen: Aus Richtung Westen und Sorrent ist die erste Bushaltestelle gegenüber der **Bar Internazionale** (Via Guglielmo Marconi 306; ⏲ 7–13 Uhr), wo Bustickets verkauft werden. Von dort aus geht's zu Fuß auf der Viale Pasitea ins Zentrum. Aus Richtung Osten und Amalfi ist der erste Stopp am oberen Ende der Via Cristoforo Colombo, die (viel schneller) zum Ortskern führt. Tickets gibt's in der *tabaccheria* (Tabakladen; ☎ 089 81 21 33; Via Cristoforo Colombo 5; ⏲ 9.30–21 Uhr) am unteren Ende der Via Cristoforo Colombo.

SITA Sud (☎ 344 103 10 70; www.sitasudtrasporti.it) betreibt täglich bis zu 28 Busse nach Sorrent (2 €, 1 Std.). Bis zu 25 weitere fahren nach Amalfi (2 €, 50 Min.) und von dort aus weiter Richtung Osten nach Salerno.

SCHIFF/FÄHRE

Von April bis Oktober bestehen ausgezeichnete Verbindungen vom Fähranleger der Tragflügelboote zu anderen Küstenstädten und den Inseln.

TraVelMar (S. 293) steuert von April bis Oktober verschiedene Ziele entlang der Küste an, darunter Amalfi (8 €, 25 Min., 7-mal tgl.) und Salerno (12 €, 70 Min., 6-mal tgl.). Wer nach

IM LABYRINTH DER WANDERWEGE

Die Amalfiküste ist von einem Netz uralter Fußwege überzogen, die vielfach bereits im 10. und 11. Jh. sowie im Zeitalter des *ducato* (unabhängiger Stadtstaat) genutzt wurden. Bis zum Bau der Küstenstraße in den 1850er-Jahren waren sie hier die wichtigste Verkehrsverbindung. Heute werden sie von Wanderern genutzt sowie von Einheimischen, die nur so Zugang zu ihren Zitronenhainen und abgelegenen Landwirtschaftsgebäuden haben.

Der CAI (Club Alpino Italiano), Italiens größter Wanderverband, führt eine Liste von 124 nummerierten Wanderwegen in der Region, die alle rot-weiß markiert sind. Längster Weg dieser insgesamt 530 km ist die 70 km lange **Via dei Monti Lattari** (Nr. 300), die selten von einem Ende bis zum anderen gegangen wird. Am beliebtesten ist die Nr. 327, der Sentiero degli Dei (Pfad der Götter; S. 156), eine luftige Klippentraverse mit endlosem Küstenblick zwischen den Dörfern Bomerano und Nocelle. Gut besucht sind außerdem die Wanderwege durch das Valle delle Ferriere (S. 158), ein bewaldetes Flusstal hinter Amalfi, und das Valle del Sambuco (S. 189) hinter Minori, vorbei an Zitronenhainen, Pinienwäldern, einem Kloster aus dem 13. Jh. und alten Papiermühlen.

An einer Küste mit steilen Klippen und felsigen Bergen sind diese Wege berüchtigt für ihre Stufen (wirklich flach ist hier so gut wie nichts). Einige der schmaleren, hoch gelegenen Wege sind außerdem etwas exponiert. Wer nicht fit ist und/oder unter Höhenangst leidet, sollte seine Route sorgfältig planen.

Minori (11 €), Maiori (11 €) und Cetera (12 €) will, steigt in Amalfi um.

Lucibello Positano (☎ 089 87 50 32; www.lucibello.it) fährt von April bis Oktober dreimal täglich nach Capri (21 €, 30 Min.).

Unterwegs vor Ort

Mobility Amalfi Coast (☎ 089 81 30 77) bietet von 8 bis 24 Uhr halbstündige Nahverkehrsbusse, die die untere Ringstraße entlang fahren. Die Haltestellen sind klar erkennbar, Fahrkarten gibt es in Tabakläden (1,30 €) oder an Bord. Die **Haupthaltestelle** (Piazza dei Mulini) im Zentrum von Positano ist an der Ecke Viale Pasitea/Via dei Mulini. Die Busse von Mobility Amalfi Coast fahren auch an beiden SITA Sud-Haltestellen vorbei. Rund zehn weitere Busse fahren täglich nach Montepertuso und Nocelle.

Praiano

☎ 089 / 2050 EW.

Das einstmalige Fischerdorf hat sich zu einem ansprechenden, entspannten Badeort entwickelt und zeigt eine steigende Affinität zur Kunst. Es hat kein eigentliches Zentrum, sondern besteht aus einer Ansammlung weiß gekalkter Häuschen, die sich locker über den grünen Rücken des Monte Sant'Angelo in Richtung Capo Sottile verteilen. Die Dogen von Amalfi hatten den Ort zu ihrer Sommerresidenz erhoben, ein weiteres Standbein war die Seidenproduktion.

Sehenswertes

Praiano hängt 120 m über dem Meeresspiegel an einem Steilhang. Wer sich umsehen will, muss Kondition fürs Treppensteigen mitbringen. Mehrere Wanderwege nehmen hier ihren Anfang, darunter die hübsche Tour von der Kirche San Gennaro in westlicher Richtung hinunter zur **Spiaggia della Gavitelli** (rund 300 Stufen!) und weiter bis zum mittelalterlichen Wehrturm Torre di Grado – bei Sonnenuntergang besonders romantisch. Der Ort ist außerdem ein Startpunkt des **Sentiero degli Dei** (Pfad der Götter; S. 156).

Torre a Mare GALERIE

(☎ 339 4401008; www.paolosandulli.com; Marina di Praia; ⏲ 9–13 & 15.30–19 Uhr) Wehrtürme säumen die gesamte Amalfiküste. Paradoxerweise werden sie „Sarazenertürme" genannt, nach den Angreifern, die sie eigentlich abwehren sollten. Die meisten dieser Türme dämmern ihrem Verfall entgegen, einige sind in Privatbesitz. In der Torre a Mare in Praiano stellt der zeitgenössische Künstler Paolo Sandulli seine Skulpturen und Bilder aus, sodass sich die Besichtigung dieses Wehrturms mit Kunstgenuss verknüpfen lässt. Seine „Köpfe" mit wilden Frisuren aus farbintensiven Seeschwämmen sind echte Hingucker. Eine Wendeltreppe führt hinauf zu weiteren Skulpturen und Gemälden.

1

CANADASTOCK/SHUTTERSTOCK ©

LEOKS/SHUTTERSTOCK ©

Sorrent (S. 160), Amalfiküste
r quirlige Badeort Sorrent ist eine gute sgangsstation für die Erkundung der zinierenden Amalfiküste.

2. Villa Rufolo (S. 186), Ravello
Die 1853 erbaute Villa Rufolo ist für ihre wunderbaren terrassierten Gärten berühmt.

3. Positano (S. 171), Amalfiküste
Positano, das malerischste Städtchen an der Amalfiküste, bietet auch elegante Restaurants und schicke Boutiquen..

Aktivitäten

La Boa TAUCHEN
(☎089 81 30 34; www.laboa.com; Marina di Praia; Tauchgang 70 €) Die Tauchbasis unter den Steilklippen der Marina di Praia bietet Tauchgänge an der ganzen Amalfiküste bis einschließlich Punta Campanella. Ebenfalls im Angebot sind SSI-Kurse für 450 €.

Essen

In dem alten Fischerort spielen Fisch und Meeresfrüchte die Hauptrolle. Das bekannteste traditionelle Gericht ist *totani e patate alla praianese*, eine traumhafte Kombination aus zarten Tintenfischringen, Kartoffelscheiben, *datterini*-Tomaten, Knoblauch, Croutons, Chili und Petersilie.

Da Armandino FISCH & MEERESFRÜCHTE €€
(☎089 87 40 87; www.trattoriadaarmandino.com; Via Praia 1, Marina di Praia; Mahlzeiten 35 €; April–Nov. 13–16 & 19–24 Uhr;) Wer Fisch und Meeresfrüchte mag, darf sich das weithin berühmte, aber einfache Lokal am Strand der Marina di Praia nicht entgehen lassen. Es gibt keine Karte, sondern nur das, was am jeweiligen Tag in die Netze ging – garantiert lecker!

Onda Verde ITALIENISCH €€
(☎089 87 41 43; www.hotelondaverde.it; Via Terramare 3; Mahlzeiten 38 €; April–Nov. 13–14.30 & 19.30–21.30 Uhr) Das Restaurant gehört zu dem Hotel (S. 227) gleichen Namens und liegt direkt unter dem Wehrturm, auf halber Höhe der Treppe, die hinunter zum Hafen führt. An den Tischen im Freien ist die Aussicht auf die Bucht überwältigend. Im Umgang mit traditionellen Rezepten zeigt sich die Küche sehr einfallsreich und die große Auswahl an Salaten ist für heiße Sommertage genau das Richtige.

Ausgehen & Nachtleben

★ **Africana Famous Club** CLUB
(☎089 81 11 71; www.africanafamousclub.com; Via Terramare 2; 10–35 €; Ende Mai–Sept. 22 Uhr bis spät; Bar öffnet um 20 Uhr;) Das gesamte Nachtleben von Amalfi konzentriert sich unvermutet hier an der Marina di Praia. Das ist nicht irgendein Durchschnittsclub: Im Africana steppt schon seit den 1950er-Jahren gewaltig der Bär, damals gehörte Jackie Kennedy zu den Stammgästen. Das abgefahrene Höhlenambiente mit natürlichen Abzugslöchern und gläsernem Dancefloor, unter dem Fische ihre Runden drehen, ist sehenswert. Das Programm ist ein Mix aus DJs und Livemusik.

Gespielt wird alles von Disco über Techno bis Hiphop, die Drinks sind teuer und die Kleiderordnung ist entspannt.

Im Sommer fahren regelmäßig Shuttlebusse nach Positano, Amalfi und Maiori sowie Wassertaxis (hin & zurück pro Person 15 €) von Positano Boats (S. 181).

Shoppen

Alimentari Rispoli LEBENSMITTEL
(☎089 87 40 18; Via Nazionale 82; 8–13 & 16–21 Uhr) Verkauft Käse und Wurstwaren sowie Obst und Getränke. Ein guter Ort, um sich vor einer Wanderung auf dem Sentiero degli Dei (S. 156) mit Proviant einzudecken.

ABSTECHER

NOCELLE

Nocelle ist ein abgelegenes, verschlafenes Dörfchen auf 450 m Höhe, 2 km südöstlich von Montepertuso. Vom Touristenrummel völlig unbeleckt, bietet es erholsame Stille und berauschende Blicke auf die Küste. Hier passiert so gut wie nichts – und die paar Einwohner sind froh, wenn das so bleibt. Nocelle ist allerdings der offizielle Endpunkt des Sentiero degli Die (S. 156).

Wer hier länger relaxen will, kann sich in der **Villa della Quercia** (☎089 812 34 97; www.villadellaquercia.com; Via Nocelle 5; Zi. 75–85 €; April–Okt.;), einem hübschen B&B im ehemaligen Kloster, einmieten. Es hat einen ruhigen Garten und einen eher flachen Blick Richtung Küste. Eine bescheidene, unaufdringliche Essadresse ist die **Trattoria Santa Croce** (☎089 81 12 60; www.ristorantesantacrocepositano.com; Via Nocelle 19; Mahlzeiten 22 €; April–Okt. 12–15.30 & 19–21.30 Uhr) im Ortskern.

Die Minibusse von **Mobility Amalfi Coast** verbinden Nocelle mit Positano (1,30 €, 30 Min., 10-mal tgl.) via Montepertuso. Ein Taxi von/nach Positano kostet exorbitante 35–40 €. Selbstfahrer folgen den Schildern ab Positano.

NICHT VERSÄUMEN

RISTORANTE LA CARAVELLA

La Caravella (☎089 87 10 29; www.ristorantelacaravella.it; Via Matteo Camera 12; Mahlzeiten 50–90 €, Probiermenü 90 €; ⊙Mi–Mo 12–14.30 & 19–21.30 Uhr; ❄) ist das Restaurant der Künstler, der Kunst und der Kunstfertigkeit. Selbst Andy Warhol hat hier schon gegessen. Da überrascht es kaum, dass es auch als eine Art Galerie dient, mit Fresken, Gemälden und Keramiksammlung. Nicht vergessen sollte man aber das Essen: ein Probiermenü mit sieben Gängen, zubereitet von einigen der feinsten Kochkünstler Italiens. Unbedingt vorab reservieren.

Praktische Informationen

Touristeninformation (☎089 87 45 57; www.praiano.org; Via G. Capriglione 116b; ⊙Mo–Sa 9–13 & 16.30–20.30 Uhr) Bietet Karten und Informationen für die Wanderwege der Region.

An- & Weiterreise

SITA Sud (S. 176) bietet täglich bis zu 27 Busverbindungen nach Sorrent (2,40 €, 1¼ Std.). Bis zu 25 weitere fahren nach Amalfi (1,30 €, 25 Min.) und von dort aus weiter Richtung Osten nach Salerno. Sonntags fahren die Busse seltener.

Unterwegs vor Ort

Positano Boats (☎338 1539207; www.positanoboats.info; Spiaggia Grande) bietet am Samstagabend Wassertaxis zum Nachtclub Africana (S. 180) in der Nähe der Marina di Praia.

Furore

☎089 / 840 EW.

Auch wenn heute nichts mehr daran erinnert, war das winzige Fischerdorf Furore einstmals ein lebhaftes Handelszentrum. Dank seiner Lage blieb es im Mittelalter von fremden Herren verschont. Seine Wasservorkommen trieben Getreide- und Papiermühlen an.

Das Dorf wurde von Römern gegründet, die einen Zufluchtsort vor den Barbarenhorden suchten. Es liegt am Ende des sogenannten Furore-Fjords, einem von dramatischen Felsen gesäumten Einschnitt in die Monti Lattari. Der Hauptort liegt auf 300 m Höhe im oberen Vallone del Furore. Trotz bunter Wandmalereien und irgendwie nicht so richtig hierher passender moderner Skulpturen verirren sich das ganze Jahr über kaum Fremde in das verschlafene Nest.

Sehenswertes

Fiordo di Furore NATURSEHENSWÜRDIGKEIT
(Fjord von Furore; SS163) Der 6 km westlich von Amalfi gelegene Fiordo di Furore ist eine tiefe, schmale Einbuchtung und damit eine Fehlbezeichnung. Ein Fjord wird von einem Gletscher geformt – dieser „Fjord" ist jedoch ein untergegangenes Flusstal des Schiato. Die Mündung des *fiordo* überspannt ein steinerner Brückenbogen, im Juli Schauplatz eines internationalen Turniers im Klippenspringen. Am Ende des Flusstals ist ein winziger Strand mit ein paar verlassenen Häusern und Zugang über eine steinerne Treppe.

An- & Weiterreise

Wer im Auto unterwegs ist, folgt der SS163 und biegt dann auf die SS366 in Richtung Agerola ab. Vom Busbahnhof in Amalfi fahren SITA Sud-Busse (S. 176) nach Furore (1,30 €, 25 Min., 10-mal tgl., So 3-mal tgl.).

Amalfi

☎089 / 5150 EW.

Schwer zu glauben, dass das nette, kleine Amalfi mit seinen sonnigen Piazzas und seinem schnuckeligen Strand einst eine wichtige Seemacht war und über 70 000 Einwohner hatte. Von einem Ende zum anderen sind es gerade mal 20 Minuten zu Fuß. Und historisch bedeutsame Gebäude sind so gut wie keine zu sehen. Dafür gibt es eine ziemlich traurige Erklärung: Ein Großteil des Städtchens und seiner Bevölkerung ist bei einem Erdbeben 1343 ins Meer gerutscht.

Nichtsdestotrotz begegnen einem hier auf Schritt und Tritt Geschichte und Kultur – am augenscheinlichsten bei dem überdimensionierten Dom im byzantinischen Stil sowie im winzigen Papiermuseum. Die momentane Einwohnerzahl liegt bei knapp 5000, wächst aber im Sommer erheblich.

Gleich um die Ecke in einer Bucht liegt **Atrani**. Mit seinem dichten Gewirr aus weiß getünchten Häusern und Torbögen rund um einen gemütlichen alten Platz und dem kleinen Strand ist es auf jeden Fall einen Abstecher wert.

Amalfi

Amalfi

Highlights
1 Cattedrale di Sant'Andrea ... C3

Sehenswertes
2 Chiostro del Paradiso ... C2

Schlafen
3 Albergo Sant'Andrea ... B3
4 DieciSedici ... D3
5 Hotel Amalfi ... B2
6 Hotel Centrale ... C3
7 Hotel Lidomare ... B3
8 Residenza del Duca ... B3

Essen
9 La Pansa ... C3
10 La Taverna del Duca ... C1
11 Marina Grande ... C3
12 Ristorante La Caravella ... B3

Shoppen
13 Il Ninfeo ... C2
14 L'Arco Antico D'Artuono ... B2

Sehenswertes

★ Cattedrale di Sant'Andrea KIRCHE
(☎ 089 87 10 59; Piazza del Duomo; Erw./erm. 3/1 € von 10–17 Uhr; ⏲ 7.30–19.30 Uhr) Amalfis Dom, ein Mix verschiedener Architekturstile und greifbares geschichtliches Zeugnis des Ortes als Seemacht im 11. Jh., thront imposant über den 62 Stufen eines breiten Treppenaufgangs. Zwischen 10 und 17 Uhr ist der Dom nur über einen Kreuzgang aus dem 13. Jh. zugänglich, dem daneben liegenden Chiostro del Paradiso. Außerhalb dieser Zeiten ist der Zutritt kostenlos.

Teile des Doms stammen aus dem frühen 13. Jh. Die auffällige, gestreifte Fassade ist schon zweimal umgestaltet worden, zuletzt im ausgehenden 19. Jh.

Ursprünglich entstand die Kirche als Schrein für die Reliquien des Apostels Andreas, die 1208 aus Konstantinopel hierher gebracht wurden. Architektonisch ist der Bau ein stilistischer Mix. Außen dominieren die aus Sizilien importierten arabisch-normannischen Einflüsse (besonders am Glockenturm aus dem 13. Jh., in den Mosaiken und bei den zweifarbigen Mauern). Die mächtigen Bronzeportale ließ ein Adliger aus Amalfi in Syrien anfertigen und herbringen, sie waren die ersten ihrer Art in Italien. Die Innenausstattung ist größtenteils barock, mit einigen schön gearbeiteten Statuen am Altar und Mosaiken aus dem 12. und 13. Jh.

Chiostro del Paradiso KREUZGANG

(☎089 87 13 24; Piazza del Duomo; Erw./erm. 3/1 €; ⏱Juli–Aug. 9–19.45 Uhr, sonst kürzere Öffnungszeiten) Links vom Domportal liegt der wunderschöne Kreuzgang im maurischen Stil mit Resten verschiedener Fresken aus dem 13. Jh. Er wurde 1266 als Grablege für die Prominenz von Amalfi angelegt. Arabische Spitzbögen ruhen auf insgesamt 120 schlanken Marmorsäulen, die den Garten in der Mitte einfassen. Vom Kreuzgang aus gelangt man in die **Basilica del Crocefisso**, heute ein Museum für weitere Fresken und religiöse Artefakte, darunter in Silber geprägte Reliquienköpfe aus dem 13. Jh. Unten in der Krypta liegen die Reliquien des Apostels Andreas.

Grotta dello Smeraldo HÖHLE

(5 €; ⏱9–16 Uhr) Die Grotte 4 km westlich von Amalfi verdankt ihren Namen dem märchenhaften Smaragdgrün, in dem das Wasser hier schimmert. Stalaktiten hängen von der 24 m hohen Decke, am Boden wachsen bis zu 10 m hohe Stalagmiten. Busse fahren in regelmäßigen Abständen den Parkplatz oberhalb des Eingangs zur Grotte an. Von dort führen Treppen und ein Lift hinunter zu den Ruderbooten. Außerdem fahren ab Amalfi Boote der Coop Sant'Andrea (S. 185) zur Grotte (hin und zurück 10 €, plus Eintritt zur Höhle). Der Ausflug dauert ca. 1½ Stunden.

Kuriose Besonderheit der Grotte ist eine *presepe* (Weihnachtskrippe), die 4 m unter Wasser steht. Die Figuren aus hiesiger Vietri-Keramik wurden 1956 aufgestellt. Jedes Jahr am 24. Dezember und am 6. Januar pilgern Taucher aus ganz Italien hierher.

Museo della Carta MUSEUM

(Papiermuseum; ☎089 830 45 61; www.museodellacarta.it; Via delle Cartiere 23; 4 €; ⏱März–Okt. tgl. 10–18.30, Nov.–Jan. Di–So bis 16 Uhr) Das Papiermuseum ist standesgemäß in einer ehemaligen Papiermühle untergebracht, die aus dem 13. Jh. stammt und damit die älteste Europas ist. Hier stehen uralte, noch voll funktionsfähige Papierpressen, die während der 15-minütigen Besichtigungstour (auf Englisch) angeworfen werden. Dazu wird erklärt, wie früher Papier auf Baumwollbasis und später aus Zellstoff hergestellt wurde. Das animiert zu einem Besuch im Museumsladen mit seinem Papeterie-Sortiment (z. T. mit gepressten Blüten) und Schreibgeräten (auch für Kalligrafie).

Touren

Wer richtig schön schwimmen gehen will, sollte sich ein Boot leihen und damit aufs Meer hinausfahren. Am Lungomare dei Cavalieri sitzen einige Anbieter.

Ab Amalfi gibt es großartige Wanderwege in alle Richtungen, unter anderem auch in das kühle, schattige Valle delle Ferriere (S. 158).

Amalfi Marine BOOTSTOUREN

(☎338 3076125; www.amalfiboatrental.com; Spiaggia del Porto, Lungomare dei Cavalieri) Amalfi Marine verleiht Boote (ohne Skipper ab 220 € pro Tag, Sprit ist nicht inbegriffen; max. 6 Pers.) Private Tagestouren mit Skipper gibt es ab 600 €.

Essen

La Pansa CAFÉ €

(☎089 87 10 65; www.pasticceriapansa.it; Piazza del Duomo 40; Croissants ab 1 €, Backwaren ab 4,50 €; ⏱Mi–Mo 7–24 Uhr, Anfang Jan.–Anfang Feb. geschl.) In diesem Café aus Marmor und Glas an der Piazza del Duomo bedient nicht nur seit fünf Generationen die gleiche Familie, hier ist überhaupt die Zeit stehen geblieben: Wo sonst noch tragen die Kellner schwarze Fliegen? Und das typisch minimalistische italienische Frühstück – ofenfrische *cornetti* (Croissants), vollmundiger Espresso und herrlich schaumiger Cappuccino – schmeckt noch genauso wie in der guten alten Zeit! Besonders gut sind die *coda di aragosta con crema di limone*, Blätterteigteilchen in Form eines Langustenschwanzes, gefüllt mit einer reichhaltigen, aber trotzdem leichten Zitronencreme.

ABSEITS DER ÜBLICHEN PFADE

ATRANI

Die schüchterne kleine Schwester von Amalfi ist ein kompaktes Dörfchen (mit der kleinsten Fläche in ganz Süditalien) und versteckt sich in einem engen, steilwandigen Tal, in dem es sich unbemerkt und einsam entwickeln konnte. Vordergründig gibt es Parallelen zwischen den beiden Siedlungen (beide haben ungewöhnliche Kirchen, kleine, aber beliebte Strände und historische Mühlen), aber Atrani ist deutlich ruhiger, günstiger, authentischer und mit Gemeinschaftssinn. Ein Teil seines Charmes verdankt es der Abwesenheit von Autos: Die Küstenstraße SS163 führt die hupenden SITA-Busse auf einer Steinbrücke hoch über dem Ortskern hinweg. Der eigentliche Reiz besteht aber darin, dass Atrani sich überhaupt nicht künstlich inszeniert. Für Hungrige bietet das renommierte **Le Arcate** (☎089 87 13 67; www.learcate.net; Largo Orlando Buonocore, Pizza ab 6 €, Mahlzeiten 30 €; ⏲Sept.–Juni Di–So 12.30–15.30 & 19.30–23.30 Uhr, Juli & Aug tgl.; 📶) direkt am Meer frischen Fisch und Pizza.

Von Atrani sind es zehn Minuten zu Fuß Richtung Osten bis Amalfi. Dazu geht man durch den Tunnel von der Tiefgarage am Luna Rosso und vor dem Restaurant Nostromo am Meer entlang.

Trattoria Il Mulino TRATTORIA, PIZZA €
(☎089 87 22 23; Via delle Cartiere 36; Pizza 6–11 €, Mahlzeiten 20–30 €; ⏲Di–So 11.30–16 & 18.30–24 Uhr) Kinderfreundliches Lokal mit TV in der Ecke – viel authentischer wird's in Amalfi nicht mehr. Die Speisekarte enthält mit herzhaftem Fleisch und Fisch vom Grill kaum Überraschungen, dafür allerdings lokale Spezialitäten wie Oktopuskuchen oder Pasta mit Schwertfisch. Die Trattoria liegt hinter einer einfachen Plastikmarkise ganz am oberen Ende der Stadt.

Lo Smeraldino FISCH & MEERESFRÜCHTE €€
(☎089 87 10 70; www.ristorantelosmeraldino.it; Piazzale dei Protontini 1, Lungomare dei Cavalieri; Pizza 9 €, Mahlzeiten 30–45 €; ⏲Juli & Aug. tgl. 11.45–15 & 18.45–23.15 Uhr, Sept.–Juni Di geschl.) Westlich des Ortszentrums bietet dieses einladende, in Blau-Weiß gehaltene Strandlokal Meerblick mit Fischerbooten sowie Leckeres für den Magen: knusprige Pizzas, geschmeidiges Risotto (z. B. mit Räucherlachs und Kaviar) und einfache Fischgerichte, vom Grill oder gedünstet.

Trotz Strandnähe sind Gäste in Sarong und Flipflops nicht gerne gesehen, denn hier herrscht dezente Eleganz. Am Wochenende unbedingt reservieren!

La Taverna del Duca FISCH & MEERESFRÜCHTE €€
(☎089 87 27 55; www.amalfilatavernadelduca.it; Piazza Spirito Santo 26; Pizza ab 7 €, Mahlzeiten 30–42 €; ⏲Fr–Mi 12–15 & 19–23.30 Uhr) Hier gibt's nur eines: Schnell den letzten Stuhl auf dem Platz ergattern, denn das Fischlokal ist äußerst beliebt. Das Angebot richtet sich nach dem Tagesfang, oft stehen *carpaccio di baccalà* (hauchdünne Scheiben vom Stockfisch) oder typisch kampanische *scialatielli allo scoglio* (gemischte Meeresfrüchte mit dickeren, kurzen Bandnudeln) auf der Karte.

Marina Grande FISCH & MEERESFRÜCHTE €€€
(☎089 87 11 29; www.ristorantemarinagrande.com; Viale della Regione 4; Mahlzeiten 40–55 €; ⏲März–Okt. Mi–Mo 12–15 & 18.30–22.30 Uhr; 📶) S Schon in der dritten Generation verwöhnt die Familie in ihrem smarten Strandlokal ihre Gäste mit fangfrischem Fisch. Das Marina Grande ist stolz darauf, Bioprodukte aus regionaler Erzeugung zu verwenden – in Amalfi bedeutet das erstklassige Bernsteinmakrelen, Sepien, Garnelen und Miesmuscheln. Reservierung empfohlen.

Shoppen

Wer noch Souvenirs sucht, wird hier garantiert fündig. Die Via Lorenzo d'Amalfi ist voll von Läden mit Töpferwaren, handwerklich hergestellten Geschenkartikeln aus Papier und natürlich Limoncello. Da vor allem Urlauber angesprochen werden, sind Schnäppchen eher selten.

Il Ninfeo KERAMIK
(☎089 873 63 53; www.amalficoastceramics.com; Via Lorenzo d'Amalfi 28; ⏲9–21 Uhr) Für seine Kunden hat Il Ninfeo den riesigen Verkaufsraum mit der ganzen Palette an Keramikarbeiten bestückt, von XXL-Blumenübertöpfen bis zu Kühlschrankmagneten. Wenn nicht zu viel los ist, lässt einen das Personal auf Anfrage die Reste einer römischen Villa im Keller besichtigen. Wahnsinn, was sich im Untergrund dieses Städtchens alles verbirgt!

L'Arco Antico D'Artuono GESCHENKE & SOUVENIRS
(☎089 873 63 54; Via Capuano 4; ⊙9.30–20.30 Uhr) Mit der Papierherstellung begann Amalfi bereits im 12. Jh., um das (damals noch kleine) Heer von Bürokraten zu versorgen. Heute wird hier zwar kaum noch welches produziert, aber viele Läden verkaufen weiterhin Schreibwaren und Papier von exzellenter Qualität. L'Antico Arco hat unter anderem Briefpapier, Notizbücher mit Ledereinband und Fotoalben im Sortiment.

Praktische Informationen

Touristeninformation (☎089 87 11 07; www.amalfitouristoffice.it; Corso delle Repubbliche Marinare 27; ⊙April–Okt. Mo–Sa 8.30–13 & 14–18 Uhr, Nov.–März Mo–Sa 8.30–13 Uhr) Liegt gleich abseits der Strandpromenade in einem kleinen Hinterhof.

An- & Weiterreise

AUTO & MOTORRAD

Auf der Autobahn A3 von Norden her kommend geht's über die Ausfahrt Vietri sul Mare auf der SS163 bis Amalfi. Von Süden her kommend führt die Ausfahrt Salerno nach Vietri sul Mare und auf die SS163.

Parken

Parken ist in Amalfi ein echtes Problem. Ein paar Parkplätze liegen an der Piazza Flavio Gioia, nicht weit vom Fährhafen (3 € pro Std.) sowie unterirdisch bei der Garage Luna Rossa (2–4 € pro Std.). Die Zufahrt zur Tiefgarage liegt an der Hauptstraße am Meer zwischen Amalfi und Atrani. Von der Garage führt ein Fußgängertunnel direkt in die Stadt.

BUS

Der Busbahnhof von Amalfi an der Piazza Flavio Gioia – eigentlich kaum mehr als ein Parkplatz – ist die wichtigste Drehscheibe an der Küste.

SITA Sud (S. 176) fährt bis zu 27-mal täglich nach Ravello (1,30 €, 25 Min.). Richtung Osten fahren täglich bis zu 20 Busse nach Salerno (2,40 €, 1¼ Std.) über Maiori (20 Min.), Richtung Westen gehen bis zu 25 Busse nach Positano (2 €, 40 Min.) über Praiano (1,30 €, 25 Min.). Viele fahren weiter nach Sorrent (2,90 €, 1¾ Std.).

Fahrkarten hat der *tabacchi* (Tabakladen) an der Ecke Piazza Flavio Gioia/Via Duca Mansone I (die Seitenstraße, die zur Piazza del Duomo führt).

SCHIFF/FÄHRE

Das Fährterminal ist recht einfach mit mehreren Fahrkartenschaltern ausgestattet und liegt direkt am Meer unweit des Busbahnhofs.

TraVelMar (www.travelmar.it) Bietet von April bis Oktober ein zuverlässiges Wassertaxi von/nach Positano (8 €, 25 Min., 6-mal tgl.), Minori (3 €, 10 Min., 7-mal tgl.), Cetara (5 €, 40 Min., 7-mal tgl.) und Salerno (8 €, 35 Min., 12-mal tgl.).

Alilauro (☎081 497 22 38; www.alilauro.it) Betreibt ausschließlich im Sommer eine Fährverbindung nach Sorrent (20,80 €, 1 Std., 3-mal tgl.) über Positano sowie nach Capri (23,70 €, 1¼ Std., 1-mal tgl.).

Unterwegs vor Ort

Coop Sant'Andrea (☎089 87 31 90; www.coopsantandrea.com; Lungomare dei Cavalieri 1) Bietet Boote von Amalfi zur Grotta dello Smeraldo (hin & zurück 10 €, zzgl. Eintritt zur Höhle).

Ravello

☎089 / 2490 EW.

Ravello lässt einfach niemanden unberührt. Richard Wagner überwand hier seine kreative Blockade, D. H. Lawrence fand Inspiration für seinen Roman *Lady Chatterleys Liebhaber* und der amerikanische Schriftsteller Gore Vidal war gleich so beeindruckt, dass er 30 Jahre blieb und schließlich Ehrenburger wurde.

Im Gegensatz zu anderen Siedlungen an der Amalfiküste wurde die Stadt im 5. Jh. nicht am Meer, sondern auf einem Hügel erbaut und zwar als Zuflucht vor den Barbaren, die Rom plünderten. An Stil und Glamour wird sie heute nur von Positano übertroffen.

Eleganz zeigt Ravello geradezu exemplarisch am glänzenden Hauptplatz, wo lässige Restaurantgäste unter den Markisen der Lokale dinieren. Sie zeigt sich ebenfalls in den großartigen Villen (von denen heute viele Hotels sind), perfekt getrimmten Gärten und einem der feinsten Musikfestivals in ganz Italien, das die Stadt Wagners Frau zu verdanken hat.

Sehenswertes

Auch wer überhaupt keinen Orientierungssinn besitzt und dazu neigt, sich zu verlaufen, kann sich in Ravello wirklich nicht verirren: Von der zentralen Piazza Duomo aus ist alles bestens ausgeschildert. In den schmalen Seitenstraßen geht es beschaulicher zu und Trockenmauern, üppig wuchernde Vegetation, einfache Häuschen und liebevoll gehegte Gemüsebeete ergeben zusammen mit den Katzen, die sich genüsslich auf dem Fensterbrett sonnen, eine perfekte Idylle.

★ Villa Rufolo GÄRTEN

(☎089 85 76 21; www.villarufolo.it; Piazza Duomo; Erw./erm. 7/5 €; ⏲Mai–Sept. 9–21 Uhr, Okt.–April kürzere Öffnungszeiten, Turmmuseum 11–16 Uhr) Ein Turm südlich des Doms macht auf den Eingang zu dieser Villa aufmerksam, die für ihre wunderschöne Gartenanlage berühmt ist. Ein Schotte namens Sir Francis Neville Reid hat sie 1853 geschaffen und damit ein wahres Wunder vollbracht. Unübertreffliche Ausblicke wechseln sich ab mit wilden Farborgien, malerisch vor sich hin bröckelnde Türme kontrastieren mit verschwenderischer Blütenpracht. Von ihrer schönsten Seite zeigen sich die Gärten von Mai bis Oktober, außerhalb dieser Zeit lohnen sie das Eintrittsgeld eigentlich nicht.

Die Villa hatte sich die schwerreiche Familie Rufolo im 13. Jh. bauen lassen. Neben diversen Päpsten beherbergte sie auch König Robert von Anjou. Als Wagner 1880 die Gärten besuchte, war er so begeistert, dass er sie als Vorbild für Klingsors Zaubergarten (Schauplatz des zweiten Akts seiner Oper Parsifal) nahm.

Der im 13. Jh. erbaute Torre Maggiore (Hauptturm) beherbergt heute das **Torre-Museo**, ein interaktives Museum, das Geschichte und Bewohner der Villa gewidmet ist. Ausgestellt werden hier außerdem Kunstwerke, archäologische Funde sowie Keramiken mit Bezug zur Villa. Im Turm führt eine Treppe hinauf zu einer Aussichtsplattform mit umwerfendem Blick auf die Villa und die Amalfiküste.

Die Gärten der Villa Rufolo dienen heute als Open-Air-Bühne für die Weltklassekonzerte im Rahmen des jährlichen Klassikfestivals von Ravello.

★ Villa Cimbrone GÄRTEN

(☎089 85 74 59; www.hotelvillacimbrone.com/gardens; Via Santa Chiara 26; Erw./erm. 7/4 €; ⏲9 Uhr bis Sonnenuntergang) Wenn es eine Aussicht an der Amalfiküste gibt, die man am liebsten mit nach Hause nehmen würde, wäre es wohl die des **Belvedere der Unendlichkeit**, wo klassische Büsten vor einer Kulisse aus schroffen Steilküsten mit pastellfarbenen Dörfern stehen. Die himmlischen Gärten dieser restaurierten Villa aus dem 11. Jh. (heute ein Nobelhotel) wurden größtenteils von dem britischen Adeligen und Hausherren Ernest Beckett entworfen, der sie Anfang des 20 Jhs. mit Rosenbeeten, Tempeln und maurischem Pavillon anlegte. Sie sind frei zugänglich.

Die Villa diente in früheren Tagen als Rückzugsort von Prominenten: Greta Garbo und Leopold Stokowski hatten hier ihr heimliches Liebesnest. Weitere illustre Namen im Gästebuch sind Virginia Woolf, Winston Churchill, D. H. Lawrence und Salvador Dalí. Villa und Gärten thronen auf einer Klippe südlich der Piazza Duomo, die man von dort aus zu Fuß in zehn Minuten erreicht.

Museo del Corallo Camo MUSEUM

(☎089 85 74 61; www.museodelcorallo.com; Piazza Duomo 9; ⏲Mo–Sa 10–12 & 15–17 Uhr) Vordergründig ein Laden, der Schmuckstücke mit Reliefbildern (Gemmen) verkauft, hauptsächlich aus Korallen und Muscheln. Hinter dem Laden versteckt sich aber auch ein kleines Museum, das herrliche Stücke wie eine Madonna aus dem 16. Jh., eine Amphore aus dem 3. Jh., wunderschöne Kämme aus Schildpatt sowie exquisite Ölgemälde ausstellt.

ABSEITS DER ÜBLICHEN PFADE

RAVELLO ZU FUSS

In Ravello beginnen mehrere Spaziergänge, die zum Teil uralten Pfaden durch die Monti Lattari folgen. Wer sich fit genug fühlt, kann über Treppen, versteckte Wege und Olivenhaine bis hinunter nach **Minori** wandern und unterwegs im malerischen Weiler Torello ein Päuschen einlegen. Der 2,5 km lange Spaziergang beginnt links neben der Villa Rufolo und dauert rund 45 Minuten. Alternativ dazu führt ein Weg in Richtung Amalfi zum historischen Dorf **Scala**. Der 2 km von Ravello gelegene Ort erlebte eine Blütezeit als religiöses Zentrum, was sich durch über 100 Kirchen manifestierte. Heute pfeift der Wind durch die kümmerlichen Überreste des Dorfes und seine wettergegerbten Bewohner verrichten geduldig und gelassen dieselben Arbeiten wie schon Generationen vor ihnen. Der romanische **Duomo** (Piazza Municipio; ⏲8–12 & 17–19 Uhr) am Dorfplatz ist ein Ehrfurcht gebietender Zeitzeuge des 12. Jhs. Weitere Vorschläge für Ausflüge zu Fuß hält die Touristeninformation von Ravello bereit.

Ravello

Ravello

Highlights
1 Villa Cimbrone A5
2 Villa Rufolo A3

Sehenswertes
3 Auditorium Oscar Niemeyer B2
4 Duomo A3
5 Museo del Corallo Camo A3

Aktivitäten, Kurse & Touren
6 Mamma Agata A5

Schlafen
7 Affitacamere Il Roseto A3
8 Albergo Ristorante Garden B3
9 Belmond Hotel Caruso B2
10 Hotel Rufolo A3
11 Hotel Toro A2
12 Palazzo Avino B2
13 Villa Casale A3

Essen
14 Babel A3
15 Cumpà Cosimo A2
16 Da Salvatore B3
17 Ristorante Pizzeria Vittoria A3

Shoppen
18 Filo d'Autore A3
Profumi della Costiera .... (s. 7)

Duomo KIRCHE
(www.chiesaravello.com; Piazza Duomo; Museum Erw./erm. 3/1,50 €; ⌚8–21 Uhr) Der am Ostrand der Piazza Duomo aufragende Dom von Ravello wurde 1086 erbaut und danach mehrfach umgebaut. Die Fassade stammt aus dem 16. Jh., das mittlere Bronzeportal von 1179 (in ganz Italien gibt's davon nur zwei Dutzend). Der Innenraum wurde Ende des 20. Jhs. renoviert und ist wohl eher eine Interpretation dessen, was ursprünglich hier zu sehen war.

Was diesen Dom aber wirklich von jeder anderen Kirche unterscheidet, ist die außergewöhnliche Kanzel. Sie wird von sechs gedrehten Säulen gestützt, die ihrerseits auf Löwen aus Marmor ruhen. Die prächtigen Mosaikarbeiten mit Pfauen und anderen Vögeln vervollständigen den Schmuck. Dass der Boden in Richtung Vorplatz zusehends in Schräglage gerät, ist Absicht: Das verstärkt den perspektivischen Effekt. Das Dommuseum verfügt über eine bescheidene Sammlung religiöser Artefakte.

Kurse

★ **Mamma Agata** KOCHEN
(☎089 85 70 19; www.mammaagata.com; Piazza San Cosma 9; Kurse 250 €) Die *mamma* aller Kochkurse ist eine sympathische Familiensache. Berühmt ist Agata für ihre privaten Kochkurse, in denen sie einfache, aber unglaublich leckere Gerichte zeigt, für die sie hauptsächlich Biozutaten verwendet. Ihre Demonstration endet abends auf der Terrasse mit Meerblick, wo die Teilnehmer die ganzen Köstlichkeiten vertilgen. Dazu gibt's den hausgemachten Limoncello. Wer mag, kann Mamma Agatas Kochbuch kaufen.

Festivals & Events

★ Ravello Festival KULTUR

(☎ 089 85 84 22; www.ravellofestival.com; ⌚ Juli–Sept.) Zwischen Anfang Juli und September verwandelt das 1953 ins Leben gerufene Ravello Festival fast das gesamte Ortszentrum in eine riesige Bühne. Das Programm reicht von Orchesterkonzerten über Kammermusik bis zu Ballettaufführungen, Filmabenden und Ausstellungen. Bekanntester (und eindrucksvollster) Aufführungsort ist die Terrasse der Villa Rufolo.

Essen

Seltsamerweise bietet Ravello kulinarisch gesehen nichts wirklich Überragendes. Klar, es gibt genug Cafés, die überteuerte Panini verkaufen. Aber nach einem anständigen Restaurant oder einer netten Trattoria muss man lange suchen. Einige Hotels haben eine ganz gute Küche, in den meisten sind auch Gäste willkommen, die nicht dort übernachten. Dazu kommen noch zwei, drei Luxuslokale und damit hat sich's. Im Sommer herrscht überall Hochbetrieb, vor allem um die Mittagszeit. Reservierung ist ratsam.

Babel CAFÉ €

(☎ 089 858 62 15; Via Trinità 13; Mahlzeiten 20 €; ⌚ Mitte Juni–Mitte Sept. Do–Di 11.30–15.30 & 19–23 Uhr, Jan. & Feb. geschl.; 📶) Auf der kurzen Speisekarte des coolen kleinen Delikatessen-Cafés stehen „italienische Tapas“: erschwingliche Häppchen wie italienischer Gazpacho, Bruschetta, trockene Polenta und kreative Salate mit Kombinationen wie Zitrone und Orange mit Ziegenkäse und Kastanienhonig. Es gibt eine ausgezeichnete Auswahl regionaler Weine, soften Jazz aus den Lautsprechern und nebenbei Keramik aus der Vietri-Schule zu kaufen.

Da Salvatore ITALIENISCH €€

(☎ 089 85 72 27; www.salvatoreravello.com; Via della Republicca 2; Mahlzeiten 38–45 €; ⌚ Ostern–Nov. Di–So 12.30–15 & 19.30–22 Uhr) Salvatore liegt kurz vor der Bushaltestelle und bietet von der Terrasse aus einen tollen Ausblick. Auf diesen Lorbeeren ruht sich das Lokal keineswegs aus. Als eines der besten Restaurants an der Küste serviert es umwerfende Kreationen, die die regionalen Zutaten mit Flair und Originalität in Szene setzen. Als *aperitivo* vor dem Essen gibt es etwa einen Negroni in einer Kugel aus weißer Schokolade.

Zu den offenen Weinen gehören die tollen roten Tropfen Amarone und Barolo. Abends verwandelt sich ein Teil des Lokals in eine relaxte Pizzeria. Was hier aus dem Holzofen kommt, gibt's außerhalb von Neapel nur selten in dieser Qualität.

Ristorante Pizzeria Vittoria PIZZA €€

(☎ 089 85 79 47; www.ristorantepizzeriavittoria.it; Via dei Rufolo 3; Pizza ab 5 €, Mahlzeiten 30 €; ⌚ 12.15–15 & 19.15–23 Uhr; 👪) Auf der Karte stehen 16 verschiedene, durchweg leckere Pizzas, darunter auch die Ravellese mit Kirschtomaten, Zucchini, Mozzarella und Basilikum. Wer keine Pizza möchte, kann sich z. B. mit einem Zackenbarsch mit Sahnefenchel und einer innovativ gefüllten Zucchiniblüte als *antipasto* verwöhnen.

Cumpà Cosimo KAMPANISCH €€

(☎ 089 85 71 56; Via Roma 44; Pizza 7–12 €, Mahlzeiten 30–35 €; ⌚ 12.30–15 & 19.30–24 Uhr) Die wunderbar altmodische Trattoria serviert ehrliches italienisches Essen in schnörkelloser, promifreier Umgebung. Das familiengeführte Lokal hat hervorragende Pasta, herzhafte Gnocchi und feine Hauptgerichte. Zu den Spezialitäten des Hauses gehören das Kaninchen mit Tomaten und die Languste vom Grill.

Shoppen

Profumi della Costiera LIKÖR

(☎ 089 85 81 67; www.profumidellacostiera.it; Via Trinità 37; ⌚ 9–20 Uhr) Der hausgemachte Limoncello wird aus der heimischen Zitronensorte *sfusato amalfitano* hergestellt. Die Früchte sind riesig, gut doppelt so groß wie normale Zitronen. Da nach einem traditionellen Rezept gearbeitet wird, enthält der Likör weder Farb- noch Konservierungsstoffe und kann sich dafür mit dem Siegel der Geschützten Geografischen Herkunftsangabe brüsten.

Filo d'Autore BEKLEIDUNG

(☎ 089 85 84 67; www.filodautoreravello.it; Via Trinità 8; Schals ab 35 €; ⌚ 9.30–21 Uhr) Kaschmir lässt zwar eher an den kühlen Norden denken, aber der winzige, in einer Seitenstraße versteckte Laden ist auf jeden Fall einen Besuch wert. Die qualitativ hochwertigen Kleidungsstücke bestehen hauptsächlich aus reiner Kaschmirwolle, aber auch aus Leinen und werden vor Ort produziert.

Praktische Informationen

Touristeninformation (☎ 089 85 70 96; www.ravellotime.it; Piazza Fontana Moresca

10; ⏲10–20 Uhr) Teilt sich die Räume mit der Polizeiwache. Bietet Broschüren und Landkarten und kann auch bei der Unterkunftssuche helfen.

An- & Weiterreise

AUTO & MOTORRAD

Vom Zentrum von Amalfi aus 1,4 km auf der Küstenstraße (SS163) nach Osten fahren und scharf auf die SS373 abbiegen. Ravello ist ausgeschildert. Das Ortszentrum ist für Autos tabu und auch Parken ist ziemlich problematisch. Oft ist es einfacher, den Bus von Amalfi nach Ravello zu nehmen oder überhaupt zu Fuß zu gehen. Wer doch mit dem Auto fährt, kann auf dem zentralen Parkplatz unterhalb der Piazza Duomo parken (2,50–3,50 € pro Std.). Es gibt außerdem noch eine Tiefgarage im **Auditorium Oscar Niemeyer** (☎346 7378561; Via della Repubblica 12; 2 € pro Stunde, 8 Std. 10 €).

Ein Taxi von Ravello nach Amalfi kostet rund 31 €. Den Preis unbedingt vor dem Einsteigen vereinbaren!

BUS

Von der Haltestelle auf der Ostseite der Piazza Flavio Gioia fahren täglich bis zu 27 Busse der **SITA Sud** (www.sitabus.it) nach Ravello (1,30 €, 25 Min.).

Minori

☎089 / 2750 EW.

Rund 3,5 km östlich von Amalfi (und von Ravello 45 Minuten zu Fuß steil bergab) liegt das unauffällige Örtchen Minori, wo vor allem Italiener Urlaub machen. Neben seinen schicken Nachbarn Positano und Amalfi wirkt es fast etwas schäbig, dafür aber viel authentischer. Auch hier ist der Tourismus eine Haupteinnahmequelle, was die hübsche Promenade, die einladenden Strände und die malerischen, vom Verkehrschaos unberührten Einkaufsstraßen bezeugen. Nudelmachen war hier bereits im Mittelalter gang und gäbe. Die Spezialität des Ortes sind *scialatielli* (frische dickere Bandnudeln), die auf vielen Speisekarten auftauchen.

Sehenswertes

Villa Roma Antiquarium HISTORISCHES GEBÄUDE

(☎089 85 28 93; Via Capodipiazza 28; ⏲8–19 Uhr) GRATIS So prunkvolle Villen wie die aus dem 1. Jh. n. Chr. stammende und in den 1930er-Jahren wiederentdeckte Villa Roma Antiquarium stellten sich die alten Römer hier als Ferienresidenzen hin. Der Vesuv bereitete 79 n. Chr. dem Spaß ein Ende. Die besterhaltenen Teile liegen rund um den Garten auf dem unteren Niveau. Glanzstück ist das Bodenmosaik eines Bullen. Ein leicht heruntergekommenes Museum zeigt Artefakte aller Art, darunter eine ganze Reihe von Amphoren aus der Zeit vom 6. Jh. v. Chr. bis 6. Jh. n. Chr.

Aktivitäten

Valle del Sambuco WANDERN

Der 10,5 km lange Rundweg führt zwischen Zitronenhainen und den Ruinen alter Papiermühlen durch die Hügel und Täler hinter Minori. Highlight ist der hoch auf einer Klippe zwischen Pinien und Eichen gelegene **Convento di San Nicola**.

Der Weg verlässt den Küstenort Maiori auf der gut markierten Via dei Limoni, um dann in der Ortschaft **Torre** steil bergauf zu führen (jawohl, schon wieder die berüchtigten Treppen). Angenehm beschattet von Eichen und Pinien klettert der Weg stramm aufwärts bis zum 483 m über dem Meeresspiegel gelegenen Kloster San Nicola, zu dem ein kurzer Stichweg führt. Der Hauptweg biegt an einem felsigen Bergpass nach links ab und führt den Berg hinunter zum bäuerlichen Weiler **Sambuco**. Von hier aus zweigt ein weiterer Weg ab zur gegenüberliegenden (westlichen) Seite des Flusstals und führt an verschiedenen alten Papiermühlen vorbei zurück nach Minori. Alternativ kann man die Pflasterstraße von Sambuco Richtung Süden nach Ravello nehmen.

Festivals & Events

Gusta Minori ESSEN & TRINKEN

(www.gustaminori.it; ⏲Anfang Sept.) Ein fester Termin für alle Foodies an der Amalfiküste ist das Ereignis Gusta Minori, wenn überall im Ort Pastastände aufgebaut werden und Livebands sowie diverse Kulturevents für Stimmung sorgen.

Essen

★ **Sal de Riso** DESSERTS €

(☎089 8 40 10; www.salderiso.it; Via Roma 80; Desserts ab 4,50 €; ⏲7–1 Uhr) Was ist das nur? Eine *pasticceria*? Ja. Ein Café? Auch. Und eine Eisdiele? Auch das. Vor allem aber ist das Sal de Riso ein Himmelreich alles Süßen, in dem einem die Augen übergehen und gleichzeitig der Blutzucker in die Höhe schießt.

Il Giardiniello ITALIENISCH €€
(☎089 87 70 50; www.ristorantegiardiniello.com; Corso Vittorio Emanuele 17; Pizza ab 8 €, Mahlzeiten 35 €; ⏲Do–Di 12.20–14.30 & 18.30–23.30 Uhr) Auf der Terrasse unter duftendem Jasmin schmecken die edlen, kunstvoll servierten Gerichte besonders gut. Die meisten sind Fischgerichte, als Überraschung ist aber auch ein Kaninchen mit Bacon und schwarzen Trüffeln dabei.

Praktische Informationen

Touristeninformation (☎089 87 70 87; www.proloco.minori.sa.it; Via Roma 32; ⏲Mo–Sa 8.30–13 & 16–20, So 8.30–13 Uhr) Die kleine Touristeninformation an der Strandpromenade erteilt allgemeine Auskünfte und hält auch Touristenkarten bereit.

An- & Weiterreise

BUS

SITA Sud (S. 176) bietet montags bis samstags bis zu 19 Busse nach Salerno (2 €, 1 Std.) mit Halt in Maiori (1,30 €, 5 Min.) und Cetara (2 €, 30 Min.). Sonntags gibt es rund acht Busverbindungen. Richtung Westen fahren montags bis samstags bis zu 21 Busse nach Amalfi (1,30 €, 15 Min.), sonntags etwa acht. Von Amalfi aus gibt es Verbindungen weiter nach Positano und Sorrent.

SCHIFF/FÄHRE

Von April bis Oktober bietet **TraVelMar** (S. 192) Fährverbindungen nach Amalfi (3 €, 10 Min., 8-mal tgl.), Maiori (3 €, 5 Min., 8-mal tgl.), Cetara (5 €, 25 Min., etwa 6-mal tgl.) und Salerno (3 €, 40 Min., 6-mal tgl.). Nach Positano (11 €) in Amalfi umsteigen.

Cetara

☎089 / 2140 EW.

Am ruhigeren östlichen Ende der Amalfiküste liegt das sehr traditionelle und von Gourmets hochgelobte Cetara. Schon im Mittelalter spielte die Fischerei hier eine zentrale Rolle. Heute gilt die Hochseeflotte, die der Ort auf Thunfischfang schickt, als eine der größten des gesamten Mittelmeerraums. Die kleineren Boote, die nachts auslaufen und mit starken Lampen ausgerüstet sind, haben es mehr auf Sardellen abgesehen. Erst vor Kurzem wurde hier die Herstellung von *colatura di alici* wieder angekurbelt: Der sehr penetrante Sardellenextrakt soll sich aus der Würzsauce *garum*, die schon die alten Römer aus Fisch herstellten, entwickelt haben.

Festivals & Events

Sagra del Tonno ESSEN & TRINKEN
(⏲Ende Juli/Anfang Aug.) Jedes Jahr feiert der Ort die *sagra del tonno*, bei der sich alles um Thunfisch und Sardellen dreht. Wer es terminlich einrichten kann, sollte sich die Gelegenheit nicht entgehen lassen, die Fischspezialitäten bei Musik und festlicher Atmosphäre zu probieren. Nähere Infos erteilt die Touristeninformation.

Essen

Unter Italiens Feinschmeckern ist Cetara für seine Sardellen bekannt, die wichtigste Zutat der hiesigen Spezialität *colatura di alici*, eine intensive, bernsteinfarbene Essenz – im Prinzip die italienische Antwort auf chinesische Fischsoße. Eine Handvoll fischlastiger Restaurants säumen den Corso Garibaldi hinunter zum Hafen.

Cetara Punto e Pasta KAMPANISCH €€
(☎089 26 11 09; Corso Garibaldi 14; Mahlzeiten 25 €; ⏲9–24 Uhr) Das winzige Restaurant im bodenständigen Cetara ist kaum größer als eine Einzimmerwohnung. Es besteht aus sechs Tischen und einer offenen Küche, in der der fleißige Koch und Inhaber des Lokals kleine Wunder mit regionalem Fisch und hausgemachter Pasta vollbringt. Die Speisekarte steht auf einer Schiefertafel. Und keiner sollte gehen, ohne das Pesto aus fangfrischen *alici* (Sardellen) zu probieren.

Ristorante Da Spadone KAMPANISCH €€
(☎089 26 12 46; Corso Garibaldi 5; Mahlzeiten 23–28 €; ⏲12–15.30 & 19–24 Uhr) Der neue Stern am streng traditionellen Restauranthimmel von Cetara ist ein Lokal, wo es durchaus sein kann, dass der Chefkoch um 19 Uhr aus der Küche an die Eingangstür wechselt, um die Gäste zu begrüßen. Serviert werden schlichte Versionen uralter Rezepte: Die *linguine alla vongole*, die Pizza und die frittierten Sardellen sind alle gut.

Shoppen

Cetarii ESSEN
(☎089 26 18 63; www.cetarii.it; Via Largo Marina 48–50; ⏲9–13.30 & 16–20.30 Uhr) Der künstlerisch eingerichtete Laden am Hafen verkauft einige der typischen Fischprodukte, für die Cetara berühmt ist: Gläser mit rotem und weißem *tonno* (Thunfisch) und Flaschen mit der intensiven Sardellensoße *colatura di alici*.

Praktische Informationen

Touristeninformation (☎089 26 17 01; Piazza San Francesco 15; ⏲9–13 & 17–24 Uhr) Der örtliche Gemeindeverband Pro Loco gibt einen guten Stadtplan mit Wanderwegen heraus. Das Personal spricht u. U. nur Italienisch.

An- & Weiterreise

BUS

SITA Sud (S. 176) bietet montags bis samstags bis zu 20 Busse nach Salerno (1,10 €, 30 Min.), sonntags etwa acht. Bis zu 21-mal täglich fahren Busse nach Amalfi (2,20 €, 45 Min.) über Maiori (1,30 €, 25 Min.) und Minori (2,20 €, 30 Min.). Sonntags reduziert sich die Zahl der Abfahrten auf rund acht. Von Amalfi aus gibt es Verbindungen weiter nach Positano und Sorrent.

SCHIFF/FÄHRE

Etwa von April bis Oktober bietet **TraVelMar** (S. 192) Fährverbindungen nach Amalfi (5 €, 40 Min., rund 6-mal tgl.), Maiori (5 €, 15 Min., rund 6-mal tgl.), Minori (5 €, 25 Min., etwa 6-mal tgl.) und Salerno (5 €, 15 Min., rund 6-mal tgl.). Passagiere nach Positano (12 €) steigen in Amalfi um.

Fahrkarten gibt's im Kiosk am Hafen.

Vietri sul Mare

☎089 / 7900 EW.

Am Ende der Küstenstraße Amalfitana wartet das kampanische Zentrum für Töpferwaren, Vietri sul Mare. Schon die alten Römer kneteten hier Ton. Nach der Einführung hoher, dreistöckiger Brennöfen erreichte die Produktion im 16. und 17. Jh. industrielle Ausmaße. Grober Pinselstrich und leuchtende, mediterrane Farben sind das Markenzeichen der lokalen Keramik. Sie gefiel auch dem Königshof in Neapel, der ein Hauptabnehmer wurde. Heute drängen sich im *centro storico* Läden mit Töpferwaren aller Art.

Sehenswertes

Ceramica MUSEUM
(☎089 21 18 35; Villa Guerriglia, Via Nuova Raito; ⏲Di–Sa 9–15, So 9.30–13 Uhr) GRATIS Wie sehr Vietri im besten Sinne auf tönernen Füßen steht, verrät das Museum im nahe gelegenen Dörfchen Raito. Es residiert in einer leicht angegammelten Villa mit Park und gibt einen guten Einblick in die Entwicklung der heimischen Töpferkunst bis hin zur sogenannten Deutschen Phase (1929–1947), als der Ort viele Künstler, vor allem aus Deutschland, anzog.

Shoppen

Ceramica Artistica Solimene KERAMIK
(☎089 21 02 43; www.ceramicasolimene.it; Via Madonna degli Angeli 7; ⏲Mo–Fr 9–20, Sa & So 9–13.30 & 14–20 Uhr) Der riesige Fabrikverkauf sieht aus, als wäre er von Gaudí erbaut und ist die berühmteste Adresse für Keramik in Vietri. Das Angebot reicht von Eierbechern bis zu Figuren von Meerjungfrauen. Die ausgefallene Fassade aus Keramik und Glas stammt von Paolo Soleri, einem Schüler des amerikanischen Architekten Frank Lloyd Wright.

Praktische Informationen

Touristeninformation (☎089 21 12 85; www.prolocovietrisulmare.it; Via San Giovanni; ⏲Mo, Mi & Fr 9.30–12.30 Uhr) Die einigermaßen hilfsbereite Touristeninfo mit beschränkten Öffnungszeiten ist direkt neben dem *duomo*.

An- & Weiterreise

BUS

SITA Sud (S. 176) fährt bis zu 20-mal täglich nach Salerno (1,10 €, 15 Min.). Sonntags reduziert sich die Zahl der Abfahrten auf etwa acht. Täglich fahren bis zu 21 Busse nach Cetara (1,10 €, 15 Min.), sonntags etwa acht. Die meisten fahren weiter Richtung Westen nach Minori (2 €, 45 Min.) und Amalfi (2 €, 1 Std.). Von Amalfi aus gibt es Verbindungen weiter nach Positano und Sorrent.

ZUG

Vietri sul Mare ist die einzige Stadt der Amalfiküste mit **Bahnhof** (Corso Umberto I). Alle 30 Minuten fährt ein Zug nach Salerno (1,20 €, 10 Min.) und Neapel (4,70 €, 1¼ Std.).

Salerno & der Cilento

Inhalt ➜

Gut essen

- Osteria del Borgo (S. 206)
- Pecora Nera (S. 203)
- Mariterraneo (S. 198)

Schön übernachten

- Agriturismo i Moresani (S. 231)
- Marulivo Hotel (S. 233)
- Casale Giancesare (S. 231)

Auf nach Salerno & in den Cilento!

Salerno präsentiert sich nicht so glamourös wie die Badeorte an der Amalfiküste, aber das *centro storico* wirkt wie Klein-Neapel, nur ohne die verrückten Motorroller. Hier gibt es ein faszinierendes archäologisches Museum und einen normannischen Dom, der einer doppelt so großen Stadt würdig wäre.

Wer Salerno nicht prächtig oder alt genug findet, sollte 30 Minuten weiter nach Süden bis Paestum fahren. Hier stehen umgeben von Wildblumenwiesen hervorragend erhaltene antike griechische Tempel.

Am Horizont erstreckt sich der wenig bekannte Cilento zwischen einem größtenteils unbebauten Küstenstreifen und einer Bergregion, die für ihre Orchideen berühmt ist. Beides steht unter Schutz in einem kaum besuchten Nationalpark, in dessen Dörfern die Zeit stehengeblieben zu sein scheint. Auf unebenen Pfaden können sich abenteuerlustige Wanderer hier schon mal verirren.

Reisezeit

- Die Küstenorte des Cilento sind im Juli und August mit italienischen Urlaubern gefüllt – ein Zimmer zu finden ist dann schwer.
- Mai/Juni und September/Oktober sind bessere Reisezeiten. Dann ist das Wetter angenehm und am Strand gibt's mehr Platz fürs Handtuch.
- Für den Parco Nazionale del Cilento ist das Frühjahr am besten, das Wetter ist gut für Spaziergänge und Wanderungen und die Wildblumen blühen.

Highlights

1 Paestum (S. 200) An der prächtigsten archäologischen Stätte Europas in die Antike reisen.

2 Certosa di San Lorenzo (S. 209) In dem gigantischen Kloster in Padula Innenhöfe, Zimmer und Säulen zählen.

3 Salerno (S. 196) In der authentischsten Stadt Kampaniens die Promenade entlangspazieren.

4 Palinuro (S. 206) In diesem Küstenörtchen einen mit der Blauen Flagge ausgezeichneten Sandstrand genießen.

5 Trentova-Tresino (S. 203) Auf gut markierten Wegen zu den alten Türmen und Sandstränden von Agropoli wandern.

6 Grotte di Castelcivita (S. 208) Die unheimlichen Gewölbe dieser bizarren Höhlen bestaunen.

7 Pisciotta (S. 205) In einer einfachen Trattoria in den verwinkelten Gassen des Bergdorfes zu Mittag essen.

AUTOTOUR: CILENTO-KÜSTENSTRASSE

Die Tour folgt der wild zerklüfteten Küste der Cilento-Halbinsel mit unberührter Natur, faszinierenden Bergorten, antiken griechischen Ruinen und verträumten Fischerdörfern.

1 Paestum

Die Tempel bei Paestum gehören zu den besterhaltenen der Magna Graecia.

Fahrt > Nach 10 km auf der SP430 südlich von Paestum beginnt die Serpentinenfahrt in die Cilento-Ausläufer. Den Schildern „Centro Storico" von Agropoli folgen.

2 Agropoli

Faszinierender historischer Stadtkern und Ausblicke hinüber zur Amalfiküste.

Fahrt > Südlich von Agropoli führt der 13 km lange Abschnitt der SR ex SS267 landeinwärts ins felsige Innere des Cilento. Es geht weiter Richtung Westen und zum Meer.

4–5 Tage 142 km

Gut für… Essen & Trinken, Outdooraktivitäten

Beste Reisezeit Frühjahr und Herbst für Wanderer, Hochsommer für Strandliebhaber

3 Santa Maria di Castellabate

Goldener Sand über eine Länge von 4 km und ein hübscher kleiner Hafen.

Fahrt > Auf der SR ex SS267 kommt gleich nach Ortsausgang die Abzweigung nach Castellabate. Die Straße schlängelt sich über 8 km durch Obstplantagen und Olivenhaine.

4 Castellabate

Enge Straßen, überspannt von Bögen, und kleine Plätze.

Fahrt > Zurück auf die SR ex SS267 und ihr 21 km lang folgen.

5 Acciaroli

Hemmingways Lieblingsort. Es heißt, ein Fischer aus dem Dorf habe ihm als Vorlage für *Der alte Mann und das Meer* gedient.

Fahrt > Hinter Acciaroli führt die Küstenstraße über 8 km nach Pioppi und eröffnet herrliche Ausblicke auf Capo Palinuro.

6 Pioppi

Am unberührten Kieselstrand des Dörfchens gesellt man sich zu den uralten Einheimischen von Pioppi.

Fahrt > Es geht 8 km geradeaus auf der Küstenstraße bis Velia. Rund 6 km weiter südöstlich liegt Ascea, wo die Hügel der Küste in üppige Ebenen übergehen.

7 Velia

Dereinst Heimatort der Philosophen Parmenides und Zenon von Elea. Die antiken Ruinen zeugen von der griechischen Vergangenheit Velias.

Fahrt > Der halsbrecherischste Abschnitt der Cilento-Küstenstraße entschädigt mit spektakulären Ausblicken. Die Strecke ist insgesamt 10 km lang.

8 Pisciotta

Lebendigste Stadt des Cilento mit einem Labyrinth aus steil ansteigenden mittelalterlichen Straßen.

Fahrt > Die 11 km lange Fahrt geht zunächst von Pisciotta steil bergab und dann auf gerader Straße bis Palinuro.

9 Palinuro

Hinter dem idyllischen Hafen von Palinuro erstreckt sich Capo Palinuro. Hier gibt es wie in Capri eine Grotta Azzurra.

Fahrt > Bis San Giovanni a Piro sind es 27 km: Am besten fährt man erstmal gemütlich am Wasser entlang und biegt dann bei Marina di Camerota landeinwärts ab. Die beeindruckende SR ex SS562 windet sich in scharfen Kurven bergauf.

10 San Giovanni a Piro

Ein landwirtschaftlich geprägtes Städtchen mit Blick auf die Berge von Basilicata und Kalabrien.

Fahrt > Die letzten 20 km der Tour beginnen mit dem kurvenreichen Abstieg von San Giovanni a Piro ins hübsche Scario. Am Abschnitt Golfo di Policastro wird die Straße flacher.

11 Sapri

Sapri liegt an einem fast kreisrunden Naturhafen und ist der ideale Ort, um dem Cilento *arrivederci* zu sagen.

SALERNO

089 / 135 300 EW.

Salerno wirkt auf den ersten Blick vor allem groß und vielleicht etwas langweilig. Dabei hat der Ort einen eigenen, eher raubeinigen Charme. Der zeigt sich vor allem im authentischen *centro storico*, wo sich mittelalterliche Kirchen und Trattorias harmonisch in das bunte süditalienische Treiben einfügen. Die Stadtverwaltung hat in die Sanierung der Altstadt investiert, z. B. in eine baumgesäumte Strandpromenade, die viele für eine der schönsten in ganz Italien halten.

Sehenswertes

Die wichtigsten Sehenswürdigkeiten liegen (abgesehen von der Burg) alle in und nahe der Altstadt. Sie können leicht in einem Tag zu Fuß besichtigt werden. Besonders schön ist die Strandpromenade.

★ Duomo — KIRCHE

(Piazza Alfano; Mo–Sa 8.30–20, So 8.30–13 & 16–20 Uhr) Salernos beeindruckender Dom wird im Vergleich zu anderen Sehenswürdigkeiten in Kampanien oft unterschätzt. Vielen Kennern gilt er als schönste mittelalterliche Kirche Italiens. Das im 11. Jh. von den Normannen erbaute und im 18. Jh. neu gestaltete Gotteshaus wurde beim Erdbeben von 1980 schwer beschädigt. Sie ist dem hl. Matthäus (San Matteo) geweiht, dessen sterbliche Überreste angeblich 954 in die Stadt gebracht wurden und die heute in der Krypta unter dem Hauptaltar ruhen.

Besondere Aufmerksamkeit verdient das prächtige Hauptportal aus dem 12. Jh., die sogenannte **Porta dei Leoni**, benannt nach den Marmorlöwen am Fuß der Treppe. Es geht in einen wunderschönen harmonischen Innenhof, der von zierlichen Bögen umgeben ist und von einem Glockenturm aus dem 12. Jh. überwacht wird. Ebenfalls von Löwen bewacht sind die riesigen Bronzetüren, im 11. Jh. in Konstantinopel gegossen. Dahinter liegen das Haupt- und die beiden Seitenschiffe der Kirche. Sie sind hauptsächlich barock und lassen nur noch an wenigen Stellen die ursprüngliche Kirchenarchitektur erahnen, z. B. an Teilen des Bodens von Querschiff und Chor sowie an den beiden erhöhten Kanzeln vor dem Chorgestühl. Der gesamte Dom ist mit außergewöhnlich detaillierten Mosaiken aus dem 13. Jh. geschmückt, sie erinnern an die frühchristlichen Meisterwerke in Ravenna.

Besonders sehenswert ist die **Cappella delle Crociate** (Kapelle der Kreuzzüge) in der rechten Apsis, die ausdrucksstarke Fresken und weitere wunderbare Mosaike enthält. Der Name stammt übrigens daher, dass die Waffen der Kreuzfahrer hier gesegnet wurden. Unter dem Altar liegt das Grabmal von Papst Gregor VII. aus dem 11. Jh.

Museo Archeologico Provinciale — MUSEUM

(089 23 11 35; www.museoarcheologicosalerno.it; Via San Benedetto 28; Erw./erm. 4/2 €; Di–So 9–19.30 Uhr) Das restaurierte und mit neuem Leben erfüllte archäologische Provinzmuseum zeigt faszinierende Grabungsfunde aus der Umgebung. Sie reichen zurück bis zu den steinzeitlichen Höhlenbewohnern und alten Griechen, die die Region kolonisierten. Das Highlight im oberen Saal ist ein bronzener Apollokopf aus dem 1. Jh. v. Chr., 1930 aus dem Golf von Salerno geborgen.

Dazu kommen aus mehreren Jahrhunderten stammende Funde aus dem nahen Fratte wie eine kleine Vase, auf der die homo- und heteroerotischen Beziehungen zwischen Griechen, Römern und der einheimischen Bevölkerung abgebildet sind.

Castello di Arechi — BURG

(089 296 40 15; www.ilcastellodiarechi.it; Via Benedetto Croce; Erw./erm. 4/2 €; Di–Sa 9–17, So bis 15.30 Uhr) Bus 19 fährt von der Piazza XXIV Maggio zu Salernos berühmtem Wahrzeichen: dem Ehrfurcht gebietenden Castello di Arechi, das dramatisch 263 m über der Stadt thront. Die ursprünglich byzantinische Festung wurde im 8. Jh. durch den lombardischen Herzog von Benevento, Arechi II., erbaut und später durch die Nor-

Salerno

Highlights
1 Duomo ... C1

Sehenswertes
2 Museo Archeologico Provinciale ... C1
3 Museo Pinacoteca Provinciale ... C1
4 Museo Virtuale della Scuola Medica Salernitana ... C1

Schlafen
5 Hotel Montestella ... D2
6 Hotel Plaza ... F3
7 Ostello Ave Gratia Plena ... B1

Essen
8 Cicirinella ... C1
9 Mariterraneo ... B1
10 Pasticceria Romolo ... F3
11 Ristorante Santa Lucia ... B1

Salerno

0
400 m
Via Torquato Tasso
Piazza Sedile del Campo
Castello di Arechi (4,8 km)
Via dei Canali
7
9
Piazza Alfano
Duomo 1
Via Genovesi
8
Via S Michele
Via Duomo
Via Mercant.
4
3
2
Via Iannelli
Piazza Amendola
11
Vietri sul Mare (4 km); Amalfi (23 km); Positano (42 km); Sorrent (55 km)
Piazza Matteotti
Via Velia
Piazza XXIV Maggio
Via Volpe
Via Nizza
Via Dalmazia
Corso Vittorio Emanuele II
5
Via Roma
Via Cilento
Via Diaz
Corso Garibaldi
Bahnhof
Busbahnhof
Piazza Vittorio Veneto
6
Busitalia Campania
10
Piazza Giuseppe Mazzini
Lungomare Guglielmo Marconi
Via Torrione
Piazza della Concordia
Molo Manfredi
Golf von Salerno (Golfo di Salerno)
Porto Turistico
Fähr- & Tragflügelboot-Anleger
Capri; Ischia
A2 (Richtung Süden, 12 km); Paestum (38 km)

mannen und Aragonier (zuletzt im 16. Jh.) umgestaltet.

Museo Pinacoteca Provinciale MUSEUM
(☎089 258 30 73; Via Mercanti 63; ⏰Di–So 9–19.45 Uhr) GRATIS Das viele Epochen umspannende Kunstmuseum von Salerno verteilt sich auf sechs kleine Galerien und umfasst eine Kunstsammlung, die von der Renaissance bis in die erste Hälfte des 20. Jhs. reicht.

Museo Virtuale della Scuola Medica Salernitana MUSEUM
(☎089 257 61 26; www.museovirtualescuolamedicasalernitana.beniculturali.it; Via Mercanti 74; Erw./erm. 3/2 €; ⏰Di–Sa 9.30–13 & 17–20, So 10–13 Uhr; 👪) Das kleine, im Herzen der Altstadt von Salerno etwas verlorens wirkende Museum präsentiert per Video und Touchscreen die (schon beim Zuschauen schmerzhaften) Behandlungsmethoden der einst berühmten, heute längst geschlossenen Medizinischen Fakultät Salerno. Die um das 9. Jh. gegründete Fakultät war im mittelalterlichen Europa das bedeutendste Zentrum der Medizinischen Wissenschaft und erreichte im 11. Jh. den Höhepunkt ihres Ansehens. Anfang des 19. Jhs. wurde sie geschlossen.

Essen

Pasticceria Romolo KONDITOREI €
(☎089 23 26 13; www.pasticceriaromolo.it; Corso Garibaldi 33; Kuchen ab 1,50 €; ⏰Mi–Mo 8–14 & 15.30–20.30 Uhr) Gegenüber dem Bahnhof steht seit 1966 diese große *pasticceria*. Seitdem hat sie auch kaum ihre Einrichtung geändert. Die süßen Verführungen haben in der ganzen Stadt einen legendären Ruf: Es gibt u. a. *frollini* (Obst- und Schokoladentarte), *amaretti* (Makronen) und den unwiderstehlichen Leckerbissen *sfogliatella* (mit frischem Ricotta gefüllter Blätterteig – erwärmt und mit Zucker gepudert, wenn man ihn im Café verzehrt). Ausgefallene Pralinen und eine große Auswahl an Weinen runden das Angebot ab.

Ristorante Santa Lucia FISCH & MEERESFRÜCHTE €
(☎089 22 56 96; Via Roma 182; Pizza ab 5 €, Mahlzeiten 22 €; ⏰Di–So 12–14.30 & 19–23.30 Uhr) Die Umgebung an der Via Roma ist so angesagt wie kaum eine andere in der Stadt. Trotzdem haben die Meeresfrüchte in diesem Traditionslokal rein gar nichts Protziges. Gerichte wie *linguine ai frutti di mare* (dünne Bandnudeln mit Meeresfrüchten) oder Tintenfisch vom Holzkohlegrill klingen nicht gerade wahnsinnig originell, sind aber erstklassig zubereitet – ebenso wie die geniale Holzofenpizza.

★ **Mariterraneo** MEDITERRAN €€
(☎089 943 31 38; Vico Grimoaldo 12; Mahlzeiten 35–40 €; ⏰Di–Sa 6–23, So auch 11.30–14.30 Uhr) Der neue Verfechter von Slow Food ist nicht ganz leicht zu finden. Er versteckt sich zwischen den mit Graffiti besprühten Fassaden, der trocknenden Wäsche und den überquellenden Mülleimern des *centro storico*. Bei dem überaus kunstvoll gestalteten Essen ist man unweigerlich versucht, die Kamera zu zücken. Falls man es schafft, sich nicht augenblicklich darüber herzumachen. Empfehlenswert ist der gebackene Fisch auf Gemüsebeet.

Cicirinella ITALIENISCH €€
(☎089 22 65 61; Via Genovesi 28; Mahlzeiten 25 €; ⏰Mo–Fr 20–24, Sa & So auch 13–15 Uhr) Das Restaurant hinter dem Dom besticht durch eine Kombination aus bodenständiger, einladender Atmosphäre und ausnahmslos guten, delikat zusammengestellten Gerichten. Backsteinwände, Weinregale und eine offene Küche bilden die Kulisse für traditionell kampanisches Essen wie Pasta mit Meeresfrüchten und Kichererbsen oder Miesmuschelsuppe, die nicht nur nach mehr, sondern auch nach Meer schmeckt.

Praktische Informationen

Touristeninformation (☎089 23 14 32; Lungomare Trieste 7; ⏰Mo–Sa 9–13 & 15–19 Uhr) Hat nur begrenzte Informationen.

An- & Weiterreise

AUTO & MOTORRAD

Salerno liegt an der A3 zwischen Neapel und Reggio di Calabria, ab Salerno ist die A3 Richtung Süden mautfrei. Von der Ausfahrt Salerno der Beschilderung Richtung *centro* (Zentrum) folgen.

BUS

Die Busse der SITA SUD (www.sitasudtrasporti.it) fahren mindestens einmal stündlich von der Bushaltestelle an der Piazza Vittorio Veneto gleich neben dem Bahnhof über Vietri sul Mare, Cetara, Maiori und Minori nach Amalfi. Nach Pompeji kommt man am besten mit der Buslinie 4 von **Busitalia Campania** (☎089 48 72 70; www.fsbusitaliacampania.it) vom nahe gelegenen Corso Garibaldi, Ecke Via Luigi Barrella. An die Südküste und nach Paestum fährt stündlich Bus 34 von der Piazza della Concordia nahe dem Fähranleger Porto Turistico.

SCHIFF/FÄHRE

TraVelMar (S. 192) fährt in der Saison nach Amalfi (8 €, 35 Min., 12-mal tägl.) und Positano (12 €, 70 Min., 8-mal tägl.) sowie nach Cetara (5 €, 15 Min., 6-mal tägl.), Maiori (7 €, 30 Min., 6-mal tägl.) und Minori (7 €, 40 Min., 6-mal tägl.).

Alicost (☎ 089 23 48 92; www.alicost.it) bietet in der Saison einmal täglich eine Bootsverbindung nach Capri (25,40 €, 2 1/2 Std.) über Minori (7 €), Amalfi (8 €) und Positano (12 €).

Navigazione Libera del Golfo (S. 192 bietet einmal täglich eine Tragflügelbootverbindung nach Capri (25,90 €) von Ostern bis Mitte Oktober.

Die Boote von TraVelMar legen am Porto Turistico ab, von der Piazza della Concordia aus 200 m den Kai hinunter. Tickets gibt's an den Schaltern gleich neben dem Anlegeplatz. Die Boote von Alicost und Navigazione Libera del Golfo starten 1,8 km weiter westlich ab Molo Manfredi.

ZUG

Salerno ist eine der größeren Stationen auf den südlichen Strecken nach Kalabrien sowie zur Ionischen bzw. Adriaküste. Vom Bahnhof an der Piazza Vittorio Veneto gibt es drei regelmäßige Züge nach Neapel (ab 4,70 €, 35–45 Min.), Rom (Intercity ab 30,50 €, 3 Std.) und Agropoli (3,40 €, 40 Min.).

ℹ Unterwegs vor Ort

AUTO & MOTORRAD

Wer einen Mietwagen sucht, findet nicht weit vom Bahnhof **Europcar**.

Parken

Salerno hat relativ viele Parkplätze. Den Weg weisen die gut erkennbaren blauen Schilder mit dem „P" auf dem Weg ins Zentrum. Wer ins *centro storico* will, nimmt am besten den Parkplatz an der Piazza Amendola. In der Nähe des Bahnhofs und der Touristeninformation sind große Parkplätze an der Piazza della Concordia und der benachbarten Piazza Giuseppe Mazzini. Die Parkplätze in Salerno kosten in der Regel 2 € pro Stunde.

INSIDERWISSEN

DIE MEUTEREI VON SALERNO

Am 9. September 1943 landeten die siegreich aus Nordafrika zurückgekehrten Alliierten im Rahmen der Operation Avalanche, die auch als Schlacht von Salerno in die Geschichte einging, in Italien. Die Truppen mit der Fünften US-Armee unter Generalleutnant Mark Clark sollten im Kampf gegen die deutschen Besatzer Neapel unter ihre Kontrolle bringen, Italien aus dem Krieg drängen und so die Achsenmächte entscheidend schwächen.

Nach der schwierigen Invasion mit schrecklichen Verlusten beteiligten sich 600 Männer an der größten Meuterei in der britischen Militärgeschichte: Sie weigerten sich, sich der Fünften Armee anzuschließen. Sie waren per Schiff aus Tripolis herübergekommen – viele hatten sich in den Wüstenkämpfen gegen Rommels Truppen ausgezeichnet – und ihnen war gesagt worden, dass sie sich ihren Kameraden in Sizilien anschließen würden. Erst an Bord des Schiffes erfuhren sie, dass sie auf dem Weg zur Schlacht um Salerno waren. In Salerno wurden die Männer zu einem Feld beim Strand geführt und drei Tage lang festgehalten. Trotz der berüchtigten Strafen, die Meuterer in Kriegszeiten zu erwarten hatten, setzten sie ihre Meuterei fort.

Vom 300 Mann starken harten Kern der Meuterer gaben 108 Männer auf, 192 weigerten sich weiterhin zu kämpfen. Sie wurden nach Algerien gebracht, um vor ein Kriegsgericht gestellt zu werden. Tatsächlich waren die Soldaten nur aufgrund eines bürokratischen Fehlers nach Salerno gesandt worden, doch die Armee wollte nun nicht mehr klein beigeben.

Alle Männer wurden für schuldig befunden und drei Sergeanten zum Tode verurteilt, die Strafe wurde in zwölf Jahre Zwangsarbeit umgewandelt. Im Lauf der Zeit wurden alle Urteile ausgesetzt, doch die Männer mussten ihre Auszeichnungen zurückgeben und ihre Pensionsgelder wurden gekürzt.

Die Schlacht selbst war auf dem Papier ein Sieg der Alliierten, doch war es nicht der schnelle, saubere Schlag, der es hatte werden sollen. Was folgte, war ein langer und bitterer Kampf um Italien. Ein Teil von Salernos Altstadt blieb von der Zerstörung verschont, doch die breiten Straßen in der übrigen Stadt zeugen vom Wiederaufbau nach dem Krieg.

SALERNO & DER CILENTO IN ...

... einem Tag

Der erste Tag in Salerno beginnt im großartigen **Dom** (S. 196), danach folgt ein stimmungsvoller Spaziergang durch die engen Gassen des kleinen *centro storico* (Altstadt), wo man sich Zutaten für ein Picknick besorgt. Nach einem Cappuccino auf der typischen, mit Wäscheleinen verhangenen Piazza geht's per Zug oder Auto nach **Paestum** (S. 200). Hier folgt auf ein Mittagspicknick ein Nachmittag mit der Besichtigung der zauberhaften **Tempel** (S. 201). Am Abend gibt's in **Agropoli** (S. 202) ein Essen am Meer.

... zwei Tagen

Die endlose Strandpromenade von Agropoli ist ideal für einen Morgenspaziergang. Nach einem Besuch der **Burg** (S. 203) und der Altstadt geht's gen Süden entlang der dramatischen Küste mit versteckten Buchten und hohen Klippen. Unterwegs laden jede Menge kleine Badeorte zum Schwimmen, Spazierengehen oder Essen ein – z. B. Acciaroli, wo es Ernest Hemingway einst besonders gefiel, Pioppi mit Strand aus hellen Kieseln oder das mittelalterliche Pisciotta mit der traditionellen Piazza. Der Küstentag endet im hübschen Palinuro.

... drei Tagen

Auch wenn sie nicht halb so berühmt ist wie ihre Namensschwester in Capri, ist die **Grotta Azzurra** (S. 206; Blaue Grotte) in Palinuro ebenso spektakulär. Nach ihrer Besichtigung geht's landeinwärts zum Parco Nazionale del Cilento und zu den unglaublichen **Grotte di Castelcivita** (S. 208), eines der größten Höhlensysteme Europas. Jenseits der Hügel von Padula wartet ein Stück Geschichte bei der **Certosa di San Lorenzo** (S. 209), ein Gigant unter den italienischen Klöstern. Es lohnt sich, in einem der erstklassigen agriturismi innerhalb des Nationalparks zu übernachten.

Die Cilentoküste

Die Cilentoküste hat weder den Hochglanz noch die Raffinesse der Amalfiküste, aber auch sie wartet mit hübschen sonnengebleichte Orten und Felsen auf. Beliebte Besuchermagnete sind Agropoli, das strahlend weiße Palinuro und das charmante Castellabate. Außerdem kann sich der Cliento etwas auf seine Strände einbilden: Hier vereinen sich versteckte Buchten und lange, goldene Sandstrände mit einem höchst willkommenen Mangel an überteuerten Eisdielen und Sonnenliegen. Das Südende von Kampanien hat neben seinem Küstenflair noch mehr zu bieten. Es beherbergt auch die antiken griechischen Tempel von Paestum und den Parco Nazionale del Cilento, Vallo di Diano e Alburni, beides Unesco-Welterbe.

Anreise & Unterwegs vor Ort

BUS

Busitalia Campania (S. 198) hat regelmäßige Busverbindungen von Salerno und Paestum zu mehreren Badeorten an der Cilentoküste wie Santa Maria di Castellabate, San Marco di Castellabate und Acciaroli.

Infante Viaggi (S. 211) verkehrt zwischen Palinuro und Neapel/Rom.

ZUG

Einige Ziele entlang der Cilentoküste – insbesondere Paestum und Agropoli – liegen auf der Hauptroute von Neapel nach Reggio di Calabria. Preise und Informationen gibt's bei **Trenitalia** (S. 290).

Paestum

In Paestum befindet sich eine der prächtigsten archäologischen Stätten Europas. Sie gehört zum Unesco-Welterbe und umfasst drei der besterhaltenen Tempel des antiken Griechenland sowie ein beeindruckendes Museum mit jahrtausendealten Fresken, Keramiken und Alltagsgegenständen. Besonders berühmt ist das Grabfresko *Tomba del tuffatore* (Grab des Tauchers).

Paestum – oder Poseidonia, wie es ursprünglich nach Poseidon, dem griechischen Gott des Meeres, hieß – wurde im 6. Jh. v. Chr. von griechischen Siedlern gegründet und fiel 273 v. Chr. unter römische Herrschaft. Nach dem Untergang des Römischen Reiches war auch die Stadt Paestum dem

Verfall preisgegeben. Plünderungen durch die Sarazenen sowie regelmäßige Malaria-Epidemien zwangen die dahinschwindende Bevölkerung schließlich, die Stadt endgültig zu verlassen.

Heute erhalten Besucher in Paestum einen lebendigen Einblick in die Pracht und den hoch entwickelten Lebensstil der alten Griechen in dieser Gegend.

Sehenswertes

★ Tempel von Paestum
ARCHÄOLOGISCHE STÄTTE

(Area Archeologica di Paestum; ☎0828 81 10 23; www.museopaestum.beniculturali.it; mit Museum Erw./erm. 9/4,50 €; ⌚8.30–19.30, letzter Einlass 18.50 Uhr, am 1. und 3. Mo des Monats schließt das Museum um 13.40 Uhr) Im Gegensatz zu Pompeji sind die Ruinen in Paestum kleiner, älter und griechischer – und weit weniger überlaufen. Somit kann man hier das Ganze mit viel Muße auf sich wirken lassen, während die Sonne die gigantischen dorischen Säulen in romantisches Licht taucht. Es sind Zeugnisse der einstigen Magna Graecia, der griechischen Kolonie, die sich über den größten Teil Süditaliens erstreckte. Die Anreise erfolgt bis zum Bahnhof Paestum. Besucher bekommen ihre Eintrittskarte gleich östlich der Ausgrabungsstätte im Museum und können dann zum Haupteingang am nördlichen Ende gehen.

Paestum wurde höchstwahrscheinlich im 6. Jh. v. Chr. von Griechen aus Sybaris gegründet. Die Stadt wurde später römisch und im Mittelalter dann verlassen. Die Ruinen wurden in den 1760er-Jahren neu entdeckt, aber erst in den 1950er-Jahren vollständig freigelegt.

Das erste großartige Bauwerk ist der **Tempio di Cerere** (Tempel des Ceres) aus dem 6. Jh. v. Chr., der ursprünglich Athena geweiht war, im Mittelalter aber als christliche Kirche diente.

Südlich zeichnet sich der Umriss eines großen, rechteckigen Forums im Herzen der antiken Stadt ab. Ein riesiger Wohnbezirk und das Amphitheater gehören zu den noch teilweise erhaltenen Gebäuden. Beide bieten einen guten Einblick in das tägliche Leben zu Zeiten der Römer. In den ehemaligen Wohnhäusern sind noch Mosaikböden zu sehen sowie ein impluvium aus Marmor, in dem im Atrium Regenwasser gesammelt wurde.

Der größte und besterhaltene der drei Tempel in Paestum ist der etwa 450 v. Chr. erbaute **Tempio di Nettuno** (Tempel des Neptun). Hier fehlen nur Teile der inneren Mauern und des Dachs. Die beiden Reihen aus doppelstöckigen Säulen trennten ursprünglich den äußeren Säulengang von der Cella (Innenraum), in der meist eine Statue der Tempelgottheit stand. Trotz des Namens gehen Forscher davon aus, dass der Tempel der griechischen Göttin Hera, der Schwester und Gemahlin von Zeus, geweiht war.

Nebenan liegt die sogenannte **Basilika** (ein Tempel der Göttin Hera), das älteste noch erhaltene Bauwerk Paestums. Mit neun Säulen in der Breite und 18 Säulen in der Länge bietet der Tempel aus der Mitte des 6. Jhs. v. Chr. einen wirklich grandiosen Anblick. Am besten lässt man sich neben einer der Säulen fotografieren, um ein Gefühl für die Größenverhältnisse zu bekommen.

Auch für das Museum sollte man sich Zeit nehmen. Auf zwei Stockwerken sind hier faszinierende Basrelief-Friese sowie zahlreiche Fresken aus dem 5. Jh. v. Chr. zu sehen.

Im Frühling kommen die Tempel und das angrenzende Museum zwischen Feldern mit Klatschmohn besonders schön zur Geltung.

Museo di Paestum
MUSEUM

(☎0828 81 10 23; mit Tempeln Erw./erm. 9/4,50 €; ⌚8.30–19.30, letzter Einlass 18.50 Uhr, am 1. und 3. Mo des Monats schließt das Museum um 13.40 Uhr) Das Museo di Paestum an der Ostseite der Ruinen zeigt eine Sammlung verwitterter Metopen (Basrelief-Friese). Ei-

UNTERWEGS IN DER REGION

Salerno ist per Fähre verbunden mit Neapel, Sorrent und (im Sommer) mit der Amalfiküste und den Inseln. Es liegt auch an der Hauptbahnlinie zwischen Neapel und Reggio di Calabria.

Die wichtigsten Küstenorte des Cilento erreicht man per Bus oder Zug. Von Agropoli und Paestum gehen stündlich Züge nach Salerno mit Anschluss nach Neapel und Rom.

Im Innern des Parco Nazionale del Cilento gibt es nur wenige öffentliche Verkehrsmittel: Es gibt keine Züge und Busse fahren hier bestenfalls sporadisch. Einige der kleineren Dörfer sind wirklich nur per Auto erreichbar.

Die gesamte Region verfügt über gute Straßen und Beschilderung.

nige von ihnen stammen aus dem Tempio di Hera Argiva etwa 9 km nördlich von Paestum, von dem sonst so gut wie nichts mehr übrig ist. Star der Sammlung ist das Fresko Tomba del tuffatore (Grabmal des Tauchers) aus dem 5. Jh. v. Chr. Die Darstellung eines durch die Luft „tauchenden" Menschen repräsentiert vermutlich den Übergang vom Leben in den Tod.

Tenuta Vannulo KÄSEREI
(☎ 0828 72 78 94; www.vannulo.it; Via G. Galilei 101, Capaccio Scalo; 1-std. Gruppenführung 5 €; ⏲ Hof 8–17 Uhr, Führungen 9–11.30 Uhr) Die Käserei, zehn Autominuten von Paestum entfernt, ist die erste, die *bufala*-Milch (vom Wasserbüffel) in Bioqualität herstellte. Bei der Tenuta Vannulo besteht der Mozzarella ausschließlich aus Büffelmilch – die meisten Käsereien mischen Kuhmilch bei. Die Führungen (auch auf Englisch) sollten zwei bis drei Tage im Voraus gebucht werden. Besichtigt werden die Käseproduktion, der Stall und das Landwirtschaftsmuseum. Höhepunkt ist natürlich die Mozzarellaprobe.

Die Tenuta Vannulo produziert täglich 400 kg unpasteurisierten *mozzarella di bufala*, was locker für mehrere Tausend Portionen caprese reichen müsste. Daneben gibt es auch herrliche Eiscreme, Joghurt und *budini* (Pudding). Wer lediglich frischen Mozzarella kaufen möchte, kann natürlich auch einfach so vorbeikommen. Allerdings ist er aufgrund der hohen Nachfrage meist schon am frühen Nachmittag ausverkauft. Wer im Voraus reserviert, kann hier auch mittagessen.

Essen

Nahe den Ruinen gibt es diverse Restaurants, die meisten servieren jedoch mittelmäßiges Essen zu horrenden Preisen.

Nonna Sceppa ITALIENISCH €€
(☎ 0828 85 10 64; Via Laura 53; Mahlzeiten 35 €; ⏲ Fr–Mi 12.30–15 & 19.30–23 Uhr; 👪) Empfehlenswert sind die exzellent zubereiteten, robusten Gerichten im Nonna Sceppa gut bedient. Das familienfreundliche Restaurant erfreut sich wegen seiner hervorragenden Qualität eines guten Rufs in der gesamten Region. Die Auswahl richtet sich strikt nach dem Angebot der Saison und konzentriert sich im Sommer auf frische Meeresfrüchte oder erfrischend schlichten, gegrillten Fisch mit Zitrone. Beliebt sind auch Risotto mit Zucchini und Artischocken oder Spaghetti mit Hummer.

NICHT VERSÄUMEN

SÜSSE SÜNDE

Die *torta ricotta e pera* (Ricotta-Birnen-Kuchen) ist in Salerno und der gesamten Cilentoregion eine Spezialität. Fast jede *pasticceria* (Konditorei) verkauft die süßen, fruchtigen Stücke, die meist schnell ausverkauft sind. Die Einheimischen lieben sie nämlich auch.

Praktische Informationen

Touristeninformation (☎ 0828 81 10 16; www.infopaestum.it; Via Magna Grecia 887; ⏲ April–Sept. 9–13 & 15–17 Uhr, Okt.–März 9–13 & 14–16 Uhr) Die hilfsbereiten Mitarbeiter in der Touristeninformation auf der anderen Straßenseite der Ruinen geben Karten der archäologischen Stätte aus und informieren über die Region Cilento.

An- & Weiterreise

Von Salerno bis Paestum verkehren Züge rund 16-mal pro Tag (2,90 €, 30 Min.). Die Tempel (S. 201) sind vom Bahnhof aus bequem in zehn Minuten zu Fuß zu erreichen.

Bus 34 von **Busitalia Campania** (S. 198) fährt von der Piazza della Concordia in Salerno (2,70 €, 1 Std.) bis Paestum. Von Montag bis Samstag gehen sie alle ein bis zwei Stunden und am Sonntag viermal.

Agropoli

☎ 0974 / 21 500 EW.

Das gleich südlich von Paestum gelegene Agropoli ist im Sommer ein sehr beliebter Urlaubsort. Im restlichen Jahr zeigt es sich als angenehm ruhiges Städtchen, das eine gute Aktionsbasis für Ausflüge an der Cilentoküste und in den Nationalpark darstellt. Die äußere Hülle ist ein modernes Raster aus Geschäftsstraßen, aber der historische Kern präsentiert sich als hübsches Gewirr aus engen Pflastergassen mit uralten Kirchen, uralten Bewohnern und einer Burg mit grandiosem Ausblick.

Der Ort ist seit der Jungsteinzeit bewohnt. Später kamen Griechen, Römer, Byzantiner und Sarazenen. 915 n. Chr. fiel die Stadt unter die Herrschaft der Bischöfe und anschließend unter die der Feudalherren. Im 16. und 17. Jh. war Agropoli die Zielscheibe von Raubzügen. Während dieser Zeit schrumpfte die Bevölkerung auf wenige Hundert. Heute ist Agropoli die größte und lebhafteste Stadt an der Cilentoküste.

Sehenswertes

Zum *centro storico* gelangt man über die Piazza Vittorio Veneto. In dem autofreien Teil des modernen Agropoli wechseln sich Cafés und Eisdielen mit einer bunten Mischung an Geschäften ab. Von der Piazza läuft man den Corso Garibaldi entlang und die breite Treppe hoch bis zum mittelalterlichen *borgo*. Immer den Wegweisern zur Burg folgen.

Die Stadt hat einen langen Sandstrand, der allerdings nicht immer ganz sauber ist. Er verläuft entlang dem Lungomare San Marco, der sich 1 km lang nach Norden erstreckt.

Trentova-Tresino NATURSCHUTZGEBIET
(Via Fontana dei Monaci; P) Wer sich über fehlende Wegweiser im Parco Nazionale del Cilento, Vallo di Diano e Alburni ärgert, sollte diesem Minipark im Park 1 km südlich von Agropoli einen Besuch abstatten. Zahlreiche gut ausgeschilderte Wege schlängeln sich durch eine schöne und relativ gut zugängliche mediterrane Küstenlandschaft.

Ein Besucherzentrum dient als Ausgangspunkt für vier mit Namen versehene Hauptwanderwege. Am beliebtesten ist der 7,2 km lange Sentiero Trezeni. Er verläuft parallel zur Küste bis nach Santa Maria di Castellabate. An den Wegen liegen ruhige Strände, alte Türme (aus der Zeit vom Mittelalter bis zum Zweiten Weltkrieg) und unberührte Landzungen. Hier kann man auch wunderbar Vögel beobachten.

Einige der Wege sind bei einheimischen Mountainbikern und Reitern beliebt.

Il Castello BURG
(☎0974 82 74 07; ⏲Juli–Sept. 8–22 Uhr) GRATIS
Die im 5. Jh. von den Byzantinern erbaute Burg wurde während der angevinischen Herrschaft weiter befestigt. Auch danach wurde sie immer wieder umgebaut, sodass heute nur noch ein Teil der ursprünglichen Wehrmauer steht. Vom historischen Zentrum aus kann man einen schönen Spaziergang hierher machen: Der Ausblick auf Küste und Stadt ist phantastisch!

Die Burg ist nicht nur ein Ausflugsziel für Touristen, Einheimische führen hier eine Galerie mit zeitgenössischer Kunst.

Aktivitäten

Associazione Kayak Agropoli „I Trezeni“ KAJAKFAHREN
(☎320 7531673; Spiaggia Marina; Kajak 5 € pro Std.) Kajakvermietung im Hafen von Agropoli. Es können auch geführte Touren organisiert werden.

Cilento Sub Diving Center TAUCHEN
(☎338 2374603; www.cilentosub.com; Via San Francesco 30; Tauchgänge ab 50 €; 👪) Lust auf abtauchen? Hier gibt’s alles, was das Herz begehrt. Das Kursangebot reicht von Schnorcheln für Anfänger über Tauchgänge für Jugendliche (ab 12 J.) im offenen Meer bis zum Wracktauchen. In letzterem Fall wird zu den (für manche erschütternden) Wracks von Schiffen, Panzern und Flugzeugen getaucht, die bei Gefechten im Zweiten Weltkrieg hier versenkt wurden.

Essen

★ **Pecora Nera** PIZZA €
(☎320 6115112; Piazza della Mercanzia; Pizza 5–12 €; ⏲19.30–1 Uhr) Das „Schwarze Schaf“ erweist sich als neuer Anwärter auf die Auszeichnung „beste Pizzeria“. Das an einer Piazza am Hafen gelegene Lokal ist klein, aber geschmackvoll eingerichtet. Betreiber ist ein hippes Team von *ragazzi*, deren Pizzas aus leichtem Teig und sorgfältig ausgewählten DOP-Zutaten bestehen.

La Brace ITALIENISCH €
(☎0974 82 16 05; Via A. De Gasperi 60; Mahlzeiten 15 €, Pizza ab 3 €; ⏲Sa–Do 12–14.30 & 19–23.30 Uhr) Die Ristorante-Pizzeria an der Hauptstraße vom und zum Bahnhof bietet keinen Ausblick auf Meer oder Altstadt, aber wen stört das schon? Das Lokal ist eine der typischen Trattorien, die man in jeder italienischen Stadt findet: Einrichtung in Grün und Orange, ein Schnulzensänger am Keyboard, temperamentvolle Familien am Wochenende und – wir sind schließlich in Agropoli – verdammt gutes Seafood.

Il Gambero FISCH & MEERESFRÜCHTE €€
(☎0974 82 28 94; www.gambero.it; Via San Marco 234; Mahlzeiten ab 25 €; ⏲12.15–15.30 & 19–24 Uhr, Winter Di geschl.) Das hinter dem Strand von Agropoli gelegene Restaurant hat von der Terrasse einen wundervollen Blick auf den Lungomare, besonders schön ist er bei Sonnenuntergang (wer jetzt einen Tisch will, sollte früh kommen). Zu den Spezialitäten des Hauses gehören der Meeresfrüchtesalat, Pasta mit Muscheln und Kürbis sowie eine gemischte Fischplatte vom Grill. Nicht alles auf der Karte enthält Fisch, aber die Meeresfrüchte sind berechtigterweise die Nr. 1. Eine Reservierung ist empfehlenswert.

Ausgehen & Nachtleben

Insbesondere am nordwestlichen Ende der Fußgängerzone Via Filippo Patella im Stadtzentrum gibt es ein paar moderne, ansprechende Kneipen und Bars. Auch an der Strandstraße Via San Marco kann man hier und da gut etwas trinken. Am meisten los ist natürlich in den Sommermonaten. Dann suchen gefühlt Tausende italienischer Urlauber die Stadt heim, um sich ihre alljährliche Dosis Sonne und Meer zu holen.

★Nero Café BAR
(☎0974 82 33 19; Via Petrarca 8; ⏲7–24 Uhr; 📶)
Das mit Lederstühlen ausgestattete Nero Café im Art-déco-Look ist das beste Lokal für eine *pausa* am Nachmittag. Die „Pause" könnte sich allerdings hinziehen, denn das *apericena*-Buffet mit den üppigen Barsnacks ist einfach zu verführerisch.

Praktische Informationen

Touristeninformation (☎0974 82 74 71; Viale Europa 34; ⏲9.30–14 Uhr) Der kleine Kiosk im Stadtzentrum bietet zumindest ein paar Grundinfos.

Anreise & Unterwegs vor Ort

Bus 34 von **Busitalia Campania** (S. 198) fährt nach Paestum (2 €, 15–20 Min.) und Salerno (3,40 €, 1¼–1¾ Std.). Von Montag bis Samstag gehen die Busse alle ein bis zwei Stunden und am Sonntag vier- bis fünfmal.

Züge (S. 290) fahren rund 14-mal täglich bis Paestum (2 €, 5 Min.) und ca. 17-mal täglich bis Salerno (3,40 €, 45 Min.). Der Bahnhof **Agropoli–Castellabate** liegt im Ostteil der Stadt, 1 km vom Stadtzentrum entfernt.

Gegenüber dem Bahnhof gibt es eine **Autovermietung** (☎0974 82 63 01; www.agropolirent.it; Via A. De Gasperi 75; ab 50 € pro Tag; ⏲9–13 & 15.30–20 Uhr).

Castellabate & Umgebung

Castellabate liegt 10 km südlich von Agropoli. Es bietet diverse Vorzüge: Es ist ein klassisches italienisches Bergdorf, liegt im kampanischen Hinterland und die Küstenortsteile haben breite Strände.

Das mittelalterliche Castellabate liegt 280 m über dem Meer an einer Bergflanke und ist eines der besonders rührenden historischen Städtchen an der Cilentoküste.

Direkt am Meer liegt der Ortsteil **Santa Maria di Castellabate**, ein ehemaliges Fischerdorf mit einem herrlichen, 4 km langen Strand. Am südlichen Ende herrscht typisch italienisches Flair mit sonnengebleichten Häusern in Altrosa und Ocker, die Fensterläden in traditionellem Grün.

Von Castellabate kommend ist der nächste Stop auf der Straße nach Süden die hübsche Bucht beim Ortsteil **San Marco di Castellabate**. Im Hafen, der sowohl unter griechischer als auch unter römischer Herrschaft von großer Bedeutung war, wurden diverse Grabmale und andere Gegenstände gefunden, die heute im Museum von Paestum zu sehen sind.

Alle drei Siedlungen liegen innerhalb des Parco Nazionale del Cilento, Vallo di Diano e Alburni.

Sehenswertes

Castellabates Labyrinth aus schmalen, autofreien Gassen wird durch uralte Torbögen, kleine Plätze und den einen oder anderen Palazzo unterbrochen. Das lebhafte Herz des Hauptortes schlägt an der Piazza 10 Ottobre 1123, die nicht nur einen Namen voller Zahlen, sondern auch einen Panoramablick über das Valle dell'Annunziata zu bieten hat.

Strand von Castellabate STRAND
Der goldene Sandstrand von Santa Maria dehnt sich auf rund 4 km aus, bietet also selbst im Hochsommer mehr als genug Platz für das eine oder andere Strandhandtuch.

Der mit Blauer Flagge ausgezeichnete Strand von San Marco ist die natürliche Verlängerung nach Süden. Hier befindet sich die renommierte Spiaggia del Pozzillo mit mehreren *lidi* (Strandabschnitte, wo Liegestühle und Schirme vermietet werden).

Castello dell'Abate BURG
(Castellabate; 1 €; ⏲9.30–12.30 & 16–20 Uhr)
Von Santa Maria de Castellabate kommend markiert der breite **Belvedere di San Costabile** den Berggipfel. Von hier aus eröffnet sich ein endloser Blick über die Küste. Gleich daneben steht die Ruine einer Burg aus dem 12. Jh. Der Bau wurde 1123 von dem hl. Constabile in Auftrag gegeben. Der Abt ist Gründer und noch immer Schutzpatron der Stadt. Von der Burg sind heute nur noch die Wehrmauern erhalten, das Innere wurde grundlegend umgestaltet und dient heute als Kunstgalerie.

Essen

Die meisten guten Esslokale befinden sich nahe dem Strand im älteren Teil von Santa Maria di Castellabate. Oben auf dem Berg in Castellabate gibt es ein paar Restaurants mit netter Atmosphäre. Das **Cantina Belvedere** (☎0974 96 70 30; www.cantinabelvedere.it; Mahlzeiten 30–35 €; ⏲Mi–Mo 12–14.30 & 19–23.30 Uhr) bietet nicht nur gutes Essen, sondern auch herrliche Ausblicke.

Il Capriccio ITALIENISCH €
(☎0974 84 52 41; Corso da Spiafriddo, Castellabate; Mahlzeiten 20–25 €, ⏲12–15 & 19–23 Uhr) An der Straße nach Perdifumo im Landesinneren liegt das Lieblingslokal der Einheimischen. Die Aufmachung ist bescheiden, Teil des Gesamtpakets sind eine Terrasse und der freundliche Inhaber Enzo. Die Speisekarte hat alles zu bieten von Klassikern wie *zuppa di cozze* (Miesmuschelsuppe) und *polipetti affogati* (gesottener Oktopus) bis hin zu weniger fischigen Alternativen wie *zuppa di ceci* (Kichererbsensuppe).

Auch die *crostata della nonna* (Omas Kuchen) hält das, was der Name verspricht: Sie ist ein Traum aus Blätterteig, Mandeln und Früchten der Saison.

Arlecchino FISCH & MEERESFRÜCHTE €
(☎0974 96 18 89; Via Guglielmini, Santa Maria di Castellabate; Mahlzeiten 22–40 €, Pizza ab 4 €; ⏲März–Nov. 12–14.30 & 19–23 Uhr; 👪) Das beliebte Arlecchino liegt direkt am Meer am hübschen Südende von Santa Maria und schaut mit großen Fenstern über den kleinen Sandstrand. Das Restaurant ist am Wochenende immer voll und serviert in erster Linie Meeresfrüchte. Dabei können sich die *ravioli salsa di noci* (Ravioli in Walnusssauce) gegenüber dem Thunfisch und den Seeigeln gut behaupten.

Divino ITALIENISCH €€
(☎339 8080457; Piazza 10 Ottobre 1123, Castellabate; Mahlzeiten ab 25 €, Menüs 28–35 €; ⏲12–15 & 20.30–1.30 Uhr) Von der Burg aus weisen Schilder den Weg durch einen kurzen Tunnel in Richtung La Piazzetta. Hier muss man sich erst einmal die Augen reiben, denn das Schmuckstück aus Terrassenrestaurants, pastellfarbenen Häusern und prächtigen Blumenkästen ist fast zu schön, um wahr zu sein. Auf der Speisekarte stehen einheimische Favoriten wie *pasta e fagioli* (Pasta mit weißen Bohnen) und Schwertfisch vom Grill sowie günstige Tagesmenüs.

ℹ Anreise & Unterwegs vor Ort

Bus 34 von Busitalia Campania (S. 198) fährt mindestens sechsmal täglich (nicht so oft an Wochenenden) von Santa Maria di Castellabate nach Agropoli (2 €, 20 Min.) im Norden und Acciaroli (2,70 €, 30 Min.) im Süden. Hält auch in San Marco di Castellabate.

Die Strecke zwischen Agropoli und Santa Maria di Castellabate (7 km) lässt sich durch das Naturschutzgebiet Trentova-Tresino (S. 203) bequem zu Fuß zurücklegen.

Von Acciaroli bis Pisciotta

Die Küstenstraße von Castellabate Richtung Süden eröffnet hübsche Ausblicke, die vielleicht nicht ganz so umwerfend sind wie an der Amalfiküste, aber dafür auch nicht so stark befahren. Hier gibt es gut gepflegte Sandstrände und winzige, unbekannte Küstenorte wie das schöne **Acciaroli** mit charmantem Zentrum und schattigen Plätzen, die mit Steinen aus der Umgebung geschmackvoll restauriert wurden. Hier kann man offenbar gut alt werden, denn es gibt auf der Welt kaum einen anderen Ort mit mehr Einwohnern, die über 100 Jahre alt sind.

Nur 10 km südlich von Acciaroli liegt das ebenso winzige **Pioppi** mit makellos hellem Kieselstrand und einer Handvoll Läden und Restaurants. Als Nächstes kommt **Marina di Casal Velino** mit hübschem Hafen und einem Sandstrand, der besonders bei Familien beliebt ist.

Ascea ist bekannt als Heimatstadt der antiken Philosophen Parmenides und Zenon von Elea. Geprägt wird der Ort von seinen verwitterten griechischen Ruinen. Das mittelalterliche **Pisciotta** liegt hoch oben auf einem Bergrücken.

Sehenswertes

Spiaggia Grande di Acciaroli STRAND
Der Hauptstrand von Acciaroli ist eine weitere Perle des Cilento: Sand, genug Platz, ausgezeichnet mit der Blauen Flagge und mit leichtem Zugang zur Altstadt vom Südende aus. Das Wasser und der Sand werden makellos sauber gehalten. Wer die felsigen, überlaufenen Strände der Amalfiküste nicht ausgehalten hat, kann hier durchatmen.

Parco Archeologico di Elea Velia ARCHÄOLOGISCHE STÄTTE
(☎0974 97 23 96; Contrada Piana di Velia; Erw./erm. 3/1,50 €; ⏲Mi–Mo 9 Uhr bis 1 Std. vor Sonnenuntergang) Das Mitte des 6. Jh. v. Chr. von Griechen gegründete Velia wurde später zu einem beliebten Urlaubsort für wohlhabende Römer. Heute kann man durch die stimmungsvollen Ruinen schlendern. Dazu gehören Teile der ursprünglichen Stadtmau-

ern mit Resten eines Tors und mehrerer Türme, die Ruine der Thermalbäder, ein ionischer Tempel, ein Theater sowie Teile der original griechischen Straßen samt Kalksteinpflaster und Rinnstein.

Essen

Pizza in Piazza PIZZA €

(☎ 320 0966325; Piazza Vittorio Emanuele, Acciaroli; Pizza ab 4 €; ⏲ April–Nov. 12–15 & 19–23 Uhr;) Dies ist ein erstklassiger Pizzabäcker an einer hübschen Piazza mit Gummibäumen und wallenden Glyzinien. Die Pizza gibt's draußen auf der Terrasse oder zum Mitnehmen. Zur Auswahl stehen alle Standardvarianten – in exzellenter Qualität mit knusprigem Boden und gartenfrischen Zutaten. Unsere besondere Empfehlung gilt der *caprese* (7 €) mit Kirschtomaten, *mozzarella di bufala* (Büffelmozzarella) und frischem Basilikum.

★ **Osteria del Borgo** KAMPANISCH €€

(☎ 0974 97 01 13; Via Roma 17, Pisciotta; Mahlzeiten 20–35 €; ⏲ 12–15 & 19–23 Uhr) Von der Bergterrasse ruft der Kellner die Bestellung laut ins Haus (d. h. zur *mamma*), worauf umgehend das Klappern von Töpfen und Pfannen ertönt. Im Land des einfachen Essens versteht sich diese Osteria vortrefflich auf unkomplizierte Speisen, von rustikalem Brot über handfeste *primi* (Erster Gang, der selten mehr als 10 € kostet) bis hin zu heißem Espresso.

Anreise & Unterwegs vor Ort

BUS

Bus 34 von **Busitalia Campania** (S. 198) verkehrt mehrmals täglich zwischen Salerno und Acciaroli mit Zwischenhalt in Paestum, Agropoli und Santa Maria di Castellabate.

ZUG

Die Züge von **Trenitalia** (S. 290) fahren stündlich zum Bahnhof Agropoli–Castellabate in Agropoli (4 €, 30 Min.) und nach Salerno (5,70 €, 1¼ Std.). Achtung: Der Bahnhof Pisciotta–Palinuro liegt 4,5 km entfernt vom Ort Pisciotta, der hoch oben auf einem steilen Hügel thront.

Palinuro & Umgebung

☎ 0974 / 4800 EW.

Palinuro gilt als Haupturlaubsort an der Cilentoküste, dafür ist es aber immer noch relativ ruhig und auch größere Hotelburgen sind selten. Überhaupt macht alles noch ziemlich den Eindruck eines Fischerdorfs. Der Ort liegt geschützt durch eine Landzunge in einer kristallklaren Bucht mit ausgezeichneten Stränden, die im August gut mit italienischen Urlaubern gefüllt sind und zu den saubersten und gepflegtesten Italiens zählen.

Sehenswertes

Spiaggia Palinuro STRAND

Der Hauptstrand der Stadt erstreckt sich rund 4 km vom Zentrum nach Norden. Im Süden beim idyllischen Hafen gibt es noch eine etwas geschütztere Badebucht mit farbenfrohen Fischerbooten und mehreren Bars, überragt von einer Landzunge. Hier können Kajaks gemietet und Bootsausflüge gebucht werden.

Spiaggia Marinella STRAND

Wer es noch etwas ruhiger möchte, fährt südöstlich bis zur Spiaggia Marinella, umgeben von üppigem Grün. Eine steile Treppe führt vom Parkplatz zum Strand hinunter. Da die Bucht von zwei Wellenbrechern geschützt wird, eignet sie sich ideal zum Schwimmen und Tretbootfahren (können im Sommer gemietet werden).

Grotta Azzurra HÖHLE

Die Grotta Azzurra (Blaue Grotte) von Palinuro wird nicht so gehypt wie ihre Namensschwester auf Capri, dabei braucht sie sich mit ihrem Farben- und Lichtspiel wirklich nicht dahinter verstecken. Ihren Namen verdankt auch sie dem außergewöhnlichen Effekt des Sonnenlichts, das durch einen unterirdischen Gang auf etwa 8 m Tiefe ins Höhleninnere dringt. Touren zu dieser und anderen Höhlen werden von Da Alessandro veranstaltet (ab € 15).

Der Einfallswinkel der Sonnenstrahlen ist am Nachmittag am günstigsten.

Aktivitäten

Palinuro ist für seine Bootsausflüge bekannt. Ziele sind die Grotta Azzurra und andere Buchten und Höhlen um Capo Palinuro. Die Boote starten vom kleinen Hafen, 1 km südlich vom Stadtzentrum.

Da Alessandro BOOTSTOUREN

(☎ 347 6540931; www.costieradelcilento.it; Spiaggia del Porto di Palinuro; Fahrten ab 15 €; ⏲ Mitte März–Mitte Nov.) Da Alessandro am Hafen steuert neben der Blauen Grotte noch vier andere Höhlen in der Umgebung an. Am Stand können Kajaks gemietet werden (10 € pro Std.).

Capo Palinuro
WANDERN

Das felsige Kap südlich von Palinuro wartet auf mit Turmruinen, natürlichen Steinbögen, Höhlen und einem Leuchtturm. Eine relativ leichte Wanderung über 7 km erfüllt die Lungen mit frischer Seeluft und stärkt die Beine.

Man folgt der Abzweigung des Sentiero della Primula nach links gleich hinter dem kleinen Hafen von Palinuro bis zur Ruine einer Festung an der **Punta del Fortino**. Dann geht es zunächst 100 m zurück bis zu einer Abzweigung und nach rechts hinauf zur Landzunge mit ihren windgepeitschten Büschen. Der Weg mündet in eine unbefestigte Straße, die zu einem Leuchtturm führt (Militärgebiet, aber der Ausblick lohnt den Umweg). Von hier geht man wieder zurück und die Straße den Berg hinunter in einen Pinienwald bis zu einer Asphaltstraße. Hier nach rechts abbiegen und in den kleinen Ort Faracchio, zu dessen Füßen die Spiaggia Marinella (S. 206) liegt. Sehenswert ist der berühmte **Archetiello**, ein natürliches Loch in der Felsküste. Von hier aus spaziert man über die Via Fratelli Capozzoli gemächlich zurück nach Palinuro.

Essen

Palinuro ist zwar nicht gerade als kulinarischer Hotspot bekannt, aber in den dem Wasser am nächsten gelegenen Restaurants (insbesondere um den kleinen Hafen herum) lässt es sich durchaus gut essen. Die meisten davon sind nur in der Saison von Ostern bis Oktober geöffnet.

O Guarracino
FISCH & MEERESFRÜCHTE €

(☎0974 93 83 09; www.oguarracino.it; Via Porto; Mahlzeiten 20–25 €; ⏲Mai–Aug. 12–15 & 19–24 Uhr, März & April, Sept. & Okt. 12–15 Uhr) Das einfache Lokal am Strand wird von Fischern betrieben, die selbst im Winter auf Fischfang gehen. Daher gibt es hier nur Allerfrischestes aus dem Meer: Meerbrasse, Seebarsch, Gelbschwanzflunder, Schwertfisch, Thunfisch – die Liste ist lang.

Ristorante Core a Core
ITALIENISCH €€

(☎0974 93 16 91; www.coreacorepalinuro.it; Via Capozzoli 13, Faracchio; Mahlzeiten 30–40 €; ⏲12.45–14.45 & 20–24 Uhr) Das kitschige herzförmige Schild muss man ignorieren: Mit seinem tollen Garten und ausgezeichneten Ruf für Meeresfrüchte ist das Core a Core das erste Restaurant am Platz. Die *antipasti al mare* (19,50 €) sind super und es gibt auch eine extra Kinderkarte. Sehr beliebt, daher reservieren! Vom Stadtzentrum Palinuro sind es 15 Minuten zu Fuß den Berg hinauf.

> **INSIDERWISSEN**
>
> **KLEIN-ROM**
>
> Die uralten verwinkelten Straßen machen **Teggiano** zu dem wohl hübschesten der 80 Dörfer im Nationalpark. Die Siedlung mit 8100 Einwohnern liegt auf einer Erhebung, ihre Schönheit wird durch kein einziges modernes Gebäude verschandelt. Der Ursprung geht auf die Römer zurück, dennoch stammt alles, was man heute sieht – auch die normannische Burg Sanseverino – aus der Zeit des Mittelalters. Die Stadt präsentiert sich als Mini-Rom, denn sie verfügt über ein halbes Dutzend Kirchen, schattige Pflasterstraßen und vier kleine Museen, versteckt im Gewirr der Gassen.

Praktische Informationen

Touristeninformation (☎0974 93 81 44; Piazza Virgilio; ⏲Mo–Sa 10–12.30 & 17–19, So 10–12.30 Uhr) Die Pro Loco liegt am Hauptplatz und hat Stadtpläne und allgemeine Infos.

An- & Weiterreise

BUS

Die Busse von **Infante Viaggi** (S. 211) fahren nach Rom (Bahnhof Tiburtina, 21 €, 5 Std., 3-mal wöchentl.), Neapel (12 €, 3 Std., 2- bis 3-mal tägl.) und Salerno (10 €, 1¾ Std., 2- bis 3-mal tägl.).

ZUG

Der nächste Bahnhof mit dem irreführenden Namen Pisciotta-Palinuro liegt 8 km nördlich der eigentlichen Ortschaft. Viermal am Tag verkehren Minibusse zwischen Bahnhof und Ortszentrum. Die Strecke nach Palinuro lässt sich auf der relativ ruhigen Strandstraße auch gut zu Fuß bewältigen. Oder man ruft die Unterkunft an und bittet um Abholung.

Parco Nazionale del Cilento, Vallo di Diano e Alburni

Der weiter nördlich liegende Parco Nazionale del Cilento, Vallo di Diano e Alburni ist eine Mischung aus dichtem Wald, Blumenwiesen, dramatischen Bergen, Flüssen und Wasserfällen. Er ist der perfekte Gegenentwurf zu den Touristenorten an der Küste. Italiens zweitgrößter Nationalpark umfasst unglaubliche 1810 km², wobei sich auch 80 Ortschaften und Dörfer innerhalb seiner Grenzen befinden. Zum Erkunden des Parks bietet sich ein Auto an, es gibt auch öffentliche Verkehrsmittel im Küstenabschnitt zwischen Castellabate und Palinuro. Der Cilento ist für seine Orchideen, weitverzweigten Höhlensysteme und hübschen Bergdörfer bekannt. Im Westen befinden sich die Ruinen von Paestum, im Osten liegt die Certosa di San Lorenzo, die beide für die Anerkennung des Parks als Unesco-Welterbe 1998 entscheidend waren.

Im Vergleich zur Amalfiküste ist der Cilento noch nicht so sehr auf Urlauber ausgerichtet und daher sind die Wanderwege oft nicht gut ausgeschildert. Wer sich unsicher fühlt, schließt sich am besten einer Tour an.

Sehenswertes

★ **Grotte di Castelcivita** HÖHLEN

(☎ 0828 77 23 97; www.grottedicastelcivita.com; Piazzale N. Zonzi, Castelcivita; Erw./erm. 10/8 €; ⏲ Standardtouren März–Okt. 10.30, 12, 13.30 & 15 Uhr, April–Sept. außerdem 16.30 & 18 Uhr; P 👪) Die Grotten sind faszinierende, überirdisch schöne Höhlen aus prähistorischer Zeit. Bei Forschungen hat sich herausgestellt, dass die Höhlen bereits vor 42 000 Jahren bewohnt waren und damit die älteste bekannte Siedlung in Europa darstellen. Wer sie besichtigen will, sollte eine Jacke mitneh-

ABSEITS DER ÜBLICHEN PFADE

WANDERN IM CILENTO

Der Parco Nazionale del Cilento, Vallo di Diano e Alburni hat 15 registrierte **Wanderwege** von einer Länge zwischen 1 und 8 km. Achtung: Dies ist nicht die Amalfiküste, das heißt, es gibt weder große Beschilderung noch gut ausgetretene Pfade oder viele Cafés für eine Cappuccinopause am Wegesrand.

Die dramatische Landschaft ist dafür in jeder Hinsicht atemberaubend – vor allem im Frühjahr, wenn die Blumen blühen: zarte Narzissen, wilde Orchideen und Tulpen. Im Sommer konkurrieren strubbelige Kissen aus quietschgelben Wiesenmargeriten mit rotem Klatschmohn.

Abgerundet wird die prächtige Landschaft durch Silbertannen, wilde Kastanien und Buchen, aber auch die spektakulären Klippen, pinienbewachsenen Berge und die vielfältige Fauna aus Wildschweinen, Dachsen und Wölfen tragen zum wilden Charakter der Region bei. Interessant für Vogelbeobachter ist der (zunehmend seltene) Steinadler.

Selbst in der lebhafteren Sommersaison sorgt die überwältigende Größe des Parks dafür, dass sich Wanderer eher nicht über den Weg laufen. Sich hier zu verlaufen ist also eine höchst einsame und durchaus gefährliche Angelegenheit, sodass eine Wanderung stets sorgfältig geplant sein sollte. Theoretisch liegen bei den Touristeninformationen Wanderführer aus, in der Praxis sind sie jedoch oft vergriffen. Ist das der Fall, kann man sich die Touristen- und Wanderkarte *Parco Nazionale Del Cilento, Vallo di Diano e Alburni: Carta Turistica e dei Sentieri* (7 €) oder die hervorragende Wanderkarte *Monte Stella: Walks & Rambles in Ancient Cilento* von der Comunita' Montana Alento Monte Stella (3 €) kaufen. Daneben bietet der Rother Wanderführer Cilento 50 Wanderungen von gemütlichen Spaziergängen bis zu anspruchsvollen Touren. Die meisten *agriturismi* im Park können auch geführte Wanderungen organisieren.

Eine beliebte Wanderung, die man auf eigene Faust unternehmen kann, ist die Besteigung des Monte Alburno (1742 m), der seine Besucher mit einem wahrhaft spektakulären Ausblick belohnt. Zur Auswahl stehen zwei Wanderwege, die beide im Zentrum der kleinen Ortschaft Sicignano degli Alburni beginnen und gut beschildert am Gipfel enden. Beide Routen dauern etwa vier Stunden. Weniger erfahrene Wanderer folgen hier vielleicht lieber einem Führer. Zu den namhaften Organisationen, die Parktouren durchführen, gehören **Gruppo Escursionistico Trekking** (☎ 0975 7 25 86; www.getvallodidiano.it; Via Provinciale 29, Silla di Sassano), **Associazione Trekking Cilento** (☎ 338 3576805; www.facebook.com/trekkingcilento; Via Cannetiello 6, Agropoli), **Trekking Campania** (☎ 339 7456795; www.trekkingcampania.it; Via Amendola 23, Pellezzano) und **Associazione Naturalistica Culturale** (☎ 0974 82 38 52; www.noitour.it; Via Ianni 16, Agropoli; Touren ab 10 € p. P.). Einige der Guides sprechen nur Italienisch.

Parco Nazionale del Cilento, Vallo di Diano e Alburni

men und die Stilettos zu Hause lassen; die Wege sind nass und rutschig. Schutzhelme (werden gestellt) sind Pflicht und ein gewisses Maß an körperlicher Beweglichkeit und Kondition ist empfehlenswert. Die Höhlen liegen 40 km südöstlich von Salerno an der Nordwestspitze des Nationalparks und sind erfreulich unkommerziell.

Obwohl er sich auf über 4800 m ausdehnt, ist nur etwa die Hälfte des Höhlenkomplexes für die Öffentlichkeit zugänglich. Die einstündige Standardführung schlängelt sich durch außergewöhnliche Stalagmiten und Stalaktiten. Die natürlich entstandenen Felsformationen changieren in einem unglaublichen Farbenspiel, verursacht durch Algen, Kalk und Eisen.

Höhepunkt der Führung ist eine riesige Mondlandschaft – eine Art Miniaturausgabe des Death Valley in Kalifornien: die Caverna di Bertarelli. Die Höhlen sind auch heute noch bewohnt, allerdings von Fledermäusen. Besucher werden gebeten, keine Fotos mit Blitzlicht zu machen, um die Tiere nicht zu blenden.

Certosa di San Lorenzo — KLOSTER

(☎ 0975 77 74 45; www.polomusealecampania.beniculturali.it; Viale Certosa, Padula; Erw./erm. 4/2 €; ⌚Mi–Mo 9–20 Uhr) Die Certosa di San Lorenzo, sogar für italienische Verhältnisse ein Gigant, geht auf das Jahr 1306 zurück und erstreckt sich über eine Fläche von 250 000 m². Allein die Zahlen sagen alles: 320 Zimmer und Säle, Gänge, Hausflure und Galerien in einer Gesamtlänge von 2500 m, 300 Säulen, 500 Türen, 550 Fenster, 13 Innenhöfe, 100 Kamine, 52 Treppenhäuser und 41 Springbrunnen. Mit anderen Worten: Es ist riesig. Das Kloster liegt gleich außerhalb des Bergorts Padula.

Da es fast nicht möglich ist, sich wirklich alles anzusehen, ist es sinnvoll, sich auf die Highlights zu konzentrieren. Dazu gehören der riesige zentrale Innenhof (Veranstaltungsort für klassische Sommerkonzerte), die prächtige, holzgetäfelte Bibliothek, die freskenverzierten Kapellen und die Küche mit ihrem immensen Kamin. Eine berühmte Anekdote gibt's ebenfalls, die sich um die Küche rankt: Hier ließ sich Kaiser Karl V. 1534 angeblich das legendäre Omelett aus 1000 Eiern für seine Armee braten. Über die Größe der zugehörigen Bratpfanne schweigen die Historiker, zu sehen ist sie leider auch nicht.

Innerhalb des Klosters befindet sich das **Museo Archeologico Provinciale della Lucania Occidentale** mit einer bescheidenen Sammlung von Artefakten (kein Eintritt).

Grotte di Pertosa-Auletta HÖHLEN
(☎0975 39 70 37; www.grottedipertosa-auletta.it; Pertosa; Führungen Erw./erm. 100 Min. 20/15 €, 60 Min. 13/10 €; ⌚Führungen zu unterschiedlichen Zeiten, s. Website; P ♿) Die erst 1932 entdeckten Grotte di Pertosa-Auletta sind rund 35 Mio. Jahre alt. Die Griechen und Römern als Kultstätte dienenden Höhlen ziehen sich kreuz und quer durch die Berge. Auf einer Gesamtlänge von etwa 2500 m wechseln sich lange unterirdische Gänge mit luftigen Grotten voller Stalagmiten und Stalaktiten ab. Der erste Teil der Führung ist eine Boots- oder Floßfahrt auf dem Fluss. Besucher gehen kurz vor dem Wasserfall wieder von Bord (puh!) und gehen dann etwa 800 m zu Fuß weiter, umgeben von wunderbaren Felsformationen und leuchtenden Kristallansammlungen.

Diese Grotte ist stärker auf Besucher eingestellt – dementsprechend gibt's hier auch Souvenirläden, Bars und eine Parkgebühr von 3 €. Sie liegt 6 km nördlich von Polla gleich außerhalb der Nordostecke des Parks.

Essen

Trattoria degli Ulivi ITALIENISCH €
(☎334 2595091; www.tavolacaldadegliulivi.it; Viale Certosa, Padula; Tagesgerichte 10–12 €; ⌚Mi–Mo 11–16 Uhr) Wer nach dem Marathon durch die endlosen Flure der Certosa di San Lorenzo Hunger verspürt, dem bietet sich dieses unkomplizierte Restaurant nur 50 m vom Haupteingang an. Eingerichtet ist es wie eine Kantine, die Tagesgerichte sind erschwinglich, lecker und großzügig bemessen. Neben viergängigen Mittagsmahlen gibt es auch kleine Imbisse.

RESERVIEREN!

Bei den *agriturismi* und Pensionen im Parco Nazionale del Cilento sollte man nicht einfach aufkreuzen. Es kann sein, dass keiner zu Hause ist, die Klingel nicht funktioniert oder Opa erst mal den richtigen Schlüssel suchen muss. Der Tourismus ist jung in dieser Region – man sollte ihm Zeit geben und im Voraus reservieren.

Vecchia Pizzeria Margaret PIZZA €
(☎0975 33 00 00; Via Luigi Curto, Polla; Pizza ab 3,50 €; ⌚Di–So 19.30–24 Uhr; 📶) Das Gebäude am Ortsrand von Polla ist zwar trostlos, dafür die Pizza aus dem Holzkohleofen ansprechend. Daneben werden auch Antipasti und Pasta geboten. Der Service ist schnell und freundlich und die Preise sind niedrig. Das Restaurant liegt gleich östlich des Flusses beim Krankenhaus.

Taverna degli Antichi Sapori ITALIENISCH €
(☎0828 77 25 00; www.tavernadegliantichisapori.it; Via Nazionale 27, Controne; Mahlzeiten ab 18 €; ⌚12.30–15 & 19–23 Uhr) Das helle, geräumige Restaurant mit Backsteinwänden und geranienbestückter Terrasse liegt leicht zu finden an der Hauptdurchfahrtsstraße. Die Speisekarte ist strikt traditionell und vor allem toll, wenn man auf *fagioli* (Bohnen) steht – es gibt z. B. *gnocchi e fagioli, pasta e fagioli, lasagne e fagioli, riso e fagioli*, aber auch Fleischgerichte vom Grill.

Antichi Feudi ITALIENISCH €€
(☎0975 58 73 29; www.antichifeudi.com; Via San Francesco 2, Teggiano; Mahlzeiten 25 €, Pizza ab 4 €; ⌚12–15 & 19–23 Uhr) Das freundliche Restaurant befindet sich im opulenten gleichnamigen Boutiquehotel (S. 232) gleich abseits der eleganten Haupt-Piazza in Teggiano. Die Speisekarte variiert je nach Saison, typisch sind jedoch Gerichte wie saftiges Fleisch vom Holzkohlegrill, gegrillte Miesmuscheln mit Zitrone sowie Fischsuppe. Das Bar-Café hat gute Pizza, darunter *antichi feudi* mit Pilzen, Käse und gegrillten Auberginen (10 €). Reservierung ist empfehlenswert.

Praktische Informationen

Die Touristeninformation von Paestum (S. 202) hat auch Infos zum Parco Nazionale del Cilento parat.

Bergrettung (☎118) Für Notfälle.

Sicignano degli Alburni Pro Loco (☎0828 97 37 55; www.scoprisicignano.it; Piazza Plebiscito 13, Sicignano degli Alburni; ⌚Mo–Sa 9–13.30 & 14.30–17 Uhr) Touristeninformation mit sehr einfachen Infos zum Nationalpark.

Parks.it (☎ 0974 71 11 11; www.parks.it/parco.nazionale.cilento/Eindex.html) Hier gibt's nützliche Online-Informationen zum Nationalpark.

Anreise & Unterwegs vor Ort

Es gibt relativ gute Busverbindungen am Küstenstreifen des Parks zwischen Agropoli und Palinuro. Täglich verkehren auch Busse zwischen Salerno und Valle di Diano an der Ostseite des Parks. Für das Erkunden des Parkinneren braucht man schon ein Auto, Motorrad, Fahrrad oder Taxi.

AUTO & MOTORRAD

Mit einer guten Karte ist der Park leicht mit dem Auto oder Motorrad zu erkunden. Mietwagen gibt es in Salerno und Agropoli.

Il Leone d'Oro (☎ 339 5069536) in Agropoli bietet einen ordentlichen Taxiservice mit Fahrer ab ca. 0,50 € pro Kilometer – eine bequeme Art der Parkerkundung. Einige Tage im Voraus telefonisch reservieren.

BUS

SITA Sud (S. 198) hat tägliche Verbindungen zwischen Salerno und Pertosa (Montag bis Samstag), zwei davon gehen bis Polla. Es gibt täglich auch einen Bus zwischen Salerno und Castelcivita (nur an Werktagen).

Busitalia Campania (S. 198) hat tägliche Verbindungen zwischen Salerno, Agropoli, Castellabate und Acciaroli.

Infante Viaggi (☎ 089 82 57 65; www.agenziainfanteviaggi.it) Dreimal wöchentlich fährt ein Bus von/bis Rom mit Halt in Salerno, Sicignano degli Alburni, Padula und Palinuro.

ZUG

Im Park gibt es nur die beiden Bahnhöfe Valle della Lucania und Pisciotta–Palinuro. Andere Bahnhöfe mit Busanschluss in Parknähe befinden sich in Paestum und Agropoli–Castellabate.

Unterkunft

Inhalt ➡

Beste Unterkünfte

- ➡ La Minerva (S. 218), Capri
- ➡ Belmond Hotel Caruso (S. 230), Ravello
- ➡ Magma Home (S. 215), Neapel

Beste B&Bs & Gästehäuser

- ➡ Casale Giancesare (S. 231), Paestum
- ➡ Punta Civita (S. 229), Amalfiküste
- ➡ DieciSedici (S. 228), Amalfi

Beste Agriturismi

- ➡ Agriturismo Serafina (S. 227), Furore
- ➡ Agriturismo i Moresani (S. 231), Cilento
- ➡ Villa Vea (S. 231), Cilento

Wo übernachten?

Es gibt viele Möglichkeiten, in Neapel und Umgebung das Nachtlager aufzuschlagen: in freskenverzierten Palazzi, umgebauten Klöstern oder Gästezimmern bei lokalen Künstlern und Universitätsangehörigen, auch in charaktervollen B&Bs, günstigen *pensioni* ebenso wie auf Campingplätzen.

Die Unterkünfte auf den Inseln, an der Amalfiküste und in Sorrent liegen meist im höherpreisigen Bereich und sind meist saisonabhängig geöffnet. Aufgrund der hohen Besucherzahlen empfiehlt es sich dringend, für die Hauptsaison so früh wie möglich im Voraus zu buchen.

Wer lieber in ländlichen Gegenden abseits der ausgetretenen Pfade absteigen möchte, findet zunehmend *agriturismi* (Unterkünfte auf einem Bauernhof oder Landgut) im Hinterland der Amalfiküste und erst recht im Cilento, vor allem im und um den Parco Nazionale del Cilento, Vallo di Diano e Alburni.

Die Hauptsaison ist im Juli und August, wobei um Ostern und Weihnachten ebenfalls Höchstpreise gelten. Zu diesen Zeiten sollte unbedingt im Voraus gebucht werden. In der Nebensaison fallen die Preise um 30 bis 50 %. Im Winterhalbjahr (November bis Ostern) sind viele Unterkünfte – vor allem an der Küste und auf den Inseln – komplett geschlossen. In Städten und größeren Ortschaften bleiben sie eher ganzjährig geöffnet. In der Nebensaison herrscht relativer Besuchermangel. In den dann noch geöffneten Unterkünften ist meistens noch ein Zimmer zu haben.

Preise

Die folgenden Preisangaben beziehen sich auf die Kosten für ein Doppelzimmer mit Bad und Frühstück in der Hauptsaison.

€ unter 110 €

€€ 110–200 €

€€€ über 200 €

NEAPEL

Centro Storico

★ Schiara B&B €

(Karte S. 50; ☎338 9264453, 081 033 09 77; www.maisonsdecharme.it; Vico Volpicelli 20; EZ 30–85 €, DZ 50–100 €, 3BZ 65–110 €, 4BZ 80–125 €; ❄📶; Ⓜ Dante) Das kürzlich renovierte B&B Schiara hat fünf moderne Gästezimmer, jedes mit Bad und entzückenden künstlerischen, von süditalienischen Themen inspirierten Details. Das „Miti" besticht durch eine ins Zimmer integrierte Badewanne, das „Riti" im Obergeschoss hat eine Küchenzeile und eigene Dachterrasse. Allen Gästen stehen eine wunderbare Freiterrasse sowie ein Dachgarten mit Sonnenliegen und zauberhaftem Ausblick zur Verfügung.

★ The Church B&B €

(Karte S. 50; ☎081 1952 9272; www.thechurch.it; Via San Biagio dei Librai 39; DZ 60–90 €, 3BZ 80–110 €; ❄📶; 🚌R2 bis Corso Umberto I) Im 4. Stock eines geschichtsträchtigen Palazzo aus dem 16. Jh. befindet sich dieses intime, kultivierte B&B. Es ist mit aktuellen Fotos von Neapel und einfallsreich umgenutzten Objekten geschmückt, etwa ein afrikanischer Teakbaum, der als Bücherregal dient. Die fünf minimalistischen Zimmer weisen denselben außergewöhnlichen Stil auf. Am begehrtesten sind die beiden Zimmer oben; das eine hat eine tolle In-Room-Dusche und eine eigene Terrasse.

★ Dimora dei Giganti B&B €

(Karte S. 50; ☎338 9264453, 081 033 09 77; www.maisonsdecharme.it/dimoradeigiganti; Vico Giganti 55; EZ 40–60 €, DZ 55–80 €, 3BZ 70–95 €, 4BZ 85–105 €; P❄📶; Ⓜ Piazza Cavour, Museo) Das weltläufige B&B wird von einem warmherzigen, sympathischen Team geführt. Die vier farblich abgestimmten Zimmer haben individuell hergestellte Lampen mit Skulpturfuß, ethnisch inspirierte Möbel und schicke Bäder. Die Küche ist modern, die Lounge gemütlich und die mit Majolika gekachelte Terrasse zauberhaft. Trotz ruhiger Lage in einer Seitenstraße ist die Unterkunft nur einen Katzensprung vom lebhaften Herz der Altstadt entfernt.

Casa Latina B&B €

(Karte S. 50; ☎081 033 09 77, 338 9264453; www.maisonsdecharme.it/casalatina; Vico Cinquesanti 47; EZ 40–55 €, DZ 55–75 €, 3BZ 70–90 €, 4BZ 85–100 €; ❄📶; Ⓜ Piazza Cavour, Museo) Kreativität und Stil definieren das brandneue B&B mit interessanten Lampen, unkonventionellen Fotos, einer voll ausgestatteten Küche und einer beschaulichen Terrasse. Alle vier Zimmer sind mit originellen architektonischen Elementen und attraktiven Badezimmern mit Terrakotta-Waschbecken wohltuend und zeitgenössisch eingerichtet. Ein Zimmer oben hat ein Bett und Sitzbänke im japanischen Tatami-Stil, Letztere können auch als Extrabetten genutzt werden (ideal für junge Familien).

Bella Capri Hostel & Hotel HOSTEL €

(Karte S. 50; ☎081 552 94 94; www.bellacapri.it; Via Melisurgo 4; B 18–24 €, DZ 75–85 €; ❄@📶; Ⓜ Municipio) Die zentral gelegene, einladende Unterkunft bietet auf zwei Stockwerken sowohl Hostel- als auch Hotelzimmer. Alle sind funktional und nicht gerade außergewöhnlich, aber sauber. Die teureren Zimmer bieten Blick auf die Bucht. Das Hostel hat Schlafsäle mit vier und sechs Betten, jeweils mit eigenem Bad und mehr Einzel- als Stockbetten. Es gibt auch eine Küche und keine Sperrstunde. Der Aufzug kostet unter der Woche 0,05 €.

Hostel Mancini HOSTEL €

(Karte S. 50; ☎081 20 08 00; www.hostelmancininaples.com; Via PS Mancini 33; B 16–25 €, DZ 50–70 €, DZ ohne Bad 40–60 €; ❄@📶; Ⓜ Garibaldi) Die Straße mag schmuddelig sein, aber das sichere, freundliche, familiengeführte Hostel macht das mit der Lage nah am Napoli Centrale, den phantastischen Angestellten und der modernen Gemeinschaftsküche mehr als wett. Alle fünf Schlafsäle (zwei davon nur für Frauen) sind hell und sauber und sollen Ende 2018 renoviert werden. Angeboten werden auch einfache, moderne Doppel- und Dreibettzimmer, einige mit eigenem Bad.

Port Alba Relais B&B €

(Karte S. 50; ☎081 564 51 71; www.portalbarelais.com; Via Port'Alba 33; Zi. ab 75 €; ❄@📶; Ⓜ Dante) Das schicke B&B in einer Straße mit vielen Buchläden hat sechs Zimmer, die mit ihren gedämpften Farben, Edelstahlelementen und Mosaikduschen einen Hauch Armani verströmen. Zimmer 216 hat einen Whirlpool. Die Zimmer liegen zwar an der lebhaften Piazza Dante, sind dank doppelverglaster Fenster aber trotzdem nicht laut.

Belle Arti Resort B&B €

(Karte S. 50; ☎081 557 10 62; www.belleartiresort.com; Via Santa Maria di Constantinopoli 27; DZ ab

UNTERKÜNFTE ONLINE BUCHEN

Weitere Unterkünfte beschreiben Lonely-Planet-Autoren auf http://hotels.lonelyplanet.com. Dort gibt es unabhängige Besprechungen und Empfehlungen für die besten Unterkünfte. Und das Beste: Man kann gleich online buchen.

80 €; ❄@📶; Ⓜ Dante) Die mondäne Unterkunft ist mehr Boutique als B&B und kombiniert modern-coole Einrichtung mit antiken Details. Vier der makellosen Zimmer (einige so groß wie eine kleine Suite) besitzen Deckenfresken, alle haben Marmorbäder. Der Service ist tadellos, aber das Allerbeste ist: Sowohl die Piazza Bellini (S. 56) mit ihren zahlreichen Bars als auch das unbedingt besuchenswerte Museo Archeologico Nazionale (S. 44) liegen nur ein kurzes Stück zu Fuß entfernt.

Hotel Pignatelli Napoli HOTEL €

(Karte S. 50; ☎081 658 49 50; www.hotelpignatellinapoli.com; Via San Giovanni Maggiore Pignatelli 16; DZ ab 59 €; ❄📶; Ⓜ Università) Das Hotel Pignatelli hat sich in einem restaurierten Haus aus dem 15. Jh. eingerichtet und ist geschmackvoll und günstig. Die Zimmereinrichtung mit schmiedeeisernen Bettgestellen und Wandleuchten aus Bronze könnte man als eine Art rustikale Renaissance beschreiben. Manche Zimmer haben originale Deckenbalken. Das Frühstück ist einfach und kostet 3 € pro Gast, ist aber nicht zwingend. Die Krönung von allem ist das warmherzige, gastfreundliche Management.

Hostel of the Sun HOSTEL €

(Karte S. 50; ☎081 420 63 93; www.hostelnapoli.com; Via G. Melisurgo 15; B 15–25 €, EZ 30–35 €, DZ 60–80 €; ❄@📶; Ⓜ Municipio) Das ultrafreundliche Hostel (genannt: HOTS) in der Nähe des Tragflügelboot- und Fährhafens ist eine fröhliche, kontaktfreudige Unterkunft im 7. Stock mit farbenfrohen Schlafsälen sowie einer netten Hausbar (wo abends günstige Cocktails zu haben sind) und einem Spielezimmer. Ein paar Stockwerke tiefer gibt's auch eine Reihe Standardhotelzimmer, viele mit eigenem Bad.

Hotel Zara HOTEL €

(Karte S. 50; ☎081 28 71 25; www.hotelzara.it; 2. OG, Via Firenze 81; DZ ab 49 €, DZ ohne Bad ab 42 €; ❄📶; Ⓜ Garibaldi) Das blitzsaubere Hotel ist zu Fuß vom Hauptbahnhof leicht erreichbar und innen Welten entfernt von der abgerockten Straße vor der Tür. Die Zimmer sind spartanisch, aber sauber, die Einrichtung funktional und modern, mit TV und Doppelverglasung. Nettes Detail: die hauseigene Buchbörse. Der Aufzug kostet 0,05 €.

★ Hotel Piazza Bellini BOUTIQUEHOTEL €€

(Karte S. 50; ☎081 45 17 32; www.hotelpiazzabellini.com; Via Santa Maria di Costantinopoli 101; DZ ab 80 €; ❄@📶; Ⓜ Dante) Das hippe, moderne Hotel in einem Palazzo aus dem 16. Jh. liegt nur ein paar Schritte von den Bars und dem Nachtleben an der Piazza Bellini entfernt. Die schneeweißen Räume mit original Majolika-Kacheln, gewölbten Decken und *piperno*-Steinfußboden präsentieren sich zurückhaltend-cool mit Designmöbeln, flauschigen Bettdecken und schicken Bädern samt erstklassigen Duschen. Die Zimmer im 5. und 6. Stock haben Terrassen mit Panoramablick.

Decumani Hotel de Charme BOUTIQUEHOTEL €€

(Karte S. 50; ☎081 551 81 88; www.decumani.it; Via San Giovanni Maggiore Pignatelli 15; DZ ab 116 €; ❄@📶; Ⓜ Università) Das klassische Boutiquehotel ist im ehemaligen Palazzo des Kardinals Sisto Riario Sforza, letzter Bischof des Bourbonenkönigreichs, untergebracht. Die 42 schlichten, stilvollen Zimmer besitzen hohe Decken, Parkettböden, Möbel aus dem 19. Jh. und moderne Bäder mit geräumiger Dusche. Die Deluxe-Zimmer sorgen mit eigenem Whirlpool für einen Hauch *dolce vita*. Das Glanzstück ist der Barocksalon des Hauses.

Costantinopoli 104 BOUTIQUEHOTEL €€€

(Karte S. 50; ☎081 557 10 35; www.costantinopoli104.it; Via Santa Maria di Costantinopoli 104; DZ ab 210 €, Suite ab 280 €; ❄@📶🏊; Ⓜ Dante) Das Hotel in einer klassizistischen Villa mitten im Szeneviertel der Stadt bietet eine stilvolle Mischung aus Antiquitäten, zeitgenössischer Kunst und Jugendstilfenstern aus Buntglas. Die Zimmer sind zwar schon etwas verwohnt, aber haben eine unaufdringliche Eleganz und sind gemütlich und makellos sauber. Die Räume im 1. Stock haben eine Terrasse, die im Erdgeschoss gehen zum kleinen Swimmingpool hinaus.

Romeo Hotel LUXUSHOTEL €€€

(Karte S. 50; ☎081 017 50 01; www.romeohotel.it; Via Cristoforo Colombo 45; DZ ab 315 €; ❄@

📶 🏊; 🚌 151, 154 bis Via Cristoforo Colombo, Ⓜ Municipio) Kunst, Glas und Stahl von Kopf bis Fuß – dieses Superluxus-Designhotel steht in heftigem Kontrast zur Hafenumgebung. Die Zimmer sind unterschiedlich groß, aber durchweg luxuriös und mit allen Schikanen ausgestattet wie erstklassigem Bettzeug, Bang & Olufsen-Soundsystem und Nespresso-Maschine. Wer die Sicht auf die Bucht genießen möchte, lässt sich ein Zimmer in den höheren Regionen geben. Zu den netten kleinen Extras des Hauses zählen ein Michelinstern-Restaurant, ein Spa, ein Dachgartenpool (mit Blick auf den Vesuv) und ein Fitnessraum.

Toledo & Quartieri Spagnoli

★ Magma Home B&B €
(Karte S. 50; ☎ 338 3188914, 320 4360272; http://magmahome.it; Via San Giuseppe dei Nudi 18; DZ 70–120 €; ❄📶; Ⓜ Museo) 🍃 Im Magma mit seinen zeitgenössischen Kunstwerken, Kultursoirees und der nicht zu übertreffenden Gastfreundlichkeit taucht man direkt in die Kulturszene Neapels ein. Die acht Zimmer – jedes von einem lokalen Künstler entworfen – bestechen durch ihre Mischung aus klassisch italienischem Design, recycelten Materialien und Auftragskunst. Den Gästen stehen eine große, moderne Gemeinschaftsküche plus Aufenthaltsbereich sowie zwei einladende Dachterrassen mit Aussicht auf die Stadt und den Vesuv zur Verfügung.

La Concordia B&B B&B €
(Karte S. 60; ☎ 081 41 23 49, 338 5040335; www.laconcordia.it; Piazzetta Concordia 5; EZ/DZ/3BZ 50/80/90 €; ❄📶; 🚌 Centrale bis Corso Vittorio Emanuele) Gastgeberin in diesem sympathischen B&B ist die pensionierte Literaturprofessorin Anna Grappone, deren zauberhaftes Haus mit ethnischen Artefakten, Antiquitäten und den Arbeiten ihrer Künstlerfreunde ausgestattet ist. Alle drei Gästezimmer sind sauber und gemütlich und das Doppelzimmer hat eine Klimaanlage. In der Gemeinschaftslounge mit Schaukelstuhl sind viele Bücher. Als Zahlungsmittel werden nur Bargeld und PayPal akzeptiert. Drei Nächte Mindestaufenthalt.

Sui Tetti di Napoli B&B €
(Karte S. 60; ☎ 338 9264453, 081 033 09 77; www.maisonsdecharme.it/suitettidinapoli; Vico Figuerelle a Montecalvario 6; EZ 35–60 €, DZ 45–80 €, 3BZ 60–95 €, 4BZ 80–105 €; ❄📶; Ⓜ Toledo) Das günstige B&B nur einen Häuserblock von der Via Toledo entfernt besteht aus vier Apartments, die über eine steile Treppe zu erreichen sind. Zwei teilen sich eine kleine Terrasse, das oberste hat eine eigene Dachterrasse mit hinreißendem Ausblick. Alle Apartments wurden kürzlich renoviert und haben eine Küchenzeile (die günstigsten beiden teilen sich eine Küche), schlichte, aber makellose moderne Möbel und Geräte sowie bequeme Matratzen.

Casa Tolentino B&B €
(Karte S. 68; ☎ 340 3921011, 081 1992 9121; www.casatolentino.it; Gradini S. Nicola da Tolentino 12; EZ 40–70 €, DZ 55–100 €, 3BZ 70–127 €; 📶; 🚌 Centrale bis Corso Vittorio Emanuele) Die Casa Tolentino in einem Teil eines Klosters aus dem 16. Jh. hat eine Gartenterrasse, hinreißende Ausblicke und einen Fußballplatz und wird von einem jungen, kommunal orientierten Team geführt. Die Zimmer sind einfach und modern und mit Flachbildschirm-TV und blitzblanken, blauen Badezimmern ausgestattet. Neun Zimmer blicken auf die Bucht, die anderen auf einen grünen Hang. Geplant sind noch ein Biogemüsegarten und ein Esslokal.

Hotel Toledo HOTEL €
(Karte S. 60; ☎ 081 40 68 00; www.hoteltoledo.com; Via Montecalvario 15; DZ ab 105 €; ❄@📶; Ⓜ Toledo) Das kleine Hotel Toledo in einem dreistöckigen Altbau hat bequeme, eher kleine Zimmer mit Terrakottafliesen und allem modernen Komfort. Die Zimmer sind allerdings etwas dunkel. In den Suiten befindet sich eine Herdplatte, das Frühstück wird bei warmem Wetter draußen auf der Dachterrasse serviert.

Nardones 48 APARTMENT €
(Karte S. 64; ☎ 338 8818998; www.nardones48.it; Via Nardones 48; kleines Apt. 65–74 €, großes Apt. 85–140 €; ❄📶; 🚌 R2 bis Via San Carlo) Das ganz in Weißtönen eingerichtete Nardones 48 vermietet sieben schicke, ein wenig abgewohnte Mini-Apartments in einem historischen Gebäude in den Quartieri Spagnoli. Die fünf größten Apartments haben ein Galerieschlafzimmer und bieten Platz für bis zu vier Personen. Die beiden kleinsten haben ein Klappsofa und sind für zwei Personen ausgelegt. Drei Apartments haben eine Panoramaterrasse. Alle sind mit einer modernen Küchenzeile, Flachbild-TV und modernem Bad mit geräumiger Dusche ausgestattet. Ab einem einwöchigen Aufenthalt gibt es Rabatte und kostenlosen Wäscheser-

BUCHUNGSPORTALE

Agriturismo.it (www.agriturismo.it) Breite Palette an *agriturismi* (Unterkünfte auf Bauernhöfen).

SorrentoTourism.com (www.sorrentotourism.com) Kurzes Verzeichnis von Hotels, Hostels, B&Bs, Ferienhäusern und mehr auf der Sorrentinischen Halbinsel.

Capri.net (www.capri.net) Nutzerfreundliche Website mit Unterkünften verschiedener Kategorien; auch Buchungen.

Lonely Planet (www.lonelyplanet.com/italy/campania/hotels) Empfehlungen und Buchungen.

vice, auch gibt es einen für die Apartmentgäste reservierten Parkplatz in der Nähe (20 €/24 Std.).

★ Dante House B&B **€€**

(Karte S. 50; ☎333 1127850; www.facebook.com/thedantehouse; Piazza Dante 22; DZ ab 105 €; ❄📶; Ⓜ Dante) Die Hauseigentümer Roberto Mastrangelo und Richard Glenn Killy haben im Zusammenarbeit mit dem Künstler Gigi Cocciola dieses literarisch inspirierte Design-B&B geschaffen. Es ist in einem Palazzo aus dem 18. Jh. untergebracht und vereint erfolgreich Altes und Neues, von den Deckenfresken und original Holzbalken bis zu Glühbirnen, aufgearbeiteten holzgeschnitzten Bettkopfenden und Gemälden mit geometrischen Mustern. Jedes Zimmer hat ein ausgezeichnetes Bad, die Mitarbeiter sind freundlich und die Lage ist super: zentral und in Metro-Nähe.

Neapolitan Trips HOSTEL, B&B, HOTEL **€€**

(Karte S. 60; ☎B&B 081 551 8977, Hostel 081 1836 6402, Hotel 081 1984 5933; www.neapolitantrips.com; Via dei Fiorentini 10; Hostel-B 15–30 €, B&B-DZ 45–90 €, Hotel-DZ 80–160 €; ❄📶; Ⓜ Toledo) Neapolitan Trips ist ein Unikum. Es besteht aus einem blitzblanken Next-Generation-Hostel auf einem Stock und sowohl B&B- als auch Hotelzimmern auf einem anderen. Das Besondere ist das Hostel: Es besitzt eine hippe gemeinschaftliche Lounge-Bar mit elektrischen Gitarren, Verstärkern und einem Piano für improvisierte abendliche Jamsessions, eine moderne Gästeküche mit kostenloser Pasta zum Kochen und gemischte Dorms mit USB-Anschluss an jedem Bett.

Hotel Il Convento HOTEL **€€**

(Karte S. 60; ☎081 40 39 77; www.hotelilconvento.com; Via Speranzella 137a; DZ ab 125 €; ❄📶; Ⓜ Municipio) Das schöne Hotel in den Quartieri Spagnoli ist eine wohltuende Mischung aus toskanischen Antiquitäten und Regalen mit Büchern. Die Zimmer sind gemütlich-elegant und verbinden Cremetöne und dunkles Holz mit vereinzelten Stellen Mauerwerk aus dem 16. Jh. Für 35 bis 75 € Aufpreis auf ein gewöhnliches Doppelzimmer gibt's auch Zimmer mit eigenem Dachgarten. Das Hotel ist rollstuhlgerecht.

Chiaja Hotel de Charme BOUTIQUEHOTEL **€€**

(Karte S. 64; ☎081 41 55 55; www.hotelchiaia.it; Via Chiaia 216; DZ ab 129 €; ❄@📶; 🚌R2 bis Via San Carlo) Die renovierte Residenz eines Marquis verströmt ein wohltuendes Flair aus goldgerahmten Porträts, restaurierten Originalmöbeln und elegant drapierten Vorhängen. Jedes Zimmer ist anders und die mit Blick auf die Boutiquenmeile der Via Chiaia haben einen blubbernden Whirlpool. Ein Teil des Hotels ist in einem berühmten ehemaligen Bordell angesiedelt, dem „Casino di Salita Sant'Anna di Palazzo 3".

★ La Ciliegina Lifestyle Hotel BOUTIQUEHOTEL **€€€**

(Karte S. 60; ☎081 1971 8800; www.cilieginahotel.it; Via PE Imbriani 30; DZ ab 200 €; ❄@📶; Ⓜ Municipio) Das schicke, moderne Haus, vom Tragflügelboothafen gut zu Fuß zu erreichen, wird mit Vorliebe von modebewussten urbanen Menschen frequentiert. Die geräumigen, weißen Zimmer sind mit blauen und roten Akzenten aufgepeppt und mit edlen Hästens-Betten, Flachbildschirm-TV sowie marmorverkleideten Bädern mit Jetstrahl-Duschen ausgestattet (eine Juniorsuite hat einen Whirlpool).

La Sanità & Capodimonte

B&B Arte e Musei B&B **€**

(Karte S. 50; ☎333 6962469; www.facebook.com/bnbarteemusei; Via Salvator Rosa 345; EZ 40–70 €, DZ 60–120 €, 3BZ 80–150 €; ❄📶; Ⓜ Museo, Piazza Cavour) Ganz in der Nähe des Museo Archeologico Nazionale liegt dieses wunderschöne, mit Neapel-Gemälden und -Keramiken der sympathischen Gastgeberin und Künstlerin Federica geschmückte B&B. Die Doppel- und Dreibettzimmer haben jeweils einen kleinen Balkon und ein makelloses Bad. Jedes der kleineren Einzelzimmer (mit Doppelbett) besitzt ebenfalls ein eigenes Bad, allerdings auf dem Gang.

Cerasiello B&B B&B €

(Karte S. 70; ☎081 033 09 77, 338 9264453; www.maisonsdecharme.it/cerasiello; Via Supportico Lopez 20; EZ 40–85 €, DZ 60–100 €, 3BZ 75–110 €, 4BZ 90–125 €; ❄📶; Ⓜ Piazza Cavour, Museo) Das wunderschöne B&B besteht aus vier Zimmern mit eigenen Badezimmern, einer bezaubernden Gemeinschaftsterrasse und einem Ambiente mit Ethno-Schick, das neapolitanische Kunst und nordafrikanische Elemente verbindet. Die stilvolle Küche hat einen phantastischen Ausblick auf die Certosa di San Martino. Das gilt übrigens für alle Zimmer (oder deren Badezimmer) bis auf das Zimmer „Fuoco" (Feuer), das stattdessen auf eine schöne Kirchenkuppel hinausblickt. Nominell liegt das B&B im Bezirk Sanità, ist aber zu Fuß nur wenige Minuten vom *centro storico* entfernt. Der Aufzug kostet 0,20 €.

Casa del Monacone B&B €

(Karte S. 70; ☎081 744 37 14, 366 4621088; www.casadelmonacone.it; Via Sanità 124; EZ/DZ/3BZ 60/80/115 €; ❄@📶; 🚌C51 bis Piazza Sanità, Ⓜ Piazza Cavour, Museo) Das kunstreiche B&B im ehemaligen Kloster neben der Basilica Santa Maria della Sanità wird von der spannenden jungen Kooperative La Paranza geführt, die für die Restaurierung der Catacombe di San Gennaro verantwortlich war. Zur Ausstattung gehören eine Gemeinschaftsküche, eine Lounge, eine bunt gekachelte Terrasse sowie Kunstwerke des überaus produktiven Riccardo Dalisi. Das größte der sechs hellen Zimmer hat eine eigene Küchenzeile.

★ **Atelier Inès** B&B €€

(Karte S. 70; ☎349 4433422; www.atelierinesgallery.com; Via dei Cristallini 138; DZ 135–170 €; ❄📶; 🚌C51, C52 bis Via dei Vergini, Ⓜ Piazza Cavour) Das B&B mit drei Suiten ist eine stilvolle, ungewöhnliche Oase im bodenständigen Viertel Sanità und eine Hommage an den verstorbenen neapolitanischen Bildhauer und Designer Annibale Oste, dessen Werkstatt (S. 72) im schattigen Innenhof lag und heute eine Galerie beherbergt. Von den Lampen und spiralförmigen Handtuchhaltern bis zu den aus einem Stück geschnitzten Kopfenden der Betten wurde alles nach Ostes Entwürfen gefertigt. Dazu kommen himmlische Matratzen, jede Menge Kissen und Vietri-Keramik-Bäder mit herrlich warmem Wasser.

★ **Casa D'Anna** GÄSTEHAUS €€

(Karte S. 70; ☎081 44 66 11; www.casadanna.it; Via dei Cristallini 138; EZ 100–144 €, DZ 131–169 €; ❄📶; Ⓜ Piazza Cavour, Museo) Vom Künstler bis zum Pariser Modefreak – alle lieben diese elegante, mit Antiquitäten, Büchern und Kunstoriginalen ausgestattete Pension. Die vier Zimmer verbinden klassische und moderne Designelemente der höchsten Qualität und die schicke Hausterrasse ist ideal für ein Rendezvous. Zum Frühstück gibt es hausgemachte Backwaren und Marmeladen. Mindestaufenthalt zwei Nächte – allerdings will man hier eh nicht so schnell wieder weg.

Santa Lucia & Chiaia

B&B Cappella Vecchia B&B €

(Karte S. 64; ☎081 240 51 17; www.cappellavecchia11.it; Vico Cappella Vecchia 11; EZ 50–80 €, DZ 75–110 €; ❄@📶; 🚌E6 bis Piazza dei Martiri) Das B&B im schicken, angesagten Stadtteil Chiaia wird von dem superhilfsbereiten Paar Stefano und Lucia geleitet und ist eine erstklassige Wahl. Die einfachen, fröhlichen Zimmer sind mit tollen Bädern, leuchtenden Farben und neapolitanischen Motiven gestaltet. Im geräumigen Gemeinschaftsbereich wird das Frühstück serviert und das Haus liegt fußläufig zu den unzähligen Esslokalen und coolen, quirligen Bars von Chiaia.

CasAlice B&B B&B €

(Karte S. 64; ☎339 8403149; Vico Cappella Vecchia 8; DZ 75–110 €; ❄📶; 🚌E6 bis Piazza dei Martiri) Im sauberen, schlichten, in Pastellfarben gehaltenen CasAlice B&B werden vier gemütliche Zimmer vermietet. Jedes hat ein modernes Bad und ein kuscheliges Bett und der Wandschmuck reicht von historischen Drucken bis zu Tourismuspostern aus der Mitte des 20. Jahrhunderts. Das Zimmer „Regina di Cuori" (Herzkönigin) hat Küchenzeile und Badewanne. Am Ende des Korridors liegen eine Gemeinschaftsküche und ein Frühstückszimmer. Auf Wunsch ist ein gluten- und laktosefreies Frühstück erhältlich.

Das B&B ist in einem wunderbar ruhigen Gebäude untergebracht, dabei liegt es nur ein paar Schritte von den Modeboutiquen, Bars und Restaurants von Chiaia entfernt. Buchung über Online-Portale.

Hotel Ausonia HOTEL €€

(Karte S. 64; ☎081 68 22 78; www.hotelausonianapoli.it; Via Caracciolo 11; EZ/DZ/3BZ 75/100/140 €; ❄📶; Ⓜ Mergellina) Das bescheidene, freundliche Hotel gegenüber dem Jachthafen von Mergellina spielt auch bei der Einrichtung heftig mit dem nautischen Thema (z. B. Bullaugen, Barometer und Bettköpfe in Form eines Steuerrads). Kitschig? Klar, aber die Zimmer sind sauber und komfortabel und die wenigen mit Meerblick kosten keinen Aufpreis.

Grand Hotel Vesuvio HOTEL €€€

(Karte S. 64; ☎081 764 00 44; www.vesuvio.it; Via Partenope 45; DZ ab 300 €; ❄@📶; 🚌128, E6 bis Via Santa Lucia) Das Fünfsternehaus ist bekannt als Bleibe von Filmlegenden – z. B. Rita Hayworth und Humphrey Bogart – und besticht durch seine Murano-Kronleuchter, Stilmöbel und den besonderen Charme verblichenen Glanzes. Die Zimmer sind vollommen stilgerecht mit luxuriösen Leinenlaken, bequemen Matratzen und Spa-Produkten ausgestattet, doch nur die Zimmer mit Meerblick rechtfertigen wirklich den Preis.

Eurostars Hotel Excelsior HOTEL €€€

(Karte S. 64; ☎081 764 01 11; www.eurostarshotels.it/eurostars-hotel-excelsior.html; Via Partenope 48; DZ ab 300 €; ❄@📶; 🚌128, E6 bis Via Santa Lucia) Das frisch aufgemöbelte Excelsior liegt direkt am Jachthafen Borgo Marinaro und prunkt mit Marmorsäulen und riesigen Zimmern im Stil des Fin-de-Siècle, mit Parkettböden, edlen Textilien und dem einen oder anderen antiken Möbelstück. Die besten Zimmer sind die mit Ausblick auf die Bucht. Der Service ist makellos und die elegante Dachterrasse ist einfach ein Gedicht.

DIE INSELN

Capri

Capri-Stadt

Hotel Villa Krupp HOTEL €€

(Karte S. 122; ☎081 837 03 62; www.villakrupp.com; Via Matteotti 12; EZ 120 €, DZ 160–200 €; ⏲April–Okt.; 🅿❄📶) Das historische Hotel in der früheren Residenz des russischen Schriftstellers Maxim Gorki verströmt mit geblümten Kacheln, verblichenen Antiquitäten und schweren Bettgestellen altmodischen Charme. Außerdem bietet es einen fabelhaften Ausblick auf die Giardini di Augusto und die Isole di Faraglioni. Zimmer mit Ausblick haben einen Aufpreis; wer sich den nicht leisten will, kann sich einfach auf der wunderbaren Terrasse vor der Rezeption niederlassen.

Hotel La Tosca PENSION €€

(Karte S. 122; ☎081 837 09 89; www.latoscahotel.com; Via Dalmazio Birago 5; EZ 50–105 €, DZ 75–165 €; ❄📶) Das reizende Einsternehaus abseits des glanzvollen Ortszentrums verbirgt sich in einer ruhigen Gasse mit Blick auf die Certosa di San Giacomo. Die elf hübschen, mit Fichtenmöbeln und gestreiften Stoffen eingerichteten Zimmer sind schlicht weiß gestrichen. Dadurch kommt das eigentliche Highlight besser zur Geltung: eine wunderbare Terrasse mit Garten und Aussicht auf Capri.

Hotel Esperia HOTEL €€

(Karte S. 122; ☎081 837 02 62; Via Sopramonte 41; Zi. 110–180 €; ⏲April–Okt.; ❄📶) Die blätternde Fassade, schönen Farben und riesigen Urnen verleihen dieser Villa aus dem 19. Jh. eine Atmosphäre vergangener Eleganz. Das Esperia, vom Zentrum ein kurzes Stück zu Fuß bergauf gelegen, hat große, luftige Zimmer mit modernen Möbeln und Blumenmotiven. Die besten (und teuersten) haben einen recht großen Balkon mit Meerblick. Das Frühstück, zu dem auch hausgemachter Kuchen gehört, wird auf der Terrasse serviert.

★ **La Minerva** BOUTIQUEHOTEL €€€

(Karte S. 118; ☎081 837 70 67; www.lamineravacapri.com; Via Occhio Marino 8; DZ 190–550 €; ❄📶🏊) Das Paradestück im Capri-Stil gilt bei vielen als eins der besten Hotels Italiens. Die 19 über einen Hang verteilten Zimmer haben wunderschöne blau-weiße Kacheln, Seidenvorhänge und kühle Bettwäsche aus 100% Leinen, die Terrassen haben Sonnenliegen, Whirlpool und natürlich Meerblick. Und dann sind da noch der traumhafte Pool, umgeben von einem veritablen Arboretum, sowie die entzückende Lobbybar mit Cocktails und überhaupt die paradiesische Gesamtatmosphäre.

Die Standardzimmerpreise beginnen bei 190 € und steigen steil an, aber es gibt auch ein einziges Einzelzimmer (100–140 €) und ein günstigeres Doppelzimmer (ab 140 €) ohne Ausblick.

Hotel Gatto Bianco HOTEL €€€

(Karte S. 122; ☎ 081 837 51 43; www.gattobianco-capri.com; Via Vittoria Emanuele III 32; EZ 160–180 €, DZ 250–300 €; ⌚ April–Mitte Dez.; ❄ @ 📶) Kaum zu glauben, dass so nah an der von Touristen wimmelnden Piazzetta so viel Abgeschiedenheit möglich ist. Das wunderschöne, 1953 erbaute Gatto Bianco bietet eine kühle, moderne Lounge, begrünte Höfe und Terrassen und (nomen est omen) einen weißen Kater. Die lichtdurchfluteten Zimmer haben hohe Decken und glänzende Majolikafliesen, das absolute Highlight ist der „geheime" Garten.

Grand Hotel Quisisana HOTEL €€€

(Karte S. 122; ☎ 081 837 07 88; www.quisi.com; Via Camerelle 2; Zi. 360–620 €; ⌚ Ostern–Okt.; ❄ 📶 🏊) Das Quisisana ist mit seiner Fünfsterne-Luxuskategorie Capris renommierteste Adresse und nur ein paar Schritte von der Piazzetta (Piazza Umberto I) entfernt. Die Bastion selbstbewusster Opulenz ist seit dem 19. Jh. ein Beherbergungspalast und bietet ein Hallenbad, ein Fitnesscenter und Spa, einen Swimmingpool, Restaurants, Bars und subtropische Gärten. Die Zimmer sind angemessen luxuriös, in gedeckten Farben gehalten und überwiegend mit gediegenen Möbeln eingerichtet.

Hotel Villa Sarah HOTEL €€€

(Karte S. 118; ☎ 081 837 78 17; www.villasarah.it; Via Tiberio 3; EZ/DZ/3BZ/4BZ 180/310/320/330 €; ⌚ Ostern–Okt.; ❄ 🏊) Villa Sarah liegt zehn Minuten zu Fuß vom Zentrum der Stadt Capri an der Straße zur Villa Jovis und verströmt einen ländlichen Charme, den so viele der Hotels hier auf der Insel längst verloren haben. Das Haus inmitten eigener Obstgärten und mit einem kleinen Swimmingpool hat 20 geräumige Zimmer, die alle im klassischen Capri-Stil mit Keramikkacheln und altmodischen Möbeln eingerichtet sind.

Anacapri & Umgebung

★ **Casa Mariantonia** BOUTIQUEHOTEL €€

(Karte S. 126; ☎ 081 837 29 23; www.casamariantonia.com; Via Orlandi 80; DZ 120–280 €; ⌚ April–Okt.; P ❄ 📶 🏊) Ein familiengeführtes Boutiquehotel mit einer Geschichte (angeblich wurde der *limoncello di Capri* genau hier erfunden) und fünf fabelhaften Gästezimmern, einem riesigen Swimmingpool, einem renommierten Restaurant und einer hochrangigen Gästeliste, auf der beispielsweise der Philosoph Jean-Paul Sartre rangierte. Wem Ruhe, Zitronenhaine und das gemütliche *pensione*-Gefühl die existentialistische Angst nicht nehmen können, bei dem ist wahrlich Hopfen und Malz verloren.

Hotel Alla Bussola di Hermes HOTEL €€

(Karte S. 118; ☎ 081 838 20 10; www.bussolahermes.com; Traversa La Vigna 14; EZ 60–140 €, DZ 60–150 €, 3BZ 90–180 €, 4BZ 120–280 €; ❄ @ 📶) Das in den Nebensträßchen von Anacapri verborgene Bussola macht überaus deutliche Anleihen bei der römischen Geschichte Capris. Überall herrscht ein ansprechendes, an Pompeji erinnerndes Ambiente, mit Marmorböden, eleganten Übergardinen und Majolikafliesen. Auch eine imperial anmutende Terrasse mit Säulen und Statuen römischer Götter darf nicht fehlen. Die Zimmer mit Terrasse bieten eine wunderbare Aussicht auf Ischia, das Frühstück ist großzügig und ringsum grünt und blüht es.

Die Lage ist so ziemlich die abgeschiedenste von ganz Capri – ein ordentliches Stück Rollkofferziehen vom Zentrum Anacapris, aber wunderbar ruhig, wenn man schließlich angekommen ist. Wenn Bedarf besteht, kann ein Shuttleservice organisiert werden.

Hotel Villa Eva HOTEL €€

(Karte S. 118; ☎ 081 837 15 49; www.villaeva.com; Via La Fabbrica 8; DZ 120–200 €, 3BZ 150–220 €, Apt. pro Pers. 60–90 €; ⌚ April–Okt.; ❄ @ 📶 🏊) Das ganz große Plus am Hotel Villa Eva ist der riesige grüne Garten. Ein idyllischeres Fleckchen findet sich wahrscheinlich auf ganz Capri nicht. Die 10-Zimmer-Villa ist mit Swimmingpool und Snackbar ausgestattet und hat sonnige Zimmer und Apartments. Weiße Kuppeln, Terrakottaböden, Buntglasfenster und alte Kamine tragen zur Atmosphäre bei, während die Lage für Ruhe und Frieden sorgt. Die Apartments eignen sich gut für Familien.

Der einzige Nachteil ist die komplizierte Anfahrt ohne eigenes Auto: entweder mit dem Bus ab Anacapri Richtung Grotta Azzurra und dem Fahrer sagen, wo er anhalten soll, oder man gönnt sich ein Taxi. Das letzte Stück muss vielleicht zu Fuß zurückgelegt werden.

Hotel Bellavista

HOTEL €€

(Karte S. 126; ☎081 837 14 63; www.bellavistacapri.com; Via Orlandi 10; EZ 90–160 €, DZ 130–240 €; ⏲April–Okt.; ❄@📶) Mit einem Alter von über 100 Jahren ist dieses Hotel die Grande Dame der Unterkünfte auf Capri. Die Zimmer sind groß und haben Kachelböden mit riesigen Blumenmotiven im Stil der 1960er-Jahre (die man toll finden kann oder schrecklich). Es liegt günstig am Ortseingang von Anacapri und hat einen Tennisplatz und ein Restaurant mit schönem Ausblick. Für den nahe gelegenen Swimmingpool gibt es Rabatt. Vier Nächte Mindestaufenthalt im Juli und August.

Hotel Carmencita

HOTEL €€

(Karte S. 126; ☎081 837 13 60; www.carmencitacapri.com; Via de Tommaso 4; DZ/3BZ 165/215 €; ⏲Mitte März–Mitte Nov.; ❄@📶🏊) Das Carmencita in der Nähe des Busbahnhofs wird von einem entzückenden Ehepaar geleitet, das seine Gäste von der Fähre an der Marina Grande abholt, wenn diese zuvor anfragen. Die Atmosphäre ist heimelig und altmodisch, die Zimmer sind groß, hell und gemütlich mit blümchengemusterten Bettüberwürfen und Bodenfliesen aus Keramik. Die kleinen Terrassen blicken auf den Swimmingpool und den hübschen Garten.

Hotel Senaria

HOTEL €€

(Karte S. 126; ☎081 837 32 22; www.senaria.it; Via Follicara 6; DZ 100–180 €; ⏲April–Nov.; ❄📶) Das entzückende, familiengeführte Hotel im alten Zentrum von Anacapri zu erreichen ist eine ziemliche Expedition. Aber die Mühe ist es wert. Die Zimmer in der weißen Villa sind in elegant-mediterranem Stil mit Terrakottafliesen und kühlen Cremetönen eingerichtet. Es ist so ruhig, dass man (bis auf die Kirchenglocken am Sonntag) wohl allerhöchstens von einem lauen Sommerlüftchen gestört wird.

★ Capri Palace

HOTEL €€€

(Karte S. 126; ☎081 978 01 11; www.capripalace.com; Via Capodimonte 2b; DZ/Suite ab 500/1000 €; ⏲April–Okt.; ❄📶🏊) Diese Herberge macht dem „Palast" im Namen alle Ehre. Die mondäne Mischung aus Eleganz, Opulenz und unverbrämtem Luxus katapultiert das Konzept von *la dolce vita* in schwindelerregende Höhen. Die blütenweißen Gemeinschaftsräumlichkeiten bereiten schon auf die verschwenderisch ausgestatteten Gästezimmer vor: Manche haben sogar einen eigenen Terrassengarten mit Tauchbecken.

Zu den (reichlich vorhandenen) Extras zählen ein Spa, Swimmingpools, ein Restaurant mit Michelinstern und ein Strandclub. Der Spaß ist teuer, insbesondere angesichts des Mindestaufenthalts von drei Nächten in der Hauptsaison.

Marina Grande

Relais Maresca

HOTEL €€€

(Karte S. 118; ☎081 837 96 19; www.relaismaresca.com; Via Marina Grande 284; DZ 250–280 €; ⏲März–Nov.; ❄📶) Das 130 Jahre alte Relais Maresca ist die erste Wahl in Marina Grande und eins der besten Hotels von Capri, denn es wurde im Lauf der Zeit regelmäßig modernisiert. Jede Menge glänzender Keramikfliesen reflektieren das Türkis, Blau und Gelb der Landschaft draußen, ergänzt durch stilvolle moderne Möbel. Die besten Zimmer haben Balkon und Meerblick. Das Frühstück wird im 4. Stock auf einer reizenden Pflanzenterrasse serviert.

Belvedere e Tre Re

HOTEL €€€

(Karte S. 118; ☎081 837 03 45; www.belvedere-tre-re.com; Via Marina Grande 264; DZ 210 €; ⏲April–Nov.; ❄📶) Das 1900 erbaute Hotel ist vom Hafen in fünf Minuten erreichbar und hat einen hervorragenden Ausblick auf die Boote. Das „Tre Re" im Namen bezieht sich nicht auf die Heiligen Drei Könige, sondern auf die drei Könige, die hier auf ihrer Bildungsreise nächtigten. Heute hat das Haus nur bescheidene zwei Sterne, aber die Zimmer wurden angenehm modernisiert und haben jeweils einen eigenen überdachten Balkon. Im obersten Stockwerk gibt's eine Sonnenterrasse.

Ischia

Ischia Porto & Ischia Ponte

Hotel Noris

HOTEL €

(Karte S. 138; ☎081 99 13 87; www.norishotel.it; Via Sogliuzzo 2, Ischia Ponte; DZ 60–90 €; ⏲Ostern–Mitte Okt.; ❄📶) Das Hotel hat tolle Preise und eine super Lage nicht weit von den Sehenswürdigkeiten Pontes. Die behaglichen, recht großen Zimmer sind in Blau und Weiß gehalten und zum Frühstück gibt es ein großzügiges kaltes Buffet. Man sollte sich eins der Zimmer nach vorne heraus geben lassen, denn die haben Balkon mit Aussicht Richtung Procida und auf ein Stückchen vom prächtigen Castello Aragonese.

★ Albergo Il Monastero HOTEL €€

(Karte S. 134; ☎081 99 24 35; www.albergoilmonastero.it; Castello Aragonese, Rocca del Castello, Ischia Ponte; EZ 60–90 €, DZ 100–140 €; ⏲Mitte April–Mitte Okt.; ❄📶) Klosterunterkünfte bieten in Italien oft das beste Preis-Leistungs-Verhältnis, aber wenn sich die Schlafstellen innerhalb der Mauern des großen Castellos von Ischia befinden, ist das schon etwas ganz Besonderes. Die ehemaligen Mönchszellen strahlen auch heute noch eine attraktive Nüchternheit aus: dunkle Holzmöbel, weiße Wände und alte Terrakottafliesen. Das übrige Hotel vermittelt ein angenehmes Gefühl von Raum und Stil.

★ Il Moresco WELLNESSHOTEL €€€

(Karte S. 138; ☎081 98 13 55; www.ilmoresco.it; Via Gianturco 16, Ischia Porto; DZ ab 250–360 €; ⏲Ostern–Okt.; P❄🏊) Das sehr ruhige Moresco liegt mitten im quirligen Zentrum von Ischia Porto und macht doch mit den hohen Kiefern und viel Grün einen abgeschiedenen Eindruck. Es ist ein wahrhaft hinreißendes Wellnesshotel mit einer Mischung aus maurischer und mediterraner Ästhetik. Die Zimmer mit Fliesenböden und bezaubernd altmodischem Flair sind herrlich komfortabel. Zu den Fünfsterne-Extras gehören ein kostenloser Shuttleservice, abendliches Bettenaufschlagen und privater Strandzugang.

Lacco Ameno

Hotel La Sirenella HOTEL €€

(Karte S. 134; ☎081 99 47 43; www.lasirenella.net; Corso Rizzoli 41; DZ 110–180 €; ⏲April–Okt.; ❄📶) In dem familiengeführten Strandhotel kann man praktisch direkt vom Bett auf den Sand rollen. Die Zimmer sind hell und in leuchtenden Blau- und Gelbtönen gehalten und haben eine Terrasse zum Meer. Weitere Pluspunkte sind die glänzend gekachelten Bäder, eine sonnige Atmosphäre und einen Stock tiefer die gute Pizza im Restaurant.

Man kann auch Halb- oder Vollpension buchen. Für Kinder von zwei bis zehn Jahre gibt es Ermäßigungen.

★ Mezzatorre Resort & Spa WELLNESSHOTEL €€€

(Karte S. 134; ☎081 98 61 11; www.mezzatorre.it; Via Mezzatorre 23, Lacco Ameno; DZ 350–480 €, Suite 490–670 €; ⏲Mitte April–Okt.; P❄@📶🏊) Das luxuriöse Resorthotel nimmt einen Felsvorsprung über dem Meer ein und ist von einem 2,8 ha großen Pinienwald umgeben. Die Lobbys und einige der Gästezimmer befinden sich in einem Wehrturm aus dem 15. Jh. Zum Luxus tragen ein hauseigenes Wellnesscenter und Tennisplätze bei. Die Zimmer sind in eleganten Taupe-, Pfirsich- und Ockertönen eingerichtet, einige haben einen eigenen Garten und einen Whirlpool.

Forio & die Westküste

La Rotonda sul Mare APARTMENT €

(Karte S. 134; ☎081 333 26 96; www.larotondasulmare.com; Via Aiemita 29; Apt. mit DZ 70–100 €, 3BZ 90–120 €, 4BZ 100–150 €; ❄📶) Amerigo und seine Familie sorgen dafür, dass ihre Gäste in diesem schlichten Aparthotel das typisch italienische Meeresurlaubsgefühl voll auskosten können. Im Sommer baut die Familie am nahegelegenen Strand ein durch einen kurzen Tunnel erreichbares Holzdeck mit Liegestühlen und (kostenlosem) Strandspielzeug auf. Die hellen Apartments für zwei bis sechs Personen sind mit Küche, Terrasse und bequemen Matratzen versehen. Der hilfsbereite Amerigo kann eine Abholung vom Fähranleger organisieren.

★ Umberto a Mare HOTEL €€

(Karte S. 134; ☎081 99 71 71; www.umbertoamare.it; Via Soccorso 2; DZ 150–200 €; ⏲April–Okt.; ❄📶) Hier kommt einiges zusammen: eine zeitlose Kleinstadt, ein Hotel in spektakulärer Lage an einem Felsen unterhalb der wunderschönen schneeweißen Kirche von Forio und eins der nobelsten Restaurants Ischias. Dies ist eine der Top-Unterkünfte der Insel. Die elf ruhigen eleganten Zimmer mit kühlen Terrakottafliesen, modernen Bädern und traditionellen grünen Fensterläden strahlen zurückhaltenden Schick aus.

Semiramis Hotel de Charme HOTEL €€

(Karte S. 134; ☎081 90 75 11; www.hotelsemiramisischia.it; Spiaggia di Citara; DZ 175–215 €; ⏲Mitte April–Okt.; P❄📶🏊) Nur wenige Gehminuten vom Wellnesskomplex Poseidon entfernt verbreitet dieses fröhliche Hotel mit seinem Thermalpool im Freien zwischen hohen Palmen das Gefühl einer tropischen Oase. Die großen Zimmer sind wunderschön mit den traditionellen gelb-türkis gemusterten Kacheln eingerichtet. Genauso hübsch ist auch der Garten mit Feigenbäumen, Weinreben und Meerblick.

Sant'Angelo & die Südküste

Camping Mirage CAMPINGPLATZ €
(Karte S. 134; ☎081 99 05 51; www.campingmirage.it; Via Maronti 37, Spiaggia dei Maronti, Barano d'Ischia; Camping 2 Pers., Auto & Zelt 38–46 €; ⌚Ostern–Okt.; P) Der schattige Campingplatz an der Spiagga dei Maronti, einem der schönsten Strände auf Ischia, ist von Sant'Angelo aus bequem zu Fuß zu erreichen. Er hat 50 Stellplätze sowie Duschen, Waschmaschinen, eine Bar und ein Restaurant, das die lokale Spezialität *tubettoni, cozze e pecorino* (Pasta mit Muscheln und Schafskäse) anbietet.

Hotel Casa Celestino HOTEL €€
(Karte S. 134; ☎081 99 92 13; www.casacelestino.it; Via Chiaia di Rose 20, Sant'Angelo; DZ 150–230 €; ⌚Jan.–Okt.; ❄@📶) Das schicke kleine Hotel an der Landspitze am Ortseingang des entzückenden Sant'Angelo ist eine wohltuende Mischung aus cremefarbenen Möbeln, weiß getünchten Wänden, moderner Kunst und poppigen Farbtupfern. Die schlicht eingerichteten Zimmer haben wunderschön geflieste Böden, moderne Bäder und beneidenswerte Balkone mit Meerblick. Auf der anderen Seite der Gasse ist ein gutes Restaurant ohne Schnickschnack.

Procida

Bed & Breakfast La Terrazza B&B €
(Karte S. 150; ☎081 896 00 62; Via Faro 26, Marina Grande; EZ 50–70 €, DZ 75–90 €; ⌚Ostern–Okt.; 📶) Die attraktive Budgetunterkunft verbirgt sich in einer der zeitlosen Gassen, die für den Ortskern von Procida typisch sind. Das Terrazza wird von einem ebenfalls zeitlosen Paar geführt, das drei kompakte Gästezimmer mit niedrigen Decken und liebevoll ausgesuchtem maritimem Dekor vermietet. Highlight ist die breite, mit Terrakottafliesenboden versehene Dachterrasse, wo das umfangreiche Frühstück serviert wird.

Hotel Crescenzo HOTEL €
(Karte S. 150; ☎081 896 72 55; www.hotelcrescenzo.it; Via Marina di Chiaiolella 33, Marina di Chiaiolella; DZ 80–90 €; ⌚Ostern–Okt.; ❄) Das Crescenzo versteckt sich hinter dem gleichnamigen Restaurant auf der ruhigeren Südseite der Insel und hat zehn relativ kleine Zimmer. Es besteht die Wahl zwischen einem Zimmer mit Fenster und Aussicht auf die Bucht oder einem mit Balkon und Meerblick. Die blau-weiße Gestaltung spiegelt das Thema „Meer" wider und die Bäder sind makellos sauber. Im Restaurant drängen sich zu jeder Tageszeit freundliche einheimische Gäste. Frühstück ist bis 12 Uhr zu haben.

Casa Giovanni da Procida B&B €
(Karte S. 150; ☎081 896 03 58; Via Giovanni da Procida 3, Marina Corricella; DZ/3BZ/4BZ 70/90/110 €; ⌚Ostern–Okt.; P❄📶) Das B&B in einem umgebauten Bauernhaus im Herzen der Insel hat minimalistisch eingerichtete Zimmer mit Galerie, niedrigen Betten und modernen Möbeln. Die Bäder sind klein, aber elegant, mit Mosaikkacheln, kubischen Waschbecken, riesigen Duschköpfen und hin und wieder mit Deckengewölbe. Im Garten können die Gäste unter dem riesigen Magnolienbaum chillen.

★ **Hotel La Vigna** BOUTIQUEHOTEL €€
(Karte S. 150; ☎081 896 04 69; www.albergolavigna.it; Via Principessa Margherita 46, Terra Murata; DZ 110–180 €, Suite 160–230 €; ⌚Ostern–Okt.; P❄@📶🏊) Die zinnenbewehrte Villa aus dem 18. Jh. liegt phantastisch an einer Klippe, mit weitläufiger Grünanlage, Weinstöcken und Swimmingpool. Fünf der geräumigen, schlicht eingerichteten Zimmer haben Zugang zum Garten. Zum Hotel gehört ein Weingarten und die Besitzer keltern ihren eigenen Wein (der in einer schicken Bar ausgeschenkt wird). Außerdem bieten sie im hauseigenen kleinen Wellnessbereich Weintherapiebehandlungen an.

Casa Sul Mare HOTEL €€
(Karte S. 150; ☎081 896 87 99; www.lacasasulmare.it; Salita Castello 13, Marina Corricella; Zi. 125–135 €; ⌚März–Okt.; ❄📶) Eine leuchtend weiß getünchte Bleibe mit genau dem ergreifenden Ausblick, der den Film *Der talentierte Mr. Ripley* so unvergesslich machte (er wurde teilweise in Procida gedreht). Die Zimmer blicken auf das pastellfarbene Fischerdorf Marina Corricella in der Nähe der Ruine des Castello d'Avalos. Sie sind schlicht, aber elegant ausgestattet mit exquisiten Kachelböden, schmiedeeisernen Bettgestellen und dem einen oder anderen antiken Möbelstück.

Das Hotel verwöhnt seine Gäste: Im Sommer gibt es ein Boot zur nahegelegenen Spiaggia della Chiaia (Chiaia-Strand) und der von Franco gebrühte Frühstücks-Cappuccino ist wahrscheinlich der beste, den man außerhalb von Turin vorgesetzt bekommt.

Hotel La Corricella
HOTEL €€

(Karte S. 150; ☎081 896 75 75; www.hotelcorricella.it; Via Marina Corricella 88, Marina Corricella; DZ 90–130 €; ⏲April–Okt.;) Die pfirsichfarben und gelb gestreifte Farbgebung dieses Hotels am Ende der Marina Corricella ist nicht zu übersehen. Die einfachen Zimmer mit Ventilator und TV sind mit Einbaumöbeln bestückt. Die große Terrasse hat einen erstklassigen Ausblick auf den Hafen, das Restaurant (S. 151) rangiert unter den besten auf der Insel und ein Boot fährt Gäste zu einem nahe gelegenen Strand.

DIE AMALFIKÜSTE

Sorrent

Sorrento Relais
HOTEL €

(Karte S. 161; ☎081 877 4834; www.sorrentorelais.com; Via Rota 5; Zi. 100 €;) Ein gemütlicher kleiner Nischenbetrieb in der Nähe des Bahnhofs, ideal für Budget- oder Einzelreisende, die sich dem Hostelbetrieb entwachsen fühlen. Die Zimmer sind nicht viel größer als die Betten, aber der wenige Platz wird optimal ausgenutzt. Sie sind hipp eingerichtet wie kleine „Kapseln" und haben bunte Duschstrahler sowie gestärkte Bettwäsche. Außerdem gibt es ein reichhaltiges Frühstücksbuffet.

Il Giglio Bianco
B&B €

(☎0334 1233064; www.bbgigliobiancosorrento.it; Via Parsano 25; DZ 45–99 €, 3BZ 65–114 €, 4BZ 75–129 €;) Il Giglio Bianco hat eine Einrichtung in wohltuenden Weiß- und Cremetönen, schmiedeeiserne Bettgestelle und einen Balkon um das ganze Haus herum, sodass jedes der drei Zimmer einen Teil davon hat. Das Haus liegt schön ruhig etwas abseits der Hauptstraße. Die freundlichen Besitzer helfen mit, das Gepäck die Treppe hochzutragen. Das Frühstück ist besonders gut.

Ulisse
HOSTEL €

(Karte S. 161; ☎081 877 47 53; www.ulissedeluxe.com; Via del Mare 22; B 38 €, DZ 120–150 €; P) Das Ulisse nennt sich zwar Hostel, unterscheidet sich aber von einer Backpackerherberge wie ein Wanderstiefel von einem Stöckelschuh. Die meisten Zimmer sind edel und geräumig und mit schicken, allerdings langweiligen Stoffen, glänzenden Böden und großen Bädern ausgestattet. Es gibt zwei nach Geschlechtern getrennte Schlafsäle und Vierbettzimmer zum Teilen. In einigen Preisen ist das Frühstück enthalten, bei anderen kostet es 10 €.

Seven Hostel
HOSTEL €

(☎081 878 67 58; www.sevenhostel.com; Via Iommella Grande 99, Sant'Agnello; B 30–35 €, DZ 80–90 €; ⏲ganzjährig; @) Das Hostel in einem ehemaligen Konvent aus dem 8. Jh., umgeben von Oliven- und Zitronenbäumen, hat eine schicke Dachterrasse mit Liegesesseln, Livemusik am Wochenende und den Vorteil hauseigener Waschmaschinen. Die Zimmer sind modern eingerichtet, geräumig und haben praktische Schränke neben den Stockbetten. Das Seven liegt in Sant'Agnello, eine Bahnhaltestelle von Sorrent entfernt.

Hotel Desiré
HOTEL €

(☎081 878 15 63; www.desireehotelsorrento.com; Via Capo 31b; EZ 60–70 €, DZ 80–103 €; ⏲März–Dez.; P) Das Desiré ist eines von mehreren Hotels an der Via Capo und die beste Wahl unter den Budgethotels – weniger wegen der schlichten, sonnigen Zimmer oder der Ausstattung (TV-Lounge und Panorama-Dachterrasse) als vor allem wegen der entspannten Atmosphäre. Freundlicher Inhaber und wunderschöner Ausblick.

Nube d'Argento
CAMPINGPLATZ €

(Karte S. 161; ☎081 878 13 44; www.nubedargento.com; Via Capo 21; Camping 2 Pers., Auto & Zelt 30–42 €, 2-Pers.-Bungalow 65–90 €, 4-Pers.-Bungalow 95–125; ⏲März–Dez.; @) Der für einen Campingplatz erstaunlich zentral gelegene Platz an einem Hang oberhalb der Marina Grande hat Stellplätze und chaletartige Holzbungalows im Schatten von Olivenbäumen (unverzichtbar im Sommer). Die Ausstattung ist hervorragend. Kids werden vor allem den Pool, die Tischtennisplatten, Rutschen und Schaukeln toll finden.

Hotel Cristina
HOTEL €€

(☎081 878 35 62; www.hotelcristinasorrento.it; Via Privata Rubinacci 6, Sant'Agnello; DZ/3BZ/4BZ ab 150/220/240 €; ⏲März–Okt.; P) Das hoch über Sant'Agnello gelegene Hotel genießt einen erstklassigen Ausblick, vor allem vom Swimmingpool aus. Die großzügigen Zimmer haben Balkone mit Meerblick, Holzmöbel mit Intarsien sind kombiniert mit modernen Elementen wie Stühlen von Philippe Starck. Weitere Pluspunkte sind ein hauseigenes Restaurant und ein Shuttle zum/vom Bahnhof der Circumvesuviana in Sorrent.

AGRITURISMI

In Italien gibt es immer mehr *agriturismi* (Unterkunft auf einem Bauernhof oder Landgut), wo Gäste sich ihren Traum vom Landleben erfüllen können. Unterkünfte dieser Art müssen mindestens eines der Erzeugnisse selbst anbauen, das sie anbieten, die Bandbreite reicht vom einfachen *rustico* mit ein paar Olivenbäumen bis zu eleganten Landgütern mit glitzernden Pools oder auch tatsächlichen Bauernhöfen, wo die Gäste mit anpacken können.

Agriturismi sind oft eine besonders gute Option für Reisende mit Kindern. Die jungen Gäste dürfen auf den meisten Höfen beim Füttern und bei der Pflege der Tiere behilflich sein.

Ein Verzeichnis von *agriturismi* gibt es in jeder Touristeninformation oder online auf folgenden Websites:

- www.agriturismo.com
- www.agriturismo.it
- www.agriturismo.net
- www.agriturismovero.com
- www.agriturist.com

Hotel Astoria HOTEL €€

(Karte S. 161; ☎081 807 40 30; www.hotelastoriasorrento.com; Via Santa Maria delle Grazie 24; EZ 50–110 €, DZ 70–170 €; ❄📶) Der renovierte Klassiker hat den Vorteil, im Herzen des *centro storico* zu liegen. Alles in allem ist es eine hervorragende Wahl. Die Räume strahlen mit glänzenden Kacheln sowie blauen und dottergelben Lackflächen. Die große, von Mauern umgebene Terrasse hinter dem Haus ist mit ihren Sitzgelegenheiten unter Orangen- und Zitronenbäumen sowie einer Rückwand mit Kachelmosaik eine angenehme Überraschung.

Mignon HOTEL €€

(Karte S. 161; ☎081 807 38 24; www.sorrentohotelmignon.com; Via Sersale 9; EZ 50–85 €, DZ 60–139 €, 3BZ 90–159 €; ⏲April–Okt. & Weihnachten; ❄📶) Von den auffälligen blau-weißen Bodenkacheln bis zu den hellblauen Wänden und Bettüberwürfen ist Blau die vorherrschende Farbe. Zeitgenössische Kunst und historische Schwarz-Weiß-Bilder von Sorrent runden die Einrichtung ab. Die Zimmer sind geräumig und auf dem Dach befindet sich eine Sonnenterrasse.

Villa Elisa APARTMENT €€

(Karte S. 161; ☎081 878 27 92; www.villaelisasorrento.com; Piazza Sant'Antonino 19; Apt. 60–160 €, Extrabett 15 €; ⏲ganzjährig; P❄📶) Dank der unschlagbaren Lage an der zentralen Piazza Sant'Antonio zählen die familiengeführten Studioapartments in punkto Preis-Leistung zu den besten Unterkünften Sorrents. Es gibt einen ruhigen Gemeinschaftspatio und eine Dachterrasse. Die einfachen, hübschen Zimmer mit Aussicht auf den Hof verfügen über Kochmöglichkeiten, die Bettwäsche wird täglich gewechselt. Ein Parkplatz kostet 18 € pro Tag.

La Tonnarella HOTEL €€

(☎081 878 11 53; www.latonnarella.com; Via Capo 31; DZ 185–225, Suite 295–350 €; ⏲April–Okt. & Weihnachten; P❄@📶) La Tonnarella auf einem Felsvorsprung westlich der Stadt ist eine hervorragende Wahl – ein Kaleidoskop aus blau-gelben Majolika-Kacheln, Antiquitäten und Kronleuchtern. In den Zimmern (größtenteils mit eigenem Balkon oder kleiner Terrasse) setzt sich das opulent-klassische Thema fort: traditionelles Mobiliar und dezent moderne Annehmlichkeiten. Das Hotel hat einen eigenen, per Aufzug zugänglichen Strand sowie ein renommiertes Terrassenrestaurant.

Casa Astarita B&B €€

(Karte S. 161; ☎081 877 49 06; www.casastarita.com; Corso Italia 67; DZ 90–140 €, 3BZ 115–165 €; ❄📶) Das reizende B&B in einem Palazzo aus dem 18. Jh. an der Hauptstraße Sorrents gibt sich farbenfroh mit original Gewölbedecken, leuchtend bunt gestrichenen Türen und Majolika-Bodenfliesen. Die sechs einfachen, aber gut ausgestatteten Zimmer umgeben einen zentralen Salon, in dem Frühstück an einem großen, rustikalen Tisch serviert wird.

★ Palazzo Marziale BOUTIQUEHOTEL €€€

(Karte S. 161; ☎081 807 44 06; www.palazzomarziale.com; Largo San Francesco 2; DZ/Suite ab 199/459 €; ❄📶) Details sind die große Stärke dieser edlen Elf-Zimmer-Oase, von den Weinranken, chinesischen Porzellanvasen und Perserteppichen im Foyer über die antiken Möbel, Kunstgegenstände und Kunstwerke in den Fluren bis zu den Holzintarsien im Aufzug. Der gute Geschmack der Eigentümerfamilie macht auch nicht Halt vor den Zimmern mit hohen Decken, Chaiselongues sowie erstklassigen Matratzen und feiner Bettwäsche.

Zum Hotel gehören zwei Restaurants, eins davon befindet sich auf einer sehr romantischen Terrasse. In der Nebensaison geben die Preise dramatisch nach, dann ist ein Doppelzimmer schon ab 79 € zu haben.

★ Grand Hotel Excelsior Vittoria HOTEL €€€

(Karte S. 161; ☎081 807 10 44; www.exvitt.it; Piazza Tasso 34; DZ/Suite ab 475/550 €; P❄📶🏊) Die große alte Hoteldame Sorrents beherbergt Gäste schon seit über 170 Jahren und verströmt noch die Eleganz der Belle Époque. Riesige Topfpalmen zieren güldene Gemeinschaftsräume mit Antiquitäten. Die Gästezimmer sind unterschiedlich in Größe und Stil, von geschmackvoller Schlichtheit bis zur extravaganten Opulenz mit Fresken, alle aber blicken auf den mit scharlachroter Bougainvillea überwucherten Hotelgarten oder aufs Meer und den Vesuv.

Plaza Hotel DESIGNHOTEL €€€

(Karte S. 161; ☎081 878 28 31; www.plazasorrento.com; Via Fuorimura 3; DZ 190–340 €, 3BZ 265–400 €; P♣@📶) Das moderne Designhotel ist wesentlich aufregender als der Name verspricht. Die Gestaltung bringt die schneeweißen Wände, die dezenten Parkettböden und kontrastierenden Farbakzente hervorragend zur Geltung. Abstrakte Gemälde zieren die Wände und auf dem Dach gibt es eine tolle Skybar und einen Infinitypool. Im Untergeschoss befinden sich ein Fitnessraum und eine Lounge-Bar mit Bücherregal. Dort wird auch das extravagante Frühstücksbuffet aufgebaut.

Massa Lubrense

Hotel Ristorante Primavera HOTEL €

(☎081 878 91 25; www.laprimavera.biz; Via IV Novembre 3g; DZ 80–100 €; ⏲Ostern–Okt.; ❄📶) Das einladende, familiengeführte Zweisternehotel vermietet geräumige, luftige Zimmer mit traditionellen Vietri-Kacheln, hellem Holz und weißen Wänden. Mehrere Zimmer haben eine Terrasse mit Sonnenliegen, Tisch und Stühlen (eine gute Wahl sind die Zimmer 101 bis 103). Ein unerwarteter Luxus sind die in den meisten Zimmern vorhandenen Badewannen. Das helle Terrassenrestaurant mit weitem Blick über Obstgärten bis zum Meer serviert ortstypisches Essen.

★ Casale Villarena APARTMENT €€

(☎081 808 17 79; www.casalevillarena.it; Via Cantone 3, Nerano; 2/4-Pers.-Apt. ab 120/220 €; ⏲Ostern–Okt.; P🏊) Die familienfreundlichen Apartments haben eine gute Ausstattung mit Swimmingpool, Spielplatz und schönem, unweit gelegenen Strand. Es gibt Gartenterrassen mit Zitronenbäumen und einer schattigen Pergola sowie praktische Notwendigkeiten wie eine Waschmaschine. Das ursprüngliche Anwesen stammt aus dem 18. Jh., die Apartments sind komfortabel und geräumig und mit schlichter Eleganz eingerichtet.

Es werden dreistündige Kochkurse für 120 € pro Person angeboten. Wein-/Käseproben kosten ab 48 € pro Person.

Sant'Agata sui due Golfi

Agriturismo Fattoria Terranova AGRITURISMO €

(☎081 533 02 34; www.fattoriaterranova.it; Via Pontone 10; DZ/Suite 85/100 €; ⏲März–Dez.; P🏊) 🍃 Steinböden, an schweren Deckenbalken aufgehängte Trockenblumen und kunstvoll positionierte, große Weinfässer: Dieser großartige *agriturismo* ist der Inbegriff ländlichen Schicks. Vermietet werden kleine Apartments, die sich über das ausgedehnte, bewirtschaftete Gelände verteilen. Sie sind relativ schlicht, aber die Lage ist sehr reizvoll und der Swimmingpool ein willkommener Luxus.

Die Fattoria Terranova ist nicht ganz leicht zu finden. Von Sant'Agata sui due Golfi folgt man 2 km weit den Schildern auf der Via Pontone.

Agriturismo Le Tore AGRITURISMO €€

(☎081 808 06 37; www.letore.com; Via Pontone 43; EZ 60–70 €, DZ 90–130 €, Abendessen 25–35 €; ⏲Ostern–Anfang Nov.; P@📶) 🍃 Eigentlich kein Bauernhof, sondern eine *masseria* (ausgedehntes süditalienisches Landgut nach römischem Vorbild) mit 14 ha großem Olivenhain. Le Tore produziert unter anderem renommiertes Olivenöl, sonnengetrocknete Tomaten und Marmelade. Es liegt wirklich ziemlich weit ab vom Schuss und hat sieben rustikale Zimmer mit Terrakottafliesen, Holzmöbeln und viel ländlichem Flair. Für Kinder zwischen zwei und sechs Jahren gilt eine 50-prozentige Ermäßigung (von sieben bis zehn Jahren 30 %), wenn sie das Zimmer mit ihren Eltern teilen. Im Winter wird auch eine Ferienwohnung vermietet.

Auf Wunsch ist bei rechtzeitiger Reservierung ein Abendessen erhältlich, dessen Zutaten meist von den Feldern ringsum stammen.

Marina del Cantone

Villaggio Residence Nettuno CAMPINGPLATZ, APARTMENT **€**
(081 808 10 51; www.villaggionettuno.it; Via A. Vespucci 39; Camping 2 Pers., Auto & Zelt 41,50 €, Bungalows 110–130 €, Apt. ab 150 €; März–Anfang Nov.; P ❄ @ 📶 ≋) Der Campingplatz von Marina in den Oliventerrassen an der Ortseinfahrt bietet diverse Unterkunftsvarianten, darunter Stellplätze, Wohnwagen und (am allerbesten) Apartments für zwei bis fünf Personen in einem Turm aus dem 16. Jh. Die Anlage hat eine freundliche Atmosphäre, ist umweltbewusst betrieben und hat eine hervorragende Ausstattung sowie ein umfassendes Aktivitätsangebot.

Positano

Pensione Maria Luisa PENSION **€**
(Karte S. 172; 089 87 50 23; www.pensionemarialuisa.com; Via Fornillo 42; Zi. 55–120 €; März–Okt.; ❄ @ 📶) Der Keramiker Carlo ist der wichtigste Mann im Haus, ein extrem sympathischer (und mehrsprachiger) Gastgeber, der für absolute Wohlfühlatmosphäre während eines Aufenthalts im schicken Positano sorgt. Die schlichten Zimmer haben tolle Ausblicke über die Stadt (am besten lässt man sich eins mit Balkon geben) und sogar Kühlschränke. Eine kleine Dachterrasse gibt es auch. Die Pension befindet sich im Viertel Fornillo, ein kurzes Stück zu Fuß über Treppenstufen vom Strand entfernt. Frühstück kostet 8 € extra.

Villa Nettuno HOTEL **€**
(Karte S. 172; 089 87 54 01; www.villanettunopositano.it; Viale Pasitea 208; DZ 80–140 €; ganzjährig; ❄ 📶) Die luftige Villa Nettuno hinter einer Kaskade aus duftendem Buschwerk besitzt durchaus Charme. Am schönsten sind die Zimmer mit schwerer rustikaler Einrichtung und einer Gemeinschaftsterrasse im 300 Jahre alten Originalbau. Die Badezimmer sind ein wenig altmodisch, aber die phantastische Aussicht macht das wieder wett.

Albergo California HOTEL **€€**
(Karte S. 172; 089 87 53 82; www.hotelcaliforniapositano.it; Via Cristoforo Colombo 141; DZ 150–190 €; Ostern–Okt.; P ❄ 📶) Vom Balkon des Hotels lässt sich wahrscheinlich das ultimative Positano-Foto schießen. Doch die Aussicht ist nicht das einzige, was man hier bekommt: Die Zimmer im älteren Teil des prachtvollen Palazzo aus dem 18. Jh. mit originalen Deckenfriesen und wunderschönen Türen sind einfach großartig. Und die neuen Zimmer präsentieren sich geschmackvoll schlicht, geräumig und minimalistisch.

La Fenice B&B **€€**
(089 87 55 13; www.lafenicepositano.com; Via Guglielmo Marconi 8; DZ 170 €; Ostern–Okt.; ❄ 📶 ≋) Die Zimmer der freundlichen, familiengeführten Unterkunft sind mit ihren handbemalten Vietri-Kacheln, hohen Decken und so manchem antiken Möbelstück einfach, aber stilvoll. Die meisten haben einen eigenen Balkon oder eine Terrasse mit traumhaftem Ausblick. Wie überall in Positano gibt's hier viele Treppen und man muss gut zu Fuß sein – das Haus liegt 1 km östlich der Innenstadt.

Hostel Brikette HOSTEL **€€**
(Karte S. 172; 089 87 58 57; www.hostel-positano.com; Via Marconi 358; B 40–73 €, DZ 160–220 €; Mitte März–Mitte Okt.; ❄ 📶) Obwohl kostspieliger als die meisten Hostels ist das hübsche Brikette für Positano-Verhältnisse relativ günstig, jedenfalls wenn man sich für ein Schlafsaalbett entscheidet. Das Gebäude hoch über der Stadt hat eine wunderbare Aussicht und unterschiedliche Schlafgelegenheiten, von Doppelzimmern bis zu drei verschiedenen Arten von Schlafsälen. Die Premium-Dorms besitzen eigene Badezimmer und Terrassen; alle haben USB-Anschluss und Leselampe direkt am Stockbett.

Florida Residence B&B **€€**
(Karte S. 172; 089 87 58 01; www.floridaresidence.net; Viale Pasitea 171; DZ 160–250 €; April–Okt.; P ❄ 📶) An einem Hang im „alten" Positano oberhalb des Fornillo-Strandes liegt

dieses freundliche familiengeführten Haus. Die Zimmer haben eine vernünftige Größe und sind gut ausgestattet, mit Minibar und genügend Stauraum. Manche besitzen außer einer Dusche auch eine Badewanne. An Gemeinschaftsfläche fehlt es nicht und auf dem Dach ist eine begrünte Sonnenterrasse samt Pavillon. Weitere Pluspunkte sind das überdurchschnittlich reichliche Frühstück, die individuelle Betreuung und die kostenlosen Parkplätze.

★ Villa Franca HOTEL €€€
(Karte S. 172; ☎089 87 56 55; www.villafrancahotel.it; Viale Pasitea 318; DZ/Suite 345/695 €; ⊙April–Mitte Okt.; P❄) Ganz großes Kino. Sogar nach Positano-Standards ist das Franca *high-class*: eine gelungene Mischung aus edlem weißem Minimalismus und ein paar gezielt verteilten opulenten Details (Säulen, Bögen und Kunstwerke). Die Zimmer haben mit italienischem Marmor verkleidete Bäder und Whirlpools und es gibt (natürlich!) auch einen Wellnessbereich sowie verschwenderisches Frühstück und spektakuläre Terrassen.

★ Hotel Palazzo Murat HOTEL €€€
(Karte S. 172; ☎089 87 51 77; www.palazzomurat.it; Via dei Mulini 23; DZ 250–370 €; ⊙Mai–Mitte Jan.; ❄@📶🏊) Positano in Reinkultur. Das prachtvolle Hotel liegt in einem Palazzo aus dem 18. Jh., den der einstige König von Neapel, Joachim Murat, als Sommerresidenz nutzte. Es ist durch eine alte Mauer von den Touristenströmen abgeschirmt, die sich täglich durch die Fußgängerzone schieben. Die eines Königs würdigen Zimmer (eins hat sogar eine Krone über dem Bett) sind mit teuren Antiquitäten, original Ölgemälden und glänzendem Marmor eingerichtet.

San Pietro HOTEL €€€
(☎089 87 54 55; www.ilsanpietro.it; Via Laurito 2; DZ ab 420–580 €; ⊙April–Okt.; P❄📶🏊) Dafür, dass es in aller Munde ist, ist das San Pietro ein erstaunlich unauffälliges Hotel. Es ist in den Fels einer Landzunge 2 km östlich von Positano hineingebaut und liegt fast vollständig unterhalb der Straße. Wer mit dem Auto herkommt, sollte nach einer efeubewachsenen Kapelle und einer schwarzen britischen Telefonzelle am Straßenrand Ausschau halten. Jedes der individuell eingerichteten Zimmer hat Meerblick, eine eigene Terrasse und einen Whirlpool.

Hotel Villa Gabrisa BOUTIQUEHOTEL €€€
(Karte S. 172; ☎089 81 14 98; www.villagabrisa.it; Viale Pasitea 219–227; DZ 290–360 €; ❄📶) Das wunderbare Viersternehotel ist in einem Palazzo aus dem 18. Jh. nahe dem oberen Teil der Stadt untergebracht. Die Zimmer verströmen mit toskanischen Möbeln und traditionellen schmiedeeisernen Betten, Kronleuchtern aus Murano-Glas und Majolika-Kacheln italienischen Stil. Im Haus gibt es auch eine elegante Weinbar und ein Restaurant, das gehobene Regionalküche serviert.

Praiano

Hotel Villa Bellavista HOTEL €€
(☎089 87 40 54; www.villabellavista.it; Via Grado 47, Zi. 110–160 €; ⊙April–Okt.; ❄📶🏊) Inmitten eines üppigen Gartens mit Gemüsebeet verströmt das Hotel Villa Bellavista mit den leicht spießigen Möbeln in den gemeinschaftlichen Räumen und den großen, kühlen, aber relativ kahlen Zimmern einen altmodischen Charme. Der Reiz liegt im fabelhaften Ausblick von der geräumigen, blumenbehangenen Terrasse, ergänzt durch den entzückenden Swimmingpool im Grünen und die ruhige Umgebung.

Das ausgeschilderte Hotel liegt an einer schmalen Gasse, die zur Spiaggia della Gavitelli führt. Es lässt sich über die parallel zur Küstenstraße SS163 verlaufende Via Rezzolo erreichen.

Hotel Onda Verde HOTEL €€€
(☎089 87 41 43; www.hotelondaverde.com; Via Terramare 3; DZ 250–350 €; ⊙April–Okt.; P❄📶🏊) Die „Grüne Welle" genießt eine atemberaubende Lage am Hang über der malerischen Marina de Praiano. Das Hotelinnere ist direkt in den Stein hineingebaut und bleibt dadurch im Hochsommer wunderbar kühl. Die eleganten Zimmer sind mit weißer Bettwäsche, satinbezogenen Bettköpfen, eleganten Möbeln im florentinischen Stil und Majolika-Bodenfliesen ausgestattet. Einige haben Terrassen mit Liegestühlen, in denen sich der Ausblick genießen lässt.

Furore

★ Agriturismo Serafina AGRITURISMO €
(☎089 83 03 47; www.agriturismoserafina.it; Via Picola 3, Loc. Vigne; EZ/DZ/3BZ 50/80/100 €; ⊙ganzjährig; P❄📶) 🌿 Landleben pur! Viel weiter weg vom Touristenrummel als in diesem erstklassigen *agriturismo* geht fast nicht mehr. Aber es gibt auch kaum ein günstigeres Angebot an der Küste. Vermietet werden sieben adrette, klimatisierte Zim-

mer im Bauernhaus, jedes mit eigenem kleinen Balkon und Blick auf das üppige Grün der Terrassenfelder darunter.

Amalfi

Albergo Sant'Andrea HOTEL €

(Karte S. 182; ☎089 87 11 45; www.albergosantandrea.it; Via Costanza d'Avalos 1; EZ/DZ 60/90 €; ⏲März–Dez.; ❄📶) Hier kann man die Atmosphäre der lebhaften Piazza del Duomo im Komfort des eigenen Zimmers genießen. Das bescheidene Zweisternehotel hat einfache Zimmer mit leuchtend bunten Kacheln und passenden Dekostoffen. Doppelfenster sorgen dafür, dass der Lärm von der Piazza gedämpft wird, der in der Hauptsaison aich schon mal die Schmerzgrenze überschreiten kann – ein Hotel, in dem man nach einem Zimmer mit Aussicht (auf die Kathedrale) fragen sollte.

★ **DieciSedici** B&B €€

(Karte S. 182; www.diecisedici.it; Piazza Municipio 10–16; DZ 150 €; ⏲Ostern–Okt.; ❄) Das DieciSedici („10-16") hat einen mittelalterlichen Palast mit so unglaublich viel Stil eingerichtet, wie es nur Italiener können. Die sechs Zimmer bezaubern mit Kronleuchtern, Zwischengeschossen, Glasbalkonen und erlesener Bettwäsche. Vier davon sind als Miniapartments eingerichtet und verfügen über eine schicke Küchenzeile. Alle haben Satelliten-TV, Klimaanlage und supermoderne Lautsprecheranlagen.

Ercole di Amalfi Bed & Breakfast B&B €€

(☎089 83 18 43; www.ercolediamalfi.it; Via Giovanni d'Amalfi 2; DZ 160–190 €; ⏲ganzjährig) In diesem B&B in Hanglage an der Straße Richtung Agerola kann man beim Frühstücken Zitronen vom Baum direkt auf den Teller pflücken; die Terrasse liegt hinter Rankgittern verborgen und wird von der Meeresbrise gekühlt. Die drei stilvollen Zimmer unter Deckengewölbe sind mit lokal hergestellten Fliesen und schicken, modernen Bädern ausgestattet. Die Gegend ist ideal für Bergwanderungen – ein beschaulicher Rückzugsort.

Gut zu wissen: Mindestaufenthalt sind zwei Nächte, doch in den ruhigeren Monaten fallen die Preise erheblich (bis auf 70 €).

Villa Maria Bed and Breakfast B&B €€

(☎089 87 28 02; www.villamariaamalfi.it; Piazza Gaetano Amodio 1, Pogerola; DZ/Suite 150/170 €; ⏲Ostern–Okt.) Die elegante, zitronengelbe Villa mit Bergblick nach hinten raus liegt nur eine kurze Busfahrt (oder einen steilen Fußmarsch) westlich von Amalfi am zentralen Platz des winzigen Orts Pogerola. Die Zimmer haben wunderbare Balkendecken und kühle Fliesenböden, der Blick auf Amalfi ist umwerfend und Stufenwege führen hinein in die Berge.

Residenza del Duca HOTEL €€

(Karte S. 182; ☎089 873 63 65; www.residencedelduca.it; Via Duca Mastalo II 3; Zi. 130 €; ⏲März–Okt.; ❄📶) Das familiengeführte Hotel hat nur sechs Zimmer, alle licht, sonnig und hübsch mit Antiquitäten, Majolika-Kacheln und der einen oder anderen kitschigen Putte eingerichtet. Die Jetstrahl-Duschen sind klasse. Wer mit schwerem Gepäck anreist, sollte vorher anrufen, denn der Anstieg bis zum Hotel über die Treppe ist mörderisch und der Gepäckservice im Preis inbegriffen.

Besonders schön ist Zimmer Nr. 2, das durch deckenhohe Flügeltüren einen atemberaubenden Ausblick bietet.

Hotel Amalfi HOTEL €€

(Karte S. 182; ☎089 87 24 40; www.hamalfi.it; Vico dei Pastai 3; DZ 175–215 €; ⏲Ostern–Okt.; P❄📶) Das familiengeführte Dreisternehotel ist zentral in einer Seitenstraße der Fußgängerzone von Amalfi gelegen und blitzsauber. Die Zimmer haben blassgelbe Wände mit Schablonenstreifen, Majolika-Kacheln am Boden und teilweise einen Balkon. Die glänzend gekachelten (wenn auch etwas kleinen) Bäder haben entweder Badewanne oder Dusche. Der Dachgarten ist ein entspannender Ort für einen gemütlichen Drink.

Hotel Lidomare HOTEL €€

(Karte S. 182; ☎089 87 13 32; www.lidomare.it; Largo Duchi Piccolomini 9; EZ/DZ 65/145 €; ❄📶) Das altmodische, familiengeführte Hotel besitzt jede Menge Charakter. Die geräumigen, lichten Zimmer haben ein vornehmes Flair mit attraktiv kombinierter Einrichtung, alten Kacheln und schönen Antiquitäten. Einige Zimmer sind mit Whirlpool ausgestattet, andere haben einen Balkon mit Meerblick, manche bieten beides. Das Frühstück wird originell auf einem eleganten Piano angerichtet.

Hotel Centrale HOTEL €€

(Karte S. 182; ☎089 87 26 08; www.amalfihotelcentrale.it; Largo Duchi Piccolomini 1; DZ/3BZ/4BZ 185/225/250 €; ⏲ganzjährig; ❄📶) Zentral ist das hier wirklich. Die kleinen, funktionalen

Zimmer befinden sich in einem Gebäude, dessen Eingang an einer winzigen Piazza im *centro storico* liegt. Das Highlight sind nicht die Zimmer an sich (die sehen langweilig aus), sondern die Fensterbänke mit Aussicht auf die wuselige Piazza del Duomo darunter. Man sollte sich unbedingt ein Balkonzimmer an der Vorderfront geben lassen.

★ Hotel Santa Caterina HOTEL €€€
(☎089 87 10 12; www.hotelsantacaterina.it; Strada Amalfitana 9; DZ 550–1300 €, Suite ab 2000 €; ⏲März–Okt.; P ❄ 📶 🏊) Selbst wer nicht hier absteigt, sollte mal vorbeischauen und sei es nur, um die Ferraris auf dem Parkplatz anzuschauen. Das Santa Caterina ist ein Wahrzeichen von Amalfi und eines der berühmtesten Hotels in ganz Italien. Hier ist alles nur vom Feinsten, angefangen beim ultrazuvorkommenden Service und den märchenhaften Grünflächen bis zum hoteleigenen Beach Club und den mit allen Schikanen versehenen Zimmern.

Hotel Luna Convento HOTEL €€€
(☎089 87 10 02; www.lunahotel.it; Via Pantaleone Comite 33; EZ/DZ/3BZ 300/320/530 €; ⏲Ostern–Okt., P ❄ @ 📶 🏊) Das ehemalige Kloster wurde 1222 vom hl. Franziskus gegründet, aber bereits vor gut 170 Jahren zum Hotel umfunktioniert. Die Zimmer im Altbau waren einst Mönchszellen, sie wirken mit ihren hellen Kacheln, Balkonen und endlosem Meerblick aber alles andere als eng. Der neuere Flügel ist mit seinen religiösen Fresken über den Betten genauso bezaubernd. Und der Innenhof mit Kreuzgang ist gleichfalls wunderschön.

Ravello & Umgebung

Hotel Toro HOTEL €
(Karte S. 187; ☎089 85 72 11; www.hoteltoro.it; Via Wagner 3; EZ/DZ ab 56/82 €; ⏲Ostern–Nov.; ❄ 📶) Näher als mit einer Übernachtung im Toro werden Nichtmillionäre wohl kaum an den „Millionärsstreifen" von Ravello herankommen. Das Haus wird schon seit dem späten 19. Jh. als Hotel genutzt. Der niederländische Künstler M. C. Escher nächtigte in Zimmer Nr. 6, wo er möglicherweise von den schwindelerregenden Kachelmustern inspiriert wurde. Die ein wenig in die Jahre gekommenen Zimmer sind im traditionellen Stil der Amalfiküste eingerichtet: Fliesen aus Terrakotta oder hellem Marmor und cremefarbene Möbel.

Agriturismo Monte Brusara AGRITURISMO €
(☎089 85 74 67; www.montebrusara.com; Via Monte Brusara 32; DZ 94–100 €; ⏲ganzjährig; 📶) 🌿 Der *agriturismo* am Berg ist ein aktiver Bauernhof, der zu Fuß in anstrengenden 30 Minuten (1,5 km) vom Zentrum Ravellos aus zu erreichen ist (man kann anrufen und sich abholen lassen). Die Unterkunft eignet sich besonders für Familien, aber auch für alle, die den Massen entfliehen und sich an der Aussicht berauschen möchten.

Affitacamere Il Roseto PENSION €
(Karte S. 187; ☎089 858 64 92; www.ilroseto.it; Via Trinità 37; EZ 60–70, DZ 80–90 €; ⏲ganzjährig) Wer ein schnörkelloses, sauberes, für alles in der Stadt günstig gelegenes Zimmer sucht, ist hier richtig. Es gibt nur zwei Zimmer, beide haben weiße Wände, weißes Bettzeug und weiße Böden. Den Mangel an Charme macht das Preis-Leistungs-Verhältnis wieder wett und Farbe gibt's schließlich draußen unter den Zitronenbäumen.

★ Punta Civita B&B €€
(☎089 87 23 26; www.puntacivita.it; Via Civita 4; DZ 110 €; ⏲März–Okt.; 📶) Das schmucke, kleine B&B unmittelbar nördlich von Atrani an der Straße Richtung Ravello hat eine von Bougainvillea bewachsene Terrasse mit himmlischem Blick auf das Meer und die Zitronenhaine in der Umgebung sowie elegant-gemütliche, geflieste Zimmer, die ebenfalls aufs Meer blicken. Die herzlichen, netten Besitzer servieren ein exzellentes Frühstück, natürlich auf der Terrasse.

Villa Casale APARTMENT €€
(Karte S. 187; ☎089 85 74 12; www.ravelloresidence.it; Via Orso Papice 4; Apt. 130–225 €, Suite 225–275 €; ❄ 📶 🏊) Die Villa Casale liegt praktisch neben der Villa Rufolo und erfreut sich derselben wunderbaren Aussicht. Die Anlage besteht aus einer Handvoll eleganter Suiten und Apartments um einen großen Swimmingpool herum. Der Renner sind die mit Antiquitäten bestückten Suiten in einem Originalgebäude aus dem 14. Jh. Alle Suiten und Apartments haben eine voll ausgestattete Küche und auf dem Gelände gibt es ruhige Terrassengärten.

Albergo Ristorante Garden HOTEL €€
(Karte S. 187; ☎089 85 72 26; www.gardenravello.com; Via Giovanne Boccaccio 4; DZ 185–215 €; ⏲Mitte März–Ende Okt.; ❄ 📶 🏊) Das familiengeführte Garden zehrt immer noch von vergangenem Glanz (einen Blick auf das

„Berühmtheitenbrett" hinter der Rezeption werfen) und hat es nicht nötig, sich groß dem Wandel der Zeiten anzupassen. Denn angesichts der Tatsache, dass dieses Hotel einen der besten Ausblicke an der Amalfiküste hat, nimmt eigentlich niemand die unscheinbaren, zweckmäßigen Zimmer überhaupt zur Kenntnis. Berücksichtigt man dazu noch das (laut Gore Vidal) ordentliche Restaurant und den Swimmingpool, drängt sich das Wort „Schnäppchen" auf.

★ Belmond Hotel Caruso HOTEL €€€
(Karte S. 187; 089 85 88 01; www.grandluxuryhotels.com; Piazza San Giovanni del Toro 2; EZ/DZ 720/920 €; April–Okt.; P❄📶🏊) Es gibt keinen schöneren Ort zum Schwimmen als den sensationellen Infinitypool im Caruso. Scheinbar am Rande des Abgrunds verschmilzt das blaue Wasser mit Meer und Himmel – mit magischer Wirkung. Der großartig restaurierte Palazzo aus dem 11. Jh. ist innen genauso beeindruckend: Maurische Bögen dienen als Fensterrahmen, die Decken haben ein Gewölbe aus dem 15. Jh. und die Kacheln sind erstklassig.

★ Palazzo Avino HOTEL €€€
(Karte S. 187; 089 81 81 81; www.palazzoavino.com; Via San Giovanni del Toro 28; DZ ab 495 €; März–Okt.; ❄📶🏊) Der ehemalige Palazzo Sasso, eines der drei Luxushotels in Ravellos teuerstem Viertel, ist mit Unterbrechungen seit 1880 ein Hotel und diente vielen großen Namen des 20. Jhs. schon als Bleibe: General Dwight Eisenhower etwa plante hier den alliierten Angriff auf den Monte Cassino. Die heutigen Gäste lassen es sich lieber friedlich in ihren Zimmern zwischen handbemalten Möbeln, Diwanen, frischen Blumen und Originalgemälden gutgehen.

Hotel Rufolo HOTEL €€€
(Karte S. 187; 089 85 71 33; www.hotelrufolo.com; Via San Francesco 1; DZ/Suite ab 275/550 €; ❄📶🏊) Ravellos Ruf als Ort, der Leidenschaft entfacht, hat sich anrüchig im Hotel Rufolo bestätigt, wo D. H. Lawrence in den 1920er-Jahren die ersten Entwürfe seines umstrittenen Romans *Lady Chatterleys Liebhaber* verfasste. Liebende von heute können in großen, gut (wenn auch nicht übermäßig luxuriös) ausgestatteten Zimmern mit gemusterten Bodenfliesen und eleganten Bädern absteigen. Die terrassierte Anlage badet im Glanz der benachbarten Villa Rufolo.

Cetara

B&B Mara B&B €
(089 26 18 96; www.bbmara.com; Parco degli Ullivi 3; Zi. 60–70 €; ❄📶) Wer ein ruhiges, gastfreundliches und sehr gut ausgestattetes B&B mit jeder Menge Cetara-Flair sucht, ist im Mara richtig. Die spiegelblanke, stimmungsvolle kleine Herberge befindet sich in einem ansonsten unscheinbaren Apartmentgebäude hoch über dem Fischerhafen von Cetara. Zwei der drei geräumigen, sonnigen Zimmer besitzen Balkone. Alle haben leuchtende Farbakzente sowie Kühlschränke, gefüllt mit Bier und alkoholfreien Getränken.

SALERNO & DER CILENTO

Salerno

Ostello Ave Gratia Plena HOSTEL €
(Karte S. 197; 089 23 47 76; www.ostellodisalerno.it; Via dei Canali; B/EZ/DZ 16/45/65 €; @📶) Das exzellente HI-Hostel in Salerno ist in einem Kloster aus dem 16. Jh. mitten im Herzen des belebten *centro storico* untergebracht. Innen ist ein zauberhafter zentraler Hof mit einer ganzen Palette heller Zimmer, vom Schlafsaal bis zum Doppelzimmer mit eigenem Bad. Die Sperrstunde um 2 Uhr gilt nur für die Schlafsäle.

Hotel Montestella HOTEL €€
(Karte S. 197; 089 22 51 22; www.hotelmontestella.it; Corso Vittorio Emanuele II 156; DZ 90–125 €, 3BZ 95–160 €; ❄@📶) Das moderne, allerdings etwas langweilige Montestella liegt an der wichtigsten Fußgängerzone Salernos und in Laufnähe zu allem, was von Interesse ist, sowie auf halbem Wege zwischen *centro storico* und Bahnhof. Einige Zimmer fallen zwar recht klein aus, sind aber hell und modern und haben stabile Betten und gemusterte Tapeten.

Hotel Plaza HOTEL €€
(Karte S. 197; 089 22 44 77; www.plazasalerno.it; Piazza Vittorio Veneto 42; EZ/DZ 100/125 €; ❄@📶) Nur zwei Minuten vom Bahnhof entfernt: Das Plaza ist praktisch gelegen, gut ausgestattet und ziemlich unspektakulär, insbesondere was die altbackenen Ge-

meinschaftsräumlichkeiten angeht. Aber das Hotel ist nicht unfreundlich und die vernünftig großen Zimmer mit braunem Teppichboden und makellosen Bädern sind ihr Geld durchaus wert. Die nach hinten gelegenen Zimmer haben jeweils eine Terrasse mit Aussicht auf die Stadt und die Berge in der Ferne.

Paestum

★ Casale Giancesare B&B €

(☎0828 72 80 61, 333 1897737; www.casale-giancesare.it; Via Giancesare 8; EZ 70–120 €, DZ 80–130 €, 4-Pers.-Apt. ab 185 €; P ❄ @ ☎ ≋) Das elegant eingerichtete, steinverkleidete B&B, ein ehemaliges Bauernhaus aus dem 19. Jh., wird von der reizenden Familie Voza geführt, die ihre Gäste gerne mit Wein, Limoncello und Marmelade aus eigener Produktion verwöhnt. Sie stellt auch eigenes Olivenöl her. Das B&B liegt 2,5 km von Paestum entfernt zwischen Weinbergen, Oliven- und Maulbeerbäumen. Die Aussicht ist umwerfend, vor allem vom Swimmingpool aus.

Es werden fünf Zimmer im Bauernhausschick sowie drei Ferienwohnungen vermietet.

Casa Rubini GASTHOF €

(☎0828 199 22 55; www.casarubini.it; Via Tavernelle 5; DZ 58–70 €; P ☎) Der rustikale Landgasthof in Sichtweite der Ruinen von Paestum ist dermaßen authentisch „alt", dass man fast glauben möchte, Leonardo da Vinci sei eben erst zu Gast gewesen. Die gemütlichen Zimmer haben schräge Wände, unverputzte Steinwände, dicke Holzbalken und sind mit aufgemalten Dante-Zitaten geschmückt. Außerdem gibt es ein wunderbares Bar-Restaurant, in dem sich oft lokale *trovatore* (singende Gitarrenspieler) die Ehre geben.

Villaggio dei Pini CAMPINGPLATZ €

(☎0828 81 10 30; www.campingvillaggiodeipini.com; Camping 2 Pers., Auto & Zelt 48 €, 2-Bett-Hütte pro Woche 250–800 €; ☎) In Paestum gibt es zahlreiche Campingplätze, aber hier ist definitiv der Ort, an dem man sein Zelt aufschlagen sollte. Zu der Anlage in einem alten Landschaftsgarten mit hohen Pinien gehören ein Restaurant, eine Pizzeria, ein Minimarkt, ein Fußballplatz, ein Privatstrand und ein Kinderspielplatz. Die Hütten sind schlicht, aber mit allen Notwendigkeiten eingerichtet.

Hotel Calypso HOTEL €€

(☎0828 81 10 31; www.calypsohotel.com; Via Mantegna 63; EZ 70–100 €, DZ 90–130 €; P ❄ @) Das Hotel ist die beste Wahl für Menschen mit Hang zum Künstlerischen, für Freigeister und alle, die unprätentiöses Strandleben mögen. Die großen, geschmackvoll eingerichteten Zimmer haben allesamt einen Balkon und viel dekoratives Kunsthandwerk. Der Sandstrand ist nur einen Katzensprung entfernt. Inhaber Roberto ist ein Weltenbummler, der auch Tipps zur Umgebung parat hat. Im Sommer werden hier regelmäßig Konzerte veranstaltet (von Folk bis Klassik).

Parco Nazionale del Cilento, Vallo di Diano e Alburni

★ Agriturismo i Moresani AGRITURISMO €

(☎0974 90 20 86; www.imoresani.com; Località Moresani; DZ 90–110 €; ⊙März–Okt.; ❄ ☎ ≋) Wer absoluten Frieden sucht, sollte sich in diesen *agriturismo* 1,5 km westlich von Casal Velino begeben. Die Lage ist idyllisch: Grüne Hügel so weit das Auge reicht, dazwischen Weingärten, Weideland und Olivenbäume. Der 18 ha große, familiengeführte Bauernhof verkauft selbstgemachten *caprino* (Ziegenkäse), Wein, Olivenöl und Eingemachtes. Die Zimmer sind in Erd- und Cremefarben eingerichtet und liegen um einen hübschen, abgeschiedenen Garten.

Villa Vea AGRITURISMO €

(☎0828 196 22 37; www.agriturismovillavea.it; C.da Spinaddeo 10, Bellosguardo; DZ 74 €, ⊙ganzjährig; ☎ ≋) Der erstklassige *agriturismo* zwischen Olivenbäumen und Weingärten mit Blick auf pinienbewachsene Berge in der Ferne gehört einer amerikanisch-italienischen Familie. Beim Essen der leckeren, traditionellen Gerichte von Angela, die auch die Kochkurse leitet, ist Capri zu sehen. Die Zimmer sind rustikal mit schweren Möbeln und hellen Wänden eingerichtet. Das 1978 erbaute Haus war in dieser Region der erste *agriturismo*.

La Congiura dei Baroni HOTEL €

(☎0975 7 90 44; www.lacongiuradeibaroni.it; Via Castello 16, Teggiano; DZ/3BZ 65/90 €; ⊙Ostern–Okt.) Nicht nur der Name dieses Hotels („Die Verschwörung der Barone") ist faszinierend, sondern auch seine Lage in Teggiano hoch über der Burg mit Blick auf die Berge des Cilento. Es hat gemütliche, großzügig geschnittene Zimmer mit Terrasse und die freundliche Gastwirtin Anna Maria tischt unten im Restaurant hausgemachte Ravioli und andere Köstlichkeiten auf.

Alles in allem ist dies der Inbegriff des kleinstädtischen, abgeschiedenen Italiens, voller Charme und unberührt vom Touristenrummel Capris oder Pompejis. Einfach ein bisschen *italiano* lernen und dann eintauchen.

Antichi Feudi BOUTIQUEHOTEL €
(0975 58 73 29; www.antichifeudi.com; Via San Francesco 2, Teggiano; DZ/Suite ab 75/135 €; ganzjährig;) Der ehemalige Palast liegt versteckt im historischen Labyrinth von Teggiano und zeichnet sich durch eine prächtige Fassade in Sienabraun aus. Die Zimmer in diesem stimmungsvollen, günstigen Hotel sind alle unterschiedlich. Gemeinsam ist ihnen die Detailfreude in Form von bemalten Kleiderschränken, Himmelbetten und auch mal einem Kronleuchter. Zu den Gemeinschaftsbereichen gehören ein kleiner Innenhof mit Brunnen sowie ein hervorragendes Restaurant.

Casale San Martino B&B €
(0974 83 22 13; www.casalesanmartino.eu; Contrada Vignali 5; DZ 95 €; März–Okt.; P) Das exquisite B&B zeichnet sich durch einen genialen Panoramablick aus: Richtung Westen auf Agropoli und die Küste, Richtung Osten auf endlose Hügel. In den geschmackvoll und in Erdfarben eingerichteten Zimmern mit Natursteinwänden schlafen Gäste unter Holzbalken, während nebenan das Badezimmer mit Fünfsternequalität und Marmor-Mosaikfliesen aufwartet. Die Unterkunft liegt 7 km südöstlich von Agropoli abseits der SS267 in der Nähe des Dorfs Laureana Cilento.

Agriturismo La Loggia degli Alburni AGRITURISMO €
(334 3204398; www.laloggiadeglialburni.it; Sicignano degli Alburni; DZ 55 €; ganzjährig; P) Das bei Wanderern beliebte Haus ist eher ein Landhotel als ein *agriturismo*. Die Lage ist großartig: hoch oben in einem Kastanienwäldchen mit Blick auf eine prächtige Burg. Im Dorf ist der Weg über eine unbefestigte Straße an steilen Waldhängen ausgeschildert. Die Zimmer sind groß, modern und komfortabel.

★ Zio Cristoforo AGRITURISMO €€
(0974 90 75 52; www.agriturismoziocristoforo.com; Via Chiuse 24, Casal Velino; DZ 150–200 €; ganzjährig; P) Mit seiner abgeschiedenen Lage und dem Swimmingpool mit Grotte fühlt sich Zio Cristoforo gar nicht wie eine Bauernhofunterkunft an, sondern eher wie ein Boutiquehotel. Niemand scheint hier in schmutzigen Gummistiefeln herumzustapfen, obwohl der Hof durchaus von Landwirtschaft umgeben ist und das Fleisch der hofeigenen Tiere auf der Speisekarte des beliebten Restaurants landet. Die in gedämpften Farben gehaltenen Zimmer mit schmiedeeisernen Bettköpfen und Terrakottafliesen sind rustikal und doch elegant. Im Winter gibt's auch Kochkurse (3 Tage 360 €), außerdem werden gute Halbpensionspreise angeboten.

Park Hotel Cilento HOTEL €€
(0974 93 26 62; www.parkhotelcilento.it; Via Sirene 26, Marina di Camerota; DZ 140 €; ganzjährig; P) Eine exzellente, komfortable und familienfreundliche Unterkunft, die Richtung Süden an der Bucht von Palinuro liegt – ideal für Wanderungen im Nationalpark und Ausflüge zur Küste. Die Zimmer sind eher schlicht als charaktervoll, aber das Haus ist blitzblank und effizient. Es gibt einen guten Pool und ein Restaurant, wo allmorgendlich ein gigantisches Frühstücksbuffet serviert wird. Die Rezeptionsmitarbeiter arrangieren Boots- und andere Ausflüge.

Agropoli

B&B I Delfini B&B €
(339 3095895; www.idelfinibb.com; Via Toscanini 9; EZ/DZ 40/75 €;) Ein sauberes, günstiges und modernes B&B ganz in der Nähe des Zentrums von Agropoli. Es wird vom sympathischen Alfonso gemanagt, der eine sprudelnde Infoquelle für alle ist, die etwas über die lokalen Sehenswürdigkeiten wissen wollen. Die Zimmer haben neue Bäder, große Handtücher und hübsche Agropoli-Motive an den Wänden. Ein super Deal.

Hotel Serenella HOTEL €
(0974 82 33 33; www.hotelserenella.it; Via San Marco 140; EZ/DZ 54/90 €; P) Das strahlend weiße Serenella ist die „Nobelherberge“ von Agropoli. Es liegt direkt am Meer (guter Start) und hat an der Frontseite eine einladende Loungebar (weiterer Pluspunkt). Die

Zimmer sind zwar schlicht, aber geräumig und lassen nichts vermissen, außer vielleicht ein wenig Charakter. Erfreuliche Boni: kostenlose Parkplätze, privater Strandzugang und Halb- bzw. Vollpension.

Castellabate & Umgebung

Residenza d'Epoca 1861 GÄSTEHAUS €€

(☎0974 96 14 54; www.residenzadepoca1861.it; Lungomare Perrotti, Santa Maria di Castellabate; DZ 130–160 €, Suite 170 €; ❄📶) Das kleine, picobello geführte Gästehaus in einer Villa des 18. Jhs. an der historischen Uferpromenade von Santa Maria di Castellabate bietet Meerblick aus jedem Zimmer, dazu cremeweiße Innenausstattung mit diskreten modernistischen Farbtupfern. Zum Haus gehört auch das Restaurant Osteria 1861.

Villa Sirio HOTEL €€€

(☎0974 96 01 62; www.villasirio.it; Via Lungomare de Simone 15, Santa Maria di Castellabate; DZ 215–260 €; ⏲April–Nov.; P❄) Das in einer ehemaligen Villa (Baujahr 1912) untergebrachte familiengeführte Hotel ziert eine klassisch elegante, ockergelbe Fassade mit traditionell grünen Fensterläden. Die Zimmer sind fröhlich in Gelb, Blau und Türkis gestaltet. Die glänzenden Marmorbäder haben auch einen Whirlpool. Auf den kleinen Balkonen mit unverstelltem Blick aufs Meer und auf Capri in der Ferne wurden Plastikmöbel zum Glück zugunsten geschmackvoller Marmortische verbannt.

Von Acciaroli nach Pisciotta

★ **Marulivo Hotel** BOUTIQUEHOTEL €€

(☎0974 97 37 92; www.marulivohotel.it; Via Castello, Pisciotta; DZ 70–140 €, Suite 130–220 €; ⏲Ostern–Okt.; ❄📶) Das Marulivo ist *das* Hotel im winzigen Pisciotta und etwas ganz Besonderes: ein wunderbar restauriertes Kloster aus dem 14. Jh. mit eleganten Details. Die Krönung des Ganzen ist die mit Glyzinien bewachsene Terrasse. Die elf entzückenden, in Erdfarben gehaltenen Zimmer haben sorgfältig ausgesuchte Möbel, blütenweiße Bettwäsche und unverputzte Steinwände. Die Hotelbesitzer lieben ihr Dorf und dieser Enthusiasmus wirkt einfach ansteckend.

Die Abholung vom Bahnhof Pisciotta-Palinuro kann organisiert werden. Die Hoteliers vermieten auch mehrere Ferienwohnungen im Dorf.

Palinuro & Umgebung

Antico Maniero Palinuro B&B €

(☎0974 93 30 38; www.anticomanieropalinuro.it; Colle San Sergio, Centola; EZ 50–100 €, DZ 60–110 €; ⏲Ostern–Okt.) Das Antico Maniero Palinuro, eine Steinvilla mit hinreißender Terrasse und weitem Meerblick, hat sehr romantische Zimmer (schwere Vorhänge, Bettüberwürfe aus Spitze und dunkle Holzmöbel), die gerade nochmal am Kitsch vorbeischrammen. Das Haus zwischen Centola und Palinuro ist eine gute Wahl für Touren durch den Cilento oder an der Küste entlang.

Albergo Santa Caterina HOTEL €€

(☎0974 93 10 19; www.albergosantacaterina.com; Via Indipendenza 53; DZ 100–155 €; ⏲Ostern–Okt.; P❄@📶) In diesem exzellenten Hotel an der Hauptstraße variieren die Farben der Zimmer von leuchtendem Kanariengelb bis zu mediterranem Dunkelblau. Alle haben große Badezimmer mit Wanne und Dusche sowie eine eigene Terrasse. Meerblick kostet 20 € extra. Das Satelliten-TV ist in dieser Gegend ein seltenes Kleinod, vor allem für diejenigen, die internationale Nachrichten schmerzhaft vermissen.

Neapel & die Amalfiküste verstehen

Neapel & die Amalfiküste aktuell

Kampanien ist Kult. Die Touristenzahlen explodieren, derweil sich die Vorzüge der Region – faszinierende Geschichte, traumhafte Natur, süditalienisches Preisniveau – immer weiter herumsprechen. Im Zentrum des Booms steht Neapel, ein kulturelles Kraftpaket, das sich mit neu belebten Museen, Festivals und lebhaften Plätzen bemüht, sein unseliges Image als vermülltes Gauner-Eldorado abzuschütteln. Doch trotz spürbarer Veränderungen ringt Kampanien auch weiterhin mit seinen Dämonen, darunter hohe Arbeitslosenquoten und Korruption.

Filme

Das Gold von Neapel (Vittorio de Sica; 1954) Ein Episodenfilm mit Schauplatz Neapel, mit Sophia Loren.

Passione (John Turturro; 2010) Turturros dokumentarische Hommage an die hypnotische Musik und Traditionen Neapels.

E poi c'è Napoli (Gianluca Migliarotti; 2014) Stil und Schneiderhandwerk Neapels stehen im Mittelpunkt dieser erfrischenden Dokumentation.

Ammore e malavita (Mannetti Bros; 2017) Frech-verrückte Musikkomödie um einen verliebten Mafioso mit hinreißenden Bildern aus Neapel.

Bücher

Meine geniale Freundin (Elena Ferrante; 2012) Der erste Band der Bestsellerreihe über zwei Freundinnen aus Neapel.

Der Golf von Neapel in der Antike (Christoff Neumeister; 2005) Berichte antiker Autoren.

Der Vesuv (Dieter Richter; 2007) Eine faszinierende Kulturgeschichte eines faszinierenden Berges.

Neapel zwischen Nacht und Morgengrauen (Domenico Rea; 2011) Eine Feuilleton-Sammlung.

Tourismusboom

Zwischen 2010 und 2017 sind die Besucherzahlen in Neapel um mehr als 90 % gestiegen. Das ist der zweithöchste Zuwachs in ganz Italien nach Matera (Basilikata), der europäischen Kulturhauptstadt 2019. Häufigere Direktverbindungen der Billigflieger easyJet und Ryanair haben die Ankunftszahlen am internationalen Flughafen Capodicchino von 6,7 Mio. (2016) auf 8,5 Mio. (2017) nach oben gepusht. Auch der weltweit gefeierte Erfolg der vier Neapel-Romane von Elena Ferrante hat zum Boom beigetragen. Inzwischen werden sogar Ferrante-Themenführungen durch die süditalienische Metropole angeboten. Neben Neapel verzeichnen auch die Urlaubsorte an der kampanischen Küste, wie Capri und Amalfi, steigende Besucherzahlen. Angesichts der schwierigen politischen Lage in anderen Mittelmeerländern, etwa Türkei und Ägypten, schauen sich viele Urlauber offenbar anderswo nach Sonne, Meer und geschichtsträchtigen Plätzen um.

Kulinarische Trends

Der neue Schwung, der Kampanien belebt, macht auch vor der kulinarischen Szene nicht halt. Traditionen geben zwar noch immer den Ton an, doch eine neue Generation von Kochtalenten, Braumeistern und Baristas mischt das Geschehen mächtig auf. In Neapel wurde tatsächlich das erste Café mit modernen Kaffeespezialitäten eröffnet, ganz schön mutig angesichts der unerschütterlichen Vorliebe der Neapolitaner für dunkel gerösteten Espresso klassischer Art. Eine erste moderne Mikrorösterei gibt es nun auch in Pompeji. Überall in Kampanien sind Biozutaten von kleineren, handwerklichen Erzeugern zunehmend nachgefragt. Die wachsende Beliebtheit von Gourmetreisen geht mit einem großen Interesse an Kochkursen einher, die teils sogar in Spitzenrestaurants stattfinden. In Kampanien hat man endlich entdeckt, welch großes Potenzial in der reichen regionalen Küche steckt.

Arbeitslos in Kampanien

Leider gehen in Kampanien nicht nur die Touristenzahlen, sondern auch die Arbeitslosenzahlen nach oben. Laut Eurostat, dem Statistischen Amt der EU, stieg die ohnehin schon hohe Arbeitslosigkeit in der Region von 20,4 % (2015) auf 20,9 % (2017) an. Das italienische Statistikamt ISTAT weist für Neapel 2017 eine Arbeitslosenquote von 30,5 % aus. Kampanien ist eine der vier Regionen Italiens, in denen die Arbeitslosenquote mindestens doppelt so hoch liegt wie der EU-Durchschnitt. Besonders beunruhigend sind die steigenden Zahlen der arbeitslosen Jugendlichen im Alter von 15 bis 24 Jahren: 2017 betrug die Jugendarbeitslosigkeit 54,7 %, im Jahr davor 49,9 %. Damit liegt Kampanien auf Platz 7 der europäischen Regionen mit der höchsten Jugendarbeitslosigkeit. Auch wenn die regionale Wirtschaft seit 2014 zumindest nicht mehr schrumpft, hat die lange Flaute Tausende junger Kampanier dazu getrieben, ihr Glück in Norditalien oder im Ausland zu suchen. Das trägt zur rasanten Überalterung der Bevölkerung bei. Nach einer aktuellen Studie dürfte die Bevölkerung Kampaniens von derzeit 5,8 Mio. bis Mitte der 2030er-Jahre um eine halbe Million schrumpfen.

Blutgeld

Dass korrupte Politiker und Wirtschaftsbosse mit der Camorra, der kampanischen Mafia, mauscheln, ist nichts Neues. Dennoch gelang der neapolitanischen Nachrichten-Website Fanpage.it 2018 ein Mediencoup: Für eine siebenteilige Videodoku mit dem Titel „Bloody Money" recherchierten Journalisten mithilfe eines ehemaligen Mafiabosses verdeckt, um das Bestechungs- und Schmiergeldgeflecht aufzudecken, mit dem die Mafia ihre Geschäfte etwa im Müllskandal vorantreibt. In den vergangenen Jahrzehnten hat die Camorra unbekannte Mengen an Giftmüll in verschiedenen Teilen Italiens abgeladen, u. a. im sogenannten Todesdreieck im Hinterland von Neapel, wo es ungewöhnlich hohe Krebsraten gibt. In den Fokus ihrer Recherchen gerieten u. a. der Politiker Mario „Rory" Olivero aus Ercolano und ein Mitglied des Stadtrats von Salerno, Roberto De Luca. Beide traten kurz nach der Ausstrahlung der Doku von ihren Posten zurück. Die mutmaßliche Verwicklung von De Luca war besonders brisant, weil er der Sohn von Vincenzo De Luca, Präsident der Region Kampanien, ist.

BEVÖLKERUNG: **5,84 MIO.**

FLÄCHE: **13 590 KM²**

AUSLÄNDERANTEIL: **4 % DER GESAMTBEVÖLKERUNG**

ARBEITSLOSIGKEIT: **20,9 % (2017)**

Gäbe es nur 100 Neapolitaner, wären ...

96 Italianiener
4 Sonstige

Religionszugehörigkeit in Italien (% der Bevölkerung)

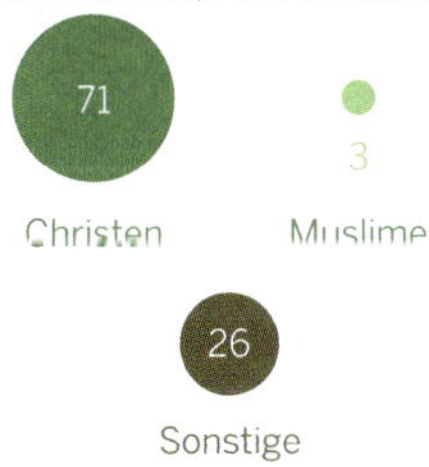

Einwohner pro km²

≈ 200 Personen

Geschichte

Neapel hat fast 3000 Kerzen auf dem Geburtstagskuchen. In der langen Zeitspanne haben die Stadt und die Amalfiküste schon einiges erlebt: vergnügungssüchtige römische Kaiser und spanische Eroberer, verheerende Pestepidemien, Vulkanausbrüche und deutsche Besatzung. Die Vergangenheit ist hier allgegenwärtig. Jede Kirche, jeder Palast, jeder Platz und jede Ruine hat spannende Anekdoten zu erzählen. Wer meint, dass Geschichte langweilig sei, kennt diese Region noch nicht.

Archäologische Stätten

Pompeji

Herculaneum

Museo Archeologico Nazionale, Neapel

Paestum

Anfiteatro Flavio, Pozzuoli

Die Anfänge

Die alten Griechen waren die ersten großen Akteure in der Region. Sie gründeten im 8. Jh. v. Chr. eine Handelskolonie auf Ischia und bald darauf auf dem nahen Festland die Siedlung Cumae (Cuma). Cumae entwickelte sich in den nächsten 200 Jahren als griechischer Hauptstützpunkt zur bedeutendsten Stadt im Südwesten des heutigen Italien. Sie war ein reiches Handelszentrum, deren Sibylle (Prophetin) das Sprachrohr Apolls gewesen sein soll.

Der Legende nach gründeten die griechischen Händler 680 v. Chr. auf der Insel Megaris (heute Megaride) auch den ursprünglichen Kern des heutigen Neapels. Die Siedlung wurde nach einer glücklosen Sirene Parthenope benannt: Als sie den listigen Odysseus nicht mit ihrem Gesang verführen konnte, ertränkte sie sich und wurde hier angeschwemmt. Seit dem Mittelalter steht auf der kleinen Insel das Castel dell'Ovo (S. 67).

Die toskanischen Etrusker fielen zweimal in Cumae ein und scheiterten beide Male. Nach der zweiten Invasion 474 v. Chr. gründeten die Cumäer Neapolis (Neustadt) an der Stelle des heutigen *centro storico* (Altstadt) von Neapel.

Trotz der Widerstandskraft der Cumäer forderten die Schlachten gegen die Etrusker einen hohen Tribut und 421 v. Chr. unterlagen die Griechen dem eindringenden italienischen Volksstamm der Samniten. Diese wiederum waren den Römern nicht gewachsen, die Neapolis 326 v. Chr. einnahmen. Im Jahr 273 v. Chr. eroberten die Römer auch das südlich gelegene Paestum, eine griechische Stadt aus dem 5. Jh. v. Chr.

ZEITACHSE

ca. 750 v. Chr.

Griechische Händler gründen die Kolonie Cuma (Cumae). Die Region wird bedeutendster Stützpunkt der Magna Graecia auf dem italienischen Festland.

680 v. Chr.

Die cumäischen Griechen gründen auf der Insel Megaris den Ort Parthenope, benannt nach einer Sirene, die mit ihrem Gesang den schlauen Odysseus nicht verführen konnte.

474 v. Chr.

Die Cumäer gründen Neapolis. Der antike Straßenverlauf ist noch heute im *centro storico* von Neapel zu erkennen.

Togen, Triumph & Tragödien

Unter den Römern erblühte die Region am Golf von Neapel mit luxuriösen Villen, Thermalbädern und reichen Zugereisten. Felder und Wälder bedeckten die unteren Hänge des Vesuv. An der Küste ließ es sich die Prominenz wohlergehen. Honoratioren verbrachten in Stabiae (Castellammare di Stabia) ihre Ferien, Neros zweite Frau Poppaea feierte im noblen Oplontis und Julius Cäsars Schwiegervater besaß ein Haus in Herculaneum. Puteoli (Pozzuoli) westlich von Neapel wurde zum großen internationalen Hafen, wo Getreideschiffe aus Alexandria andockten und auch der hl. Paulus 61 n. Chr. an Land gegangen sein soll. In Misenum (Miseno) weiter westlich ankerte die größte Marineflotte der Antike.

Obwohl die Region fest im Griff der Römer war, beugten sich die Einwohner von Neapolis nie ganz ihren fremden Herren und weigerten sich, (neben anderen Dingen) ihre Sprache aufzugeben. Die Römer mögen zwar diese Brüskierung toleriert haben, aber der Widerstand der Neapolitaner gegen Rom im Römischen Bürgerkrieg (88–82 v. Chr.) stand auf einem anderen Blatt: Cornelius Sulla nahm die Stadt ein und metzelte Tausende nieder. Ebenso katastrophal war der unerwartete Ausbruch des Vesuv 79 n. Chr., der Pompeji und Herculaneum mit flüssiger Lava, Schlamm und Asche überflutete. Dies geschah nur 17 Jahre nach einem gewaltigen Erdbeben und war für die ohnehin gebeutelte Landbevölkerung der Region ein vernichtender Schlag.

Einen Einblick in die Zeit der alten Griechen in Süditalien bietet die Website www.ancientgreece.com mit Chroniken der bedeutenden Personen und Schlachten des alten Griechenlands.

AMALFI – DIE GOLDENE ÄRA

Renato Fucini, ein Autor aus dem 19. Jh., schrieb über die sagenhafte Stadt Amalfi, dass, wenn ihre Einwohner am Jüngsten Tag in den Himmel kämen, es für sie wie ein ganz normaler Tag wäre. Der gleichen Ansicht müssen wohl die römischen Patrizier gewesen sein, die 337 n. Chr. an dieser Küste schiffbrüchig wurden. Sie waren so angetan von der Schönheit der Gegend, dass sie beschlossen, ihre geplante Reise nach Konstantinopel abzubrechen und zu bleiben.

Trotz dieser frühen Anhänger begann die goldene Ära Amalfis erst im 9. Jh., als die jahrhundertelange Herrschaft der Byzantiner beendet war und die Stadt eine Seerepublik wurde. Seit dieser Zeit bis zu den verheerenden Überfällen der Pisaner 1135 und 1137 brachte die stets wachsende Flotte ein Stück Amalfi in die entlegenen Gebiete des Mittelmeers, von Kirchen, die nach Sant'Andrea (Amalfis Schutzheiliger) benannt wurden, bis zum Stadtteil „Klein-Amalfi" im Konstantinopel des 10. Jhs., wo es auch Läden und Schulen für Exil-Amalfianer gab.

326 v. Chr.

Die Römer erobern Neapolis und verleiben die Stadt dem Römischen Reich ein. Dennoch halten die Einwohner an ihrer griechischen Tradition und Sprache fest.

79 n. Chr.

Am 24. August um 10 Uhr morgens bricht der Vesuv nach jahrhundertelangem Schlaf aus und begräbt Pompeji, Herculaneum und andere Orte der Region unter Lava.

305

Kaiser Diokletian treibt die Verfolgung der Christen voran und lässt den Bischof von Neapel in Pozzuoli enthaupten. Der Märtyrer wird Schutzheiliger Neapels (San Gennaro).

536

Der byzantinische General Belisarius und seine Mannen schleichen durch das Aquädukt in die Stadt. Nach der Eroberung wird Neapel byzantinisches Herzogtum.

Die Stadt Neapolis selbst boomte. General Lucullus baute dort, wo heute das Castel dell'Ovo steht, eine beneidenswerte Villa und selbst Vergil zog in die Stadt. Die Insel Capri wurde das Zentrum von Kaiser Tiberius' berühmt-berüchtigten Ausschweifungen.

Jahrhundertelang war das Wohl von Neapolis eng verknüpft mit dem des Römischen Reichs. Als der letzte römische Kaiser Romulus Augustulus 476 n. Chr. abgesetzt wurde, fiel die Stadt in die Hände der Barbaren (in dem Fall der Ostgoten).

Normannen & Angeviner

Zu Beginn des 11. Jhs. war Neapel ein florierendes Herzogtum. Wirtschaft und Kultur blühten. Außerhalb der Stadt war die Lage allerdings brisant, denn die Normannen liebäugelten mit den lombardischen Fürstentümern Salerno, Benevento, Capua und Amalfi.

Die Normannen kamen im 10. Jh. nach Süditalien, zunächst als Pilger auf dem Heimweg von Jerusalem, später als Söldner, angelockt vom Lohn, den es bei den Kämpfen der rivalisierenden Fürstentümer und gegen die arabischen Muslime in Sizilien zu verdienen gab. Einem solchen Söldner, Rainulf Drengot, erteilte der Herzog von Neapel, Sergio IV., den Auftrag, die Lombarden aus Capua zu vertreiben. Das Fürstentum fiel 1062, gefolgt von Amalfi 1073 und Salerno 1077. 1130 war der größte Teil Süditaliens einschließlich Siziliens in normannischer Hand, 1139 kam auch Neapel hinzu. Das Königreich beider Sizilien war komplett.

Geschichte Italiens und der Italiener von Giuliano Procacci ist eines der besten Geschichtsbücher über das Land. Es beschreibt den Zeitraum vom frühen Mittelalter bis 1948.

Die Normannen behielten ihre Hauptstadt Palermo in Sizilien bei und Neapel verlor an Bedeutung. Die Neapolitaner schienen mit ihrem Schicksal zufrieden zu sein. Aber als dem letzten normannischen König, Tankred, sein Feind Heinrich von Hohenstaufen 1194 auf den Thron folgte, schlug die Stimmung um. Die Neapolitaner hassten die neuen staufischen Herrscher und waren heilfroh, als Karl I. von Anjou diese in der Schlacht von Benevento im Februar 1265 schlug.

Unter den französischen Angevinern gedieh das künstlerische und intellektuelle Leben wieder. Karl baute 1279 das Castel Nuovo (S. 62), der Hafen wurde erweitert und Anfang des 14. Jhs. errichtete Robert von Anjou das Castel Sant'Elmo (S. 69). Das letzte Jahrhundert angevinischer Herrschaft war von politischen Ränken und Familienzwist gekennzeichnet. Königin Johanna I. wurde des Mordes an ihrem Mann verdächtigt, floh zwischen 1348 und 1352 aus der Stadt und überließ Neapel ihrer rachsüchtigen angeheirateten Verwandtschaft aus Ungarn. Etwa 70 Jahre später konnte ihre Namensvetterin Königin Johanna II. dank massiver Unterstützung des Volkes ihren Mann davon abhalten, sich die Krone unter den Nagel zu reißen.

Da die Königsfamilie ständig in Dramen verwickelt war, sahen die spanischen Aragonier ihre Zeit gekommen und schlugen zu.

1139

Nach der normannischen Eroberung von Capua, Amalfi und Salerno gehört auch Neapel zum normannisch beherrschten Königreich beider Sizilien.

1265

Karl I. von Anjou schlägt den verhassten staufischen Herrscher Neapels und erklärt die Stadt zur Hauptstadt der französischen Anjou-Dynastie. 1279 wird das Castel Nuovo errichtet.

1343

Am 25. November verursacht ein Erdbeben im Tyrrhenischen Meer einen Tsunami. Hafenstädte an der Amalfiküste, auch die Stadt Amalfi, erleiden schwere Schäden; es gibt viele Tote.

1414

Johanna II. wird Königin von Neapel. 1432 lässt sie ihren zunehmend ehrgeizigen Liebhaber Caracciolo ermorden: Am 19. August wird Giovanni Caracciolo im Castel Capuano erstochen.

JOHANNA II. – KÖNIGIN DER WOLLUST

Hätte es im Mittelalter Boulevardblätter gegeben, wäre Johanna II. (1373–1435) regelmäßig in den Schlagzeilen aufgetaucht. 600 Jahre nach ihrer Herrschaft als Königin von Neapel weisen die Neapolitaner noch immer auf die verschiedenen Schauplätze ihrer „männermordenden" Eskapaden hin. Im Castel Nuovo hatte sie der Legende nach ihre Liebhaber einem hungrigen Krokodil vorgeworfen und im **Palazzo Donn'Anna** (Karte S. 49; Largo Donn'Anna 9; 🚍140 bis Via Posillipo) warf sie sie direkt die Klippen hinunter. Möglicherweise hatten sie die Erwartungen bei den berüchtigten Orgien der Königin nicht erfüllt.

Der Grat zwischen Dichtung und Wahrheit ist zwar sehr schmal, aber es ist weithin unbestritten, dass die Tochter Karls III. und Margheritas von Durazzo den Männern, davon viele politische Strippenzieher, sehr zugeneigt war. Als sie 1414 gekrönt wurde, war sie bereits die Witwe von Wilhelm Herzog von Österreich. Als Königin ernannte sie flugs ihren Liebhaber Pandolfello Alopo zum Oberhofmeister und ging dann 1415 eine kurzlebige Verlobung mit Johann von Aragonien ein.

Im gleichen Jahr heiratete sie Jakob II. von Bourbon, aber das Eheglück war von kurzer Dauer. Der eifersüchtige Jakob II. ließ, als ihm der Titel Fürst von Taranto verweigert wurde, Alopo ermorden und zwang Johanna, ihm den Titel König von Neapel zu verleihen. Als König war Jakob entschlossen, sich die gesamte Macht anzueignen, und er isolierte Johanna am königlichen Hof. Das Verhalten des Königs führte 1416 zu Aufständen in Neapel, die ihn zur Aufgabe der Krone zwangen.

Sollte Johanna Trost gebraucht haben, hat sie ihn wohl in den Armen des Adligen Giovanni Caracciolo gefunden. Aber seine Stellung als Premierminister von Neapel war Caracciolo nicht genug. Sein immer größerer Ehrgeiz veranlasste die Königin, 1432 seine Ermordung anzuzetteln. Sein Grab befindet sich in der Chiesa San Giovanni a Carbonara (S. 55), nicht weit vom letzten Ruheplatz Johannas in der **Basilica della Santissima Annunziata** (Karte S. 50; ☎081 28 30 17; Via dell'Annunziata 34; ⏰Kirche Mo–Sa 8–12 & 17.30–19.30, So 7.30–13 Uhr; 🚍R2 bis Corso Umberto I).

Aragonische Dramen

Alfons von Aragonien – Il Magnanimo (der Großmütige) genannt – übernahm 1442 die Macht in Neapel. Es war ein Segen für die Stadt. Er führte institutionelle Reformen durch, aber die Tatsache, dass er die beliebten Angeviner gestürzt hatte, wurde ihm nicht verziehen.

1485 rebellierten die Barone der Stadt gegen Alfons' Nachfolger Ferdinand I. Binnen Jahresfrist wurden die Anführer jedoch in der Sala dei Baroni im Castel Nuovo hingerichtet und der Frieden war wiederhergestellt. 1495 marschierte Karl VIII. von Frankreich ein. Er stieß bei den Neapolitanern auf größte Ablehnung, wurde vier Monate später vertrieben und durch den Aragonier Ferdinand II. ersetzt.

1442

Alfons von Aragonien vertreibt René von Anjou und wird neuer König von Neapel. Eine lange Ära spanischer Herrschaft beginnt.

1503

Zwei Jahre nach einer französisch-spanischen Invasion marschiert der spanische General Consalvo di Cordoba in Neapel ein und Ferdinand von Spanien wird Ferdinand III. von Neapel.

1532–1553

Don Pedro de Toledo herrscht als spanischer Vizekönig, verlegt die Stadtmauer nach Westen und baut die Quartieri Spagnoli.

1600

Neapel ist mit über 300 000 Einwohnern die größte Stadt Europas. Hierher kommt 1606 auch der Künstler Caravaggio.

Nach dem Tod Ferdinands II. 1496 krönten die rebellischen Barone dessen Onkel Friedrich zum König. Damit war auch wieder keiner zufrieden: Neapolitaner, Franzosen und Spanier wollten Johanna, die Witwe Ferdinands II., auf dem Thron sehen. Das führte 1501 zur französisch-spanischen Invasion. Friedrich versuchte, die Macht zu halten, aber angesichts nahezu geschlossener Opposition schlich er sich davon und überließ Neapel den Spaniern. Somit wurde Ferdinand von Spanien Ferdinand III. von Neapel.

Don Pedro & die spanische Epoche

Zwischen Januar und August 1656 raffte die Beulenpest über die Hälfte der gut 300 000 Einwohner Neapels dahin. Die Stadt brauchte fast 200 Jahre, um die alte Bevölkerungszahl wieder zu erreichen.

Als Teil des wohlhabenden spanischen Reichs florierte Neapel. Um 1600 war es mit 300 000 Einwohnern die größte Stadt Europas. Der Boom brachte eine Stadterweiterung mit sich: Der Vizekönig Don Pedro de Toledo verlegte die Stadtmauern nach Westen und ließ die Quartieri Spagnoli (spanischen Viertel) bauen. Hunderte neuer Kirchen und Klöster entstanden und gaben somit Künstlern wie Caravaggio, Jusepe de Ribera und Luca Giordano die Möglichkeit, ihr Können zu zeigen. Der produktivste neapolitanische Architekt der Zeit war Cosimo Fanzago (1591–1678), dessen Arbeit an der Certosa di San Martino (S. 67) ein Höhepunkt des neapolitanischen Barock ist.

Weniger willkommen waren die ständig steigenden Steuern, die sich aus der Wirtschaftskrise Anfang des 17. Jhs. ergaben. Als die Spanier im Januar 1647 eine Steuer auf frisches Obst erhoben, lief das Fass über. Am 7. Juli kam es auf der Piazza del Mercato zu gewalttätigen Ausschreitungen. Neun Tage später wurde der Anführer der Rebellion – der Fischer Tommaso Aniello (alias Masaniello) aus Amalfi – in der Chiesa di Santa Maria del Carmine (S. 56) ermordet. Die Täter kamen aus demselben Lager: Sie wollten sich nicht wie ihr Anführer mit billigerem Obst zufriedengegeben, sondern die Spanier vertreiben. Es heißt, Masaniello sei in einem anonymen Grab in der Kirche bestattet.

Die Franzosen versuchten die Lage ausnutzen und beauftragten den Herzog von Guise, die Stadt einzunehmen. Der Herzog scheiterte und wurde am 6. April 1648 vom neuen spanischen Vizekönig, dem Grafen von Oñate, gefangengenommen. Bald herrschte wieder Ordnung, die Rebellenführer wurden hingerichtet und das Leben in Neapel kehrte zu einer Art Normalität zurück.

Sand ins Getriebe streute die Pestepidemie von 1656, die über die Hälfte der Bevölkerung Neapels auslöschte und nahezu die ganze Wirtschaft lahmlegte. Der Horror, der in den Straßen der Stadt herrschte, ist in den Gemälden in Raum 37 in der Certosa di San Martino dargestellt.

1656

Eine verheerende Pestepidemie bricht in Neapel aus. Binnen sechs Monate ist über die Hälfte der Stadtbevölkerung tot und in Massengräbern bestattet.

1707

Österreichische Vizekönige beginnen ihre 27-jährige Herrschaft über Neapel. Steuerwesen und Universität werden reformiert, Küstenstraßen zwischen Stadt und Vesuv gebaut.

1734

Von seiner Mutter angetrieben übernimmt Karl, Sohn des spanischen Königs Philipps V., die Macht von den Österreichern und wird erster Bourbonenkönig Neapels.

1737

Das ursprüngliche Teatro San Carlo wird in nur acht Monaten gebaut. Nach einem verheerenden Feuer 1816 wird es nach Plänen von Giovanni Medrano wieder aufgebaut.

Bourbonischer Glanz & Habsburger List

Mit dem Tod des kinderlosen Karl V. von Neapel (Karl II. von Spanien) im Jahr 1700 waren Spaniens europäische Besitzungen herrenlos. Philipp, der Enkel des Schwagers von Karl V., übernahm als Philipp V. den spanischen (und als Philipp IV. den neapolitanischen) Thron, er war der erste spanische Herrscher aus dem Hause Bourbon. 1707 schnappten sich österreichische Truppen Neapel. Philipps Sohn Karl (aus zweiter Ehe) stand aber auch schon in den Startlöchern und folgte dem Rat seiner ehrgeizigen Mutter Elisabetta Farnese, die Stadt einzunehmen.

Mit seiner Besteigung des neapolitanischen Throns 1734 bis zur Gründung des italienischen Nationalstaats 1860 entwickelte sich Neapel zur europäischen Vorzeigemetropole. Der Palazzo Reale di Capodimonte (S. 46) wurde gebaut, der Palazzo Reale (S. 59) im Zentrum erweitert und das Teatro San Carlo (S. 61) entstand als prächtigstes Opernhaus Europas.

1759 ging Karl nach Spanien, um seinem Vater als Karl III. auf den Thron zu folgen. Da das europäische Gesetz verbat, gleichzeitig drei Kronen innezuhaben (in diesem Fall Neapel, Sizilien und Spanien), wurde Neapel Karls achtjährigem Sohn Ferdinand (IV.) übertragen. Die tatsächliche Macht besaß Premierminister Bernardo Tanucci.

1768 traf die Österreicherin Maria Karolina in der Stadt ein, um Ferdinand zu heiraten. Maria war eines der 16 Kinder der Habsburger Monarchin Maria Theresia. Sie war schön, klug und rücksichtslos – eine gleichwertige Gegnerin für Tanucci und eine unpassende Gefährtin für den bekanntermaßen beschränkten, Dialekt sprechenden Ferdinand.

Entsprechend ihrem Ehevertrag trat Maria Karolina nach der Geburt ihres ersten Sohns 1777 dem Thronrat bei. Auf diese Stellung hatte sie gewartet, um Tanucci auszubooten. Ihm folgte der in Frankreich geborene englische Aristokrat John Acton nach. Acton hatte mit seiner Antibourbonen-Politik und seinem Wunsch, engere Bindungen mit Österreich und Großbritannien zu knüpfen, Maria für sich eingenommen. Und dann brach in Frankreich die Revolution aus …

> Goethe schrieb in seiner *Italienischen Reise* über Neapel: „Aber weder zu erzählen noch zu beschreiben ist die Herrlichkeit einer Vollmondnacht, wie wir sie genossen, durch die Straßen über die Plätze wandelnd, auf der Chiaja, dem unermesslichen Spaziergang, sodann am Meeresufer hin und wider. Es übernimmt einen wirklich das Gefühl von Unendlichkeit des Raums."

Die Parthenopäische Republik

Der neapolitanische Hof missbilligte die Ideen der Französischen Revolution von 1789. Aber erst nach der Enthauptung von Maria Karolinas Schwester Marie Antoinette, Königin von Frankreich, trat Neapel der antifranzösischen Koalition bei.

1798 traten Truppen aus Neapel und dem revolutionären Frankreich im französisch besetzten Rom aufeinander. Die Neapolitaner eroberten die Stadt, flohen aber nach elf Tagen mit den Franzosen auf den Fersen

1768

Maria Karolina, Tochter der Habsburgerin Maria Theresia, heiratet Ferdinand IV. Neun Jahre später tritt sie dem Kronrat bei und vertreibt den Premierminister Bernardo Tanucci.

1799

Am 23. Januar wird die Parthenopäische Republik ausgerufen. Sie scheitert bald, die Monarchie wird wieder eingeführt und über 200 Republikaner werden hingerichtet.

1806

Joseph Bonaparte besetzt die Stadt und erklärt sich selbst zum König von Neapel. Zwei Jahre später wird Bonaparte zum König von Spanien gekrönt.

1848

Ferdinand II., König beider Sizilien, führt unter dem Druck der europaweiten Revolutionen wieder eine Verfassung ein. Im März 1849 löst er das Parlament erneut auf.

zurück nach Süden. Ferdinand IV. und Maria Karolina flohen ihrerseits in Panik nach Palermo und überließen Neapel seinem Schicksal.

Die Franzosen wurden von den meisten Bewohnern erbittert bekämpft. Der neapolitanische Adel und das Bürgertum begrüßten wiederum zum großen Teil die modernen republikanischen Ideen. Und so wurde mithilfe der Franzosen am 23. Januar 1799 die Parthenopäische Republik ausgerufen. Sie scheiterte. Die Führer waren mehr ideologisch als praktisch orientiert und steckten bald in finanziellen Schwierigkeiten. Ihr Versuch, die Stadt zu demokratisieren, misslang und die Armee war ein einziger chaotischer Haufen.

Die königlichen Flüchtlinge in Palermo waren derweil nicht untätig. Ferdinand und Maria Karolina entsandten Kardinal Fabrizio Ruffo nach Kalabrien, um einen Aufstand zu organisieren. Am 13. Juni marschierte dieser in Neapel ein und seine Männer verwandelten die Stadt in ein Schlachtfeld. Ferdinand und Maria Karolina kehrten am 8. Juli aus Sizilien zurück und ließen republikanische Sympathisanten systematisch niedermetzeln. Über 200 von ihnen wurden hingerichtet, darunter auch die Dichterin und Revolutionärin Eleonora de Fonseca Pimentel, die mit ihrer republikanischen Zeitung *Il Monitore Napoletano* den politischen Journalismus in Italien begründet hatte. Die portugiesisch-italienische Adelige ging als Heldin der Revolution in die Geschichte ein.

Zwischen 1876 und 1913 zogen 11,1 Mio. Italiener auf der Suche nach einem besseren Leben in die Neue Welt. Mindestens 4 Mio. von ihnen kamen aus Neapel und Umgebung. 1927 waren 20 % der italienischen Bevölkerung ausgewandert.

Niedergang der Bourbonen & Nationalstaat

Trotz des Scheiterns der Parthenopäischen Republik marschierten französische Truppen 1806 erneut in Neapel ein. Die königliche Familie floh nochmals nach Sizilien und 1808 wurde Napoleons Schwager Joachim Murat König von Neapel. Obwohl er den Feudalismus abschaffte und die lokale Wirtschaft ankurbelte, konnte Murat es den Neapolitanern nicht recht machen.

Nach seiner Vertreibung 1815 kehrte Ferdinand IV. zurück, um seinen Thron wieder einzunehmen. Doch die Französische Revolution hatte bereits ihre Wirkung entfaltet und an eine schlichte Rückkehr zum Absolutismus war nicht zu denken. Die Carbonari – ein politischer Geheimbund, der den Absolutismus ablehnte – zwangen Ferdinand 1820, der Stadt eine Verfassung zu geben. Ein Jahr später wurde diese schon wieder aufgehoben, weil Ferdinand österreichische Truppen zu Hilfe rief.

Unter dem Druck von Rebellionen und Revolutionen in ganz Europa setzte ein weiterer König Ferdinand (Enkel des vorigen Ferdinands) die Verfassung 1848 wieder in Kraft, löste aber dann das Parlament auf. Er war ebenso blind gegenüber dem Wandel der Zeiten wie sein Sohn Franz, der ihm 1859 nachfolgte.

1860

Der Freiheitskämpfer Garibaldi wird als Held in der Stadt begrüßt, Neapel stimmt überwältigend für den Beitritt zu einem vereinigten Italien unter Führung des Hauses Savoyen.

1884

Eine Cholera-Epidemie führt zur Schließung der antiken Aquädukte Neapels und zum Beginn eines umfassenden Stadtsanierungsprojekts.

1889

Raffaele Esposito erfindet die Pizza Margherita zu Ehren von Königin Margherita, die das neapolitanische Gericht bei einem Besuch der Stadt erstmals kostet.

1943

Alliierte Bombenangriffe zerstören die Stadt und die Basilica di Santa Chiara aus dem 14. Jh. Ein Jahr später bricht der Vesuv aus.

Populär beim Volk war der Nationalist Giuseppe Garibaldi, der für ein vereintes Italien kämpfte. Angespornt vom Sieg der piemontesischen Rebellen gegen die österreichische Armee setzte Garibaldi im Mai 1860 mit einer Freiwilligenarmee von 1000 Rothemden nach Sizilien über. Franz' 25 000 Mann starke neapolitanische Armee erwartete sie zwar in Sizilien, aber die Unterdrückung des Liberalismus durch die Bourbonen nagte allmählich an der Loyalität. Garibaldi, dessen Armee mittlerweile auf 5000 Mann angewachsen war, besiegte die halbherzigen gegnerischen Truppen und erklärte sich selbst im Namen von König Vittorio Emanuele II. zum Diktator.

Als zu späte und zu dürftige Reaktion bewilligte Franz im Juni 1860 eine Verfassung, doch Garibaldi befand sich bereits auf italienischem Festland und zog Richtung Neapel. In alter Tradition floh Franz aus der Stadt und suchte hinter dem Fluss Volturno nördlich von Neapel mit 4000 Getreuen Zuflucht. Am 7. September marschierte Garibaldi ohne Widerstand in Neapel ein und wurde als Held gefeiert.

Nach ein paar letzten Angriffen auf die Rebellen wurden die bourbonischen Loyalisten in der Schlacht am Volturno niedergeschlagen. Am 21. Oktober stimmte die Stadt mit überwältigender Mehrheit für den Beitritt zu einem vereinigten Italien unter der Krone des Hauses Savoyen.

Als alte Königsstadt war Neapel Anwärter auf den Titel der Hauptstadt von Italien. Aber als Rom 1870 von den Franzosen befreit war, zog das neu gebildete italienische Parlament von seinem provisorischen Sitz in Florenz in die Ewige Stadt. Vom Status der prachtvollen Hauptstadt eines bourbonischen Königreichs wurde Neapel in den eines zweitrangigen regionalen Zentrums versetzt – davon hat sich Neapel niemals erholt.

Krieg & Frieden

Nach der Einigung Italiens ging es mit Neapel bergab, es folgten Massenauswanderung und 1884 eine Cholera-Epidemie. Letztere führte immerhin dazu, dass die gesamte Stadt saniert wurde. Die Elendsviertel nahe dem Hafen wurden abgerissen, der Corso Umberto I wurde durch das Stadtzentrum gezogen und ein neues Wohnviertel entstand auf dem Vomero.

Die Faschisten setzten den Bauboom fort. 1936 bauten sie einen Flughafen, Zug- und Metrostrecken folgten und auch die Standseilbahn nach Vomero wurde eröffnet. Kaum waren viele dieser Projekte vollendet, schlug der Zweite Weltkrieg mit voller Kraft zu. Heftigste Bombardierungen der Alliierten töteten über 20 000 Menschen und verwüsteten große Teile der strategisch wichtigen Hafenstadt.

Den schwersten Luftangriff des Zweiten Weltkriegs erlebte Neapel am 4. August 1943, als 400 US-Flieger rund 90 Minuten lang Bomben auf die Stadt warfen. Der Angriff zerstörte die symbolträchtige Basilica di Santa Chiara, die später im gotischen Stil wieder aufgebaut wurde.

1980

Am 23. November um 19.34 Uhr erschüttert ein Erdbeben Kampanien und richtet umfassende Schäden an. Über 2700 Menschen kommen ums Leben.

1982

Durch das Phänomen des Bradyseismos (langsames Erdbeben) hebt sich der Meeresboden bei Pozzuoli zwischen 1982 und 1984 um 1,85 m, der Hafen wird zu seicht für größere Schiffe.

1987

Der Fußballverein Napoli gewinnt mithilfe von Maradona die Meisterschaft der Serie A *(lo scudetto)* und die Coppa Italia. Masseneuphorie ergreift die Stadt.

1992

Die Antikorruptionskampagne „Mani pulite" (saubere Hände) wird gestartet. Im folgenden Jahr wird Antonio Bassolino Bürgermeister und beginnt das große Reinemachen.

Die deutschen Truppen nahmen Neapel 1943 ein, aber Volksaufstände zwischen dem 26. und 30. September, die berühmten Quattro Giornate di Napoli (Vier Tage von Neapel), trieben sie wieder aus der Stadt. Straßenkämpfe unter der Führung von Einwohnern, besonders von jungen *scugnizzi* („Gassenjungen") und ehemaligen Soldaten, ebneten den Weg für den Einmarsch der Alliierten am 1. Oktober.

Die Alliierten setzten eine provisorische Regierung für Neapel ein. In der Stadt waren ein anarchischer Soldatenhaufen, deutsche Kriegsgefangene und italienische Faschistengruppen miteinander konfrontiert, sie alle rangen mit der hungernden Bevölkerung um Essen. Zu allem Übel brach 1944 auch noch der Vesuv aus.

Die überforderten alliierten Behörden baten die Unterwelt um Unterstützung. Und die Mafia war zur Hilfe bereit, solange die Alliierten über die Schwarzmarktaktivitäten hinwegsahen. Es begann der Aufstieg der neapolitanischen Mafia (Camorra).

Erdbeben & politische Schockwellen

Am 23. November 1980 erschütterte ein Erdbeben der Stärke 6,9 auf der Richter-Skala, ausgehend von der gebirgigen Region Irpinia östlich von Neapel, weite Teile Kampaniens und der benachbarten Basilikata. Die Erdstöße erreichten auch Neapel. Es kamen über 2700 Menschen ums Leben, Tausende wurden obdachlos. Die größten Zerstörungen gab es in der Provinz Avellino. Die Camorra nutzte die Katastrophe für ihre Zwecke und zweigte Milliarden Lire ab, die eigentlich für den Aufbau der verwüsteten Region bestimmt waren.

Eine breit gefächerte allgemeine Website zur italienischen Geschichte ist www.arcaini.com. In Kurzfassung wird von der Vorgeschichte bis zur Nachkriegszeit die Geschichte Italiens abgehandelt, einschließlich einer kurzen Chronologie.

Im folgenden Jahrzehnt blühten illegale Bautätigkeiten, der sogenannte *abusivismo*, Mafiosi feierten mit dem argentinischen Fußballidol Diego Maradona und die öffentliche Verwaltung war praktisch gelähmt. Das betraf nicht nur Neapel – Korruption und Vetternwirtschaft grassierten in ganz Italien.

So konnte es nicht weitergehen. 1992 begann die Antikorruptionskampagne Mani pulite („saubere Hände"). Was als Ermittlung gegen Bestechung in einem Altersheim in Mailand begann, weitete sich schnell zu einem landesweiten Kriegszug gegen Korruption aus. Es wurde juristisch gegen Industriebosse und Politiker vorgegangen, einige wurden verhaftet. Der ehemalige Premierminister Bettino Craxi floh aus Italien, um der Strafverfolgung zu entgehen.

Die Einwohner Neapels befürworteten die Kampagne und bezeugten dies durch die Wahl des ehemaligen Kommunisten Antonio Bassolino zum Bürgermeister. Er versprach, die Stadtentwicklung anzukurbeln und die Korruption zu bekämpfen. In den folgenden sieben Jahren wurden massive Stadterneuerungsmaßnahmen in Neapel durchgeführt, dazu zählte auch die Gestaltung neuer Metrostationen durch weltberühmte Künstler.

2004–2005

Spannungen zwischen rivalisierenden Camorra-Clans explodieren auf den Straßen der Vororte Scampia und Secondigliano. In vier Monaten werden fast 50 Menschen erschossen.

2013

Neapel veranstaltet das 4. Internationale Forum der Kulturen. Für die 101 Tage dauernde Veranstaltung wird das Industriegebiet Coroglio zwischen Neapel und Pozzuoli saniert.

2015

Nach Verzögerungen wird in Neapel die Metrostation Municipio eröffnet, mit antiken Funden und einer Videoprojektion der israelischen Künstlerin Michal Rovner.

2018

Im Februar beschert ein Kälteeinbruch Neapel die stärksten Schneefälle seit einem halben Jahrhundert. Der Schneesturm legt den Flughafen Neapel-Capodichino lahm.

Bassolino trat 1997 eine zweite Amtszeit an, er konnte aber den eindrucksvollen Schwung nicht beibehalten. Mit der Wahl zum Präsidenten der Region Kampanien im Jahr 2000 war er kaum noch in die Tagespolitik der Stadt involviert. Seine Nachfolge trat Rosa Russo Iervolino an, ehemalige Innenministerin und erste Frau Neapels im Bürgermeisteramt. Sie wurde 2001 über die Mittelinks-Liste gewählt und ein zweites Mal im Mai 2006. Ihre Amtszeit war nicht ohne Kontroversen. Im April 2002 brach politisches Chaos aus, als acht Polizisten der Folter von Antiglobalisierungsdemonstranten angeklagt wurden. In den Jahren 2003, 2006 und 2008 versanken zahlreiche Straßen und Plätze unter stinkenden Müllbergen, weil die Müllabfuhr nicht mehr kam und die Mafia ihre Hände im Spiel hatte. Die Müllkrise von 2008 veranlasste die EU, gegen Italien wegen mangelnder Bewältigung des Problems rechtliche Schritte einzuleiten.

De Magistris & die Stararchitekten

2011 gewann der derzeitige Bürgermeister der Stadt, Luigi de Magistris, die Wahlen. Für viele Neapolitaner ist der junge ehemalige Staatsanwalt ein Hoffnungsschimmer in einer Stadt, die zutiefst angeschlagen ist.

De Magistris Vision ist eine saubere, grünere Stadt. Dafür wurde im September 2011 eine Zone mit eingeschränktem Verkehr (ZTL) im *centro storico* von Neapel eingerichtet. Ziel ist es, die Kohlendioxidemissionen zu senken, den Verkehrsfluss zu verbessern und die Busspuren von unbefugter Nutzung zu entlasten. Ein Abschnitt des Lungomare (Uferstraße von Neapel) wurde rechtzeitig zur Ausrichtung der World Series des America's Cup im Frühjahr 2012 in eine Fußgängerzone umgewandelt. Inzwischen ist diese Uferpromenade bei Einheimischen und Touristen gleichermaßen beliebt. Natürlich hat de Magistris auch Kritiker, aber seine progressive Politik und der Kampf gegen die Korruption kommt bei vielen Neapolitanern gut an. Bei der Bürgermeisterwahl 2016 wurde der parteiunabhängige Politiker mit 66,8 % der abgegebenen Stimmen wiedergewählt.

Ein Zeichen der Hoffnung und wachsenden Bürgerstolzes sind die eindrucksvollen Architekturprojekte, die seit 2010 in der Stadt und im Großraum Neapel realisiert werden. 2012 etwa wurde die Metrostation Toledo eingeweiht. Die von dem spanischen Architekten Oscar Tusquets Blanca gestaltete Haltestelle der Linie 1 erhielt 2013 die Auszeichnung „Öffentliches Bauwerk des Jahres" des Leading European Architects Forum (LEAF). Sie gehört zu mehreren Metrostationen, die nach Entwürfen führender italienischer und internationaler Architekten und Künstler gestaltet wurden. Zuletzt wurde 2017 in der benachbarten Stadt Afragola ein vielbeachteter neuer Bahnhof der irakisch-britischen Stararchitektin Zaha Hadid eingeweiht.

Paul Ginsborg: *Italien retten* ist 2011 auch auf Deutsch erschienen. Ein erstaunlich aktuelles Buch über Resignation, den Zustand der Demokratie und die heutige Gesellschaft Italiens.

Kunst & Kultur

Neapel und die Amalfiküste sind mit ihrer dramatischen, überraschenden und widersprüchlichen Seele seit jeher ein fruchtbarer Boden für kreative Köpfe. Caravaggio, Ribera, Scarlatti, Totò, De Sica: Die Liste der eigenen und adoptierten Talente der Region umfasst einige der weltbesten Maler, Komponisten, Dramatiker und Filmemacher. Auch die international bekanntesten Kulturikonen Italiens stammen aus Kampanien, darunter Pulcinella, eine Figur der Commedia dell'arte, der Ohrwurm *Funiculì, Funiculà* und die Leinwandgöttin Sophia Loren. Willkommen in der Kulturhochburg Süditaliens!

Meister des Pinsels

In Neapel entstanden zwar über die Jahrhunderte immer wieder großartige Gemälde, aber keines kommt den Werken aus der goldenen Zeit des 17. und 18. Jhs. gleich. Die boomende Stadt war mit all ihrem Reichtum und ihrer Macht das New York jener Zeit, ein Magnet für talentierte, ehrgeizige Künstler mit dem Drang, den prächtigen neuen Kirchen und Palästen Neapels ihren Stempel aufzudrücken.

Ein Muss für Kulturfreaks

- *Teatro San Carlo, Neapel*
- *Ravello Festival*
- *Napoli Teatro Festival Italia*
- *Centro di Musica Antica Pietà de' Turchini, Neapel*
- *La Mortella, Ischia*

Den größten Einfluss auf die neapolitanische Kunst des 17. Jhs. übte der in Mailand geborene Michelangelo Merisi da Caravaggio (1573–1610) aus, der 1606 in die Stadt floh, nachdem er in Rom einen Mann getötet hatte. Er blieb zwar nur für ein Jahr, aber sein naturalistischer Stil und seine dramatische Darstellung von Licht und Schatten (als *chiaroscuro* bezeichnet) in Gemälden wie *Die sieben Gnadenakte* (in der Pio Monte della Misericordia; S. 53) und die *Geißelung Christi* (im Palazzo Reale di Capodimonte; S. 46) hatten einen elektrisierenden Einfluss auf jüngere Künstler in Neapel.

Zu ihnen zählte Jusepe (ital. Giuseppe) de Ribera (1591–1652), ein aggressiver, tyrannischer Spanier, der 1616 nach einem siebenjährigen Aufenthalt in Rom in Neapel eintraf. Riberas Kombination aus Schatten, Farbe und düsterem Naturalismus erwies sich als höchst populär und zeigt sich am besten in seinem *capo lavoro* (Meisterwerk), der *Pietà* in der Certosa di San Martino (S. 67).

Der Neapolitaner Luca Giordano (1632–1705), ein Schüler Riberas, ließ sich auch stark von den leuchtenden Pinselstrichen Mattia Pretis (1613–1699) beeinflussen, außerdem vom Pomp des venezianischen Künstlers Paolo Veronese und dem Überschwang des in Rom lebenden Künstlers und Architekten Pietro da Cortona. In der zweiten Hälfte des 17. Jhs. war Giordano schließlich der produktivste Barockkünstler Neapels. Zu seinen vielen Werken gehören die Wandfresken im Hauptschiff des Doms (S. 48) und ein Deckengemälde in der angrenzenden Basilica di Santa Restituta. In der Chiesa del Gesù Nuovo (S. 48) befinden sich mehrere Werke Giordanos, darunter die Gewölbe- und Wandfresken in der Cappella della Visitazione und Gemälde in der Cappella di San Francesco Saverio. Alle Werke in den Schatten stellt der *Triumph der Judith,* ein Deckenfresko in der Schatzkammer der Certosa di San Martino.

RIBERA: DER RÜCKSICHTSLOSE SPANIER

Jusepe de Ribera war zwar führend in der neapolitanischen Kunstszene Mitte des 17. Jhs., aber der Erfolg konnte seine dunkle Seite nicht mildern. Lo Spagnoletto (der kleine Spanier, wie Ribera genannt wurde) verbündete sich mit dem griechischen Künstler Belisario Corenzio und dem neapolitanischen Maler Giambattista Caracciolo, um jede mögliche Konkurrenz auszuschalten. Sie gingen extrem rücksichtslos vor und schreckten vor nichts zurück, um sich durchzusetzen. Ribera soll angeblich einen Auftrag für die Cappella di San Gennaro im Dom ergattert haben, indem er seinen Konkurrenten Domenichino (1581–1641) vergiftete und den Assistenten des zweiten Mitbewerbers Guido Reni (1575–1642) verwundete.

Giordanos Zeitgenosse Francesco Solimena (1657–1747) war ebenso von Ribera beeinflusst, allerdings zeigt sein Gebrauch von Schatten und Räumlichkeit eine deutlichere Verbindung zu Caravaggio. Solimena sollte gleichfalls zu einem Meister des neapolitanischen Barock werden und seine überbordenden Werke – darunter das grandiose Fresko *Vertreibung des Heliodorus aus dem Tempel* in der Chiesa del Gesù Nuovo – repräsentieren einen Höhepunkt nach über einem halben Jahrhundert des Experimentierens von Preti bis Giordano.

Neapolitanische Partitur

Im 18. Jh. war Neapel die Opernhauptstadt der Welt, zu der die großen Stars der Szene strömten, um im Teatro San Carlo (S. 61) aufzutreten. In Neapel ausgebildete Meister wie Francesco Durante (1684–1755), Leonardo Vinci (1690–1730) und Tommaso Traetta (1727–1779) begeisterten Musikschulen in ganz Europa. Neapels größter Komponist, Alessandro Scarlatti (1660–1725), lernte in der angesehenen Musikschule der Chiesa della Pietà dei Turchini (S. 91) in der Via Medina, die auch das bekannte Ensemble Pietà de' Turchini hervorbrachte.

Scarlatti, der etwa 100 Opern komponierte, spielte auch eine führende Rolle in der Entwicklung der *opera seria* (dramatische Oper), die der Welt die dreiteilige Ouvertüre und die Da-Capo-Arie bescherte.

Parallel zur anspruchsvollen *opera seria* gibt es die *opera buffa* (komische Oper). Von der neapolitanischen Commedia dell'arte inspiriert, entstand sie zunächst als heiteres Intermezzo zwischen den Akten ernsthafterer klassischer Opern. Erstmals 1718 mit Scarlattis *Il trionfe dell'onore* (Der Triumph der Ehre) aufgeführt, entwickelten sich die zeitgenössischen Zwischenspiele zu einem größeren beliebten Genre. Zu den Erfolgen aus Neapel gehörten Giovanni Battista Pergolesis *La serva padrona* (Die Magd als Herrin) und Domenico Cimarosas *Il matrimonio segreto* (Die heimliche Ehe).

Im folgenden Jahrhundert entstand *la canzone napoletana* (das neapolitanische Lied), das fest im jährlichen Volksliedfestival Festa di Piedigrotta verwurzelt ist. Einige Lieder feierten die Stadt, darunter das weltberühmte *Funiculì, Funiculà,* eine Ode an die Standseilbahn, die einst den Vesuv hochfuhr. Andere beklagten das Heimweh nach der geliebten Stadt. Insgesamt entsprachen die Lieder zutiefst dem Empfinden der Neapolitaner, besonders der Millionen, die auf der Suche nach einem besseren Leben ausgewandert waren.

Mit Ankunft der amerikanischen Alliierten 1943 entfachte sich eine neue musikalische Vorliebe: Jazz und Rhythm & Blues. Der Musikjournalist Francesco Calazzo schrieb: „Als Hafenstadt hat Neapel schon immer ausländische Einflüsse aufgesogen. Das musikalische Ergebnis ist eine Fusion von Stilen, von arabischen Klageliedern und spanischer Folklore bis zu afrikanischen Trommeln und amerikanischem Blues."

Die kulturelle Verbundenheit der Neapolitaner in der Fremde machte neapolitanische Melodien zur weltweit bekanntesten Form italienischer Musik. Als die Notenblätter für die italienische Nationalhymne bei den Olympischen Spielen 1920 in Antwerpen verloren gingen, stimmte das Orchester stattdessen *O Sole Mio* an. Es war die einzige italienische Melodie, die alle kannten.

Diese Fusion erreichte Ende der 1970er-Jahre einen Höhepunkt: Pioniere einer neuen Welle wie Eugenio Bennatto, Enzo Avitabile und Pino Daniele belebten die neapolitanische Volksmusik neu und kreuzten sie mit Rock, Folk und afrikanischen Rhythmen. Die bittersüßen Lieder über seine geliebte Heimatstadt sang Daniele meist auf Neapolitanisch – etwa *Napule è* (Neapel ist). Der tödliche Herzinfarkt des Liedermachers im Januar 2015 löste weithin Trauer und Solidarität aus; selbst in der Metro stimmten die Fahrgäste gemeinsam ein Lied an. Danieles Musik lebt fort, als bleibender Teil des reichen musikalischen Erbes Neapels. Dieses steht auch im Mittelpunkt von John Turturros Dokumentarfilm *Passione* (2010), einem „filmischen Liebesbrief" an die Stadt und ihre Musik.

Eine führende Persönlichkeit des zeitgenössischen Theaters in Neapel ist Enzo Moscato (geb. 1948). Er verbindet dynamische Körperarbeit mit dem gekonnten Einsatz von Dialekt und Musik. Zu seinen Produktionen gehören das mehrfach preisgekrönte Stück *Rasoi* (Rasiermesser) von 1991 und *Raccogliere e bruciare* (Sammeln und verbrennen) von 2017, eine neapolitanische Adaption der Gedichte aus Edgar Lee Masters' *Spoon River Anthology* (Die Toten von Spoon River).

Theatralisches Erbe

Neapels Theatertradition gilt als eine der ältesten Italiens. Der berühmteste Beitrag für die Bühnen der Welt ist die Commedia dell'arte, die im 16. Jh. entstand und ihre Wurzeln im derben Komödientheater *Fabula Atellana* (Atellanentheater) der römischen Antike hat. Das höchst lebhafte Genre besteht wie sein antikes Vorbild aus Standardfiguren in Masken, die halbimprovisierte Situationen durchspielen. Die Aufführungen wurden oft dazu genutzt, um lokale Gegebenheiten zu parodieren, und basierten auf der altbewährten Rezeptur aus Ehebruch, Eifersucht, Alter und Liebe.

Die Commedia dell'arte schuf nicht nur etliche legendäre Figuren, wie den Harlekin und den Pulcinella, sondern war auch fruchtbarer Boden für die Entstehung des Volkstheaters in Neapel, in dessen Tradition der große Dramatiker Raffaele Viviani (1888–1950) verwurzelt war. Vivianis Fokus auf den regionalen Dialekt und die neapolitanische Arbeiterschicht brachte ihm lokalen Erfolg – und die Feindschaft des Mussolini-Regimes ein.

Die bedeutendste Gestalt im modernen neapolitanischen Theater bleibt Eduardo De Filippo (1900–1984). Der Sohn des berühmten neapolitanischen Schauspielers Eduardo Scarpetta (1853–1925) hatte sein Bühnendebüt im Alter von vier Jahren und wurde im Lauf der nächsten 80 Jahre ein unglaublich erfolgreicher Schauspieler, Impresario und Dramatiker. Zu seinem oft bittersüßen Werk gehören Klassiker wie *Il sindaco del Rione Sanità* (Der Bürgermeister von Sanità) und *Sabato, domenica e lunedì* (Samstag, Sonntag und Montag). Sie beschreiben die Mühen, die vielen Neapolitanern wohlbekannt sind: die Ungerechtig-

EINE PUPPE MIT KLATSCHE

Namen hat sie viele, ob Mr. Punch in Großbritannien, Petruschka in Russland oder Kasperle in Deutschland. In ihrer Heimatstadt Neapel heißt sie jedoch einfach Pulcinella: die bekannteste Figur der Commedia dell'arte.

Der Possenreißer mit quietschender Stimme, weißer Kleidung und schwarzer Hakennasenmaske ist gleichermaßen ausgelassen und faul, optimistisch und zynisch, melancholisch und scharfsinnig. Als Straßenphilosoph ist er antiautoritär und haut oft den Dorfpolizisten mit dem Stock (daher der Begriff „Slapstick", Narrenpritsche). Daheim jedoch ist er selbst das Opfer und wird von seiner Frau verdroschen.

Einige führen seinen Ursprung auf einen Schauspieler des 16. Jhs. in Capua zurück, andere glauben, dass er bereits seit der Antike herumkaspert ... oder sogar noch länger. Tatsächlich taucht seine charakteristische Hakennasenmaske bereits auf etruskischen Grabfresken in Tarquinia nördlich von Rom auf. Die Maske gehört zu Phersu, einem bösartigen etruskischen Dämon, der als Diener der Höllenkönigin bekannt war.

keit, der Zwang außerhalb des Gesetzes zu leben, den Kampf, im Elend noch die Würde zu bewahren.

Die *furbizia* (Gerissenheit), für die die Neapolitaner berühmt sind, wird in De Filippos Stück *Filumena Marturano* gerühmt: Eine schlaue ehemalige Prostituierte zwingt ihren Lebensgefährten zur Heirat, indem sie ihn zum Vater eines ihrer drei *bambini* erklärt. Die Hauptrolle in der Filmadaption *Hochzeit auf Italienisch* (1964) spielt Neapels ureigene Sophia Loren (geb. 1934) neben Marcello Mastroianni (1924–1996).

Roberto De Simone (geb. 1933) ist ein weiterer großartiger neapolitanischer Dramatiker, zudem ein angesehener Komponist und Musikwissenschaftler. Er ist zwar im Ausland weniger bekannt als De Filippo, aber sein Bühnenmeisterwerk *La gatta cenerentola* (Die Aschenkatze) lief 1999 erfolgreich in London und wurde 2017 sogar als Animationsfilm adaptiert.

Die Filmindustrie

Viele Orte in Kampanien wurden legendäre Filmschauplätze: „La Loren" schwang ihre Hüften in *Gestern, heute und morgen* (1963) durch Neapels Stadtteil Sanità, Julia Roberts ging in *Eat Pray Love* (2010) in der Altstadt in sich, Jude Law, Gwyneth Paltrow und Matt Damon sonnten sich auf Ischia und Procida in *Der talentierte Mr. Ripley* (1999).

Viele von Neapels eigenen Filmproduktionen halten der rauen Wirklichkeit der Stadt den Spiegel vor. Vittorio De Sica (1901–1974), der für sein neorealistisches Meisterwerk *Fahrraddiebe* von 1948 gefeiert wurde, stellte die bittersüßen Mühen mit neapolitanischem Humor meisterhaft dar. Seine beiden Klassiker *L'oro di Napoli* (Das Gold von Neapel; 1954) und *Gestern, heute und morgen* begeisterten Zuschauer in der ganzen Welt.

Der andere Leinwandgott der Stadt, der mit „der Loren" in *L'oro di Napoli* und in der Slapstickposse *Miseria e nobiltà* (Armut und Adel; 1954) auftrat, ist Antonio De Curtis (1898–1967), alias Totò. Der „Buster Keaton von Neapel" stellte neapolitanische Gerissenheit wie kein anderer dar. Er brillierte in über 100 Filmen, meist in seiner typischen Rolle als Gauner, der sich gewitzt durchs Leben schlägt.

Massimo Troisi (1953–1994), der Totò beerbte, ist international vor allem bekannt für seine Rolle in *Il postino* (Der Postmann). In seinem Debütfilm von 1980, *Ricomincio da tre* (Ich beginne bei Drei), ging er auf humorvolle Weise die Probleme der Neapolitaner an, die auf Arbeitssuche in den italienischen Norden gehen. Troisis Kurzauftritt in *No grazie, il caffè mi rende nervoso* (Nein danke, Kaffee macht mich nervös; 1982) – ohne Frage einer seiner lustigsten – zeigt einen schwafelnden Troisi im Schlafanzug, der vergeblich versucht, den unsichtbaren, heliumtrunkenen Psychopathen Funiculì, Funiculà davon zu überzeugen, dass er die traditionellen Kulturevents der Stadt liebt und sie nicht sabotiert.

Eine neuere Welle neapolitanischer Regisseure und Regisseurinnen, darunter Antonio Capuano (geb. 1940), Pappi Corsicato (geb. 1960) und Antonietta De Lillo (geb. 1960), haben ebenfalls die Stadt ins Scheinwerferlicht gestellt, wie in Capuanos von der Kritik gefeiertem Film *Luna rossa* (Roter Mond) von 2001. Corsicatos schräge Klassiker *Libera* (Frei; 1993) und *I buchi neri* (Die schwarzen Löcher; 1995) beschwören die stets präsente Verbindung zwischen antiker und moderner Welt Neapels. De Lillos *Il resto di niente* (Der Rest von Nichts; 2004) handelt von den seelischen Irrungen der Revolutionärin Eleonora Pimental de Fonesca; er inspirierte auch Robert De Simone zu seinem Oratorium.

Die unter Pseudonym schreibende Elena Ferrante hat sich zur bedeutendsten zeitgenössischen Schriftstellerin Italiens aufgeschwungen. 2012 veröffentlichte sie *Meine geniale Freundin*, den ersten von vier Romanen über die Beziehung zwischen zwei Schulfreundinnen aus Neapel. Von der vierbändigen „Neapolitanischen Saga" wurden weltweit fast sechs Millionen Exemplare verkauft.

Ein jüngeres Werk ist z. B. *E poi c'è Napoli* (Und dann ist da noch Napoli; 2014), ein Dokumentarfilm des Regisseurs Gianluca Migliarotti (geb. 1974) und eine Ode an den klassischen Stil und das Schneiderhandwerk Neapels. Seine Darstellung einer eleganten und kultivierten Metropole ist ein erfrischender Kontrapunkt zum Bild des blutigen Neapel, wie es im mehrfach preisgekrönten Film *Gomorrah* (2008) des römischen Regisseurs Matteo Garrone (geb. 1968) dargestellt wird. Letzterer basiert auf dem Buch des Neapolitaners Roberto Saviano und verknüpft fünf Geschichten von Personen, die von der Camorra, der neapolitanischen Mafia, betroffen sind. Die Regisseure Marco Manetti (geb. 1968) und Antonio Manetti (geb. 1970) liefern mit *Ammore e malavita* (2017) eine amüsantere Darstellung der Mafia ab: Die preisgekrönte Musikkomödie erzählt von einem Camorra-Killer, der in der Frau, die er ins Jenseits befördern soll, seine verlorene Jugendliebe erkennt.

Neapolitanische Lebensart

Nirgendwo in Italien geht es theatralischer zu als in Neapel, dieser Stadt, in der aus alltäglichen Situationen Dramen erwachsen und Verkehrsstaus zu vieltönigen Hupkonzerten führen. Neapolitaner tragen ihr Herz oft auf der Zunge und die Straßen und Plätze sind die Bühne, auf der die Dramen des Alltags aufgeführt werden. In Neapel wird dieses Theater des Lebens bewusst und intensiv ausgelebt.

Sprache & Identität

Neapolitaner sind sich ihrer Identität in besonderem Maße bewusst, dazu gehört auch ihr sehr spezieller Dialekt. Der neapolitanische Dialekt (in der Stadt *napulitano* genannt) wird zwar von der italienischen Regierung nicht als offizielle Minderheitensprache anerkannt, aber von der Unesco als eine der gefährdetsten Sprachen der Welt eingestuft. Sie ist von jahrhundertelanger Fremdherrschaft beeinflusst (es gibt allein schätzungsweise 400 spanische Lehnwörter) und besitzt ein eigenes Vokabular, eine eigene Grammatik, Rechtschreibung und Aussprache. Neapolitanisch war zwischen 1442 und 1458 die offizielle Sprache im Königreich Neapel und ist im Alltag dieser Region noch ebenso lebendig wie in der Literatur und Musik, von Giovanni Boccaccios *Epistola napoletana* (neapolitanische Epistel) aus dem 14. Jh. bis zu den Folk-Rock-Hymnen des verstorbenen Liedermachers Pino Daniele. Gelegentlich ist sogar noch das neapolitanische Bonmot von Sophia Loren aus italienischen Filmklassikern wie *L'oro di Napoli* (Das Gold von Neapel; 1954) und *Hochzeit auf Italienisch* (1964) zu hören: „Ich bin keine Italienerin, ich bin Neapolitanerin! Das ist etwas ganz anderes."

Die berühmte, unerschütterliche Individualität der Neapolitaner hat ihre Wurzeln in der Antike: Als die Römer Neapolis erobert hatten, hielt man dort an der griechischen Sprache und den hellenischen Gebräuchen fest.

Neapolitaner wissen, dass sich viele Klischees, die Ausländer mit Italienern verbinden – laut, theatralisch, essfreudig, leidenschaftlich und stolz –, auf sie beziehen. Und viele genießen es. Jeder steuert seinen Senf bei, hat einen Spruch oder einen tiefen Seufzer parat. Klatsch ist ein beliebter Zeitvertreib und das Neuste über alles und jeden zu erfahren, ist hier ein regelrechter Sport. In Neapel heißt es, wenn jemand auf der Straße zusammenbricht, wird ein Einheimischer erst alle pikanten Details wissen wollen und dann auf die Idee kommen, einen Krankenwagen zu rufen. In einer Stadt mit einer Bevölkerungsdichte von 2653 Menschen pro Quadratkilometer (der höchsten in ganz Italien) ist dieser Hang zur Neugier verständlich.

Und doch sind Neapolitaner weit vielschichtiger als das Klischee („bodenständig und gerissen") vermuten lässt. In dieser Stadt gibt es schließlich Adelspaläste und Kunstsammlungen, ein weltbekanntes Opernhaus und eine der ältesten Universitäten Europas. Neapel schenkte der Welt Pizza und Pulcinella, aber auch den Komponisten Alessandro Scarlatti, den Dramatiker Roberto De Simone und den zeitgenössischen Künstler Francesco Clemente. Neapolitanische Tradition bedeutet für die Mode der Welt sorgfältiges Schneiderhandwerk und unnachahmliche männliche Eleganz. Neapel ist die Heimatstadt der handgenähten Kiton-Anzüge und der handgefertigten Talarico-Schirme. Diese Seite der Stadt wird oft übersehen. Gianluca Migliarottis Film *E poi c'è Napoli* (Und dann ist da noch Napoli; 2014) fängt diese andere Seite großartig ein, er zeigt eine kultivierte, elegante Metropole.

Gesucht: Karrierechancen

Über 60 % der Neapolitaner zwischen 18 und 34 Jahren leben bei den Eltern – nicht weil hier so viele *mammoni* (Muttersöhnchen) und *figlie di papà* (Papas Mädchen) leben, zumindest nicht nur deswegen. Hohe Mieten machen ein unabhängiges Leben für viele junge Neapolitaner unerschwinglich.

Neapolitaner lieben ihre Stadt leidenschaftlich – zu Recht. Und doch zwingt der Mangel an Arbeitsplätzen viele, wehmütig *arrivederci* zu sagen. Die Arbeitslosenquote in Kampanien gehört zu den höchsten in Italien. Die düstere Jobsituation ist wenig hilfreich, den anhaltenden „Braindrain" (Talentschwund), die *fuga dei cerveli* des Landes, aufzuhalten: Immer mehr junge Italiener wandern auf der Suche nach besseren Ausbildungs- und Jobchancen ins Ausland ab. Laut einer Studie der Confindustria (Italiens wichtigstem Verband im Fertigungs- und Dienstleistungssektor) aus dem Jahr 2018 wanderten zwischen 2008 und 2015 eine halbe Million Italiener aus. Der gleichen Studie zufolge stellt die *fuga* für das Land einen wirtschaftlichen Verlust von 14 Mrd. € jährlich dar.

Für viele junge, ausgebildete und ehrgeizige Kampanier und Kampanierinnen, die Karriere machen wollen, gibt es kaum einen Anreiz, in Italien zu bleiben. Die relativ geringe staatliche Investition in Forschung und Entwicklung (etwa 1,3 % des BIP, im Vergleich zu rund 3 % in Österreich und Deutschland) hat ökonomische Innovationen und Karrierechancen gebremst. Und die tief verwurzelte italienische Kultur der Vetternwirtschaft hindert zusätzlich hochintelligente und vielversprechende Nachwuchskräfte daran, die Posten zu erobern, die sie wirklich verdienen. Das Problem wird sehr gut in *La fuga dei talenti* (Flucht der Begabten; www.fugadeitalenti.wordpress.com) dokumentiert. Das Buch bzw. der Blog des italienischen Journalisten Sergio Nava verweist darauf, dass das Land sein Humankapital verliert. Laut Nava ist Italien ein Land, in dem Leistungen meist keine Anerkennung erfahren und Familien- und andere persönliche Interessen eine wichtigere Rolle spielen als ein guter Lebenslauf oder ein internationales Profil. In der Tat stellen über 60 % der italienischen Firmen anhand persönlicher Kontakte und Empfehlungen ein. In einem von Vetternwirtschaft dominierten Umfeld ist es somit nicht nur eine nette Geste, wenn jemand ein gutes Wort für einen einlegt, es ist unabdingbar, um vorwärtszukommen.

Familienleben & Geschlechterkampf

Neapolitaner beklagen zwar ständig die Missstände in ihrer Stadt, aber Spötteleien von einem *straniero* (Ausländer) werden als Beleidigung empfunden!

Die Neapolitaner bilden sich zwar viel auf ihre Spontaneität und Flexibilität ein, aber der sonntägliche *pranzo* (Mittagessen) mit der Familie ist im Grunde Gesetz. Was auch immer geschieht, dieser Wochentag ist neapolitanischen Familien heilig – dann werden Neuigkeiten ausgetauscht, aktuelle Nachrichten über Politiker, Fußballer und Prominente durchgekaut und es wird königlich gespeist. Das heilige Sonntagsessen erinnert daran, dass die Familie noch immer das Fundament des neapolitanischen Lebens ist. In der Tat ist Loyalität gegenüber Familie und Freunden hier tief verwurzelt. Luigi Barzini (1908–1984), Autor von *Die Italiener,* behauptete, ein glückliches Privatleben helfe den Italienern, ein furchtbares öffentliches Leben zu ertragen. Diese Kluft zwischen privater und öffentlicher Bühne ist eins der hervorstechendsten Merkmale in Süditalien, eine Mentalität, die sich über Jahrhunderte ausländischer Herrschaft entwickelt hat. Manche Neapolitaner mö-

NORD-SÜD-GEFÄLLE

Zahllose *meridionali* (Süditaliener) sind auf der Suche nach einem besseren Leben ins Ausland gegangen – oder ließen sich im reicheren Norden Italiens nieder. Diesen inneritalienischen Umstand hat der mittlerweile verstorbene neapolitanische Schauspieler Massimo Troisi auf witzige Art in dem Film *Ricomincio da tre* (Ich beginne bei Drei; 1980) thematisiert. Jenseits der Pointen offenbart der Film allerdings auch die in Italien sehr reale Nord-Süd-Spaltung.

Seit Beginn der Industrialisierung bis in die 1960er-Jahre wanderten Millionen Süditaliener in die industrialisierten Städte des Nordens ab, um in den Fabriken zu arbeiten. Wie es so schön heißt: *Ogni vero milanese ha un nonno pugliese* (Jeder echte Mailänder hat einen apulischen Großvater). Die meisten dieser Inlandsmigranten wurden nördlich von Rom alles andere als herzlich willkommen geheißen. Sie wurden als *terroni* (Bauern) bezeichnet und erlebten täglich Diskriminierung, ob durch Wohnungsvermieter oder den Barista im Café.

Solche offenkundige Benachteiligung ist zwar heute selten, aber alte Vorurteile klingen immer noch durch. Viele Norditaliener ärgern sich, dass sie mit ihren Steuern den „faulen, korrupten" Süden subventionieren – eine Stimmung, die die Gründung der Rechtspartei Lega Nord (Liga des Nordens) begünstigte. Im Juni 2009 wurde Matteo Salvini, Spitzenkandidat der Lega Nord und Vizepremier Italiens, bei einer Feier gefilmt, als er folgenden Text sang: *„Senti che puzza, scappano anche i cani: stanno arrivando i napoletani"* (Rieche den Gestank, selbst die Hunde fliehen: Die Neapolitaner kommen). Das Lied bezeichnet Neapolitaner außerdem als *colerosi* (Cholerakranke). Erwartungsgemäß reagierten 2018 viele Neapolitaner mit Entrüstung auf das Filmmaterial von Salvinis Wahlkampagne in Kampanien vor der italienischen Parlamentswahl, obwohl er sich im Vorfeld entschuldigt hatte.

gen es völlig okay finden, Abfall auf die Straße zu werfen, aber in ihren Wohnungen ist der Boden so sauber, dass man davon essen kann. Schließlich will man ja nicht, dass Besucher denken, man sei ein *barbone* (Landstreicher).

Die *bella figura* abzugeben ist auch für durchschnittliche Neapolitaner sehr wichtig. Es ist eine Frage der Ehre, des Respekts und des Stolzes, welchen Eindruck man selbst und die Familie nach außen machen. Viele Süditaliener sind überzeugt, dass sie besser als die Nachbarn sind, wenn sie mehr und schönere Dinge besitzen. Diese Denkart stammt noch aus einer Zeit, in der man wirklich eine Menge besitzen musste, um bestimmte soziale Positionen zu erlangen und seine Familie ernähren zu können. Doch *fare bella figura* (einen guten Eindruck machen) bedeutet mehr als ein gepflegtes Haus, es bezieht sich auch auf gute Kleidung, gutes Benehmen, die Einhaltung religiöser und sozialer Pflichten und wesentlicher familiärer Verbindlichkeiten. In einer großen Familie, in der Klatsch und Tratsch blüht, schützt ein gutes Image die Privatsphäre des Einzelnen.

Man sollte nie Chrysanthemen als Gastgeschenk überreichen. In Italien werden diese Blumen nur als Grabschmuck verwendet.

Der Kinderreichtum in Kampanien gehört noch immer zu den Spitzenreitern in Italien. Die durchschnittliche Kinderzahl beträgt 2,69. Im Vergleich dazu: 2,23 in Latium, 2,26 in der Lombardei und 2,18 im Piemont. Für Jugendliche ist es normal, bis zur Heirat bei den Eltern zu leben, und ein Drittel aller verheirateten Männer besucht die eigene Mutter weiterhin täglich. Auf viele wartet dann eine Schüssel ihrer Lieblingspasta, einige lassen auch gleich ihre Wäsche waschen und bügeln. Zahlen der OECD zeigen, dass italienische Männer täglich 130 Minuten mit sogenannten „unbezahlten Tätigkeiten" wie Kochen, Putzen und Pflege verbringen – erheblich weniger als die Frauen, die durchschnittlich bei 306 Minuten liegen.

Andererseits hat Italien mit nur 5 % das zweitniedrigste Lohngefälle der EU. Das klingt zwar vielversprechend, gibt aber teilweise einfach die Tatsache wieder, dass die Frauenquote der arbeitenden Bevölkerung in Italien insgesamt niedriger ist als in den meisten entwickelten Ländern. Laut OECD arbeiten weniger als die Hälfte aller italienischen Frauen in arbeitsfähigem Alter. Wer als Frau in Italien arbeitet, hat folglich mit größerer Wahrscheinlichkeit einen hohen Bildungsabschluss und eine besser bezahlte Stelle. Viele Unternehmen betrachten weibliche Kandidatinnen noch immer als Risiko – sie geben ja irgendwann ihren Job auf, um eine Familie zu gründen. Angesichts der weitgehend fehlenden Kinderbetreuung ist die Vereinbarkeit von Familie und Beruf für viele berufstätige Frauen – in Kampanien wie in anderen Regionen Italiens – in der Tat eine ziemlich stressige Sache.

Heilige & Volksglaube

Neapel ist die europäische Metropole des Volksglaubens, ein mediterranes New Orleans mit weniger Voodoo und mehr katholischem Schuldgefühl. Hier locken Wunder Menschenmassen in die Kirchen, erscheinen Lottozahlen im Traum und wehren Amulette in Form von Hörnern den gefürchteten *malocchio* (bösen Blick) ab. Die neapolitanischen Straßen stecken trotz des modernen Anscheins mit schrillem Pop und Klingeltönen noch immer voller Mythen und Legenden. Da gibt es den wundertätigen Stuhl der Santa Maria Francesca in den Quartieri Spagnoli und merkwürdige Anatomiemodelle eines Alchemistenfürsten tief im *centro storico* (Altstadt).

Freunde in den höchsten Kreisen

Die übersinnliche Szene der Stadt wird von Heiligen dominiert. Ihnen zu Ehren explodieren Feuerwerkskörper, Gläubige strömen herbei und küssen Marmorfüße und neugeborene *bambini* werden nach ihnen benannt. Es ist kein Zufall, dass Gennaro der häufigste männliche Name in Neapel ist: San Gennaro ist der beliebteste Schutzheilige der Stadt. Wie fast alle Süditaliener feiern auch die Neapolitaner ihren *giorno onomastico* (Namenstag) genauso begeistert wie ihren Geburtstag. Den Namenstag eines Freundes zu vergessen ist schlimmer, als nicht an seinen Geburtstag zu denken, weil jeder die wichtigsten Heiligentage kennt (oder kennen sollte).

Jahrhundertelang glaubten die Neapolitaner, dass unter dem Castel Nuovo ein Krokodil lauere. Das Reptil habe die ausgedienten Liebhaber von Königin Johanna II. oder auch politische Gefangene verspeist. Benedetto Croce schrieb in seinem Buch über neapolitanische Legenden, das Krokodil sei schließlich mit einem Pferdeschenkel als Köder gefangen worden.

Die Jungfrau Maria als mütterliche Beschützerin ist tief im Herzen einer Gesellschaft verankert, in der Mütter seit jeher für die Rechte ihrer vergötterten Söhne kämpfen. An Festtagen zu Ehren der Madonna kommt es schon mal zur Massenhysterie, vor allem am Festtag der Madonna dell'Arco (Ostermontag). Tausende Pilger, die *fujenti* (Neapolitanisch für „Laufende"), marschieren barfuß zum Santuario della Madonna dell'Arco in der Nähe des Dorfs Sant'Anastasia am Fuß des Vesuvs. Das Objekt ihrer Demut ist ein ungewöhnliches Marienbild mit einer verletzten Wange. Der Legende nach entstand die Wunde am Ostermontag 1500, als der Holzball eines missmutigen Krocketspielers das Jungfrauenbild traf. Wundersamerweise begann das Bild zu bluten, was die Hinrichtung des Schuldigen und den Bau der Wallfahrtskapelle an der Stelle des Geschehens zur Folge hatte. Kurz vor der Kapelle rennen die *fujenti* auf sie zu. Einige fallen in Trance, andere fangen an zu schreien, zu weinen und auf den Knien zum Bild zu laufen, es ist eine Art kollektive Reinigung von Schuld und Schmerz.

In Neapel ist aber schon die Zeit vor dem Osterfest von besonderen Ereignissen geprägt. Ab der Woche nach dem Dreikönigstag (6. Januar) bis Ostermontag marschieren Hunderte Stadtteil-*congreghe* (musizierende Kirchengemeinden) durch die Straßen, tragen eine Madonnenstatue, sammeln Gaben für den großen Tag und spielen ein für Außenstehende nicht nachzuvollziehendes Potpourri (auf „Ave Maria" folgt ein Pop-Hit aus den 1970er-Jahren von Raffaella Carrà).

Welcher Heilige um Rat gefragt wird, hängt immer davon ab, worum es geht. Wer Familienzuwachs wünscht, begibt sich zum einstigen Wohnsitz der Santa Maria Francesca delle Cinque Piaghe (S. 63) und setzt sich auf den wundertätigen Stuhl. Er kommt einer kostenlosen Fruchtbarkeitsbehandlung in Neapel am nächsten. In der Chiesa del Gesù Nuovo (S. 48) auf der anderen Seite der Via Toledo sind mehrere Räume Dr. Giuseppe Moscati (1880–1927) gewidmet, einem allseits beliebten Arzt, der 1987 heiliggesprochen wurde. Dort hängen Votivgaben an den Wänden, die vom göttlichen Eingreifen des Doktors zeugen.

Die Madonna ist schon sehr populär, aber der höchste Heilige der Stadt ist San Gennaro. Jedes Jahr im Mai, September und Dezember drängen sich Tausende Neapolitaner in den Dom (S. 48), um für ein Wunder zu beten: Das Blut des Schutzheiligen Neapels, das dort in zwei Ampullen aufbewahrt wird, möge sich verflüssigen und Neapel vor Unglück bewahren.

Wissenschaftlern zufolge hat das Wunder, das sich dann tatsächlich oft ereignet, eine logische Erklärung. Die sogenannte Thixotropie bezeichnet die Eigenschaft bestimmter Fluide, die sich durch Schütteln verflüssigen und bei Stillstand wieder zur ursprünglichen festen Form zurückzukehren. Für den Nachweis müsste man allerdings das Blut analysieren, was die Kirche erfolgreich verhindert, denn es ist natürlich nicht erlaubt, die Ampullen zu öffnen.

Vorsicht vor dem bösen Blick

Glück und Unglück spielen in der neapolitanischen Mentalität eine große Rolle. Vor Flüchen schützen Amulette und Kreuzanhänger. Bekreuzigt sich ein Neapolitaner, wenn er an einer Kirche vorbeikommt, folgt direkt auch die *corno*-Geste (Zeige- und kleinen Finger ausstrecken und die Hand abwärts schütteln), um den *malocchio* (bösen Blick) abzuwenden.

Der böse Blick, ein allgemein in Italien, aber besonders im Süden verbreiteter Volksglaube, bedeutet Unglück für jene, die von böswilligen oder neidischen Personen verflucht werden. Neapolitaner bezeichnen dieses Unglück oft als *jettatura,* eine Abwandlung des italienischen Verbs für *gettare* (werfen oder hinschmeißen).

Gegen böse Mächte hilft das typischste Amulett und Souvenir der Stadt: der *corno.* Die Unheil abwehrenden Kräfte des meist roten gebogenen Horns sind im Symbol des Bullen und der damit verbundenen sexuellen Potenz verankert.

Eine andere traditionelle, jedoch seltenere Abwehr gegen Unglück ist der *'o Scartellat.* Es handelt sich meist um einen älteren Mann, der in den Straßen Weihrauch verbrennt und dadurch böse Schwingungen vertreibt und Glück anlockt. Der Name ist das neapolitanische Wort für Menschen, die an Kyphose (Verkrümmung des oberen Rückens) leiden, da diese Aufgabe einst den Buckligen vorbehalten war. In der neapolitanischen Überlieferung soll das Berühren des Buckels Glück bringen – ebenso wie in Hundehaufen treten und versehentlich mit Wein überschüttet werden.

Mystische Highlights

Casa e Chiesa di Santa Maria Francesca delle Cinque Piaghe

Cimitero delle Fontanelle

Complesso Museale di Santa Maria delle Anime del Purgatorio ad Arco

Skandalöse Seelen

Eine Frau, die etwas Glück gebraucht hätte, war Donna Maria d'Avalos, die im Oktober 1590 im Palazzo di Sangro an der Piazza San Domenico Maggiore ein grausliches Ende fand. Ihr Mörder war Carlo Gesualdo, Fürst von Venosa und einer der angesehensten Komponisten der Spätrenaissance und zudem ihr Ehemann. Gesualdo verdächtigte seine Frau der Untreue. Er gab eines Tages vor, auf einem Jagdausflug zu sein, wartete aber stattdessen auf die Gelegenheit, seine Frau und ihren mutmaßlichen Liebhaber Don Fabrizio Carafa auf frischer Tat zu ertappen. Angeblich soll Gesualdo dann die Wohnung mit drei Männern betreten und gerufen haben: „Tötet den Schuft und seine Hure!" Als die Polizei hinzukam, fand sie einen tödlich verwundeten und blutüber-

DER SIEG DER SCHREINE

Schon ein kurzer Spaziergang durch das *centro storico*, die Quartieri Spagnoli oder durch Sanità macht klar, dass kleine Schreine in Neapel ein großer Hit sind. Die kitschigen Kombinationen aus elektrischen Votivkerzen, katholischer Ikonografie und frischen oder Plastikblumen ziert Palazzofassaden, Höfe und Treppen. Die meisten haben eine Inschrift *per grazie ricevute* (für erhaltene Gnadenerweise) oder eine Votivgabe (in Erfüllung eines Gelübdes).

Die Beliebtheit dieser Schreine geht bis in die Zeit des Dominikanermönchs Gregorio Maria Rocco (1700–1782) zurück. Er war entschlossen, die finsteren und gefährlichen Gassen Neapels sicherer zu machen, und überzeugte den König, sie mit Öllampen zu beleuchten. Die Lampen wurden prompt von den Dieben der Stadt zerschmettert – sie brauchten die Dunkelheit, um ihre Opfer über aufgespannte Seile stolpern zu lassen. Zum Glück hatte der gewitzte Mönch eine bessere Idee. Er nutzte den Respekt vor Heiligen und ermunterte die Einwohner, beleuchtete Schreine zu errichten. Die Sache klappte und die Straßen wurden sicherer, denn selbst die abgebrühtesten Diebe wagten es nicht, einen verehrten Vertreter des Himmels zu verstimmen.

strömten Carafa auf dem Boden, gekleidet in ein Frauennachthemd mit Rüschen aus schwarzer Seide. Auf dem Bett lag Donna Maria in einem blutigen Nachthemd und mit durchgeschnittener Kehle.

Der jüngere Adlige Carafa soll so umwerfend gut ausgesehen haben, dass er allgemein als *l'angelo* (der Engel) bekannt war. Diese Tatsache mag Gesualdos Eifersucht bis zur Raserei gesteigert haben. Obwohl Gesualdo als Adliger immun gegen Strafverfolgung war, veranlasste ihn die Furcht vor Vergeltung zur Flucht in seine Heimatstadt Venosa.

In den Jahrzehnten nach Gesualdos Tod wurde er, der Fürst von Venosa, zum Mythos. Sein Name wurde mit immer neuen Horrorgeschichten von blutiger Rache in Verbindung gebracht. Es hieß, der Tod des „Engels" habe dem betrogenen Ehemann nicht gereicht, er habe anschließend sogar seinen eigenen kleinen Sohn ermordet, weil er fürchtete, es sei das Kind von Carafa. Zu Gesualdos weiteren Opfern soll auch sein Schwiegervater gehört haben, der einen Rachefeldzug starten wollte.

Und die schöne Maria d'Avalos? Ihr spärlich bekleideter Geist spukt angeblich bei Vollmond über die Piazza San Domenico Maggiore auf der Suche nach ihrem ermordeten Liebsten.

Eine der sagenumwobensten Gestalten von Neapel bleibt eine spätere historische Persönlichkeit, Raimondo di Sangro (1710–1771) – ein Angehöriger der Adelsfamilie di Sangro, für die der Palazzo di Sangro einst gebaut wurde. Der Fürst von Sansevero war Erfinder, Wissenschaftler, Soldat und – Alchemist. Er erfand so manch raffinierte Dinge, etwa einen wasserdichten Umhang für Karl III. von Bourbon und eine mechanische Land-und-Wasser-Kutsche, die von lebensgroßen Pferden aus Kork „gezogen" wurde. Er führte auch die Freimaurerei ins Königreich Neapel ein, was ihm eine zeitweilige Exkommunikation durch die katholische Kirche einbrachte.

Selbst päpstliches Umdenken konnte die pikanten Geschichten um Raimondo nicht stoppen, denen zufolge er talentierte Knabensoprane kastrieren und sieben Kardinäle ermorden ließ, um aus deren Haut und Knochen Möbel anzufertigen. Jahrhundertelang waren die beiden anatomischen Modelle in der Krypta der Cappella Sansevero, der Grabkapelle der di Sangros, von Gerüchten umgeben. Eine Volkslegende besagt, dass es die Leichen seiner Diener seien. Noch phantastischer ist die Geschichte, dass die Diener gar nicht tot waren, als der Fürst sie einbalsamierte. Zweifellos eine Lügengeschichte, aber selbst heute noch lassen die perfekten realistischen Details der Modelle viele Fragen offen.

Der Kult der *anime pezzentelle* (arme Seelen) war so beliebt, dass jeden Montag – dem Tag, der dem Besuch der Seelen in der Vorhölle gewidmet ist – eine Straßenbahn voller Menschen mit Blumen zum Cimitero delle Fontanelle fuhr. Der Kult der Verehrung von Schädeln (welche die Seelen im Fegefeuer repräsentierten) wurde von der Kirche 1969 verboten.

Die kampanische Küche

Die kampanische Küche ist ein kulinarisches Erlebnis. Alles scheint hier einen Tick leckerer zu schmecken: Die Tomaten sind süßer, der Mozzarella ist zarter, der *caffè* stärker und aromatischer. Manche meinen, das läge am fruchtbaren, vulkanischen Boden, andere machen die Sonne und das Wasser der Gegend dafür verantwortlich. Diese natürlichen Vorteile werden ergänzt von traditionellen Gerichten, die seit Generationen verfeinert und bis heute liebevoll gepflegt werden. Hier sind Essen, kulturelle Identität und Stolz untrennbar.

Ein historischer Schmelztiegel

Der regionale Speisezettel ist eine Mischung aus fremden Einflüssen und lokalem Einfallsreichtum. In seiner 3000-jährigen Geschichte hatte Neapel unzählige Gesichter, sei es als römische Sommerfrische, mittelalterliches Kulturzentrum oder moderne europäische Metropole. Ausländische Herrscher kamen und gingen und prägten nicht nur Kunst und Architektur, sondern auch den lokalen Dialekt und die Küche. Die alten Griechen brachten Olivenbäume, Reben und Hartweizen mit. Die Byzantiner und arabischen Händler aus Sizilien führten Jahrhunderte später Pinienkerne, Mandeln, Rosinen und Honig ein, um damit Gemüse zu füllen. Und sie setzten das auf den Speisezettel, was für Neapel Grundnahrungsmittel und später für ganz Italien zum Markenzeichen werden sollte: Pasta.

Das exzellente Gastronomie- und Reiseportal www.deliciousitaly.com hat ein Verzeichnis von kulinarischen Touren und Kochkursen. Ebenfalls interessant für Fans der italienischen Küche und Weine ist die Website www.gamberorosso.it mit vielen Infos zu italienischem Essen, Wein, kulinarischen Events und Kursen.

Pasta war zwar bereits im 12. Jh. bekannt, aber populär wurde sie erst im 17. Jh. als Armeleuteessen. Da die Nudeln im Prinzip nur aus Mehl und Wasser bestanden, waren sie lebensrettend, als die Einwohnerzahl der Stadt explodierte. Die Reicheren rümpften über Pasta die Nase, bis Gennaro Spadaccini Anfang des 18. Jhs. die vierzinkige Gabel erfand.

Während Neapels Ära unter den Bourbonen (1734–1860) entwickelten sich zwei Esstraditionen nebeneinander: die der dekadenten spanischen Monarchie und die *cucina povera* (Küche der Armen). So raffiniert und üppig die eine war, so einfach und gesund war die andere.

Die damals *mangiafoglie* (Blätterfresser) genannten Armen aßen vor allem Nudeln und Gemüse, das in der fruchtbaren Vulkanerde der Ebenen um Neapel angebaut wurde, u. a. Auberginen, Artischocken, Zucchini, Tomaten und Paprika. Die Milch von Kühen, Ziegen und Schafen wurde zu Käse verarbeitet. Das von den Griechen und Arabern eingeführte Fladenbrot, der Vorläufer der Pizza, war ebenfalls weit verbreitet. Fleisch und Fisch waren teuer und speziellen Anlässen vorbehalten.

In den Hofküchen arbeiteten derweil französische Spitzenköche, um den unersättlichen Appetit der Bourbonenherrscher zu befriedigen. Die eigensinnige Königin Maria Karolina, Gemahlin von Ferdinand I., war vom Versailler Hof ihrer Schwester Marie Antoinette so beeindruckt, dass sie bat, einige Köche ausleihen zu dürfen. Offensichtlich fühlten sich diese in Neapel wohl und ließen sich zu so köstlichen Gerichten inspirieren wie *timballo di pasta* (eine Art gestürzter Nudelauflauf), *gattò di patate* (Kartoffeltorte) und dem berühmten *babà*, einem mit Rum und Zuckersirup getränkten, pilzförmigen Biskuitkuchen.

Die Ursprünge des berühmtesten neapolitanischen Gebäcks, der muschelförmigen, blättrigen *sfogliatella*, sind dagegen umstrittener. Manche sagen, die mit Ricotta, kandierten Früchten und Zimt gefüllte Köstlichkeit sei im 18. Jh. von französischen Köchen für den König von Polen kreiert worden. Andere behaupten, dass die Nonnen von Conca dei Marini, einem kleinen Dorf an der Amalfiküste, sie erfunden hätten. Heute wird *sfogliatella* in zwei Varianten verkauft: als weiche und teigige *frolla* aus Mürbeteig und als knusprige *riccia* aus Blätterteig.

Kampanische Kultgerichte

Pizza

Trotz des verschwenderischen Erbes der Bourbonen hielt die Bevölkerung an den Grundprinzipien der *cucina povera* fest: schnell, einfach und bodenständig. Das gilt vor allem für Pizza, einer der Grundpfeiler der neapolitanischen Küche.

Die Weiterentwicklung des Fladenbrots der alten Griechen und Ägypter war bereits ein beliebter Straßenimbiss, als die spanischen Besatzer im 16. Jh. die Tomate nach Italien brachten. Mit diesem Import aus der Neuen Welt begann der Siegeszug der Pizza und 1738 eröffnete die erste Pizzeria Neapels an der Port'Alba, wo sie sich noch heute befindet. Schon bald wurden die *pizzaioli* (Pizzabäcker) der Stadt wie kleine Berühmtheiten gefeiert.

Der berühmteste Vertreter dieser Zunft ist bis heute Raffaele Esposito, der die klassische Pizza Margherita erfand. Als bester *pizzaiolo* der Stadt wurde Esposito aufgefordert, dem hungrigen König Umberto I. und seiner Gemahlin Margherita anlässlich ihres Besuchs 1889 etwas Leckeres zu zaubern. Um das Königspaar zu beeindrucken, dekorierte Esposito seine Kreation mit Tomaten, Mozzarella und Basilikum in den Farben der Nationalflagge (grün, weiß, rot) des frisch vereinigten Italiens. Ihre Hoheit war entzückt und durfte als Namensgeberin herhalten.

Auf einer neapolitanischen Pizza Marinara sind keine Meeresfrüchte, sondern nur Tomaten, Knoblauch, Oregano und natives Olivenöl. Der Name erinnert an die Fischer der Stadt, die sich die Pizza als Mittagessen auf See mitnahmen.

LA DOLCE VITA

Zarte *sfogliatelle* und saftiger *babà* sind nicht die einzigen Sünden aus der *pasticceria* in Kampanien. Das süße Leben lässt sich auch mit folgenden regionalen Spezialitäten genießen:

Cassatina Die neapolitanische Version der sizilianischen Cassata: ein mit Zuckerguss überzogenes Törtchen aus *pan di Spagna* (Biskuit), Ricotta und kandierten Früchten.

Pastiera Ein traditionelles Ostergebäck (aber das ganze Jahr über erhältlich) mit Gittermuster aus Mürbeteig, dessen Füllung aus Ricotta, kandierten Früchten und Cerealien mit Orangenblütenwasser abgeschmeckt wird.

Torta caprese Eine Torte aus Mandeln und Schokolade ohne Mehl; aus Capri. Die neapolitanische *pasticceria* Scaturchio verkauft eine Version mit Zitronengeschmack.

Torta di ricotta e pera Eine leichte, aromatische Ricotta-Birnen-Torte.

Delizia al limone Ein leichter, aromatischer Zitronenkuchen mit Limoncello.

Paste reali Raffiniert aus Marzipanmasse geformte Früchte und Gemüse, die zu Weihnachten verspeist werden.

Raffioli Weihnachtsgebäck aus Biskuitteig mit Marzipan, mit Puderzucker bestreut.

Bis heute behaupten Pizzapuristen, diese klassische Kombination sei nicht zu toppen – vorausgesetzt, ein echter neapolitanischer *pizzaiolo* steht am Ofen. Aber das ist natürlich Geschmackssache – was auch für den Pizzaboden gilt: Es gibt unter Italienern keine Einigkeit darüber, ob die dünne römische oder die dickere neapolitanische Variante besser ist.

Laut der Associazione Verace Pizza Napoletana (Verein für die echte neapolitanische Pizza) darf Pizzateig nur aus feinstem Weizenmehl der Type 00 (mit höchstens einem minimalen Anteil der Type 0), frischer oder gefriergetrockneter Hefe, Salz und Wasser mit einem pH-Wert zwischen 6 und 7 bestehen. Das maschinelle Vermengen der Zutaten wird toleriert, aber das Formen des maximal 3 mm dicken *disco di pasta* (Pizzaboden) bleibt Handarbeit! Die Pizza sollte in einem 485 °C heißen, doppelt gemauerten Holzofen gebacken werden, der mit Eiche, Birke, Esche oder Ahorn beheizt wird.

Pasta

Pasta, der zweite neapolitanische Liebling, gelangte über Sizilien in die Stadt. Arabische Händler hatten sie mitgebracht. Als sich zeigte, dass sich das windige Klima Kampaniens bestens zum Trocknen der Nudeln eignet, begann mit der Eröffnung der ersten Pastafabrik 1840 in Torre Annunziata die Produktion im großen Stil.

Bis heute wird unterschieden zwischen *pasta fresca* (frischer Pasta), die zum Verzehr innerhalb weniger Tage bestimmt ist, und *pasta secca* (getrockneter Pasta), die sich lange hält. Eine der besten Varianten der hiesigen *pasta fresca* sind die aus Amalfi stammenden *scialatielli*. Die Bandnudeln sind etwas länger und dicker als Tagliatelle und oft in der Mitte „geknickt". Ihr Name leitet sich von dem neapolitanischen Ausdruck *sciglià* („verwuscheln") ab; sie eignet sich perfekt für *sughi* (Saucen) aus Tomaten oder Meeresfrüchten.

Abgesehen davon spielt *pasta secca* in Neapel die wichtigere Rolle. Am bekanntesten sind Spaghetti, Makkaroni, Penne (kleine, gebogene Röhren) und Rigatoni (ähnlich wie Penne, aber gerillt). Sie bestehen aus *grano duro* (Hartweizen) und Wasser, werden *al dente* und oft mit *sughi* (Saucen) auf Gemüsebasis serviert, die generell weniger gehaltvoll sind als die traditionellen Varianten für *pasta fresca*.

Die beste handwerklich hergestellte Pasta kommt aus der Kleinstadt Gragnano, 30 km südöstlich von Neapel. Da die Nudelproduktion hier seit dem 17. Jh. boomt, wurde die Hauptstraße extra so angelegt, dass die in den *pastifici* (Pastafabriken) zum Trocknen ausgelegten Nudeln den ganzen Tag über Sonne bekommen.

Wenn es um das leckerste Pastarezept der Region geht, ist die köstliche *pasta al forno* (überbacken) kaum zu übertreffen. Die Kombination von Makkaroni, Tomatensauce, Mozzarella und – je nach Rezept – hartgekochten Eiern, Fleischbällchen oder Wurst ist einfach zum Niederknien. Dieser Festschmaus kommt vor allem sonntags und zu besonderen Anlässen auf den Tisch.

Das italienische Wort *melanzana* (Aubergine) ist eine Ableitung von *mela insana*, auf Deutsch „verrückter Apfel": Man glaubte früher, Auberginen würden Geisteskrankheiten auslösen.

Obst & Gemüse

Armut und Klima machten die Kampanier zu Experten für Gemüsegerichte. *Zucchine fritte* (gebratene Zucchini), *parmigiana di melanzane* (gebratene Auberginen, geschichtet mit hartgekochten Eiern, Mozzarella, Zwiebeln, Tomatensauce und Basilikum, überbacken mit Parmesan) oder *peperoni sotto aceto* (eingelegte Paprikaschoten) sind feste Bestandteile eines Antipastibuffets, gehören aber auch zur ganz normalen Hausmannskost.

BEI TISCH

- Augenkontakt beim Zuprosten ist wichtig und mit Plastikbechern anstoßen bringt Unglück!
- Pasta wird nur mit der Gabel (ohne Löffel) gegessen.
- Niemand isst Brot zur Pasta, höchstens hinterher, um Saucenreste aufzustippen.
- Pizza mit der Hand zu essen ist völlig in Ordnung.
- Im Zweifelsfall lieber etwas Schickes anziehen.
- Bei Privateinladungen ist es üblich, eine Schachtel mit *dolci* (Minigebäck) aus einer *pasticceria* (Konditorei) mitzubringen.

Einige der besten Feldfrüchte werden in der mineralreichen Vulkanerde des Vesuvs und der Umgebung angebaut. Dazu gehören zarte *carciofi* (Artischocken), *cachi* (Kakifrüchte) sowie die in Kampanien beheimateten grünen *friarielli*. Das dem Brokkoli ähnliche, bittere Gemüse wird *saltata in padella* (in der Pfanne gebraten), mit *peperoncino* (Chili) gewürzt und oft mit in Stücke geschnittener *salsiccia di maiale* (Schweinswurst) serviert.

Slow-Food-Fans sollten im Juni auf die *albicocche vesuviana* (Vesuv-Aprikosen) achten, die hier *crisommole* heißen und das IGP-Siegel (Indicazione geografica protetta; Geschützte eografische Herkunft) tragen.

Ein anderes viel gepriesenes Produkt der Region wurde mit dem DOP-Siegel (Denominazione di origine protetta; geschützte Ursprungsbezeichnung) ausgezeichnet: die Tomatensorte *pomodoro San Marzano*. Sie ist die berühmteste und häufigste Tomate Italiens und wird um das gleichnamige Vesuv-Städtchen angebaut. Sie enthält wenig Säure und besticht durch ihr intensives, süßliches Aroma. Nur ganz reife Exemplare werden in Stücke geschnitten, mindestens zwei Tage lang in der Sonne angetrocknet, um den Geschmack zu intensivieren, und dann zu *conserva di pomodoro* (Tomatenpüree) eingekocht. Diese Sauce ist die Krönung vieler typisch neapolitanischer Pastagerichte wie *spaghetti alla puttanesca*, wofür zusätzlich schwarze Oliven, Kapern, Anchovis und manchmal Peperoncini verwendet werden.

Ein gehaltvollerer, auf Tomaten basierender Klassiker mit aristokratischen Ursprüngen ist das *ragù* (wofür das französische *ragoût* Pate stand). Die mit Fleisch angereicherte Tomatensauce (bei uns schlicht Bolognese genannt) muss rund sechs Stunden lang schmurgeln, bevor sie mit Makkaroni serviert wird.

Im Frühjahr, Sommer und Frühherbst feiern Städte in Italien die *sagre* – Feste rund um lokale Spezialitäten der Saison. Eine appetitanregende Liste mit Terminen gibt es auf www.prodottitipici.com/sagre (auf Italienisch).

Mozzarella di Bufala

Wer immer gedacht hat, der *fior di latte* (Mozzarella aus Kuhmilch) in einer *insalata caprese* (Salat aus Mozzarella, Tomatenscheiben, Basilikum, Olivenöl) sei lecker, sollte kampanischen *mozzarella di bufala* (Büffelmozzarella) probieren: Da eröffnen sich ganz neue kulinarische Dimensionen! Der Käse wird in den Ebenen von Caserta und Paestum hergestellt und schmeckt am besten, wenn er morgens frisch hergestellt wurde. Dann sind das volle, süße Aroma und die seidige Konsistenz eine Offenbarung. Mozzarella ist frisch in den *latterie* (Molkereien) erhältlich, wo er lauwarm in einer leicht trüben Molke in Plastiktüten verkauft wird. Er wird auch in Trattorias und Restaurants in der ganzen Region serviert. Es gibt sogar spezielle Mozzarella-Restaurants in Neapel und Sorrent, z. B. Muu Muuzzarella Lounge (S. 79) und Inn Bufalito (S. 165).

APPETITANREGENDE LEKTÜRE

Ein paar informative Bücher zu den Küchengeheimnissen Kampaniens:

- *Italienische Küche zwischen Palermo & Neapel* (David Ruggerio; 2000) Eine Liebeserklärung an die Küche dieser Region.
- *Neapel sehen und genießen* (Dario Santangelo; 2012) Ein Einheimischer beschreibt ausführlich und unterhaltsam seine Lieblingsrezepte und ihre Geschichte.
- *La Pizza: Ein gutes Stück Italien* (Nikko Amandonico; 2001) Reich bebilderte Geschichte der Pizza, fotografiert im Straßengewirr von Neapel.
- *Neapel genießen* (Gerd Wolfgang Sievers; 2012) Der Autor verrät nicht nur typisch neapolitanische Rezepte, sondern auch wo sie zubereitet und serviert werden.
- *Pizza und die Neapolitanische Küche* (S. Giardinetto, E. Piazzesi; 1999) Alles, was man über den berühmten Teigfladen und andere kulinarische Highlights der Stadt wissen muss.

Für den einzigartigen, intensiven Geschmack, der oft in den Varianten außerhalb Italiens fehlt, ist der hohe Fett- und Eiweißgehalt der Büffelmilch verantwortlich. Noch köstlicher schmeckt die *burrata*, ein mit sündhaft fetter Sahne gefüllter Mozzarella, der aus der Nachbarregion Apulien stammt.

Die göttlichste Mozzarella-Speise Kampaniens ist *mozzarella in carrozza*, wörtlich „Mozzarella in der Kutsche“: Weißbrot wird mit Scheiben frischen Mozzarellas gefüllt, mit Mehl und Eigelb paniert und goldbraun frittiert. Viele italienische Pizzerias bereiten das zwar heutzutage mit billigerem *fior di latte* zu, aber zum klassischen kampanischen Rezept gehört *mozzarella di bufala*, dessen höherer Fett- und geringerer Wasseranteil dafür sorgen, dass der Käse beim Frittieren nicht zerläuft. Das traditionelle Rezept schreibt auch vor, altes Brot aus dem *panificio* (Bäckerei) zu verwenden.

Einige Hersteller finden diese italienische Klassifizierung zwar unangemessen teuer und kreativitätshemmend, aber die Auszeichnungen DOCG (Denominazione di Origine Garantita) und DOC (Denominazione di Origine Controllata) werden an Lebensmittel und Weine verliehen, die den regionalen Qualitätsanforderungen entsprechen.

Das Comeback der kampanischen Weine

Wein aus Kampanien, in der Antike geschätzt und von modernen Fachleuten oft verachtet, wird allmählich wieder salonfähig, seit eine neue Winzergeneration den einen oder anderen edlen Tropfen hervorbringt. Weingüter wie Feudi di San Gregorio, Mastroberardino, Villa Matilde, Pietracupa und Terredora di Paolo kehrten zu ihren Wurzeln zurück und pflanzten wieder alte Rebsorten wie den roten Aglianico an, der als die älteste Kulturrebe Italiens gilt. Bei Weißweinen wurden Falanghino, Fiano und Greco wiederentdeckt, die hier, lange bevor der Vesuv 79 n. Chr. Feuer spuckte, wuchsen. Zu ihnen gesellen sich auch immer mehr renommierte Weingüter, die biologische und biodynamische Weine produzieren, u. a. Terre Stregate, I Cacciagalli, Colli di Lapio und Cautiero. Vergessen sind die vernichtenden Worte des Weinkritikers Burton Anderson, der 1990 schrieb, dass sich die nennenswerten Kellereien Kampaniens „an einem Finger abzählen lassen“.

Die drei wichtigsten Weinbaugebiete liegen rund um Avellino, Benevento und Caserta. Der beste Rotwein kommt aus den Höhenlagen der Hügel östlich von Avellino. Der vollmundige Aglianico aus Taurasi, der gerne „Barolo des Südens“ genannt wird, gilt als einer der feinsten Tropfen Süditaliens. Seine Geschmacksnoten reichen von dunklen Beeren und Leder bis zu Röstkaffee und mediterranen Kräutern. Er gehört auch zu den nur vier Weinen der Region, die mit dem höchsten italienischen Qualitätssiegel DOCG (Denominazione di Origine Controllata e Garantita; kontrollierte und garantierte Ursprungsbezeichnung) ausgezeichnet wurden. Die anderen drei Weine sind der Aglianico del

Taburno, ein vollmundiger Rotwein aus dem Benevento, sowie der Fiano di Avellino und der Greco di Tufo, beides Weißweine aus der Region Avellino. Aus der Provinz Caserta stammt der Falerno del Massico, ein DOC-Wein aus der gleichen Gegend, in der einst der Falernum angebaut wurde, der berühmteste Wein in der römischen Antike.

Weitere regionale Anbaugebiete sind die Campi Flegrei (wo die mit dem DOC-Siegel ausgezeichneten Weine Piedirosso und Falanghina herkommen), Ischia (deren Weine als Erste das DOC-Siegel erhielten) und der Cilento, wo der Cilento bianco DOC und der Aglianico Paestum herkommen. Der berühmteste Tropfen vom Vesuv ist der Lacryma Christi (Träne Christi), eine Cuvée aus den lokalen Rebsorten Falanghina, Piedirosso und Coda di Volpe.

Wein wächst zwar auch an der Amalfiküste, aber die eigentliche Spezialität dort sind Frucht- und Kräuterliköre. Die Geschmacksrichtungen gehen von Mandarine, Myrte und wildem Fenchel bis zum allgegenwärtigen Limoncello. Dieses einfache, aber starke Gebräu aus Zitronenschale, Wasser, Zucker und Alkohol wird traditionell in gefrosteten Gläsern als Abschluss eines Essens serviert. Limoncello-Fans aufgepasst: Je grünlicher die Farbe, desto besser ist der Likör.

Potenzielle Lieblingsweine

Die folgende Liste dient als Orientierungshilfe im ständig wachsenden Weinangebot Kampaniens. Dies sind die besten Tropfen:

Taurasi Der trockene, gehaltvolle Rotwein hat seit 1991 das DOCG-Siegel und passt gut zu gekochtem und gegrilltem Fleisch.

Fiano di Avellino Der trockene, spritzige DOCG-Weißwein ist eine der alten Sorten Kampaniens und ideal zu Fisch und Meeresfrüchten.

Greco di Tufo Noch ein bewährter trockener Weißwein mit DOCG-Siegel. Er wird auch als Spumante angeboten.

Aglianico del Taburno Ein vollmundiger DOCG-Rotwein, der gut zu Fleischgerichten passt.

Falerno del Massico Die Reben sowohl für die weiße wie auch für die rote Version wachsen auf der Vulkanerde des Monte Massico im Norden Kampaniens.

Kaffeekult

In Neapel ist ein samtiger, aromatischer Espresso ein Geburtsrecht. In den meisten Fällen ist er auch ein zwangloser Schluck auf die Schnelle an der Bar. Das heißt aber nicht, dass die Qualität hintenansteht.

Die Neapolitaner sind überzeugt, dass das lokale Wasser den Kaffee besser und stärker macht als irgendwo sonst in Italien. Milchkaffees wie Cappuccino oder *caffè latte* werden nur morgens getrunken. Nach 11 Uhr sind Espresso und *caffè macchiato* (Espresso mit einem Tropfen Milch) üblich. Wer es nicht so stark mag (wie schändlich!), bestellt einen *caffè lungo* (für den ein Espresso mit heißem Wasser verlängert wird) oder einen *caffè americano* (mit noch mehr heißem Wasser).

Ein weiteres Ritual ist das kostenlose *bicchiere d'acqua* (Glas Wasser) zum Kaffee, je nach Wunsch *liscia* (still) oder *frizzante* (sprudelnd). Es wird vor dem Kaffee als Rachenputzer getrunken. Wer keines angeboten bekommt, darf es nicht persönlich nehmen – wie sollte so ein ignoranter *straniero* (Ausländer) auch etwas von Kaffee verstehen? Einfach lächeln und lässig *un bicchiere d'acqua, per favore* verlangen.

Keine Angst vor Espresso: In so einem Fingerhut steckt weniger Koffein als in einer großen Tasse Filterkaffee oder Kaffee aus der Siebstempelkanne. Espresso macht auch nicht so nervös.

Kurse & Touren

Gutes Essen ist in Kampanien ein zentrales Thema und die zahllosen Feinkostgeschäfte, Märkte und Traditionslokale der Region wecken bei vielen Besuchern den Wunsch, mehr über ihre kulinarischen Traditionen und Geheimnisse zu erfahren. Diesem Bedürfnis kommt die

Region mit einem ständig wachsenden Angebot an Kochkursen entgegen, viele davon Kompaktkurse für Besucher. In Neapel bietet die Toffini Academy (S. 74) Kochkurse auf Italienisch und Englisch in einem angenehmen, modernen Ambiente an. Auf der anderen Seite der Stadt veranstaltet das nachhaltig ausgerichtete **Centro di Alimentazione Consapevole** (Karte S. 50; ☎338 6269827; www.centrodialimentazioneconsapevole.it; Vico San Pietro 6; Privatkurs inkl. Mahlzeit ab 50 € pro Pers.; ⌚variabel; Ⓜ Dante) individuell zugeschnittene Privatkurse für Gruppen ab fünf Personen, auch zu aktuellen Themen wie glutenfreier Küche und veganem Gebäck. Leckerschmecker, die lieber probieren als studieren, können mit Culinary Backstreets (S. 74) kulinarische Thementouren durch das Appetit anregende *centro storico* unternehmen. Andernorts bieten verschiedene renommierte Restaurants Kochkurse an. Zu ihnen gehören das berühmte Donna Rosa (S. 174) und das Casa Mele (S. 175) in Positano und das angesagte Ristorante Don Alfonso 1890 (S. 166) mit zwei Michelinsternen in Sant'Agata sui due Golfi.

Kulinarisches Glossar

Lokale

enoteca	Weinbar
friggitoria	Frittenbude
osteria	Kneipen-Restaurant
pasticceria	Konditorei; Feinbäckerei
ristorante	Restaurant
trattoria	einfaches Restaurant

Im Restaurant

cameriere/a	Kellner/in
carta dei vini	Weinkarte
conto	Rechnung
spuntini	Imbiss
tovagliolo	Serviette
vegetaliano/a	Veganer/in
vegetariano/a	Vegetarier/in

Grundlagen

aglio	Knoblauch
fior di latte	Mozzarella aus Kuhmilch
insalata	Salat
limone	Zitrone
mozzarella di bufala	Büffelmozzarella
oliva	Olive
panna	Sahne
peperoncino	Chili
pizza margherita	Pizza mit Tomaten, Mozzarella und Basilikum
pizza marinara	Pizza mit Tomaten, Knoblauch, Oregano und Olivenöl
rucola	Rucola

Fisch & Meeresfrüchte

acciughe	Sardellen (eingesalzen: Anchovis)
carpaccio	dünne Scheiben von rohem Fisch (oder Fleisch)
granchio	Krebs
merluzzo	Kabeljau
pesce spada	Schwertfisch
polpi	Oktopus
sarde	Sardinen
seppia	Tintenfisch
sgombro	Makrele
vongole	Venusmuscheln

Fleisch

bistecca	Steak
capretto	Zicklein
coniglio	Kaninchen
fegato	Leber
prosciutto cotto	gekochter Schinken
prosciutto crudo	roher Schinken
salsiccia	Fleischwurst
vitello	Kalbfleisch

Zubereitungsmethoden

arrosto/a	gebraten
bollito/a	gesotten
cotto/a	gekocht
crudo/a	roh
fritto/a	frittiert
alla griglia	gegrillt

Obst

ciliegia	Kirsche
fragole	Erdbeere
melone	Honigmelone
pera	Birne

Gemüse

asparagi	Spargel
carciofi	Artischocken
fagiolini	Grüne Bohnen
finocchio	Fenchel
friarielli	neapolitanischer Brokkoli
melanzane	Auberginen
peperoni	Paprika
tartufo	Trüffel

Eis

amarena	Sauerkirsche
bacio	Schokolade und Haselnuss
cioccolata	Schokolade
cono	Waffel
coppa	Becher
crema	Sahne
frutta di bosco	Waldbeeren
nocciola	Haselnuss
vaniglia	Vanille
zuppa inglese	„Englische Suppe", Schichtdessert mit Alkohol

Getränke

amaretto	Mandellikör
amaro	dunkler Kräuterlikör
espresso	Espresso

Architektur

Was Kampanien an Architektur zu bieten hat, ist gewaltig und glanzvoll. Angesichts der reichen und langen Geschichte der Region ist das auch kaum verwunderlich. Über Jahrtausende haben Eroberungen und politische Kämpfe, menschliche Genialität, Kreativität und Ambition dem Landstrich ein architektonisches Erbe beschert, dem nur wenige Ecken in Europa gleichkommen. Es ist ein Land der mächtigen griechischen Tempel und opulenten römischen Villen, der angevinischen Märchenburgen, der maurischen Kreuzgänge des Mittelalters und übergroßen bourbonischen Paläste. Eine überwältigende Liste – warum also nicht mit den absoluten Highlights beginnen?

Griechisch-römisches Erbe

Die Fülle und das Ausmaß der antiken Bauwerke in Kampanien sind überragend und all die Tempel, Städte und technischen Leistungen zu besichtigen, kommt einem Crashkurs in klassischer Stilkunde gleich.

Die Griechen erfanden den dorischen Baustil, den sie eindrucksvoll bei den Tempeln von Paestum aus dem 6. Jh. v. Chr. (S. 201) einsetzten und somit nicht nur ihre Macht bewiesen, sondern auch ihre Vorliebe für harmonische Proportionen. In Neapel sind auf der Piazza Bellini (S. 56) die Reste der Stadtmauer aus dem 5. Jh. v. Chr. freigelegt und in der Akropolis von Cuma sind noch Spuren griechischer Wehranlagen zu entdecken.

Die Römer haben von den Griechen einiges gelernt und perfektionierten ihre Baukunst derart, dass römische Bauart, Gestaltung und das Gespür für Proportionen bis heute die Grundlagen für Architektur und Stadtplanung in großen Teilen der Welt bilden. Die Griechen mögen das erste Aquädukt Neapels geschaffen haben, aber die Römer haben es erweitert und verbessert. Das Aquädukt führte zur großartigen Piscina Mirabilis (S. 105), einer kathedralenartigen Zisterne mit ausgeklügelter Hydraulik.

Die Anlage unter dem Anfiteatro Flavio (S. 99) in Pozzuoli ist ein weiteres Zeugnis römischer Genialität: Der elliptische Gang ist von niedrigen *cellae* auf zwei Ebenen gesäumt und von Falltüren bedeckt, die sich direkt zur Arena darüber öffnen. In den *cellae* in der oberen Etage waren die wilden Tiere für die Spiele eingesperrt. Die Tiere wurden durch die Falltüren hochgezogen und konnten direkt aus dem Dunkeln in das helle Licht der Arena springen.

Der griechische Geograf, Philosoph und Historiker Strabo (63 v. Chr.–24 n. Chr.) schrieb, dass sich der Küstenstrich zwischen Capo Miseno (in den Campi Flegrei) und Sorrent wie eine einzige Stadt darstelle, so übersät sei er von eleganten Villen und den Vorstädten Neapels.

Jenseits der Bucht warten in Pompeji viele der besterhaltenen klassischen Wohnhäuser Italiens; es ist eine Art Schöner Wohnen der Antike. Gebäude wie die Villa dei Misteri (S. 109), die Casa del Fauno (S. 109) und die Casa del Menandro (S. 113) veranschaulichen die Charakteristika klassischer antiker Wohnhäuser, ob den nach innen gerichteten Baustil (für absolute Privatsphäre) oder das lichtdurchflutete Atrium (Zentrum des Haushalts) und das ornamentale Peristyl (Kolonnadenhof). Die schönsten Villen waren mit kapriziösen mythologischen Fresken geschmückt, besonders repräsentativ und atemberaubend etwa in der Villa dei Misteri und der Villa Oplontis (S. 112) im benachbarten Torre Annunziata.

ARCHITEKTURBEGRIFFE FÜR EINSTEIGER

Wer weiß, was ein Transept oder ein Triclinium ist? Niemand?! Im Folgenden eine kurze Liste mit ein paar nützlichen Begriffen aus der Architektur:

Apsis In der Regel eine große Einbuchtung oder Nische mit einem halbkreisförmigen oder polygonalen Grundriss und mit einer Halbkuppel überwölbt. In einer Kirche oder einem Tempel steht dort manchmal ein Altar.

Baldachin (Baldacchino) Ein festes, oft kunstvoll verziertes Vordach aus Holz oder Stein über einem Altar, einem Thron, einer Kanzel oder einer Statue.

Balustrade Eine steinerne Brüstung aus einer Pfostenreihe mit durchgehender Abdeckung, die barocke Treppen, Balkone und Terrassen abgrenzt.

Impluvium Ein kleines, ornamentales Becken, das oft das Herzstück von Atrien in römischen Häusern der Antike war.

Latrine Eine öffentliche Einrichtung der Römerzeit mit Toilettensitzen in Reihen und oft mit Fresken und Marmor geschmückt.

Narthex Eine Vorhalle oder ein Foyer an der Vorderseite einer frühchristlichen Kirche oder Basilika.

Nekropolis In der Antike und der frühchristlichen Zeit ein Friedhof außerhalb der Stadtmauern.

Oratorium Ein kleiner Raum oder eine Kapelle in einer Kirche für private Gebete.

Tablinum Hauptraum des Wohnhauses in der Römerzeit, in dem Gäste und Klienten empfangen wurden.

Transept Das Querschiff in einer Kirche, das im rechten Winkel zum Hauptraum verläuft.

Triclinium Speisezimmer in einem römischen Haus.

Wahrzeichen aus dem Mittelalter

In *Medieval Naples: An Architectural & Urban History 400–1400* geben Caroline Bruzelius und William Tronzo einen gründlich recherchierten Überblick über die Architektur und Stadtentwicklung von Neapel von der Spätantike bis zum Hoch- und Spätmittelalter. Behandelt wird auch die ehrgeizige Umgestaltung der Stadt durch die Angeviner.

Nach der byzantinischen Stilepoche mit mosaikreichen Kirchen folgte die Romanik, die sich in Italien in vier regionalen Formen verbreitete: lombardisch, pisanisch, florentinisch und sizilianisch-normannisch. Alle betonten eher die Breite und die horizontalen Linien eines Gebäudes statt die Höhe; es entstanden separate *campanili* (Glockentürme) und Taufkapellen. Der sizilianisch-normannische Stil entwickelte sich im 11. Jh. und war eine exotische Mischung aus normannischen, sarazenischen und byzantinischen Einflüssen wie Marmorsäulen, islamischen Spitzbögen und Glasmosaiken. Dieser Stil ist zum Beispiel am zweifarbigen Mauerwerk und an dem Glockenturm (13. Jh.) der Cattedrale di Sant'Andrea (S. 182) in Amalfi ersichtlich. Er zeigt sich auch am Glockenturm (12. Jh.) des Doms (S. 196) von Salerno sowie an dessen Bronzetüren im byzantinischen Stil und den arabesken Portikobögen.

Die nächste prägende Architekturepoche Neapels entwickelte sich unter der Herrschaft des französischen Hauses Anjou im 13. Jh. Als neue Hauptstadt des angevinischen Königreichs wurden entsprechend hochtrabende Pläne für die Stadt umgesetzt. Land wurde trockengelegt und kühne neue Kirchen und Klöster gebaut. Es war die Epoche der Gotik, eine Zeit der Strebebögen und grotesken Wasserspeier. Der Stil wurde zwar begeistert in Frankreich, Deutschland und Spanien aufgenommen, aber die Italiener bevorzugten eine zurückhaltende und nüchterne Variante – mit breiten Wänden, einem einzigen Kirchenschiff, Fachwerkdecken und horizontalen Streifen. Eines der schönsten Beispiele in Neapel ist die Basilica di San Lorenzo Maggiore (S. 54), deren schlichte Eleganz sich auch in der Chiesa di San Pietro a Maiella (S. 57) und der Basilica di Santa Chiara (S. 48) wiederfindet.

Die Fassade der Basilica di San Lorenzo Maggiore und die Kassettendecke der Chiesa di San Pietro a Maiella sind spätere Ergänzungen aus dem Barock. Überhaupt wurde ein Großteil der ursprünglichen Architektur der Gotik über die Jahrhunderte verändert. Ein Paradebeispiel dafür ist die Chiesa di San Domenico Maggiore (S. 53), deren kitschiger, güldener Innenraum eine neogotische Umgestaltung verrät. Der Haupteingang der Kirche in einem Hof am Vico San Domenico zeugt ebenfalls von Umbauten. Hier ist das grazile Portal aus dem 14. Jh. von einem *pronaos* (Vorhalle in griechischen Tempeln) aus dem 18. Jh. gerahmt, über dem sich ein Fenster aus dem 19. Jh. befindet, sowie flankiert von zwei Renaissancekapellen und einem barocken Glockenturm. Auch das angevinische Castel Nuovo (S. 62) wurde verändert. Dort sind nur einige wenige Teile des Originalbaus erhalten, darunter die Palatina-Kapelle. Der markante weiße Triumphbogen an zentraler Stelle der Burg – eine Ergänzung aus dem 15. Jh. – gilt als eines der bemerkenswertesten Bauten der Frührenaissance in Neapel.

Barocke Überraschungen

Certosa e Museo di San Martino, Neapel

Farmacia Storica, Ospedale degli Incurabili, Neapel

Sakristei, Basilica di San Paolo Maggiore, Neapel

Palazzo dello Spagnuolo, Neapel

Der Barock

Die Renaissance, die den Norden Italiens nahezu völlig veränderte, hatte in den südlichen Städten einen weitaus geringeren Einfluss. Eines der wenigen Gebäude in Neapel, das den florentinischen Stil repräsentiert, ist der Palazzo Cuomo, heute das Museo Civico Filangieri (S. 55). Das Gebäude, Ende 15. Jh., mit seinem typisch toskanisch-ländlichen Mauerwerk wurde für den reichen Florentiner Kaufmann Angelo Como („Cuomo" auf Neapolitanisch) errichtet und 1587 in ein Kloster umgewidmet.

Was Neapel jedoch während der Renaissance ausließ, machte es mehr als wett im Barock des 17. und 18. Jhs. Endlich hatte die Stadt eine Ästhetik gefunden, die ihrem exhibitionistischen Wesen entsprach, einen Stil, der Pomp, Gold und Übertreibung zelebrierte. Das neapolitanische Barock entsprang einer berauschenden Zeit. Unter der spanischen Herrschaft im 17. Jh. wuchs die Stadt zur größten Europas. Wachsende Bevölkerungszahlen und antireformatorischer Eifer setzten einen Bauboom in Gang, der immer höhere Palazzi und glanzvolle repräsentative Kirchen hervorbrachte. Ein dreister, arroganter und ungestümer Haufen von Architekten und Künstlern, die Traditionen beiseite fegten und neue Regeln festlegten, wollten die Stadt mit neuen verschwenderischen Wahrzeichen schmücken.

Griechische dorische Säulen sind kurz, stämmig, sockellos und mit schlichten runden Kapitellen (Kronen). Ionische Säulen sind schlank und geriffelt, sie haben einen großen Sockel und zwei Voluten (Schneckenform) unter dem Kapitell. Korinthische Säulen sind noch aufwendiger gestaltet, sie haben kunstvolle Kapitelle mit Voluten und Laubornamentik.

Neapolitanische Ausprägung

Wie die Neapolitaner selbst ist auch die Barockarchitektur der Stadt eigenwillig. Die Architekten, die in jener Zeit in Neapel arbeiteten, ignorierten oft die Trends, die Rom und Norditalien erfassten. Pilaster mögen zwar in den römischen Kirchen des späten 17. Jhs. der letzte Schrei gewesen sein, aber in Neapel schwammen Architekten wie Dionisio Lazzari (1617–1689) und Giovanni Battista Nauclerio (1666–1739) gegen den Strom und verschafften der Säule wieder Geltung. Damit ebneten sie den Weg für Luigi Vanvitellis Säulenarchitektur und den Klassizismus, der Mitte des 18. Jhs. Europa eroberte.

In den neapolitanischen Wohnhäusern befand sich der *piano nobile* (Beletage) oft im 1. Stock (nicht im Erdgeschoss). Dies ermöglichte die massiven *porte-cochères* (Kutschenvorbauten), die viele neapolitanische Gebäude auszeichnen.

Ebenfalls grandios waren die offenen Treppenhäuser der Stadt, die durch den neapolitanischen Architekten Ferdinando Sanfelice (1675–1748) perfektioniert wurden. Seine Doppeltreppen im Palazzo dello Spagnuolo (S. 72) und im Palazzo Sanfelice (S. 72) sind beispielhaft für

DAS WECHSELHAFTE LEBEN DES COSIMO FANZAGO

Wie so viele Stars des neapolitanischen Barock stammte auch Cosimo Fanzago (1591–1678) eigentlich nicht aus Neapel. Der angehende Bildhauer, Dekorationsmaler und Architekt aus der norditalienischen Kleinstadt Clusone kam im Alter von 17 Jahren nach Neapel und wurde bald für seine kreativen Marmorarbeiten bekannt. Das war aber nicht das einzige, wofür er berühmt war. Gerichtsurkunden legen nahe, dass Fanzago einen Hang zu Wutausbrüchen hatte. Er attackierte 1628 seinen Steinmetz Nicola Botti und brachte ihn zwei Jahre später um. Wegen seiner mutmaßlichen Beteiligung an der Masaniello-Revolte 1647 floh er für zehn Jahre nach Rom und entging so der Todesstrafe.

Schuld an Fanzagos endgültigem Absturz war schließlich seine berüchtigte Arbeitsmoral: Er überschritt Fristen, missachtete Kundenwünsche und verwendete Arbeiten, die er bereits für einen Kunden gefertigt hatte, um ein Projekt für einen anderen Kunden zu vollenden. Die Kartäusermönche, die ihm die heiß begehrten Aufträge für die Umgestaltung der Certosa di San Martino (S. 67) übertrugen, begannen ihren Baumeister irgendwann zu hassen. Sie verklagten den Künstler und führten einen langen, aufreibenden Rechtsstreit, der nicht nur Fanzagos Gesundheit, sondern auch seine Auftragslage ruinierte. Als er 1678 starb, war der größte Barockmeister, den Neapel je gesehen hatte, völlig verarmt und unbeachtet.

sein Talent, einfache Haustreppen in theatralische Statements umzuwandeln.

Ein weiterer Star der Bauszene war Domenico Antonio Vaccaro (1678–1745), der ursprünglich Malerei bei Francesco Solimena gelernt hatte. Zu seinen architektonischen Hinterlassenschaften gehören die Neugestaltung des Kreuzgangs in der Basilica di Santa Chiara, die Ausschmückung von drei Kapellen der Kirche in der Certosa di San Martino (S. 67) und der Entwurf der *guglia* (Obelisk) auf der Piazza San Domenico Maggiore. Mit Hilfe seines Vaters Lorenzo (selbst ein bekannter Bildhauer) arbeitete Vaccaro auch am Bronzedenkmal für Philipp V. von Spanien mit, das die Guglia dell'Immacolata (S. 53) auf der Piazza del Gesù Nuovo krönt. Allerdings ließ Karl III. das Werk später abreißen und durch eine weniger umstrittene Madonna ersetzen, die heute noch vorhanden ist.

Marmormeister

Die Piazza del Gesù Nuovo (S. 48) ist einer der sehr wenigen großen Plätze in der Stadt. Aus diesem Grund investierten viele Architekten weniger Zeit in prachtvolle Fassaden, sondern konzentrierten sich auf das, was man tatsächlich sehen konnte: die Innenräume. Ein Paradebeispiel ist die Chiesa di San Gregorio Armeno (S. 54), deren schlichte Fassade die glanzvolle Opulenz im Inneren kaum vermuten lässt.

Eine prächtige Innenausstattung kennzeichnet auch die Kirche der Certosa di San Martino (S. 67), deren herrliche Marmorintarsien typisch für das neapolitanische Barock sind. Die bunten Marmorarbeiten sind das Werk von Cosimo Fanzago (1591–1678), dem unangefochtenen Meister dieser Kunst. Der temperamentvolle Fanzago, ein geachteter Bildhauer, Dekorateur und Architekt, schnitt die Steine in ausgefallene Formen und schuf mit ihnen opulente, vielfarbige Prachtstücke, die zu den Highlights des italienischen Barock zählen. Die Kirche ist nicht das einzige Werk Fanzagos in der Certosa; der Künstler hatte zuvor schon die Kartause des Chiostro Grande (großer Kreuzgang) vollendet und Giovanni Antonio Dosios ursprünglichen Entwurf mit den Statuen über dem Portiko, den kunstvollen Eckportalen und der weißen Balustrade um den Mönchsfriedhof ergänzt.

Reggia di Caserta (S. 76)

Fanzago verlieh der Kunst der Marmorintarsien eine völlig neue Komplexität und Raffinesse, wie in der Cappella di Sant'Antonio di Padova und der Cappella Cacace in der Basilica di San Lorenzo Maggiore (S. 54), die als seine aufwendigste Marmorarbeit gilt. Auch seine Altartafeln waren maßgeblich. Seine Werke, allen voran der wunderschöne Hochaltar in der Chiesa di San Domenico Maggiore (S. 53), inspirierten die Arbeiten anderer Bildhauer, wie Bartolomeo und Pietro Ghettis Altar in der Chiesa di San Pietro a Maiella (S. 57), den Altar von Bartolomeo Ghetti und den Brüdern Giuseppe und Bartolomeo Gallo in der Chiesa del Gesù Nuovo (S. 48) sowie Giuseppe Mozzettis hervorragenden Chor in der Chiesa di Santa Maria del Carmine (S. 56).

Ein weiteres Genie des Meißels war Giuseppe Sanmartino (1720–1793). Die Begabung des zweifellos besten Bildhauers seiner Zeit, kalten Stein in sinnliche, ergreifende Offenbarungen zu verwandeln, zeigt sich im barocken **Complesso Monumentale dei Girolamini** (Karte S. 50; ☎333 4338049; Via Duomo 142, Neapel; Erw./erm. 5/2,50 €; ⏲Mo, Di, Do & Fr 8.30–19, Sa & So bis 14 Uhr; Ⓜ Piazza Cavour). In dieser Kirche befinden sich seine berühmten Engel aus Carrara-Marmor, deren Locken und Gewänder außergewöhnlich weich und fließend aussehen. Das Talent Sanmartinos, seinen Werken Leben einzuhauchen, brachte ihm scharenweise Bewunderer ein, darunter auch die Bourbonenherrscher der Stadt und der Alchemistenfürst Raimondo di Sangro. In der Familienkapelle von di Sangro, der Cappella Sansevero (S. 47), befindet sich Sanmartinos absolutes Meisterwerk, der *Cristo velato* (verhüllter Christus) von 1753. Er gilt als Höhepunkt bildhauerischer Brillanz und ist wohl die großartigste Skulptur Europas aus dem 18. Jh. Selbst der große klassizistische Bildhauer Antonio Canova wünschte, er selbst hätte sie geschaffen.

Das Ende einer Ära

Canova hätte sich vielleicht auch gewünscht, die Reggia di Caserta (S. 76) geschaffen zu haben. Die monumentale Königsresidenz, offiziell als Palazzo Reale von Caserta bekannt, ist eine der pompösen Hinterlassenschaften der Bourbonenzeit. Entworfen wurde die Reggia von dem spätbarocken Architekten Luigi Vanvitelli (1700–1773), Sohn des niederländischen Landschaftsarchitekten Gaspar van Wittel (1653–1736). Die Residenz war größer als Versailles und ging als Meisterwerk des italienischen Barock in die Geschichte ein.

Der spätbarocke Stil des Palastes weist zwar viele der typischen theatralischen Merkmale des Genres auf, von hektarweise Marmorintarsien bis zu allegorischen Statuen in Wandnischen, aber er spiegelt auch einen klassischen Stil wider, der mehr den damaligen französischen und spanischen Vorbildern verdankt statt der überbordenden Verspieltheit der neapolitanischen Version. Die blaublütigen Bourbonen empfanden das überschäumende neapolitanische Barock nämlich als *plutôt vulgaire* (ziemlich vulgär). Und als der Vorhang für die barocke Glanzzeit in Neapel fiel, wartete bereits der maßvollere Klassizismus auf seinen Auftritt.

Die unterirdische Stadt

Heilige Schreine, Geheimgänge, vergessene Gruften: Das hört sich nach Filmkulisse à la *Indiana Jones* an, aber es handelt sich tatsächlich um das, was unter Neapels lauten und quirligen Straßen zu finden ist. Das unterirdische Neapel (auf Italienisch *sottosuolo*) ist eine der spannendsten urbanen Parallelwelten, die es gibt: ein lautloses, weitgehend unentdecktes Labyrinth aus kathedralenartigen Zisternen, engen Gängen, Katakomben und antiken Ruinen. Höhlenforscher schätzen, dass etwa 60 % der Neapolitaner über diesem Untergrund leben und arbeiten.

Eine turbulente Geschichte

Seit dem Ende des Zweiten Weltkriegs wurden um die 700 unterirdische Hohlräume entdeckt, darunter Grotten aus der griechischen Epoche, frühchristliche Grabkammern und Fluchtwege der Bourbonenkönige. Experten sind der Meinung, dass dies erst der Anfang sei und weitere 2 Mio. m² unterirdische Schätze auf Entdeckung warten.

Neapolitanische Höhlenforscher betonen, dass ihre Unterwelt eine der größten und ältesten der Welt sei. Klar, Paris mag die eine oder andere Katakombe haben, aber was dort geboten wird, kann sich mit der 2500-jährigen Geschichte dieses Giganten nicht messen.

Und was das für eine Geschichte ist: von begrabenen Märtyrern und fremden Eindringlingen bis zu frauenstehlenden Geistern und drogenfabrizierenden Gangstern. San Gennaro, der berühmteste Heilige Neapels, wurde im 4. Jh. n. Chr. in den Catacombe di San Gennaro (S. 69) begraben. Zwei Jahrhunderte später, im Jahr 536, überraschten Belisario und seine Soldaten Neapel, als sie die Stadt durch antike Tunnel stürmten. Der Legende nach benutzte Alfonso von Aragon 1442 den gleichen Trick, als er die Stadtmauer durch einen unterirdischen Gang unterlief, der direkt in die Stadt zu einer Schneiderwerkstatt führte.

Die Bourbonen ließen sich wiederum im 18. Jh. einen Fluchtweg unter dem Palazzo Reale di Capodimonte (S. 46) graben. Ein Jahrhundert später gaben sie einen Tunnel in Auftrag, der ihren zentralen Palazzo Reale (S. 59) mit den Kasernen in Chiaia verband: ein perfekter hindernisfreier Weg für Soldaten oder eine flüchtende Königsfamilie.

Selbst die Unterwelt der Stadt mischte mit. 1992 wurde der gefürchtete Stolder-Clan verhaftet, weil er ein unterirdisches Drogenlabor samt Fluchtwegen direkt ins Haus des Clan-Bosses betrieb.

Die ursprüngliche griechisch-römische Stadt Neapolis wurde im 6. Jh. unter einer gewaltigen Schlammlawine begraben. Die Ausgrabung des römischen Markts unter dem Complesso Monumentale di San Lorenzo Maggiore dauerte 25 Jahre.

Von Aquädukten bis zu Müllhalden

Strategische Tunnel und heilige Katakomben sind zwar wichtige Bestandteile der lichtlosen Parallelwelt von Neapel, aber das eigentliche Rückgrat der unterirdischen Stadt ist das antike Aquädukt. Das erste System bauten die griechischen Siedler, die damit Wasser von den Hängen des Vesuvs in die Zisternen der Stadt leiteten. Die Zisternen selbst entstanden, als der weiche Tuffstein unter der Stadt als Baumaterial ausgegraben wurde. Brunnenschächte auf Straßenebene ermöglichten den Einwohnern, mit dem Eimer Wasser hochzuholen.

Die Römer begeisterten den Plebs (kurz für Plebejer, gewöhnliche römische Bürger) mit ihrem neuen, verbesserten 70 km langen Aquädukt, das Wasser vom Serino bei Avellino nach Neapel, Pozzuoli und Baia leitete, wo es sich in die gigantische Piscina Mirabilis ergoss.

Die nächste Aufrüstung kam 1629 mit der Eröffnung eines unter den Spaniern gebauten Aquädukts. 1770 wurde es erweitert, in den 1880er-Jahren aufgegeben, nachdem Choleraausbrüche den Bau einer moderneren Druckwasseranlage erforderten.

Die antiken Zisternen – diese Meisterleistung der Ingenieurskunst – entwickelten sich in der Folge zu praktischen Mülldeponien vor den Haustüren der Stadtbewohner. Je mehr Müll die Brunnenschächte verstopfte, umso schwieriger wurde der Zugang in den *sottosuolo*. Nach nur ein paar Generationen war das unterirdische System, das einst die Stadt versorgt hatte, zugemüllt und vergessen.

Wiederbelebung im Zweiten Weltkrieg

Unterirdische Stätten

Catacombe di San Gennaro

Napoli Sotterranea

Catacombe di San Gaudioso

Complesso Monumentale di San Lorenzo Maggiore

Galleria Borbonica

Erst das Heulen der Luftschutzsirenen vereinte die ober- und die unterirdische Seite der Stadt aufs Neue. Als alliierte Luftangriffe drohten, befahl Mussolinis UMPA (Zivilschutz), die Zisternen und ehemaligen Steinbrüche als Luftschutzbunker zu nutzen. Die Müllberge wurden komprimiert und abgetragen, alte Gänge verbreitert, Toiletten eingebaut und neue Treppen errichtet. Als oben die Bomben auf die Stadt niedergingen, flüchteten sich Zehntausende in die dunklen, feuchten Bunker darunter.

Angst, Frust und Wut jener Zeit ist noch an den Wandgraffiti in einigen der alten Bunker abzulesen. Darunter sind gezeichnete Karikaturen von Hitler und „Il Duce“, aber auch Ergreifendes wie „*Mamma, non piangere*“ (Weine nicht, Mama). Viele Menschen verbrachten Wochen im Untergrund und wenn sie wieder auftauchten, waren ihre Wohnungen und Stadtviertel oft nur noch Trümmer. Für die vielen Menschen, deren Häuser zerstört waren, wurde der Untergrund zum zeitweiligen Wohnsitz. Ganze Familien lebten in den Zisternen zusammen, teilten ihre provisorische Bleibe mit Betttüchern ab und möblierten sie vereinzelt mit klapprigen Betten. Spuren dieser rudimentären Häuslichkeit, wie gekachelte „Küchenwände“, Duschen und Gleichstrombatterien, sind bis heute erhalten.

Als der Wiederaufbau begann, wurden die Aquädukte erneut unterirdische Müllhalden – von Kriegstrümmern bis zu kaputten Motorrollern und ganzen Fiats wurde alles die Schächte hinab geworfen. Und die Geschichte wiederholte sich: Das historische Labyrinth und seine jahrtausendealten Geheimnisse verblassten im kollektiven Gedächtnis der Stadt.

Höhlenretter & wiederentdeckte Geheimnisse

Zum Glück ist nicht alles verloren, denn eine engagierte Truppe professioneller und ehrenamtlicher Höhlenforscher haben verloren geglaubte Stätten und Geheimnisse wiederentdeckt und zugänglich macht – was auch National Geographic und der BBC nicht entgangen ist, die beide über die Arbeit der unterirdischen Experten berichteten.

Höhlenforschervereine wie Napoli Underground spielen bei der Erforschung und Erhaltung des neapolitanischen Erbes eine wesentliche Rolle: Jeder neu entdeckte Gang und jede neu entdeckte Zisterne fügt zum komplexen historischen Puzzle der Stadt ein weiteres Stückchen hinzu. In einem Fall führte eine ungewöhnliche Treppe hinter einem alten Hühnerstall in einem Palazzo im Viertel Arinella Höhlenforscher Fulvio Salvi zu Fresken der ägyptischen Götter Isis, Osiris und Seth. Bei der Stätte soll es sich um Teile des Secretorum Naturae Accademia

DER MYTHOS VOM KLEINEN MÖNCH

Es versteht sich von selbst, dass eine so alte, dunkle und mysteriöse Welt wie Neapels *sottosuolo* (Unterwelt) wunderliche Großstadtmythen hervorbringt. Die bekannteste und beliebteste Geschichte ist die des *municello* (kleiner Mönch), eine Art neapolitanischer Kobold, der sowohl böse als auch nett sein kann. Das Kapuzenmännchen, das in einem Weinkeller leben soll, zeigte sich angeblich im 18. und 19. Jh. regelmäßig. Einige beschrieben ihn als freundlichen Charakter, Überbringer von Geschenken und Glück. Für andere bedeutete der *municello* Ärger – er schleiche sich ins Haus, um Sachen zu verlegen, wertvollen Schmuck zu stehlen und gelegentlich eine einsame Hausfrau zu verführen.

Eine Handvoll Neapolitaner verflucht zwar noch immer den Wichtel, wenn ein Autoschlüssel verschwindet, aber die meisten glauben heute, dass der freche *municello* tatsächlich einer der längst nicht mehr tätigen *pozzari* (Aquäduktreiniger) war. Die kleinwüchsigen *pozzari*, die jeden Tag die Brunnen hinabstiegen, hüllten sich gegen das feuchte, kalte Klima in einen dicken Kapuzenmantel. Natürlich kamen sie manchmal nach oben, um frische Luft zu schnappen, und landeten dann in fremden Wohnhäusern. Für einige war die Versuchung, Schubladen nach Wertsachen zu durchstöbern, allzu groß. Für andere war es eine Chance, neue Bekanntschaften zu schließen oder einer vernachlässigten Hausfrau ein bisschen Gesellschaft zu leisten. So erklärt sich schnell, wie die Geschichte vom „Minimönch" entstand.

handeln, ein geheimes Labor, das der Gelehrte, Alchemist und Dramatiker Giambattista della Porta (ca. 1535–1615) nutzte, nachdem ihm die Inquisition seine Experimente verboten hatte.

Doch auch solche seltenen und faszinierenden Funde reichen nicht aus, um den *sottosuolo* der Stadt zu schützen und zu erhalten. Die großzügigen Fördermittel für Höhlenforschung, die der Stadtrat in der goldenen Ära der 1990er-Jahre bereitgestellt hatte, sind mittlerweile in der üblichen italienischen Bürokratie und im politischen Gezänk versandet. Deswegen bleiben viele wertvolle Stätten, die von den Höhlenforschern der Stadt freigelegt wurden, auf unbestimmte Zeit verwaist, da kaum Geld für Bergung und Restaurierung vorhanden ist.

Für Besucher sind die einfachste Möglichkeit, einen Blick in die verborgenen Geheimnisse der Stadt zu werfen, die Führungen durch die Galleria Borbonica (S. 65) und von Napoli Sotterranea (S. 58). Letztere leiten einen konstanten Besucherstrom unter das *centro storico* zu den Resten eines römischen Theaters, das der verrückte Kaiser Nero einst besuchte, und zu einer Zisterne, die in alter Pracht restauriert und mit Wasser gefüllt wurde. In der Galleria Borbonica geht's durch den Tunnel im Berg Echia, Stätte der ersten Siedlung Neapels. Neben einfachen Führungen bietet die Galleria Borbonica auch spannende 90-minütige Höhlenerforschungstouren für Erwachsene, die in Ecken führen, die auch die meisten Einheimischen kaum je sehen werden. Die Höhlenerforschungstour wird bei mindestens fünf Teilnehmern auch auf Englisch angeboten.

Das **Museo del Sottosuolo** (Museum des Untergrunds; Karte S. 70; ☎081 863 15 81; www.ilmuseodelsottosuolo.it; Piazza Cavour 140; Erw./erm. 10/7 €; ⏲unterschiedlich; Ⓜ Piazza Cavour, Museo) auf der anderen Seite der Stadt wurde von dem altgedienten Höhlenforscher Clemente Esposito gegründet, der in den hiesigen Forscherkreisen liebevoll *Papa del sottosuolo* (Papst der Unterwelt) genannt wird. Die restaurierten unterirdischen Zisternen an der Piazza Cavour zwischen dem *centro storico* (Altstadt) und dem Stadtviertel Sanità können im Rahmen von Führungen erkundet werden – zu buchen über die Museumswebsite. Außerdem bilden die Räume eine stimmungsvolle Kulisse für Theateraufführungen.

Weitere Infos zur unterirdischen Szene Neapels bietet die informative Website www.napoliunderground.org.

Die Camorra

Neben der 'Ndrangheta in Kalabrien, der Cosa Nostra in Sizilien und der Sacra Corona Unita in Apulien ist die Camorra in Kampanien eine der vier großen Verbrecherorganisationen Italiens. Drogen- und Waffenhandel, Prostitution, illegale Müllentsorgung, Schutzgelderpressung und Produktfälschung bringen der Organisation jährlich Milliarden von Euro ein. Besonders erschreckend ist der Tribut an Menschenleben: In den letzten 30 Jahren forderte die Camorra über 3000 Opfer, mehr als jede andere Mafiaorganisation des Landes.

Ursprünge & Entwicklung

Es wird allgemein angenommen, dass die Camorra aus den Verbrecherbanden entstand, die Ende des 18. Jhs. unter der armen Bevölkerung Neapels umtriebig waren. Die Organisation trat erstmals nach der gescheiterten Revolution von 1848 richtig in Erscheinung. Liberale, die sich für eine Verfassung einsetzten, wollten unter allen Umständen Ferdinand II. stürzen und baten die *camorristi*, die Mitglieder der Camorra, die Massen dafür zu mobilisieren. Damit war der politische Einfluss der Camorra besiegelt. Unter Mussolini erlitt die Organisation einen heftigen Rückschlag, sie erhielt aber durch den Einmarsch der Alliierten 1943 erneut Aufwind. Die hatten sich an die einflussreiche Unterwelt gewandt, weil sie glaubten, dass dies die beste Methode sei, ihre Maßnahmen durchzusetzen.

Im Großraum Neapel gibt es über 100 Camorra-Clans mit geschätzten 4500 aktiven Mitgliedern und einer noch größeren Anzahl an Kunden, Abhängigen und Unterstützern.

Die heutige Camorra ist weit entfernt von der Zeit, wo Ladeninhaber zur Zahlung von *pizzo* (Schutzgeld) genötigt wurden. Der Journalist Roberto Saviano schrieb 2006 in seinem Bestsellerbuch *Gomorrha*: „Nur arme Camorra-Clans, die geschäftsuntüchtig sind und verzweifelt überleben wollen, praktizieren noch diese Art monatlicher Erpressung wie in Nanni Loys Film *Mi manda Picone* (Picone schickt mich)." Diese Kleinkriminalität gibt es zwar auch noch, aber das große Geld machen die Mafiabosse mit Menschen- und Waffenhandel sowie im Bau- und Müllentsorgungsgewerbe.

Menschenhandel

In den letzten Jahren haben zahlreiche Camorra-Clans Schleusernetze mit ausländischen Verbrecherbanden aufgebaut. Laut der Internationalen Organisation für Migration (IOM) wird der Transport von über 80 % der weiblichen Asylsuchenden, die aus Nigeria nach Europa kommen, ohne deren Wissen von Sexhandelsringen finanziert. Die Frauen werden in Italien von Gruppen der organisierten Kriminalität mit falschen Dokumenten ausgestattet und müssen als Prostituierte arbeiten, um ihre Schleuser zu bezahlen.

In Kampanien werden die Gewinne gewöhnlich zwischen den Anwerbern in Nigeria, den Schleusern, die die Passage übers Mittelmeer organisieren, den in Italien ansässigen Nigerianern, die das Sexgeschäft betreiben, und den jeweiligen Camorra-Clans geteilt, die den Gangs erlauben, auf ihrem Revier ihren Geschäften nachzugehen. Viele

GIFTMÜLL

Laut der italienischen Umweltschutzorganisation Legambiente hat die Camorra seit 1991 nahezu 10 Mio. t Müll in Kampanien illegal verklappt, vergraben oder verbrannt. Erschreckenderweise gehören dazu auch hochgiftige Abfallstoffe aus norditalienischen und ausländischen Betrieben, die von den Niedrigpreisen der Müllentsorgungsfirmen der Camorra geködert wurden. Zwar ist diese Praxis weithin bekannt, aber viele Lokalpolitiker schauen weg oder lassen sich bestechen. 2018 veröffentlichte das in Neapel ansässige Nachrichtenportal Fanpage.it mehrere sehr öffentlichkeitswirksame, gut recherchierte Videos, die die Zusammenarbeit zwischen der Camorra und zahlreichen Lokalpolitikern in Sachen Müllentsorgung dokumentieren.

Dieses System aus Fahrlässigkeit und Verbrechen hat verheerende Folgen für die Menschen in der Region. Wegen der ungewöhnlich hohen Krebsrate und den überdurchschnittlich häufig angeborenen Schäden an Leber, Nieren, Blase und Nervensystem bezeichnete die medizinische Fachzeitschrift *The Lancet Oncology* 2004 eine Gegend im nordöstlichen Hinterland Neapels als „Todesdreieck".

der Frauen finden sich in Castel Volturno wieder, einer berüchtigten Camorra-Hochburg nordwestlich von Neapel. Die meisten brauchen bis zu sechs Jahre, um ihre irrwitzigen Schulden abzubezahlen.

Drogenhandel

Die von der Camorra beherrschten Vororte Secondigliano und Scampia im nördlichen Neapel haben den zweifelhaften Ruf, Europas größter Drogenmarkt zu sein und Drogensüchtige aus dem ganzen Land mit billigem, minderwertigem Heroin und Kokain zu versorgen. Auseinandersetzungen zwischen rivalisierenden Clans haben bei diesem lukrativen Handel schon zu reichlich Blutvergießen geführt.

Einer der schwersten Clan-Kämpfe in diesem Jahrhundert war der sogenannte Scampia-Krieg, den der *camorrista* Cosimo Di Lauro Ende 2004 anzettelte. Als jüngst ernannter Kopf des mächtigen Di-Lauro-Clans beschloss der 30-Jährige, den Drogenhandel der Gegend zu zentralisieren, was ihm selbst mehr und den bewährten Mittelsmännern sehr viel weniger Macht eingebracht hätte. Das kam bei vielen Partnern Di Lauros nicht gut an. Zu ihnen gehörten Raffaele Amato und Cesare Pagano, die daraufhin den rivalisierenden Clan Scissionisti di Secondigliano (die Abtrünnigen von Secondigliano) bildeten. Es folgte eine lange Zeit gnadenloser Morde und Racheakte zwischen den rivalisierenden Gruppen, die allein zwischen 2004 und 2005 über 50 Menschenleben forderte.

Die Camorra im Film

Gomorrha (Matteo Garrone; 2008)

Der Professor (Giuseppe Tornatore; 1986)

Picone schickt mich (Nanni Loy; 1983)

Luna rossa (Antonio Capuano; 2001)

Widerstand

Im Lauf der Jahre hat die Justiz viele Camorra-Größen geschnappt, darunter Cosimo Di Lauro, dessen Vater Paolo, Giuseppe Dell'Aquila und Pasquale Scotti. Letzterer – ein flüchtiger Scissionisti-Boss, der zunächst in Abwesenheit wegen 20-fachen Mordes verurteilt worden war – wurde 2015 nach 30 Jahren Fahndung in Brasilien verhaftet.

Trotz dieser Erfolge ist der Krieg gegen die Camorra ein wohl aussichtsloser Kampf. Ihre Präsenz in Kampanien reicht Jahrhunderte zurück und viele Menschen verdanken der Camorra – in der Region *Il Sistema* (das System) genannt – alles, was auf offiziellen Wegen in Italien nicht möglich war: Arbeitsplätze und Geschäftskredite oder auch die Sicherheit und Ordnung in ihrem Stadtviertel.

Viele (zu viele) Neapolitaner zucken nur resigniert mit den Schultern, aber es gibt auch Entschlossene, die die Fesseln der Camorra abzustreifen versuchen. Im Viertel Sanità bieten Menschen wie der Gemeindepriester Don Antonio Loffredo und der bekannte Künstler Riccardo Dalisi Jugendlichen Alternativen: Sie werden künstlerisch und handwerklich ausgebildet, um lokale Kulturerbestätten zu restaurieren, wie die Catacombe di San Gennaro. In Ercolano machte die betagte Ladenbesitzerin Raffaella Ottaviano international Schlagzeilen, weil sie sich weigerte, den *pizzo* zu zahlen. Ihr Mut steckte andere Händler an, ebenfalls Nein zu sagen, was die Stadtverwaltung veranlasste, all jenen Steuervergünstigungen anzubieten, die Erpressungsversuche melden und sich nicht der Camorra fügen.

Praktische Informationen

Allgemeine Informationen

Arbeiten in Italien

- EU-Bürger sowie Norweger, Isländer, Schweizer und Liechtensteiner benötigen keine Aufenthalts- und Arbeitsgenehmigungen für Italien, müssen sich aber nach drei Monaten beim *anagrafe* (Einwohnermeldeamt) offiziell anmelden.

Barrierefreies Reisen

Kampanien ist für Menschen mit Behinderung kein einfaches Reiseziel. Pflasterstraßen, haarsträubender Verkehr, blockierte Bürgersteige und winzige Aufzüge machen Reisenden mit eingeschränkter Mobilität, aber auch Seh- und Hörbehinderten das Leben schwer. Die unebenen Wege in archäologischen Stätten wie Pompeji sind für Rollstühle praktisch unbefahrbar, die steilen Hänge in vielen Orten an der Amalfiküste teils unüberwindbar.

Ein paar wenige Verbesserungen sind allmählich erkennbar. In den Ruinen von Pompeji gibt's inzwischen einen Rundweg für Rollstuhlfahrer und eine wachsende Zahl von Stadtbussen wie die Linie R2 in Neapel verfügt jetzt über Rampen und Rollstuhlplätze.

Die italienische Bahngesellschaft **Trenitalia** (www.trenitalia.com) hat eine landesweite Hotline für Passagiere mit Behinderung: 199 303060 (tgl. 7–21 Uhr). Um im Bahnhof **Napoli Centrale** (Stazione Centrale; ☎081 554 31 88; Piazza Garibaldi) Hilfe zu erhalten, sollte man 24 Stunden vor der geplanten Abfahrt anrufen.

Weitere Informationen bieten folgende Organisationen:

Accessible Italy (www.accessibleitaly.com) Ist auf Ferien für Menschen mit Behinderung spezialisiert. Die beste erste Anlaufstelle.

Turismo Accessibile (www.turismoaccessibile.org) Gibt einen Überblick über behindertengerechte Museen, Hotels, Restaurants und Strände in Neapel.

Moveability.org (https://moveability.org) Informationen zu behindertenfreundlichem Tourismus in der Region Kampanien.

Italia.it (www.italia.it/de/nuetzliche-infos/zugaenglichkeit.html) Italiens offizielles Tourismusportal bietet einige praktische Links für Reisende mit Behinderung.

Sage Traveling (www.sagetraveling.com) Bietet Tipps und maßgeschneiderte Touren für Reisende mit eingeschränkter Mobilität in Europa.

Die Accessible Travel Guides von Lonely Planet können auf http://lptravel.to/AccessibleTravel kostenlos heruntergeladen werden.

Botschaften & Konsulate

Die ausländischen Botschaften *(ambasciate)* befinden sich in Rom, in Neapel gibt es lediglich einige Konsulate *(consolati)*.

Deutschland (Honorarkonsulat Neapel; ☎081 248 85 11; www.auswaertiges-amt.de; Via Medina 40)

Österreich (Honorarkonsulat Neapel; ☎081 553 43 72; @consolatoaustria.napoli@gmail.com; Via Ricciardi 10)

Schweiz (Konsulat Neapel; ☎Mobil 335 831 5257; @napoli@honrep.ch; Via Consalvo Carelli 7)

Ermäßigungen

Unter 18- und über 65-Jährige haben in vielen Museen und Kulturstätten freien Eintritt; Besucher zwischen 18 und 25 Jahren erhalten oft 50 % Ermäßigung.

Bei Reisen nach Neapel und in andere Orte in Kampanien lohnt sich unter Umständen die **Campania Artecard** (☎800 600601; www.campaniartecard.it), die kostenlosen oder ermäßigten Eintritt in viele Museen und zu archäologischen Stätten und die kostenlose Nutzung der öffentlichen Verkehrsmittel umfasst.

SCHÜLER, STUDENTEN & LEHRER

Diese Karten gewähren Ermäßigungen in kulturellen Sehenswürdigkeiten, Restaurants, Geschäften und Clubs sowie für Kurse. Näheres auf den jeweiligen Websites.

KARTE	WEBSITE	PREIS	BERECHTIGTE
European Youth Card (Carta Giovani)	www.eyca.org	14 €	unter 31 Jahre
International Student Identity Card (ISIC)	www.isic.org	10–15 €	Vollzeitstudenten
International Teacher Identity Card (ITIC)	www.isic.org	11–18 €	Vollzeitlehrer
International Youth Travel Card (IYTC)	www.isic.org	11–15 €	unter 31 Jahre

Feiertage

Die meisten Italiener nehmen ihren Urlaub im August, vor allem um den 15. August (Ferragosto) herum. Deshalb sind viele Geschäfte und Läden mindestens einen Teil dieses Monats geschlossen. Landesweite Feiertage sind:

Neujahr (Capodanno) 1. Januar

Dreikönigstag (Epifania) 6. Januar

Ostermontag (Pasquetta) März/April

Tag der Befreiung (Giorno della Liberazione) 25. April

Tag der Arbeit (Festa del Lavoro) 1. Mai

Fest der Republik (Festa della Repubblica) 2. Juni

Mariä Himmelfahrt (Assunzione oder Ferragosto) 15. August

Allerheiligen (Ognisanti) 1. November

Fest der unbefleckten Empfängnis (Festa della Immacolata Concezione) 8. Dezember

Weihnachten (Natale) 25. Dezember

Stephanstag (Festa di Santo Stefano) 26. Dezember

Geld

Am Flughafen von Neapel (Capodichino) und an den größeren Bahnhöfen sowie in den größeren und kleineren Städten sind überall Geldautomaten vorhanden. Kreditkarten werden in den meisten Hotels und Restaurants angenommen.

Geldwechsel

Reisende aus der Schweiz finden aktuelle Wechselkurse auf www.xe.com. Geld kann in Banken, Postämtern oder in *cambios* (Wechselstuben) umgetauscht werden. Postämter und Banken bieten meist die besseren Kurse. Wechselstuben sind länger geöffnet, verlangen aber höhere Provisionen und haben schlechtere Kurse.

Kredit- & Bankkarten

Bancomat (Geldautomaten) sind die einfachste Möglichkeit, an Geld zu kommen. Internationale Kredit- und Bankkarten können an jedem Automaten mit den entsprechenden Zeichen benutzt werden. Karten werden auch als Zahlungsmittel in den meisten Hotels, Restaurants, Läden, Supermärkten und an den meisten Mautstellen akzeptiert.

Gebühren sollten mit der eigenen Bank geklärt werden. Die meisten Banken verlangen eine Gebühr von etwa 3 % bei ausländischen Transaktionen. Zusätzlich kann die Geldentnahme an Automaten eine weitere Gebühr kosten, in der Regel um 1,5 %.

Bei Verlust, Diebstahl oder Einzug am Automaten kann unter den folgenden kostenlosen Nummern die Karte gesperrt werden:

Amex 800 928 391

MasterCard 800 870 866

Visa 800 819 014

Steuern & Erstattungen

In Italien wird auf die meisten Güter und Dienstleistungen eine Mehrwertsteuer von 22 %, die Imposta di Valore Aggiunto (IVA), aufgeschlagen. Nicht-EU-Bürger können bei Ausgaben über 155 € je Einkauf in einem Geschäft, das mit einem „Tax Free"-Zeichen versehen ist, bei Verlassen des Landes eine Erstattung der Mehrwertsteuer beantragen.

Genauere Informationen sind auf www.taxrefund.it zu finden.

Trinkgeld

Trinkgeld zu geben ist keine Pflicht.

Bars Die Neapolitaner legen gewöhnlich eine 10-Cent-Münze auf den Tresen, wenn sie ihren Kaffee bestellen. Wenn Getränke an den Tisch gebracht werden, lässt man etwas Trinkgeld liegen.

Hotels In Top-Hotels erhalten Kofferträger 5 € Trinkgeld.

Restaurants Wenn der *servizio* (Bedienung) nicht in der Rechnung enthalten ist, lässt man in Pizzerias 1–2 €, in Restaurants 10 % des Rechnungsbetrags auf dem Tisch liegen.

Taxis Die meisten Fahrgäste runden auf den nächsten Euro auf.

Gesundheit

Impfungen

Impfungen sind für Reisen nach Italien nicht nötig. Die Weltgesundheitsorganisation (WHO) empfiehlt jedoch, dass sich Reisende gegen Diphterie, Tetanus, Masern, Mumps, Röteln, Polio und Hepatitis B impfen lassen.

Krankenversicherung

EU-Bürger und Schweizer sind mit der Europäischen Krankenversicherungskarte (EHIC) für die meisten medizinischen Behandlungen in öffentlichen Krankenhäusern abgedeckt, kostenpflichtig sind Notfalltransporte nach Hause und nicht akute medizinische Behandlungen. Die Karte wird von den jeweiligen Krankenversicherungen ausgestellt.

Wer eine Reiseversicherung abschließt, sollte darauf achten, dass sie den schlimmsten Fall abdeckt wie Unfälle, die einen Rückflug nach Hause erfordern. Auch sollte zuvor geklärt werden, ob die Versicherung direkt an die Gesundheitsdienste zahlt oder die eigene Auslage später erstattet.

Medizinische Versorgung

Ganz Kampanien ist mit Ärzten abgedeckt, doch die Standards können erheblich schwanken. Öffentliche Krankenhäuser sind in der Regel nicht so gut wie private. Apotheker *(farmacisti)* können beraten und verkaufen für kleinere Erkrankungen nicht verschreibungspflichtige Medikamente. Bei ernsteren Problemen können sie Tipps zu Ärzten und Kliniken geben. In Neapel und anderen größeren Tourismuszentren gibt es sehr wahrscheinlich auch englischsprechende Ärzte oder einen Übersetzungsdienst.

Klima

Neapel

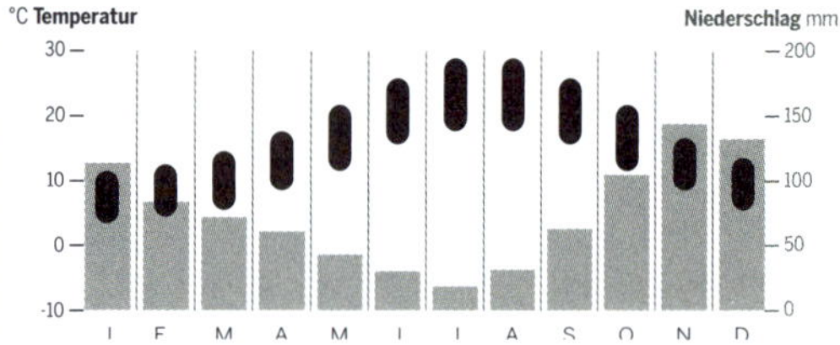

Apotheken haben generell dieselben Öffnungszeiten wie andere Geschäfte, sind also abends und sonntags geschlossen. Ein paar bleiben jedoch im Rotationsverfahren *(farmacie di turno)* für Notfälle geöffnet. Geschlossene Apotheken hängen eine Liste mit den nächstgelegenen geöffneten aus.

Der Notruf für Krankenwagen lautet in ganz Italien 118. Notfälle versorgt jeder *pronto soccorso* (Notaufnahme) in Krankenhäusern, sie behandeln auch zahnärztliche Notfälle.

Internetzugang

In den letzten Jahren haben sich die Möglichkeiten, Internet zu nutzen, in Süditalien erheblich verbessert. Die meisten Hotels, Pensionen, Hostels und *agriturismi* bieten inzwischen kostenloses WLAN an. Öffentliche WLAN-Hotspots sind dagegen immer noch selten und die Signalstärke schwankt stark.

Öffnungszeiten

Die Öffnungszeiten variieren je nach Jahreszeit. Im Buch sind die Zeiten für die Hochsaison angegeben; in der Zwischen- und Nebensaison sind die Öffnungszeiten in der Regel kürzer. Kleinere Geschäfte haben manchmal nach Lust und Laune geöffnet.

Banken Mo–Fr 8.30–13.30 und 14.45–15.45 oder 16.15 Uhr

Cafés 7.30–20 Uhr oder später

Clubs 23–5 Uhr

Läden Mo–Sa 9–13 und 15.30–19.30 Uhr (oder 16–20 Uhr); einige sind montagvormittags geschlossen, einige sonntags geöffnet

Postämter Mo–Fr 8–18, Sa 8.30–13 Uhr; kleinere Postfilialen schließen werktags um 13.30 Uhr

Restaurants 12–15 und 19.30–23 oder 24 Uhr

➡ Die Öffnungszeiten von Museen, Sehenswürdigkeiten und archäologischen Stätten sind höchst unterschiedlich. Viele Museen sind montags oder (weniger üblich) dienstags oder mittwochs geschlossen.

➡ Wechselstuben sind in der Regel lange geöffnet, allerdings außerhalb großer Städte und Touristengebiete kaum vorhanden.

➡ Die Küchen der Restaurants schließen oft bereits eine Stunde vor Ende der Öffnungszeit. Die meisten Lokale sind an mindestens einem Tag in der Woche geschlossen, oft montags. Viele Restaurants haben im August mindestens zwei Wochen Betriebsferien, jene in den Küstenorten schließen meist in der Nachsaison zwischen November und Ostern.

➡ In größeren Städten bleiben die Supermärkte oft über die Mittagszeit oder an Sonntagen geöffnet.

Post

Die italienische Post, Poste Italiane (www.poste.it), ist halbwegs zuverlässig, wenn auch zuweilen Pakete verloren gehen.

Francobolli (Briefmarken) sind in *uffici postali* (Postämtern) und autorisierten Tabakläden (weißes „T" auf schwarzem Schild) erhältlich. Da Briefe in Tabakläden nicht gewogen werden, zahlt man gelegentlich nur ein ungefähres Porto für internationale Luftpost. Tabakläden haben reguläre Öffnungszeiten.

Porto

Das Porto für einen Brief *via aerea* (per Luftpost) hängt von Gewicht, Größe und Bestimmungsort ab. Die meisten Leute versenden ihre Auslandspost per *posta prioritaria internazionale* (internationale Eilpost), Italiens schnellste Form des Versands mit garantierter Zustellung in Europa innerhalb von drei Arbeitstagen und dem Rest der Welt in vier bis neun Arbeitstagen. Als *posta prioritaria* kosten Briefe innerhalb Europas bis zu 50 g 3,50 €, Briefe von 51 bis 100 g 4,30 €. Eine normale Postkarte innerhalb Europas kostet 1,15 €.

Postempfang

Postlagernd heißt in Italien *fermoposta*. Solche Briefe werden am gleichnamigen Schalter im Hauptpostamt in der jeweiligen Stadt aufbewahrt. Die Briefe müssen persönlich und gegen Vorlage eines Ausweises oder Reisepasses abgeholt werden.

PRAKTISCH & KONKRET

Rauchen

Rauchen ist in allen geschlossenen öffentlichen Räumen wie Bars, Aufzügen, Büros und Zügen verboten. Unter freiem Himmel wird jedoch etwa auf Café- und Restaurantterrassen weiterhin ausgiebig gequalmt.

Zeitungen

Wer gut genug Italienisch kann, sollte die großen neapolitanischen Tageszeitungen *Il Mattino* oder *Corriere del Mezzogiorno* lesen. Letztere ist die südliche Ausgabe der führenden italienischen Tageszeitung *Corriere della Sera*. Die überregionale *La Repubblica* hat ebenfalls einen Neapel-Teil.

Radio

Staatliche Rundfunksender sind RAI Radio 1, RAI Radio 2 und das intellektuelle Schwergewicht RAI Radio 3 (www.rai.it). Sie werden in ganz Italien und im Ausland ausgestrahlt. Zu den zahllosen Musiksendern der Region gehört Radio Kiss Kiss (www.kisskiss.it).

Fernsehen

Fernsehsender sind die staatlichen RAI-1, RAI-2 und RAI-3 (www.rai.it); die größten Privatsender (meist im Besitz der von Silvio Berlusconis gegründeten Firma Mediaset) sind Canale 5, Italia 1 und Rete 4 (www.mediaset.it) sowie La 7 (www.la7.it).

Rechtsfragen

Trotz der Mafia ist Kampanien relativ sicher. Der durchschnittliche Reisende wird bestenfalls wegen eines Taschendiebstahls mit der Polizei zu tun haben.

Polizei

Wer mit dem Gesetz in Konflikt gerät, wird wahrscheinlich mit der *polizia statale* (Staatspolizei) oder den *carabinieri* (Militärpolizei) zu tun bekommen. Erstere tragen hellblaue Hosen mit einem magentaroten Streifen und eine marineblaue Jacke; Letztere tragen schwarze Uniformen mit einem roten Streifen und fahren dunkelblaue Autos mit ebenfalls einem roten Streifen.

Italienische Polizeiorganisationen

Polizia statale (Staatspolizei) Diebstahl, Visaverlängerung und Genehmigungen

Carabinieri (Militärpolizei) Verbrechen, öffentliche Ordnung und Drogenbekämpfung (überschneidet sich oft mit der *polizia statale*)

Vigili urbani (Verkehrspolizei) Knöllchen, abgeschleppte Autos

Guardia di finanza Steuerhinterziehung, Drogenhandel

Guardia forestale (bzw. Corpo Forestale) Umweltschutz

Drogen & Alkohol

Der Besitz jeglicher Drogen, auch von Cannabis oder Marihuana, kann gewaltige Schwierigkeiten zur Folge haben. Wer sich mit 5 g Cannabis oder mehr erwischen lässt, wird als Dealer betrachtet und angeklagt. Dasselbe gilt für winzige Mengen anderer Drogen. Wer unter dieser Höchstgrenze erwischt wird, kann mit geringeren Strafen rechnen.

Die gesetzliche Hochstgrenze für Alkohol liegt bei 0,5 Promille, stichprobenartige Alkoholkontrollen kommen vor.

Rechte

- Festgenommene müssen binnen 24 Stunden von den zuständigen Polizeibeamten über die Straftaten, die ihnen zur Last gelegt werden, schriftlich und mündlich informiert werden.
- Wer kein Italienisch spricht, hat das Recht auf einen Dolmetscher.
- Es gibt kein Recht auf einen Telefonanruf bei Verhaftung, aber jenes, dass Angehörige oder das zuständige Konsulat oder die Botschaft verständigt werden.
- Die Staatsanwaltschaft muss, je nach Art des Vergehens, innerhalb von 48 Stunden bei einem Richter einen Antrag auf Untersuchungshaft stellen.
- Verdächtige haben das Recht, ohne die Gegenwart eines Anwalts die Aussage zu verweigern.
- Ordnet der Richter eine Untersuchungshaft an, kann der Beschuldigte innerhalb von zehn Tagen Widerspruch einlegen.

Schwule & Lesben

Homosexualität ist in Italien und Neapel akzeptiert, vielleicht weniger in kleineren Orten an der Amalfiküste. Informationen:

- **Arcigay Napoli** (www.arcigaynapoli.org, auf Italienisch) Website für Neapels größte LGBT-Organisation mit Verzeichnis von besonderen Events sowie schwulen und schwulenfreundlichen Locations.
- **Napoli Gay Press** (www.napoligaypress.it, auf Italienisch) Umfassende Informationen zu LGBT-Angelegenheiten, Kultur und Events in Neapel und im restlichen Kampanien.
- **Gay Friendly Italy** (www.gayfriendlyitaly.com) Englischsprachige Website mit umfassenden Informationen u. a. zu schwulenfreundlichen Hotels und Bars.

Sicherheit

Neapel hat den Ruf, unsicher zu sein. Im Folgenden ein paar grundlegende Sicherheitstipps:

- Taschendiebe sind in überfüllten Verkehrsmitteln und in Menschenmengen höchst aktiv. Geld, Kreditkarten und andere Wertsachen sollten auf keinen Fall in leicht zu erreichenden Taschen, besonders Jacken- und Gesäßtaschen, stecken.
- Gepäck sollte in Zügen niemals unbeaufsichtigt bleiben. In Cafés und Bars sollte beim Sitzen der Trageriemen der Tasche um das Bein geschlungen werden.
- Vorsicht vor Fremden, die Kontakt aufnehmen wollen, besonders auf Bahnhöfen und in Häfen.
- Handtaschen und Kameras sollten quer über die Schulter und auf der Seite von der Straße weg getragen werden, um Diebstähle von Motorrollern aus zu vermeiden.
- Vorsicht vor Betrügern, die sich an archäologischen Stätten als legitimierte Führer ausgeben.

Auto

Autodiebstahl ist in Neapel eine Plage. Es lohnt sich also, das Auto auf einem bewachten Parkplatz abzustellen. Wer auf der Straße parkt, wird oft von einem inoffiziellen (illegalen) Parkwächter um Geld gebeten. Natürlich muss er nicht bezahlt werden, aber es besteht das Risiko, dass bei der Rückkehr das Auto beschädigt ist. Diebstahl oder Verlust muss innerhalb von 24 Stunden bei der Polizei gemeldet und ein Protokoll für die Versicherung verlangt werden, die ansonsten nicht zahlt.

Betrug

Handys und andere (verbilligte) Elektronik sollten auf keinen Fall auf der Piazza Garibaldi in Neapel und auf Straßenmärkten gekauft werden. Es kommt durchaus vor, dass es sich um völlig nutzlose Ware handelt. Am Bahnhof Napoli Centrale sind auch Betrüger, die Taxifahrten anbieten; legitimiert sind nur registrierte weiße Taxis mit Zeituhr.

Verkehr

Der neapolitanische Straßenverkehr ist ziemlich gewöhnungsbedürftig. Autofahrer halten nicht gerne für Fußgänger, auch nicht an Fußgängerüberwegen – sie weichen eher aus. Die Einheimischen treten einfach auf die Straße und gehen entschlossen durch den (ausweichenden) Verkehr. Das scheint zu klappen, aber wer sich unsicher fühlt, sollte auf einen Einheimischen warten und mit ihm die Straße überqueren.

In vielen Städten haben vermeintliche Einbahnstraßen Busspuren in die entgegengesetzte Richtung – vor dem Überqueren daher immer unbedingt in beide Richtungen schauen!

Strom

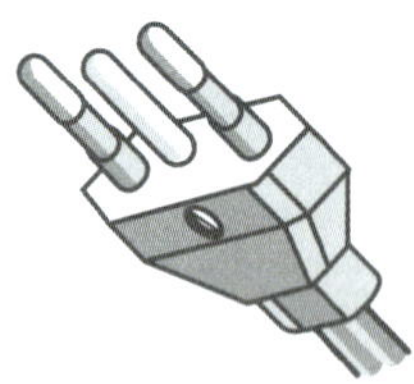

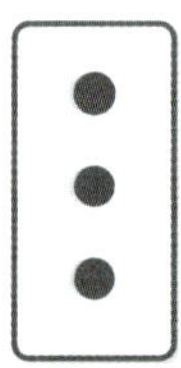

Typ L
230 V / 50 Hz

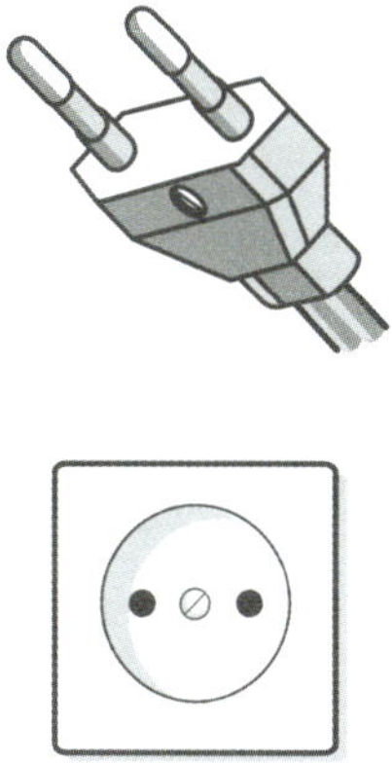

Typ C
220 V / 50 Hz

Telefon

Inlandsgespräche

➡ Italienische Ortsvorwahlen beginnen mit ☎0 und bestehen aus bis zu vier Ziffern – die Vorwahl von Neapel lautet ☎081. Danach folgt eine vier- bis achtstellige Teilnehmernummer. Die Vorwahl ist fester Bestandteil der Telefonnummer und muss immer gewählt werden, selbst ins Nachbarhaus.

➡ Handynummern beginnen mit einer dreistelligen Vorwahl, z. B. ☎330.

➡ Gebührenfreie Nummern, die *numeri verdi*, beginnen in der Regel mit ☎800.

➡ Wie überall in Europa haben Italiener eine breite Auswahl an Telefonanbietern mit einer Unzahl unterschiedlicher Tarife.

Auslandsgespräche

➡ Die Vorwahl Italiens aus Deutschland, Österreich und der Schweiz lautet ☎0039. Danach folgen die Ortsvorwahl einschließlich der 0 und die Teilnehmernummer.

➡ Die billigste Möglichkeit, ins Ausland zu telefonieren, stellen kostenlose bzw. kostengünstige Apps wie Skype oder Viber dar: Man kann dann das (kostenlose) WLAN in der Unterkunft, einem Café oder einer anderen Einrichtung nutzen.

➡ Eine weitere günstige Möglichkeit sind internationale Telefonkarten. Allerdings gibt's nur noch wenige öffentliche Telefone, sodass man am besten eine Prepaidkarte nutzt, mit der man von jedem Telefon telefonieren kann; erhältlich sind sie an Zeitungskiosken und in Tabakläden.

➡ Die Vorwahl nach Deutschland lautet ☎0049, nach Österreich ☎0043 und in die Schweiz ☎0041.

Telefonauskunft

Nationale und internationale Telefonnummern können über 1254 oder online auf www.1254.it erfragt werden.

Handy

In europäischen Handys können auch italienische SIM-Karten verwendet werden. Oder man nutzt Roaming.

➡ Am billigsten ist die Handynutzung mit einer italienischen Prepaidkarte *(prepagato)*, erhältlich z. B. bei TIM (www.tim.it), Wind (www.wind.it), Vodafone (www.vodafone.it) und Tre (www.tre.it), die in den meisten größeren und kleineren Städten Läden haben. Alle SIM-Karten müssen in Italien registriert werden – Ausweis mitnehmen!

➡ Die italienische SIM-Karte kann man leicht mit einer *ricarica* (Guthabenkarte) aufladen, die es in Tabakläden, Bars, Supermärkten und Banken gibt.

Öffentliche Telefone & Telefonkarten

Öffentliche Telefone gibt's in Kampanien immer weniger, doch an den noch vorhandenen kann man mit *schede telefoniche* (Telefonkarten) telefonieren, die in Tabakläden und Zeitungskiosken erhältlich sind.

Toiletten

➡ Öffentliche Toiletten sind in Neapel selten.

➡ Bars und Cafés haben in der Regel Toiletten, aber meist nur für zahlende Gäste. Museen und die großen Bus- und Bahnhöfe haben öffentliche Toiletten.

➡ Viele Toiletten haben Klowärter, die ein kleines Trinkgeld erwarten – 0,50 € sollten reichen.

➡ Kostenlose Toiletten gibt es in Pompeji und Herculaneum.

Touristeninformation

Die Qualität der Touristeninformationen ist höchst unterschiedlich. Die meisten Stellen haben Broschüren, Karten und Infoblätter, selbst wenn das Personal ansonsten nicht sehr hilfsbereit ist.

Lokale & regionale Touristeninformationen

Die großen Informationen sind generell montags bis freitags geöffnet, einige auch am Wochenende, besonders in Städten oder während der Hochsaison im Sommer. Touristische Informationsschalter (z. B. in Bahnhöfen und Flughäfen) haben oft geringfügig andere Öffnungszeiten. In einigen beliebten Touristenorten versuchen private Tourenanbieter, wie gewöhnliche Touristeninformationen auszusehen, doch sie wollen nur ihre eigenen Touren usw. verkaufen.

Italien im Ausland

ENIT (www.enit.it), der italienische Fremdenverkehrsverband, unterhält Büros auch in Deutschland, Österreich und der Schweiz. Adressen sind auf der Website zu erfahren.

Versicherung

Eine Reiseversicherung gegen Diebstahl, Verlust und Krankheit ist empfehlenswert. Sie deckt auch Stornierung oder Verspätungen von Buchungen ab. Die Bezahlung des Flugtickets mit der Kreditkarte enthält oft eine eingeschränkte Reiseunfallversicherung und das Recht, die Reisekosten vom Veranstalter zurückzuverlangen, sollte er seine Verpflichtungen nicht erfüllen. Auskunft gibt die Kreditkartengesellschaft.

Weltweite Reiseversicherungen gibt es bei www.lonelyplanet.com/travelinsurance. Sie können jederzeit online gekauft, erweitert oder in Anspruch genommen werden – selbst von unterwegs.

Zeit

➡ Italien hat die mitteleuropäische Zeit (MEZ), also dieselbe Zeitzone wie Deutschland, Österreich und die Schweiz. Winter- und Sommerzeit sind ebenfalls identisch.

Verkehrsmittel & -wege

AN- & WEITERREISE

Zahlreiche Fluggesellschaften fliegen Italien an, viele fliegen auch direkt zum Internationalen Flughafen Neapel (Capodichino). Neapel ist Süditaliens Verkehrsknotenpunkt mit exzellenten Bahn- und Busverbindungen in andere Teile Kampaniens und des Landes. Neapel ist außerdem eine zentrale Hafenstadt für internationale Kreuzfahrtschiffe sowie für Auto- und Passagierfähren aus dem ganzen Mittelmeerraum.

Flüge, Mietwagen und Touren können auf www.lonelyplanet.com/bookings gebucht werden.

Einreise

EU-Bürger und Schweizer brauchen zur Einreise nur den Personalausweis. Alle anderen Nationalitäten müssen einen Reisepass vorlegen, der noch mindestens sechs Monate nach der Ausreise aus Italien gültig sein muss.

Es ist gesetzlich vorgeschrieben, Ausweis oder Pass ständig mit sich zu führen. Eines von beiden muss beim Einchecken in der Unterkunft zwecks polizeilicher Meldepflicht vorgelegt werden.

Flugzeug

Flughäfen & Fluglinien

Der **Internationale Flughafen Neapel** (Capodichino; ☎081 789 62 59; www.aeroportodinapoli.it; Viale F. Ruffo di Calabria), 7 km nordöstlich der Innenstadt von Neapel, ist der Hauptflughafen Süditaliens. Er wird von einer Reihe großer Airlines angeflogen, darunter Easyjet, die von London, Paris, Amsterdam, Wien, Berlin und mehreren anderen europäischen Städten nach Neapel fliegt.

Curreri-Busse (Karte S. 161; ☎081 801 54 20; www.curreriviaggi.it) verkehren zehnmal täglich zwischen Capodichino und Sorrent. Sie fahren draußen vor den Abflughallen ab und halten vor dem Bahnhof Sorrent. Fahrkarten (10 €) für die 75 Minuten dauernde Fahrt sind im Bus erhältlich.

Tickets

Das Internet ist die einfachste Möglichkeit, günstige Flüge zu finden und zu buchen. Studenten und junge Leute unter 26 Jahren erhalten unter Umständen ermäßigte Preise bei Agenturen wie **STA Travel** (www.statravel.com). In der Regel muss ein gültiger internationaler Studentenausweis (ISIC) vorgelegt werden.

KLIMAWANDEL & REISEN

Jede Form des motorisierten Reisens erzeugt CO_2, die Hauptursache des von Menschen erzeugten Klimawandels. Modernes Reisen ist von Flugzeugen abhängig, die vielleicht pro Kilometer und Person weniger Kraftstoff als die meisten Autos verbrauchen, aber sehr viel weitere Strecken zurücklegen. Auch die hohen Luftschichten, in die Flugzeuge Treibhausgase (auch CO_2) und Schadstoffe ausstoßen, spielen eine wichtige Rolle beim Klimawandel. Viele Websites bieten „Emissionsrechner“, mit denen Reisende die CO_2-Emissionen ihrer Reise ausrechnen und die Auswirkung dieser Treibhausgase mit einem Beitrag für klimafreundliche Projekte in der ganzen Welt ausgleichen können. Lonely Planet gleicht die CO_2-Bilanz aller Reisen der Mitarbeiter und Autoren aus.

ONLINE-TICKETS
Flugtickets zu fairen Preisen finden sich auf folgenden Online-Buchungsseiten:

- www.cheapflights.com
- www.ebookers.com
- www.expedia.com
- www.kayak.com
- www.lastminute.com
- www.orbitz.com
- www.priceline.com

AUSREISESTEUER
Die Departure Tax ist im Ticketpreis enthalten.

Landweg

Die Reise nach Kampanien über den Landweg führt von Nord nach Süd durch drei Viertel Italiens, was entweder enorm zeitraubend ist oder – für alle, die genug Zeit haben – eine wunderbare Art, das Land zu erleben.

Auto & Motorrad

Wer mit dem eigenen Fahrzeug nach Kampanien fährt, sollte neben den Kosten für Mautstraßen auch die Tatsache bedenken, dass die Benzinpreise in Italien zu den höchsten Europas gehören.

Im chaotischen Neapel möchte wahrscheinlich niemand freiwillig herumfahren. Außerdem fallen dort noch zusätzliche Kosten für sichere Parkplätze an.

Ein eigenes Auto ist zwar von Vorteil für Fahrten in entlegenere Gebiete Kampaniens, wie in die Gegend westlich von Sorrent oder in den Parco Nazionale del Cilento, Vallo di Diano e Alburni, aber angesichts der Kosten für die Anfahrt ist ein Mietwagen die schlauere Option.

Bus

Busse sind die billigsten Verkehrsmittel auf dem Landweg nach Italien, aber sie fahren seltener, sind unbequemer und beträchtlich langsamer als Züge. Die meisten der nachstehend genannten Gesellschaften haben ein Büro im Metropark Napoli Centrale, Corso Arnaldo Lucci.

CLP (☎081 531 17 07; www.clpbus.it;) Verbindet Neapel und Foggia.

Eurolines (www.eurolines.com) Verbindungen von Neapel zu Städten in ganz Italien und Europa.

FlixBus (https://global.flixbus.com) Hat günstige Tickets von Neapel zu nationalen und internationalen Zielen.

Miccolis (☎080 531 53 34; www.miccolis-spa.it) Fährt mehrmals täglich von Neapel nach Potenza, Matera, Taranto, Brindisi, Lecce und Bari.

Marino (☎080 311 23 35; www.marinobus.it) Tägliche Verbindungen von Neapel nach Bari und Matera.

SAIS (☎091 617 11 41; www.saistrasporti.it) Fernbusse von Neapel und Rom nach Sizilien.

Zug

Je nach Streckenlänge kann eine Bahnfahrt im Vergleich zum Fliegen durchaus günstiger sein: Fahrten aus Nachbarländern nach Norditalien sind häufig komfortabler, billiger und nur geringfügig zeitaufwendiger als Flüge.

Bei längeren Entfernungen, z. B. aus Norddeutschland, sind Flüge zweifellos billiger und schneller. Zu beachten ist jedoch, dass der Zug weitaus umweltfreundlicher ist – eine Bahnfahrt trägt pro Person zehnmal weniger zu CO_2-Emissionen bei als die gleiche Strecke mit dem Flugzeug.

In Neapel halten *regionale* (regionale), *diretto* (direkte) und Intercityzüge sowie der Hochgeschwindigkeitszug Frecciarossa. Bahnhof für alle ist der Napoli Centrale oder die Stazione Garibaldi (auf der unteren Ebene).

Die staatliche Bahngesellschaft **Trenitalia** (☎892021; www.trenitalia.com) unterhält Direktverbindungen zwischen Neapel und Rom (2. Klasse 12 bis 48 €, 70 Minuten bis drei Stunden, rund 66-mal täglich), mit vielen Hochgeschwindigkeitsverbindungen weiter Richtung Norden nach Florenz, Bologna und Mailand. Die private Hochgeschwindigkeitsbahngesellschaft **Italo** (☎8920 20; www.italotreno.it) bietet ebenfalls drei Direktverbindungen täglich zwischen Neapel und Rom (2. Klasse 15 bis 39 €, 70 Minuten, rund 20-mal täglich) mit Anschlussverbindungen nach Norden. Von Neapel fahren Trenitalia-Züge Richtung Süden nach Reggio di Calabria und nach Messina, Sizilien.

- Reservierung auf internationalen Strecken von/nach Italien ist immer ratsam und manchmal obligatorisch.
- Auf einigen internationalen Strecken verkehren auch Autoreisezüge.
- Es empfiehlt sich, lange Strecken mit einem Nachtzug zurückzulegen, da der Zusatzpreis für ein Schlafwagenabteil erheblich günstiger ist als eine Übernachtung in einem Hotel.

Schiff/Fähre

Neapel ist der Haupthafen von Kampanien, sowohl für regionale Fähren als auch für internationale Kreuzfahrtschiffe. Ganzjährig angelaufene Fährdestinationen sind beispielsweise Capri, Ischia, Procida sowie Sizilien und Sardinien. Fähren nach Sizilien fahren auch in Salerno ab.

Ein Fahrplan der Fähren von und nach Italien findet sich bei **Direct Ferries** (www.directferries.com). Auf der Website sind die Routen und Preise gelistet und buchen kann man auch gleich.

UNTERWEGS VOR ORT

Auto & Motorrad

Ein Großteil der Innenstadt von Neapel ist den Fahrzeugen von Anwohnern vorbehalten, und die Kombination aus anarchischem Verkehr und illegalen Fahrzeugaufpassern, die ein „Trinkgeld" fordern, kann einem schnell die Urlaubslaune verderben.

Auf Capri sind die meiste Zeit des Jahres keine Besucherfahrzeuge zugelassen; auf Ischia und Procida ist das Fahren nur mit erheblichen Einschränkungen möglich.

In der Hochsaison kann eine Fahrt entlang der Amalfiküste aufgrund des hohen Verkehrsaufkommens stressig sein, aber ein eigenes Fahrzeug bedeutet hier auch größtmögliche Flexibilität.

Ein fahrbarer Untersatz ist ideal in der Region Cilento, um abgeschiedene Orte und Strände zu erkunden.

Auf den Straßen von Kampanien sollte man sich nicht von Dränglern nerven lassen; sich auf das konzentrieren, was vorne passiert und nicht so sehr auf das, was hinten geschieht; auf Motorroller achten; stets Fußgängern Vorrang geben, woher auch immer sie auftauchen. Und alle Kreuzungen und Ampeln mit extremer Vorsicht anfahren und immer die Ruhe bewahren.

Neapel liegt an der Autostrada del Sole von Norden nach Süden, der A1 (nordwärts nach Rom und Mailand) und der A3 (südwärts nach Salerno und Reggio di Calabria). Die A30 streift Neapel im Nordosten, die A16 führt quer rüber nach Bari.

Bei Anfahrt auf Neapel trifft die Autobahn auf die Ringautobahn Tangenziale di Napoli. Die Ringautobahn führt am Nordrand der Stadt entlang, hat Anbindung an die A1 nach Rom sowie die A2 zum Flughafen Capodichino im Osten und führt weiter Richtung Campi Flegrei und Pozzuoli im Westen.

Automobilclubs

Der **Automobile Club d'Italia** (ACI; www.aci.it) ist die beste Informationsquelle für Fahrer in Italien. Ausländer müssen nicht eintreten, um den **Notdienst** (☎803116; ⏲24 Std.) in Anspruch nehmen zu können, sondern zahlen bei Inanspruchnahme eine Gebühr.

Benzin & Ersatzteile

Tankstellen an den Hauptverkehrsstraßen sind durchgängig geöffnet, in kleineren Orten nur montags bis samstags von 7 bis 19 Uhr mit Mittagspause. *Benzina senza piombo* (bleifreies Benzin) und *gasoil* (Diesel) kosten um 1,56 € bzw. 1,41 € pro Liter.

Ersatzteile gibt es in vielen Werkstätten oder über die rund um die Uhr geschaltete Notrufnummer des Automobilhilfsdienstes **ACI** ☎803116 (oder ☎02 6616 5116, sofern man von einem nichtitalienischen Mobiltelefon aus anruft).

Führerscheine

Sämtliche EU-Führerscheine sind in Italien gültig. Reisende aus anderen Ländern sollten sich bei ihrem Straßenverkehrsamt einen Internationalen Führerschein ausstellen lassen.

Mautstraßen

Die meisten Autobahnen haben Mautstellen, zahlbar mit Bargeld oder Kreditkarte bei der Ausfahrt. Informationen zu Verkehrsverhältnissen, Mautgebühren und Entfernungen siehe www.autostrade.it.

Mietwagen

➡ Über das Internet zu buchen ist oft günstiger, als erst nach der Ankunft in Italien ein Auto zu mieten. Der Online-Buchungsdienst Rentalcars.com (www.rentalcars.com) vergleicht die Preise zahlreicher Mietwagenfirmen.

➡ Die Fahrer müssen generell mindestens 21 Jahre alt sein und eine Kreditkarte und einen Führerschein ihres Herkunftslandes besitzen.

➡ Bei einem Kleinwagen sind die Benzinkosten geringer und es ist einfacher, in Städten durch die engen Straßen zu fahren und in kleine Parkplätze zu manövrieren.

➡ Manche Kreditkartengesellschaften bieten, sofern der Mietwagen mit der Karte bezahlt wird, Vollkasko an.

Folgende Firmen haben zahlreiche Abholbüros in Kampanien:

Avis (☎081 28 40 41; www.avisautonoleggio.it; Piazza Garibaldi 92, Starhotels Terminus, Neapel; ⏲Mo–Fr 8–19.30, Sa 8.30–16.30, So 9–13 Uhr)

Europcar (☎081 780 56 43; www.europcar.it; Internationaler Flughafen Neapel)

Hertz (☎081 20 28 60; www.hertz.it; Corso Arnaldo Lucci 171, Neapel; ⏲Mo–Fr 8.30–13 & 14.30–19 Uhr)

Maggiore (☎081 28 78 58; www.maggiore.it; Napoli Centrale; ⏲Mo–Fr 8.30–19.30, Sa bis 18, So bis 12.30 Uhr)

In Neapel kann man Motorroller mieten bei **Vespa Sprint** (☎081 764 34 52; http://vespasprint.it/noleggio-vespa-scooter-napoli; Via Santa Lucia 36, Neapel; Motorrollerverleih pro Tag ab 60 €; ⏲9–20 Uhr).

Mit dem eigenen Fahrzeug

Wer mit dem eigenen Auto nach Neapel fährt, sollte sicherstellen, dass alle Papiere in Ordnung sind, sowie Warndreieck und Warnweste mitnehmen. Bei Ankunft in Neapel ist während des Berufsverkehrs und um die

Mittagszeit mit heftigem Verkehrsstau zu rechnen. Wichtige Straßenschilder, wie *uscita* (Ausfahrt) und *raccordo* (Ringstraße), sollte man sich einprägen.

Parken

Parken in Neapel ist kein Spaß. Blaue Linien an der Straßenseite bedeuten Parkscheinpflicht. Die Tickets gibt es am Automaten oder in Tabakläden und kosten um 2 € pro Stunde. Straßenparkplätze werden oft von illegalen Wächtern beaufsichtigt, die 3 bis 5 € für den Schutz des Autos verlangen. Es ist meist einfacher, klein beizugeben und zu zahlen, statt sich zu empören.

Ein sicherer, zweigeschossiger Parkplatz befindet sich unter der Piazza Garibaldi, geöffnet täglich von 5 bis 1 Uhr. Östlich des Stadtzentrums liegt in der Via Brin ein 24-Stunden-Parkplatz.

Außerhalb Neapels kann Parken ähnlich problematisch sein, besonders in den Touristenzentren an der Amalfiküste und erst recht im August.

Verkehrsregeln

Es macht zwar nicht immer den Eindruck, aber es gibt tatsächlich Verkehrsregeln in Italien. Hier einige der wichtigsten:

- Es gilt Anschnallpflicht auf allen Sitzen (auch hinten); bei Zuwiderhandlung wird ein sofortiges Strafgeld erhoben. Helmpflicht besteht für alle zweirädrigen Fahrzeuge.
- Außerhalb bebauter Gebiete muss bei Tag und Nacht während der Fahrt der Scheinwerfer eingeschaltet sein.
- Bei einer Panne ist ein Warndreieck Pflicht, ebenso das Tragen einer gelben oder orangefarbenen Sicherheitsweste beim Aussteigen. Empfohlen wird das Mitführen eines Erste-Hilfe-Kastens, Ersatzlampensets und Feuerlöschers.
- Für das Lenken eines Motorrads besteht Führerscheinpflicht – ein Pkw-Führerschein reicht für Räder bis 125 cc; für alles darüber braucht man einen Motorradführerschein.
- Motorräder sind in den meisten verkehrsberuhigten Gebieten italienischer Städte erlaubt, und bei auf Fußwegen abgestellten Motorrädern oder -rollern drücken die Verkehrspolizisten üblicherweise beide Augen zu.
- Die Alkoholgrenze liegt in Italien bei 0,5 Promille, für Fahrer unter 21 Jahren und alle, die ihren Führerschein vor weniger als drei Jahre gemacht haben, bei 0 Promille.

Sofern nicht anders angezeigt, gelten die folgenden Geschwindigkeitsbeschränkungen:

- 130 km/h auf *autostradas*
- 110 km/h auf allen Schnellstraßen außerhalb von Ortschaften
- 90km/h auf Landstraßen außerhalb von Ortschaften
- 50 km/h in bebauten Gebieten

Bus

Mehrere Busgesellschaften bedienen Kampanien. Für Reisende besonders nützlich sind folgende:

ANM (☎800 639525; www.anm.it) betreibt die Stadtbusse in Neapel. Es gibt keinen zentralen Busbahnhof, aber die meisten Busse fahren über die Piazza Garibaldi.

City Sightseeing Napoli (Karte S. 50; ☎081 551 72 79; www.city-sightseeing.it/en/naples; Erw./erm. 23/11,50 €) hat auf drei Routen in Neapel Hop-on-Hop-off-Touristenbusse eingesetzt. Alle fahren am Largo Castello neben dem Castel Nuovo ab. Tickets gibt es im Bus, Kinder unter fünf Jahren dürfen gratis mit.

EAV (☎800 211388; www.eavsrl.it) Verbindet Neapel mit den Campi Flegrei und Sorrent. Unterhält auch öffentliche Busse auf Ischia und Procida.

Infante Viaggi (☎089 82 57 65; www.agenziainfanteviaggi.it) Verkehrt zwischen Neapel und Salerno in den Parco Nazionale del Cilento, Valle di Diano e Alburni.

SITA Sud (www.sitasudtrasporti.it) Verbindet Sorrent mit der Amalfiküste. Verkehrt auch zwischen Salerno und Neapel (einschließlich Flughafen Neapel).

Mobility Amalfi Coast (☎089 81 30 77) Betreibt Regionalbusse in Positano mit Anschlussverbindungen nach Montepertuso, Nocelle und Praiano.

Fahrrad

Fahrradfahren ist in Neapel eine wirklich gefährliche Sache – dies ist eine Stadt, in der anscheinend alle Verkehrsregeln missachtet werden. Die meisten Autofahrer rasen, quasseln am Handy und ignorieren Ampeln. Fahrrad- und Motorraddiebstahl ist an der Tagesordnung.

Leihfahrräder sind in Neapel teuer (ab 20 € pro Tag). Wer also etwas länger bleiben und sich unbedingt auf den Sattel schwingen will, kommt billiger weg, wenn er sich ein Fahrrad kauft. Eine Fahrradtour an der Amalfiküste ist wegen der unübersichtlichen Kurven und steilen Klippen ebenfalls heikel.

Flugzeug

Innerhalb von Kampanien gibt es keine Flugverbindungen.

Schiff/Fähre

Neapel, die Inseln und die Amalfiküste haben viele Fährverbindungen. Vom **Molo Beverello** (Karte

S. 50) vor dem Castel Nuovo legen die Schnellfähren und Tragflächenboote nach Capri, Ischia (nach Ischia Porto und Forio) sowie Procida ab; Tragflächenboote nach Capri, Ischia und Procida fahren auch von Mergellina los.

Die Fähren nach Sizilien und Sardinien verkehren ab dem **Molo Angioino** (Karte S. 50) (gleich neben dem Molo Beverello) und der benachbarten Calata Porta di Massa. Von dort fahren auch langsame Fähren nach Ischia und Procida. **SNAV**-Fährschiffe (☎081 428 55 55; www.snav.it; Molo Beverollo) zu den Liparischen Inseln legen in Mergellina ab.

Die Preise gelten, falls nicht anders angegeben, pro Person für eine einfache Fahrt in der Deckklasse und in der Hochsaison. Der Fährverkehr wird im Winter erheblich reduziert, schlechtes Wetter sorgt ebenfalls für Fahrplanänderungen.

Alicost (☎089 23 48 92; www.alicost.it)

Alilauro (☎081 497 22 38; www.alilauro.it; Molo Beverello)

Caremar (☎081 1896 6690; www.caremar.it; Molo Beverello)

Medmar (☎081 333 44 11; www.medmargroup.it; Calata Porta di Massa)

Navigazione Libera del Golfo (NLG;☎081 552 07 63; www.navlib.it; Marina Grande)

Siremar (☎800 627414; www.siremar.it; Calata Porto di Massa)

Tirrenia (☎199 303040; www.tirrenia.it; Calata Porta di Massa)

TraVelMar (☎089 87 29 50; www.travelmar.it)

Nahverkehr

Metro

Neapel hat drei Metrolinien: Nr. 1, Nr. 2 und Nr. 6.

Metrolinie 1 (Linea 1; www.anm.it) verläuft von Garibaldi (Napoli Centrale) via Innenstadt nach Vomero und in die nördlichen Vororte. Nützliche Haltestellen sind beispielsweise Duomo und Università (Südrand des *centro storico*), Municipio (Tragflächenboot- und Fährterminals), Toledo (Via Toledo und Quartieri Spagnoli), Dante (Westrand des *centro storico*) und Museo (Museo Archeologico Nazionale). Die Bahnen verkehren von ca. 6 bis ca. 23.30 Uhr.

Metrolinie 2 (Linea 2; www.trenitalia.com/tcom/Treni-Regionali/Campania) verläuft von Gianturco bis Garibaldi (Napoli Centrale) und weiter nach Pozzuoli. Praktische Haltestellen sind beispielsweise Piazza Cavour (La Sanità und Nordrand des *centro storico*), Piazza Amedeo (Chiaia) und Mergellina (Fähr- und Tragflächenbootterminals). Umsteigen zur Linie 1 an der Station Garibaldi oder an der Piazza Cavour (Station Museo auf der Linie 1). Die Bahnen verkehren von ca. 5.30 bis ca. 23.30 Uhr.

Metrolinie 6 soll 2019/2020 wieder in Betrieb gehen; sie wird dann dank Verlängerung von Municipio bis Chiaia, Mergellina und Mostra fahren.

FÄHREN

Tickets für kürzere Strecken gibt es an den Kartenschaltern am Molo Beverello und in Mergellina. Für längere Strecken sind sie direkt bei den Fährgesellschaften oder im Reisebüro erhältlich.

ZIEL (AB NEAPEL)	FÄHRGESELLSCHAFT	PREIS (€)	FAHRZEIT (STD.)	HÄUFIGKEIT (HOCHSAISON)
Liparische Inseln	SNAV (nur Juni–Anfang Sept.)	ab 65	4½–6½	1–2-mal tgl.
Liparische Inseln	Siremar	ab 58	13¾	2-mal wöchentl.
Cagliari (Sardinien)	Tirrenia	ab 44	14½	2-mal wöchentl.
Capri	Caremar	ab 12,50	80 Min.	7-mal tgl.
Ischia	Caremar	12,50	80 Min.	8-mal tgl.
Ischia	Medmar	13,50	1¼	6-mal tgl.
Milazzo (Sizilien)	Siremar	ab 58	16¼–18¼	2-mal wöchentl.
Palermo (Sizilien)	SNAV	ab 40	10¼	1–2-mal tgl.
Palermo (Sizilien)	Tirrenia	ab 41	10¼	1-mal tgl.
Pontinische Inseln	SNAV (nur Juli–Anfang Sept.)	ab 22	3	4-mal wöchentl.
Procida	Caremar	10,50	1	7-mal tgl.

TRAGFLÄCHENBOOTE & SCHNELLFÄHREN

ZIEL (AB MOLO BEVERELLO IN NEAPEL)	FÄHRGESELLSCHAFT	PREIS (€)	FAHRZEIT (MIN.)	HÄUFIGKEIT (HOCHSAISON)
Capri	Caremar	18	60	4
Capri	Navigazione Libera del Golfo	ab 20,50	45	9
Capri	SNAV	22,50	45	9
Ischia	Caremar	18	55	6
Ischia	Alilauro	ab 19	60	10
Ischia (Casamicciola)	SNAV	ab 20	60	8
Procida	Caremar	14,50	40	8
Procida	SNAV	ab 17,50	30	4
Sorrent	Alilauro	13	45	5
Sorrent	Navigazione Libera del Golfo	13	45	1

Sowohl die Linie 1 als auch die 6 werden von der Gesellschaft **ANM** (☎800 639525; www.anm.it) betrieben, unter deren Regie auch die Busse und Standseilbahnen der Stadt laufen. Linie 2 wird von der staatlichen Bahngesellschaft Ferrovie dello Stato (FS) betrieben.

Standseilbahn

Drei Linien verbinden das Stadtzentrum Neapels mit dem Bezirk Vomero, eine vierte verbindet den Bezirk Mergellina mit Posillipo. Alle Bahnen sind täglich von 7 bis 22 Uhr in Betrieb. Näheres auf der Website www.anm.it.

Funicolare Centrale Fährt von der Piazzetta Augusteo zur Piazza Fuga.

Funicolare di Chiaia Fährt von der Via del Parco Margherita zur Via Domenico Cimarosa.

Funicolare di Montesanto Fährt von der Piazza Montesanto zur Via Raffaele Morghen.

Funicolare di Mergellina Verbindet die Hafengegend an der Via Mergellina mit der Via Manzoni.

Taxi

Offizielle Taxis haben einen Gebührenzähler; vor dem Einsteigen immer darauf achten, dass er auch eingeschaltet ist. In Neapel finden sich u. a. folgende Taxiunternehmen:

- **Consortaxi** (☎081 22 22; www.consortaxi.com)
- **Taxi Napoli** (☎081 88 88; www.taxinapoli.it)
- **Radio Taxi La Partenope** (☎081 01 01; www.radiotaxi lapartenope.it)

Taxis gibt es in den meisten größeren Städten und Touristengegenden in Kampanien, darunter Capri, Ischia, Sorrent und Salerno.

Zug

Die Züge der **Circumvesuviana** (☎800 211388; www.eavsrl.it) (vom Bahnhof Napoli Centrale in Neapel den Schildern folgen) fahren nach Sorrent (3,90 €) über Ercolano (Herculaneum; 2,20 €), Pompeji (2,80 €) und andere Städte entlang der Küste von ca. 6 bis ca. 22 Uhr.

Die Züge der **Ferrovia Cumana** (☎800 21 13 88; www.eavsrl.it) fahren nach Pozzuoli (2,20 €) und zu den Campi Flegrei. In Neapel fahren die Cumana-Züge von der Stazione Cumana di Montesanto an der Piazza Montesanto ab, 500 m südwestlich der Piazza Dante.

Sprache

In ganz Italien wird die Hochsprache gelehrt und gesprochen. Auch wenn Dialekte ein wichtiger Bestandteil regionaler Identität sind, wird man mit Hochitalienisch, das wir auch für dieses Kapitel verwendet haben, nirgends Probleme haben, sich verständlich zu machen.

Die Laute des Italienischen kommen auch in der deutschen Sprache vor. Wer die farbige Lautschrift in diesem Kapitel benutzt, wird sich verständlich machen können. Die betonte Silbe eines Wortes ist stets kursiv gedruckt. Anders als im Deutschen wird der Umlaut „ei" wie zwei Vokale gesprochen, also nicht wie in „Seite", sondern wie in „beinhalten". Dasselbe gilt für „eu", das wie in „beurteilen" klingt, was beim Bezahlen in Euro (*e*·uro) wichtig ist. Konsonanten werden oft schärfer als bei uns gesprochen, das „r" etwas gerollt. Doppelkonsonanten werden deutlich betont, so dass der Unterschied zwischen z. B. *sonno* (*son*·no; Schlaf) und *sono* (*so*·no; ich bin) offensichtlich wird.

GRUNDLAGEN

Wie im Deutschen gibt es auch im Italienischen eine Höflichkeitsform. Wer Fremde, Amtspersonen oder ältere Menschen anspricht, verwendet daher die dritte Person Singluar *lei* (Sie). Bei Verwandten, Freunden und jüngeren Personen ist dagegen das vertrauliche *tu* (du) üblich.

Die italienische Sprache kennt nur zwei grammatikalische Geschlechter, maskulin und feminin. Die meisten weiblichen Substantive und Adjektive enden auf -a, die männlichen auf -o, im Plural auf -e bzw. -i. Der weibliche Artikel ist *la* (bestimmt) oder *una* (unbestimmt), der männliche *il* (bestimmt) oder *uno* (unbestimmt). Wo notwendig, werden in diesem Kapitel die Varianten für vertraute (du)/höfliche (Sie) Anrede sowie maskulin/feminin angegeben.

NOCH MEHR ITALIENISCH?

Mehr zur italienischen Sprache und weitere nützliche Redewendungen verrät der *Sprachführer Italienisch* von Lonely Planet. Er ist im Buchhandel oder unter **shop.lonelyplanet.de** erhältlich.

Hallo.	*Buongiorno.*	bon·*dschor*·no
Auf Wiedersehen.	*Arrivederci.*	ar·ri·we·*der*·tschi
Ja/Nein.	*Sì/No.*	si/no
Entschuldigen Sie/entschuldige.	*Mi scusi/Scusami.*	mi *sku*·si/*sku*·sa·mi
Tut mir leid.	*Mi dispiace.*	mi dis·*pja*·tsche
Bitte (um etwas bitten).	*Per favore.*	per fa·*wo*·re
Danke.	*Grazie.*	*gra*·tsje
Bitte (gern geschehen).	*Prego.*	*pre*·go

Wie geht es Ihnen/dir?
Come sta/stai? — *ko*·me sta/stai

Gut, und Ihnen/dir?
Bene. E Lei/tu? — *be*·ne e lej/tu

Wie heißen Sie/heißt du?
Come si chiama? — *ko*·me si *kja*·ma
Come ti chiami? — *ko*·me ti *kja*·mi

Ich heiße ...
Mi chiamo ... — mi *kja*·mo ...

Sprechen Sie/Sprichst du Deutsch/Englisch?
Parla/Parli tedesco/inglese? — *par*·la/*par*·li te·*des*·ko/in·*gle*·se

Ich verstehe nicht.
Non capisco. — non ka·*pis*·ko

UNTERKUNFT

Haben Sie ein ...-zimmer?	*Avete una camera ...?*	a·we·te u·na ka·me·ra ...
Doppel-	*doppia con letto matrimoniale*	dop·ja kon le·to ma·tri·mon·ja·le
Einzel-	*singola*	sing·go·la
Wieviel kostet es pro ...?	*Quanto costa per ...?*	kwan·to kos·ta per ...
Nacht	*una notte*	u·na no·te
Person	*persona*	per·so·na

Ist das Frühstück inbegriffen?
La colazione è compresa? — la ko·la·tsjo·ne e kom·pre·sa

Klimaanlage	*aria condizionata*	a·ria kon·di·tsjo·na·ta
Bad	*bagno*	ba·njo
Campingplatz	*campeggio*	kam·pe·dscho
Pension	*pensione*	pen·sjo·ne
Hotel	*albergo*	al·ber·go
Jugendherberge	*ostello della gioventù*	os·tel·lo de·la dscho·ven·tu
Fenster	*finestra*	fi·nes·tra

RICHTUNGSANGABEN

Wo ist ...?
Dov'è ...? — do·wä ...

Wie ist die Adresse?
Qual'è l'indirizzo? — kwal·ä lin·di·ri·tso

Können Sie das bitte aufschreiben?
Può scriverlo, per favore? — puo skri·wer·lo per fa·wo·re

Können Sie es mir (auf der Karte) zeigen?
Può mostrarmi (sulla pianta)? — puo mos·trar·mi (su·la pjan·ta)

an der Ecke	*all'angolo*	al·lan·go·lo
an der Ampel	*al semaforo*	al se·ma·fo·ro
hinter	*dietro*	dje·tro
weit weg	*lontano*	lon·ta·no
vor (räumlich)	*davanti a*	da·wan·ti a
links	*a sinistra*	a si·nis·tra
nahe	*vicino*	wi·tschi·no
neben	*accanto a*	ak·kan·to a
gegenüber	*di fronte a*	di fron·te a
rechts	*a destra*	a de·stra
geradeaus	*sempre diritto*	sem·pre di·ri·to

SATZBAUKASTEN

Hier die wirklich wichtigen Standardsätze, kombinierbar mit den jeweiligen Begriffen aus dem Glossar:

Wann geht (der nächste Flug)?
A che ora è (il prossimo volo)? — a ke o·ra ä (il pro·si·mo wo·lo)

Wo ist (der Bahnhof)?
Dov'è (la stazione)? — do·wä (la sta·tsjo·ne)

Ich suche (ein Hotel).
Sto cercando (un albergo). — sto tscher·kan·do (un al·ber·go)

Haben Sie/hast du (eine Karte)?
Ha (una pianta)? — a (u·na pjan·ta)

Gibt's hier (eine Toilette)?
C'è (un gabinetto)? — tschä (un ga·bi·net·to)

Ich hätte gerne (einen Kaffee).
Vorrei (un caffè). — wo·rej (un ka·fe)

Ich möchte gerne (ein Auto mieten).
Vorrei (noleggiare una macchina). — wo·rej (no·le·dscha·re u·na ma·ki·na)

Darf ich (hereinkommen)?
Posso (entrare)? — pos·so (en·tra·re)

Könnten Sie/könntest du (mir helfen)?
Può/puoi (aiutarmi), per favore? — puo/puoi (a·ju·tar·mi) per fa·wo·re

Muss ich (einen Platz reservieren)?
Devo (prenotare un posto)? — de·wo (pre·no·ta·re un pos·to)

ESSEN & TRINKEN

Was können Sie empfehlen?
Cosa mi consiglia? — ko·sa mi kon·sil·ja

Welche Zutaten hat dieses Gericht?
Quali ingredienti ci sono in questo piatto? — kwa·li in·gre·djen·ti tschi so·no in kwes·to pja·to

Was ist die Spezialität der Region?
Qual'è la specialità di questa regione? — kwa·le la spe·tscha·li·ta di kwes·ta re·dscho·ne

Das war köstlich!
Era squisito! — e·ra skwi·si·to

Zum Wohl!
Salute! — sa·lu·te

Die Rechnung, bitte.
Mi porta il conto, per favore? — mi por·ta il kon·to per fa·wo·re

Ich möchte einen Tisch für ... reservieren	*Vorrei prenotare un tavolo per ...*	wo·rej pre·no·ta·re un ta·wo·lo per ...
(zwei) Personen	*(due) persone*	(du·e) per·so·ne
(acht) Uhr	*le (otto)*	le (o·to)

Ich esse kein/e/n …	*Non mangio …*	non *man*·dscho
Eier	*uova*	*uo*·wa
Fisch	*pesce*	*pe*·sche
Nüsse	*noci*	*no*·tschi
(rotes) Fleisch	*carne (rossa)*	*kar*·ne (*ros*·sa)

Nützliches

Abendessen	*cena*	*tsche*·na
Bar	*locale*	lo·*ka*·le
Café	*bar*	Bar
Flasche	*bottiglia*	bot·*ti*·lja
Frühstück	*prima colazione*	*pri*·ma ko·la·*tsjo*·ne
Gabel	*forchetta*	for·*ket*·ta
Getränkekarte	*lista delle bevande*	*lis*·ta *del*·le be·*wan*·de
Glas	*bicchiere*	bi·*kje*·re
heiß	*caldo*	*kal*·do
kalt	*freddo*	*fred*·do
Lebensmittel	*alimentari*	a·li·men·*ta*·ri
Löffel	*cucchiaio*	kuk·*ja*·jo
Markt	*mercato*	mer·*ka*·to
Messer	*coltello*	kol·*tel*·lo
mit	*con*	kon
Mittagessen	*pranzo*	*pran*·tso
ohne	*senza*	*sen*·tsa
Restaurant	*ristorante*	ree·sto·*ran*·te
scharf	*piccante*	pi·*kan*·te
Speisekarte	*menù*	me·*nu*
Teller	*piatto*	*pjat*·to
vegetarisch	*vegetariano*	we·dsche·ta·ri *ja*·no

Fleisch & Fisch

Austern	*ostriche*	*o*·stri·ke
Ente	*anatra*	*a*·na·tra
Fisch	*pesce*	*pe*·sche
Fleisch	*carne*	*kar*·ne
Forelle	*trota*	*tro*·ta
Garnelen	*gamberi*	*gam*·be·ri
Hähnchen	*pollo*	*pol*·lo
Hering	*aringa*	a·*rin*·ga
Hummer	*aragosta*	a·ra·*gos*·ta
Jakobsmuscheln	*capasante*	ka·pa·*san*·te
Kalbfleisch	*vitello*	wi·*te*·lo
Lachs	*salmone*	sal·*mo*·ne
Lamm	*agnello*	an·*jel*·lo
Meeresfrüchte	*frutti di mare*	*fru*·ti di *ma*·re
Miesmuscheln	*cozze*	*kott*·se
Rindfleisch	*manzo*	*man*·tso
Schweinefleisch	*maiale*	ma·*ja*·le
Shrimps	*gamberetti*	gam be·*ret*·ti
Thunfisch	*tonno*	*ton*·no
Tintenfisch	*calamari*	ka·la·*ma*·ri
Truthahn	*tacchino*	ta·*ki*·no

Obst & Gemüse

Ananas	*ananas*	*a*·na·nas
Apfel	*mela*	*me*·la
Blumenkohl	*cavolfiore*	ka·wol·*fjo*·re
Bohnen	*fagioli*	fa·*dscho*·li
Erbsen	*piselli*	pi·*sel*·li
Gemüse	*verdura*	wer·*du*·ra
Gurke	*cetriolo*	tsche·tri·*o*·lo
Kartoffeln	*patate*	pa·*ta*·te
Kohl	*cavolo*	*ka*·wo·lo
Linsen	*lenticchie*	len·*ti*·kje
Möhre	*carota*	ka·*ro*·ta
Nüsse	*noci*	*no*·tschi
Obst	*frutta*	*frut*·ta
Orange	*arancia*	a·*ran*·tscha
Paprika	*peperone*	pe·pe·*ro*·ne
Pfirsich	*pesca*	*pes*·ka
Pflaume	*prugna*	*prun*·ja
Pilze	*funghi*	*fung*·gi
Spinat	*spinaci*	spi·*na*·tschi
Tomaten	*pomodori*	po·mo·*do*·ri
Weintraube	*uva*	*u*·wa
Zitrone	*limone*	li·*mo*·ne
Zwiebeln	*cipolle*	tschi·*pol*·le

SCHILDER

Entrata/Ingresso	Eingang
Uscita	Ausgang
Aperto	Geöffnet
Chiuso	Geschlossen
Informazioni	Auskünfte
Proibito/Vietato	Verboten
Gabinetti/Servizi	Toiletten
Uomini	Herren
Donne	Damen

Sonstiges

Brot	*pane*	*pa*·ne
Butter	*burro*	*bur*·ro
Ei	*uova*	*uo*·wa
Eis (Würfel)	*ghiaccio*	*gja*·tscho
Essig	*aceto*	a·*tsche*·to
Honig	*miele*	*mje*·le
Käse	*formaggio*	for·*ma*·dscho
Marmelade	*marmellata*	mar·mel·*la*·ta
Nudeln	*pasta*	*pas*·ta
Öl	*olio*	*o*·ljo
Pfeffer	*pepe*	*pe*·pe
Reis	*riso*	*ri*·so
Salz	*sale*	*sa*·le
Sojasauce	*salsa di soia*	*sal*·sa di *so*·ja
Suppe	*minestra*	mi·*nes*·tra
Zucker	*zucchero*	*tsuk*·ke·ro

Getränke

(Mineral-) Wasser	*acqua (minerale)*	*a*·kwa (mi·ne·*ra*·le)
(Orangen-) Saft	*succo (d'arancia)*	*su*·ko (da·*ran*·tscha)
Bier	*birra*	*bee*·ra
Getränk	*bibita*	*bi*·bi·ta
Kaffee (Espresso)	*caffè*	ka·*fä*
Milch	*latte*	*lat*·te
Rotwein	*vino rosso*	*wi*·no *ros*·so
Tee	*tè*	te
Weißwein	*vino bianco*	*wi*·no *bjang*·ko

IM NOTFALL

Hilfe! *Aiuto!* a·*ju*·to

Lassen Sie/lass mich in Ruhe!
Lascimi/lasciami in pace!
la·schi mi/*la*·scha mi in *pa*·tsche

Ich habe mich verirrt.
Mi sono perso/a. (m/f)
mi *so*·no *per*·so/a

FRAGEWÖRTER

Wie?	*Come?*	*ko*·me
Was?	*Che cosa?*	ke *ko*·sa
Wann?	*Quando?*	*kwan*·do
Wo?	*Dove?*	*do*·we
Wer?	*Chi?*	ki
Warum?	*Perché?*	per·*ke*

Es ist ein Unfall passiert.
C'è stato un incidente.
tsche *sta*·to un in·tschi·*den*·te

Rufen Sie/ruf die Polizei!
Chiami/chiama la polizia!
kja·mi/*kja* ma la po·li·*tsi*·ja

Rufen Sie/ruf einen Arzt!
Chiami/chiama un medico!
kja·mi/*kja* ma un *me*·di·ko

Wo sind die Toiletten?
Dove sono i gabinetti?
do·we *so*·no i ga·bi·*net*·ti

Mir ist schlecht.
Mi sento male.
mi *sen*·to *ma*·le

Ich habe hier Schmerzen.
Mi fa male qui.
mi fa *ma*·le kwi

Ich bin allergisch gegen...
Sono allergico/a a... (m/f)
so·no al·*ler*·dschi·ko/a a...

SHOPPEN & DIENSTLEISTUNGEN

Ich würde gerne ... kaufen.
Vorrei comprare ... wo·*rej* kom·*pra*·re ...

Ich schaue mich nur um.
Sto solo guardando. sto *so*·lo gwar·*dan*·do

Kann ich das mal anschauen?
Posso dare un'occhiata? *pos*·so *da*·re un ok·*kja*·ta

Wie viel kostet das?
Quanto costa questo? *kwan*·to *kos*·ta *kwes*·to

Das ist zu teuer.
È troppo caro/a. (m/f) ä *trop*·po *ka*·ro/a

Können Sie den Preis nachlassen?
Può farmi lo sconto? puo *far*·mi lo *skon*·to

Die Rechnung stimmt nicht.
C'è un errore nel conto. tsche un er·*ro*·re nel *kon*·to

Geldautomat	*Bancomat*	*ban*·ko·mat
Postamt	*ufficio postale*	uf·*fi*·tscho pos·*ta*·le
Touristen-information	*ufficio del turismo*	uf·*fi* tscho del tu·*ris*·mo

DATUM & UHRZEIT

Wie viel Uhr ist es?	*Che ora è?*	ke *o*·ra ä
Es ist 13 Uhr.	*È l'una.*	ä *lu*·na
Es ist (zwei) Uhr.	*Sono le (due).*	*so*·no le (*du*·e)
Halb (zwei; 13.30 Uhr)	*(L'una) e mezza.*	(*lu*·na) e *met*·sa

morgens	*di mattina*	di mat·ti·na
nachmittags	*di pomeriggio*	di po·me·ri·dscho
abends	*di sera*	di se·ra
gestern	*ieri*	je·ri
heute	*oggi*	o·dschi
morgen	*domani*	do·ma·ni
Montag	*lunedì*	lu·ne·di
Dienstag	*martedì*	mar·te·di
Mittwoch	*mercoledì*	mer·ko·le·di
Donnerstag	*giovedì*	dscho·we·di
Freitag	*venerdì*	we·ner·di
Samstag	*sabato*	sa·ba·to
Sonntag	*domenica*	do·me·ni·ka
Januar	*gennaio*	dsche·na·jo
Februar	*febbraio*	feb·ra·jo
März	*marzo*	mar·tso
April	*aprile*	a·pri·le
Mai	*maggio*	ma·dscho
Juni	*giugno*	dschun·jo
Juli	*luglio*	lul·jo
August	*agosto*	a·gos·to
September	*settembre*	set·tem·bre
Oktober	*ottobre*	ot·to·bre
November	*novembre*	no·wem·bre
Dezember	*dicembre*	di·tschem·bre

VERKEHRSMITTEL & -WEGE

Öffentliche Verkehrsmittel

Um wie viel Uhr startet/kommt ...
A che ora parte/arriva ...?
a ke o·ra par·te/ar·ri·wa ...

der Bus	*l'autobus*	lau·to·bus
die Fähre	*il traghetto*	il tra·get·to
das Flugzeug	*l'aereo*	la·e·re·o
das Schiff	*la nave*	la na·we
die U-Bahn	*la metropolitana*	la me·tro po·li·ta·na
der Zug	*il treno*	il tre·no

Bahnhof	*stazione ferroviaria*	sta·tsjo·ne fer·ro wi ari·ja
Bahnsteig/Gleis	*binario*	bi·na·rio
Bushaltestelle	*fermata dell' autobus*	fer·ma·ta dell au·to·bus

ZAHLEN

1	*uno*	u·no
2	*due*	du·e
3	*tre*	trä
4	*quattro*	kwat·tro
5	*cinque*	tsching·kwe
6	*sei*	sej
7	*sette*	set·te
8	*otto*	ot·to
9	*nove*	no·we
10	*dieci*	dje·tschi
20	*venti*	wen·ti
30	*trenta*	tren·ta
40	*quaranta*	kwa·ran·ta
50	*cinquanta*	tsching·kwan·ta
60	*sessanta*	ses·san·ta
70	*settanta*	se·tan·ta
80	*ottanta*	ot·tan·ta
90	*novanta*	no·wan·ta
100	*cento*	tschen·to
1000	*mille*	mi·le

Fahrkarte	*il biglietto*	il bil·jet·to
einfach	*di sola andata*	di so·la an·da·ta
hin und zurück	*di andata e ritorno*	di an·da·ta e ri·tor·no
Fahrplan	*orario*	o·ra·rio
Kartenschalter	*biglietteria*	bil jet te ri·a

Hält er in ...?	*Si ferma a ...?*	si fer·ma a ...

Bitte sagen Sie mir, wann wir in ... ankommen.
Mi dica per favore quando arriviamo a ...
mi di·ka per fa·wo·re kwan·do ar·ri·wja·mo a ...

Ich möchte hier aussteigen.
Voglio scendere qui.
wo·ljo schen·de·re kwi

Auto, Motorrad & Fahrrad

Ich würde gerne ein/en ... mieten.
Vorrei noleggiare un/una ... (m/f)
wo·rej no·le·dscha·re un/u·na ...

Allradfahrzeug	*fuoristrada* (m)	fuo·ri·stra·da
Auto	*macchina* (f)	ma·ki·na
Fahrrad	*bicicletta* (f)	bi tschi·klet·ta
Motorrad	*moto* (f)	mo·to
Benzin/Diesel	*benzina/ gasolio*	ben·tsi·na/ gas o ljo

Fahrradpumpe	*pompa della bicicletta*	*pom·pa del·la bi tschi·klet·ta*
Helm	*casco*	*kas·ko*
Kindersitz	*seggiolino*	*se·dscho·li·no*
Mechaniker	*meccanico*	*mek·ka·ni·ko*
Tankstelle	*stazione di servizio*	*sta·tsjo·ne di ser·wi·tsjo*

Ist das die Straße nach …?
Questa strada porta a …?
kwe·sta stra·da por·ta a …

(Wie lange) Kann ich hier parken?
(Per quanto tempo) Posso parcheggiare qui?
(per kwan·to tem·po) pos·so par·ke·dscha·re kwi

Das Auto/Motorrad hatte eine Panne (in …).
La macchina/moto si è guastata (a …).
la ma·ki·na/mo·to si e gwas·ta·ta (a …)

Ich habe einen platten Reifen.
Ho una gomma bucata.
o u·na gom·ma bu·ka·ta

Mir ist das Benzin ausgegangen.
Ho esaurito la benzina.
o e·sau·ri·to la ben·tsi·na

GLOSSAR

Pluralformen werden in Klammern genannt.

Albergo (alberghi) – Hotel
alimentari – Lebensmittelladen
allergia – Allergie
archeologica – Archäologie
autostrada (autostrade) – Autobahn
bagno – Bad, Toilette
bancomat – Geldautomat
bassi – Einzimmerwohnungen im Erdgeschoss, v. a. in den traditionell ärmeren Gegenden von Neapel zu finden
benzina – Benzin
biblioteca (biblioteche) – Bücherei
biglietto – Ticket
biglietto giornaliero – Kombiticket für mehrere Attraktionen
caffettiera – Italienischer Kaffeebereiter
calcio – Fußball
camera – Zimmer
cambio – Wechselstube
canzone (canzoni) – Lied
cappella – Kapelle
carabinieri – Militärpolizei
carta d'identità – Personalausweis
carta telefonica – Telefonkarte
casa – Haus
casareccio – hausgemacht
castello – Burg
catacomba – Katakomben
centro – Stadtzentrum
centro storico – Altstadt
chiesa (chiese) – Kirche
chiostro – Kreuzgang
cimitero – Friedhof
colle/collina – Hügel
colonna – Säule
commissariato – Polizeiwache
comune – Gemeinde; auch Stadtverwaltung, im Mittelalter ein Stadtstaat
concerto – Konzert
corso – Hauptstraße
cripta – Krypta
cupola – Kuppel
Dio (dei) – Gott
faraglione (faraglioni) – Klippe
farmacia – Apotheke
ferrovia – Bahnhof
festa – Feiertag
fiume – Fluss
fontana – Brunnen
forno – Bäckerei
forte/fortezza – Festung
forum (fora) – (latein.) öffentlicher Platz
francobollo (francobolli) – Briefmarke
gabinetto – Toilette; WC
gasolio – Diesel
gelateria – Eisdiele
giardino (giardini) – Garten
golfo – Golf
isola – Insel
lago – See
largo – kleiner Platz
lavanderia – Wäscherei
libreria – Buchladen
lido – Strand
lungomare – Strandpromenade
mare – Meer
medicina – Medizin
mercato – Markt
monte – Berg
mura – Stadtmauer
museo – Museum
nuovo/a – neu (m/f)
orto botanico – botanischer Garten
ospedale – Krankenhaus
ostello – Hostel
palazzo (palazzi) – Palast, stattliches Gebäude
panetteria – Bäckerei
panino (panini) – Sandwich
parcheggio – Parkplatz
parco – Park
passeggiata – Spaziergang
pasticceria – Konditorei
pastificio – Nudelhersteller
pensione – Penion
pescheria – Fischladen
piazza (piazze) – Platz
pinacoteca – Kunstgalerie
piscina – Schwimmbad
polizia – Polizei
ponte – Brücke
porta – Stadttor
porto – Hafen
presepe (presepi) – Weihnachtskrippe
questura – Polizeidirektion
reale – königlich
ruota – Rad

sala – Saal in einem Museum
salumeria – Wurstwarengeschäft
santuario – Wallfahrtskirche
scavi – Ausgrabungen
scheda telefonica – Telefonkarte
sedia a rotelle – Rollstuhl
sentiero – Pfad; Weg
servizio – Bedienungsgeld in Restaurants
sole – Sonne
sottosuolo – Kellergeschoss
spiaggia – Strand
statua – Statue
stazione – Bahnhof
strada – Straße
tabaccheria – Tabakladen
teatro – Theater
tempio – Tempel
terme – Thermalbad
torre – Turm
treno – Zug
via – Wohnstraße
vecchio – alt
vicolo – Gasse

Hinter den Kulissen

WIR FREUEN UNS ÜBER EIN FEEDBACK

Post von Travellern zu bekommen ist für uns ungemein hilfreich – Kritik und Anregungen halten uns auf dem Laufenden und helfen, unsere Bücher zu verbessern. Unser reiseerfahrenes Team liest alle Zuschriften genau durch, um zu erfahren, was an unseren Reiseführern gut und was schlecht ist. Wir können solche Post zwar nicht individuell beantworten, aber jedes Feedback wird garantiert schnurstracks an die jeweiligen Autoren weitergeleitet, rechtzeitig vor der nächsten Auflage.

Wer Ideen, Erfahrungen und Korrekturhinweise zum Reiseführer mitteilen möchte, hat die Möglichkeit dazu auf www.lonelyplanet.com/contact/guidebook_feedback/new. Anmerkungen speziell zur deutschen Ausgabe erreichen uns über www.lonelyplanet.de/kontakt.

Hinweis: Da wir Beiträge möglicherweise in Lonely Planet Produkten (Reiseführer, Websites, digitale Medien) veröffentlichen, ggf. auch in gekürzter Form, bitten wir um Mitteilung, falls ein Kommentar nicht veröffentlicht oder ein Name nicht genannt werden soll. Wer Näheres über unsere Datenschutzpolitik wissen will, erfährt das unter www.lonelyplanet.com/privacy.

DANK VON LONELY PLANET

Vielen Dank an die folgenden Leser, die mit der letzten Ausgabe unterwegs waren und uns wertvolle Hinweise, Tipps und interessante Anekdoten geschickt haben:

Amy Jones, Claire Edwards, Clive Walker, Dale Cooper, Derek Allison, Klaidas Armalis, Mark Galeck, Nestor Gorojovsky, Vicki Schneider

DANK DER AUTOREN

Cristian Bonetto

Grazie infinite an meine *Re e Regina di Napoli*, Federica Rispoli und Ivan Palmieri, an Igor Milanese, Gabriella de Micco, Valentina Vellusi, Mirella Armiero, Andrea Maglio, Susy Galeone, Enzo Porzio, Marcello de Bossa, Luca Coda, Harriet Driver, Alfredo Cefalo und Malgorzata Gajo, ebenso wie an die anderen vielen großzügigen Neapolitaner, die freundlicherweise ihre Einblicke und Geheimtipps mit mir geteilt haben. Bei Lonely Planet Riesendank an Anna Tyler für den Auftrag und an meinen Koautor Brendan Sainsbury für seine exzellente Recherche.

Brendan Sainsbury

Molte grazie an all die fähigen Sita-Busfahrer, hilfreichen Mitarbeiter von Touristeninformationen, großzügigen B&B-Betreiber, kunstfertigen Pizzakneter und ahnungslosen Passanten, die mir, wissentlich oder unwissentlich, auf meiner Rechercheriese geholfen haben. Besonderer Dank geht an Alfonso und Rosalia in Agropoli für ihre Unterstützung im Cilento. Danke auch an meine Frau Elizabeth, meinen Sohn Kieran und meine Schwester Theresa für ihre Begleitung unterwegs.

QUELLENNACHWEIS

Die Angaben auf der Klimakarte stammen von Peel MC, Finlayson BL & McMahon TA (2007) „Updated World Map of the Köppen-Geiger Climate Classification", Hydrology and Earth System Sciences, 11, 163344.

Illustration S. 110-111 von Javier Zarracina

Titelfoto: Procida, Golf von Neapel, Gabriele Scotto di Fasano/Getty ©

ÜBER DIESES BUCH

Dies ist die 3. deutsche Auflage von *Neapel & Amalfiküste*. Sie basiert auf der 6. englischen Auflage von Cristian Bonetto (Koordinator) und Brendan Sainsbury. Die vorigen beiden Auflagen schrieben Cristian und Helena Smith bzw. Cristian und Josephine Quintero.

Dieser Reiseführer wurde produziert von:

Titelredaktion Anna Tyler

Leitung Produktredaktion Elizabeth Jones

Produktredaktion Ronan Abayawickrema

Leitung Kartografie Anthony Phelan

Layout Gwen Cotter

Redaktionsassistenz Lucy Cowie, Peter Cruttenden, Barbara Delissen, Emma Gibbs, Alexander Knights, Jodie Martire

Titelbildrecherche Naomi Parker

Dank an Hannah Cartmel, Heather Champion, Sandie Kestell, Claire Naylor, Kirsten Rawlings, Victoria Smith, Angela Tinson, Saralinda Turner

Register

Kartenverweise **000**
Fotoverweise **000**

Kartenverweise **000**
Fotoverweise **000**

Kartenverweise **000**
Fotoverweise **000**

Kartenlegende

Sehenswertes

- Strand
- Vogelschutzgebiet
- buddhistisch
- Burg/Schloss/Palast
- christlich
- konfuzianisch
- hinduistisch
- islamisch
- jainistisch
- jüdisch
- Denkmal
- Museum/Galerie/histor. Gebäude
- Ruine
- shintoistisch
- Sikh
- taoistisch
- Weingut/Weinberg
- Zoo/Wildschutzgebiet
- sonstige Sehenswürdigkeit

Aktivitäten, Kurse & Touren

- bodysurfen
- tauchen
- Kanu/Kajak fahren
- Kurs/Tour
- Sento Hot Baths/Onsen
- Ski fahren
- schnorcheln
- surfen
- Swimmingpool
- wandern
- windsurfen
- sonstige Aktivität

Schlafen

- Hotel/Pension/Hostel
- Camping
- Hütte/Unterstand

Essen

- Restaurant

Ausgehen & Nachtleben

- Bar/Kneipe/Club
- Café

Unterhaltung

- Unterhaltung

Shoppen

- Shoppen

Praktisches

- Bank
- Botschaft/Konsulat
- Krankenhaus/Arzt
- Internet
- Polizei
- Post
- Telefon
- Toilette
- Touristeninformation
- sonstige Informationen

Geografie

- Strand
- Tor
- Hütte/Unterstand
- Leuchtturm
- Aussichtspunkt
- Berg/Vulkan
- Oase
- Park
- Pass
- Rastplatz
- Wasserfall

Städte

- Hauptstadt (Staat)
- Hauptstadt (Provinz)
- Großstadt
- Stadt/Ort

Transport

- Flughafen
- Grenzübergang
- Bus
- Seilbahn/Standseilbahn
- Radweg
- Fähre
- Metrostation
- Schwebebahn
- Parkplatz
- Tankstelle
- S-Bahnstation
- Taxi
- T-bane/Tunnelbana-Station
- Bahnhof/Bahnlinie
- Straßenbahn
- Tube Station
- U-Bahnstation
- sonstiger Transport

Hinweis: Nicht alle in der Legende aufgeführten Symbole sind Bestandteil der Karten dieses Buches

Verkehrswege

- Mautstraße
- Autobahn
- Hauptstraße
- Landstraße
- Verbindungsstraße
- sonstige Straße
- unbefestigte Straße
- Straße im Bau
- Platz, Promenade
- Treppe
- Tunnel
- Fußgängerbrücke
- Spaziergang
- Abstecher vom Spaziergang
- Weg/Pfad

Grenzen

- Staatsgrenze
- Provinzgrenze
- umstrittene Grenze
- Regional-/Bezirksgrenze
- Meeresschutzgebiet
- Kliff
- Mauer

Gewässer

- Fluss, Bach
- periodischer Fluss
- Kanal
- Gewässer
- Salzsee/trockener/periodischer See
- Riff

Gebietsform

- Flughafen/Flugplatz
- Strand/Wüste
- christlicher Friedhof
- sonstiger Friedhof
- Gletscher
- Watt
- Park/Wald
- Sehenswertes (Gebäude)
- Sportplatz
- Sumpf/Mangroven

DIE AUTOREN

Cristian Bonetto

Neapel, Pompeji & Umgebung

Cristian hat bisher zu über 30 Lonely Planet Reiseführern beigetragen, darunter *New York City*, *Italy*, *Venice & the Veneto*, *Denmark*, *Copenhagen*, *Sweden* und *Singapore*. Neben seiner Arbeit für Lonely Planet erscheinen seine Gedanken über Reisen, Essen, Kultur und Design in diversen Publikationen in aller Welt, wie *The Telegraph* (GB) und *Corriere del Mezzogiorno* (Italien). Wenn er gerade nicht unterwegs ist, findet man den geläuterten Bühnen- und Fernsehautor espressoschlürfend in seiner geliebten Heimatstadt Melbourne. Instagram: rexcat75. Cristian schrieb auch die Abschnitte Reiseplanung und Neapel & Amalfiküste verstehen.

Brendan Sainsbury

Die Inseln, Amalfiküste, Salerno & der Cilento

Geboren und aufgewachsen in England in einem Ort, der nie in irgendeinem Reiseführer erwähnt wird (Andover, Hampshire), verbrachte Brendan die Ferien seiner Jugend mit dem Wohnmobil im Lake District. Erst mit 19 verließ er zum ersten Mal sein Heimatland. Seitdem hat er, um verlorene Zeit wettzumachen, 70 Länder in eine manchmal prekäre Existenz als Autor und professioneller Vagabund gequetscht. Zu seinen erinnerungswürdigsten Erlebnissen gehört, „Die Komödie der Irrungen" in einer Schule im kriegsgeschundenen Angola auf die Bühne zu bringen und beim Marathon des Sables 150 Meilen durch die Sahara zu rennen. In den letzten 11 Jahren hat Brendan über 40 Bücher für Lonely Planet geschrieben, von Castros Kuba bis zu den Canyons von Peru. Brendan schrieb auch die Kapitel Aktivitäten und Reisen mit Kindern.

DIE LONELY PLANET STORY

Ein ziemlich mitgenommenes, altes Auto, ein paar Dollar in der Tasche und Abenteuerlust – 1972 war das alles, was Tony und Maureen Wheeler für die Reise ihres Lebens brauchten, die sie durch Europa und Asien bis nach Australien führte. Die Tour dauerte einige Monate, und am Ende saßen die beiden – erschöpft, aber voller Inspiration – an ihrem Küchentisch und schrieben ihren ersten Reiseführer *Across Asia on the Cheap*. Innerhalb einer Woche hatten sie 1500 Exemplare verkauft. Lonely Planet war geboren. Heute hat der Verlag Büros in Melbourne, London, Oakland, Franklin, Delhi und Beijing mit mehr als 600 Mitarbeitern und Autoren. Und alle teilen Tonys Überzeugung, dass ein guter Reiseführer drei Dinge erfüllen sollte: informieren, bilden und unterhalten.

Lonely Planet Global Limited
Digital Depot
The Digital Hub
Dublin D08 TCV4
Ireland

Verlag der deutschen Ausgabe:
MAIRDUMONT, Marco-Polo-Str. 1, 73760 Ostfildern,
www.lonelyplanet.de, www.mairdumont.com, lonelyplanet-online@mairdumont.com

Chefredakteurin deutsche Ausgabe: Birgit Borowski

Redaktion: Bintang Buchservice GmbH, www.bintang-berlin.de (Dorit Aurich, Katharina Grimm, Anja Krapat)
Übersetzung: Jürgen Dünnebier, Silvia Mayer, Gunter Mühl, Julia Rickers, Kathrin Schnellbächer, Inga-Brita Thiele
An früheren Auflagen haben außerdem mitgewirkt: Petra Dubilski, Dagmar Klotz

Neapel & Amalfiküste
3. deutsche Auflage April 2019, übersetzt von *Naples, Pompeii & the Amalfi Coast, 6th edition*, Januar 2019, Lonely Planet Global Limited

Printed in Poland

MIX
Papier aus verantwortungsvollen Quellen
FSC® C018236
www.fsc.org